Responsabilidade Civil e Nascimento Indesejado

O GEN | Grupo Editorial Nacional – maior plataforma editorial brasileira no segmento científico, técnico e profissional – publica conteúdos nas áreas de concursos, ciências jurídicas, humanas, exatas, da saúde e sociais aplicadas, além de prover serviços direcionados à educação continuada.

As editoras que integram o GEN, das mais respeitadas no mercado editorial, construíram catálogos inigualáveis, com obras decisivas para a formação acadêmica e o aperfeiçoamento de várias gerações de profissionais e estudantes, tendo se tornado sinônimo de qualidade e seriedade.

A missão do GEN e dos núcleos de conteúdo que o compõem é prover a melhor informação científica e distribuí-la de maneira flexível e conveniente, a preços justos, gerando benefícios e servindo a autores, docentes, livreiros, funcionários, colaboradores e acionistas.

Nosso comportamento ético incondicional e nossa responsabilidade social e ambiental são reforçados pela natureza educacional de nossa atividade e dão sustentabilidade ao crescimento contínuo e à rentabilidade do grupo.

Daniel Amaral Carnaúba

Responsabilidade Civil e Nascimento Indesejado
Fundamentos para a reparação da falha de métodos contraceptivos

- O autor deste livro e a editora empenharam seus melhores esforços para assegurar que as informações e os procedimentos apresentados no texto estejam em acordo com os padrões aceitos à época da publicação, e todos os dados foram atualizados pelo autor até a data de fechamento do livro. Entretanto, tendo em conta a evolução das ciências, as atualizações legislativas, as mudanças regulamentares governamentais e o constante fluxo de novas informações sobre os temas que constam do livro, recomendamos enfaticamente que os leitores consultem sempre outras fontes fidedignas, de modo a se certificarem de que as informações contidas no texto estão corretas e de que não houve alterações nas recomendações ou na legislação regulamentadora.

- Fechamento desta edição: *21.06.2021*

- O Autor e a editora se empenharam para citar adequadamente e dar o devido crédito a todos os detentores de direitos autorais de qualquer material utilizado neste livro, dispondo-se a possíveis acertos posteriores caso, inadvertida e involuntariamente, a identificação de algum deles tenha sido omitida.

- **Atendimento ao cliente: (11) 5080-0751 | faleconosco@grupogen.com.br**

- Direitos exclusivos para a língua portuguesa
  Copyright © 2021 by
  Editora Forense Ltda.
  Uma editora integrante do GEN | Grupo Editorial Nacional
  Travessa do Ouvidor, 11 – Térreo e 6º andar
  Rio de Janeiro – RJ – 20040-040
  www.grupogen.com.br

- Reservados todos os direitos. É proibida a duplicação ou reprodução deste volume, no todo ou em parte, em quaisquer formas ou por quaisquer meios (eletrônico, mecânico, gravação, fotocópia, distribuição pela Internet ou outros), sem permissão, por escrito, da Editora Forense Ltda.

- Capa: Fabricio Vale

- **CIP – BRASIL. CATALOGAÇÃO NA FONTE.
  SINDICATO NACIONAL DOS EDITORES DE LIVROS, RJ.**

Carnaúba, Daniel Amaral

Responsabilidade civil e nascimento indesejado: fundamentos para a reparação da falha de métodos contraceptivos / Daniel Amaral Carnaúba; [coordenação Giselda Maria Fernandes Novaes Hironaka, Flávio Tartuce]. – 1. ed. – Rio de Janeiro: Forense; Método, 2021.

Inclui bibliografia
ISBN 978-65-596-4165-9

1. Direito civil – Brasil. 2. Responsabilidade (Direito) – Brasil. 3. Registro civil – Brasil. I. Hironaka, Giselda Maria Fernandes Novaes. II. Tartuce, Flávio. III. Título. IV. Série.

21-71299 CDU: 347.412(81)

Leandra Felix da Cruz Candido – Bibliotecária – CRB-7/6135

Coordenação

Giselda Maria Fernandes Novaes Hironaka
Flávio Tartuce

Títulos

- **Responsabilidade civil dos pais na reprodução humana assistida**
  Carlos Alexandre Moraes

- **Direito sucessório do cônjuge e do companheiro**
  Inacio de Carvalho Neto

- **Função social dos contratos – do CDC ao Código Civil de 2002**
  Flávio Tartuce

- **Revisão judicial dos contratos – do CDC ao Código Civil de 2002**
  Wladimir Alcibíades Marinho Falcão Cunha

- **Danos morais e a pessoa jurídica**
  Pablo Malheiros da Cunha Frota

- **Direito contratual contemporâneo – a liberdade contratual e sua fragmentação**
  Cristiano de Sousa Zanetti

- **Direitos da personalidade e clonagem humana**
  Rita Kelch

- **Responsabilidade civil objetiva pelo risco da atividade – uma perspectiva civil-constitucional**
  Ney Stany Morais Maranhão

- **Regime de bens e pacto antenupcial**
  Fabiana Domingues Cardoso

- **Obrigações de meios e de resultado – análise crítica**
  Pablo Rentería

- **Responsabilidade civil objetiva e risco – a teoria do risco concorrente**
  Flávio Tartuce

- **Da responsabilidade civil do condutor de veículo automotor – uma abordagem sob as perspectivas da teoria do risco**
  Marcelo Marques Cabral

- **Responsabilidade civil dos prestadores de serviços no Código Civil e no Código de Defesa do Consumidor**
  Silvano Andrade do Bomfim

- **Responsabilidade civil pela perda de uma chance: a álea e a técnica**
  Daniel Amaral Carnaúba

- **Negócio fundacional: criação de fundações privadas**
  Daniel Pires Novais Dias

- **Responsabilidade Civil e Nascimento Indesejado**
  Daniel Amaral Carnaúba

"O que é um 'interesse'? Se o interesse não é juridicamente protegido, ele é, para o direito, um nada. Se o é, é um direito".
(Henri de Page, *Traité élémentaire de droit civil belge*, Bruxelas: Bruylant, 1939, t. III, p. 894.)

Dedico esta obra aos meus pais, Beatriz e Tarcizo, fonte inesgotável de amor e incentivo.

SOBRE O AUTOR

Professor Adjunto da Universidade Federal de Juiz de Fora. Doutor em Direito Civil pela Faculdade de Direito da Universidade de São Paulo (USP). Mestre em Direito Privado pela Faculdade de Direito da Sorbonne (Paris 1).

NOTA DOS COORDENADORES

> *De nossa parte, temos a ponderar que, considerados especialmente os termos do preceito em vigor sobre a matéria [...], a tese positivista não encontra nenhum alicerce. Na verdade, o nosso legislador, invocando os Princípios Gerais do Direito, quando a lei for omissa, está em tudo e por tudo confessando a omissão, isto é, a imprecisão, a insuficiência da Lei. Como, pois, apelar para a mesma Lei, na pesquisa dos princípios em apreço? Por outro lado, a atitude positivista implica uma orientação reacionária, pois, se aplicada – e, na verdade, povo culto nenhum jamais a aplicou restritivamente –, tolheria a natural evolução do Direito, gradativamente levada a cabo pela Doutrina e pela Jurisprudência, no seu cotidiano afã de adaptar as normas gerais do Sistema à multifária casuística das relações da vida* (LIMONGI FRANÇA, Rubens. *Princípios gerais do direito*. 2. ed. São Paulo: RT, p. 160).

A crítica formulada por Rubens Limongi França ao positivismo, no texto acima, reflete o tom crítico e a inegável atualidade de suas obras.

Limongi França foi um revolucionário e estaria muito feliz se estivesse entre nós, vivificando a verdadeira revolução pela qual passa o Direito Civil brasileiro. Estaria feliz com o surgimento do sistema de cláusulas gerais, que confere maior efetividade ao sistema jurídico. Estaria feliz com o diálogo interdisciplinar, com o diálogo das fontes, com a análise do Direito Privado a partir da Constituição Federal. Estaria feliz com esse Direito Civil que mais se preocupa com a pessoa humana, relegando o aspecto patrimonial das relações a um posterior plano.

Como Limongi França infelizmente não está mais entre nós, coube a esses coordenadores, e ao selo Método, a ideia de lançar uma série editorial monográfica com o seu nome, trazendo trabalhos e estudos de novos e já consagrados juristas sobre esta nova face do Direito Privado.

Muito nos honra esta coordenação, e trabalharemos no sentido e em razão de honrar o nome desse grande jurista, para que se perpetue ainda mais no meio jurídico nacional.

Assim, esperamos, e desejamos, que a presente coleção reflita, consagre e encaminhe para o futuro toda a magnitude da obra de Limongi França, bem como todo o anseio pela mudança e pelo avanço que eram difundidos e esperados pelo saudoso Mestre.

Boa leitura a todos.

São Paulo, dezembro de 2006.

APRESENTAÇÃO

Com muita honra, apresento o novo livro do jurista Daniel Carnaúba, com o título *Responsabilidade Civil e Nascimento Indesejado*, fruto de sua tese de doutorado defendida na Faculdade de Direito da USP, nas nossas Arcadas, que é a nossa *Alma Mater*. A defesa do trabalho ocorreu em 15 de abril de 2016, tendo sido a banca composta pelos Professores Teresa Ancona Lopez (Presidente), Wanderley Fernandes (FGV-SP), Rafael Peteffi da Silva (UFSC), Claudio Luiz Bueno de Godoy (USP) e Otavio Luiz Rodrigues Jr. (USP). Para a nossa honra, a obra passa a integrar a coleção Professor Rubens Limongi França, que coordeno com a Professora Giselda Hironaka, com o selo GEN/Método.

O autor já é muito conhecido no meio civilístico, destacando-se as suas pesquisas e trabalhos anteriores sobre a perda da chance, inclusive citado em decisões e ementas de julgados do Superior Tribunal de Justiça. Além de Doutor pela USP, Daniel Carnaúba é Professor Adjunto da Universidade Federal de Juiz de Fora e Mestre em Direito Privado pela Faculdade de Direito da Sorbonne (Paris 1).

Como ocorre em todos os seus escritos, trata-se de mais uma obra de grande fôlego, de uma profunda pesquisa e que irá em muito contribuir para a ciência jurídica em nosso País. Segundo me informou o autor, o trabalho foi alterado, atualizado e aumentado substancialmente desde a defesa da tese. A bela obra é dividida em duas partes.

Na primeira delas – Parte 1 –, estão os fundamentos técnicos para a tese que se propõe, com o estudo dos seguintes temas principais: a autonomia reprodutiva para além da objetivação da responsabilidade civil; a tutela da eficácia dos contraceptivos por meio da responsabilidade civil; a tutela da informação sobre os contraceptivos por meio da responsabilidade civil; a falha técnica cometida durante a cirurgia de esterilização; a responsabilidade pessoal do médico fundada na culpa contratual; a natureza contratual da responsabilidade do médico; as obrigações de meios e de resultado (assunto de grande relevância prática); a posição da jurisprudência: a esterilização como obrigação de meios; as técnicas de esterilização; os erros de técnica encontrados na literatura médica; os erros de técnica encontrados na jurisprudência; a dificuldade probatória e a inversão do ônus da prova da culpa médica; a incidência do art. 6º, VIII, do Código de Defesa do Consumidor nos casos de responsabilidade médica; a responsabilidade das clínicas e hospitais fundada no defeito do serviço; regime da culpa *vs.* regime do defeito: a convergência quanto aos efeitos; a falha de informação sobre os riscos da cirurgia de esterilização; o consentimento livre e esclarecido do paciente nas cirurgias de esterilização; a responsabilidade civil e os produtos contraceptivos; os defeitos ligados à ineficácia do contraceptivo: o contraceptivo como produto de risco inerente; os defeitos ligados à ausência de informação sobre os usos e riscos do contraceptivo; o art. 931 do Código Civil: um dispositivo eclipsado pela responsabilidade pelo fato do produto; e, por fim, um balanço das repercussões do polêmico art. 931 sobre a responsabilidade pela falha de produtos contraceptivos.

Na Parte 2, o jurista traz uma análise pontual dos fundamentos éticos da tese, abordando, entre outros assuntos: a autonomia reprodutiva para além da perspectiva constitucional; o planejamento familiar; a saúde sexual e reprodutiva e a responsabilidade civil; a legitimidade do interesse dos pais quanto ao nascimento indesejado; o nascimento como uma fonte de alegria para os pais; a impossibilidade de delegação dos alimentos; a relação de causalidade sob a teoria sobre o nexo de causalidade; o dever de mitigação e a ruptura do nexo causal em razão da opção dos pais de acolher a criança; o nascimento indesejado e a reparação integral (com um estudo necessário sobre os danos possíveis); a inexistência de danos experimentados pelos filhos; a demanda do filho no Direito Comparado e no Direito Brasileiro; a ilegitimidade do critério fundado na deficiência dos filhos; um estudo detalhado e de grande contribuição doutrinária sobre o *"acórdão Perruche"*, da França e de outras situações fáticas julgadas naquele País.

Como se pode perceber, o livro é recheado de temas de grande relevância teórica e prática, demonstrando todo o perfil acadêmico e de pesquisador do Professor Daniel Carnaúba, um vocacionado para as ciêncisas jurídicas.

Espero, portanto, que o leitor aprecie a obra, e que ela tenha a devida aplicação prática, assim como já ocorreu com outros trabalhos do seu autor.

Guarujá, São Paulo, junho de 2021, Ano II da pandemia.

Flávio Tartuce
Pós-Doutorando e Doutor em Direito Civil pela USP. Mestre em Direito Civil Comparado pela PUCSP. Professor Titular permanente e coordenador do mestrado da Escola Paulista de Direito (EPD). Presidente Nacional do Instituto Brasileiro de Direito Contratual (IBDCONT). Presidente do Instituto Brasileiro de Direito de Família em São Paulo (IBDFAM/SP). Advogado em São Paulo, parecerista e consultor jurídico.

PREFÁCIO

Foi com grande alegria que recebi o convite de Daniel Amaral Carnaúba, aluno brilhante e agora profissional competente, para prefaciar seu novo livro – *Responsabilidade civil e o nascimento indesejado* –, que trata dos fundamentos para a reparação nas falhas dos métodos contraceptivos.

Logo que comecei a ler o texto fiquei entusiasmada, pois o tema é inédito e sua abordagem é completamente nova e diferenciada dos atuais livros de Bioética. Sem dúvida, trata-se de tema oportuno no momento atual da medicina com suas consequências na sociedade.

Acompanho a carreira de Daniel Carnaúba desde seus verdes anos no bacharelado da Faculdade de Direito da USP – Largo de São Francisco, até ser a orientadora de seu doutorado, que resultou em brilhante tese que ora vem à luz por meio da edição do presente livro. Assim, só poderia estar honrada e feliz por poder participar, ainda mais uma vez, de sua exitosa carreira.

Responsabilidade civil e o nascimento indesejado é resultado não só de seríssima pesquisa, mas também do *feedback* cultural de seu Autor. Podemos lembrar que, antes de cursar o doutorado, havia morado na França, onde fez seu Mestrado em Direito Privado na Faculdade de Direito da Sorbonne (Paris I), no qual teve a sorte de ser orientado pela prestigiada Professora Muriel Fabre-Magnan.

Portanto, somente poderíamos esperar um texto robusto e preciso como esse do presente livro.

Texto inédito traz importantes debates dentro do Direito e da Ética, como a contradição entre o nascimento indesejado e a autonomia reprodutiva dos genitores. Esse debate é magistralmente ferido e está perpassado pela obra inteira.

De outro lado, enfrenta com rigor a responsabilidade civil nas cirurgias de esterilização, mostrando que é na falha técnica da intervenção cirúrgica que reside essa responsabilidade, fundada sempre na culpa. Nesse passo, fundamenta essa culpa por erros médicos no Direito Civil e no Direito do Consumidor, especialmente no art. 6º, VIII, do CDC.

A respeito da responsabilidade da clínicas e hospitais onde são feitas essas esterilizações, o Autor continua usando, adequadamente, o direito consumerista, pois se trata de defeito do serviço, previsto no art. 14 do mesmo diploma legal. Nesse assunto, chama a atenção para a divergência que há na jurisprudência sobre a responsabilidade fundada no regime da culpa ou no defeito do serviço. Mas, como bem ressalta, essa diversidade é apenas aparente, porquanto os regimes legais assemelham-se muito mais do que se distinguem. A finalidade de ambos é a mesma, ou seja, reparar a vítima do erro no procedimento médico.

Em consequência, especificamente sobre o nascimento indesejado, mostra o Autor que nesses casos há duas espécies de lesão: a primeira, à autonomia reprodutiva – lesão pelo desvio de eficácia dos vários métodos contraceptivos; a segunda, vem da falta de informação sobre os riscos e a ineficácia que podem advir dos vários métodos contraceptivos.

No que diz respeito aos anticoncepcionais, destaca-se o importante relato sobre as pílulas anticoncepcionais. O Autor trata, assim, do famoso caso das "pílulas de farinha" e demostra por várias páginas como o Direito lidou com a ineficácia desse produto falso. O leitor poderá acompanhar detalhadamente todos os procedimentos judiciais ora a favor das "vítimas", ora a favor do Laboratório. Entre ataques e contra-ataques, acabou vencendo o embate judicial das "vítimas", que foram indenizadas.

Aqui se impõe uma observação importante. Por que as mulheres que engravidaram tomando as famosas pílulas de farinha pediram indenização ao fabricante? O nascimento de um filho é um mal? Ou é uma alegria?

O grande problema foi a frustração da expectativa de não engravidar com o uso da pílula. As famílias não estavam em condições de receber em seu seio mais um filho. Os gastos desde a gestação e, mais ainda, pela vida inteira não estavam previstos. O planejamento familiar é um direito protegido pela Constituição Federal (art. 226, § 7º), que foi frustrado. Mas é preciso destacar que nessa matéria também se impõe o direito à liberdade, que não foi respeitado. A liberdade diz respeito tanto à autonomia reprodutiva dos genitores quanto à liberdade sexual dos cônjuges.

Tema dos mais sensíveis é o que trata do nascimento de filhos com deficiência. No direito estrangeiro muitas são as soluções. Os países que admitem o aborto na certeza de que nascerá uma criança com problemas são, muitas vezes, tachados de simpatizantes da eugenia.

Daniel Carnaúba tratou do tema baseando-se em casos do Direito Francês. Esse capítulo está primoroso, pois vem estudando esse assunto desde o tempo de seu Mestrado na França. Examina, em primeiro lugar, o Acórdão

Quarez, que trata do nascimento do filho deficiente indesejado sob o prisma do prejuízo dos pais; esse é o fundamento da decisão. Esse foi o primeiro acórdão no qual o Tribunal enfrentou claramente a questão da responsabilidade médica pelo nascimento indesejado de um filho com deficiência (Conselho de Estado em 14.02.1997).

Por outro lado, o nascimento indesejado de um filho deficiente é julgado pelo ângulo do prejuízo à própria criança. Essa hipótese tem seu melhor exemplo no emblemático "caso Perruche". Daniel examina muito bem todos os meandros jurídicos desse julgamento que se estendeu por vários anos (1992-2000).

A Corte de Cassação assegurou a Nicolas Perruche o direito de não ter nascido.

Tudo tem origem em um erro médico no exame pré-natal; o aborto, no caso de deficiência grave, teria sido perfeitamente possível, pois aceito nesses casos na França.

Houve grande reação a esse julgado e aos seus desmembramentos. Aparece, então, a Lei Anti-Perruche em 2002, pela qual ninguém poderia pedir indenização por ter nascido. Essa lei mudou os rumos da jurisprudência, reduzindo as hipóteses pelas falhas que levam ao aborto.

Todavia, como bem destaca o Autor, "ironicamente a alteração legal não significou o fim do direito à reparação em decorrência do próprio nascimento". Mas os tribunais franceses mantiveram firme o entendimento de que o filho nascido em razão de abuso sexual pode pretender reparação em face de seu genitor.

Finalmente, muito ainda poderia ser dito dessa estupenda obra, de leitura agradável e farto material de estudo e pesquisa. Aliás, convido todos os interessados nas matérias do filho indesejado, do direito de não nascer e seus desdobramentos e sua ligação com a responsabilidade civil que leiam este livro rico em informações sobre esses temas.

Cumprimento Daniel Amaral Carnaúba, hoje Professor Adjunto da Faculdade de Direito da Universidade Federal de Juiz de Fora, pelo excelente trabalho, bem como por sua publicação. Em momento nenhum, apesar de tema delicado e pungente, o livro descamba para a pieguice e o sentimentalismo, o que faz ainda maior o mérito da obra.

São Paulo, inverno de 2021, ainda na pandemia.

Teresa Ancona Lopez
Professora Titular de Direito Civil na Faculdade de Direito da USP

ABREVIATURAS

AC	*Appeal cases*
ADIN	Ação Direta de Inconstitucionalidade
ADPF	Ação por Descumprimento de Preceito Fundamental
Ag	Agravo
AgInt	Agravo Interno
AgRg	Agravo Regimental
AI	Agravo de Instrumento
AJDA	*L'actualité juridique du droit administratif*
All ER	*All England law reports*
Apel	Apelação
AResp	Agravo em Recurso Especial
Art.	Artigo
Assem. Plen.	*Cour de Cassation, Assemblée Plénière* (França)
Bull. civ.	*Bulletin des arrêts de la Cour de cassation, chambres civiles*
Bull. crim.	*Bulletin des arrêts de la Cour de cassation, chambre criminelle*
C.Civ.	Tribunal Estadual, Câmara de Direito Civil (Brasil)
C.Const	*Conseil Constitutionnel* (França)
C.Priv.	Tribunal Estadual, Câmara de Direito Privado (Brasil)
C.Pub.	Tribunal Estadual, Câmara de Direito Público (Brasil)
CA	*Cour d'appel* (França)
Cass. Civ., III sez.	*Corte Suprema di Cassazione, Terza Sezione Civile* (Itália)
Cass. Civ., V pen.	*Corte Suprema di Cassazione, Quinta Sezione Penale* (Itália)
Cass. Civ., sez. uni.	*Corte Suprema di Cassazione, Sezione Unite Civili* (Itália)
CC	Código Civil

CDC	Código de Defesa do Consumidor
CE	*Conseil d'état* (França)
CEDH	Convenção Europeia dos Direitos Humanos
CEM	Código de Ética Médica
CF	Constituição Federal
CFM	Conselho Federal de Medicina
Cham. mix.	*Cour de Cassation, Chambre Mixte* (França)
Cham. réu.	*Cour de cassation, chambres réunis* (França)
Civ.	*Cour de cassation chambre civil* (França)
Civ. 1ª	*Cour de cassation 1ª chambre civil* (França)
Civ. 2ª	*Cour de cassation, 2ª chambre civil* (França)
Civ. 3ª	*Cour de cassation, 3ª chambre civil* (França)
CLT	Consolidação das Leis do Trabalho
Conc.	*Conclusions*
Corte Cost.	*Corte Costituzionale* (Itália)
Corte Esp.	Corte Especial, Superior Tribunal de Justiça (Brasil)
Crim.	*Cour de cassation, chambre criminelle* (França)
D.	*Recueil dalloz-sirey*
D.P.	*Dalloz périodique*
ECA	Estatuto da Criança e do Adolescente
ED	Embargos de Declaração
Emb Div	Embargos de Divergência
Emb Inf	Embargos Infringentes
EWCA Civ	*Court of appeal of England and Wales, civil division* (Reino Unido)
GAJC	*Les grands arrêts de la jurisprudence civile*
Gaz. Pal.	*Gazette du palais*
IR	*Informations rapides dalloz*
JCP	*La semaine juridique*, edição geral
LGDJ	*Librairie générale de droit et de jurisprudence*
LPA	*Les petites affiches*
Obs.	Observações
P. Nº	*Pourvoir numéro*
PUF	*Presses universitaires de France*
QB	*Queen's bench* (Reino Unido)

Rec.	*Recueil*
Rel.	Relatório
Req.	*Cour de Cassation, Chambre des Requêtes* (França)
Resp. civ. et ass.	*Responsabilité civile et assurance*
Rex Nec	Reexame necessário
Rext	Recurso Extraordinário
RFD adm.	*Revue française de droit administratif*
RT	Revista dos Tribunais
RTD Civ.	*Revue trimestrielle de droit civil*
S.	*Recueil sirey*
Som.	*Sommaires commentés dalloz*
STF	Supremo Tribunal Federal (Brasil)
STJ	Superior Tribunal de Justiça (Brasil)
Supr. Trib. Just.	Supremo Tribunal de Justiça (Portugal)
T.Civ.	Tribunal de Justiça do Distrito Federal, turma de direito civil (Brasil)
TEDH	Tribunal Europeu dos Direitos Humanos (Europa)
TJBA	Tribunal de Justiça do Estado da Bahia (Brasil)
TJDF	Tribunal de Justiça do Distrito Federal (Brasil)
TJGO	Tribunal de Justiça do Estado de Goiás (Brasil)
TJMG	Tribunal de Justiça do Estado de Minas Gerais (Brasil)
TJPR	Tribunal de Justiça do Estado do Paraná (Brasil)
TJRJ	Tribunal de Justiça do Estado do Rio de Janeiro (Brasil)
TJRS	Tribunal de Justiça do Estado do Rio Grande do Sul (Brasil)
TJSC	Tribunal de Justiça do Estado de Santa Catarina (Brasil)
TJSP	Tribunal de Justiça do Estado de São Paulo (Brasil)
TJUE	Tribunal de Justiça da União Europeia (Europa)
UKHL	*United Kingdom house of lords* (Reino Unido)

SUMÁRIO

Introdução..	1
Parte 1 – A responsabilidade civil pelo nascimento indesejado: os fundamentos técnicos	17
Seção Preliminar: a autonomia reprodutiva para além da objetivação da responsabilidade civil	18
§ 1 – A tutela da eficácia dos contraceptivos por meio da responsabilidade civil..	22
§ 2 – A tutela da informação sobre os contraceptivos por meio da responsabilidade civil...	25
Título I – Responsabilidade civil e as cirurgias de esterilização..........	29
Capítulo 1 – A falha técnica cometida durante a cirurgia de esterilização 33	
Seção 1 – A responsabilidade pessoal do médico fundada na culpa contratual	35
§ 1 – A natureza contratual da responsabilidade do médico	36
A – As obrigações de meios e de resultado.......................	37
B – A posição da jurisprudência: a esterilização como obrigação de meios	40
C – Entendendo a jurisprudência: a obrigação de meios como um incentivo à atividade médica	44
§ 2 – A natureza culposa da responsabilidade do médico........	50
A – As técnicas de esterilização...	52
B – Os erros de técnica encontrados na literatura médica	57
C – Os erros de técnica encontrados na jurisprudência..	60

§ 3 – A dificuldade probatória e a inversão do ônus da prova da culpa médica 63

    A – A incidência do art. 6º, VIII, do Código de Defesa do Consumidor nos casos de responsabilidade médica 68

    B – As condições do art. 6º, VIII, do Código de Defesa do Consumidor nos casos de falha de esterilização 74

Seção 2 – A responsabilidade das clínicas e hospitais fundada no defeito do serviço 79

§ 1 – Regime da culpa *vs.* regime do defeito: a divergência na jurisprudência 82

    A – Uma divergência consolidada 82

    B – Uma divergência contestável 85

§ 2 – Regime da culpa *vs.* regime do defeito: a convergência quanto aos efeitos 88

Capítulo 2 – A falha de informação sobre os riscos da cirurgia de esterilização 93

Seção 1 – O consentimento livre do paciente nas cirurgias de esterilização 95

Seção 2 – O consentimento esclarecido do paciente nas cirurgias de esterilização 98

§ 1 – Os fundamentos do dever de informar 99

§ 2 – O conteúdo do dever de informar 102

§ 3 – Os responsáveis pelo dever de informar 105

Seção 3 – A prova do consentimento livre e esclarecido nas cirurgias de esterilização 106

Título II – Responsabilidade civil e os produtos contraceptivos 111

Capítulo 1 – O defeito dos produtos contraceptivos e o Código do Consumidor 113

Seção 1 – Os defeitos ligados à ineficácia do contraceptivo: o contraceptivo como produto de risco inerente 115

§ 1 – A ineficácia do contraceptivo e a caracterização do defeito 118

    A – Os riscos razoavelmente esperados do contraceptivo 122

    B – Os usos razoavelmente esperados do contraceptivo 127

    C – A época em que o contraceptivo é colocado em circulação 131

§ 2 – A ineficácia do contraceptivo e a prova do defeito 136

    A – A inversão *ope legis* do ônus de provar o defeito 138

B – A constatação do defeito por meio de presunções de fato 143

C – A inversão *ope iudicis* do ônus de provar o defeito. 149

§ 3 – A ineficácia do contraceptivo e o "caso das pílulas de farinha" 153

A – O Recurso Especial nº 866.636/SP e a responsabilidade do fabricante.. 154

B – As decisões posteriores e a dificuldade de comprovação do uso do placebo 158

Seção 2 – Os defeitos ligados à ausência de informação sobre os usos e riscos do contraceptivo 163

§ 1 – O dever de informação dos fornecedores de produtos contraceptivos... 165

§ 2 – Os meios de informar os consumidores de produtos contraceptivos... 168

§ 3 – O papel da informação nos litígios envolvendo produtos contraceptivos 170

Capítulo 2 – O defeito dos produtos contraceptivos e o art. 931 do Código Civil.. 177

Seção 1 – O art. 931 do Código Civil: um regime rudimentar de responsabilidade pelos danos causados por produtos 179

§ 1 – A omissão quanto ao defeito do produto..................... 180

§ 2 – A inexistência de um regime especial de responsabilidade do comerciante... 182

§ 3 – A inexistência de um rol de causas de exclusão da responsabilidade do empresário... 183

Seção 2 – O art. 931 do Código Civil: um dispositivo eclipsado pela responsabilidade pelo fato do produto 185

§ 1 – A inaplicabilidade do art. 931 às relações de consumo.. 186

A – Os fundamentos da tese da inaplicabilidade do art. 931 às relações de consumo................................. 187

B – As contradições da tese da inaplicabilidade do art. 931 às relações de consumo................................. 188

§ 2 – A intepretação do art. 931 à luz da responsabilidade pelo fato do produto.. 193

A – A influência do Código do Consumidor sobre art. 931: a exigência do defeito do produto e a aplicação das causas de exclusão de responsabilidade do fornecedor.................... 194

B – A influência do art. 931 sobre o Código do Consumidor: a responsabilidade direta do comerciante 196

Seção 3 – Balanço das repercussões do art. 931 sobre a responsabilidade pela falha de produtos contraceptivos..................... 199

PARTE 2 – A RESPONSABILIDADE CIVIL PELO NASCIMENTO INDESEJADO: OS FUNDAMENTOS ÉTICOS 201

Seção Preliminar: a autonomia reprodutiva para além da perspectiva constitucional.. 202

§ 1 – O planejamento familiar no art. 226, parágrafo 7°, da Constituição Federal: a constitucionalização de um direito limitado... 214

§ 2 – O planejamento familiar na Lei n° 9.263 de 1996: a consagração do direito individual à saúde reprodutiva 217

§ 3 – A saúde sexual e reprodutiva e a responsabilidade civil.. 223

Título I – A legitimidade do interesse dos pais 227

Capítulo 1 – O nascimento indesejado: a reparação necessária 233

Seção 1 – A ação reparatória dos pais e a rejeição ao filho 233

§ 1 – A legitimidade do interesse dos pais no momento da falha do contraceptivo 236

§ 2 – A inexistência de rejeição ao filho após seu nascimento 239

Seção 2 – O nascimento como uma fonte de alegria para os pais.. 244

§ 1 – O equívoco fático: a parentalidade não se reduz às alegrias vivenciadas pelos pais.. 246

A – As responsabilidades parentais 246

B – A violação do direito de escolha 249

C – A impossibilidade de compensação entre as dores e alegrias da parentalidade.. 251

§ 2 – O equívoco jurídico: os danos morais não se reduzem às dores experimentadas pelas vítimas..................................... 252

Seção 3 – A impossibilidade de delegação dos alimentos 255

§ 1 – O reconhecimento do prejuízo material experimentado pelos pais 258

A – O direito das famílias carentes: a inviabilidade da compensação com a possível ajuda financeira proporcionada pelo filho... 259

B – O direito das famílias abastadas: a reparação não depende da demonstração de incapacidade financeira dos pais para sustentar a criança... 261

§ 2 – O reconhecimento da relação de causalidade entre o prejuízo material experimentado pelos pais e a falha do contraceptivo... 262
   A – A relação de causalidade sob a teoria da equivalência das condições.. 263
   B – A relação de causalidade sob as teorias individualizadoras.. 264
   C – O dever de mitigação e a ruptura do nexo causal em razão da opção dos pais de acolher a criança..................... 267
Capítulo 2 – O nascimento indesejado: a reparação integral............ 273
  Seção 1 – A reparação integral dos danos experimentados pelos pais.. 277
   § 1 – Os danos patrimoniais 279
    A – As despesas fixas decorrentes do nascimento............ 279
    B – As despesas contínuas com o sustento da criança 281
   § 2 – Os danos morais.. 286
    A – As alterações corporais e sofrimentos inerentes à gestação e ao parto.. 288
    B – As repercussões sobre os projetos de vida dos genitores.. 290
    C – O dano da suspeita de infidelidade 295
  Seção 2 – A inexistência de danos experimentados pelos filhos. 297
   § 1 – A demanda do filho no Direito Comparado: o direito da criança à indenização em razão da doença congênita que a acomete 299
    A – As ações de *wrongful life* e o direito de não nascer........ 303
    B – As ações de *wrongful life* e o direito à saúde............... 309
    C – As ações de *wrongful life* e as decisões dos tribunais 312
   § 2 – A demanda do filho no Direito Brasileiro: a legitimidade processual da criança para requerer o pagamento da pensão mensal... 316

Título II – A ilegitimidade do critério fundado na deficiência dos filhos 321
Capítulo 1 – A abordagem seletiva na França: as origens do acórdão Perruche 327
  Seção 1 – O princípio: o nascimento indesejado não é um prejuízo legítimo experimentado pelos pais... 330
   § 1 – As decisões do Conselho de Estado e da Corte de Cassação 330
   § 2 – As dificuldades decorrentes das decisões 334

Seção 2 – A exceção: o nascimento indesejado de um filho com deficiência 338
§ 1 – O nascimento indesejado de um filho deficiente e o prejuízo dos pais: o acórdão Quarez 339
§ 2 – O nascimento indesejado de um filho deficiente e o prejuízo da própria criança: o acórdão Perruche 345
A – Os contornos do acórdão Perruche 346
B – A recepção do acórdão Perruche 350
C – A contextualização do acórdão Perruche 354
Seção 3 – Análise crítica da jurisprudência francesa 358
§ 1 – Os limites da responsabilidade: a reparação concedida aos pais 359
A – O aborto seletivo na Lei Veil 359
B – A reparação seletiva nos tribunais 364
§ 2 – Os limites da responsabilidade: a reparação concedida à criança 367
A – A contradição entre os interesses de pais e filhos 370
B – A contradição entre meios e fins 371
Capítulo 2 – A abordagem seletiva na França: as consequências do acórdão Perruche 377
Seção 1 – A interrupção da jurisprudência: a lei anti-Perruche 377
Seção 2 – A manutenção da jurisprudência: os casos de abuso sexual 384

Conclusão 389

Bibliografia 395

INTRODUÇÃO[1]

1. Sob a perspectiva da responsabilidade civil, o nascimento de um filho, ocorrido em razão da falha de um método contraceptivo, constitui um dano experimentado por seus pais? Em caso afirmativo, a reparação deverá abranger quais valores? Os danos morais? Os gastos incorridos pelos pais a contragosto com a educação e o sustento do filho? Nos últimos 60 anos, essas questões embaraçosas se tornaram frequentes nos tribunais de todo o mundo. De fato, a partir da década de 1960, vários países derrubaram as barreiras legais – e morais – que impediam a comercialização de contraceptivos, de modo que, hoje, um típico cidadão tem ao seu alcance uma gama de métodos para controlar suas funções reprodutivas, que incluem as pílulas hormonais, as cirurgias de esterilização, os preservativos e, em muitos países, o aborto voluntário. Se essas técnicas de controle falharem e os pais resolverem propor uma ação em face dos responsáveis pelo nascimento indesejado, caberá aos juízes responder a cada uma das indagações acima. E as respostas avançadas pelos tribunais ao redor do globo têm sido fundamentalmente distintas.

No Brasil, o entendimento favorável à indenização tem prevalecido no Superior Tribunal de Justiça, que, por diversas vezes, reconheceu que os pais, vítimas de métodos contraceptivos defeituosos, fazem jus à reparação pelo nascimento indesejado[2]. E a corte não impôs – ao menos, não expressa-

---

[1] As datas mencionadas nos acórdãos citados ao longo deste trabalho dizem respeito ao dia do julgamento. As traduções de textos estrangeiros são livres, salvo menção em contrário.
[2] STJ, AgRg no REsp 1.192.792/PR, 3ª Turma, 20.09.2012; AgRg no AI 1.157.605/SP, 3ª Turma, 03.08.2010; REsp 1.096.325/SP, 3ª Turma, 09.12.2008, C.E.P. Rusyk, O 'caso das pílulas de farinha' como exemplo da construção jurisprudencial de um 'direito de danos' e da violação da liberdade positiva como 'dano à pessoa'. *In*: Frazão, Ana; Tepedino, Gustavo (orgs.). *O Superior Tribunal de Justiça e a reconstrução do direito*

mente[3] – qualquer restrição quanto às espécies de prejuízos reparáveis, ainda que alguns tribunais estaduais neguem indenização aos gastos de sustento da criança[4] e outros, com menos frequência, afirmem que o nascimento de um filho não é causa de dano moral[5].

2. Mas a reparação do nascimento indesejado nem sempre é acolhida com tanto entusiasmo em outros países. No Reino Unido, por exemplo, a jurisprudência limitou drasticamente os prejuízos reparáveis em casos de falha de contraceptivos. O entendimento foi consolidado no precedente *McFarlane v. Tayside Health Board*, de 2000[6], no qual a Câmara dos Lordes afirmou que

---

    privado. São Paulo: RT, 2011, p. 273; REsp 866.636/SP, 3ª Turma, 29.11.2007; REsp 918.257/SP, 3ª Turma, 03.05.2007.

[3]   Há diversos julgados nos quais o STJ afirmou, categoricamente, que a falha de contraceptivos dá ensejo à reparação dos danos morais (cf. nota *supra*). Não há, contudo, precedentes tão claros no que diz respeito à reparação dos danos patrimoniais nesse tipo de situação. Vale ressaltar que o STJ confirmou muitas decisões de segundo grau que haviam condenado os responsáveis a reparar tanto os danos morais, quanto materiais, o que de certo modo indica que a corte superior é favorável à reparação desse prejuízo. Algumas decisões do STJ, inclusive, mencionam a reparação dos danos patrimoniais (cf. AgRg no REsp 1.192.792/PR, 3ª Turma, 20.09.2012; REsp 1.120.746/SC, 3ª Turma, 17.02.2011). Mas o tema ainda não foi apreciado diretamente pelo tribunal: cf. REsp 1.096.325/SP, 3ª Turma, 09.12.2008; SILVA, Rafael Peteffi da. Responsabilidade civil pelo nascimento de filhos indesejados: comparação jurídica e recentes desenvolvimentos jurisprudenciais. *In*: MADALENO, Rolf; BARBOSA, Eduardo (coords.). *Responsabilidade civil no direito de família*. São Paulo: Atlas, 2015, p. 395.

[4]   TJRS, Apel 70077451474, 10ª C.Civ., 28.06.2018; Apel 70074252180, 9ª C.Civ., 30.08.2017; Apel 70071017909, 5ª C. Civ., 26.10.2016; Apel 70054700034, 9ª C.Civ., 12.03.2014; Apel 70042848481, 5ª C.Civ., 20.07.2011; Apel 70041661133, 5ª C.Civ., 20.04.2011; Apel 70037676434, 9ª C.Civ., 02.03.2011; TJSP, Apel 142.114.4/1, 9ª C.Priv., 20.05.2004; Apel 269.592.4/8, 9ª C.Priv. 05.08.2002; TJGO, Apel 182105-35.2004.8.09.0112, 3ª C.Civ., 30.11.2010.

[5]   TJSP, Apel 1001481-21.2013.8.26.0100, 2ª C.Priv., 15.10.2019; Apel 209.736-4/7, 9ª C.Priv. 03.06.2008; Apel 443.672-4/1-00, 9ª C.Priv., 27.03.2007; TJRO, Apel 7054461-49.2016.8.22.0001, 1ª C.Esp., 30.04.2020; TJMG, Apel 1.0431.06.030997-5/001, 11ª C.Civ., 09.04.2008; TJPR, Apel 112.552-2, 4ª C.Civ., 03.04.2002. Nesse mesmo sentido: STJ, REsp 883.612/ES, 4ª Turma, 08.09.2009.

[6]   *McFarlane v. Tayside Health Board* [2000] 2 AC 599. A jurisprudência britânica sobre a reparação do nascimento indesejado era até então vacilante. Em *Udale v. Bloomsbury Area Health Authority* [1983], 2 All ER 522, o pedido reparatório formulado pelos pais, vítimas de uma esterilização mal realizada, foi rejeitado sob o argumento de que "a vinda de uma criança ao mundo [...] é uma bênção e uma ocasião para regozijar-se". Mas esse precedente foi revertido em *Thake v. Maurice* [1986] QB 644 e em *Emeh v. Kensington, Chelsea and Westminster Area Health Authority* [1985] QB 1012, nos quais as cortes se mostraram favoráveis à reparação. Para um apanhado sobre a jurisprudência britânica, cf. PRIAULX, Nicolette. *The harm paradox*: tort law

um casal, que já tinha quatro filhos e concebeu o quinto após uma vasectomia mal realizada[7], não teria direito à reparação dos custos incorridos com o sustento da criança. Segundo o tribunal, os responsáveis pelo erro médico estariam obrigados apenas a indenizar a mulher pelas dores e sofrimentos que ela experimentou em decorrência da gestação involuntária[8].

A regra seria abrandada nas hipóteses envolvendo o nascimento de crianças deficientes. No precedente *Parkinson v. St. James & Seacroft University Hospital N.H.S. Trust*, proferido um ano mais tarde, a Corte de Apelação daquele mesmo país concluiu que o limite à indenização estabelecido em *McFarlane* não se aplica aos casos em que a criança não planejada sofre de doença congênita, hipótese na qual os pais têm direito à indenização dos custos de sustento "desde que limitados aos gastos extras associados à deficiência da criança"[9].

3. Esse raciocínio foi levado ao extremo na França, onde tanto o Conselho de Estado, em 1982[10], quanto a Corte de Cassação, em 1991[11], recusaram qualquer reparação, moral ou material, à paciente impedida de consumar um aborto legal por causa de um erro médico. Nos dizeres da Corte de Cassação, a existência de um filho "não pode, em si, constituir para a mãe um prejuízo juridicamente reparável"[12].

Contudo, o Conselho de Estado posteriormente reconheceu, no julgado *Quarez*, que a frustração do aborto pode sim ensejar um prejuízo reparável

---

and the unwanted child in an era of choice. Londres: Routledge-Cavendish, 2007; DEAKIN, Simon; JOHNSTON, Angus; MARKESINIS, Basil. *Markesinis and Deakin's tort law*. 5. ed. Oxford: Oxford University Press, 2003, p. 305.

[7] No caso, a equipe médica informou o paciente, erroneamente, que o espermograma realizado após a vasectomia havia comprovado o sucesso da operação, o que fez com que ele retomasse suas atividades sexuais normalmente. Para uma análise desse tipo de erro na etapa pós-operatória de vasectomias, cf. *infra*, n° 70.

[8] A decisão foi confirmada mais recentemente, em *Rees v. Darlington Memorial Hospital* [2003] UKHL 52 (HL).

[9] *Parkinson v. St James & Seacroft University Hospital* N.H.S. Trust [2001] EWCA Civ 530.

[10] CE, 2 julho 1982, n° 23141, *D. 1984*, p. 425, nota J-B. D'Onorio, IR 21, obs. Moderne e Bon, *Gaz. Pal. 1983*, p. 193, obs. Moderne, *AJDA* 1983, p. 206.

[11] Civ. 1ª, 25 junho 1991, n° 89-18617, *Bull. civ. I*, n° 213, *D. 1991*, p. 566, nota P. le TOURNEAU, *JCP 1992*, II, 21784, nota Barbieri, *RTD Civ. 1991*, p. 753, obs. P. Jourdain, R. Peteffi da Silva. Novos direitos, reparação dos pais pelo nascimento de filhos indesejados e a tutela do 'direito de nascer': um diálogo com o ordenamento francês. *In*: SILVA, Reinaldo Pereira (coord.). *Novos direitos*: conquistas e desafios. Curitiba: Juruá, 2008, p. 186-190.

[12] *Idem*.

para os pais, se a intervenção abortiva em questão visava evitar o nascimento de uma criança com deficiência[13]. No caso, um erro de diagnóstico cometido durante exames pré-natais impossibilitou que os genitores tomassem conhecimento da trissomia 21 (síndrome de Down) que acometia o feto, privando-os, assim, da possibilidade de interromper a gestação.

A Corte de Cassação foi ainda mais longe nesse tipo de conflito e admitiu, no controverso acórdão *Perruche*, que o próprio filho deficiente pode demandar reparação pelos gastos decorrentes de sua doença, em face dos profissionais que impediram sua mãe de realizar seu aborto[14].

O julgado *Perruche* provocou grande comoção em meio à sociedade francesa, que acusou a Corte de Cassação de ter afirmado que a não existência seria preferível à vida com deficiência, instituindo um "direito de não nascer" em favor da criança deficiente. A polêmica redundou na aprovação de uma lei que expressamente proibiu que qualquer pessoa demandasse reparação fundada em seu próprio nascimento, bem como limitou a indenização devida aos pais nos casos em que a deficiência de seu filho não foi identificada durante a gravidez, ao assentar que os gastos decorrentes da doença da criança não seriam mais reparáveis. Como resultado, é possível afirmar que a responsabilidade civil pelo nascimento indesejado tem hoje uma abrangência muito restrita no Direito Francês, limitando-se aos danos morais experimentados pelos genitores nos casos em que a criança nascida sofre de deficiência.

4. A questão é mais tormentosa nos Estados Unidos, onde o mosaico de jurisdições estaduais inviabiliza qualquer conclusão categórica sobre a existência ou sobre a extensão do direito à reparação pelo nascimento indesejado naquele país; uma indefinição que é agravada pelo fato de que a terminologia adotada no Direito Americano não é uniforme[15]. Com efeito, os autores e tribunais costumam classificar esse tipo de ação reparatória em três espécies

---

[13] CE, 14 fev. 1997, *Rec.* 44, *RFD adm.* 1997, p. 379, conc. V. Pécrese, nota B. Mathieu, *JCP 1997*, II, 22828, nota J. Moreau, *LPA* 28 março 1997, p. 23, nota S. Alloiteau.

[14] Assem. Plén., 17 nov. 2000, *D. 2001*, p. 332, nota D. MAZEAUD, p. 336, nota P. JOURDAIN, p. 442, nota L. AYNÈS, p. 1889, nota P. Kayser, *JCP 2000*, I, 279, nota G. MÉMETEAU, II, 10438, nota F. CHABAS, conc. J. SAINTE-ROSE, rel. P. SARGOS, 2267, nota F. TERRÉ, *JCP 2001*, I, 286, nota G. VINEY, *RTD Civ.* 2001, p. 77, nota B. Markesinis, p. 285, nota M. FABRE-MEGNAN, *LPA* 8 dez. 2000, n° 245, nota M. GOBERT, *Defrénois 2001*, p. 262, nota J-L. AUBERT.

[15] Rafael Peteffi da SILVA, *Responsabilidade civil pelo nascimento de filhos indesejados: comparação jurídica e recentes desenvolvimentos jurisprudenciais*, op. cit., p. 381-382.

distintas – *wrongful conception*[16], *wrongful birth* e *wrongful life* – mas essas expressões nem sempre são utilizadas com o mesmo significado[17].

A despeito das ambiguidades, é possível afirmar que, em geral[18], a expressão *wrongful conception* é utilizada para designar as ações reparatórias em que os pais se queixam da falha do método contraceptivo empregado por eles, redundando no nascimento indesejado de um filho saudável. Em seu turno, a expressão *wrongful birth* diz respeito às ações ajuizadas pelos pais em razão da falha de procedimentos especificamente destinados a impedir o nascimento de uma criança com deficiência, como testes de compatibilidade genética do casal ou exames pré-natais, que dariam aos genitores a oportunidade de evitar a concepção do feto acometido pela doença, ou interromper sua gestação[19]. Nesses casos, a enfermidade é o elemento central do pedido reparatório dos pais, que se insurgem contra o nascimento do filho precisamente porque ele é portador de doença congênita. Já *wrongful life* é uma expressão normalmente empregada para denominar as ações reparatórias ajuizadas

---

[16] Também denominada, algumas vezes de *wrongful pregnancy*. Cf. DOBBS, Dan. *The law of torts*. St. Paul: WestGroup, 2000, p. 793; MASON, John Kenyon. Wrongful pregnancy, wrongful birth and wrongful terminology. *Edinburgh Law Review*, v. 6, n. 1, 2010, p. 46.

[17] Para uma sistematização desses usos, cf. Kathleen MAHONEY. Malpractice claims resulting from negligent preconception genetic testing: do these claims present a strain of wrongful birth or wrongful conception, and does the categorization even matter? *Suffolk University Law Review*, v. 39, 2006, p. 773; STRASSER, Mark. Yes, Virginia, there can be wrongful life: on consistency, public policy, and the birth-related torts. *The Georgetown journal of gender and the law*, v. 4, 2004, p. 824-834.

[18] HARRIS, Cailin. Statutory prohibitions on wrongful birth claims & their dangerous effects on parents. *Boston college journal of law & social justice*, v. 34, n. 2, 2014, p. 368-369.

[19] Há, contudo, autores e tribunais que utilizam a expressão *wrongful birth* de forma ampla, de modo a abranger toda e qualquer demanda formulada pelos pais em razão do nascimento indesejado, contrapondo-a apenas às ações reparatórias do tipo *wrongful life*, que seriam aquelas ajuizadas pela própria criança (MURTAUGH, Michael. Wrongful birth: the courts' dilemma in determining a remedy for a 'blessed event'. *Pace law review*, v. 27, 2007, p. 241; HENSEL, Wendy. The disabling impact of wrongful birth and wrongful life actions. *Harvard civil rights-civil liberties law review*, v. 40, 2005, p. 141) Outras vezes, *wrongful conception* é utilizado para designar as ações fundadas na falha de métodos contraceptivos, ao passo que *wrongful birth* englobaria as ações fundadas na falha de procedimentos abortivos. Por fim, há aqueles que distinguem simplesmente os casos em que a criança nascida é saudável, designados como *wrongful conception*, reservando a expressão *wrongful birth* àqueles que envolvem o nascimento de crianças com deficiência (MEE, Jennifer. Wrongful conception: the emergence of a full recovery rule. *Washington university law review*, v. 70, n. 3, 1992, p. 887).

pela própria criança deficiente[20], em decorrência da falha que impediu que sua mãe realizasse um aborto ou evitasse sua concepção[21].

Em todo caso, é interessante observar que a maioria dos tribunais americanos reconhece o direito dos pais à reparação nas hipóteses de falhas apresentadas por métodos contraceptivos, ainda que essa indenização, na maioria dos casos, não abranja os custos de sustento do filho[22]. Pelo menos metade dos estados concede reparação para os casos de *wrongful birth*, mas apenas três deles – Califórnia[23], Nova Jersey[24] e Washington[25] – reconhecem que as ações de *wrongful life* merecem compensação[26].

Por outro lado, têm se tornado cada vez mais comuns as leis estaduais que limitam ou mesmo excluem totalmente o direito à reparação pelo nascimento indesejado[27]. Ao menos doze estados já aprovaram textos legais impondo algum tipo de restrição à reparação devida em casos de falha de

---

[20] Contudo, a expressão *wrongful life* é por vezes utilizada para designar qualquer ação reparatória movida por um sujeito em razão dos danos supostamente decorrentes de seu próprio nascimento – ainda que o sujeito em questão não seja acometido por qualquer doença. Cf. *Zepeda v. Zepeda* 41 Ill. App. 2nd 240 (1963); *Cowe v. Forum Group Inc.* 575 N.E.2d 630 (1991).

[21] É preciso reconhecer que essa classificação possui falhas. Tomemos a hipótese em que os pais empregavam métodos contraceptivos por razões prosaicas, não ligadas ao risco de deficiência da prole. Se esse método falhar e o filho nascido, por qualquer razão, sofrer de doença congênita, o caso será classificado como *wrongful birth* ou *wrongful conception*? Outra lacuna dessa classificação diz respeito às hipóteses de falha de métodos abortivos que redundaram no nascimento de crianças saudáveis. Por fim, a classificação também não abarca os casos em que a própria criança requer reparação pelo nascimento indesejado, apesar de não ser deficiente.

[22] Cf. Dan Dobbs, *The law of torts*, op. cit., p. 796 e os julgados citados.

[23] *Turpin v. Sortini* 31 Cal. 3rd 220 (1982); *Curlender v. Bio-Science Labs.* 165 Cal. Rptr. 477 (1980).

[24] *Procanik by Procanik v. Cillo* 97 N.J. 339, 478 A. 2nd 755 (1984). Trata-se de um reviramento da jurisprudência pois, até então, os tribunais do estado rejeitavam as ações de *wrongful life*: *Gleitman v. Cosgrove*, 49 N.J.22, 227 A.2d 689 (1967); *Berman v. Allan*, 80 N.J. 421, 404, A. 2nd 8 (1979).

[25] *Harbeson v. Parke-Davis Inc.* 98 Wn. 2nd 460 (1983).

[26] Dados retirados de Wendy Hensel, *The disabling impact of wrongful birth and wrongful life actions*, op. cit., p. 151-154 e 160-162; Michael Murtaugh, *Wrongful birth: the courts' dilemma in determining a remedy for a 'blessed event'*, op. cit., p. 277-278.

[27] Cailin Harris, *Statutory prohibitions on wrongful birth claims & their dangerous effects on parents*, op. cit., p. 377-383.

métodos contraceptivos ou abortivos[28]. Diplomas que limitam o direito dos pais à reparação são também encontrados em outros países, como a Austrália[29].

5. Não é surpreendente que os juízes e legisladores ao redor do mundo tenham firmado soluções distintas para o problema da responsabilidade pelo nascimento indesejado. Esse tipo de divergência é elementar em qualquer campo do Direito Comparado. O que de fato chama atenção com relação às ações reparatórias relativas à falha de métodos contraceptivos ou abortivos é que elas sempre vêm acompanhadas de forte polêmica. Seja qual for o entendimento adotado, as cortes são frequentemente acusadas de complacência para com uma das partes; ou de terem negligenciado interesses públicos ou privados relevantes. Por que razão, afinal, a reparação do nascimento indesejado nunca é vista como uma questão trivial?

Uma primeira explicação para essa polêmica está no fato de que a responsabilidade pela falha de contraceptivos tangencia um assunto moralmente sensível, qual seja: o tema da sexualidade. Mesmo que os métodos contraceptivos sejam legalizados em muitos países, a verdade é que a separação entre sexo e reprodução promovida por eles ainda provoca repulsa, por vezes velada ou mesmo inconsciente, em grande parte da sociedade. Como toda questão relativa à liberdade sexual, a utilização de anticoncepcionais envolve uma série de preconcepções e moralismos enraizados; um tipo de tabu que repercute nas ações reparatórias e faz com que muitos operadores enxerguem a reivindicação dos usuários de contraceptivos como algo indecente.

Mas, para além do pudor da sexualidade, a reparação da falha de contraceptivos enfrenta também outra barreira, desta vez de ordem jurídica. Existe, com efeito, um paradoxo inerente à responsabilidade civil pelo nascimento indesejado. A demanda reparatória dos pais é problemática na medida em que traz consigo uma aparente contradição entre valores protegidos pelo Direito: a autonomia reprodutiva dos genitores, de um lado, e a dignidade do nascimento e do próprio filho, de outro.

6. Para entender melhor o problema, é preciso atentar ao papel fundamental exercido pela responsabilidade civil na afirmação de direitos subjetivos. Deixando de lado as diferentes teorias que surgiram sobre o assunto, o direito subjetivo pode ser conceituado como uma prerrogativa jurídica atribuída

---

[28] A lista inclui Idaho, Indiana, Michigan, Arizona, Minnesota, Missouri, Montana, Oklahoma, Dakota do Norte, Dakota do Sul, Utah e Pensilvânia. Cf. Wendy HENSEL, op. cit., p. 162 e Cailin HARRIS, op. cit., p. 367.

[29] Cf. as Seções 49A e 49B do *Justice and Other Legislation Amendment Act (2003)*, do estado de Queensland; as Seções 70 e 71 do *Civil Liability Act (2002)*, de Nova Gales do Sul; e a Seção 67 do *Civil Liability Act (1936)* da Austrália Meridional.

um a indivíduo para que ele possa satisfazer seus interesses, ou, na expressão clássica de Jhering[30], como um "interesse juridicamente protegido"[31]. E há diversas maneiras pelas quais o ordenamento pode proteger um determinado interesse individual. A mais óbvia é conceder ao seu titular a faculdade de exigir diretamente o bem ou a prestação que satisfaz esse interesse. É o que ocorre com o direito de propriedade, que confere ao proprietário o poder de reivindicar a coisa de quem injustamente a possua ou detenha[32]; ou com a obrigação de dar coisa certa, que atualmente comporta tutela específica em favor do credor[33].

Contudo, em certas situações, a satisfação do interesse pela via direta mostra-se impossível ou mesmo inconveniente. A ação reivindicatória, por exemplo, é absolutamente incapaz de favorecer o proprietário de um veículo destruído pela negligência alheia. Por outro lado, a consideração dos interesses de terceiros pode fazer com que não seja oportuno permitir que o credor obtenha a coisa que lhe fora prometida, caso este bem se encontre hoje nas mãos de um adquirente de boa-fé. Nesses casos, a única maneira de se proteger o interessado é mediante uma prestação em dinheiro, que seja capaz de compensar a perda e satisfazê-lo indiretamente. Essa prestação é o que se denomina indenização[34]. A responsabilidade civil é, sob essa perspectiva, uma forma subsidiária pela qual o ordenamento resguarda determinados interesses individuais e os assimila como direitos subjetivos, sem conceder o próprio bem da vida tutelado.

7. No caso específico da reparação pelo nascimento indesejado, o interesse protegido por meio da responsabilidade civil é a autonomia reprodutiva dos genitores. A autonomia reprodutiva nada mais é do que a faculdade, reconhecida a todo indivíduo, de decidir sobre suas próprias funções biológicas ligadas à procriação, escolhendo quantos filhos pretende ter e em qual

---

[30] JHERING, Rudolf von. *L'esprit du droit romain dans diverses phases de son développement*. Tradução de Octave de Meulenaere. 2. ed. Paris: A. Marescq, 1880, t. 4, p. 315-326, n° 70 e 71.

[31] Para uma análise crítica da noção de direito subjetivo como um interesse juridicamente protegido, cf. ASCENSÃO, José de Oliveira. *Direito civil*: teoria geral – relações e situações jurídicas. 2. ed. São Paulo: Saraiva, 2010, v. 3, p. 47-87; DABIN, Jean. *Le droit subjectif*. Paris: Dalloz, 2008, p. 55-80.

[32] Art. 1.228, *caput*, do CC/2002.

[33] Art. 497 do CPC/2015; art. 461 do CPC/1973.

[34] Essa relação entre direito subjetivo (*entitlement*), propriedade e responsabilidade é explorada por Guido CALABRESI e Douglas MELAMED em seu clássico artigo Property rules, liability rules, and Inalienability: one view of the cathedral. *Harvard Law Review*, v. 85, n. 6, 1972, p. 1089.

momento deseja concebê-los. Usualmente, essa liberdade é tratada como uma questão ligada ao direito de família, sob a denominação de "direito ao planejamento familiar". Mas a autonomia reprodutiva vem também ganhando espaço em meio a outras temáticas, sendo tratada, ora uma questão afeita ao direito à saúde, mais especificamente, à saúde reprodutiva; ora como um instrumento de promoção da igualdade entre gêneros, ao lado dos demais direitos das mulheres; ou, por fim, como um meio para concretização do direito à liberdade sexual[35].

Independentemente da abordagem que se escolha, é inegável que a autonomia reprodutiva é, hoje, um elemento da dignidade individual, reconhecido tanto pelos ordenamentos nacionais[36], quanto no plano do Direito Internacional[37]. Dedicar-se à paternidade ou à maternidade exige empenho emocional e financeiro; uma opção fundamental de vida que deve ser tomada de forma livre pelos próprios genitores.

8. Ora, não há dúvidas que a autonomia reprodutiva é atingida toda vez que alguém, por erro médico ou defeito do produto contraceptivo, se torna pai ou mãe contra a sua vontade. E o desfecho natural desses incidentes seria o de reafirmar o direito violado das vítimas por meio da responsabilidade civil. A reparação do nascimento indesejado é uma medida que se impõe, pois não há outra forma de se proteger a autonomia reprodutiva das vítimas de contraceptivos defeituosos. O nascimento de um filho não é um evento

---

[35] HOLANDA, Carolina Sátiro de. A gravidez indevida e o consequente nascimento de uma criança podem ser considerados um dano? Uma análise da determinação e da extensão dos danos decorrentes de wrongful conception. *Revista de Direito Civil Contemporâneo*, v. 12, 2017, p. 253.

[36] No Brasil, a autonomia reprodutiva – sob a denominação de "planejamento familiar" – encontra amparo, na Constituição Federal (art. 226, § 7º); na Lei do Planejamento Familiar (Lei nº 9.263/1996), no Código Civil (art. 1.565, § 2º) e no Estatuto da Pessoa com Deficiência (Lei nº 13.146/2015, art. 6º, III).

[37] Notadamente, na Convenção sobre a Eliminação de Todas as Formas de Discriminação contra a Mulher, de 1979 (art. 10, h; art. 12, item 1; e art. 14, item 2, b); na Convenção Internacional sobre os Direitos das Pessoas com Deficiência, de 2007 (art. 25, a); no Relatório da Conferência Mundial do Ano Internacional da Mulher do México, de 1975 (item 15); Relatório da Conferência Mundial da Década das Nações Unidas para Mulheres de Copenhage, de 1980 (item 1); no Relatório da Conferência Internacional sobre População e Desenvolvimento do Cairo, de 1994 (Capítulo VII, sobre "Direitos de Reprodução e Saúde Reprodutiva"); no relatório da Declaração e Plataforma de Ação da IV Conferência Mundial Sobre a Mulher de Pequim, de 1995 (item 94). Cf. Caroline Sátiro de HOLANDA, *A gravidez indevida e o consequente nascimento de uma criança podem ser considerados um dano?*, op. cit.

que pode ser desfeito ou remediado diretamente, restando apenas a opção de compensar as vítimas pelos efeitos dessa lesão.

Há, todavia, duas peculiaridades nesse tipo de litígio, que tornam a solução reparatória menos evidente.

9. Um primeiro problema diz respeito ao valor marcadamente positivo atribuído ao nascimento; um sentimento que, por certo, remonta a instintos primitivos ligados à continuação da linhagem à preservação da espécie humana. A vinda de uma criança ao mundo é culturalmente percebida como um evento auspicioso para a coletividade, em razão do surgimento de um novo indivíduo que irá se integrar ao corpo social, e especialmente para os pais da criança, que serão agraciados com a parentalidade, ela mesma vista como um dom e como uma fonte de alegrias. Daí o embaraço enfrentado por juristas e magistrados em aceitar que a mãe ou o pai se queixem desse evento e aleguem que sofreram danos em decorrência dele. Não estaríamos, aí, atentando contra a dignidade do nascimento e das relações parentais, ao admitirmos que a vinda do filho é, para eles, um episódio nefasto? A responsabilidade civil está acostumada a lidar com lesões que produzem resultados socialmente perniciosos, como mortes trágicas, nomes protestados e promessas não cumpridas. É constrangedor admitir que o nascimento de um filho, ainda que a contragosto, também se enquadre nessa categoria.

Eis aí o paradoxo da autonomia reprodutiva: um direito individual que, uma vez desrespeitado, traz consequências coletivamente percebidas como positivas. Não por acaso, os tribunais dos Estados Unidos por vezes recusam reparar esse tipo de incidente, sob o argumento de que o nascimento de um filho é sempre um "evento abençoado"[38], que não pode, portanto, ser considerado um prejuízo experimentado pelos pais[39]. Até mesmo a terminologia empregada pelas cortes americanas, "nascimento injusto" (*wrongful birth*), revela o incômodo diante do pedido dos pais, contrastando-o com as ações de responsabilidade civil fundadas na "morte injusta" (*wrongful death*),

---

[38] *Christensen v. Thornby* Minnesota Supr. Cor 255 N.W. 620 (1934); *Shaheen v. Knight* 11 Pa. D. & C.2d 41 (1957); *Schork v. Huber* 648 S.W.2d 861, 862 (1983); *Thibeault v. Larson*, 666 A.2d 112, 114 (1995). SILVA, Rafael Peteffi da. *Wrongful conception, wrongful birth e wrongful life: indenização pelo nascimento de filhos indesejados e os recentes posicionamentos da jurisprudência brasileira. Âmbito jurídico*, n. 95, 2011; Michael MURTAUGH, *Wrongful Birth: the courts' dilemma in determining a remedy for a 'blessed event'*, op. cit. Cf. também: *Udale v. Bloomsbury Area Health Authority* [1983], 2 All ER 522.

[39] Para uma crítica a esse argumento, cf. SILVA, Rafael Peteffi da. *Wrongful conception, wrongful birth e wrongful life: indenização pelo nascimento de filhos indesejados e os recentes posicionamentos da jurisprudência brasileira*, op. cit.

ajuizadas pelos parentes de vítimas de acidentes fatais[40]. Se a morte de um ente próximo é uma das mais graves tragédias que podem recair sobre um indivíduo, como seria possível admitir que o seu oposto também seja reputado um injusto reparável?[41]

É claro que essa perplexidade com relação à pretensão reparatória das vítimas de contraceptivos falhos atinge com ainda mais força as mulheres. Por mais que tenhamos evoluído na superação da herança machista que nos foi relegada, ainda persiste na sociedade atual a ideia de que a maternidade é uma vocação inerente ao gênero feminino. Ao alegar que o nascimento indesejado lhe representa um dano, a mulher estaria negando seu papel social de procriadora e educadora dos filhos.

10. Mas há ainda um segundo elemento que torna a reparação da falha de contraceptivos especialmente controversa: o fato de que a lesão em questão é personificada. Algo que diferencia a violação da autonomia reprodutiva em relação às lesões a outros interesses protegidos é que ela provoca o surgimento de um novo ser humano, portador de dignidade própria. O filho não planejado dá corpo à violação do direito de seus genitores; ele é a expressão material desse desrespeito. Isso faz com que a pretensão reparatória dos pais seja por vezes interpretada como um ato de rejeição pessoal ao filho concebido, como se, com o pedido de indenização, eles estivessem afirmando que repudiam a relação de filiação inaugurada, ou pior, que aquela criança representa para eles um desgosto[42]. Na doutrina francesa, por exemplo, alguns autores tratam o dano do nascimento indesejado pelo apelido jocoso de "bebê-prejuízo"[43].

---

[40] PINTO, Paulo Mota. Indemnização em caso de 'nascimento indevido' e de 'vida indevida' ('wrongfulbirth' e 'wrongful life'). *Lex medicinae: revista portuguesa de direito da saúde*, ano 4, n. 7, 2007, p. 6.

[41] Nesse mesmo sentido, a decisão proferida pela Corte de Apelação de Riom: "Considerando que, se a morte de uma pessoa com a qual ela possui relações de parentesco enseja para um ser humano um prejuízo moral para o qual as jurisdições admitem o surgimento de um direito à reparação, este prejuízo decorre necessariamente da presunção da aflição particularmente forte, da qual não se exige outra demonstração em especial; Considerando que do nascimento, evento exatamente contrário, não se pode presumir que provoque na mãe que trouxe a criança ao mundo uma profunda aflição cujo ressentimento se prolongará por muito tempo"; CA Riom, 6 julho 1989, *D. 1990*, p. 284, nota P. le TOURNEAU. No mesmo sentido: TJMG, Apel 1.0625.04.038154-7/001, 10ª C.Civ., 03.10.2006.

[42] VINEY, Geneviève; JOURDAIN, Patrice; CARVAL, Suzanne. *Les conditions de la responsabilité*. 4. ed. Paris: LGDJ, 2013, p. 29, n° 249-2.

[43] PRADEL, Xavier. *Le préjudice dans le droit civil de la responsabilité*. Paris: LGDJ, 2004, p. 145-149.

Existe, por essa razão, uma dificuldade em se proteger a autonomia reprodutiva por meio da responsabilidade civil, na medida em que essa forma de proteção age *a posteriori*, ou seja, após o nascimento do filho. Inicialmente, o uso de métodos contraceptivos é uma questão envolve o exercício, por parte do casal, de seu direito à autodeterminação reprodutiva; um exercício perfeitamente legítimo e que diz respeito exclusivamente a eles. O nascimento do filho, ocorrido em razão da falha desses métodos, altera essa situação material, na medida em que introduz nesse cenário preocupações para com a criança nascida, que é, ele mesma, titular de interesses tutelados potencialmente antagônicos aos de seus pais. A partir do nascimento, a tentativa de reafirmar a autonomia reprodutiva dos genitores já violada pode ser considerada, com ou sem razão, como fruto de um juízo depreciativo sobre a criança que nasceu em decorrência dessa violação[44].

11. O que se pretende, com esta obra, é refutar essas barreiras levantadas contra a responsabilidade civil pelo nascimento indesejado. Como será demonstrado ao longo da obra, nenhum dos argumentos contrários à indenização é verdadeiramente convincente: de um lado, a reparação pretendida pelos pais não implica a rejeição à criança nascida; de outro, ainda que o nascimento seja evento socialmente visto como positivo, ninguém pode ser compelido a ter um filho, contra a sua vontade.

Em definitivo, a reparação nos parece um corolário inevitável da positivação do direito à autodeterminação reprodutiva. E é por isso que pretendemos apresentar os fundamentos, existentes no Direito brasileiro, aptos a sustentar a responsabilidade civil pelo nascimento indesejado.

12. Em certos aspectos, o estudo da reparação do nascimento indesejado é menos intrincado no Brasil do que em outros países. A principal razão para isso está no fato de que o aborto voluntário é criminalizado no Direito Brasileiro[45], o que exclui do espectro da responsabilidade o mais polêmico dos métodos de controle de nascimentos – e que mais frequentemente causa conflitos nos ordenamentos estrangeiros[46]. As hipóteses em que nossa legislação

---

[44] Para um enfoque nesse conflito, cf. MULTEDO, Renata Vilela. A responsabilidade civil por nascimento indesejado no direito brasileiro. *Revista trimestral de direito civil*, v. 51, 2012, p. 91.

[45] Cf., contudo, STF, HC 124.306/RJ, 1ª Turma, 09.08.2016, no qual a formação entendeu pela inconstitucionalidade da criminalização do aborto realizado até o primeiro semestre de gestação. A questão da constitucionalidade da proibição do aborto voluntário é objeto da ADPF 422/DF, ainda pendente de julgamento naquele Tribunal.

[46] Ressalte-se que este estudo não pretende tratar do tema da moralidade ou da legalidade do aborto, ainda que certas peculiaridades desse método de controle de nascimentos sejam incidentalmente discutidas ao longo da obra.

admite a realização do aborto, a saber, nos casos de risco à vida da gestante ou de estupro (art. 128 do Código Penal) e nos casos de anencefalia do feto (ADPF n° 54 do Supremo Tribunal Federal)[47], se fundamentam muito mais nos sentimentos humanitários que emergem nessas situações extremas, não tendo, verdadeiramente, o propósito de promover a autonomia reprodutiva da mulher[48]. Em todo caso, as ações reparatórias fundadas na ineficácia de procedimentos abortivos são extremamente raras nos tribunais[49], de modo que a questão é praticamente irrelevante.

A ilegalidade do aborto termina também por limitar as hipóteses em que a pretensão reparatória tem por fundamento a deficiência da criança nascida; um tipo de conflito que emerge, via de regra, quando as técnicas de diagnóstico pré-natal são aliadas à possibilidade de interrupção da gravidez. Em outras palavras, não existem no Brasil as condições necessárias para o surgimento de conflitos que no Direito Americano são classificados como do tipo *wrongful birth* e *wrongful life*[50] e que na França ensejaram a

---

[47] STF, ADPF 54/DF, Plenário, 12.04.2012. Cabe observar que, na decisão proferida na ADPF 54/DF, o STF apenas afirmou ser inconstitucional "a interpretação de a interrupção da gravidez de feto anencéfalo ser conduta tipificada nos arts. 124, 126 e 128, incisos I e II, do Código Penal". Nesse sentido, não é correto concluir (ainda mais, dadas as divergências apresentadas nos votos dos ministros julgadores) que a corte criou uma nova hipótese de aborto legalizado. Na verdade, o STF delimitou a abrangência daquilo que se entende por "aborto", para efeitos de aplicação da lei penal.

[48] Mais recentemente, o STF apreciou ADI em que se pretendia que o raciocínio tecido pelo tribunal para admitir a interrupção de gravidez nos casos de anencefalia do feto fosse estendido também às hipóteses em que a gestante fosse diagnosticada com Zika vírus, tendo em vista que esta doença tem graves efeitos teratogênicos, sendo causadora de microcefalia no nascituro. A ação, contudo, foi julgada prejudicada, em razão da perda de seu objeto e da ilegitimidade ativa da entidade que a ajuizou. Cf. STF, ADI 5.581/DF, Plenário, 04.05.2020

[49] Ver, contudo: TJSP, Apel 0003035-30.2008.8.26.0020, 6ª C.Priv., 30.07.2012: um casal, cujo filho nasceu com grave deficiência, vindo a falecer dezesseis horas após o parto, pretendia obter reparação em face da clínica que realizara os exames pré-natais, sob o argumento que "se o exame tivesse acusado a má formação do feto, poderia ser requisitado um aborto via judicial". A tese foi rechaçada pelo Tribunal de São Paulo: "os casos de aborto autorizado são restritos às hipóteses de: gravidez que coloca em risco a vida da gestante (aborto necessário inciso I do artigo 128 do Código Penal); gravidez resultante de estupro (aborto sentimental inciso II do referido artigo); ou gestação de feto anencéfalo (cf. ADPF 54, STF, Plenário, 12.4.2012, m.v.). E o caso em apreço (aborto eugênico) não se amolda a nenhuma dessas situações".

[50] KFOURI NETO, Miguel. *Responsabilidade civil do médico*. 8. ed. São Paulo: RT, 2013, p. 41-42.

jurisprudência *Quarez e Perruche*[51]. No Direito Brasileiro, a responsabilidade pelo nascimento indesejado é tipicamente um problema de *wrongful conception*[52].

Por outro lado, o Direito Brasileiro reúne algumas peculiaridades que tornam a análise da responsabilidade pelo nascimento indesejado especialmente interessante. Cumpre observar que o Brasil é um dos países com a maior prevalência de esterilizações voluntárias do mundo[53], fazendo com que as ações fundadas na ineficácia dessas cirurgias sejam muito frequentes em nossos tribunais. No mais, o célebre incidente com a pílula contraceptiva Microvlar – notabilizado como "o caso das pílulas de farinha" – provocou uma massa de litígios sobre o nascimento indesejado que dificilmente encontra paralelos em outros países. Isso tudo contribui para que o Brasil seja um cam-

---

[51] Deve-se observar, todavia, que litígios do tipo *wrongful birth* e *wrongful life* podem surgir no Brasil dentro de dois contextos. O primeiro deles, do aconselhamento genético de casais portadores de deficiência que, antes de decidirem pela concepção, consultam especialistas para se assegurar de que a doença não será transmitida à prole. O segundo, dos diagnósticos pré-implantacionais. Os diagnósticos pré-implantacionais são procedimentos adotados durante tratamentos de reprodução assistida, e que permitem que os pais evitem implantar embriões que apresentem doenças genéticas. No Brasil, os diagnósticos pré-implantacionais não estão regulamentados em lei, mas sua prática é reconhecida pelo CFM, que editou sucessivas resoluções sobre a matéria (a última delas, a resolução CFM 2.168/2017). Um erro cometido durante esses procedimentos pode levar a um litígio do tipo *wrongful birth* ou mesmo *wrongful life*. Contudo, é preciso reconhecer que essas hipóteses são raras, daí porque a maioria dos litígios de *wrongful birth* ou e *wrongful life* reportados pela literatura jurídica diz respeito à temática da violação do direito ao aborto. Sobre o tema, cf. SOUZA, Iara Antunes de. *Aconselhamento genético e responsabilidade civil*. Belo Horizonte: Arraes, 2015, p. 113-125. A autora sustenta, ainda, que as ações do tipo *wrongful birth* poderiam surgir no Brasil, nos casos falha de diagnóstico pré-natal de anencefalia e outras doenças genéticas que ensejam a inviabilidade do feto, tendo em vista que a jurisprudência tem admitido a realização de aborto nessas hipóteses.

[52] Rafael Peteffi da SILVA, *Wrongful conception, wrongful birth e wrongful life: indenização pelo nascimento de filhos indesejados e os recentes posicionamentos da jurisprudência brasileira*, op. cit.; Renata Vilela MULTEDO, *A responsabilidade civil por nascimento indesejado no direito brasileiro*, op. cit., p. 97.

[53] BARBOSA, Luciana Freitas; LEITE, Iúri da Costa; NORONHA, Marina Ferreira de. Arrependimento após a esterilização feminina no Brasil. *Revista brasileira saúde materno infantil*, v. 9, n. 2, 2009, p. 180; FAÚNDES, Anibal; PERDIGÃO, Antero Marques et al. Associação entre prevalência de laqueadura tubária e características sócio-demográficas de mulheres e seus companheiros no estado de São Paulo, Brasil. *Cadernos de saúde pública*, v. 14, supl. 1, 1998, p. 50.

po privilegiado para o exame sobre as possíveis falhas envolvendo métodos anticoncepcionais e suas repercussões para efeitos de responsabilidade civil[54].

13. Convém, nesse sentido, ordenar o estudo da responsabilidade pela falha dos contraceptivos em torno de duas ordens de ideias. A primeira delas relativa ao fato gerador da responsabilidade civil. Vale ressaltar que nem todo nascimento indesejado, ocorrido durante o uso de métodos anticonceptivos, fazer surgir aos pais direito à indenização. Isso ocorre porque nenhum método contraceptivo garante aos seus usuários cem por cento de eficácia. Não há, nesse sentido, legítima expectativa quanto à infalibilidade do contraceptivo empregado, de modo que é preciso distinguir duas situações: há casos em que a gravidez indesejada foi fruto de uma margem de ineficácia normal e esperada do contraceptivo empregado pelos genitores; e outros em que houve verdadeira falha do contraceptivo, isto é, uma disfunção do método que pode ser imputada à culpa médica, ou ao defeito do produto ou do serviço de contracepção. Apenas nessas últimas hipóteses é que o ordenamento reconhece que os pais fazem jus à reparação.

Uma das principais dificuldades em meio ao tema da responsabilidade civil pelo nascimento indesejado é identificar quando e sob que condições podemos afirmar que o contraceptivo efetivamente falhou. Para determinar se houve falha do anticoncepcional, capaz de justificar o pleito dos pais, o operador se vê obrigado a enfrentar uma série de questões relativas à ação farmacológica dos contraceptivos hormonais ou às técnicas cirúrgicas empregadas nas esterilizações voluntárias. E esse será o objeto da primeira parte desta obra: *os fundamentos técnicos* da responsabilidade civil pelo nascimento indesejado.

Já a segunda parte do livro será dedicada a um outro tipo de indagação, que diz respeito à moralidade da reparação do nascimento indesejado. Como já afirmamos, a indenização decorrente do nascimento de um filho traz à tona uma série de considerações de ordem valorativa, relativas à dignidade da criança e das relações de filiação. Veremos que, a despeito desses questionamentos, a indenização é fruto de uma escolha do legislador brasileiro, que encampou o direito à autonomia reprodutiva em nosso ordenamento. A reparação integral dos prejuízos experimentados pelos pais é essencial para a plena concretização desse direito. Mas veremos também que a posição adotada em alguns países, que concedem reparação apenas para os casos de nascimento de crianças com deficiência, é moralmente insustentável. São *os fundamentos éticos* da responsabilidade civil pelo nascimento indesejado que entrarão no foco de nossos estudos.

---

54 Rafael Peteffi da SILVA. *Responsabilidade civil pelo nascimento de filhos indesejados: comparação jurídica e recentes desenvolvimentos jurisprudenciais*, op. cit., p. 380-381.

PARTE 1
A RESPONSABILIDADE CIVIL PELO NASCIMENTO INDESEJADO: OS FUNDAMENTOS TÉCNICOS

Seção Preliminar: a autonomia reprodutiva para além da objetivação da responsabilidade civil

14. Uma das principais transformações ocorridas no campo da responsabilidade civil foi a extensão do dever de reparar para além do paradigma da culpa. Influenciadas pelos dogmas da fé cristã, as primeiras codificações da modernidade[1] se pautavam em uma concepção bastante moralista das fontes das obrigações[2], e praticamente relegavam a obrigação de reparar às hipóteses em que o causador do dano agiu de forma reprovável. Coube principalmente à chamada "teoria do risco", surgida ao final do século XIX, o papel de reverter a hegemonia da culpa na responsabilidade civil, introduzindo hipóteses em que a indenização se fundamenta, não num suposto desvio cometido pelo responsável, mas na ideia de que o indivíduo deve assumir os riscos que decorrem de sua ação.

Enraizada no discurso jurídico, essa tradicional dicotomia entre culpa e risco talvez apresente hoje seus sinais de esgotamento. A dualidade de fundamentos era perfeitamente adequada para explicar um modelo de responsabilidade civil embrionário e pouco abrangente, no qual a responsabilidade exercia apenas um papel secundário em meio aos demais ramos do Direito Civil[3]. O que se viu ao longo do último século, no entanto, foi uma verdadeira hipertrofia da responsabilidade civil[4]. Ainda que a nossa literatura lhe atribua grande importância, a verdade é que essa tentativa de reduzir a

---

[1] O papel do pensamento cristão no Direito das Obrigações é notável em dois autores que influenciaram o Código Civil francês de 1804 e, por consequência, as legislações europeias que nele se inspiraram: Jean DOMAT (cf. especialmente, *Traité des lois*, que precede sua obra prima, *Les Lois civiles dans leur ordre naturel*, Oeuvres complètes de Jean Domat. t. 1. Paris: Firmin Didot, 1829, p. 1-75) e Robert-Joseph POTHIER (cf. especialmente, *Le traité des obligations, Traités sur différentes matières de droit civil et de jurisprudence françoise*. 2. ed. Paris: Debure, 1781, t. 1, p. 47-51).

[2] Para uma análise dessa relação entre as fontes das obrigações e a moralidade, cf. CARNAÚBA, Daniel Amaral. A renovação dos vícios do consentimento: considerações a propósito dos institutos introduzidos pelo Código Civil de 2002. *Revista trimestral de direito civil*, v. 50, 2012, p. 3.

[3] VINEY, Geneviève. *Introduction à la responsabilité*. 3. ed. Paris: LGDJ, 2007, p. 26-28, n° 17.

[4] TOURNEAU, Philippe le. *Droit de la responsabilité et des contrats*. 6. ed. Paris: Dalloz, 2006, p. 363-367, n° 1303 e s.

responsabilidade civil a dois grandes fundamentos revela-se, nos dias atuais, insuficiente, ou, até mesmo, equivocada.

15. Um primeiro problema a ser apontado é que esse raciocínio binário, calcado na contraposição entre culpa e risco, faz pouco caso da heterogeneidade dos fatos jurídicos que podem ensejar o surgimento do direito à indenização – os chamados "fatos geradores da obrigação de reparar"[5]. O que caracteriza a responsabilidade civil contemporânea é justamente a fragmentação desses fatos geradores, com o advento de novas situações que ensejam o dever de indenizar. A subsunção de todas elas a uma terminologia dual predeterminada exige uma grande dose de simplificação e artificialismo.

Isso fica evidente quando se analisa a desnaturação conceitual à qual se submeteu a chamada "teoria do risco". Criada com um propósito bastante específico – o de responsabilizar os proprietários de indústrias pelos acidentes do trabalho envolvendo seus empregados, com base no conceito de "risco do negócio ou profissional"[6] –, a teoria do risco foi sendo paulatinamente alargada para que pudesse abarcar as novas hipóteses de responsabilidade surgidas desde então. Hoje, a expressão é utilizada para explicar regimes de indenização flagrantemente díspares[7], que incluem desde o dever dos pais de reparar os danos causados por seus filhos incapazes, à responsabilidade ambiental do proprietário de imóveis, passando pela indenização decorrente de abuso de direito e pela responsabilidade civil do Estado. Consequentemente, multiplicam-se os riscos mencionados em nossa literatura: o risco-proveito, o risco da propriedade, o "risco de ser pai"[8] etc.

Fato é que, sob a alcunha da "teoria do risco", escondem-se fundamentos bastante diversos e que, por vezes, em nada se relacionam com o sentido da palavra "risco", que remete à ideia de perigo extraordinário ou de incerteza. A

---

[5] Geneviève VINEY; Patrice JOURDAIN; Suzanne CARVAL, *Les conditions de la responsabilité*, op. cit., p. 432, n° 438.

[6] Foi para solucionar o problema dos acidentes de trabalho que Raymond SALEILLES (*Les accidents de travail et la responsabilité civile*: essai d'une théorie objective de la responsabilité délictuelle. Paris: Rousseau, 1897) e Louis JOSSERAND (*La responsabilité du fait des choses inanimées*. Paris: Rousseau, 1897) desenvolveram a chamada teoria do risco. Antes deles, SAINCTELETTE, Charles de, *De la responsabilité et de la garantie*: accidents de transport et de travail. Bruxelas: Bruylant-Christophe, 1884.

[7] MORAES, Maria Celina Bodin de. Risco, solidariedade e responsabilidade objetiva. *Revista dos Tribunais*, v. 854, p. 11.

[8] Nesse sentido, Carlos Roberto GONÇALVES: "A ideia de risco é a que mais se aproxima da realidade. Se o pai põe filhos no mundo, se o patrão se utiliza de empregados, ambos correm de que, da atividade daqueles, surja danos para terceiros" (*Responsabilidade civil*. 13. ed. São Paulo: Saraiva, 2011. p. 164).

erosão semântica é de tal monta que é possível afirmar que, hoje, a "responsabilidade pelo risco" é uma expressão destituída de significado próprio. Trata-se de um vocábulo que apenas denota uma exclusão: ele designa qualquer hipótese de responsabilidade civil que tenha um fundamento distinto da culpa.

O processo de superação da responsabilidade subjetiva conduz, assim, a um resultado paradoxal. Ao mesmo tempo em que a culpa passa a ser mais um entre os muitos fundamentos da responsabilidade, ela continua a exercer grande influência teórica, servindo de critério central para a sistematização de todo esse campo do Direito, que ainda é classificado em "responsabilidade por culpa" e "outras hipóteses de responsabilidade". Em nosso ver, uma abordagem mais precisa da responsabilidade civil contemporânea é aquela que assume a pluralidade de fundamentos e os coloca num mesmo plano.

16. Há ainda um segundo problema, decorrente desse apego exagerado à polarização entre culpa e risco. Ele transmite a ideia errônea de que a responsabilidade subjetiva e objetiva cumpririam funções inconciliáveis, cabendo à primeira o papel de sancionar as condutas indesejadas e, à segunda, o de conceder proteção às vítimas de acidentes[9]. Sob essa perspectiva, haveria uma "marcha inevitável" em favor da objetivação, decorrente da necessidade de socialização dos danos e proteção das vítimas.

Essa impressão não resiste a uma análise mais aprofundada. De um lado, não é verdade que a objetivação conduza, em toda e qualquer hipótese, à ampliação do direito de reparação das vítimas. Em muitos casos, essa mudança de fundamento não tem repercussões práticas tão marcantes[10], tendo em vista que a responsabilidade objetiva também comporta suas limitações, as quais podem revelar-se mais decisivas para o desfecho de um determinado conflito. Mesmo tutelada por um regime objetivo de responsabilidade, é possível que a vítima não obtenha reparação por diversos fatores, que vão desde problemas de ordem concreta, como as dificuldades probatórias encontradas por ela no curso do processo ou a insolvência do devedor, até às hipóteses técnicas de não incidência da responsabilidade objetiva, como a culpa exclusiva da vítima, a força maior e a ausência do nexo causal.

A ampliação ou redução da abrangência de responsabilidade civil é questão que depende menos do regime jurídico e mais da mentalidade dos

---

[9] Novamente, isso era verdadeiro no cenário da responsabilidade civil por acidente de trabalho. A responsabilidade subjetiva conduzia à irresponsabilidade do empresário, e a objetiva o obrigava a reparar.

[10] Cf., o exemplo fornecido por Paulo de Tarso Vieira SANSEVERINO. *Responsabilidade civil no Código do Consumidor e a defesa do fornecedor*. 3. ed. São Paulo: Saraiva, 2010, p. 2-3.

operadores. Um regime supostamente objetivo de responsabilidade pode ser facilmente restringido por meio de uma apreciação rigorosa do ônus probatório imposto ao demandante, ou por meio da interpretação restritiva fatos geradores de responsabilidade objetiva, como de "atividade de risco" ou "defeito do produto". Por outro lado, uma visão ampla da "culpa" tende a alargar espectro da reparação, mesmo dentro do regime subjetivo de responsabilidade. E conceitos técnicos como as presunções de culpa e as obrigações de resultados[11] também favorecem a reparação, sem renunciar ao fundamento subjetivo, atenuando ainda mais as diferenças entre os dois regimes.

17. Mas o principal problema da interpretação focada nos antagonismos entre responsabilidade objetiva e subjetiva é que ela nos impede de compreender que ambos os regimes cumprem um mesmo papel, qual seja: tutelar determinados interesses individuais, demarcando seu âmbito de proteção em face das violações de terceiros. O que diferencia esses dois regimes não é tanto a finalidade, mas a forma como essa proteção é concedida.

Enquanto a responsabilidade fundada na culpa protege a vítima diante dos comportamentos desviantes praticados por terceiros, as variadas hipóteses de responsabilidade objetiva protegem a vítima de lesões que têm outras causas. De fato, o maior legado deixado pelo regime objetivo foi a despersonalização de certos fatos geradores de responsabilidade. Ao afastar a necessidade de um desvio de conduta, a "teoria do risco" nada mais fez do que adaptar a responsabilidade a conflitos em que a atividade humana não está

---

[11] Nesse sentido, Geneviève VINEY, Patrice JOURDAIN e Suzanne CARVAL: "a verdadeira questão seria sobretudo de saber se a responsabilidade decorrente da violação de uma obrigação de resultado é ainda uma responsabilidade fundada na culpa ou se ela não seria mais precisamente uma responsabilidade sem culpa comparável àquelas existentes na responsabilidade delitual. [...] E é preciso reconhecer que o regime de responsabilidade contratual é bem próximo daquele da responsabilidade objetiva na qual o réu, da mesma forma que um devedor de uma obrigação de resultado, somente pode se exonerar com a prova de uma causa externa. Note-se, ainda, que de um ponto de vista prático, não há qualquer interesse em continuar a associar a um ato culposo – o qual é quase irrefragavelmente presumido – uma responsabilidade surgida da mera não obtenção do resultado esperado pelo credor", *Les conditions de la responsabilité*, op. cit., p. 596-597, n° 527-2. Vale notar que o próprio René DEMOGUE, primeiro a expor com clareza a distinção entre obrigações de meios e de resultados, incluía a responsabilidade fundada no risco e os casos de presunção de culpa entre as hipóteses de descumprimento de uma obrigação de resultado: "Em todos os casos que já analisamos em que há responsabilidade pelo risco (responsabilidade do comitente, dos municípios, do fato dos animais, das coisas e edifícios), há implicitamente uma obrigação de resultado. Também é assim se a responsabilidade decorre de uma presunção de culpa. Somos devedores de um resultado" (*Traité des obligations en général*. Paris: Arthur Rousseau, 1925, t. 5, p. 542).

imediatamente implicada, e nos quais a perquirição de uma suposta "culpa" do agente não faria muito sentido. Não por acaso, esse regime despontou, primeiramente, nos acidentes envolvendo máquinas, ferrovias[12], produtos industrializados, animais, edifícios e sociedades empresárias, onde a impessoalidade é um traço marcante[13]. Longe de se contraporem, os diferentes fundamentos da responsabilidade complementam-se na tarefa de afirmar os direitos subjetivos das vítimas.

§ 1 – *A tutela da eficácia dos contraceptivos por meio da responsabilidade civil*

18. A responsabilidade civil pela falha de contraceptivos é um exemplo bastante ilustrativo desse duplo movimento que envolve a responsabilidade civil, caracterizado pela fragmentação dos fundamentos e aproximação dos objetivos.

O direito dos pais à reparação pelo nascimento indesejado é regulado por regimes distintos de responsabilidade, que variam de acordo com o método anticoncepcional empregado por eles. Caso os pais estejam se queixando da suposta falha de medicamentos e dispositivos anticoncepcionais que empregavam, tais como pílulas, implantes hormonais ou preservativos, a responsabilidade civil do fornecedor estará regulada pelo regime do defeito do produto. Por outro lado, se o conflito envolver questões relativas à falha de cirurgias de esterilização, o direito à reparação das vítimas terá por fundamento a culpa do profissional médico. Ou o defeito do serviço, caso o réu da ação seja o hospital ou a clínica onde foi realizada a cirurgia.

---

[12] De fato, o Decreto nº 2.681/1912, relativo à responsabilidade civil das estradas de ferro, é considerado por muitos como a primeira hipótese legal de responsabilidade sem culpa prevista no Direito brasileiro.

[13] Na França, por exemplo, a responsabilidade sem culpa se expandiu com a criação de um regime autônomo de "responsabilidade pela guarda da coisa", fundado no art. 1384, alínea 1 do Código Civil francês, em sua redação original. Esse dispositivo havia sido pensado pelos autores do Código apenas para servir de introito à responsabilidade pelo fato de animais (art. 1385) e pela ruína de prédios (art. 1386). Contudo, ele ganhou importância renovada a partir dos julgados *Teffaine* (Civ., 16 junho 1896, D. 1897, 1, p. 433, nota R. Saleilles) e *Jand'heur* (Cham. réu., 13 fev. 1930, S. 1930, 1, p. 121, nota P. Esmein), quando a Corte de Cassação passou a considerar, com base no mencionado artigo, que todo guardião responde objetivamente (inversão de responsabilidade) pelos danos causados pelas coisas sob a sua guarda. Cf. BORGHETTI, Jean-Sébastien. La responsabilité du fait des choses, un régime qui a fait son temps. *RTD Civ. 2010*, p. 1. Após a reforma do direito dos contratos de 2016-2018, os dispositivos mencionados figuram nos arts. 1242 a 1244 do Código Civil francês.

A despeito da diversidade aparente, esses regimes legais de responsabilidade assemelham-se muito mais do que se distinguem. Assemelham-se, em primeiro lugar, quanto à sua finalidade. Ao determinar que a vítima faz jus à reparação em casos de culpa do cirurgião, de defeito do produto contraceptivo ou do serviço de esterilização, o que o ordenamento pretende é tutelar a autonomia reprodutiva individual, protegendo-a da indevida ingerência de terceiros. Partindo-se de uma análise empírica dos casos de reparação pelo nascimento indesejado, é possível afirmar que existem duas espécies de lesão à autonomia reprodutiva repreendidas por esses diversos regimes de responsabilidade civil: a lesão pelo desvio de eficácia dos métodos contraceptivos e a lesão pela falta de informação do usuário sobre os riscos associados àquele método[14].

19. Vejamos, primeiro, os casos de lesão à autonomia reprodutiva ligados aos desvios de eficácia dos contraceptivos. Nos dias atuais, o indivíduo ou o casal que deseja controlar seu ciclo reprodutivo encontra uma série de métodos anticoncepcionais à sua disposição. A gama abrange os contraceptivos comportamentais – por vezes chamados de naturais –, como a abstinência durante o período fértil feminino[15], a extensão da lactação e o coito interrompido; os métodos de barreira, como os preservativos masculino e feminino e o diafragma; os métodos hormonais, que incluem as pílulas, injeções, implantes subcutâneos, emplastros e anéis vaginais; os espermicidas; os dispositivos intrauterinos e os contraceptivos de emergência. Há, por fim, os métodos de esterilização cirúrgica, notadamente, a laqueadura, em suas diferentes técnicas, e a vasectomia.

A escolha por um ou por outro contraceptivo depende das peculiaridades de cada método. Há diferenças consideráveis entre eles quanto aos efeitos colaterais, à reversibilidade, às contraindicações, aos incômodos do uso e aos custos. E uma das principais diferenças concerne à eficácia de cada contraceptivo. O grau de confiabilidade pode variar bastante de método para método, havendo aqueles muito ineficazes, como os espermicidas (margem de falha de 29%-18%)[16] e o coito interrompido (27%-4%); e os muito eficazes,

---

[14] MULTEDO, Renata Vilela. *A responsabilidade civil por nascimento indesejado no direito brasileiro*, op. cit., p. 97.
[15] O método da abstinência periódica comporta diversas variantes. De fato, o período fértil da mulher pode ser estabelecido por meio da aferição da temperatura basal, da análise do muco vaginal ou do cálculo com base nos ciclos menstruais (popularmente conhecido como "tabelinha").
[16] Os valores duplos indicam o risco de falha com o "uso perfeito" do contraceptivo (risco menor) e com o "uso típico" do contraceptivo, ou seja, levando em conta as

como os implantes (0,05%) ou injeções hormonais (6%-0,2%), e os dispositivos intrauterinos (0,2%)[17].

20. Uma das funções da responsabilidade civil na seara da autonomia reprodutiva é zelar para que os métodos contraceptivos ofereçam esse grau de confiabilidade esperado. E a responsabilidade alcança esse objetivo ao conceder reparação às vítimas de contraceptivos que não apresentaram a eficácia que deveriam. Pouco importa a natureza da responsabilidade aplicável, se objetiva ou subjetiva. Em todo caso, a quebra das legítimas expectativas dos usuários quanto à eficácia do contraceptivo é o critério empregado para diferenciar as hipóteses em que a gravidez indesejada gera direito à reparação, das hipóteses em que não há esse direito.

É por essa razão que o direito à reparação pela gravidez indesejada surgirá toda vez que o contraceptivo empregado pelas vítimas oferecer um risco além daquele considerado socialmente aceitável. É o que ocorre quando o erro médico provoca o insucesso de uma cirurgia de esterilização. Ou quando o medicamento contraceptivo, em função de um defeito de fabricação, não apresenta a quantidade de princípios ativos necessária para que faça efeito[18]. A culpa médica e o defeito do produto são expressões desse desvio de eficácia, que implicam a quebra das legítimas expectativas do paciente e o consequente direito à reparação.

21. O reverso dessa regra é que os pais não terão direito à indenização se o nascimento indesejado decorreu do grau normal de ineficácia do contraceptivo. É importante notar que a possibilidade de falha é um denominador comum a todos os contraceptivos. Embora existam métodos mais eficientes e outros menos, todos eles apresentam uma irredutível margem de ineficácia considerada normal, decorrente das próprias limitações do conhecimento científico.

Como todo direito subjetivo, o direito à autodeterminação reprodutiva não é absoluto. Ele está adstrito, entre outros fatores, às limitações fáticas e tecnológicas existentes em uma determinada sociedade. O risco de falha do

---

falhas comumente cometidas pelos usuários ao empregá-los (risco maior). Cf. *infra*, n° 156 e s.

[17] Dados obtidos de TRUSSELL, James. Contraceptive failure in the United States. *Contraception*, v. 83, n. 5, 2011, p. 397. Cf. também: KOST, Kathryn; SINGHA, Susheela; *et al*. Estimates of contraceptive failure from the 2002 national survey of family growth. *Contraception*, v. 8, 2008, p. 10; BLACK, Kirsten; GUPTA, Sunanda; *et al*. Why do women experience untimed pregnancies? A review of contraceptive failure rates. *Best practice & research clinical obstetrics and gynaecology*, v. 24, n. 4, 2010, p. 443.

[18] Cf. HOLANDA, Caroline Sátiro de. *A gravidez indevida e o consequente nascimento de uma criança podem ser considerados um dano?*, op. cit.

contraceptivo constitui um limite material do direito à autodeterminação reprodutiva de cada indivíduo. Assim, não há que se falar em lesão à liberdade reprodutiva e, *a fortiori*, pretensão à reparação, se a gravidez indesejada ocorreu em razão da falibilidade natural do método empregado.

§ 2 – A tutela da informação sobre os contraceptivos por meio da responsabilidade civil

22. Além de zelar pela eficácia dos contraceptivos, a responsabilidade civil exerce ainda um segundo papel na afirmação da liberdade reprodutiva. Ela se presta a tutelar os interesses dos pacientes e consumidores na informação adequada sobre os contraceptivos que utilizam.

Para que o indivíduo possa tomar suas decisões reprodutivas com efetiva liberdade, é preciso que ele esteja a par dos riscos inerentes aos contraceptivos que lhe são oferecidos, bem como da forma como deve utilizá-los. A autonomia reprodutiva não pode ser reduzida à simples escolha pessoal. Essa escolha há de ser fruto de uma deliberação consciente, que leve em consideração as possíveis consequências de sua conduta[19].

Ocorre que o usuário de contraceptivos nem sempre detém informações precisas sobre o funcionamento desses métodos. Trata-se de um conhecimento de cunho eminentemente técnico, por vezes, inacessível ao leigo.

23. É por isso que o ordenamento jurídico elege certos sujeitos para auxiliar o usuário de contraceptivos em sua tomada de decisão, impondo a eles deveres de informação. E quem melhor pode desempenhar esse papel são os contratantes desse usuário, a saber os médicos, no que diz respeito às cirurgias de esterilização, ou os fornecedores, no que tange aos produtos contraceptivos. Em razão da atividade que exercem, médicos e fornecedores detêm informações privilegiadas sobre o funcionamento dos métodos contraceptivos e podem transmitir tal conhecimento ao seu contratante[20].

---

[19] Para a relação entre informação e autonomia nas relações médico-paciente, cf. BERGSTEIN, Gilberto. *A informação na relação jurídica médico-paciente*. São Paulo: Saraiva, 2013, p. 109-112; STANCIOLI, Brunello Souza. *Relação jurídica médico-paciente*. Belo Horizonte: Del Rey, 2004, p. 23-48.

[20] É possível afirmar, nesse sentido, que os deveres de informação são uma forma de promover a eficiência econômica, imputando àquele que tem acesso facilitado à uma determinada informação o dever de partilhá-la com outro indivíduo que só poderia obtê-la de forma mais custosa. Para uma análise detalhada das situações em que os deveres de informação são economicamente eficientes, cf. FABRE-MAGNAN, Muriel. *De l'obligation d'information dans les contrats*: essai d'une théorie. Paris: LGDJ, 1992, p. 72-117.

Em muitas situações, a lesão à autonomia reprodutiva existe porque esses sujeitos legalmente encarregados de esclarecer sobre as vantagens e desvantagens de um determinado contraceptivo não desempenharam corretamente essa tarefa, falseando a tomada de decisão dos usuários. Essa falha de informação é mais uma hipótese em que o Direito concede à vítima indenização pelo nascimento indesejado. Novamente, a responsabilidade civil atua como instrumento de proteção à autonomia reprodutiva, zelando, desta vez, pela qualidade da decisão tomada.

24. Além da semelhança quanto aos objetivos, há outro denominador comum entre as diferentes hipóteses de responsabilidade pelo nascimento indesejado: as dificuldades probatórias enfrentadas pelas vítimas. Seja nos casos de responsabilidade fundada na culpa, seja nos casos de responsabilidade fundada no defeito, o principal obstáculo à reparação dos pais é o ônus de provar que, naquele caso concreto, houve efetivamente falha no método contraceptivo que empregaram.

A verdade é que quase todo conflito envolvendo responsabilidade pelo nascimento indesejado desemboca em um dilema probatório. É possível que a gravidez tenha decorrido da ineficácia normal dos contraceptivos, hipótese na qual o réu não é responsável pelo nascimento indesejado; bem como é possível que esse nascimento tenha decorrido de uma falha do método contraceptivo e, nesse caso, as vítimas fazem jus à reparação.

O problema é que os demandantes, no mais das vezes, não dispõem de conhecimentos ou dos meios concretos para provar a alegada falha do contraceptivo. E, assim, a margem de normal ineficácia dos contraceptivos acaba atuando como um poderoso argumento em favor dos réus. Em meio à penumbra probatória, os médicos negligentes e os fabricantes de contraceptivos defeituosos podem facilmente acobertar sua falha, alegando que, naquele caso em concreto, o nascimento indesejado decorreu do risco inerente ao contraceptivo.

Isso faz com que as normas de distribuição do ônus da prova, em especial, aquelas previstas no Código de Defesa do Consumidor, tenham especial importância nos conflitos envolvendo a reparação do nascimento indesejado. Essas regras probatórias acabam influenciando de forma definitiva o direito à reparação das vítimas e, consequentemente, a abrangência de sua liberdade reprodutiva.

25. Garantir a confiabilidade dos métodos contraceptivos e a correta informação dos usuários: são essas as duas contribuições da responsabilidade civil na seara da autonomia reprodutiva. E o principal obstáculo para tanto reside na dificuldade probatória inerente a esse tipo de litígio.

Estudaremos como esses objetivos e obstáculos interferem na reparação do nascimento indesejado. Por questões didáticas, os diferentes métodos anticoncepcionais serão agrupados em duas categorias: de um lado, os métodos cirúrgicos de esterilização, que envolvem a prestação de um serviço médico (Título 1) e, de outro, os métodos que empregam dispositivos anticoncepcionais fabricados industrialmente, isto é, os produtos contraceptivos (Título 2)[21].

---

[21] Como visto, essa classificação é importante em razão dos fundamentos da responsabilidade civil, que será distinto em cada um desses grupos: no primeiro grupo, haverá responsabilidade se houver culpa médica ou o defeito do serviço; e no segundo grupo, se houver defeito do produto contraceptivo. Contudo, há de se reconhecer que a classificação proposta apresenta falhas. De um lado, nem todos os contraceptivos são abrangidos por ela, tendo em vista que os métodos comportamentais não se enquadram em nenhuma das categorias. Ocorre que esse tipo de método contraceptivo depende exclusivamente da ação dos próprios usuários, sendo praticamente irrelevante para questões de responsabilidade civil. Por outro lado, há métodos contraceptivos que se enquadrariam em ambas os grupos. Assim, por exemplo, as cirurgias de esterilização feitas com a ajuda de dispositivos médicos (clipes e anéis), as quais são ao mesmo tempo cirúrgicas e decorrentes de produtos contraceptivos. Também é o caso dos DIUs e implantes hormonais subcutâneos, os quais, apesar de não dependerem de uma cirurgia propriamente dita, envolvem a prestação de um serviço médico para a sua colocação. A estes métodos contraceptivos aplicam-se os fundamentos de responsabilidade previstos nas duas categorias.

RESPONSABILIDADE CIVIL E AS CIRURGIAS DE ESTERILIZAÇÃO

26. Praticadas desde o final do século XIX[1], as esterilizações cirúrgicas estão entre os métodos anticoncepcionais mais confiáveis disponíveis hoje à população. Mas estão também entre os mais drásticos. A esterilização nada mais é do que a obtenção intencional da infertilidade, por meio da mutilação ou modificação dos órgãos reprodutivos. E disso decorre o principal fator que distingue a esterilização dos demais métodos contraceptivos: seu caráter permanente. Além de envolveram todos os riscos inerentes a uma cirurgia, a irreversibilidade é a principal desvantagem da esterilização como técnica para regular a fecundidade[2].

Até por isso, muitos países tardaram a legalizá-las. Na França, por exemplo, as intervenções com fins contraceptivos foram reconhecidas pelo ordenamento apenas em 2001, que acresceu o art. L. 2123-1 ao Código da Saúde Pública francês[3], embora a prática fosse admitida antes por razões

---

[1] Rioux, Jacques-Émile. Female sterilization and its reversal. *In*: Filshie, Gilbert Marcus; Guillebaud, John (orgs.). *Contraception*: science and practice. Londres: Butterworths, 1989, p. 275; McLaren, Angus. *A history of contraception*: from antiquity to the present day. Oxford: Blackwell, 1990, p. 236.

[2] A medicina vem desenvolvendo técnicas para a reversão de laqueaduras e vasectomias. Mas elas, além de custosas e complicadas, não oferecem garantias de que a reversão será eficaz. Jacques-Émile Rioux, *Female sterilization and its reversal*, op. cit; March, Charles. Tubal sterilization. *In*: Shoupe, Donna (org.). *Contraception*. Oxford: Blackwell, 2011, p. 133.

[3] "Art. L. 2123-1: a laqueadura de trompas ou dos canais deferentes com finalidade contraceptiva não pode ser praticada sobre uma pessoa menor. Ela só pode ser praticada se a pessoa maior interessada expressou sua vontade livre, motivada e deliberada considerando uma informação clara e completa sobre suas consequências. Este ato cirúrgico só pode ser praticado num estabelecimento de saúde e após a consulta a um

terapêuticas. O mesmo ocorreu no Brasil, onde as cirurgias de esterilização, conquanto difundidas já nas décadas de 1960 e 1970[4], somente foram legalizadas com o advento da Lei nº 9.263/1996[5]. Na Itália, não existe, ainda nos dias atuais, uma lei que regulamente as cirurgias de esterilização[6], as quais são realizadas sob o abrigo de um importante precedente da Corte de Cassação, proferido em 1987, que afirmou a licitude desse tipo de procedimento[7].

Hoje, tanto as estilizações masculinas quanto as femininas são legalmente realizadas em nosso país, ainda que, na prática, haja uma excessiva prevalência destas últimas. A esterilização masculina ocorre por meio da vasectomia, que consiste no fechamento dos dutos que ligam os testículos à uretra; e a esterilização feminina por meio da laqueadura das trompas, que implica o ligamento ou a retirada parcial das tubas uterinas[8]. É vedada a extração do útero (histerectomia) ou dos ovários (ooforectomia) – e, *a fortiori*, a dos

---

médico. Este médico deve, durante a primeira consulta, – informar a pessoa sobre os riscos médicos que ela incorre e as consequências dessa intervenção, – entregar a ela um documento de informações escrito. A intervenção somente pode ser realizada após um prazo de reflexão de quatro meses depois da primeira consulta médica e depois de uma confirmação escrita pela pessoa interessada sobre sua vontade de se submeter à intervenção".

[4] BERQUÓ, Elza. Os corpos silenciados. *Novos estudos*, n. 3, 1982; HARDY, Ellen; OSIS, Maria José Duarte; *et al*. A laqueadura tubária precoce e durante a cesárea: dimensões atuais e fatores que a determinam. *Revista de ginecologia e obstetrícia*, v. 4, n. 2, 1993, p. 71.

[5] Antes da promulgação da Lei nº 9.263/1996, os médicos que realizassem esterilizações voluntárias corriam o risco de serem condenados pela prática de crime de lesão corporal grave, além das sanções profissionais decorrentes. Na prática, esse tipo de condenação era raro, cf. Aguinaga, Hélio. *A saga do planejamento familiar no Brasil*. Rio de Janeiro: TopBooks, 1996. p. 79-80.

[6] FERRARIO, Andrea. *Il danno da nascita indesiderata*. Milão: Giuffrè, 2011, cap. 2, nº 4.

[7] Cass. Pen., sez. V, 18 março 1987, nº 438, nº 15258/85. De fato, a legalidade desse tipo de cirurgia era, até então, um tema controverso. O Código Penal italiano de 1930, em seu art. 552, expressamente incriminava a prática de atos direcionados a provocar a esterilização em alguém. Esse dispositivo, assim como todo o título do Código em que ele estava inserido, viria a ser revogado pela Lei de 22 de maio de 1978, nº 194 – a mesma que despenalizou, sob certas condições, a realização do aborto na Itália. Ainda assim, pairavam dúvidas se realização de cirurgias de esterilização não permaneceria ilegal, mesmo depois da derrogação, por configurar delito de lesão corporal gravíssima, como também em razão da vedação, instituída no art. 5 do Código Civil italiano, aos atos de disposição do próprio corpo que importem na redução permanente da integridade física.

[8] Sobre as diferentes técnicas de vasectomia e laqueadura de trompas, cf. *infra*, nº 56 e s.

testículos (orquiectomia) – como método de esterilização[9], muito embora essas intervenções possam ser realizadas por outras razões terapêuticas, como o tratamento de câncer[10].

27. De forma bastante previsível, a difusão das cirurgias esterilizadoras trouxe consigo uma série de conflitos jurídicos envolvendo essa prática. As ações reparatórias decorrentes da falha de cirurgias de esterilização tornaram-se cada vez mais frequentes em nossos tribunais, refletindo, de certo modo, uma tendência contemporânea de judicialização das relações médico-paciente[11].

Fato surpreendente é que essa proliferação dos conflitos em torno das cirurgias de esterilização não sensibilizou a literatura jurídica brasileira[12]. São raros os estudos sobre as implicações legais desse tipo de intervenção[13] e mesmo as obras dedicadas à responsabilidade médica ou aos direitos sociais femininos parecem não se interessar sobre o assunto[14].

28. Uma tarefa importante a ser desempenhada pela teoria jurídica é a de sistematizar os conflitos mais frequentes nessa seara. É o que foi realizado, no Reino Unido, pelo médico Gilbert M. Filshie, em um artigo que aborda

---

[9] Além da laqueadura e da vasectomia, expressamente no art. 10, § 4º, da Lei 9.263/1996, o dispositivo prevê a possibilidade de esterilização cirúrgica por "outro método cientificamente aceito".

[10] Art. 10, § 4º, da Lei 9.263/1996. A realização de esterilização por meio de histerectomia ou ooforectomia é causa de aumento ao crime tipificado no art. 15 da Lei, como estabelece o parágrafo único, III, do dispositivo.

[11] KFOURI Neto, Miguel. *Culpa médica e ônus da prova*. São Paulo: RT, 2002, p. 17-23; PENNEAU, Jean. *La responsabilité du médecin*. 3. ed. Paris: Dalloz, 2004, p. 2-4.

[12] A escassez de estudos sobre as implicações jurídicas das cirurgias de esterilização fica ainda mais evidente quando tomamos como parâmetro de comparação as cirurgias estéticas, tema incontornável em qualquer manual de direito das obrigações ou da responsabilidade civil, ao qual já foram consagrados inúmeros artigos e monografias. A discrepância é reveladora das reais prioridades da academia jurídica brasileira, que tende a se ocupar dos problemas que atingem os estratos sociais mais favorecidos.

[13] Ver, contudo, os trabalhos de Rafael Peteffi da SILVA (*Wrongful conception, wrongful birth e wrongful life: indenização pelo nascimento de filhos indesejados e os recentes posicionamentos da jurisprudência brasileira*, op. cit.; *Novos direitos, reparação dos pais pelo nascimento de filhos indesejados e a tutela do 'direito de nascer': um diálogo com o ordenamento francês*, op. cit.) e Renata Vilela MULTEDO (*A responsabilidade civil por nascimento indesejado no direito brasileiro*, op. cit.).

[14] Essa mesma crítica é feita por SILVA, Rafael Peteffi da. *Responsabilidade civil pelo nascimento de filhos indesejados: comparação jurídica e recentes desenvolvimentos jurisprudenciais*, op. cit., p. 380-381.

os aspectos médico-legais das esterilizações femininas[15]. Analisando a jurisprudência de seu país, Filshie conclui que há, basicamente, quatro espécies de conflito envolvendo esse tipo de cirurgia: i) os casos em que o médico não notou que a paciente estava grávida no momento em que a esterilização foi realizada[16]; ii) os casos em que a paciente não foi corretamente aconselhada, levando a uma deficiência quanto ao seu consentimento; iii) os casos de ineficácia da cirurgia, seja por falha médica, seja por causas naturais; e iv) os casos em que a cirurgia provocou danos colaterais ao paciente, tais como a perfuração do útero durante a laparoscopia ou a infecção dos órgãos genitais.

Essa classificação pode ser transposta sem maiores contratempos ao ordenamento brasileiro. Contudo, no que concerne ao objeto do presente trabalho, apenas duas dessas quatro hipóteses se mostram relevantes, na medida em que somente elas podem levar à reparação do nascimento indesejado: os conflitos referentes à ineficácia da cirurgia e aqueles relativos aos problemas com o consentimento.

Em ambas as hipóteses – extensíveis, no mais, às esterilizações masculinas – o direito do paciente à reparação do nascimento indesejado emergirá caso o profissional médico tenha cometido alguma falha. O primeiro desses casos diz respeito às falhas técnicas, que prejudicam a eficácia da cirurgia (Capítulo 1). O último, às falhas de informação, que comprometem o consentimento livre e esclarecido do paciente (Capítulo 2)[17].

---

[15] FILSHIE, Gilbert Marcus. Female sterilisation: medico legal aspects. *Reviews in gynaecological practice*, v. 1, n. 2, 2001, p. 79. cf. também: VARMA, Rajesh; K. GUPTA, Janesh. Failed sterilisation: evidence-based review and medico-legal ramifications. *BJOG: an international journal of obstetrics and gynaecology*, v. 111, 2004, p. 1322.

[16] Esse tipo de falha pode provocar a gravidez ectópica (extrauterina), ensejando o aborto espontâneo ou mesmo a necessidade de realização de uma interrupção voluntária da gravidez, em razão que do risco que esse tipo de gestação representa à gestante.

[17] PENNEAU, Jean. *La responsabilité du médecin*, op. cit., p. 16-27.

A FALHA TÉCNICA COMETIDA DURANTE A CIRURGIA DE ESTERILIZAÇÃO

29. Como todo serviço médico, as cirurgias de esterilização implicam uma série de riscos ao paciente, que incluem suas possíveis reações alérgicas à anestesia, as hemorragias pós-cirúrgicas ou as lesões acidentais a outros órgãos. Um desses riscos é o da própria frustração da cirurgia. É possível que a intervenção simplesmente não resulte na pretendida esterilidade do paciente.

Algumas vezes, esse fracasso é fruto de contingências biológicas que não são completamente controláveis pela ciência médica. Entre os fatores que podem levar à ineficácia da cirurgia está a preexistência ou a formação de fístulas – conexões anormais e muitas vezes imperceptíveis entre órgãos ou vasos do corpo humano. A ocorrência de fístulas nas trompas[1] ou nos dutos que conduzem o esperma podem proporcionar uma passagem paralela aos gametas e ovos, ocasionando a permanência da fertilidade da paciente, a despeito da cirurgia.

Outra causa não controlável de fracasso de esterilizações é a "reanastomose", que nada mais é do que a recanalização espontânea das trompas[2] ou dos canais deferentes[3], ocorrida após a realização da operação. Essa reversão

---

[1] Gilbert Marcus FILSHIE afirma que essas fístulas podem ocorrer no trecho remanescente ou na parede da trompa, como consequência de uma endossalpingiose (crescimento anormal do tecido das trompas) (*Female sterilisation: medico legal aspects*, op. cit., p. 84).

[2] PETERSON, Herbert; TRUSSELL, James; *et al.* The risk of pregnancy after tubal sterilization: findings from the U.S. collaborative review of sterilization. *American journal of obstetrics & gynecology*, v. 174, n. 4, 1996, p. 1161.

[3] ALDERMAN, Philip. The lurking sperm: a review of failures in 8879 vasectomies performed by one physician. *The journal of American medical association*, v. 259, n. 21, 1988, p. 3142; Philp, Tim; Guillebaud, John; BUDD, David. Philp, Tim; GUILLE-

da esterilidade é fruto da capacidade natural de regeneração do corpo e pode ocorrer muito tempo depois da intervenção.

30. Sob a perspectiva jurídica, as hipóteses de ineficácia natural da cirurgia têm por consequência a inexistência de direito à reparação. Esses fatores de insucesso são tecnicamente inevitáveis e fazem parte da álea inerente à medicina. Sua ocorrência não representa, portanto, uma verdadeira lesão às legítimas expectativas do paciente.

Mas é preciso notar que esses riscos de ineficácia são pequenos. Trabalhos recentemente publicados demonstram que a probabilidade de ocorrer gravidez até um ano após a realização da laqueadura é de apenas 0,5%. No caso de vasectomia, a probabilidade é ainda mais baixa, variando entre 0,1% e 0,15%[4].

31. Ainda sob o aspecto jurídico, a questão muda de figura quando a ineficácia é provocada, não por uma limitação da ciência, mas em razão de um erro cometido pelos profissionais que realizaram a cirurgia. Trata-se, em outras palavras, dos casos em que o risco poderia ser evitado, ou ao menos diminuído, com a adoção das técnicas adequadas propugnadas pela medicina. Diversamente do que ocorre com relação aos riscos inevitáveis, neste caso, o paciente terá direito à reparação dos prejuízos decorrentes da frustração da cirurgia, incluindo a eventual gravidez não planejada.

É curioso notar que a situação concreta experimentada pelo paciente parece ser a mesma em ambas as hipóteses. Tenha ou não havido erro técnico, em todo caso, o paciente se submeteu a uma cirurgia e mesmo assim não obteve a pretendida esterilidade. O que justificaria a discriminação no tratamento jurídico de ambas as questões? Por que apenas a frustração decorrente de erro técnico gera direito à reparação?

32. A resposta a essa questão pode ser encontrada na delimitação dos direitos subjetivos do paciente. É possível afirmar que a responsabilidade civil traça essa linha demarcatória pois pretende estabelecer que a confiabilidade dos contraceptivos é um componente do direito subjetivo à autodeterminação reprodutiva. Daí porque haverá direito à reparação nos casos em que a cirurgia não apresentou o grau de confiabilidade que poderia oferecer. E

BAUD, John; BUDD, David. Late failure of vasectomy after two documented analyses showing azoospermic semen. *British medical jornal*, v. 289, 1984, p. 77.

[4] TRUSSELL, James. *Contraceptive failure in the United States*, op. cit., p. 397; KOST, Kathryn; SINGH, Susheela; *et al. Estimates of contraceptive failure from the 2002 National Survey of Family Growth*, op. cit., p. 10.

inexistirá esse direito na hipótese contrária, quando a frustração decorre de um limite ainda não superado pela ciência médica[5].

Em razão das pesquisas e inovações realizadas ao longo da história, a medicina moderna oferece cada vez mais segurança àqueles que dela se socorrem. Ora, todos esses investimentos sociais depositados na medicina só terão uma razão de ser se seus destinatários dispuserem de uma pretensão legítima aos frutos desse progresso. A responsabilidade civil pelo desvio de eficácia expressa, assim, a aspiração do Direito de democratizar os avanços da ciência.

33. Logo, a responsabilidade civil contribui com a delimitação do direito à autodeterminação reprodutiva adotando com a normalidade dos riscos como critério de sua intervenção. O paciente fará jus à reparação somente nos casos em que a cirurgia à qual se submeteu não apresentou o grau de eficácia que normalmente poderia oferecer. Trata-se de um critério fundado em um juízo sobre a normalidade dos riscos experimentados por ele.

Ocorre que o "risco anormal", capaz de gerar direito à reparação, é interpretado de formas distintas por cada um dos fundamentos da responsabilidade civil. No caso de responsabilidade pessoal do cirurgião, esse desvio de eficácia é compreendido, sob o ponto de vista jurídico, como uma hipótese de culpa contratual cometida pelo profissional (Seção 1). Já no que tange à responsabilidade das clínicas e hospitais, o desvio de eficácia é interpretado como um defeito do serviço de saúde prestado pela instituição (Seção 2).

Seção 1 – A responsabilidade pessoal do médico fundada na culpa contratual

34. Um dos possíveis responsáveis por indenizar a vítima de uma esterilização malsucedida é o médico que realizou esta cirurgia. Trata-se de uma hipótese de responsabilidade civil fundada na culpa contratual. O fato gerador de responsabilidade é o eventual descumprimento, por parte do médico, de sua obrigação de realizar a cirurgia de forma diligente; um dever cuja fonte é o contrato celebrado entre o profissional e o paciente.

---

[5] Trata-se daquilo que a doutrina alemã qualifica de "lacuna do desenvolvimento". Segundo Guilherme Henrique Lima REINIG, "as lacunas do desenvolvimento dizem respeito aos limites das possibilidades humanas de solução de problemas (*Grenzen der menschlichen Problemlösungs Möglichkeiten*). Neste caso, a periculosidade potencial é conhecida, mas não pode ser eliminada em razão de uma limitação dos limites das possibilidades técnicas disponíveis no momento da entrada em circulação do produto" (*A responsabilidade do produtor pelos riscos o desenvolvimento*. São Paulo: Atlas, 2013, p. 47-48).

Estudaremos esses dois elementos da responsabilidade do cirurgião: a sua natureza contratual (§ 1) e a sua natureza culposa (§ 2). Mas há um outro aspecto, igualmente relevante para a resolução dos conflitos envolvendo a responsabilidade pessoal dos médicos pela falha de esterilizações: a questão probatória. A dificuldade dos pacientes em provar a culpa médica é de tal monta, que é necessário cogitar a possibilidade de inverter o ônus dessa prova (§ 3).

§ 1 – A natureza contratual da responsabilidade do médico

35. O caráter contratual da responsabilidade do médico perante seu paciente já foi palco de certa controvérsia. A questão suscitava algumas dificuldades, tendo em vista que o Código Civil de 1916 tratava da responsabilidade dos profissionais da saúde – "médicos, cirurgiões, farmacêuticos, parteiras e dentistas"[6] – no capítulo dedicado à "liquidação das obrigações resultantes de atos ilícitos", o qual continha regras que se aplicavam, por excelência, à responsabilidade extracontratual[7]. Esse fato levou alguns autores consagrados a classificar a responsabilidade médica como "ex delicto"[8] ou "aquiliana"[9].

O entendimento foi superado por uma evidência: a de que há, entre médico e paciente, um acordo de vontades que dá origem à sua relação jurídica e regulamenta suas obrigações recíprocas[10]. O dever de reparar surgirá caso essa obrigação contratual seja inadimplida[11].

---

[6] "Art. 1.545. Os médicos, cirurgiões, farmacêuticos, parteiras e dentistas são obrigados a satisfazer o dano, sempre que da imprudência, negligência, ou imperícia, em atos profissionais, resultar morte, inabilitarão de servir, ou ferimento".

[7] DIAS, José de Aguiar. *Da responsabilidade civil*. 9. ed. Rio de Janeiro: Forense, 1994, v. 1, p. 252-253, n° 114; LOPEZ, Teresa Ancona. Responsabilidade civil dos médicos. *In*: CAHALI, Yussef Said (org.). *Responsabilidade civil*: doutrina e jurisprudência. 2. ed. São Paulo: Saraiva, 1988, p. 318-319; MELO, Nehemias Domingos de. *Responsabilidade civil por erro médico*: doutrina e jurisprudência. 2. ed. São Paulo: Atlas, 2013, p. 67-68.

[8] MENDONÇA, Manuel Inácio Carvalho de. *Doutrina e prática das obrigações*: ou tratado geral dos direitos de crédito. 4. ed. Rio de Janeiro: Forense, 1956, t. 2, p. 486, n° 767.

[9] SANTOS, João Manuel de Carvalho. *Código Civil brasileiro interpretado*: direito das obrigações. 7. ed. Rio de Janeiro: Freitas Bastos, 1961, v. 21, p. 257.

[10] O principal marco, no Direito Comparado, do caráter contratual da responsabilidade do médico é o acórdão *Mercier*, proferido pela Câmara Civil da Corte de Cassação francesa em 20 de maio de 1936 (Civ., 20 maio 1936, *DP* 1936, 1, p. 88, rel. L. Josserand e conc. Matter; *RTD Civ. 1936*, p. 691, obs. R. Demogue, GAJC, 12. ed., 2008, n° 162-163).

[11] Na verdade, a questão da responsabilidade médica e sua relação com o inadimplemento do contrato remete ao tema, ainda bastante controverso, da pertinência do conceito de "responsabilidade civil contratual". De fato, parte da doutrina sustenta

Logo, para que possamos compreender os limites da responsabilidade do médico pela falha da esterilização, é necessário determinar quais são, exatamente, as obrigações contratuais assumidas por ele. De acordo com uma distinção bastante difundida, as obrigações oriundas de um contrato podem ser classificadas, conforme seu conteúdo, em duas espécies: as obrigações de meios e as obrigações de resultado (A). A obrigação de realizar uma esterilização se enquadraria em qual dessas categorias? A jurisprudência firmou o entendimento que as cirurgias de esterilização constituem obrigações de meios (B) e é preciso analisar as razões dessa posição (C).

A – As obrigações de meios e de resultado

36. Notabilizada pela obra de René Demogue[12], a distinção das obrigações contratuais[13] entre "de meios" ou "de resultado" parte de ideia de

---

que a indenização decorrente do descumprimento contratual não constitui, propriamente, uma hipótese de responsabilidade civil, mas sim uma forma de execução da obrigação contratual por meio de seu equivalente em dinheiro. Nesse sentido: Philippe le TOURNEAU, *Droit de la responsabilité et des contrats*, op. cit., p. 258-325, n° 801 e s.; REMY, Philippe. La 'responsabilité contractuelle': histoire d'un faux concept. *RTD Civ.*, 1997, p. 323. Para a abordagem oposta, cf. Geneviève VINEY, *Introduction à la responsabilité*, op. cit., p. 395-421, n° 161 e s.

[12] *Traité des obligations en général*, t. 5, op. cit., p. 536-545. Fabio Konder COMPARATO afirma que ideia fora esboçada anteriormente por autores germânicos, como Fischer, Bernhoeft e von Thur. Obrigações de meios, de resultado e de garantia. *Revista dos Tribunais*, v. 386, 1967, p. 26.

[13] Em verdade, tal como exposta por René Demogue, a distinção entre obrigações de meios e de resultado não se resumia apenas à seara contratual, abarcando também a responsabilidade extracontratual. De fato, Demogue era partidário da concepção unitária da responsabilidade, postulada por Planiol, segundo a qual tanto a responsabilidade contratual, quanto a delitual (extracontratual), seriam fruto de um mesmo fato gerador: o descumprimento de um dever legal preexistente. Demogue foi mais longe na busca pela unidade, afirmando que mesmo as regras probatórias seriam idênticas nessas duas modalidades de responsabilidade. "Nós acreditamos, com efeito, que o sistema de prova é o mesmo nos casos de culpa delitual ou contratual. Além do dano, é sempre necessário provar que existia uma obrigação para o réu, que ela não foi executada" (*Traité des obligations en général*, t. 5, op. cit., p. 538). Como explicar, então, que em alguns casos, a culpa do responsável é presumida (principalmente, casos de responsabilidade contratual) e que, em outros, esse ônus cabe ao réu (mormente, em hipóteses de responsabilidade extracontratual)? Demogue afirma que essa diferença ocorre porque "a obrigação que pode pesar sobre o devedor não é a mesma. Ela pode ser uma obrigação de resultado ou de meio"; um fenômeno comum tanto às obrigações contratuais quanto às obrigações extracontratuais. Por isso, Demogue se esmera ao elencar exemplos de obrigações contratuais de meios (como aquelas assumidas pelos médicos ou pelos profissionais de segurança) e

que as obrigações podem ter objetos distintos. Algumas vezes, o devedor se compromete a atender os interesses do credor, fornecendo a ele um resultado específico. É o caso das obrigações de dar dinheiro. O devedor só estará liberado de sua obrigação com a efetiva entrega da soma. A inocorrência do resultado, por si só, implica o inadimplemento.

Por outro lado, há casos em que o resultado material desejado pelo credor não faz parte do objeto da relação obrigacional[14]. É o que se denomina de obrigação de meios: o objeto da obrigação é a própria atividade diligente do devedor[15], que se compromete a adotar seus melhores esforços e os métodos técnicos adequados para que o credor obtenha o resultado. E, com isto, terá adimplido sua obrigação, independentemente da concretização do efeito material desejado pelo credor[16].

Um caso típico de obrigação de meios é aquela assumida por um advogado em uma ação judicial. O advogado apenas se obriga a defender seu cliente em juízo, empregando seus préstimos para a vitória no processo, sem, contudo, se vincular a ela.

37. Embora seja criticada pela doutrina atual[17], essa classificação exerce ainda hoje um importante papel na responsabilidade civil contratual, em

---

exemplos de obrigações extracontratuais de resultados (responsabilidade decorrente do risco, responsabilidade dos patrões, responsabilidade pelo fato de animais). Resta claro que essa tentativa de unificação depende de uma desnaturação do conceito de "obrigação". O que Demogue chama de "obrigação extracontratual" é, na verdade, um dever legal, e não uma obrigação no sentido técnico do termo. E, em certas hipóteses de responsabilidade sem culpa, nem mesmo é possível afirmar a existência da quebra de um dever ou, com mais forte razão, de uma obrigação. Nesse mesmo sentido, COMPARATO, Fabio Konder. *Obrigações de meios, de resultado e de garantia*, op. cit., n° 8.

[14] COMPARATO, Fabio Konder. *Obrigações de meios, de resultado e de garantia*, op. cit., n° 12.

[15] LOPEZ, Teresa Ancona. *Responsabilidade civil dos médicos*, op. cit., p. 320; KFOURI NETO, Miguel. *Culpa médica e ônus da prova*, op. cit., p. 233.

[16] De maneira bastante ilustrativa, René DEMOGUE, traça um paralelo entre essa classificação das obrigações em "de resultado" e "de meios", e aquela classificação existente no Direito Penal, entre os crimes materiais, em que o resultado material é necessário para a consumação do crime, e os crimes formais, em que o crime está consumado independentemente da obtenção do resultado material esperado, o qual constituirá apenas seu exaurimento, *Traité des obligations en général*, t. 5, op. cit., p. 538, nota 4. Cf. também: COMPARATO, Fabio Konder. *Obrigações de meios, de resultado e de garantia*, op. cit., n° 7.

[17] Para exemplos de críticas à classificação, cf. Geneviève VINEY, Patrice JOURDAIN, e Suzanne CARVAL, que afirmam que as duas categorias não são, nem homogêneas, nem estanques (*Les conditions de la responsabilité*, op. cit., p. 601-608, n° 531 e s.);

especial, no que tange à repartição probatória. No caso das obrigações de resultado, a simples frustração desse evento esperado já configura o inadimplemento e a consequente responsabilidade do devedor. O credor apenas precisa comprovar que o resultado não sobreveio, competindo ao devedor, quando cabível, demonstrar que não contribuiu culposamente para tanto, como forma de se eximir da responsabilidade.

Por sua vez, nas obrigações de meios, a frustração do efeito esperado não implica o inadimplemento ou a culpa do devedor. Como o objeto da obrigação consiste em uma conduta dentro de certos parâmetros, só haverá responsabilidade se o devedor não adotar os padrões de diligência socialmente exigíveis. E a comprovação da culpa é ônus que incumbe ao credor.

38. Em suma, toda relevância prática desta distinção reside na atribuição do ônus da prova da culpa, nos casos em que o resultado material pretendido pelo credor não sobreveio. Se a obrigação for de resultado, a culpa do devedor se presume com essa frustração; ao passo que, se for de meios, a culpa ainda deve ser comprovada pelo credor, não obstante o revés.

Quanto a esse ponto, é importante notar que a obrigação de resultado não implica que o devedor responderá objetivamente pelos danos causados[18]. Nas obrigações de resultado, o que existe é uma presunção simples de culpa ao encontro do devedor, que pode ser revertida por ele[19] caso demonstre que

---

e MIGUEL KFOURI NETO, para quem essa distinção – taxada de "agonizante" pelo autor – peca por ignorar que mesmo as obrigações de meios visam à obtenção de um resultado benéfico para o credor e que, na seara médica, álea é um elemento presente também naquelas obrigações classificadas como de resultado (*Culpa médica e ônus da prova*, op. cit., p. 226-239).

[18] KFOURI NETO, Miguel. *Responsabilidade civil do médico*, op. cit., p. 215.

[19] Tanto assim que o próprio STJ reconhece que o devedor de uma obrigação de resultado poderá se isentar de responsabilidade, caso comprove a ausência de culpa de sua parte. Cf. STJ, AgInt no AREsp 1.423.466/DF, 3ª Turma, 30.03.2020; AgRg no Ag em REsp 334.756/RJ, 3ª Turma, 26.05.2015; AgRg no AREsp 764.697/ES, 3ª Turma, 01.12.2015; REsp 1.395.254 /SC, 3ª Turma, 15.10.2013; REsp 985.888/SP, 4ª Turma, 16.02.2012; REsp 1.269.832/RS, 2ª Turma, 06.09.2011; REsp 1.180.815/MG, 3ª Turma, 19.08.2010. Na França, contudo, o regime das obrigações de resultado é mais rigoroso para com o devedor que, para se eximir de responsabilidade, tem de provar a escorrência de força maior, e não apenas a ausência de culpa (VINEY, Geneviève; JOURDAIN, Patrice; CARVAL, Suzanne. *Les conditions de la responsabilité*, op. cit., p. 596-597, n° 527-2). Cf. também o art. 1149 do "Anteprojeto de Reforma do Direito das Obrigações e do Direito da Prescrição" (*Avant projet Catala*), o qual definia as obrigações de resultado como aquelas em que "o devedor está obrigado, salvo em casos de força maior, a fornecer ao credor a satisfação prometida, de modo que, excepcionado este caso, sua responsabilidade estará configurada pelo simples fato de que ele não conseguiu obter o fim estabelecido". A reforma do direito das

adotou os padrões de cautela adequados[20]. Já nas hipóteses de responsabilidade objetiva do devedor, não há equivalente possibilidade: como a existência ou não de culpa é irrelevante para o surgimento do dever de reparar, para se eximir da responsabilidade, não basta que devedor demonstre que não agiu com culpa. Sua responsabilidade só será afastada caso prove uma das causas de rompimento do nexo causal, a saber, a força maior e suas diversas variações (caso fortuito, culpa exclusiva de terceiro ou da vítima[21]); as quais, todavia, têm requisitos muitos mais rigorosos para sua configuração, e dependem da presença dos elementos da inevitabilidade e da exterioridade[22].

Responsabilidade objetiva e obrigações de resultado são conceitos jurídicos que não se confundem. A bem dizer, a classificação das obrigações contratuais em obrigações de meios ou de resultado só faz sentido nas situações em que a responsabilidade do devedor é subjetiva[23]. Não há razão para se questionar sobre a alocação o ônus da prova da culpa do devedor, quando este elemento não tem qualquer incidência sobre sua responsabilização.

B – A posição da jurisprudência: a esterilização como obrigação de meios

39. No que se refere às cirurgias de laqueaduras de trompas e vasectomias, os tribunais brasileiros, em sua grande maioria, têm qualificado esse tipo de intervenção como uma obrigação de meios. Os magistrados frequentemente rejeitam as pretensões reparatórias afirmando que as operações de esterilização são obrigações de meios e que a gravidez posterior não basta para demonstrar a culpa do profissional[24]. Outros julgados ressaltam que essas cirurgias comportam um risco inerente de ineficácia, não havendo direito à reparação pela mera ocorrência do nascimento[25].

---

obrigações efetivamente aprovada em 2016 (ordonnace n° 2016-131) não regulamentou expressamente a classificação das obrigações em obrigações de meios e de resultado.

[20] Art. 393 do CC/02.

[21] Para tentativa de unificação dos regimes da força maior e do fato exclusivo da vítima e do terceiro, cf. VINEY, Geneviève; JOURDAIN, Patrice; CARVAL, Suzanne. *Les conditions de la responsabilité*, op. cit., p. 317-359, n° 383 e s.

[22] FARIAS, Cristiano Chaves de; ROSENVALD, Nelson; BRAGA NETTO, Felipe Peixoto. *Novo tratado de responsabilidade civil*. São Paulo: Atlas, 2015, p. 473.

[23] STJ, REsp 985.888/SP, 4ª Turma, 16.02.2012.

[24] TJRS, Apel 70047379557, 6ª C.Civ., 13.06.2013; Apel 70037676434, 9ª C.Civ., 02.03.2011; Apel 70020347175, 9ª C.Civ., 26.09.2007; TJPR, Apel 927699-9, 3ª C.Civ. 23.10.2012; TJMG, Apel 1.0440.09.012179-7/001, 15ª C.Civ., 09.08.2012; Apel 1.0194.05.051926-4/001, 13ª C.Civ., 02.02.2012; TJSP, Apel 463.040-4/4-00, 8ª C.Civ., 31.05.2007.

[25] TJPR Apel 0982671-9, 10ª C.Civ., 28.02.2013; Apel 887496-4, 10ª C.Civ., 02.08.2012; TJRS Apel 70044738052, 10ª C.Civ., 30.08.2012; Apel 70049047319, 10ª C.Civ.,

Essa opção pelo regime das obrigações de meios não é, porém, absolutamente pacífica. Em algumas decisões – em verdade, isoladas – tribunais estaduais como o do Rio de Janeiro e o de Goiás já concederam reparação aos pais pelo nascimento indesejado sem exigir qualquer outra prova, sustentando que a vasectomia e a laqueadura são obrigações de resultado[26]. O entendimento é defendido por parte da doutrina[27].

40. A questão chegou ao Superior Tribunal de Justiça pela primeira vez no Recuso Especial n° 1.051.674/RS, julgado em 3 de fevereiro de 2009[28]. No caso, o recorrente queixava-se do fato de que engravidara a sua esposa, apesar de ter se submetido a uma vasectomia dez anos antes. Por isso, pretendia que o médico que realizou a operação fosse condenado a indenizá-lo[29].

A Corte Superior asseverou que "a relação entre médico e paciente é contratual, e encerra, de modo geral (salvo cirurgias plásticas embelezadoras), obrigação de meio, e não de resultado"[30] e que "no caso da ineficácia porventura decorrente da ação do médico, imprescindível se apresenta a

---

23.08.2012; TJDF, Apel 20080110295246, 28.10.2009; TJRJ, Apel 0003372-14.2005.8.19.0054, 18ª C.Civ., 04.12.2010.

[26] TJRJ, Apel 2009.001.01010, 19ª C.Civ., 07.04.2009; Apel 2005.001.44438, 15ª C.Civ., 22.11.2005; TJGO, Apel 86375-88.2001.8.09.0051, 5ª C.Civ., j. 09.12.2010. Cf. também: TJRS, Apel 70035694256, 6ª C.Civ., 24.11.2011; Apel 70041661133, 5ª C.Civ., 20.04.2011; TJSP, Apel 0008047-33.2002.8.26.0053, 3ª C.Pub., 16.04.2013.

[27] LOPEZ, Teresa Ancona. *O dano estético*: responsabilidade civil. 3. ed. São Paulo: RT, 2004, p. 70; PRUX, Oscar Ivan. Um novo enfoque quanto à responsabilidade civil do profissional liberal. Um novo enfoque quanto à responsabilidade civil do profissional liberal. *Revista de direito do consumidor*, v. 19, 1996, p. 225. Contra: Renata Vilela MULTEDO, *A responsabilidade civil por nascimento indesejado no direito brasileiro*, op. cit., p. 102-108.

[28] STJ, REsp 1.051.674/RS, 3ª Turma, 03.02.2009.

[29] O acórdão também trata da questão da informação nas cirurgias de esterilização.

[30] Em seu voto-vista, a ministra Nancy Andrighi declarou que, apesar de constituir obrigação de meios, o êxito inicial da cirurgia seria juridicamente exigível: "impende ressaltar que, na hipótese específica da vasectomia, não se pode confundir o êxito da cirurgia – consistente apenas na ligadura dos canais deferentes do homem – com a esterilização definitiva do paciente. Com efeito, o sucesso da cirurgia em si decorre da perfeita atuação do médico, estando contida na sua obrigação de meio. Em outras palavras, é de se esperar que, dentro de condições de normalidade, seja o médico capaz de realizar a efetiva junção dos canais deferentes, sob pena do procedimento ser considerado falho, exigindo nova intervenção". No caso concreto, a responsabilidade haveria de ser afastada, por haver indícios contundentes de que teria ocorrido recanalização posterior.

demonstração de culpa do profissional, sendo descabido presumi-la"[31]. Os magistrados ressaltaram que a explicação mais provável para o incidente é que tenha ocorrido a recanalização espontânea dos canais deferentes do paciente[32].

A qualificação das cirurgias de esterilização como obrigações de meios foi posteriormente confirmada em julgados posteriores do Superior Tribunal[33].

41. Como se extrai do próprio teor do acórdão do Recuso Especial nº 1.051.674/RS, esse entendimento nada mais é do que a aplicação concreta de uma regra mais ampla, segundo a qual as obrigações médicas constituem, de uma forma geral, obrigações de meios. E, de fato, as prestações relacionadas a serviços de saúde sempre foram interpretadas como obrigações de meios por excelência. Como expôs Fábio K. Comparato já em 1967, "o que o paciente está no direito de exigir é que o médico lhe dispense um tratamento consciencioso, diligente e conforme os progressos da ciência médica. Não pode, porém, exigir que o médico obtenha infalivelmente a sua cura"[34].

Mas, cabe ressaltar que a doutrina e a própria jurisprudência têm identificado exceções a essa regra, afirmando que certas obrigações assumidas dentro da seara médica têm natureza de obrigações de resultado[35]. O

---

[31] O acórdão afirma textualmente que seria descabido presumir a culpa do médico "à guisa de responsabilidade objetiva" – uma afirmação tecnicamente desacertada, tendo em vista que responsabilidade objetiva e presunção de culpa são conceitos que não se confundem.

[32] Esse mesmo entendimento – de que as cirurgias de esterilização constituem obrigações de meios – também já foi consagrado pela Corte de Apelação da Inglaterra e País de Gales. No precedente *Thake v. Maurice* [1986] QB 64, envolvendo um caso de gravidez indesejada ocorrida após uma vasectomia, o tribunal negou a pretensão do paciente à indenização fundada no suposto inadimplemento do contrato. Nos termos do julgado, a expectativa do paciente é de que o médico "exerça a técnica correta e o cuidado de um cirurgião daquela especialidade; ele não teria, no meu ver, esperado que o réu oferecesse garantia de 100 por cento de sucesso". No mesmo sentido, *Eyre v. Measday* [1986] 1 All ER 488, envolvendo uma esterilização feminina. Cf., FILSHIE, Gilbert Marcus. *Female sterilisation: medico legal aspects*, op. cit., p. 79-80.

[33] STJ, AgInt no Ag em REsp 999.822/SP, 2ª Turma, 14.03.2017; AgRg no REsp 1.395.293/MG, 3ª Turma, 25.08.2015; AgRg no AREsp 664.793/RJ, 2ª Turma, 28.04.2015.

[34] COMPARATO, Fabio Konder. *Obrigações de meios, de resultado e de garantia*, op. cit., nº 3. A frase é retirada do já mencionado julgado *Mercier*, da Corte de Cassação francesa.

[35] Na doutrina, há diversas manifestações reconhecendo a existência de obrigações de resultados na área da saúde, ainda que o rol de obrigações inseridas nessa categoria varie muito de autor para autor. Há menções, por exemplo, às anestesias, às transfusões de sangue, aos exames laboratoriais, às cirurgias e intervenções oftalmológicas, às injeções, aos tratamentos ortodônticos, às radiografias etc. Cf. AGUIAR JÚNIOR,

Superior Tribunal decidiu, por exemplo, que os diagnósticos fornecidos por meio de exame médico – como biópsias, exames radiológicos e sanguíneos – constituem obrigações de resultado[36]. E a hipótese mais conhecida de obrigação médica de resultado concerne às cirúrgicas estéticas. Apoiado em um posicionamento que já se encontrava consagrado na literatura[37], a jurisprudência, a partir dos anos 1990[38], firmou-se no sentido de que as operações plásticas embelezadoras obrigam o médico à obtenção de um determinado resultado estético pretendido[39]. Caso esse resultado não se verifique, caberá

Ruy Rosado de. Responsabilidade civil do médico. *Revista dos Tribunais*, São Paulo, v. 718, p. 31, 1995; SANT'ANNA, Guilherme Chaves. Responsabilidade civil dos médicos anestesistas. *In*: BITTAR, Carlos Alberto (coord.). *Responsabilidade civil médica, odontológica e hospitalar*. São Paulo: Saraiva, 1991, p. 133; STOCO, Rui. *Tratado de responsabilidade civil*: doutrina e jurisprudência. 10. ed. São Paulo: RT, 2014, p. 744-771; BDINE JÚNIOR, Hamid Charaf. Responsabilidade civil em infecção hospitalar e na anestesiologia. *In*: SILVA, Regina Beatriz Tavares da (coord.). *Responsabilidade civil*: responsabilidade civil na área da saúde. São Paulo: Saraiva, 2007, p. 117. Por todos: Oscar Ivan PRUX, *Um novo enfoque quanto à responsabilidade civil do profissional liberal*, op. cit., p. 202-231. O autor critica o entendimento de que os profissionais liberais realizariam contratos contendo apenas obrigações de resultados. Para ele, a distinção entre obrigações de meios e obrigações de resultados seria "a pedra angular" para uma nova perspectiva sobre a responsabilidade civil dos profissionais liberais.

[36] STJ, REsp 1.700.827/PR, 3ª Turma, 05.11.2019; REsp 1.426.349/PE, 4ª Turma, 11.12.2018; AgRg no AREsp 779.117/RS, 4ª Turma, 01.12.2015; AgRg no Ag em REsp 317.701/SP, 4ª Turma, 03.10.2013; AgRg no REsp 1.117.146/CE, 4ª Turma, 05.09.2013; REsp 1.291.576/RS, 3ª Turma, 28.02.2012; AgRg no Ag 744.181/RN, 3ª Turma, 11.11.2008; REsp 258.011/SP, 3ª Turma, 09.11.2004; REsp 594.962/RJ; 09.11.2004; REsp 401.592/DF, 4ª Turma, 16.05.2002; REsp 241.373/SP, 4ª Turma, 14.03.2000. Cabe observar que, em todos esses precedentes, o demandado na ação era a clínica ou o laboratório, e não o médico responsável pelo exame. Cf. REsp 1.653.134/SP, 3ª Turma, 17.10.2017, REsp 1.386.129/PR, 3ª Turma, 03.10.2017.

[37] Por todos, LOPEZ, Teresa Ancona. *O dano estético*, op. cit., p. 118-123. Cf. também DIAS, José de Aguiar. *Da responsabilidade civil*, v. 1, op. cit., p. 277, nº 118-A; STOCO, Rui. *Tratado de responsabilidade civil*, op. cit., p. 760-768. Em sentido contrário, AGUIAR JÚNIOR, Ruy Rosado de. *Responsabilidade civil do médico*, op. cit., p. 39-40; FOSTER, Nestor José. Cirurgia plástica estética: obrigação de resultado ou obrigação de meios? *Revista dos tribunais*, v. 738, 1997, p. 83. Cf. também o voto vencido do ministro Menezes Direito em STJ, REsp 81.101/PR, 3ª Turma, 13.04.1999.

[38] Dentre os muitos julgados, cf: STJ, REsp 1.395.254/SC, 3ª Turma, 15.10.2013; AgRg nos ED no Aresp 328.110/RS, 4ª Turma, 19.09.2013; REsp 236.708/MG. 4ª Turma, 10.02.2009. Para os primeiros precedentes da Corte sobre o assunto, cf.: REsp 10.536/RJ, 3ª Turma, 21.06.1991; REsp 37.060/RS, 3ª Turma, 28.11.1994; REsp 81.101/PR, 3ª Turma, 13.04.1999.

[39] Contudo, a resolução CFM nº 1.621/2001 afirma, em seu art. 4º, que "o objetivo do ato médico na Cirurgia Plástica como em toda a prática médica constitui obrigação

ao profissional demonstrar que não agiu com culpa, para que seja isentado do dever de reparar[40].

42. É preciso reconhecer que inexiste qualquer óbice legal à aplicação desse mesmo entendimento às cirurgias de esterilização, de modo a qualificá-las como obrigações de resultado. Vale lembrar que nem o Código Civil, nem o Código do Consumidor, definem a natureza das obrigações contratuais médicas, limitando-se a lei a afirmar que a responsabilidade profissional, nesses casos, é subjetiva[41]. Ora, nada impediria que, sem renunciar ao fundamento da culpa legalmente estabelecido, os magistrados optassem por inserir as vasectomias e laqueaduras dentre as obrigações de resultado, tal como o fizeram com as cirurgias estéticas.

Há, porém, bons motivos para se concordar com o entendimento firmado pelo Superior Tribunal, no sentido de que as cirurgias de esterilização devem ser qualificadas como obrigações de meios.

C – Entendendo a jurisprudência: a obrigação de meios como um incentivo à atividade médica

43. Que razões teriam levado os magistrados a considerar que as cirurgias de esterilização são obrigações de meios, e não de resultado, a exemplo do entendimento que adotaram com relação às intervenções estéticas? Para responder a essa questão, é preciso avaliar dois pontos: de um lado, motivos que justificam que as obrigações médicas sejam, em princípio, qualificadas como obrigações de meios. De outro, as peculiaridades presentes nas cirurgias

---

    de meio e não de fim ou resultado". O dispositivo tem óbvio propósito corporativista e claramente exorbita a competência administrativa *interna corporis* do CFM. Seria mesmo ridículo acreditar o Conselho, que não goza de poderes legislativos ou jurisdicionais, possa definir a natureza jurídica de relações regidas pelo Direito privado, elegendo, unilateralmente, a qualificação obrigacional mais favorável aos profissionais da sua classe. É de se aguardar o momento em que o CFM decidirá sobre os limites das taxas de juros aplicáveis aos médicos em caso de inadimplemento de suas obrigações, sobre a forma de constituição da mora, índices de correção monetária etc.

[40]   Assim, o STJ decidiu que o cirurgião não responde pela formação de queloides após cirurgia embelezadora, quando restar comprovado que ele não agiu com culpa e que os danos em questão se devem a fatos qualificados como "caso fortuito": REsp 1.180.815/MG, 3ª Turma, 19.08.2010. Para uma análise da responsabilidade do médico pela formação de queloides em cirurgias embelezadoras, Cf.: LOPEZ, Teresa Ancona. *O dano estético*, op. cit., p. 123; FOSTER, Nestor José. *Cirurgia plástica estética: obrigação de resultado ou obrigação de meios?*, op. cit., p. 85; STOCO, Rui. *Tratado de responsabilidade civil*, op. cit., p. 762.

[41]   Sobre a caracterização da culpa médica nas cirurgias de esterilização, cf. *infra*, n° 69 e s.

embelezadoras que levaram a jurisprudência qualificá-las como exceção à essa regra.

É a partir dessa análise que poderemos afirmar que, tal como ocorre com os serviços médicos em geral, a classificação das cirurgias de esterilização como obrigações de meios tem o propósito de facilitar a realização desse tipo de operação. O regime da obrigação de meios é uma forma encontrada pela jurisprudência para favorecer essa atividade médica. Inversamente, a imposição do regime das obrigações de resultado é um instrumento utilizado pelos magistrados para restringir a realização de determinadas intervenções que não lhes parecem essenciais, como no caso das cirurgias meramente estéticas.

44. Para entender esse argumento, é preciso desfazer um equívoco, frequentemente cometido por nossos autores, quando expõem as razões pelas quais as obrigações médicas constituem obrigações de meios. É comum encontrar na literatura a afirmação que, como o êxito das intervenções médicas depende de elementos que fogem ao controle do profissional, o único regime de responsabilidade viável nesses casos seria aquele que exige do paciente a comprovação da culpa do devedor[42]. Em outras palavras, a existência da chamada "álea médica" seria o fator determinante para que as obrigações médicas sejam reputadas obrigações de meios.

Justamente por isso, parte da doutrina tem censurado o posicionamento dos tribunais com relação às cirurgias estéticas, ao ressaltar que essas intervenções são tão sujeitas à álea médica quanto qualquer outra cirurgia e que, portanto, deveriam ser consideradas também como obrigações de meios[43].

---

[42] Nesse sentido, STJ REsp 1.145.728/MG, 4ª Turma, 30.06.2011: "A cura dos males físicos não pode ser assegurada (obrigação de resultado), haja vista estar o profissional inexoravelmente limitado a sua condição humana. Por conseguinte, o insucesso do tratamento – clínico ou cirúrgico – não importa automaticamente o inadimplemento contratual, cabendo ao paciente comprovar a negligência, imprudência ou imperícia do médico". Cf. também: REsp 196.306/SP, 4ª Turma, 03.08.2004.

[43] Em especial, Nestor José Foster, "Assim como não é certo o resultado numa cirurgia gástrica, também não é certo o resultado numa cirurgia estética. Como exigir do médico um resultado, quando para ele concorrem fatores que refogem, por completo, ao controle do profissional? Seria, então, o caso de responsabilizar o médico pela álea que existe em qualquer intervenção na área biológica, onde as reações são sempre prováveis, mas não absolutamente certas e previsíveis? Não estaria subjacente, numa postura de exigência de resultado na cirurgia estética, a admissão da onipotência médica, que não existe?" (*Cirurgia plástica estética: obrigação de resultado ou obrigação de meios?*, op. cit., p. 85-89). No mesmo sentido: Aguiar Júnior, Ruy Rosado de. *Responsabilidade civil do médico*, op. cit., p. 39-40; Kfouri Neto, Miguel. *Culpa médica e ônus da prova*, op. cit., p. 240-267.

45. O erro desse raciocínio está na pressuposição de que a existência de uma álea no cumprimento de uma determinada obrigação – mais, especificamente, a álea médica – é o único fator relevante para decidir se esta obrigação é de meios ou de resultado. Na verdade, toda obrigação, médica ou não, envolve riscos de frustração que não estão ligados à culpa do devedor, e que a mera presença dessa incerteza não implica, necessariamente, que a obrigação em questão será reputada de meios. No contrato de transporte de mercadorias, por exemplo, sempre existe o risco de que a coisa pereça em razão de um acidente ou de um roubo ocorrido durante o trajeto. Do mesmo modo, o mutuário pode se ver impossibilitado de quitar as prestações de seu financiamento por ter sido injustamente demitido de seu emprego. Nada obstante, ambas as hipóteses constituem típicas obrigações de resultado.

A determinação da natureza da obrigação contratual é ditada também por outros fatores, para além da existência de uma álea no seu cumprimento[44]. No caso específico das obrigações médicas, a escolha entre o regime das obrigações de meios ou de resultado decorre de uma opção estratégica feita pelos magistrados, que utilizaram a alocação do ônus de provar a culpa para restringir determinadas intervenções cirúrgicas. Trata-se, em outras palavras, de uma decisão realizada em meio a uma política regulatória posta a cabo pelo Judiciário.

46. Cumpre notar que a incerteza probatória é muito comum na seara da saúde. Há uma série de elementos que tornam difícil determinar *a posteriori* se o médico contribuiu ou não culposamente para a frustração do tratamento. Isso faz com que muitos conflitos entre médicos e pacientes sejam resolvidos com base na distribuição inicial da carga probatória, tendo em vista que nenhuma das partes terá condições de debelar esse ônus no curso do processo.

Dentro dessa perspectiva, o regime das obrigações de meios acaba servindo de incentivo à atividade terapêutica, concedendo maior liberdade aos médicos no exercício de sua profissão. Ao assegurar aos médicos que eles não serão responsabilizados nas hipóteses em que as causas da ineficácia da terapia não forem esclarecidas, o regime das obrigações de meios permite que

---

[44] Cf., por exemplo, os critérios para a determinação da natureza da obrigação do prestador de serviços (se de meios ou de resultado), previstos no *Draft Common Frame of Reference (DCFR, outline edition 2009)*, da comissão von Bar (art. IV C. – 2:105 e 106). Esses critérios foram retomados no art. 148 da "Proposta de Regulamento do Parlamento Europeu e do Conselho Relativo a um Direito Europeu Comum da Compra e Venda" [COM(2011)0635]. Ver também: os critérios adotados nos arts. 5.1.4. e 5.1.5. dos *Principes d'Unidroit relatifs aux contrats du commerce international (2010)*.

eles ministrem tratamentos mais arriscados, que muitas vezes são necessários para determinadas condições de saúde.

De forma oposta, o regime das obrigações de resultado pode servir de instrumento para limitar a realização de determinados serviços médicos, em especial, se partirmos do pressuposto que o profissional tem melhores condições do que o paciente para analisar as probabilidades de ineficácia da intervenção. O médico saberá que está mais vulnerável à responsabilidade, pois caberá a ele provar que não cometeu nenhum equívoco, caso a intervenção não surta os efeitos desejados. Consequentemente, ele se recusará a realizar intervenções nas quais o risco de frustração é grande, tendo em vista que haverá uma chance maior de que ele seja responsabilizado. Ou, alternativamente, o médico exigirá uma contrapartida financeira maior para realizar esse tipo de serviço arriscado.

47. O Superior Tribunal de Justiça parece ter plena consciência desse caráter restritivo do regime das obrigações de resultado na seara da responsabilidade médica. Isso fica mais claro se analisarmos a distinção traçada com relação às cirurgias plásticas de cunho embelezador e aquelas de cunho reparador[45]. Como visto, a corte afirma que as intervenções meramente estéticas constituem obrigações de resultado[46]. Todavia, a mesma regra não se aplica às intervenções que envolvam técnicas plásticas, mas que cumpram uma função terapêutica ou reconstitutiva, as quais continuam a ostentar o caráter de obrigação de meios, segundo o mesmo Tribunal[47].

Exemplo típico deste entendimento pode ser encontrado nos litígios relativos à responsabilidade civil do médico em razão da formação de cicatrizes após cirurgias plásticas mamárias. No Recurso Especial nº 1.269.832/RS, de 6 de setembro de 2011[48], a corte considerou que uma cirurgia mamária destinada a solucionar problemas lombares da paciente teria natureza de "obrigação de meio", não se presumindo a culpa do médico a partir do simples surgimento de cicatrizes e deformidades permanentes na região. Já no Recurso Especial 236.708/MG, de 10 de fevereiro de 2009[49], em que a mesma cirurgia fora realizada com objetivos meramente estéticos, a corte adotou o entendimento oposto, condenando o médico pelas deformações

---

[45] A distinção tem origem na obra de José de Aguiar DIAS, *Da responsabilidade civil*, v. 1, op. cit., p. 277, nº 118-A.
[46] STJ, REsp 1.395.254/SC, 3ª Turma, 15.10.2013; AgRg nos ED no Aresp 328.110/RS, 4ª Turma, 19.09.2013.
[47] STJ, REsp 1.046.632/RJ, 4ª Turma, 24.09.2013.
[48] STJ, REsp 1.269.832/RS, 2ª Turma, 06.09.2011.
[49] STJ, REsp 236.708/MG, 4ª Turma, 27.022.2011.

experimentadas pela paciente em razão da operação. Nos termos da decisão, nas cirurgias meramente estéticas o médico "se compromete com o paciente a alcançar um determinado resultado", fazendo com que "a culpa se presuma, havendo, destarte, a inversão do ônus da prova"[50].

É evidente que essa disparidade de tratamento jurídico é intencional e não se deve a qualquer fator relativo à técnica empregada ou aos riscos envolvidos – que são obviamente os mesmos em qualquer cirurgia plástica, pouco importando sua finalidade estética ou reparadora.

48. Na verdade, ao submeter as intervenções embelezadoras ao regime das obrigações de resultado, o Superior Tribunal busca impor um controle mais rigoroso aos médicos que se propõem a realizar operações meramente estéticas. A imputação das incertezas probatórias aos profissionais foi o método encontrado pelo tribunal para conter a disseminação desse tipo de cirurgia, evitando que os médicos, por pura ganância, exponham seus pacientes a perigos excessivos. Evidentemente, esse tipo de "freio" jurisprudencial é dispensável caso a cirurgia plástica seja indicada por um motivo relevante de saúde.

O Superior Tribunal expôs esse seu propósito, de maneira bastante clara, nos primeiros julgados em que consagrou o regime das obrigações de resultado nas cirurgias estéticas. Assim, por exemplo, no Agravo Regimental nº 37.060/RS, de 28 de novembro de 1994[51], o tribunal ressaltou que "o que se pretende obter com a cirurgia estética é algo que se pode dispensar e certamente se dispensará se os riscos forem grandes. Se o profissional dispõe-se a efetuá-la é porque os avaliou e concluiu que não os são". No mesmo sentido, o acórdão do Recurso Especial nº 81.101/PR, de 13 de abril de 1999[52], em que o ministro relator alertou para o risco de "proliferação" das cirurgias estéticas,

---

[50] Cabe observar que, nos casos de cirurgias de natureza "mista" – ou seja, que cumprem, ao mesmo tempo, funções terapêuticas e estéticas – o tribunal firmou entendimento que "a responsabilidade do médico não pode ser generalizada, devendo ser analisada de forma fracionada, sendo de resultado em relação à sua parcela estética e de meio em relação à sua parcela reparadora", REsp 819.008/PR, 4ª Turma, 04.10.2012; REsp 1.097.955/MG, 3ª Turma, 27.09.2011. Trata-se de uma ressalva importante, tendo em vista que a maioria das cirurgias reparadoras também cumpre uma função estética – o que levaria, na prática, à extensão do regime das obrigações de resultado a quase todas as operações envolvendo técnicas plásticas. Cf. também: KFOURI NETO, Miguel. *Responsabilidade civil do médico*, op. cit., p. 213-215.

[51] STJ, AgRg no Ag 37.060/RS, 3ª Turma, 28.11.1994. Cf. LOPEZ, Teresa Ancona. *O dano estético*, op. cit., p. 123.

[52] STJ, REsp 81.101/PR, 3ª Turma, 13.04.1999. Ver, especialmente, os votos dos ministros Nilson Naves e Waldemar Zveiter.

concluindo que "a jurisprudência tem caminhado prudentemente fazendo a distinção entre a cirurgia reparadora, na qual tem que se apurar a culpa do médico, e a cirurgia meramente estética e embelezadora, onde há que se presumir em favor daquele economicamente mais fraco que, seduzido pela intensa propaganda, pretende melhorar seu aspecto estético".

49. É por essa razão que a opção dos tribunais de considerar que as cirurgias de esterilização são obrigações de meios nos parece correta. Não há motivos para se restringir a realização de cirurgias de esterilização, com a imposição de um regime mais rigoroso de responsabilidade ao médico, tal como ocorre com as intervenções estéticas[53].

É bem verdade que há alguma simetria entre as cirurgias embelezadoras e as cirurgias de esterilização, na medida em que elas não têm por finalidade a cura de uma doença preexistente[54]. Contudo, as semelhanças terminam por aí. Ao contrário das cirurgias meramente estéticas, que, por definição, constituem intervenções supérfluas, as cirurgias de esterilização têm uma finalidade voltada à saúde reprodutiva. Trata-se de um interesse privilegiado pelo ordenamento, o que levou, inclusive, à sua positivação em âmbito constitucional.

50. Em outras palavras, o exercício da autonomia reprodutiva deve ser facilitado pelo ordenamento. E o regime das obrigações de meios exerce o importante papel de incentivar o oferecimento de serviços médicos que concretizam esse direito.

No mais, a classificação das cirurgias de esterilização como obrigações de resultado não é necessária para a concretização dos direitos dos pacientes, nem representa a solução mais adequada a esse tipo de conflito. O problema das obrigações de resultado é que elas ensejam uma inversão automática do ônus da prova, mesmo em situações nas quais a culpa médica não é a hipótese

---

[53] Alguns autores (DIAS, José de Aguiar. *Da responsabilidade civil*, v. 1, op. cit., p. 277, nº 118-A; e PENNEAU, Jean. *La responsabilité du médecin*, op. cit., p. 12) sustentam que a cirurgia plástica embelezadora constitui uma obrigação de resultado em razão da vontade das partes: nesse tipo de intervenção, o profissional geralmente promete um resultado estético preciso, por vezes, com o auxílio de fotos, medidas, desenhos etc. Em nosso ver, o principal perigo desse argumento é que ele dá margem para que os profissionais escapem ao regime da obrigação de resultados: basta, para tanto, que eles demonstrem que não houve, naquele caso, uma tal promessa de resultado ou o emprego de um método agressivo de persuasão.

[54] LOPEZ, Teresa Ancona. *O dano estético*, op. cit., p. 12-20; SILVEIRA, Reynaldo Andrade da. Responsabilidade civil do médico. *Revista dos tribunais*, v. 674, 1991, p. 61; PRUX, Oscar Ivan. *Um novo enfoque quanto à responsabilidade civil do profissional liberal*, op. cit., p. 220-221.

mais provável para o acidente⁵⁵. A facilitação da prova da culpa em favor da vítima pode ser alcançada por meio de outros instrumentos jurídicos, mais adaptados ao campo dos serviços de saúde, notadamente, as presunções de fato e a inversão *ope iudicis* do ônus da prova⁵⁶.

§ 2 – A natureza culposa da responsabilidade do médico

51. A responsabilidade fundada na culpa, também denominada de subjetiva, constitui o método mais elementar pelo qual a responsabilidade civil protege determinados interesses individuais. O que caracteriza o regime subjetivo de responsabilidade é que ele depende de um juízo de valor sobre o comportamento do responsável⁵⁷. Deixando de lado as possíveis divergências sobre tema, a culpa pode ser definida como um desvio de conduta que não seria cometido por uma pessoa avisada, colocada diante das mesmas circunstâncias do agente⁵⁸. Seja qual for a modalidade – negligência, imprudência ou imperícia⁵⁹ –, a culpa traduz um descompasso com relação aos padrões de diligência socialmente adequados.

A responsabilidade subjetiva é, assim, um mecanismo que protege o interesse das vítimas contra as lesões provocadas pela conduta repreensível de terceiros.

52. Nesse ponto, cumpre ressaltar que a legislação brasileira sempre foi muito clara ao estabelecer que a responsabilidade dos médicos é regulada por esse sistema fundado na culpa. Ao tratar dos danos provocados aos pacientes "no exercício de atividade profissional", o art. 951 do Código Civil atual menciona expressamente a "negligência, imprudência ou imperícia", perpetuando, em grande parte, a norma prevista no art. 1.545 do diploma civil de 1916⁶⁰.

---

⁵⁵ Cabe observar, por outro lado, que a obrigação decorrente da cirurgia de esterilização pode se tornar de resultado se o médico ou a clínica expressamente se obrigaram a tanto. É o que ocorreu, por exemplo, no caso em que a clínica de esterilização havia anunciado que "a vasectomia é o método anticoncepcional mais seguro que existe. Quando realizada em nossa clínica, damos 100% (cem por cento) de garantia", TJRS, Apel 70035694256, 6ª C.Civ., 24.11.2011; Apel 70045261443, 9ª C.Civ., 28.03.2012; Apel 70042877050, 5ª C.Civ., 29.02.2012; Apel 70030534895, 10ª C.Civ., 24.06.2010.

⁵⁶ Cf. *infra*, n° 73 e s.

⁵⁷ CARBONNIER, Jean. *Droit civil*: les biens, les obligations. Paris: PUF, 2004, v. 2, p. 2310-2314, n° 1148.

⁵⁸ MAZEAUD, Henri; MAZEAUD, Léon; MAZEAUD, Jean; CHABAS, François. *Leçons de droit civil*: Obligations – Théorie Générale. 9. ed. Paris: Montchretien, 1998, t. 2, v. 1, p. 466, n° 453; LIMA, Alvino. *Culpa e risco*. 2. ed. São Paulo: RT, 1999, p. 69.

⁵⁹ DIAS, José de Aguiar. *Da responsabilidade civil*, v. 1, op. cit., p. 120-122, n° 65.

⁶⁰ "Art. 1.545. Os médicos, cirurgiões, farmacêuticos, parteiras e dentistas são obrigados a satisfazer o dano, sempre que da imprudência, negligência, ou imperícia, em atos profissionais, resultar morte, inabilitação de servir, ou ferimento".

Ainda mais incisiva é a regra do art. 14, § 4º, do Código de Defesa do Consumidor, que prevê uma notável exceção ao regime da responsabilidade do fornecedor fundada no defeito do serviço, ao estabelecer que "a responsabilidade pessoal dos profissionais liberais será apurada mediante a verificação de culpa".

53. A dificuldade desse sistema é de estabelecer o grau de diligência esperado do médico em cada caso concreto. Como determinar qual é a conduta "socialmente adequada", quando se está avaliando uma atividade especializada, praticada apenas por profissionais com conhecimentos técnicos diferenciados?

É evidente que, para a aferição da culpa médica, deve-se levar em consideração a conduta esperada, não de um leigo, mas de um outro profissional da área, diligente e habilitado. O parâmetro adotado para julgar a conduta de um médico toma por base as regras técnicas que devem ser seguidas pelos profissionais atuantes na área. Ainda assim, o problema da determinação da culpa persiste e decorre, principalmente, da heterogeneidade das condutas repreensíveis que podem ser cometidas por um médico.

54. Para facilitar a análise, é possível classificar a culpa médica em duas categorias: primeiramente, há as infrações aos deveres de humanismo médico[61], que abrangem todo tipo de conduta contrária à ética da profissão, como a violação do sigilo profissional[62], o abandono injustificado do paciente[63] ou a oposição à realização de junta médica ou segunda opinião solicitada pelo interessado[64], além das outras ações vedadas pela deontologia profissional. No caso específico das cirurgias de esterilização, a principal hipótese de violação ao humanismo diz respeito ao descumprimento do dever de informar o paciente acerca dos riscos da intervenção, conforme analisaremos mais à frente[65].

Em segundo lugar, há os chamados erros de técnica, que representam as infrações do médico ao "estado da arte", privando seu paciente do grau de segurança e eficácia que poderia esperar do tratamento. Há erro de técnica quando o profissional comete um deslize durante o ato médico ou desrespeita alguma das regras procedimentais que deveriam presidir aquele ato, seja no diagnóstico, na escolha ou na execução da terapia. Até por isso, na apreciação dos erros de técnica, deve-se ter em conta a evolução da medicina no momento

---

[61] PENNEAU, Jean. *La responsabilité du médecin*, op. cit., p. 16-17.
[62] Código de Ética Médica, arts. 73 a 79.
[63] Código de Ética Médica, art. 36.
[64] Código de Ética Médica, art. 39.
[65] Cf. *infra*, nº 108 e ss.

em que o ato foi realizado, os recursos aos quais o médico tinha acesso, a urgência da intervenção, além do grau de especialização do profissional[66].

55. É esta última espécie de violação – o erro técnico – que nos interessa, quando pretendemos examinar a responsabilidade do médico pela ineficácia da cirurgia de esterilização. A responsabilidade do profissional dependerá de uma confrontação entre a conduta adotada por ele e o padrão ou *standard* de diligência esperada de um profissional nas mesmas condições. E esse *standard* varia conforme a técnica de esterilização empregada.

Por essa razão, é importante, num primeiro momento, apontar quais são os diferentes métodos de esterilização referendados hoje pela medicina. É a partir da análise dessas técnicas que poderemos estabelecer – ainda que de forma elementar – qual é a conduta esperada de um médico durante esse tipo de intervenção (A). Ato contínuo, analisaremos os erros cometidos pelos médicos durante as cirurgias de esterilização identificados, tanto pela literatura médica (B), quanto pela jurisprudência (C).

A – As técnicas de esterilização

56. O estudo dos métodos de esterilização deve ser feito em duas etapas; com a análise, de um lado, das técnicas de esterilização feminina, e, de outro, das técnicas de esterilização masculina.

As esterilizações femininas comportam uma gama muito grande de técnicas hoje reconhecidas pela Medicina. Primeiramente, é preciso observar que há três meios de realização da cirurgia[67]: a laparoscopia, a laparotomia e a minilaparotomia[68].

A laparoscopia é uma técnica mais sofisticada, na qual a esterilização é feita com auxílio de uma sonda de fibra ótica, o laparoscópio, introduzido na paciente por meio de uma pequena incisão feita, via de regra, na região umbilical. Trata-se de uma intervenção pouco invasiva e que, por consequência,

---

[66] LOPEZ, Teresa Ancona. *Responsabilidade civil dos médicos*, op. cit., p. 326-330.
[67] MARCH, Charles. *Tubal sterilization*, op. cit., p. 138-139.
[68] Vale lembrar, ainda, que é possível a realização de esterilização feminina por meio de colpotomia, isto é, de uma incisão realizada no fundo do saco vaginal. Contudo, essa via de acesso, ainda que reconhecida pela literatura, é pouco utilizada na prática, sendo relegada ao plano descritivo. Cf: MARCH, Charles. Female tubal sterilization: traditional and research methods. *In*: SHOUPE, Donna; KJOS, Siri (orgs.). *The handbook of contraception*: a guide for practical management. New Jersey: Humana Press, 2006, p. 210-211; RIOUX, Jacques-Émile. *Female sterilization and its reversal*, op. cit., p. 279.

é de recuperação mais rápida e traz menos danos aos tecidos da paciente[69]. Contudo, ela demanda maior treinamento e destreza do cirurgião[70].

Já a laparotomia é aquela que implica um corte na parede abdominal da paciente, permitindo assim que o médico tenha acesso direto às estruturas e órgãos internos de seu corpo. A grande vantagem desse método é sua realização mais simples, exigindo menos treinamento e prática por parte do profissional. Com maior visibilidade e espaço para atuação, há menos riscos de que o médico se equivoque durante a cirurgia. No mais, a esterilização pode ser realizada durante um parto cesariano[71], o que possibilita que as duas intervenções sejam concluídas com apenas um corte abdominal. Trata-se, porém, de uma técnica muito invasiva, que normalmente é utilizada quando há contraindicações para o uso das demais vias de acesso.

Técnica intermediária entre as duas anteriores, a minilaparotomia nada mais é do que uma laparotomia realizada por meio de uma incisão menor (de 3 a 5 cm) na região subpélvica da paciente. Se, de um lado, a redução do corte gera menos efeitos adversos do que uma laparotomia comum, de outro, há uma limitação quanto à visibilidade e ao acesso do médico às trompas[72].

57. Além da diversidade dos meios de acesso, as esterilizações femininas também são bastante variadas quanto ao método de obtenção da esterilidade.

O primeiro método é o da salpingectomia[73] parcial, que significa a extração de uma fração das trompas de falópio, de modo a impedir a passagem dos gametas e ovos. Mesmo dentro da sapingectomia, há várias técnicas de realização da cirurgia. A mais comum é a denominada "técnica de Pomeroy", na qual dois pontos da trompa da paciente são atados conjuntamente com sutura reabsorvível, formando assim uma alça no órgão, na qual a circulação sanguínea é interrompida. O cirurgião remove, então, parte dessa alça (cerca de 1 cm), a qual deve ser encaminhada para análise histológica, para verificar

---

[69] MARCH, Charles. *Female tubal sterilization: traditional and research methods*, op. cit., p. 211.

[70] FILSHIE, Gilbert Marcus. *Female sterilisation: medico legal aspects*, op. cit., p. 80.

[71] A realização da laqueadura de trompas durante o período de parto é desaconselhável, em razão das altas taxas de arrependimento. Cf. *infra*, nº 116. Por essa razão, a prática é vedada pelo art. 10, § 2º da Lei 9.263/1996, "exceto nos casos de comprovada necessidade, por cesarianas sucessivas anteriores". A lei determina também que a realização de "cesárea indicada para fim exclusivo de esterilização" é causa de aumento para o crime previsto em seu art. 15.

[72] FILSHIE, Gilbert Marcus. *Female sterilisation: medico legal aspects*, op. cit., p. 80.

[73] Do grego, *salpinx* (tuba – instrumento musical cuja forma relembra a trompa feminina) e *tomos* (corte).

se a operação foi realizada com sucesso[74]. O método de Pomeroy é bastante utilizado em razão de sua simplicidade e alto índice de eficácia[75].

Outra forma de salpingectomia é o "método de Uchida", no qual a oclusão da trompa é obtida com auxílio de uma solução de sal e adrenalina, injetada para provocar a insuflação da membrana serosa que reveste a trompa[76]. Uma vez inflada, essa membrana é retirada, revelando o interior muscular da tuba que é então seccionado pelo cirurgião[77].

São também conhecidas as técnicas de salpingectomia de Irving, Oxford e Medlener[78] – todas praticadas com menos frequência do que a de Pomeroy[79].

58. Além da salpingectomia, é possível obter a esterilização feminina por meio da extração do infundíbulo e fímbrias do útero (fimbriectomia), numa intervenção denominada de "técnica de Kroener"[80]. O infundíbulo e fímbrias são tecidos localizados na extremidade das trompas (estes últimos, em formato de "tentáculos") e que são responsáveis pela receptação dos óvulos expelidos pelos ovários.

59. Outra forma de se obter a esterilidade é por meio da eletrocoagulação. Essa técnica utiliza eletrodos para gerar altas temperaturas e cauterizar as trompas da paciente. Apesar de ser um método eficaz e de baixo custo, a eletrocoagulação é criticada em razão dos efeitos colaterais que produz, notadamente, as hemorragias associadas ao método e a possibilidade de que a cauterização termine por atingir outros órgãos e tecidos[81].

---

[74] MARCH, Charles. *Female tubal sterilization: traditional and research methods*, op. cit., p. 205.

[75] VANCAILLIE, Thierry. Female sterilization. *In*: SHOUPE, Donna; HASELTINE, Florence (orgs.). *Contraception*. Nova Iorque: Springer-Verlag, 1993, p. 171-172.

[76] RIOUX, Jacques-Émile. *Female sterilization and its reversal*, op. cit., p. 278.

[77] Os defensores da técnica de Uchida argumentam que ela reduz a possibilidade de formação de fístulas na trompa, Charles MARCH, *Female tubal sterilization: traditional and research methods*, op. cit., p. 209. Contudo, Gilbert Marcus FILSHIE, argumenta que os riscos inerentes a esses métodos não compensam seu ganho de eficácia (*Female sterilisation: medico legal aspects*, op. cit., p. 81).

[78] Para detalhes sobre esses métodos, cf. o sítio "Gynecology and Obstetrics", organizado pelo professor John J. Sciarra, da Universidade de Chicago: http://www.glowm.com, capítulo 39. Cf. também: RIOUX, Jacques-Émile. *Female sterilization and its reversal*, op. cit., p. 275-279.

[79] MARCH, Charles. *Female tubal sterilization: traditional and research methods*, op. cit., p. 208-209.

[80] VANCAILLIE, Thierry. *Female sterilization*, op. cit., p. 172-173; RIOUX, Jacques-Émile. *Female sterilization and its reversal*, op. cit., p. 277-278.

[81] RIOUX, Jacques-Émile. *Female sterilization and its reversal*, op. cit., p. 280-281.

Os riscos de lesões secundárias são menores quando se utiliza correntes elétricas bipolares, ao invés de correntes monopolares. Em contrapartida, há maiores chances de ineficácia da cirurgia quando aplicadas correntes bipolares, tendo em vista que essa técnica pode levar à cauterização incompleta das tubas[82].

60. Cabe apontar, ainda, os métodos "mecânicos" de esterilização, nos quais a oclusão das trompas é obtida com a implantação de um dispositivo no corpo da paciente. Exemplos desse tipo de técnica são aquelas que empregam clipes ou grampos metálicos para comprimir a trompa, tal como os clipes *Hulka* ou *Filshie*. Outros dispositivos comuns são os anéis de silicone, cujo mais conhecido é o anel de *Yoon*.

Mais recentemente, o laboratório alemão Bayer desenvolveu o dispositivo esterilizante *Essure*. Tratava-se de um implante em formato de mola que, ao ser inserido nas trompas, provocava a formação de tecido fibroso no órgão, de modo a fechar o canal tubário da paciente. A vantagem desse método é que ele poderia ser colocado por procedimento ambulatorial, dispensando cirurgia ou mesmo anestesia e tornando o procedimento mais barato. No entanto, após a revelação de que o *Essure* estaria causando sérios efeitos adversos em inúmeras pacientes, tais como hemorragias e dores severas, o laboratório optou por suspender a comercialização do produto[83].

61. Por sua vez, as técnicas de esterilização masculina são mais homogêneas e de realização mais simples, se comparadas aos métodos de esterilização feminina. De fato, qualquer procedimento de vasectomia comporta, basicamente, duas etapas: o isolamento do vaso diferencial e o bloqueio ou oclusão deste vaso[84].

A técnica mais tradicional de isolamento dos vasos consiste na realização de uma ou duas pequenas incisões na região escrotal, com o auxílio de anestesia local[85]. Mais recentemente, vem ganhando popularidade método desenvolvido na China, batizado de "sem-bisturi" (*no-scalpel*): realiza-se apenas uma punctura na pele escrotal (2-3 mm), através da qual os vasos são expostos para fora do corpo, garantindo o acesso do cirurgião[86].

---

[82] SODERSTROM, Richard; LEVY, Barbara; ENGEL, Tibor. Reducing bipolar sterilization failures. *Obstetrics & gynecology*, v. 74, n. 1, 1989, p. 60.
[83] cf. *infra*, n° 151.
[84] LABRECQUE, Michel; DUFRESNE, Caroline; *et al*. Vasectomy surgical techniques: a systematic review. *BMC Medicine*, v. 2, 2004, p. 21.
[85] SCHLEGEL, Peter; GOLDSTEIN, Marc. Vasectomy. *In*: SHOUPE, Donna; HASELTINE, Florence (orgs.). *Contraception*. Nova Iorque: Springer-Verlag, 1993, p. 182.
[86] HENDRY, William Forbes. Vasectomy and vasectomy reversal. *In*: FILSHIE, Gilbert Marcus; GUILLEBAUD, John (orgs.). *Contraception*: science and practice. Londres: Butterworths, 1989, p. 295; Peter Schlegel; Marc GOLDSTEIN, *Vasectomy*, op. cit., p. 182.

62. Quanto à oclusão, o método mais comum é o corte e a extração de aproximadamente 1 cm do vaso, que é então suturado em suas duas extremidades[87]. Mas há algumas variações nessa etapa. Um dos métodos consiste em suturar apenas a extremidade do vaso voltada para uretra, deixando aberta a extremidade ligada ao testículo[88]. Outra técnica reside em "dobrar" uma ou as duas extremidades segmentadas[89]. Ainda, a exemplo do que ocorre com a laqueadura, é possível que a oclusão do vaso seja realizada por meio de cauterização[90] ou com a introdução de clipes metálicos[91].

Há de se mencionar, também, que a vasectomia pode incluir o procedimento facultativo denominado "interposição fascial", em que um tecido é implantado em uma das extremidades do vaso, de modo a dificultar sua recanalização espontânea[92].

63. A etapa mais relevante da vasectomia – ao menos, do ponto de vista médico-legal – é a pós-operatória. Uma peculiaridade da vasectomia é que, em regra, ela não provoca a esterilização imediata do paciente, sendo normal a permanência da fertilidade durante um período de alguns meses e/ou 10 a 30 ejaculações. Por isso, é indispensável que o paciente seja alertado de que deve recorrer a outros métodos contraceptivos, até que a azoospermia seja confirmada por exame laboratorial[93].

Isso traz certa vantagem para a vasectomia com relação a outras técnicas de esterilização, tendo em vista que o êxito inicial da cirurgia deve ser verificado, antes que o paciente receba autorização para retornar à sua atividade sexual normal. Ainda que não seja exatamente esse seu propósito principal, esse procedimento-padrão evita que eventuais erros cometidos na cirurgia de vasectomia redundem no nascimento indesejado, prevenindo conflitos

---

[87] HENDRY, William Forbes. *Vasectomy and vasectomy reversal*, op. cit., p. 295.

[88] Segundo Peter SCHLEGEL e Marc GOLDSTEIN, esse método tem sido empregado com o intuito de facilitar eventual reversão da vasectomia, sem que haja, contudo, comprovação sobre sua efetividade, *Vasectomy*, op. cit., p. 183. Outra vantagem relatada sobre o método "aberto" seria a redução do risco de dor crônica pós-vasectomia (SOKAL David; LABRECQUE, Michel. Effectiveness of vasectomy techniques. *Urologic clinics of north America*, v. 36, n. 3, 2009, p. 326).

[89] LABRECQUE, Michel; DUFRESNE, Caroline; et al. *Vasectomy surgical techniques: a systematic review*, op. cit., p. 5.

[90] SOKAL, David; LABRECQUE, Michel. *Effectiveness of vasectomy techniques*, op. cit., p. 323-325.

[91] SCHLEGEL, Peter; GOLDSTEIN, Marc. *Vasectomy*, op. cit., p. 182.

[92] SOKAL, David; LABRECQUE, Michel. *Effectiveness of vasectomy techniques*, op. cit., p. 323.

[93] HENDRY, William Forbes. *Vasectomy and vasectomy reversal*, op. cit., p. 295-296.

jurídicos entre médicos e pacientes. Pela mesma razão, as ações reparatórias relacionadas às vasectomias tendem, em sua maioria, a discutir supostas falhas ocorridas durante esse procedimento pós-operatório de verificação do êxito da cirurgia[94].

64. Cumpre observar, por fim, que a escolha entre uma técnica de esterilização ou outra é uma questão que não depende apenas das peculiaridades de cada método. Em verdade, os fatores determinantes nessa decisão são a familiaridade do médico com aquele determinado procedimento, seu grau de treinamento e os materiais e equipe à sua disposição. O paciente, certamente, deve ser informado sobre as técnicas existentes e aquela proposta pelo profissional. Mas o médico, em hipótese alguma, deve realizar procedimento para o qual não se sinta apto[95].

B – Os erros de técnica encontrados na literatura médica

65. São raros estudos da área da saúde dedicados aos erros cometidos em cirurgias de esterilização. E isso decorre de uma quase incontornável dificuldade científica. As pesquisas de campo são, via de regra, conduzidas pelas clínicas e equipes de profissionais que realizam as cirurgias. Ora, é muito difícil que um médico ou que uma instituição deseje reconhecer publicamente suas próprias falhas[96].

No mais, ao contrário do que ocorre com a análise jurídica da questão, sob a perspectiva da ciência médica, é irrelevante se a ineficácia da cirurgia decorre de um erro profissional ou de uma outra causa qualquer. O que importa para a medicina é que esses fatores sejam globalmente controlados e reduzidos, por meio da introdução de novas técnicas. É por essa razão que a maioria dos estudos ligados à área da saúde tende a relatar a porcentagem de ineficácia das vasectomias e laqueadura em cada método, sem distinguir as

---

[94] Para as laqueaduras, via de regra, não há exame pós-operatório com grau de fidelidade equivalente ao espermograma. Cf. VANCAILLIE, Thierry. *Female sterilization*, op. cit., p. 178-180. O recente método de esterilização feminina utilizando o equipamento *Essure* permite, contudo, a realização de exame pós-operatório que confirma a eficácia da intervenção.
[95] SODERSTROM, Richard. Sterilization failures and their causes. *American journal of obstetrics & gynecology*, v. 152, n. 4, 1985, p. 397-400.
[96] TRUSSELL, James. *Contraceptive failure in the United States*, op. cit., p. 402. Ver, contudo, ALDERMAN, Philip. *The lurking sperm: a review of failures in 8879 vasectomies performed by one physician*, op. cit.; SODERSTROM, Richard. *Sterilization failures and their causes*, op. cit., p. 395.

hipóteses em que isso decorre de falha humana e aquelas em que a ineficácia era inevitável.

66. Ainda assim, a literatura médica já foi capaz de identificar quais são os erros técnicos mais recorrentes em cirurgias de esterilização.

Quanto à esterilização masculina, estudos demonstram que a ineficácia da vasectomia pode decorrer de diversos erros evitáveis, tais como a realização de dois cortes em apenas um dos canais deferentes[97], a secção equivocada de uma outra estrutura corporal que não os dutos ou, ainda, a existência de canais extranumerários no aparelho reprodutivo do paciente, que passou desapercebida pelo médico durante a cirurgia[98].

67. Na esterilização feminina, os casos reportados de falha médica são ainda mais variados, em razão da multiplicidade de técnicas cirúrgicas. Diversos estudos revelam, por exemplo, que a aplicação insuficiente de correntes elétricas ou em formato de onda equivocado pode levar ao insucesso de laqueaduras realizadas por meio de eletrocoagulação[99].

Nas cirurgias feitas com o auxílio de anéis ou grampos metálicos, as falhas mais comuns concernem à má-colocação do material, decorrente da falta de destreza do profissional e do uso de dispositivos de tamanho inadequado ao corpo da mulher[100]. Numa pesquisa envolvendo 47 mulheres que se submeteram a uma segunda laqueadura, após a ineficácia da intervenção anterior, Richard Soderstrom afirma que, em diversos casos, os grampos inseridos na primeira cirurgia não estavam bloqueando corretamente toda a tuba da paciente[101].

---

[97] SOKAL, David; LABRECQUE, Michel; *et al.* Frequency and patterns of early recanalization after vasectomy. *BMC urology*, v. 6, n. 25, 2006.

[98] SCHLEGEL, Peter; GOLDSTEIN, Marc. *Vasectomy*, op. cit., p. 185. Os autores afirmam, porém, que esses casos são raros. Ver também: SOKAL, David; LABRECQUE, Michel; et al. *Frequency and patterns of early recanalization after vasectomy*, op. cit.; ALDERMAN, Philip. *The lurking sperm: a review of failures in 8879 vasectomies performed by one physician*, op. cit., p. 3144.

[99] Em especial, com a técnica de eletrocoagulação bipolar, que é recomendada por provocar menos danos aos demais tecidos uterinos. Cf. FILSHIE, Gilbert Marcus. *Female sterilisation: medico legal aspects*, op. cit., p. 79; SODERSTROM, Richard; LEVY, Barbara; ENGEL, Tibor. *Reducing bipolar sterilization failures*, op. cit., p. 60; VANCAILLIE, Thierry. *Female sterilization*, op. cit., p. 175.

[100] VANCAILLIE, Thierry. *Idem*, p. 176 a 178. O autor menciona um estudo com pacientes esterilizadas com anéis e clipes na qual restou comprovado que *todos* os casos de ineficácia decorriam de falhas médicas. Cf. também, SODERSTROM, Richard. *Sterilization failures and their causes*, op. cit., p. 395; MARCH, Charles. *Female tubal sterilization: traditional and research methods*, op. cit., p. 214-215.

[101] SODERSTROM, Richard. *Sterilization failures and their causes*, op. cit.

As próprias bulas dos dispositivos esterilizantes *Essure*[102] e *Filshie*[103] alertam que a ocorrência de gravidez pós-cirúrgica está associada a equívocos cometidos durante a implantação do produto, como, no caso dos clipes *Filshie*, o fechamento incorreto dos grampos em razão da má-calibração dos instrumentos de implante[104]. Quanto ao *Essure*, a literatura médica aponta que a maioria dos casos de gravidezes indesejadas se deve à má-colocação do dispositivo ou à falha de interpretação do teste que confirmaria o sucesso da intervenção[105].

Nas técnicas de salpingectomia, que implicam o corte ou a extração parcial das trompas, como os métodos de *Pomeroy* e *Uchida*, há casos relatados em que houve a secção incompleta das trompas da paciente. Em especial, na aplicação da técnica de fimbriectomia de *Kroener*, foram reportadas cirurgias em que o médico não removeu totalmente a fímbria da trompa, levando à ineficácia do procedimento[106].

Por fim, uma possível causa de erro ocorre quando o médico confunde as estruturas do corpo feminino e acaba realizando a cirurgia em outro tecido intrauterino, como o ligamento redondo[107] ou uma dobra do peritônio localizada nas proximidades das trompas[108]. Esse tipo de equívoco é mais comum quando a cirurgia é realizada por meio de laparoscopia e, até por isso, há maior prevalência nas operações que envolvam a eletrocoagulação e

---

[102] Disponível em: www.essure.com/App_Themes/EssureTheme/global/Patient-Information-Booklet.pdf. Acesso em: 07.08.2020.

[103] Disponível em: www.coopersurgical.com/Documents/AVM-709_RevE-DFU.pdf. Acesso em: 30.01.2013. A bula aponta para a necessidade de calibração periódica do equipamento utilizado no implante dos clipes. Frits LAMMES alerta que o fechamento incorreto dos clipes pode levar à sua abertura espontânea, (Spontaneous opening of the Filshie clip as a cause of sterilisation failure. *British journal of obstetrics and gynaecology*, v. 108, 2001, p. 657).

[104] Gilbert Marcus FILSHIE, criador dos clipes que levam o seu nome, alerta que a pinça superior do grampo deve estar reta após sua aplicação, e que a existência de uma curva nesta pinça denota que ela não se encontra corretamente comprimida – um fenômeno que ele denomina de "curva da ponte da Baia de Sidney", *Female sterilisation: medico legal aspects*, op. cit., p. 84-87.

[105] HITZERD, Emilie; SCHREUDER, Henk; VLEUGELS, Michel; VEERSEMA, Sebastiaan. Twelve-year retrospective review of unintended pregnancies after Essure sterilization in the Netherlands. *Fertility and sterility*, v. 105, n. 4, 2016, p. 932.

[106] SODERSTROM, Richard. *Sterilization failures and their causes*, op. cit., 395 e 398; VANCAILLIE, Thierry. *Female sterilization*, op. cit., p. 173.

[107] VANCAILLIE, Thierry. *Female sterilization*, op. cit., p. 172; SODERSTROM, Richard. *Sterilization failures and their causes*, op. cit., p. 397.

[108] FILSHIE, Gilbert Marcus. *Female sterilisation: medico legal aspects*, op. cit., p. 84.

a utilização de anéis ou clipes[109]. Mas a literatura reconhece que a confusão entre trompas e ligamento redondo pode ocorrer também em cirurgias que empregam a salpingectomia, como o método de *Pomeroy*[110].

68. Nesse sentido, é bastante ilustrativa a tabela elaborada por Rajesh Varma e Janesh K. Gupta[111], em uma revisão bibliográfica dedicada aos aspectos médico-legais das falhas de esterilização feminina.

De acordo com os autores, são quatro os fatores que podem levar à ineficácia da cirurgia: i) o equívoco na identificação dos órgãos e tecidos da paciente, com a consequente realização da cirurgia na estrutura errada do corpo feminino; ii) a oclusão incompleta da tuba; iii) a formação de fístulas tubo-peritoniais; e iv) a recanalização espontânea das tubas. Dessas quatro causas de ineficácia, a primeira se deve à falha humana e a segunda, na maioria dos casos, também decorre do erro do profissional. Já a terceira e a quarta causas não podem ser atribuídas a qualquer erro médico.

C – Os erros de técnica encontrados na jurisprudência

69. Uma vez identificadas as técnicas de esterilização e os diversos erros cometidos nesse tipo de procedimento, é possível avaliar a abordagem dos tribunais sobre a questão. Um primeiro ponto a ser observado é que a comprovação da culpa médica em cirurgias de esterilização é um tema que, geralmente, não alcança os tribunais superiores. Apreciar a existência ou não da falha do profissional é matéria que se reveste de nítido caráter probatório[112] e a questão, a despeito de sua importância, esbarra nas Súmulas 7 do Superior Tribunal de Justiça[113] e 279 do Supremo Tribunal Federal[114].

Para compreender o que a jurisprudência entende por culpa médica nesse tipo de cirurgia, é necessário analisar os precedentes dos tribunais estaduais, soberanos na apreciação da questão. Em especial, aqueles nos quais os magistrados de segundo grau entenderam pela existência de erro na cirurgia de esterilização, condenando o réu a reparar o nascimento indesejado.

---

[109] SODERSTROM, Richard. *Sterilization failures and their causes*, loc. cit.
[110] VANCAILLIE, Thierry. *Female sterilization*, op. cit., loc. cit.
[111] VARMA, Rajesh; GUPTA, Janesh. *Failed sterilisation: evidence-based review and medico--legal ramifications*, op. cit., p. 1322–1332.
[112] STJ, REsp 1.051.674/RS, 3ª Turma, 03.02.2009, e as inúmeras decisões monocráticas nesse sentido: AREsp 682.312, 05.10.2015; Ag em REsp 709.608/DF, 03.06.2015; REsp 1.385.941/RJ, 20.05.2015; AREsp 634.776, 03.02.2015.
[113] STJ, Súmula 7: "A pretensão de simples reexame de prova não enseja Recurso Especial".
[114] STF, Súmula 279: "Para simples reexame de prova não cabe recurso extraordinário".

70. Algumas dessas condenações abordam problemas específicos e pontuais. É o caso de dois julgados, dos tribunais do Rio de Janeiro e do Rio Grande do Sul, nos quais restou comprovado que os cirurgiões laquearam apenas uma das trompas de suas pacientes[115]. Há também o episódio lamentável, ocorrido em Goiás, em que uma prefeitura municipal contratou um falso médico para prestar serviços de saúde na cidade. Até que o problema fosse descoberto, o falsário já havia realizado uma série de vasectomias que se revelaram ineficazes[116].

Por outro lado, há conflitos que são mais frequentes em nossas cortes. Um tema recorrente concerne às falhas cometidas pelos médicos durante o período pós-operatório de vasectomias[117]. Como visto, esse tipo de intervenção exige cuidados pós-operatórios peculiares, os quais incluem a realização de espermogramas para a verificação do sucesso da intervenção, além de um período de abstinência sexual ou de utilização de outros métodos contraceptivos, tendo em vista que a vasectomia demora algum tempo para provocar a infertilidade completa do paciente. Por isso, do ponto de vista jurídico, a responsabilização do médico pelo erro cirúrgico dependerá de pelo menos dois eventos: um primeiro, na operação, provocando o insucesso da cirurgia; um segundo, no período pós-operatório, impedindo que esse insucesso seja detectado[118].

Em muitas das decisões proferidas em segunda instância, os médicos foram condenados a reparar o nascimento indesejado porque não requereram a realização do mencionado exame de segurança[119], ou porque não informaram seus pacientes sobre as cautelas necessárias[120]. Por outro lado, os magistrados por vezes rejeitaram a pretensão reparatória, quando demonstrado que o

---

[115] TJRS, Apel 70037312790, 5ª C.Civ., 15.12.2012; TJRJ Apel 2008.001.06047, 3ª C.Civ., 15.12.2008.

[116] TJGO, Rex Nec 53781-60.2007.8.09.0164, 1ª C.Civ., 09.10.2012; Rex Nec 232180-48.2006.8.09.0164, 2ª C.Civ., 12.08.2012.

[117] MULTEDO, Renata Vilela. *A responsabilidade civil por nascimento indesejado no direito brasileiro*, op. cit., p. 106.

[118] V., todavia, Apel 70012464111, 10ª C.Civ., 15.12.2005: no caso, o exame de controle havia acusado a ineficácia da cirurgia. Contudo, o médico, de forma negligente, não recomendou ao paciente a realização de novo procedimento.

[119] TJRS, Apel 70055467765, 9ª C.Civ., 13.11.2013; Apel 70042848481, 9ª C.Civ., 20.07.2011; TJRJ, Emb Inf 0004552-29.2005.8.19.0066, 13ª C.Civ., 15.05.2013; TJSP, Apel 494.864-4/6-00, 5ª C.Priv., 18.11.2009. Cf. também: TJRS, Apel 70009780065, 6ª C.Civ., 18.05.2005 – caso em que houve falha do laboratório que realizou o espermogramas.

[120] TJPR, Apel 933.439-0, 10ª C.Civ., 21.02.2013; TJRS, Emb Inf 70045452117, 5º G.Civ., 18.11.2011; Apel 70041661133, 5ª C.Civ., 20.04.2010.

próprio paciente não obedeceu às recomendações do profissional[121], havendo, pois, culpa exclusiva da vítima para a ocorrência do evento[122].

71. Mas a hipótese mais comum de responsabilidade do cirurgião refere-se às situações em que o médico se omite – ou se esquece! – de laquear as trompas de sua paciente durante um parto cesariano, a despeito do pedido prévio e expresso da parturiente. São frequentes os litígios nos quais as mães alegam que o médico não apenas deixou de realizar a laqueadura solicitada, como também não informou sobre a omissão, que só foi descoberta com a surpreendente notícia da nova gravidez[123].

Esse tipo de conflito foi apreciado pelo Superior Tribunal de Justiça no Agravo Regimental no Agravo em Recurso Especial nº 454.094/RO, de 13 de março de 2014[124]. No caso, o Tribunal do Estado de Rondônia havia condenado a clínica contratada pela paciente, ao ressaltar que a ré não realizara a laqueadura solicitada e tampouco alertara a interessada sobre o fato. De acordo com o tribunal estadual, a condenação fundava-se, não no suposto "erro no procedimento cirúrgico adotado pelo médico quando da laqueadura das trompas da apelada, mas, sim, da falta de esclarecimento por parte do profissional que não informou que a cirurgia não tinha sido feita, denotando a existência de falha no dever de informação". O Superior Tribunal de Jus-

---

[121] Comp. com a situação muito semelhante relativa à colocação de DIUs, que exigem consultas periódicas para verificar se o aparelho não se descolocou no útero da mulher. A jurisprudência nega reparação quando demonstrado que a própria vítima deixou de comparecer às consultas: TJPR, Apel 579326-6, 3ª C.Civ., 17.11.2009; TJRS, Apel 70024319782, 9ª C.Civ., 10.12.2008.

[122] TJRS, Apel 70053610903, 10ª C.Civ., 27.07.2013; 70053583795, 10ª C.Civ., 27.06.2013; Apel 70033884172, 6ª C.Civ., 31.05.2012; TJRJ, Apel 44.505/2009, 10ª C.Civ., 17.08.2009. Na verdade, ainda que o paciente não tenha seguido a orientação médica de realizar espermograma, há a possibilidade de que a permanência de fertilidade decorra de um erro médico cometido durante a cirurgia. Nesse sentido, não se deve concluir *de plano* pela tese da 'culpa exclusiva da vítima'. O mais correto, nesses casos, é averiguar a possibilidade de culpas concorrentes.

[123] TJRJ Apel 0038863-76.2007.8.19.0001, 9ª C.Civ., 02.04.2013; Apel 0009815-62.2009.8.19.0014, 9ª C.Civ., 20.03.2012; Apel 0055952-40.2006.8.19.0004, 16ª C.Civ., 01.03.2011; Apel 0070007-68.2007.8.19.0001, 15ª C.Civ., 18.01.2011; Apel 0008237-41.2007.8.19.0206, 3ª C.Civ., 28.07.2010; TJRS Apel 70058338039, 9ª C.Civ., 26.03.2014; Apel 70056954779, 9ª C.Civ., 18.12.2013; Apel 70039310909, 9ª C.Civ., j. 20.07.2011; TJPR Apel 488789-0, 4ªC.Civ., 23.06.2009; Apel 422.788-1, 8ª C.Civ., 13.03.2008; TJSP, Apel 1005842-74.2017.8.26.0348, 7ª C.Priv., 10.08.2020; Apel 1016209-29.2014.8.26.0554, 9ª C.Priv., 09.07.2020; Apel 1005331-12.2016.8.26.0704, 10ª C.Priv., 03.03.2020; Apel 1009709-59.2017.8.26.0224, 4ª C.Priv., 29.10.2019.

[124] STJ, AgRg no AI em REsp 454.094/RO, 4ª Turma, 11.03.2014.

tiça não conheceu do recurso especial interposto pela clínica, com base no enunciado nº 7 de sua Súmula.

72. Todavia, na esmagadora maioria dos casos, os pedidos reparatórios são rejeitados pelos tribunais estaduais em razão da insuficiência de provas acerca da culpa do médico que realizou a cirurgia. Influenciados, muitas vezes, pelas dúvidas externadas pelos próprios peritos do juízo, os magistrados dificilmente se inclinam à tese de que houve erro médico, preferindo adotar cautela diante da possibilidade de que a gravidez indesejada decorra da recanalização natural dos canais ou das trompas[125].

Isso ocorre igualmente nas demandas reparatórias envolvendo os dispositivos intrauterinos (DIUs). Esse tipo de produto contraceptivo perde muito de sua eficácia se não estiver bem posicionado no útero da paciente, o que pode ser resultado da má-colocação por parte do médico; ou do deslocamento espontâneo do dispositivo. E é em razão desta incerteza que são rejeitadas a maioria das pretensões dos pacientes em face dos profissionais[126].

§ 3 – A dificuldade probatória e a inversão do ônus da prova da culpa médica

73. Há uma grande disparidade entre as diversas hipóteses de falhas humanas cometidas durante procedimentos de esterilização, já reconhecidas pela literatura médica, e os poucos casos efetivamente detectados pelos tribunais nacionais. Essa discrepância é ainda mais surpreendente se levarmos em consideração que o Brasil é um dos países com maior prevalência de

---

[125] Para alguns exemplos de improcedência da demanda por ausência de provas da culpa: TJSP, Apel 0002228-58.2008.8.26.0198, 1ª C.Priv., 10.12.2013; Apel 0011721-94.2004.8.26.0361, 6ª C.Priv., 28.11.2013; Apel 0001898-87.2012.8.26.0435, 13ª C.Pub., 31.10.2013; Apel 0003929-73.2003.8.26.0604, 3ª C.Pub., 22.10.2013; Apel 0001884-46.2012.8.26.0648, 4ª C.Civ., 17.10.2013; Apel 0035507-24.2004.8.26.0053, 9ª C.Pub. 25.09.2013; Apel 0002488-74.2004.8.26.0005, 7ª C.Priv., 12.06.2013; TJMG, 1.0512.09.075885-9/001, 7ª C.Civ., 28.01.2014; Apel 1.0384.05.039107-5/001, 13ª C.Civ., 10.11.2011; Apel 1.0439.06.055791-5/001, 10ª C.Civ., 07.06.2011; Apel 1.0395.07.016168-6/001, 16ª C.Civ., 03.03.2010; TJRS, Apel 70056232879, 10ª C.Civ., 11.10.2013; Apel 70051260487, 10ª C.Civ., 25.10.2012; Apel 70050489533, 10ª C.Civ., 27.09.2012.

[126] TJRS, Apel 70050402247, 9ª C.Civ., 14.11.2012; Apel 70027693878, 5ª C.Civ., 24.06.2009; Apel 70013265988, 5ª C.Civ., 15.05.2006; TJSP Apel 304.738-4/9, 4ª C.Priv., 28.07.2007; TJMG Apel 1.0145.05.215213-2/001, 12ª C.Civ., 05.09.2012. Por outro lado, o Tribunal de Minas Gerais, em uma oportunidade, já condenou um médico por ter cometido erro na colocação de implante hormonal em sua paciente, ocasionando a ineficácia do produto: TJMG, Apel 1.0024.04.257636-3/003, 12ª C.Civ., 02.05.2007.

esterilização cirúrgica do mundo, principalmente feminina[127]. Isso nos leva a crer que muitos de erros cirúrgicos passam desapercebidos pelos magistrados.

É notável que há um equívoco na perspectiva de nossos tribunais que, muitas vezes, rejeitam os pedidos de reparação do nascimento indesejado sob o argumento de que as probabilidades de gravidez após a cirurgia são pequenas. Ora, o baixo índice de ineficácia das cirurgias de esterilização é um fator irrelevante para a resolução desses casos. Como a cirurgia em questão falhou, é certo que ela faz parte desse pequeno grupo estatístico de esterilizações frustradas.

O dilema probabilístico a ser enfrentado nesse tipo de conflito é outro: dado que a cirurgia de esterilização se revelou ineficaz, quais são as chances de que essa frustração tenha decorrido de um erro médico? As probabilidades em questão são muito mais elevadas. De maneira mais precisa, uma recente pesquisa realizada por Shilpa V. Date *et al.* com 140 mulheres que engravidaram após se submeterem a laqueaduras de trompas, revelou que, em quase um quinto (19,29%) desses casos, a gravidez indesejada decorreu de erros cometidos pelo profissional durante operação. E esse índice de erro médico pode chegar a mais da metade (54,55%), quando analisados apenas os casos em que a gravidez indesejada ocorreu em até um ano depois da cirurgia[128].

74. Voltando à análise da jurisprudência, o que há em comum às condenações proferidas por nossos tribunais é que elas ocorreram em situações nas quais o erro médico deixou vestígios bastante evidentes, como, por exemplo, os casos em que a cirurgia foi realizada em apenas uma das trompas da paciente ou quando o médico simplesmente deixou de realizar a cirurgia. Em outras palavras, para manter a coerência com o regime da culpa provada, a jurisprudência acaba reduzindo o espectro da responsabilidade médica, relegando-a aos casos de falha grosseira e notória.

Esse conservadorismo para com a responsabilidade médica é, aliás, um traço marcante do Direito brasileiro. Em um trecho bastante conhecido – e ainda citado nos dias de hoje[129] – Carvalho Santos declarou que "os tribunais não têm o direito de examinar, nos pleitos que ao seu conhecimento forem le-

---

[127] Faúndes, Anibal; Perdigão, Antero Marques; *et al. Associação entre prevalência de laqueadura tubária e características sócio-demográficas de mulheres e seus companheiros no estado de São Paulo, Brasil*, op. cit., p. 50.

[128] Date, Shilpa Vishwas; Rokade, Jyoti; *et al.* Female sterilization failure: review over a decade and its clinicopathological correlation. *International journal of applied and basic medical research*, v. 4, n. 2, 2014, p. 81.

[129] Cavalieri Filho, Sergio. *Programa de responsabilidade civil*. 11. ed. São Paulo: Atlas, 2014, p. 433.

vados, a respeito da matéria, se o médico afastou-se das regras de sua profissão, abordando a questão de ordem científica, de apreciação e de prática médica, não lhes sendo lícito, tampouco, decidir coisa alguma sobre a oportunidade de uma intervenção cirúrgica, sobre o método preferível a empregar, ou sobre o melhor tratamento a seguir. As questões puramente técnicas escapam à sua competência e devem se limitar a indagar-se, da parte do médico, se houve imprudência, negligência, ou imperícia, notória e manifesta, consistente em erro grosseiro capaz de comprometer a reputação de qualquer profissão"[130].

75. A austeridade dos tribunais na constatação da culpa médica é reveladora do real problema enfrentado pelas vítimas de lesão à autonomia reprodutiva. Via de regra, o seu direito à reparação esbarra, não tanto no fundamento da responsabilidade médica, calcada na culpa, mas antes na dificuldade em se demonstrar esse fato gerador. A falha médica pode deixar traços muito sutis, que dificilmente estarão ao alcance das vítimas e dos magistrados.

Um primeiro problema é que as fontes de prova[131] são bastante limitadas e – o que é mais importante – subordinadas aos próprios profissionais responsáveis pelo erro, que controlam quase tudo o que ocorre entre as quatro paredes da clínica. De um lado, os vestígios documentais ficam na dependência de prontuários e relatórios elaborados pelos médicos e enfermeiros, que, intencionalmente ou não, são por vezes imprecisos na descrição dos fatos[132]. Quanto às testemunhas, salvo raras exceções, elas se resumem ao próprio corpo clínico que realizou a intervenção[133].

---

[130] SANTOS, João Manoel de Carvalho. *Código Civil brasileiro interpretado*, op. cit., p. 259-260.

[131] Para definição de "fontes de prova", cf. DINAMARCO, Cândido Rangel. *Instituições de direito processual civil*. 4. ed. São Paulo: Malheiros, 2004, v. 3, p. 86-88, n° 804.

[132] Carlos Roberto GONÇALVES, *Responsabilidade civil*, op. cit., p. 204. Não se trata de um problema exclusivamente brasileiro. Ao analisar os casos de ineficácia de laqueaduras por eletrocoagulação, Richard SODERSTROM se queixa que os cirurgiões omitem informações importantes no prontuário, tais como o tempo da aplicação das ondas, a potência e até mesmo a marca do aparelho, o que dificulta a identificação das falhas (*Sterilization failures and their causes*, op. cit., p. 396).

[133] Nesse sentido, Gilberto BERGSTEIN, ao analisar o papel das provas testemunhais nos litígios envolvendo médicos e pacientes, observa que "as pessoas envolvidas serão todas extremamente ligadas às partes. Pela banda do profissional, poderão testemunhar outros médicos também envolvidos no procedimento/tratamento *sub judice*, além de outros profissionais como enfermeiros ou paramédicos e colaboradores diretos do facultativo (secretária, por exemplo). Já pelo lado do paciente os testemunhos serão dados no mais das vezes por seus familiares e amigos mais próximos" (*A informação na relação médico-paciente*, op. cit., p. 210). Cf. também: MELO, Nehemias Domingos

A isso, soma-se a extrema complexidade das questões envolvendo cirurgias, o que torna a assimetria de informações um elemento quase inevitável neste tipo de litígio. O médico detém melhores conhecimentos técnicos sobre o litígio do que o seu paciente e do que o magistrado, e pode explorar essa posição favorável durante o processo, ou mesmo antes dele.

76. Em suma, todas essas fontes probatórias contribuem para que o profissional negligente possa acobertar seus equívocos. É em razão disso que a perícia técnica acaba exercendo um papel fundamental nos conflitos envolvendo cirurgias esterilizadoras. O perito é uma das únicas fontes de prova imparcial, não controlada pelo réu.

E aí emerge uma série de problemas de segunda ordem. De um lado, há o conhecido sentimento de solidariedade entre profissionais da área médica – a tão mencionada "conspiração do silêncio" ou "esprit du corps"[134] – que, infelizmente, leva muitos peritos à complacência para com os erros de seus colegas médicos.

77. Mas o principal obstáculo à realização de perícias é de ordem técnica. Em função das sutilidades e imprecisões da ciência, nem toda falha médica é detectável por meio do exame pericial. Muitos dos vestígios desaparecem com o tempo, ou simplesmente não são perceptíveis *a posteriori*.

Os próprios especialistas médicos reconhecem que nem sempre é possível identificar as razões de falha de uma cirurgia de esterilização. No já mencionado artigo dedicado aos aspectos médico-legais das esterilizações femininas, Gilbert M. Filshie afirma que exames como a histerossalpingografia[135] ou a injeção de tintura azul na cavidade uterina (*blue dye*), realizados após uma laqueadura ineficaz, nem sempre identificam a existência de fístulas ou o fato de que a trompa ainda está intacta. Por isso, recomenda

---

de. *Responsabilidade civil pelo erro médico*, op. cit., p. 198; KFOURI NETO, Miguel. *Culpa médica e ônus da prova*, op. cit., p. 52.

[134] LOPEZ, Teresa Ancona. *Responsabilidade civil dos médicos*, op. cit., p. 316; Melo, Nehemias Domingos de. *Idem*, loc. cit.; CAVALIERI FILHO, Sergio. *Programa de responsabilidade civil*, op. cit., p. 432; GONÇALVES, Carlos Roberto. *Responsabilidade civil*, op. cit., p. 433; CASTRO, João Monteiro de. *Responsabilidade civil do médico*. São Paulo: Método, 2005, p. 184. José de Aguiar DIAS lembra que a classe médica é por vezes denominada, jocosamente, de "maffia de branco", em razão de seu gregarismo (*Da responsabilidade civil*, v. 1, op. cit., p. 276, nº 118-A).

[135] A histerossalpingografia é um exame que consiste na realização de radiografias em série da cavidade uterina e das trompas, com o auxílio de um líquido iodado, que é injetado progressivamente no útero e que servirá de contraste ao exame. Entre outras funções, ele permite avaliar se as cavidades estão "pérvias", isto é, se há passagem para o óvulo.

que, caso a paciente opte por realizar uma segunda laqueadura, esta deve ser procedida por outro médico, que deverá recolher documentação adequada, por meio de fotos e de um relatório detalhado da situação das tubas. E se, mesmo assim, não for possível identificar as causas da falha, é recomendável a retirada parcial ou total das trompas e a submissão do material a um exame histológico por um especialista[136].

78. É importante notar que a dificuldade probatória não é um privilégio das cirurgias de esterilização. Ao contrário, trata-se de um problema comum à responsabilidade médica em geral. Tanto que nossos autores frequentemente qualificam a prova da culpa médica de "dificílima"[137], "diabólica"[138] ou "dramática, senão quase impossível"[139]. Carlos Roberto Gonçalves chega até mesmo a afirmar que "a prova da culpa dos profissionais da medicina constitui, na prática, verdadeiro tormento para as vítimas do desmazelo e despreparo profissional", concluindo que "na maioria dos casos, os pedidos de indenização acabam sendo denegados por falta de provas da culpa"[140].

O resultado disso é que muitas das vítimas de erros cometidos durante cirurgias de esterilização acabam não obtendo reparação. Trata-se de uma injusta restrição ao direito fundamental ao planejamento familiar. A autodeterminação reprodutiva é, assim, transgredida, sem que o ordenamento ofereça uma resposta à altura, o que reduz sensivelmente a abrangência desse direito subjetivo.

79. Muito em razão dessas mencionadas dificuldades probatórias, os demandantes têm recorrido a certas estratégias para obter reparação pelo nascimento indesejado, a despeito da impossibilidade de demonstrarem um suposto erro técnico.

Um desses meios encontrados consiste em fundamentar a pretensão reparatória no descumprimento, por parte do médico, de seu dever de informar sobre os riscos de falibilidade da cirurgia[141]. A tese tem a vantagem de não contradizer o argumento, comumente sustentado pelos profissionais no curso dos processos, de que a gravidez indesejada é consequência de

---

[136] FILSHIE, Gilbert Marcus. *Female sterilisation: medico legal aspects*, op. cit., p. 84 e 86.
[137] LOPEZ, Teresa Ancona. *Responsabilidade civil dos médicos*, op. cit., p. 316.
[138] MELO, Nehemias Domingos de. *Responsabilidade civil pelo erro médico*, op. cit., p. 198.
[139] CASTRO, João Monteiro de. *Responsabilidade civil do médico*, op. cit., p. 138-141.
[140] GONÇALVES, Carlos Roberto. *Comentários ao Código Civil*. São Paulo: Saraiva, 2003, p. 550. v. 11.
[141] Cf. *infra*, n° 109.

alguma contingência inerente a esse tipo de operação, como, por exemplo, a recanalização espontânea das trompas.

80. Mas há, ainda, um outro meio utilizado pelos demandantes para contornar as dificuldades em se provar o suposto erro técnico. Trata-se do pedido de inversão do ônus dessa prova.

De fato, é possível vislumbrar essa inversão com fundamento no art. 6º, VIII, do Código de Defesa do Consumidor, que dispõe ser um "direito básico do consumidor" a "facilitação da defesa de seus direitos, inclusive com a inversão do ônus da prova, a seu favor, no processo civil, quando, a critério do juiz, for verossímil a alegação ou quando for ele hipossuficiente, segundo as regras ordinárias de experiências".

Resta analisar a incidência desse dispositivo no campo da responsabilidade médica (A) e, mais especificamente, suas condições de sua aplicação nos casos de falha de esterilizações (B).

A – A incidência do art. 6º, VIII, do Código de Defesa do Consumidor nos casos de responsabilidade médica

81. Um primeiro ponto que exige estudo mais detido é sobre a própria aplicabilidade do art. 6º, VIII, do Código de Defesa do Consumidor à responsabilidade médica. Dadas as especificidades da relação médico-paciente, seria mesmo possível inverter o ônus da prova nesta seara, para facilitar a demonstração da culpa médica?

A opinião dominante na literatura é pela possibilidade da aplicação do dispositivo[142]. Os autores, de uma forma geral, ressaltam que as dificuldades do paciente em comprovar o erro do profissional seriam um motivo suficiente para permitir a inversão[143].

---

[142] Cf. notadamente, SANSEVERINO, Paulo de Tarso Vieira. *Responsabilidade civil no Código do Consumidor e a defesa do Fornecedor*, op. cit., p. 364-370; ZULIANI, Ênio Santarelli. Inversão do ônus da prova na ação de responsabilidade civil fundada em erro médico. *Revista dos Tribunais*, v. 811, 2003, p. 43; LÔBO, Paulo Luiz Netto. Responsabilidade civil dos profissionais liberais e ônus da prova. *Revista de direito do consumidor*, v. 26, 1998, p. 159; Sergio CAVALIERI FILHO, *Programa de responsabilidade civil*, op. cit., p. 438. Comp.: a teoria, originada no Direito Americano, denominada de *res ipsa loquitur*, LOPEZ, Teresa Ancona. *Responsabilidade civil dos médicos*, op. cit., p. 317.

[143] BERGSTEIN, Gilberto. *A informação na relação médico-paciente*, op. cit., p. 229-232; MELO, Nehemias Domingos de. *Responsabilidade civil pelo erro médico*, op. cit., p. 207-208; CASTRO, João Monteiro de. *Responsabilidade civil do médico*, op. cit., p. 187-188.

A tese tem o respaldo do Superior Tribunal de Justiça que, em 24 de maio de 1999, com o julgamento do Recurso Especial nº 171.988/RS, admitiu a inversão do ônus da prova da culpa médica com base no art. 6º, VIII, do Código de Defesa do Consumidor[144]. Desde então, a corte confirmou o entendimento em diversas outras ocasiões[145].

82. Contudo, a aplicação do art. 6º, VIII, às ações de responsabilidade médica tem encontrado a resistência de autores nacionais de renome[146]. A rejeição ganhou o apoio formal da classe médica com o advento do Código de Ética Médica de 2009, que continha dispositivos contrários à aplicação de presunções nesse domínio[147]. O novo Código de Ética Médica, de 2018, reiterou esse posicionamento[148].

---

[144] STJ, REsp 171.988/RS, 3ª Turma, 24.05.1999. Vale mencionar um precedente anterior da corte, relativo à responsabilidade de cirurgião-dentista, que já admitia a aplicação do art. 6º, VIII, do CDC para a demonstração da culpa dos profissionais da saúde – ainda que, no caso contrato, a inversão não tenha sido aplicada, diante da ausência de seus pressupostos fáticos: REsp 122.505/SP, 3ª Turma, 04.06.1998; REsp 1.178.105/SP, 3ª Turma, 07.04.2011.

[145] STJ, AgInt no AREsp 355.628/RO, 4ª Turma, 28.11.2017; AgRg no AREsp 768.239/MT, 4ª Turma, 16.02.2016; AgRg no Ag em REsp 337.976/SP, 4ª Turma, 20.08.2013; AgRg no Ag em REsp 25.838/PR, 4ª Turma, 20.11.2012; AgRg no AI 969.015/SC, 4ª Turma, 07.04.2011; REsp 1.145.728/MG, 4ª Turma, 30.06.2011; REsp 696.284/RJ, 3ª Turma, 03.12.2009.

[146] KFOURI NETO, Miguel. *Culpa médica e ônus da prova*, op. cit., p. 149-157; NASCIMENTO, Tupinambá Miguel Castro do. *Responsabilidade civil no Código do Consumidor*. Rio de Janeiro: Aide, 1991, p. 48-51. Também contrário à aplicação do CDC aos serviços médicos, STOCO, Rui. *Tratado de responsabilidade civil*, op. cit., p. 742.

[147] Resolução CFM nº 1.931/09. Ver, especificamente, os incisos XIX e XX do Capítulo I (Princípios Fundamentais), bem como o art. 1º do Capítulo III (Responsabilidade Profissional).

[148] Resolução CFM nº 2.217/18. Capítulo I (Princípios Fundamentais): "XIX – O médico se responsabilizará, em caráter pessoal e nunca presumido, pelos seus atos profissionais, resultantes de relação particular de confiança e executados com diligência, competência e prudência. XX – A natureza personalíssima da atuação profissional do médico não caracteriza relação de consumo". Capítulo III (Responsabilidade Profissional): "É vedado ao médico: Art. 1º Causar dano ao paciente, por ação ou omissão, caracterizável como imperícia, imprudência ou negligência. Parágrafo único. A responsabilidade médica é sempre pessoal e não pode ser presumida". Como se extrai da terminologia empregada, esses dispositivos, apesar de estarem previstos em um Código de Ética, visam limitar a aplicação do CDC na relação médico-paciente e, em especial, a incidência de seu art. 6º, VIII. Nesse ponto, é necessário tecer certas ressalvas quanto aos preceitos em questão. A primeira observação é que o CEM tem caráter infralegal (trata-se de uma resolução administrativa do CFM), não tendo, portanto, condão de alterar as normas materiais ou processuais previstas na legislação, notadamente no CDC. O segundo é que não compete ao CFM

Os críticos, em geral, valem-se de duas ordens de argumentos: uma, de que as regras consumeristas não seriam aplicáveis à seara da responsabilidade médica, tendo em vista que a relação médico-paciente não constituiria relação de consumo, seja em razão do caráter personalíssimo da atuação profissional, seja em decorrência do que prevê o art. 14, § 4º, do próprio Código do Consumidor[149]. E a outra, de que a inversão do ônus da prova terminaria por transformar a obrigação médica em obrigação de resultado, ou, até mesmo, que a responsabilidade médica passaria a ser objetiva[150], contrariando o art. 951 do Código Civil e o art. 14, § 4º, do Código de Defesa do Consumidor[151].

83. Nenhum desses argumentos nos parece definitivo. Em primeiro lugar, ao contrário do que afirmam os partidários dessa corrente, as regras do Código de Defesa do Consumidor são plenamente aplicáveis às relações entre os profissionais da saúde e seus pacientes[152]. Vale lembrar que nem o

---

regular questões atinentes à responsabilidade civil do médico, tampouco delimitar a abrangência do sistema de proteção do consumidor ao tentar estabelecer o que é ou o que não é relação de consumo. É por essa razão que esses dispositivos do CEM devem ser interpretados como aplicáveis única e exclusivamente à responsabilidade disciplinar do médico, junto aos seus respectivos órgãos de classe. A verdade que os mencionados preceitos são mais uma expressão do corporativismo presente, não apenas na classe médica, mas também em outros órgãos profissionais do país.

[149] Nesse sentido, Rui STOCO, ao tratar da aplicabilidade do CDC aos profissionais médicos, afirma que, por meio do § 4º, art. 14, do CDC, "teve o legislador o propósito claro e insofismável de retirar da regência desse Código os profissionais liberais. [...] Significa que o CDC desembarcou de seu arcabouço os profissionais liberais, mantendo-os no mesmo estatuto que já os albergava antes do seu advento" (*Tratado de responsabilidade civil*, op. cit., p. 724). O autor, contudo, contradiz essa afirmação mais à frente (p. 742).

[150] NASCIMENTO, Tupinambá Miguel Castro do. *Comentários ao Código do Consumidor*. Rio de Janeiro: Aide, 1991, p. 81-82.

[151] O STJ, em dois precedentes, parece ter concordado com essa crítica ao afirmar que "no caso de danos e sequelas porventura decorrentes da ação do médico, imprescindível se apresenta a demonstração de culpa do profissional, sendo descabida presumi-la à guisa de responsabilidade objetiva" (STJ, REsp 196.306/SP, 4ª Turma, 03.08.2004; REsp 1.051.674/RS, 3ª Turma, 03.02.2009). A afirmação contradiz a jurisprudência da própria Corte, que, como visto, em diversas vezes admitiu a inversão do ônus da prova da culpa médica, fundado no art. 6º, VIII, do CDC ou na ideia de que certas obrigações médicas seriam de resultados, sem, com isso, colocar em xeque a natureza subjetiva da responsabilidade médica, legalmente instituída.

[152] Para uma defesa da aplicação do CDC às relações médicas, cf. SCAFF, Fernando Campos. *Direito à saúde no âmbito privado*. São Paulo: Saraiva, 2010, p. 63-66. O autor ressalta que a necessidade de proteção da confiança legítima, no âmbito dos contratos médicos, "decorre do fato de se encontrarem, neste ramo do direito, algumas das expressões mais típicas das relações de consumo".

art. 2º do Código, que define o conceito de "consumidor", nem o art. 3º, que define o "fornecedor", excluem médicos ou pacientes de sua abrangência. E os serviços de saúde, certamente, se amoldam à definição ampla de "serviços" prevista no art. 3º, § 2º do mesmo diploma[153].

Por sua vez, o art. 14, § 4º, afirma apenas que a regra da responsabilidade pelo defeito do serviço não se aplica aos profissionais liberais, levando à conclusão, *a contrario sensu*, que os demais dispositivos consumeristas têm a sua incidência resguardada[154].

84. Aliás, as características dos serviços médicos fazem com que a aplicação do Código de Defesa do Consumidor seja particularmente necessária nesse domínio. Um traço marcante da relação entre médico e paciente é a assimetria informacional entre as partes, tendo em vista que o profissional detém conhecimentos mais precisos sobre o diagnóstico ou sobre o tratamento proposto ao seu contratante. Daí porque é imperioso reforçar os deveres de boa-fé, transparência e informação que pesam sobre os profissionais.

Ora, esses deveres encontram tratamento muito mais minucioso no Código de Defesa do Consumidor do que no Código Civil. O texto consumerista densifica os deveres de informação, que são abordados em muitos de seus dispositivos. A aplicação do Código do Consumidor concede, assim, contornos mais claros às obrigações de informação dos médicos que, no Código Civil, estão amparadas apenas pela cláusula geral de boa-fé prevista no art. 422.

Quanto ao caráter "personalíssimo" dos serviços médicos, é preciso ressaltar que esse fato, por si só, não exclui a incidência do Código de Defesa do Consumidor. As atividades médicas não as únicas prestadas em caráter personalíssimo dentro do mercado moderno de consumo. Qualquer proprietário de veículo sabe, por exemplo, que os serviços prestados por uma oficina mecânica têm um cunho personalista, por vezes, muito mais acentuado do que aqueles oferecidos por certas especialidades da medicina. O mesmo se diga de outros serviços nitidamente de consumo, como os serviços de ensino privado ou de segurança pessoal, nos quais a pessoa do prestador é de central importância. O argumento de que apenas a atuação médica tem caráter personalista é fruto de nossa cultura nacional atrasada, que subestima serviços manuais e sobrevaloriza profissões intelectuais tradicionais, como advogados, engenheiros e médicos.

---

[153] LÔBO, Paulo Luiz Netto. *Responsabilidade civil dos profissionais liberais e o ônus da prova*, op. cit., p. 160-162.
[154] Em sentido semelhante, cf. CAVALIERI FILHO, Sergio. *Programa de direito do consumidor*. 4. ed. São Paulo: Atlas, 2014, p. 339-340.

Além do mais, muitos dos serviços de saúde, oferecidos hoje por grandes hospitais e convênios que se valem de suas marcas para atrair usuários, não compartilham desse elemento de pessoalidade, tão comum à medicina de outrora[155].

85. De outro lado, não é verdade que a incidência do art. 6º, VIII, tornaria a responsabilidade médica de cunho objetivo. Mesmo com a inversão, o fundamento da responsabilidade médica continua sendo a culpa, a qual deverá ser verificada no curso do processo. Ambas as partes de uma dada ação de responsabilidade médica continuarão a concentrar seus esforços em provar a ocorrência ou a não ocorrência de desvio de conduta naquele determinado contexto. A inversão apenas altera o resultado da lide caso nem a culpa, nem a inexistência dela, restem demonstradas ao final desses esforços.

Também não é correto afirmar que a inversão probatória desnatura a obrigação médica de meios, convertendo-a em obrigação de resultado. Sem dúvida, a inversão probatória é uma consequência, no plano processual, das obrigações de resultado. Mas as obrigações de resultado não constituem o único instituto que pode levar à inversão probatória. A inversão pode decorrer de diversas figuras do direito material ou processual, como as presunções legais[156], as presunções de fato[157], à revelia[158], ou a recusa de uma das partes em se submeter a uma perícia[159].

A facilitação da defesa dos direitos do consumidor, prevista no art. 6º, VIII, é uma dessas fontes de inversão probatória, a qual tem pressupostos distintos da obrigação de resultados. Nas obrigações de resultado, a inversão probatória é uma consequência automática e incondicionada, bastando que o demandante demonstre a inocorrência do resultado pretendido. Já a inversão fundada no art. 6º, VIII, tem contornos bem mais restritos: ela deve ser requerida expressamente pela parte no curso da ação; há de ser deferida pelo magistrado antes do término da instrução probatória[160]; e, por fim, de-

---

[155] MELO, Nehemias Domingos de. *Responsabilidade civil pelo erro médico*, op. cit., p. 68-69.
[156] Como, por exemplo, as presunções legais decorrentes do princípio do "pater est quem nuptiae demonstrant" (arts. 1.597 e 1.598 do CC/02).
[157] Art. 230 do CC/02, art. 375 do CPC/15, art. 335 do CPC/73.
[158] Art. 344 e 345 do CPC/15; art. 319 e 320 do CPC/73.
[159] Art. 231 e 232 do CC/02; art. 2º-A, parágrafo único, da Lei 8.560/92.
[160] É conhecida a divergência entre aqueles que sustentam que a inversão prevista no art. 6º, VIII, do CDC seria regra de julgamento (WATANABE, Kazuo. Do processo individual de defesa do consumidor. *In*: GRINOVER, Ada Pellegrini; BENJAMIN, Antônio Herman de Vasconcellos e; *et al. Código de Defesa do Consumidor*: comentado pelos autores do anteprojeto. 10. ed. Rio de Janeiro: Forense, v. 2, p. 10-12; MOREIRA,

pende da averiguação da verossimilhança das alegações ou hipossuficiência do consumidor[161].

86. Resta claro que o Código de Defesa do Consumidor e, consequentemente, seu art. 6º, VIII, são aplicáveis às relações médico-paciente. Por certo, essa questão perdeu parte de seu interesse com o advento do Código de Processo Civil de 2015, que, em seu art. 373, parágrafo primeiro, admite a inversão do ônus probatório em casos de "impossibilidade ou à excessiva dificuldade de cumprir o encargo" ou quando haja "maior facilidade de obtenção da prova do fato contrário". Ainda que se considere que a os serviços médicos não se subsumem ao Código do Consumidor, a inversão probatória em favor do paciente seria possível com base nesse dispositivo processual, que incide sobre qualquer ação de natureza civil. E mesmo antes da vigência do novo Código de Processo, a jurisprudência já havia admitido a inversão do ônus da prova em conflitos de responsabilidade médica[162], com base no

---

Carlos Roberto Barbosa. A defesa do consumidor em juízo. *Revista de direito do consumidor*, v. 5, 1993, p. 190) ou de instrução ou de procedimento (SANSEVERINO, Paulo de Tarso Vieira. *Responsabilidade civil no Código do Consumidor e a defesa do Fornecedor*, op. cit., p. 360-362). A diferença entre as duas teses centra-se no momento processual em que a inversão pode ser declarada pelo magistrado: na própria sentença, de acordo com a primeira corrente, ou até o término da fase de instrução, de acordo com a segunda. Na jurisprudência, a 3ª Turma do STJ pendeu para a tese de que o art. 6º, VIII seria regra de julgamento (v.g., STJ, REsp 1.125.621/MG, 3ª Turma, 19.08.2010), ao passo que a 4ª Turma entendia tratar-se de regra de instrução (v.g. REsp 881.651/BA, 4ª Turma, 10.04.2007). A divergência foi resolvida pela 2ª Seção, que deu razão ao entendimento da 4ª Turma (REsp 802.832/MG, 2ª Seção, 13.04.2011): "se o modo como distribuído o ônus da prova influi no comportamento processual das partes (aspecto subjetivo), não pode a inversão 'ope judicis' ocorrer quando do julgamento da causa pelo juiz (sentença) ou pelo tribunal (acórdão). [...] A inversão 'ope judicis' do ônus probatório deve ocorrer preferencialmente na fase de saneamento do processo ou, pelo menos, assegurando-se à parte a quem não incumbia inicialmente o encargo, a reabertura de oportunidade para apresentação de provas". Cf. também: Emb Div 422.778/SP, 2ª Seção, 29.02.2012, que confirmou esse entendimento.

[161] Nesse sentido, cf. os acórdãos do STJ, relativos à responsabilidade médica, em que a corte expressamente declarou que a inversão do art. 6º, VIII, do CDC, "não é automática": AgRg nos ED no AI 854.005/MT, 3ª Turma, 26.08.2008; REsp 171.988/RS, 3ª Turma, 24.05.1999; REsp 122.505/SP, 3ª Turma, 04.06.1998.

[162] STJ, REsp 69.309/SC, 4ª Turma, 18.06.1996. Para outros litígios, anterior ao CPC/15, que empregaram a mesma tese da "carga dinâmica", cf. também: RMS 38.025/BA, 1ª Turma, 23.09.2014; REsp 1.286.704/SP, 3ª Turma, 22.10.2013; AgRg no AREsp 216.315 /RS, 2ª Turma, 23.10.2012.

"princípio da carga dinâmica da prova"[163], sem precisar recorrer ao texto consumerista.

Ocorre, todavia, que a inversão probatória prevista no Código do Consumidor tem requisitos facilitados, se comparada à hipótese regulada no art. 373 do diploma processual. Daí porque a aplicação do art. 6º, VIII, do Código do Consumidor continua mais favorável ao paciente, mesmo depois da vigência do Código de Processo Civil de 2015[164]. Convém, então, determinar sob que condições esse dispositivo pode ser empregado aos casos de ineficácia de cirurgias de esterilização. A discussão gira em torno dos dois requisitos previstos no mencionado dispositivo: a verossimilhança das alegações ou hipossuficiência do consumidor.

B – As condições do art. 6º, VIII, do Código de Defesa do Consumidor nos casos de falha de esterilização

87. Há uma grande discussão na doutrina sobre se as condições de "verossimilhança" e "hipossuficiência", previstas no art. 6º, VIII, do Código de Defesa do Consumidor seriam alternativas ou cumulativas[165]. Alguns autores se apegam à conjunção "ou", prevista no texto legal para defender a tese do caráter alternativo[166]. Outros, afirmam que seria absurdo admitir a

---

[163] Sobre o tema: CREMASCO, Suzana Santi. *A distribuição dinâmica do ônus da prova*. Rio de Janeiro: GZ, 2009; DALL'AGNOL JUNIOR, Antonio Janyr. Distribuição dinâmica dos ônus probatórios. *Revista dos tribunais*, v. 788, 2001, p. 92; KNIJNIK, Danilo. As (perigosíssimas) doutrinas "ônus dinâmico da prova" e a "situação de senso comum" como instrumentos para assegurar o acesso à justiça e superar a *probatio diabólica*. In: FUX, Luiz; NERY JUNIOR, Nelson; WAMBIER, Teresa Arruda Alvim (orgs.). *Processo e Constituição*: estudos em homenagem ao professor José Carlos Barbosa Moreira. São Paulo: Revista dos tribunais, 2006, p. 942; REDONDO, Bruno Garcia. Distribuição dinâmica do ônus da prova: breves apontamentos. *Revista dialética de direito processual*, v. 93, 2010, p. 14; YOSHIKAWA, Eduardo Henrique de Oliveira. Considerações sobre a teoria da distribuição dinâmica do ônus da prova. *Revista de processo*, v. 205, 2012, p. 115.

[164] NEVES, Daniel Amorim Assumpção. *Manual de direito processual civil*. 9. ed. Salvador: Juspodivm, 2017, p. 739.

[165] Para um panorama dos argumentos, cf. ANDRADE, André Gustavo de. A inversão do ônus da prova no Código de Defesa do Consumidor: o momento em que se opera a inversão e outras questões. *Revista de direito do consumidor*, v. 48, 2003, p. 89; SICA, Heitor Vitor Mendonça. Questões velhas e novas sobre a inversão do ônus da prova (CDC, art. 6º, VIII). *Revista de processo*, v. 146, 2007, p. 49.

[166] ANDRADE, André Gustavo de. *Idem*; MOREIRA, Carlos Roberto Barbosa. Notas sobre a inversão do ônus da prova em benefício do consumidor. *Revista de direito do consumidor*, v. 22, 1997, p. 140-145.

inversão de uma pretensão desprovida de verossimilhança, daí porque esses dois elementos seriam exigíveis cumulativamente[167].

Sem nos aprofundarmos nessa discussão, o que nos parece é que o legislador, ao mencionar a verossimilhança ou a hipossuficiência, não pretendeu impor limites rígidos à inversão. O que se quis foi indicar os critérios que devem pesar nessa decisão, cabendo ao julgador ponderar a presença dos dois elementos antes de determinar a inversão. Aliás, dado o caráter indeterminado dessas condições, nenhuma das duas teses, seja a da alternatividade, seja a da cumulatividade, teria o condão de limitar a ampla liberdade da qual goza do magistrado ao apreciar a incidência do art. 6º, VIII, do Código de Defesa do Consumidor[168].

Mas, de forma mais concreta, que situações autorizariam a inversão da prova da culpa médica nos litígios envolvendo as cirurgias de esterilização?

88. No que se refere à verossimilhança, um fator parece fundamental: o hiato temporal entre a cirurgia e a gravidez indesejada. Com efeito, é pouco provável que a ineficácia se deva a um erro médico, se a gravidez ocorreu anos

---

[167] GIDI, Antonio. Aspectos da inversão do ônus da prova no Código do Consumidor. *Revista de direito do consumidor*, v. 13, 1995, p. 33. O autor vale-se de um argumento *ad absurdum*, apontando que a alternatividade dos requisitos, notadamente, a exigência apenas da hipossuficiência, desvinculada da verossimilhança, levaria à procedência da demanda reparatória formulada por um morador de rua que alegara em juízo, de forma suspeita e sem apresentar qualquer elemento probatório, que seu carro fora roubado em um shopping center de luxo. A crítica é, sem dúvida, exagerada. Independentemente do que estabeleça o art. 6º, VIII, do CDC, um grau mínimo de verossimilhança das alegações é um pressuposto do sistema processual, sem o qual nenhuma demanda pode ser acolhida. Em outras palavras, um mínimo de verossimilhança é exigência subentendida, que não precisaria ser explicitada pelo art. 6º, VIII. Tanto assim que as demais hipóteses de inversão probatória previstas em lei, como aquela decorrente da revelia (art. 345 do CPC/2015; art. 319 do CPC/1973), não mencionam a verossimilhança como condição à inversão – o que não significa, evidentemente, que uma demanda totalmente inverossímil como aquela descrita pelo autor deva ser acolhida pelo simples fato de ter havido revelia. Nesse sentido, Cândido Rangel DINAMARCO, ao tratar dos limites da presunção de veracidade decorrente da revelia, afirma que a mais notória exceção não explicitada no texto legal é a "exclusão da presunção de veracidade em relação a fatos *impossíveis* e *improváveis*, que tem por fundamento o poder de livre convencimento do juiz (art. 131) e constitui uma ressalva imposta por respeito à inteligência deste" (*Instituições de direito processual civil*, v. 3, op. cit., p. 541-543, nº 1126).

[168] O STJ, nesse sentido, já se recusou a reverter decisões de segundo grau sobre a incidência do art. 6º, VIII, sob o argumento que isso implicaria a reapreciação de matéria fática: STJ, AgRg nos ED no AI 854.005/MT, 3ª Turma, 26.08.2008; REsp 171.988/RS, 3ª Turma, 24.05.1999.

depois da realização da laqueadura ou da vasectomia. Nesse tipo de situação, o tempo transcorrido sem gravidez indica que a operação teve êxito, ao menos inicialmente, e a hipótese mais verossímil é que a ineficácia se deva a causas naturais posteriores, como a regeneração espontânea (reanastomose)[169] ou da formação de fístulas nos órgãos reprodutores do paciente.

Por outro lado, a tese do erro médico torna-se mais plausível quando a gravidez sobrevém logo após a operação. Ainda que não seja prova cabal da culpa médica – tendo em vista que a reanastomose e ocorrência de fístulas são hipóteses que não podem ser descartadas *de plano* – a gravidez precoce levanta a suspeita de que o profissional não realizou corretamente a cirurgia, ou que não tomou as precauções para confirmar seu êxito.

89. Nesse sentido, na já mencionada pesquisa sobre a ineficácia de esterilizações femininas, Shilpa V. Date *et al.* apontam que, entre os casos analisados de gravidez pós-cirúrgica "precoce", ou seja, aqueles em que a paciente engravidou em até um ano depois da cirurgia, a maioria (54,55%) havia sido provocada por algum erro cometido durante o procedimento. A reanastomose tubária e as fístulas tubo-perineais – duas contingências que não decorrem de erro médico – foram a causa de apenas 4,55% e 22,72% desses casos reportados de gravidez indesejada precoce, respectivamente[170].

Por outro lado, no grupo de pacientes que engravidaram em 1-5 anos após a operação, a ocorrência de erro médico comprovado caiu para 13,75%, enquanto os casos de gravidez provocados pela recanalização espontânea subiram para 17,5% e aqueles causados pela ocorrência de fístulas subiram para 47,5%. Para as mulheres que experimentaram gravidez em 6-10 anos após a cirurgia, as taxas de erro médico comprovado foram de 13,5%, os casos de ocorrência de fístulas foram de 33,33% e os de recanalização espontânea de 26,67%. Não houve casos comprovados de erro médico no grupo que incluía mulheres que experimentaram a gravidez indesejada mais de 10 anos após a cirurgia[171].

90. Em resumo, essa pesquisa demonstra que a maioria dos casos de gravidez precoce tem por causa a falha do profissional, ao passo que os casos de gravidez indesejada experimentadas anos após a cirurgia, no mais das vezes, decorrem de contingências biológicas inevitáveis.

---

[169] STJ, AgInt no Ag em REsp 999.822/SP, 2ª Turma, 14.03.2017; REsp 1.051.674/RS, 3ª Turma, 03.02.2009.

[170] DATE, Shilpa; ROKADE, Jyoti; *et al.*, *Female sterilization failure: Review over a decade and its clinicopathological correlation*, op. cit.

[171] Em alguns dos casos reportados, as razões da ineficácia da cirurgia não puderam ser averiguadas, *idem*.

Essa conclusão é respaldada por outros estudos, como o de Rajesh Varma e Janesh K. Gupta, sobre o problema da gravidez pós-laqueadura: "as evidências sugerem que, se a falha da esterilização ocorreu antes de um ano, a gravidez é devida à falha do operador em razão da não oclusão das tubas e a gravidez tem mais probabilidade de ser intrauterina. Por outro lado, a falha da esterilização após um ano é mais provável que seja devida à regeneração natural do lúmen tubário por meio de realização tubária ou formação de fístulas e a gravidez tem mais probabilidade de ser gravidez ectópica"[172].

Além do hiato temporal entre cirurgia e a gravidez indesejada, há ainda outros fatores que devem ser considerados pelo magistrado na apreciação da verossimilhança das alegações da vítima: a experiência do médico, seu histórico de atuação[173], a qualidade de sua equipe e dos instrumentos utilizados, o zelo e o tempo dispensados a cada um dos pacientes etc. Todos são elementos indiretos que, em seu conjunto, apontam para a maior ou menor probabilidade de ocorrência de erro por parte do médico[174].

---

[172] VARMA, Rajesh; GUPTA, Janesh. *Failed sterilisation: evidence-based review and medico-legal ramifications*, op. cit., p. 1330. Essa conclusão é corroborada por um outro especialista no assunto, o Dr. Keith Russel, em seu comentário a um artigo de Richard SODERSTROM (*Sterilization failures and their causes*, op. cit., p. 401) "analisando diversos casos semelhantes, frequentemente por razões legais, a minha experiência é que, no mais das vezes, os verdadeiros casos de negligência durante o procedimento podem ser distinguidos das falhas inevitáveis por meio da análise do intervalo entre o procedimento e a falha, isto é, a ocorrência da gravidez. Nos casos em que o procedimento foi negligentemente ou incompletamente realizado, a gravidez normalmente ocorre entre 3 a 6 meses depois do procedimento. Nos casos em que a recanalização parece ser a causa verdadeira da falha, normalmente alguns anos (2 a 5) se passaram após o procedimento.

[173] Cf. por exemplo, precedente em que o tribunal apontou que o demandado agiu de forma negligente em outras ocasiões, como indício do erro médico no caso apreciado: o réu "teria realizado laqueadura em uma mulher que já estava grávida (fl. 198) e em outra que, em função da idade, não estava apta tal tipo de intervenção, em troca de favores políticos (fl. 198, verso e 199)", TJRS, Apel 70005322730, 10ª C.Civ., 19.02.2004.

[174] Há, nesse sentido, uma relação muito próxima entre a verossimilhança que autoriza a inversão probatória com base no art. 6º, VIII, do CDC, e a verossimilhança que autoriza a utilização das presunções de fato, previstas no art. 375 do CPC/2015 (art. 335 do CPC/1973). Não por acaso, esses dispositivos mencionam as "regras ordinárias de experiências" (CDC) ou "regras de experiência comum" (CPC) (WATANABE, Kazuo. *Código de Defesa do Consumidor: comentado pelos autores do anteprojeto*, v. 2, op. cit., p. 8-9; SICA, Heitor Vitor Mendonça. *Questões velhas e novas sobre a inversão do ônus da prova (CDC, art. 6º, VIII)*, op. cit., p. 55-57).

91. Já o requisito da hipossuficiência tem aplicação menos evidente nos conflitos envolvendo a falha de esterilizações. Vale lembrar que a hipossuficiência, no sentido empregado pelo art. 6º, VIII, do Código de Defesa do Consumidor, traduz a situação de peculiar disparidade probatória entre as partes, na qual o fornecedor tem melhores condições para produzir determinada prova[175] que, em princípio, seria de incumbência do consumidor[176].

Ora, como visto, esse tipo de desigualdade processual é uma constante na responsabilidade médica. Devemos então concluir que a inversão probatória deve ser deferida em toda e qualquer ação fundada na ineficácia de vasectomias ou laqueaduras? A ideia é perigosa porque geraria, pela via transversa, os mesmos efeitos da conversão das obrigações do médico em obrigações de resultado; tese que já foi recusada expressamente pela jurisprudência em sede de cirurgias de esterilização.

92. A solução para o impasse talvez seja a de interpretar a hipossuficiência a partir da conduta adotada pelo médico ou, mais precisamente, da maneira como ele utilizou sua superioridade probatória. Deve-se apreciar se, após a descoberta da ineficácia da intervenção, o profissional se aproveitou das facilidades às quais teve acesso para acobertar o ocorrido; ou se, ao contrário, tomou as medidas necessárias para que fosse determinada a origem do problema. Isso fica claro, por exemplo, quando o médico determina a realização de exames para esclarecer a falha, ou quando solicita a supervisão ou auxílio de colega antes de tomar qualquer medida que possa prejudicar essa investigação[177].

E até mesmo as atitudes anteriores à cirurgia podem servir de parâmetro para esse juízo, notadamente, a lisura da documentação mantida pelo profissional[178], a clareza dos prontuários, a existência de fotos ou filmagem da cirurgia etc.

93. O que se sugere, portanto, é que a hipossuficiência, prevista no art. 6º, VIII, do Código de Defesa do Consumidor, seja interpretada como um reflexo processual dos deveres de boa-fé e transparência que pesam sobre

---

[175] Nesse sentido, Carlos Roberto GONÇALVES afirma que a inversão se justifica na medida em que o "profissional médico encontra-se, sem dúvida, em melhores condições de trazer aos autos elementos probantes necessários à análise de sua responsabilidade" (*Responsabilidade civil*, op. cit., p. 434).

[176] Conforme o sistema probatório estabelecido pelo art. 373 do CPC/2015 (art. 333 do CPC/1973).

[177] FILSHIE, Gilbert Marcus. *Female sterilisation: medico legal aspects*, op. cit., p. 84 e 86.

[178] AgInt no AREsp 627.345/SP, 4ª Turma, 13/03/2018.

o médico[179], obrigando-o a contribuir ativamente para o esclarecimento da ineficácia da cirurgia[180]. A inversão probatória constituiria uma verdadeira sanção ao descumprimento desses deveres[181]. Trata-se de uma tentativa de reequilibrar o controle material que o médico exerce sobre as evidências do litígio.

Seção 2 – A responsabilidade das clínicas e hospitais fundada no defeito do serviço

94. Ao contrário do que ocorre com a responsabilidade civil dos médicos, que é fundada na culpa do profissional, a responsabilidade das clínicas e hospitais, às quais este profissional pertence na qualidade de sócio, empregado ou preposto, tem como fato gerador o defeito do serviço, como prevê o art. 14, *caput*, do Código de Defesa do Consumidor[182].

O que torna o regime do defeito do serviço peculiar é que ele adota como critério as expectativas de segurança do consumidor. Um serviço será considerado "defeituoso", ensejando a responsabilidade do fornecedor, quando não oferecer a o grau de segurança que dele legitimamente se espera. Para avaliar qual é o nível de segurança esperado, o Código determinada que devem ser levados em consideração "o modo de seu fornecimento", "o resultado e os riscos que razoavelmente dele se esperam", e "a época em que foi fornecido"[183].

95. Há duas razões que nos levam a concluir pela incidência desse regime de responsabilidade às clínicas e hospitais. Em primeiro lugar, porque o Código de Defesa do Consumidor é aplicável aos serviços de saúde presta-

---

[179] AGUIAR JÚNIOR, Ruy Rosado de. *Responsabilidade civil do médico*, op. cit., p. 38-39.
[180] Sobressaí aí uma das muitas diferenças entre a responsabilidade civil e a responsabilidade penal: no que concerne a esta última, o réu não pode ser obrigado a fazer prova contra si e, como decorrência, não pode ser condenado com base no fato de que não colaborou com a produção de determinada prova. Esse princípio não se aplica à responsabilidade civil. Na seara civil, não há qualquer óbice a que a recusa ou negligência do réu em produzir uma prova, ainda que contrária aos seus interesses, seja tomada como um fator determinante para a sua condenação.
[181] Em sentido semelhante, MARTINS-COSTA, Judith. Entendendo problemas médico-jurídicos em ginecologia e obstetrícia. *Revista dos tribunais*, v. 831, 2005, p. 106.
[182] BENJAMIN, Antônio Herman de Vasconcellos e. *In*: OLIVEIRA, Juarez de (coord.). *Comentários ao Código de Proteção do Consumidor*. São Paulo: Saraiva, 1991, p. 79-80; MIRAGEM, Bruno. *Curso de direito do consumidor*. 5. ed. São Paulo: Saraiva, 2014, p. 579-581; SANSEVERINO, Paulo de Tarso Vieira. *Responsabilidade civil no Código do Consumidor e a defesa do fornecedor*, op. cit., p. 369-370; MELO, Nehemias Domingos de. *Responsabilidade civil pelo erro médico*, op. cit., p. 139-140.
[183] Art. 14, § 1º do CDC.

dos[184] por essas instituições[185], pois neles estão reunidos todos os elementos de uma relação de consumido[186]. Por ser destinatário final dos serviços, o paciente é um consumidor nos termos do art. 2º do diploma; por desenvolver atividade que envolve a prestação de serviços de saúde, o hospital ou a clínica qualifica-se como fornecedor, como estabelece seu art. 3º, *caput*; e, por fim, como dispõe o parágrafo segundo do mesmo dispositivo, os serviços médico-terapêuticos são serviços do ponto de vista legal, na medida em que são oferecidos no mercado, mediante remuneração.

Em segundo lugar, porque, diferentemente do com ocorre com os médicos e demais profissionais da saúde, o art. 14, § 4º, do Código de Defesa do Consumidor, que subordina a responsabilidade dos profissionais liberais à "verificação de culpa", não se aplica em favor dos hospitais e clínicas. A simples leitura do artigo em questão corrobora o entendimento. A redação do § 4º menciona a "responsabilidade *pessoal* dos profissionais liberais", não deixando dúvidas de que estamos diante de um privilégio próprio desses indivíduos, não extensível às pessoas jurídicas nas quais atuam[187]. No mais, o regime de responsabilidade subjetiva dos profissionais está inserido em um parágrafo do art. 14, tratando-se, portanto, de um complemento à norma contida no *caput*; ou, de forma mais precisa, de uma exceção à regra geral de responsabilidade do fornecedor pelo defeito do serviço. Ora, as exceções legais, como é consabido, interpretam-se restritivamente[188], de tal sorte que não é possível ampliar esse regime de responsabilidade para que beneficie também as clínicas e os hospitais.

95. Isso implica que a responsabilidade dessas instituições perante seus pacientes permanece regulada pelo sistema do defeito do serviço, previsto no

---

[184] STJ, AgInt no AREsp 355.628/RO, 4ª Turma, 28.11.2017; AgRg no AREsp 768.239/MT, 4ª Turma, 16.02.2016; AgRg no Ag em REsp 337.976/SP, 4ª Turma, 20.08.2013; REsp 171.988/RS, 3ª Turma, 24.05.1999.

[185] Todavia, a jurisprudência das turmas de Direito Público do STJ fixou-se no sentido de que o CDC não se aplica em face dos hospitais públicos, pois, nesse caso, o serviço de saúde é custeado pelo Estado, não havendo remuneração paga pelo usuário: STJ, AgRg no REsp 1.471.694/MG, 2ª Turma, 25.11.2014; REsp 493.181/SP, 1ª Turma, 15.12.2005.

[186] Contra: KFOURI NETO, Miguel. *Responsabilidade civil dos hospitais*. 3. ed. São Paulo: RT, 2018, p. 57-66; STOCO, Rui. *Tratado de responsabilidade civil*, op. cit., p. 1000-1004.

[187] Benjamin, Antônio Herman de Vasconcellos e. *Comentários ao Código de Proteção do Consumidor*, op. cit., p. 80; MIRAGEM, Bruno. *Curso de direito do consumidor*, op. cit., p. 579.

[188] Cf. REsp STJ, Resp 986.648/PR, 3ª Turma, 10.05.2011. SANSEVERINO, Paulo de Tarso Vieira. *Responsabilidade civil no Código do Consumidor e a defesa do Fornecedor*, op. cit., p. 369.

caput do mesmo dispositivo; uma tese tem um vasto potencial de aplicação. Em razão da crescente especialização da medicina, hoje é muito raro que um médico ou outro profissional da saúde atue de forma isolada. Em geral, seu trabalho se desenvolve em meio a uma clínica ou um hospital. Isso é particularmente verdadeiro com relação às cirurgias, que constituem atos médicos complexos, nas quais o médico depende de uma equipe e de uma estrutura física que lhe deem suporte.

No que diz respeito aos casos de falha de cirurgia de esterilização, essa interpretação abre aos pacientes a possibilidade de optar entre regimes distintos de responsabilidade, bastando, para tanto, que incluam a clínica ou o hospital no polo passivo de sua demanda reparatória. A responsabilidade do médico será apreciada com base na culpa, ao passo que a da instituição terá por base o defeito do serviço de esterilização.

96. Ainda a opinião favorável à aplicação do regime do defeito aos hospitais e clínicas seja majoritária na literatura, há uma corrente que se opõe a essa interpretação[189]. Esses autores sustentam que a incidência do regime do defeito levaria ao indevido agravamento da responsabilidade dessas entidades: o paciente estaria então legitimado a exigir a cura de sua doença, sob pena de responsabilização da instituição de saúde. Isso terminaria por desnaturar o próprio objeto do contrato de prestação de serviços de saúde, nos quais, a rigor, os hospitais e clínicas assumem apenas uma obrigação de meios, não se comprometendo a garantir o sucesso do tratamento[190].

Propõem, então, que a responsabilidade dos hospitais e clínicas só estaria configurada nos casos em que o médico a eles subordinado agisse com culpa ao atender o paciente. Tratar-se-ia de uma hipótese de responsabilidade pelo fato de terceiro, fundada, mais especificamente, na responsabilidade do empregador pelos atos de seus empregados ou prepostos, prevista no art. 932, inciso III, do Código Civil[191]. Esse entendimento foi consagrado no enunciado n° 191 da III Jornada de Direito Civil[192].

Essa polêmica se reflete também no Superior Tribunal de Justiça, que segue adotando entendimentos divergentes acerca do fundamento da

---

[189] STOCO, Rui. *Tratado de responsabilidade civil*, op. cit., p. 1002; KFOURI NETO, Miguel. *Responsabilidade civil do* médico, op. cit., p. 234-237; AGUIAR JÚNIOR, Ruy Rosado de. *Responsabilidade civil do médico*, op. cit., p. 40-42.

[190] STOCO, Rui. *Tratado de responsabilidade civil,* op. cit., p. 1000-1002.

[191] Cf. AGUIAR JÚNIOR, Ruy Rosado de. *Responsabilidade civil do médico*, op. cit., p. 41; STOCO, Rui. *Tratado de responsabilidade civil,* op. cit., p. 1000-1005.

[192] Enunciado n° 191 da III Jornada de Direito Civil: "Art. 932: A instituição hospitalar privada responde, na forma do art. 932, III, do Código Civil, pelos atos culposos praticados por médicos integrantes de seu corpo clínico".

responsabilidade das instituições de saúde perante seus pacientes e afirma, ora que ela é objetiva e se baseia no defeito do serviço, ora que é subjetiva e depende da prova da culpa dos médicos que atenderam a vítima (§ 1). Ocorre, contudo, que aplicação do regime do defeito aos serviços prestados por clínicas e hospitais não conduz a resultados fundamentalmente distintos daqueles obtidos por meio da aplicação do regime da culpa. Na prática, os efeitos desses dois modelos de responsabilidade acabam convergindo (§ 2).

§ *1 – Regime da culpa* vs. *regime do defeito: a divergência na jurisprudência*

97. O Superior Tribunal de Justiça não tem um posicionamento uniforme quanto à aplicação do regime da culpa ou do defeito do serviço à responsabilidade civil das clínicas e hospitais[193]. Pelo contrário: a controvérsia sobre esse tema está instalada no Tribunal há mais de uma década (A). Em nosso ver, essa disputa sobre qual regime deve ser aplicado é ilusória: sem se dar conta, os magistrados acabam adotando as mesmas soluções, ainda que por caminhos jurídicos distintos (B).

A – Uma divergência consolidada

97. Durante algum tempo, as duas turmas de Direito Privado enfatizavam seus entendimentos opostos quanto ao fundamento da responsabilidade dos hospitais e clínicas. De um lado, a Quarta Turma concedia uma interpretação restritiva à responsabilidade objetiva das instituições de saúde, que diria respeito apenas aos serviços inerentes ao estabelecimento hospitalar, tais como os de hospedagem, alimentação, manutenção dos equipamentos e instalações[194]. Já a responsabilidade dos hospitais e clínicas pelos serviços genuinamente terapêuticos – os "atos médicos" praticados pelos profissionais que ali atuam – seria uma hipótese de responsabilidade pelo fato de terceiro[195], estando condicionada à existência de culpa cometida por um de seus profissionais.

---

[193] DIREITO, Carlos Alberto Menezes; CAVALIERI FILHO, Sergio. *Comentários ao novo Código Civil*: da responsabilidade civil, das preferências e privilégios creditórios, arts. 927 a 965. 3. ed. Rio de Janeiro: Forense, 2011, v. 13, p. 508-513.

[194] Essa interpretação, em verdade, apenas perpetua uma posição antiga de que a atividade dos hospitais equivaleria à dos hotéis e hospedarias, presumidamente responsáveis pelos danos experimentados por seus hóspedes nos termos do art. 1.521, IV, do Código Civil de 1916 (equivalente ao art. 932, IV, do diploma atual) (DIREITO, Carlos Alberto Menezes; CAVALIERI FILHO, Sergio. *Idem*, p. 505-506; STOCO, Rui. *Tratado de responsabilidade civil*, op. cit., p. 1000).

[195] STJ, REsp 259.816/RJ, 4ª Turma, 22.08.2000. Para um caso envolvendo a falha de cirurgia de vasectomia, em que a responsabilidade do hospital foi descartada por

Essa posição foi bem demarcada no Recurso Especial nº 258.389/SP, de 22 de agosto de 2000, no qual a formação assentou que a responsabilidade objetiva do hospital "circunscreve-se apenas aos serviços única e exclusivamente relacionados com o estabelecimento empresarial propriamente dito, ou seja, aqueles que digam respeito à estadia do paciente (internação), instalações, equipamentos, serviços auxiliares (enfermagem, exames, radiologia) etc. e não aos serviços técnicos-profissionais dos médicos que ali atuam, permanecendo estes na relação subjetiva de preposição (culpa)"[196]. Desde então, a Turma teve oportunidade de confirmar sua tese em diversas ocasiões[197], enfatizando seu posicionamento, em particular, no Recurso Especial nº 1.145.728/MG, de 2011[198].

98. Já a Terceira Turma tomava o contrapé desse entendimento, ao considerar que todos os serviços prestados pelas clínicas e hospital estavam abrangidos pelo regime do defeito, inclusive aqueles relacionados ao tratamento. A posição, esboçada a partir de 2009[199], ganhou destaque com o julgamento dos Recursos Especiais nº 986.648/PR e nº 1.331.628/DF, nos quais a Turma declarou textualmente que "a exceção prevista no parágrafo 4º do art. 14 do Código do Consumidor, imputando-lhes responsabilidade subjetiva, é restrita aos profissionais liberais" e que, assim, não se estende "aos demais fornecedores, inclusive os hospitais e clínicas médicas, a quem se aplica a regra geral da responsabilidade objetiva"[200].

A uniformização do entendimento das turmas do Superior Tribunal poderia ocorrido em 2008, com o julgamento do Recurso Especial nº 908.359/SC, afetado à 2ª Seção[201]. Contudo, muito embora a ementa do aresto tenha amparado o entendimento de que o regime do defeito não se aplica à atividade--fim dos hospitais, a questão sobre o fundamento da responsabilidade dos hospitais e clínicas não foi realmente enfrentada no precedente. A maioria

---

    não haver liame de preposição entre a instituição e o médico, cf. REsp 764.001/PR, 4ª Turma, 04.02.2010.

[196] STJ, REsp 258.389/SP, 4ª Turma, 16.06.2005. Nesse mesmo sentido, cf. AGUIAR JÚNIOR, Ruy Rosado de. *Responsabilidade civil do médico*, op. cit., p. 40-44.

[197] STJ, REsp 351.178/SP, 4ª Turma, 24.06.2008; AgRg no AI 721.956/PR, 4ª Turma, 07.09.2008; REsp 605.435/RJ, 4ª Turma, 22.09.2009; AgRg no Ag 1.261.145/SP, 4ª Turma, 13.08.2013.

[198] STJ, REsp 1.145.728/MG, 4ª Turma, 30.06.2011.

[199] STJ, REsp 696.284/RJ, 3ª Turma, 03.12.2009. Cf. também: REsp 1.184.128/MS, 3ª Turma, 08.06.2010; REsp 1.216.424/MT, 3ª Turma, 09.08.2011; REsp 801.691/SP, 3ª Turma, 06.12.2011; AgRg no REsp 1.196.319/DF, 3ª Turma, 13.11.2012; AgRg no Ag em REsp 353.195/RJ, 3ª Turma, 22.10.2013.

[200] STJ, REsp 986.648/PR, 3ª Turma, 10.05.2011; REsp 1.331.628/DF, 3ª Turma, 05.09.2013.

[201] STJ, REsp 908.359/SC, 2ª Seção, 27.08.2008.

dos ministros reconheceu que não havia, no caso, vínculo de preposição entre os médicos e o hospital, o que bastou para afastar a responsabilidade da instituição, independentemente do regime de responsabilidade adotado[202].

99. Essa incoerência no seio do Superior Tribunal se aprofundou ainda mais a partir de 2015, quando as Turmas renunciaram à uniformidade de seus próprios precedentes e passaram a proferir decisões contraditórias. Desde então, é possível encontrar inúmeros acórdãos em que a Terceira Turma declarou que a responsabilidade dos hospitais estaria fundada no artigo 932, inciso III, do Código Civil[203] e dependeria da "aferição da culpa pelos danos causados"[204], bem como outros em que a formação entendeu que a responsabilidade pelo defeito prevista no art. 14 do Código do Consumidor "limita-se aos serviços relacionados ao estabelecimento empresarial, tais como a estadia do paciente (internação e alimentação), a instalações, os equipamentos e os serviços auxiliares (enfermagem, exames, radiologia)"[205].

Em contrapartida, a Quarta Turma também se desprendeu de sua posição original e passou a sustentar, em diversos precedentes, que "a responsabilidade civil do hospital é objetiva quanto à atividade de seus profissionais médicos"[206], "dispensada a demonstração de culpa relativa aos atos lesivos"[207].

Mas isso não significa que as duas formações tenham simplesmente invertido seus entendimentos. Mesmo depois de 2015, há precedentes em que a Terceira Turma decidiu que as instituições de saúde respondem objetivamente com base no art. 14, *caput*, do Código do Consumidor, mesmo

---

[202] Vale notar, ainda, que o acórdão foi marcado pelas opiniões discordantes dos ministros, que decidam o litígio por uma mínima margem de votos – 4 votos a 3.
[203] STJ, AgInt no AREsp 1.253.588/DF, 3ª Turma, 21.08.2018.
[204] STJ, REsp 1.579.954/MG, 3ª Turma, 08.05.2018; REsp 1.662.845/SP, 3ª Turma, 22.03.2018; REsp 1.677.309/SP, 3ª Turma, 20.03.2018; REsp 1.642.999/PR, 3ª Turma, 12.12.2017; REsp 1.707.817/MS, 3ª Turma, 05.12.2017; AgRg no AREsp 805.129/BA, 3ª Turma, 15.03.2016; AgRg no AREsp 628.634/RJ, 3ª Turma, 01.09.2015; AgRg no AREsp 647.110/CE, 3ª Turma, 26.05.2015.
[205] STJ, AgInt no AREsp 1.375.970/SP, 3ª Turma, 10.06.2019; REsp 1.769.520/SP, 3ª Turma, 21.05.2019; REsp 1.664.908/MT, 3ª Turma, 24.10.2017; REsp 1.621.375/RS, 3ª Turma, 19.09.2017; REsp 1.526.467/RJ, 3ª Turma, 13.10.2015.
[206] STJ, AgInt no AREsp 1.536.112/CE, 4ª Turma, 25.05.2020; AgInt no Ag em REsp 1.514.443/RJ, 4ª Turma, 29.10.2019; AgInt no AREsp 616.058/RJ, 4ª Turma, 27.11.2018; AgInt no AREsp 1.009.600/RJ, 4ª Turma, 20.04.2017; AgInt no AREsp 969.978/MS, 4ª Turma, 25.10.2016; AgRg no AREsp 553.104/RS, 4ª Turma, 01.12.2015; AgRg no REsp 1394.901/ES, 4ª Turma, 12.02.2015.
[207] STJ, AgInt nos EDcl no AREsp 1.307.778/DF, 4ª Turma, 13.12.2018; AgInt no AREsp 958.733/SP, 4ª Turma, 24.04.2018; AgInt no AREsp 1.155.735/SP, 4ª Turma, 22.03.2018; REsp 1.497.749/SP, 4ª Turma, 01.09.2015.

com relação aos serviços terapêuticos propriamente ditos[208]. E outros em que a Quarta Turma reafirmou seu antigo posicionamento, declarando que a responsabilidade das clínicas e hospitais, nesses casos, depende da prova da culpa do profissional que atendeu o paciente[209].

Ainda assim, é possível questionar se essa controvérsia é genuína. A adoção de fundamentos distintos não significa que o Tribunal esteja dando soluções divergentes aos conflitos que aprecia.

B – Uma divergência contestável

100. A polêmica acerca do regime da responsabilidade das clínicas e hospitais é menos relevante do que indicam as aparências. Primeiramente, as dúvidas se restringem aos danos decorrentes dos serviços de terapia propriamente ditos, tendo em vista que, quanto aos serviços auxiliares prestados pelos hospitais e clínicas, ambas as correntes os consideram abarcados pelo mesmo regime do defeito. A controvérsia não inclui, por exemplo, a importante hipótese das infecções hospitalares que, por estarem ligadas à limpeza e à desinfecção dos locais, são tratadas como um caso de responsabilidade objetiva do hospital, de forma bastante pacífica por ambas as Turmas do Superior Tribunal[210], bem como pela literatura jurídica[211].

---

[208] STJ, AgInt no AREsp 1.344.544/MG, 3ª Turma, 25.05.2020; AgInt no REsp 1.793.515/RJ, 3ª Turma, 20.04.2020; AgInt no AREsp 1.255.514/MG, 3ª Turma, 12.06.2018; AgInt no AREsp 1.071.499/DF, 3ª Turma, 27.02.2018; REsp 1.679.588/DF, 3ª Turma, 08.08.2017; AgInt no AREsp 1.039.683/PR, 3ª Turma, 13.06.2017; AgRg no REsp 1.537.273/SP, 3ª Turma, 24.11.2015; AgRg no REsp 1450309 / SP, 3ª Turma, 03.09.2015; AgRg no AREsp 322.562/RJ, 3ª Turma, 19.05.2015; REsp 1.410.960/RJ, 3ª Turma, 17.03.2015.

[209] STJ, AgInt no AREsp 1.595.158/MG, 4ª Turma, 18.05.2020; AgInt no AREsp 1.532.855/SP, 4ª Turma, 21.11.2019; AgInt nos EDcl no AREsp 1.314.400/SP, 4ª Turma, 11.11.2019; AgInt no AREsp 1.097.590/MG, 4ª Turma, 11.04.2019; AgInt no AREsp 140.251/MS, 4ª Turma, 03.08.2017; AgRg no AREsp 350.766/RS, 4ª Turma, 16.08.2016; AgRg no AREsp 768.239/MT, 4ª Turma, 16.02.2016.

[210] Nesse sentido, a 4ª Turma assentou que "o hospital responde objetivamente pela infecção hospitalar, pois esta decorre do fato da internação e não da atividade médica em si", STJ, REsp 629.212/RJ, 4ª Turma, 15.05.2007; Cf. também: AgInt no AREsp 1.377.652/SP, 4ª Turma, 28.05.2019; AgInt no AREsp 747;320/DF, 4ª Turma, 14.08.2018; AgInt no REsp 1.653.046/DF, 4ª Turma, 15.05.2018; REsp 1.511.072/SP, 4ª Turma, 05.05.2016; AgRg no REsp 1.385.734/RS, 4ª Turma, 26.08.2014; AgRg no AREsp 24.602/RS, 4ª Turma, 15.12.2011; REsp 116.372, 4ª Turma, 11.11.1997. Esse também é o entendimento das outras turmas do STJ: REsp 1.642.307/RJ, 3ª Turma, 05.12.2017; AgRg no AREsp 10.851/RJ, 3ª Turma, 06.10.2011; AgRg no AI 1.038.411/RS, 3ª Turma, 03.11.2008; AgRg no REsp 1.237.646/RR, 2ª Turma, 05.02.2013.

[211] BDINE JÚNIOR, Hamid Charaf. *Responsabilidade civil em infecção hospitalar e na anestesiologia*, op. cit., p. 133-135; CASTRO, João Monteiro de. *Responsabilidade civil do*

No mais, mesmo quando aplicada aos atos estritamente terapêuticos, a incidência do regime do defeito não implica, necessariamente, que os pacientes estarão mais protegidos. A alteração do regime da culpa para o regime do defeito só terá interesse prático para os pacientes se houver uma efetiva ampliação da responsabilidade dos hospitais em decorrência da mudança de fundamento. Apesar de ser colocada como uma obviedade, esse alargamento está longe de ser uma questão evidente. Tudo dependerá de como é apreciado o conceito de "defeito do serviço médico", se mais ou menos abrangente do que o conceito de "culpa médica".

A questão a se resolver, portanto, é a seguinte: qual é a segurança que um consumidor pode esperar legitimamente de um tratamento médico prestado dentro de um hospital? Ela vai além do dever de atuar de forma "conscienciosa, diligente e conforme os progressos da ciência médica"[212], imposto de ordinário aos profissionais autônomos sob o fundamento da responsabilidade por culpa? Em outras palavras, seria possível afirmar que, do ponto de vista jurídico, os serviços oferecidos pelos médicos dentro de clínicas ou hospitais devem ser mais eficazes e seguros do que os serviços oferecidos pelos mesmos médicos fora dele?

101. Ora, nenhum dos defensores do regime do defeito jamais ousou afirmá-lo. Pelo contrário, mesmo os autores favoráveis à aplicação do regime do defeito à responsabilidade das clínicas e hospitais sempre mencionam que esse defeito depende, de uma forma ou de outra, da constatação da culpa cometida por algum dos profissionais que atenderam o paciente. Assim, é comum a afirmação de que a responsabilidade do hospital é objetiva quando houver "erro médico"[213], "falha de atendimento"; "atendimento inadequado"[214]; "falha na prestação do serviço"[215], ou, pelo enfoque inverso, que o hospital

---

médico, op. cit., p. 157-158. Outras vezes, a questão é tratada como uma hipótese de presunção de culpa: KFOURI NETO, Miguel. *Responsabilidade civil do médico*, op. cit., p. 173-182; STOCO, Rui. *Tratado de responsabilidade civil*, op. cit., p. 775-778. Contra: STOCO, Rui. *Tratado de responsabilidade civil*, op. cit., p. 773, para quem "em qualquer hipótese – seja no fornecimento de serviços médicos típicos, seja na atuação como mero hospedeiro – o hospital só responderá por culpa e não objetivamente". A tese é contradita pelo próprio autor, mas à frente ("atuação do hospital como hospedeiro", p. 1004).

[212] COMPARATO, Fabio Konder. *Obrigações de meios, de resultado e de garantia*, op. cit., nº 3.
[213] Lisboa, Roberto Senise. *Responsabilidade civil nas relações de consumo*. 2. ed. São Paulo: RT, 2006, p. 300.
[214] DIREITO, Carlos Alberto Menezes; CAVALIERI FILHO, Sergio. *Comentários ao novo Código Civil*, v. 13, op. cit., p. 512-513.
[215] MELO, Nehemias Domingos de. *Responsabilidade civil por erro médico*, op. cit., p. 143.

não é responsável "pelos riscos normais e previsíveis (...) que não podem ser eliminados"[216].

Em todos esses casos, estamos diante de um desvio de conduta praticado no curso do atendimento do paciente. A responsabilidade objetiva dos hospitais fica limitada, assim, às hipóteses em que um de seus funcionários agiu culposamente.

102. Essa posição também é seguida pelo Superior Tribunal de Justiça nos precedentes em que aplicou o regime do defeito aos serviços prestados por instituições saúde. A Corte sempre demonstra que, na base do defeito do serviço, está uma conduta médica que pode ser qualificada como "culposa". Assim, por exemplo, no mencionado Recurso Especial nº 1.331.628/DF[217], em que a Terceira Turma afirmou a incidência do regime do defeito em uma lide envolvendo uma clínica, a formação ressaltou que a infecção generalizada da paciente, que levou à amputação de sua perna, ocorreu depois que o corpo clínico da instituição promovera sua "alta hospitalar indevida" por duas vezes. Já o acórdão do Recurso Especial nº 986.648/PR[218] reconheceu a ocorrência de "sucessivos erros e omissões praticados pelos médicos prepostos da clínica demandada por um período de quase dois meses", que, por diversas vezes, negligenciaram os graves sintomas apresentados pela demandante, diagnosticada com labirintite, quando a doença que a acometia – e que a levou ao óbito – era, na verdade, neurocisticercose.

E em virtualmente todos demais precedentes do Superior Tribunal que condenaram um hospital ou uma clínica com base no *caput* do art. 14, o próprio acórdão[219], ou então a decisão de segundo grau recorrida[220], mencionaram a existência de um erro médico ou de culpa cometida por

---

[216] CAVALIERI FILHO, Sergio. *Programa de responsabilidade civil*, op. cit., p. 458-459.
[217] STJ, REsp 1.331.628/DF, 3ª Turma, 05.09.2013.
[218] STJ, REsp 986.648/PR, 3ª Turma, 10.05.2011.
[219] Cf.: STJ, AgInt no AREsp 1.344.544/MG, 3ª Turma, 25.05.2020; AgInt no AREsp 616.058/RJ, 4ª Turma, 27.11.2018; AgInt no AREsp 958.733/SP, 4ª Turma, 24.04.2018; AgInt no AREsp 1.155.735/SP, 4ª Turma, 22.03.2018; AgInt no AREsp 910.632/ES, 4ª Turma, 07.12.2017; AgRg no REsp 1.450.309/SP, 3ª Turma, 03.09.2015. AgRg no AREsp 553.104/RS, 4ª Turma, 01.12.2015; AgRg no REsp 1394.901/ES, 4ª Turma, 12.02.2015.
[220] Cf.: STJ, AgInt no AREsp 1.536.112/CE, 4ª Turma, 25.05.2020; AgInt no Ag em REsp 1.514.443/RJ, 4ª Turma, 29.10.2019; AgInt nos EDcl no AREsp 1.307.778/DF, 4ª Turma, 13.12.2018; AgInt no AREsp 1.255.514/MG, 3ª Turma, 12.06.2018; AgInt no AREsp 1.039.683/PR, 3ª Turma, 13.06.2017; AgInt no AREsp 1.009.600/RJ, 4ª Turma, 20.04.2017; AgInt no AREsp 969.978/MS, 4ª Turma, 25.10.2016.

da equipe de profissionais[221]. Alguns desses julgados afirmaram até mesmo que é "dispensada demonstração da culpa do hospital relativamente a atos lesivos decorrentes de culpa de médico integrante de seu corpo clínico no atendimento"[222] ou que "a responsabilidade do hospital somente se configura quando comprovada a culpa do médico"[223].

Isso revela que o Superior Tribunal tem mantido certa uniformidade entre seus precedentes, ainda que as razões de decidir de cada julgado sejam distintas. Em todos os casos em que a instituição de saúde é responsabilizada, há um desvio de conduta por parte da equipe médica que poderia ser qualificado como uma conduta culposa. A razão dessa improvável coerência é bastante evidente: quando aplicado à seara dos serviços médicos, o regime do defeito conduz a resultados muito semelhantes ao tradicional regime da culpa.

§ 2 – *Regime da culpa vs. regime do defeito: a convergência quanto aos efeitos*

103. Logo, tanto na doutrina, quanto na jurisprudência, o conceito de "defeito do serviço hospitalar" sempre está ligado a uma ação culposa, que também bastaria para responsabilizar o médico no plano individual[224]. Isso nos

---

[221] Em alguns julgados, para isentar de responsabilidade as instituições de saúde, em casos que não havia erro médico (ou seja, culpa) imputável ao seu corpo clínico, o STJ afirmou que não estaria configurado o "nexo de causalidade" entre a conduta da instituição e os danos experimentados pelo paciente (STJ, AgInt no AREsp 871.188/RS, 4ª Turma, 15.08.2017; REsp 1.664.907/SP, 3ª Turma, 06.06.2017; AgRg no REsp 1.425.897/AM, 4ª Turma, 06.08.2015). Trata-se, à evidência, de um subterfúgio para que a Corte não precisasse reconhecer que a culpa é uma condição para a responsabilização dos hospitais e clínicas. Se a ausência de "culpa" conduzisse sempre à ausência de nexo causal, então não haveria mais qualquer vantagem em se recorrer às hipóteses de responsabilidade objetiva.

[222] STJ, REsp 696.284/RJ, 3ª Turma, 03.12.2009; REsp 1.184.128/MS, 3ª Turma, 08.06.2010. Cf. também: AgRg no Ag em REsp 353.195/RJ, 3ª Turma, 22.10.2013.

[223] STJ, REsp 1.216.424/MT, 3ª Turma, 09.08.2011; AgRg no REsp 1.196.319/DF, 3ª Turma, 13.11.2012.

[224] Nesse mesmo sentido, Gustavo TEPEDINO: "na hipótese em que o ato lesivo não se relaciona com os demais serviços prestados pela clínica, jungindo-se a erro profissional típico, seria difícil vislumbrar qualquer defeito, pressuposto da responsabilidade objetiva nos termos do art. 14, § 3º, diverso da conduta subjetiva do médico – a atividade defeituosa –, não se podendo negar, nesta perspectiva, que somente a demonstração da culpa é que poderá desencadear a responsabilidade do profissional e, em consequência, a do hospital, solidariamente" A responsabilidade médica na experiência brasileira contemporânea. A responsabilidade médica na experiência brasileira contemporânea. In: *Temas de direito civil*. São Paulo: Renovar, 2006, t. 2, p. 99.

leva à conclusão de que a responsabilidade objetiva do hospital pelos serviços de tratamento propriamente ditos não é mais ampla do que a responsabilidade subjetiva dos profissionais autônomos. E essa similaridade existe porque, no que toca aos serviços de terapia, é impossível afirmar que houve a quebra das legítimas expectativas do paciente, ou seja, defeito do serviço, sem que isso decorra de uma falha de conduta imputável à equipe que o atendeu[225].

Para entender melhor a questão, é preciso recordar que, ao elaborar o regime de responsabilidade pelos acidentes de consumo, hoje previsto nos artigos 12 a 17 do Código do Consumidor, o legislador brasileiro foi buscar inspiração nas regras do despontavam na então Comunidade Europeia, mais especificamente, na Diretiva 85/374[226]. Ocorre que essa Diretiva trata apenas da responsabilidade por acidentes provocados por produtos defeituosos, nada mencionando sobre o tema dos serviços. Incluir os serviços nesse mesmo modelo de responsabilidade foi uma iniciativa brasileira, sem precedentes em outras legislações.

O problema, todavia, é que não existe uma similitude perfeita entre os acidentes provocados produtos e aqueles que envolvem serviços, a permitir que essa extensão do regime do defeito ocorra sem maiores contratempos. Comparados aos produtos, os acidentes envolvendo serviços são muito mais heterogêneos, de tal sorte que seria muito difícil – ou mesmo impossível – estabelecer um regime unitário de responsabilidade que os abarcasse.

104. De fato, o que singulariza o regime da responsabilidade pelo defeito do produto é que, ao contrário do modelo tradicional, fundado na culpa, ele prescinde de uma análise do comportamento do responsável. Enquanto o regime da culpa buscar averiguar se o responsável praticou um desvio de conduta, o regime do defeito deixa de lado o comportamento do responsável e volta suas atenções ao próprio produto, procurando estabelecer se ele apresentou um desvio de segurança. Ora, essa mudança de um regime fundado na culpa para um regime fundado no defeito só tem sentido nas situações em que é possível desvincular os atos de produção (a conduta do fornecedor) do resultado final desse processo (o produto, perfeito e acabado). Enquanto a culpa ocupa-se dos primeiros, o defeito foca-se exclusivamente no segundo. Assim, se um televisor explode ou o airbag do automóvel falha, pode-se afirmar que houve um defeito do produto, sem que seja necessário tecer qualquer juízo sobre a conduta dos fornecedores nessas duas situações.

---

[225] Contra: MIRAGEM, Bruno. *Curso de direito do consumidor*, op. cit., p. 579-580 e 584.
[226] GRINOVER, Ada Pellegrini. *In*: GRINOVER, Ada Pellegrini; BENJAMIN, Antônio Herman de Vasconcellos e; *et al*. *Código de Defesa do Consumidor*: comentado pelos autores do anteprojeto. 10. ed. Rio de Janeiro: Forense, 2011, v. 1, p. 8.

O mesmo não pode ser dito com relação aos serviços. Em alguns deles, essa separação é também evidente, como ocorre, por exemplo, no caso de um acidente aéreo. É perfeitamente possível afirmar que há um defeito do serviço a partir da simples constatação que um avião de passageiros caiu durante o voo[227]. Mas em outras espécies de serviços, o processo de produção e o resultado desse processo se confundem. É o que ocorre com os serviços de saúde prestados por clínicas e hospitais. Não há uma mercadoria autônoma fornecida por essas instituições: o "bem" oferecido é a própria atividade de seus especialistas da saúde[228]. Logo, é impossível apurar se esse serviço é ou não defeituoso sem analisar como atuaram os profissionais na condução do tratamento. Haverá quebra das expectativas de segurança e eficácia – logo, defeito do serviço – apenas nas situações em que os médicos desrespeitaram as regras éticas ou técnicas de sua profissão; ou, dito de outra forma, quando agirem com culpa. Nesses casos, os efeitos práticos do regime do defeito e do regime da culpa serão exatamente os mesmos.

105. Isso decorre do próprio conceito legal de defeito, fundado, como visto, nas expectativas dos consumidores quanto à segurança e aos riscos do serviço, e no modo de seu fornecimento. Ora, o paciente que se dirige ao hospital sabe que há uma incerteza quantos aos resultados clínicos do tratamento ao qual será submetido; ele não espera – ou, ao menos, não pode legitimamente esperar – que sairá necessariamente curado em razão da terapia. A aferição da inadequação de segurança do serviço de saúde passará inevitavelmente pela apreciação de como se conduziram os profissionais que o atenderam.

Essa afirmação desmente o principal argumento sustentado pela corrente contrária à aplicação do regime do defeito do serviço aos hospitais e clínicas, segundo o qual esse modelo de responsabilidade terminaria por desnaturar as obrigações assumidas por essas instituições de saúde, que passariam a responder em todo caso de insucesso no tratamento. Esse problema não ocorre pois a incidência do regime do defeito do serviço, por si só, não enseja o

---

[227] Ainda que, na prática, o recurso ao art. 14 do CDC para solução de acidentes aéreos seja desnecessário ou mesmo incorreto, tendo em vista que a questão é regulada pelas convenções de Varsóvia e Montreal. Cf. STF, RExt 636.331/RJ, Plenário, 25.05.2017.

[228] Não por acaso, no Direito Europeu, o regime da responsabilidade do fornecedor se resume à questão do defeito do produto, e não do serviço (Diretiva 85/374/CEE, CALAIS-AULOY, Jean; TEMPLE, Henri. *Droit de la consommation*. 8. ed. Paris: Dalloz, 2010, p. 365-370, n° 293 e s.) – uma tendência que é acompanhada pelo Direito dos EUA, onde os "Restatement of the Law (second)" e o "Restatement of Law (third)" tratam especificamente do tema da "products liability". O próprio Código Civil brasileiro trata apenas dos danos provocados por produtos postos em circulação (art. 931), nada mencionando sobre os serviços.

agravamento da responsabilidade dos hospitais e clínicas. O serviço de saúde oferecido por essas entidades só poderá ser qualificado como defeituoso caso os profissionais médicos subordinados a elas tenham agido com culpa[229].

106. Tudo isso concede um tom de subjetividade à pretendida responsabilidade objetiva dos hospitais e clínicas pelos atos terapêuticos; um fato que mesmo os partidários da incidência ampla do regime do defeito reconhecem. Assim, por exemplo, Paulo de Tarso Sanseverino – um dos mais abalizados defensores da aplicação do art. 14, *caput*, do Código de Defesa do Consumidor às clínicas e hospitais – explica que o defeito da prestação dos serviços hospitalares é "caracterizado pelo descumprimento de suas obrigações", ressalvando que nem por isso "a responsabilidade do hospital se torna subjetiva". Mas reconhece que, nesse caso, a diferença entre os regimes objetivo e subjetivo é "sutil"[230].

É possível concluir que a oposição entre culpa e defeito acaba se tornando muito mais verbal do que concreta, quando aplicada aos serviços médicos. Por meio de um raciocínio circular, chega-se à conclusão de que a responsabilidade do hospital é fundada no defeito do serviço, mas que esse defeito só existe se houver falha imputável ao corpo de profissionais. E isso mais uma vez demonstra a aproximação entre os diferentes sistemas de responsabilidade, objetivo e subjetivo. Eles se assemelham porque, em verdade, ambos procuram garantir as legítimas expectativas dos pacientes, ainda que por perspectivas distintas.

107. Isso não significa que o Código de Defesa do Consumidor não ofereça maior amparo aos pacientes do que a legislação comum. Mas essa proteção decorre, não tanto do fundamento da responsabilidade, mas de

---

[229] Contra: MIRAGEM, Bruno. *Curso de direito do consumidor*, op. cit. O autor reconhece que "em muitas situações práticas, confundam-se em uma mesma circunstância a identificação do defeito da prestação do serviço pelo profissional e a verificação da culpa exigida para a responsabilização (p. 579-580)". Contudo, mas à frente, tratando especificamente da responsabilidade dos hospitais e clínicas, nega que haja uma "dependência necessária entre a existência da culpa do profissional e a possibilidade de responsabilização social" (p. 584).

[230] "O simples fato, por exemplo, de o paciente ter falecido durante um ato cirúrgico não significa que o hospital seja responsável pelo evento morte, sob pena de inviabilizar essa atividade. Apenas será responsabilizado quanto tiver ocorrido defeito na prestação de serviço, cujo ônus de provar a inexistência é da entidade hospitalar, caracterizado pelo descumprimento de suas obrigações. Isso não significa, porém, apesar da diferença ser sutil, que a responsabilidade do hospital se torna subjetiva" (SANSEVERINO, Paulo de Tarso Vieira. *Responsabilidade civil no Código do Consumidor e a defesa do fornecedor*, op. cit., p. 369-370).

outros instrumentos protetivos previstos no Código consumerista, a saber, o direito à informação[231] e a facilitação da defesa do consumidor em juízo.

Tanto assim que os próprios partidários da aplicação art. 14, *caput*, aos hospitais afirmam que a vantagem dessa solução reside na inversão do ônus probatório em prol do paciente, cabendo ao hospital demonstrar que não houve defeito do serviço médico[232]. Ora, é forçoso reconhecer que, nesse caso, a mencionada vantagem não decorre da mudança do fundamento da culpa para o fundamento do defeito. O que realmente favorece o consumidor é a inversão do ônus de provar o fato gerador de responsabilidade.

Ocorre que esses instrumentos protetivos do Código do Consumidor – informação e inversão do ônus da prova – beneficiam indistintamente todas as vítimas de lesões médicas, pouco importando se elas foram atendidas em um hospital ou por um profissional autônomo[233]. E nem faria sentido que fosse diferente. Retomemos o exemplo da cirurgia de esterilização. Que motivos nos levariam a concluir que o indivíduo que se submeteu a uma operação desse tipo contratando um hospital merece mais proteção do que um indivíduo que realizou essa mesma intervenção contratando diretamente o médico? Se o direito à autonomia reprodutiva tem a mesma abrangência em ambos os casos, esse tratamento desigual entre as vítimas de um evento idêntico não tem qualquer justificativa plausível.

---

[231] Paulo de Tarso Vieira SANSEVERINO afirma que a informação é a principal inovação do CDC quanto à responsabilidade dos profissionais (*idem*, p. 203).

[232] Cf. MELO, Nehemias Domingos de. *Responsabilidade civil por erro médico*, op. cit., 140; SANSEVERINO, Paulo de Tarso Vieira. *Ibidem*, p. 369.

[233] Sobre a aplicação do CDC aos profissionais liberais, cf. *infra*, n° 81 e s.

2

A FALHA DE INFORMAÇÃO SOBRE OS RISCOS DA CIRURGIA DE ESTERILIZAÇÃO

108. Ao lado do erro técnico cometido durante a cirurgia, a falta de informação do paciente sobre a falibilidade da vasectomia ou da laqueadura de trompas é uma segunda hipótese de lesão à sua autonomia reprodutiva, gerando, por consequência, o direito à reparação em caso de nascimento indesejado. Trata-se, aliás, de um fundamento bastante relevante na prática[1]. A análise da jurisprudência revela que as condenações proferidas como base na falta de informação sobre a possibilidade de ineficácia da esterilização são muito mais frequentes do que aquelas fundadas na ocorrência de erro técnico[2].

A falta de informação sobre a falibilidade da esterilização constitui, ademais, um fundamento transversal às ações reparatórias, na medida em que é empregada tanto nas demandas formuladas em face dos médicos[3], quanto em face das clínicas ou hospitais[4], ou mesmo do Estado[5]. Ela se aplica igualmente às cirurgias de esterilização masculinas[6] e femininas[7].

---

[1] HENDRY, William Forbes. *Vasectomy and vasectomy reversal*, op. cit., p. 294-295.
[2] SILVA, Rafael Peteffi da. *Responsabilidade civil pelo nascimento de filhos indesejados: comparação jurídica e recentes desenvolvimentos jurisprudenciais*, op. cit., p. 388.
[3] TJSP, Apel 0012917-51.2009.8.26.0482, 1ª C.Priv., 12.02.2012; TJRJ, AI 0003607-71.2005.8.19.0024, 4ª C.Civ., 04.08.2010; TJRS Apel 70037335544, 9ª C.Civ., 01.12.2010; TJPR 903525-2, 9ª C.Civ., 13.03.2013.
[4] TJMG, Apel 1.0479.06.121331-6/002, 9ª C.Civ., 05.10.2010; TJRS Apel 70036256659, 5ª C.Civ., 15.09.2010; TJRJ, Apel 0000755-11-2007.8.19.0087, 2ª C.Civ., 19.05.2010.
[5] STJ, AgInt no REsp 1.377.107/RR, 1ª Turma, 15.08.2017; TJRJ, Apel 0004552-29.2005.8.19.0066, 3ª C.Civ., 15.05.2012; TJRS, Apel 70043239284, 6ª C.Civ., 29.08.2013.
[6] STJ, AgInt no Ag em REsp 195.858, 4ª Turma, 25.06.2016; TJPR, Apel 0748909-6, 10ª C.Civ., 16.06.2011.
[7] STJ, AgRg no AREsp 660.443/RS, 4ª Turma, 19.03.2015; AgRg no Ag em REsp 596.477/AP, 2ª Turma, 04.12.2014; TJSP, Apel 0032922-85.2009.8.26.0000, 1ª C.Priv., 30.04.2013; TJPR, Apel 652.523-3, 10ª C.Civ., 15.07.2010.

109. Em nosso ver, a importância concedida à informação nos litígios envolvendo cirurgias de esterilização decorre de duas razões.

A primeira delas, uma razão de estratégia processual adotada pelos demandantes. O argumento da falta de informação pode se revelar bastante interessante para as vítimas, diante das dificuldades em se provar que o nascimento indesejado decorreu de uma suposta falha de cirurgia. A tese da falta de informação tem a vantagem, de um lado, de contornar a necessidade de se provar o erro técnico e, de outro, de se amoldar ao argumento defensivo dos médicos que, via de regra, afirmam que a ineficácia é um risco inerente àquela intervenção. Não por acaso, em muitos processos, a tese da falha de informação é levantada pelo demandante no curso da ação, depois da publicação de laudo pericial concluindo pela inexistência de erro técnico[8].

110. Mas uma segunda e mais relevante razão para a preponderância das ações fundadas na falha de informação talvez seja a "desinformação" generalizada que atinge as cirurgias de esterilizações[9]. Há uma visão equivocada e popularmente difundida de que essas cirurgias constituiriam métodos contraceptivos "infalíveis". Isso é fruto, em grande parte, da política autoritária de disseminação das cirurgias de esterilização no Brasil, que propositalmente não incluiu ações de conscientização dos pacientes.

Ora, é natural que esse desacerto entre o entendimento do público e a verdade científica se reflita nas ações reparatórias. Até porque, a decisão reprodutiva tomada com base em falsas premissas representa uma agressão à autonomia do indivíduo. O paciente que se submeteu a uma esterilização ao pressupor que ela seria totalmente eficaz e, posteriormente, é surpreendido com o nascimento indesejado, teve seu direito de escolha violado.

111. O conflito coloca em relevo a importância do consentimento no campo dos direitos reprodutivos. Uma das grandes preocupações da legislação atual é que o indivíduo tome suas decisões reprodutivas com efetiva autonomia, isto é, livre de interferências externas e ciente das consequências de sua escolha. E é por isso que a lei impõe uma série de formalidades e condições à realização das cirurgias de esterilização, destinadas a resguardar a integridade do consentimento do paciente. Dentre elas, encontra-se o dever, imputado

---

[8] TJRJ, Apel 0050462-41.2009.8.19.0001, 1ª C.Civ., 08.10.2013; TJBA Apel 0000120-32.2006.8.05.0256, 1ª C.Civ., 03.10.2013; TJSP, 0008047-33.2002.8.26.0053, 3ª C.Pub., 16.04.2013; TJPR, Apel 933.439-0, 10ª C.Civ., 21.02.2013; TJRS, Apel 70081713281, 6ª C.Civ., 20.11.2019.

[9] HARDY, Ellen; BAHAMONDES, Luis Guillermo; *et al.* Risk factors for tubal sterilization regret, detectable before surgery. *Contraception*, v. 54, 1996, p. 159.

aos prestadores de serviço de saúde, de garantir que o paciente tenha acesso a todos os subsídios técnicos para a sua tomada de decisão.

Em outras palavras, é dever do prestador zelar pelo consentimento livre (Seção 1) e esclarecido (Seção 2) do paciente[10], antes de executar a esterilização. E cabe lembrar que incumbe igualmente aos prestadores o ônus de provar esse consentimento livre e esclarecido, caso sua existência seja contestada em juízo (Seção 3).

Seção 1 – O consentimento livre do paciente nas cirurgias de esterilização

112. Uma das transformações recentes, experimentadas pela medicina, concerne à valorização da autonomia do paciente. Como apontam muitos autores, a medicina foi tradicionalmente marcada pela relação de dominação do médico sobre o enfermo; uma relação que se estruturava sobre a própria desigualdade existente entre as partes envolvidas. Nesse cenário, cabia ao médico, detentor do aparato técnico e dos conhecimentos científicos, decidir qual medida atenderia melhor aos interesses do sujeito assistido[11].

A essa concepção nitidamente paternalista da relação médico-paciente contrapõe-se uma visão contemporânea, focada na necessidade de se resguardar o direito do paciente de escolher os rumos da atuação terapêutica que, afinal, interessa a ele mesmo, destinatário desses serviços. Essa perspectiva coloca o paciente como indivíduo capaz de "conhecer o estado de sua saúde, o diagnóstico dos eventuais males que o acometem, os tratamentos possíveis e riscos associados" e, finalmente, de "eleger o tratamento e sopesar os riscos a ele inerente – de forma livre e esclarecida"[12]. Trata-se, em outras palavras,

---

[10] "Consentimento esclarecido" ou "consentimento informado" é também a denominação, inspirada na terminologia empregada nos EUA, do documento escrito e assinado pelo paciente que serve de termo de sua aquiescência. Não se deve, contudo, confundir o ato de informar com o instrumento que lhe dá forma ou serve de prova desse ato. Cf. BERGSTEIN, Gilberto. *A informação na relação jurídica médico-paciente*, op. cit., p. 136-139 e 202-212.

[11] Nesse sentido, Brunello Souza STANCIOLI: "esse antigo *ethos* médico, de origem imemorial, preconizava uma espécie de 'superioridade' do médico e, por consequência, a sua capacidade, a partir desse ponto de vista, de estabelecer regras comportamentais (e, por que não dizer, até mesmo morais!) para o enfermo", *Relação jurídica médico-paciente*, op. cit., p. 109. Cf. também: LIGIERA, Wilson Ricardo. O paciente e o direito de ser humano. *In*: AZEVEDO, Álvaro Villaça; LIGIERA, Wilson Ricardo (coord.). *Direitos do paciente*. São Paulo: Saraiva, 2012, p. 32-50.

[12] BERGSTEIN, Gilberto. *A informação na relação jurídica médico-paciente*, op. cit., p. 18.

de uma perspectiva que resgata o direito à autodeterminação do paciente, como corolário de sua dignidade[13].

113. O direito à autonomia do paciente ganha especial destaque na seara da saúde reprodutiva. Isso porque, no do curso da história, a liberdade reprodutiva foi frequentemente ameaçada por interesses alheios ao indivíduo. Assim, as aspirações eugênicas, muito difundidas até a primeira metade do século passado, levaram diversos países, como a Alemanha e os Estados Unidos[14], a criarem programas públicos de melhoria genética, que se valiam da esterilização forçada de pessoas consideradas socialmente indesejadas – deficientes físicos e mentais, criminosos, e portadores de doenças genéticas, como a epilepsia e a cegueira.

No Brasil, a principal ameaça à autonomia reprodutiva partiu das preocupações econômicas. Os primeiros programas de difusão dos contraceptivos tinham por objetivo, não tanto promover o direito individual à autonomia reprodutiva, mas antes, controlar do crescimento populacional das classes mais pobres, visto como um dos principais entraves para o desenvolvimento do país[15]. Consolidou-se, a partir daí, uma verdadeira mentalidade paternalista em torno da esterilização, na qual a vontade do paciente era questão secundária. A decisão pela realização da esterilização deveria ser pautada nas políticas públicas de contenção demográfica, cabendo ao médico avaliar se o paciente tinha condições sociais e econômicas de ter filhos.

Outra forma de desrespeito à autonomia reprodutiva é a exigência de comprovação da esterilidade como condição à contratação ou manutenção no emprego de mulheres trabalhadoras, com o objetivo de evitar os contratempos decorrentes da licença-maternidade.

---

[13] Para precedentes de responsabilidade médica fundada no descumprimento do dever de informação – relativos, principalmente, às cirurgias oftalmológicas, cf. STJ, AgRg no Ag em REsp 182.174/PA, 3ª Turma, 07.08.2012, REsp 467.878/RJ, 4ª Turma, 05.10.2002; REsp 436.827/SP, 4ª Turma, 01.10.2002; REsp 332.025/MG, 3ª Turma, 28.05.2002.

[14] BLACK, Edwin. *War against the weak*: eugenics and America's campaign to create a master race. 2. ed. Washington: Dialog Press, 2012; GORDON, Linda. *The moral property of women*: a history of birth control politics in America. 3. ed. Chicago: University of Illinois Press, 2002, p. 279-291 e p. 342-347; TONE, Andrea. *Controlling reproduction*: an American history. Lanhan: SR books, 2008. Para uma análise de outros países que fizeram uso da esterilização com propósitos eugênicos, cf. JÜTTE, Robert. *Contraception*: a history. Tradução de Vicky Russell. Cambridge: Polity, 2008, p. 177-179.

[15] BOHADANA, Estrella; PÊGO, Raquel. A prática do planejamento familiar na Favela da Rocinha. *In: Controle de natalidade x planejamento familiar*. Rio de Janeiro: Achiamé, 1987, p. 93-118.

114. Todos esses casos de abusos cometidos contra a autonomia reprodutiva explicam a preocupação do legislador em resguardar o consentimento do indivíduo, principalmente no que tange à sua espontaneidade de sua decisão. Um cuidado que pode ser sentido já no plano constitucional. De fato, o art. 226, § 7º, da Constituição Federal, que positiva o direito fundamental ao planejamento familiar, acentua que ele é de "livre decisão do casal" e proíbe "qualquer forma coercitiva por parte de instituições oficiais ou privadas".

A proteção da vontade do indivíduo diante das interferências externas também vem estampada em diversos dispositivos infraconstitucionais. É o caso do art. 1.565, § 2º, do Código Civil, que repete quase integralmente o mencionado texto constitucional. Ou do art. 2º da Lei nº 9.029/1995, que criminaliza a conduta do empregador que exige de seu empregado teste de esterilidade, ou que de alguma forma promove a esterilização ou o controle de natalidade entre os trabalhadores[16]. Ou, ainda, do art. 1º, *d*, da Lei nº 2.889/1956, que insere, entre as modalidades do crime de genocídio, a prática consistente em "adotar medidas destinadas a impedir os nascimentos no seio do grupo". Também o Código de Ética Médica contém preceito em defesa da autonomia reprodutiva, na medida em que veda, em seu art. 42, que o médico desrespeite "o direito do paciente de decidir livremente sobre método contraceptivo".

Mas os principais dispositivos de proteção à autonomia reprodutiva estão inseridos na Lei nº 9.263/1996, que trata especificamente do planejamento familiar. Dentre outras garantias à vontade individual, a lei prevê o direito à "liberdade de opção" do indivíduo quanto aos métodos e técnicas de contracepção que irá empregar (art. 9º); veda "a exigência de atestado de esterilização ou de teste de gravidez para quaisquer fins" (art. 13)[17]; veda a "indução ou instigamento individual ou coletivo à prática da esterilização cirúrgica" (art. 12); além de expressamente proibir que as técnicas de planejamento familiar sejam empregadas "para qualquer tipo de controle demográfico" (art. 2º, parágrafo único).

115. No entanto, não se deve concluir que o respeito à autonomia do paciente se resume à ausência de interferências externas na formação de sua vontade. A decisão de se submeter a uma cirurgia de esterilização somente será livre se ela for o produto de um processo deliberativo do indivíduo, que, de forma consciente, ponderou os riscos e benefícios da intervenção antes

---

[16] Cf. também a Lei 9.799/1999, que acrescentou o art. 373-A à CLT.
[17] A prática é criminalizada no art. 18 da Lei, que pune o ato de "Exigir atestado de esterilização para qualquer fim. Pena – reclusão, de um a dois anos, e multa".

de optar por ela[18]. Em outras palavras, deve haver preocupação, não apenas com a existência ou com a espontaneidade da declaração, mas também com a qualidade do consentimento.

Seção 2 – O consentimento esclarecido do paciente nas cirurgias de esterilização

116. Uma determinada declaração de vontade será tanto mais consistente quanto menores forem as possibilidades de arrependimento do declarante. A questão é particularmente sensível no que se refere às cirurgias de esterilização, em razão do caráter permanente desses métodos contraceptivos. Ainda que a ciência tenha desenvolvido técnicas de reversão da esterilização, esses procedimentos são custosos e não há garantias de que serão eficazes[19].

Para diminuir o risco de arrependimento, a Lei n° 9.263/1996 impõe uma série de condições para a realização da cirurgia. Nos termos do art. 10, I, apenas os indivíduos maiores de 25 anos ou que tenham pelo menos dois filhos podem se submeter a esse tipo de intervenção[20]. Isso ocorre porque a taxa de arrependimento é bastante alta entre o público excluído pela lei, conforme apontam estudos da área[21].

Outro dispositivo destinado a resguardar o caráter resoluto do consentimento é o art. 10, § 3º, que declara inválida a vontade do paciente externada em momentos de alteração "na capacidade de discernimento por influência de álcool, drogas, estados emocionais alterados ou incapacidade

---

[18] Brunello Souza STANCIOLI, *Relação jurídica médico-paciente*, op. cit., p. 34-43; LIGIERA, Wilson Ricardo. Termos de consentimento informado ou de 'constrangimento desinformado'?: a defesa do paciente diante de uma medicina ilícita e antiética. *In*: AZEVEDO, Álvaro Villaça; LIGIERA, Wilson Ricardo (coord.). *Direitos do paciente*. São Paulo: Saraiva, 2012, p. 623-640; BERGSTEIN, Gilberto. *A informação na relação jurídica médico-paciente*, op. cit., 111.

[19] HENDRY, William Forbes. *Vasectomy and vasectomy reversal*, op. cit., p. 292; Rioux, Jacques-Émile. *Female sterilization and its reversal*, op. cit., p. 275.

[20] Salvo nos casos de necessidade médica da esterilização, consistente no "risco à vida ou à saúde da mulher ou do futuro concepto, testemunhado em relatório escrito e assinado por dois médicos" (art. 10, II).

[21] HARDY, Ellen; OSIS, Maria José Duarte; *et al.*, *A laqueadura tubária precoce e durante a cesárea: dimensões atuais e fatores que a determinam*, op. cit., p. 70; HARDY, Ellen; BAHAMONDES, Luis Guillermo; *et al.*, *Risk factors for tubal sterilization regret, detectable before surgery*, op. cit., p. 159. Cf. também: Vieira, Elisabete Meloni. O arrependimento após a esterilização cirúrgica e o uso das tecnologias reprodutivas. *Revista brasileira de ginecologia e obstetrícia*, v. 29, n. 5, 2007, p. 225; BARBOSA, Luciana Freitas; LEITE, Iúri da Costa; NORONHA, Marina Ferreira de. *Arrependimento após a esterilização feminina no Brasil*, op. cit., p. 180.

mental temporária ou permanente"[22]. O diploma também veda a realização de esterilização em mulheres durante os períodos de parto ou aborto, tendo em vista que as aflições físicas e psicológicas suportadas pela mulher nesses momentos podem levá-la a tomar uma decisão por impulso, no intuito de evitar a repetição do sofrimento que está experimentando[23].

Por fim, a lei impõe um prazo de reflexão de no mínimo sessenta dias entre a manifestação da vontade e o ato cirúrgico, período em que o paciente deverá ter acesso a serviços de aconselhamento e educação sobre planejamento familiar, "visando desencorajar a esterilização precoce" (art. 10, I).

117. Além das restrições fundadas no momento ou nas condições em que a vontade é externada[24], outro instrumento para se assegurar a consistência do consentimento é a informação. A melhor forma de se evitar o arrependimento do paciente é garantir que ele compreenda, antes de tomar sua decisão, todos efeitos e riscos da cirurgia que lhe foi oferecida, bem como as alternativas à operação[25].

O problema desse tipo de conhecimento é sua natureza eminentemente técnica. Em princípio, as informações sobre as peculiaridades de cada método contraceptivo não são acessíveis ao público em geral, mas apenas àqueles que tenham algum tipo de familiaridade com a área da saúde. Daí a importância do direito do paciente à informação sobre os métodos contraceptivos, o qual tem como reflexo o dever de informar que pesa sobre os prestadores do serviço de saúde.

Resta determinar os fundamentos (§ 1), o conteúdo (§ 2), e os responsáveis (§ 3) por esse dever de informar.

§ 1 – *Os fundamentos do dever de informar*

118. Um primeiro ponto a ser esclarecido são os fundamentos legais do dever de informação nas cirurgias de vasectomia e laqueadura de trompas. Uma hipótese previsível seria atribuir o papel de fonte jurídica do dever de informação à Constituição Federal, tendo em vista que o direito ao planejamento familiar tem previsão específica no texto constitucional. Ocorre que a redação do art. 226, § 7º em momento algum impõe equivalente dever

---

[22] O dispositivo em questão tem efeitos práticos duvidosos, na medida em que as vedações já estariam abarcadas entre as hipóteses de nulidade ou anulabilidade do negócio jurídico, ensejando a invalidade do ato.
[23] Art. 10, § 2º.
[24] Vale ressaltar que todas essas restrições à esterilização são reforçadas por um dispositivo de Direito Penal (art. 15).
[25] BERGSTEIN, Gilberto. *A informação na relação médico-paciente*, op. cit., p. 112-127.

àquele que realiza o procedimento. O dispositivo afirma que compete "ao Estado propiciar recursos educacionais" para o exercício do planejamento familiar, o que poderia levar justamente à conclusão oposta; de que o ônus de conscientizar os pacientes competiria ao Estado, e não aos entes privados, como médicos e clínicas particulares.

O Código Civil também não contém dispositivo que trate especificamente dos deveres pré-contratuais de informação, o que constitui um dos muitos e graves exemplos de omissão do diploma. Sem dúvida, o dever de informação encontra seu fundamento na cláusula geral de boa-fé, prevista em seu art. 422[26]. Contudo, o texto em questão é demasiadamente lacônico[27] e não oferece elementos mais precisos para a delimitação dos deveres informar que pesam sobre os médicos e clínicas.

Por sua vez, o art. 15 do Código Civil, que trata especificamente das intervenções médicas, reafirma (ou mitiga?[28]) a autodeterminação do paciente ao prevê-la como um direito da personalidade. Mas nada esclarece sobre os deveres de informação do médico ou sobre os direitos do paciente de ser informado.

119. O dever de informação encontra tratamento mais detalhado em dois outros diplomas legais. Em primeiro lugar, no Código de Defesa do

---

[26] FERNANDES, Wanderley. O processo de formação do contrato. *In*: FERNANDES, Wanderley (coord.). *Contratos empresariais*: fundamentos e princípios dos contratos empresariais. São Paulo: Saraiva, 2007. p. 237-239; AGUIRRE, João Ricardo Brandão. *Responsabilidade e informação*. São Paulo: RT, 2011. p. 76-82.

[27] A insuficiência do art. 422 para fundamentar os deveres pré-contratuais de informação fica ainda mais evidente se atentarmos para o fato de que o dispositivo trata da incidência da boa-fé no momento da "conclusão" e da "execução" do contrato, silenciando quanto às etapas pré e pós contratual. O problema já havia sido apontado por Antonio Junqueira de AZEVEDO em Insuficiências, deficiências e desatualização do projeto de Código Civil (atualmente, Código aprovado) na questão da boa-fé objetiva nos contratos. *In: Estudos e pareceres de direito privado*. São Paulo: Saraiva, 2004, p. 148. A questão foi objeto do enunciado nº 170 da III Jornada de Direito Civil: "A boa-fé objetiva deve ser observada pelas partes na fase de negociações preliminares e após a execução do contrato, quando tal exigência decorrer da natureza do contrato". Cf. FERNANDES, Wanderley. *Idem*, p. 238-239.

[28] "Art. 15. Ninguém pode ser constrangido a submeter-se, com risco de vida, a tratamento médico ou a intervenção cirúrgica". A redação do art. 15 representa um evidente retrocesso à liberdade do paciente, pois implica, *a contrario sensu*, que ele poderia ser constrangido a realizar determinada operação que não envolva risco à sua vida. Nesse mesmo sentido, SCHREIBER, Anderson. *Direitos da personalidade*. 2. ed. São Paulo: Atlas, 2013, p. 53-55. Cf., igualmente, AZEVEDO, Álvaro Villaça; LIGIERA, Wilson Ricardo (coords.). *Direitos do paciente*. São Paulo: Saraiva, 2012 – coletânea que apresenta diversos artigos sobre o tema.

Consumidor, que erige um sistema normativo voltado para as relações de consumo, onde o problema da assimetria informacional é frequente. É por essa razão que o Código de Defesa do Consumidor densifica os deveres de informação e transparência do fornecedor, dedicando diversos artigos ao tema[29].

No caso específico das cirurgias de esterilização, é possível afirmar que existem três conjuntos de dispositivos do Código do Consumidor que dão fundamento ao dever de informar dos profissionais e clínicas: os dispositivos que impõem ao fornecedor o dever de informar sobre os riscos do serviço, especialmente em caso de serviço considerado de risco inerente, isto é, aqueles "potencialmente nocivos ou perigosos à saúde ou segurança" do consumidor (arts. 6º, III; 8º e 9º); os dispositivos que regulamentam a oferta, obrigando o fornecedor a veicular informações claras e precisas sobre as características e riscos do serviço (arts. 30 e 31); e, finalmente, a própria noção de "defeito do serviço", que responsabiliza o fornecedor pelas "informações insuficientes ou inadequadas" apresentadas ao consumidor (art. 14).

120. Todavia, é a própria Lei do Planejamento Familiar quem traça contornos mais precisos sobre o tema da informação nas cirurgias de esterilização. Essa norma garante ao paciente o direito à informação acerca do funcionamento e dos riscos inerentes às cirurgias de esterilização, e impõe o correlato dever de informar aos prestadores de serviço de saúde.

A lei determina, por exemplo, que o planejamento familiar se oriente pelo "acesso igualitário a informações" (art. 4º) e que a prescrição de métodos contraceptivos somente pode ser feita "com informação sobre os seus riscos, vantagens, desvantagens e eficácia" (art. 9º, parágrafo único). Exige também que o consentimento do paciente para a cirurgia de esterilização se dê por escrito, "após a informação a respeito dos riscos da cirurgia, possíveis efeitos colaterais, dificuldades de sua reversão e opções de contracepção reversíveis existentes" (art. 10º, § 1º), franqueando ao atendido, durante o já mencionado prazo de reflexão, o "aconselhamento por equipe multidisciplinar" (art. 10, I).

Todos esses dispositivos, tanto do Código do Consumidor quanto da Lei do Planejamento Familiar, permitem inferir que os prestadores de serviços de saúde devem alertar o paciente sobre os riscos e alternativas das cirurgias de esterilização, sob pena de responderem pelos danos decorrentes.

---

[29] MARQUES, Claudia Lima. A Lei 8.078/1990 e os direitos básicos do consumidor. *In*: BENJAMIN, Antônio Herman de Vasconcellos e; MARQUES, Cláudia Lima; BESSA, Leonardo Roscoe. *Manual de direito do consumidor*. 4. ed. São Paulo: RT, 2012, p. 70-72.

§ 2 – O conteúdo do dever de informar

121. O conteúdo do dever de informar é explicitado pelo já referido art. 10, § 1º, da Lei nº 9.263/1996, que determina que a manifestação de vontade do paciente deve ser registrada "após a informação a respeito dos riscos da cirurgia, possíveis efeitos colaterais, dificuldades de sua reversão e opções de contracepção reversíveis existentes".

Um primeiro aspecto a ser ressaltado ao paciente é o caráter irreversível das vasectomias e laqueaduras de trompas. O maior risco relativo a esses métodos refere-se à possibilidade de arrependimento do paciente que, por diversas razões, pode voltar a desejar ter filhos[30]. Esta é a razão pela qual a lei impõe uma série de restrições à realização das esterilizações, mencionadas acima, de modo a garantir a qualidade do consentimento.

122. Uma questão diretamente ligada à irreversibilidade da esterilização é o dever dos prestadores de apresentar ao paciente as técnicas reversíveis de contracepção, como a pílula hormonal, o DIU e os preservativos. De fato, em uma pesquisa, realizada à época da elaboração da Lei nº 9.263/1996, sobre os fatores que levam as mulheres a se arrependerem de terem se submetido a uma laqueadura, Ellen Hardy, Luis G. Bahamondes, *et al.* concluíram que o índice de arrependimento tende a ser maior entre as pacientes que não foram informadas sobre os métodos reversíveis de contracepção; ou que não tiveram acesso a essas outras técnicas contraceptivas[31].

É a partir desse dado que podemos compreender o disposto no art. 14, parágrafo único, da Lei, o qual estabelece que "só podem ser autorizadas a realizar esterilização cirúrgica as instituições que ofereçam todas as opções de meios e métodos de contracepção reversíveis". A lei deixa claro que, a despeito de seu alto grau de eficiência, a esterilização deve ser uma última alternativa para o planejamento familiar, que só deve ser realizada depois que todos os outros métodos foram avaliados e rejeitados pelo paciente.

123. Outro elemento que deve ser repassado pelo médico diz respeito ao risco de ineficácia da cirurgia. O paciente deve ser informado que, apesar de

---

[30] Há dois casos típicos que podem ensejar o arrependimento do paciente após sua esterilização: a morte de seus filhos ou a separação do casal e a subsequente nova união (RIOUX, Jacques-Émile. *Female sterilization and its reversal*, op. cit., p. 287).

[31] HARDY, Ellen; BAHAMONDES, Luis Guillermo; *et al., Risk factors for tubal sterilization regret, detectable before surgery*, op. cit., que associam o risco de arrependimento nas laqueaduras de trompas à pouca idade das pacientes, à falta de informação sobre os riscos da laqueadura, e à falta de acesso a ou informação sobre métodos alternativos de contracepção reversíveis. Cf. também: PETTA, Carlos Alberto; DANTAS, Cecília; HIDALGO, Maria Margarete; BAHAMONDES, Luis. Solicitações de reversão de laqueadura em um serviço de esterilidade: o problema continua. *Reprodução & climatério*, v. 14, n. 4, 2000, p. 214.

constituírem métodos muito eficazes, nem a laqueadura, nem a vasectomia, oferecem garantia absoluta de esterilidade. A omissão desse dado pode dar ensejo à responsabilidade civil pelo nascimento indesejado[32].

É importante que essa informação seja a mais completa possível, sem comprometer sua inteligibilidade. Uma forma clara e precisa de divulgá-la é apontar ao paciente a porcentagem de falha da intervenção, de acordo com dados estatísticos. O paciente também deve ser conscientizado de que a ineficácia da cirurgia pode se revelar a curto prazo, mas também a longo prazo, com a regeneração espontânea dos canais deferentes ou das trompas. Isso é particularmente importante nas vasectomias, onde a esterilidade inicial é atestada por exame, o que pode induzir o paciente à falsa impressão de que a cirurgia já apresentou resultado satisfatório e que, assim, não há mais possibilidade de que essa situação seja revertida.

Quanto a esse ponto, cumpre notar que alguns julgados de segundo grau declararam que o risco de falibilidade das cirurgias de esterilização seria fato notório ou de conhecimento geral e, por consequência, concluíram que a omissão da informação não configuraria um ato culposo, apto a gerar direito à reparação[33]. A tese nos parece criticável por duas razões. A uma, porque ignora que a questão da falibilidade das cirurgias de esterilização é um dado técnico, que muitas vezes escapa ao conhecimento do público, em especial, aos pacientes com menor grau de escolaridade. A duas, porque esse entendimento contraria as disposições expressas do Código de Defesa do Consumidor e da Lei do Planejamento Familiar, que determinam que os destinatários dos serviços devem ser informados de todos os riscos a que serão submetidos, sem impor qualquer ressalva.

Por fim, outra informação relevante – e que não está prevista expressamente no art. 10, § 1º, da Lei – diz respeito aos cuidados pós-operatórios, especialmente aqueles exigidos na vasectomia[34]. É preciso informar o paciente de que a operação demora a surtir efeitos, e que ele deverá empregar outros métodos contraceptivos até que sua infertilidade seja confirmada por espermogramas.

---

[32] Um litígio por vezes tratado pelos tribunais sob o enfoque do "descumprimento do dever de informar" é aquele em que o médico, na ocasião do parto cesariano, opta por não realizar a laqueadura previamente solicitada pela paciente e se esquece de cientificá-la do fato. Nesse sentido, STJ, AgRg no AI em REsp 454.094/RO, 4ª Turma, 11.03.2014. O tema foi abordado como hipótese de falha técnica, cf. *supra*, nº 71.

[33] TJPR, Apel 1039943-6, 9ª C.Civ., 13.08.2013; TJMG, Apel 1.0440.09.012179-7/001, 15ª C.Civ., 09.08.2012; TJRJ, Apel 0017475-19.2009.8.19.0205, 13ª C.Civ., 14.11.2012; Apel 005349-02.2007.8.19.0206, 13ª C.Civ., 11.08.2010.

[34] Cf. *supra*, nº 70.

124. A partir da análise da jurisprudência, constata-se que a falha de informação pode se dar de diversas formas. Em alguns precedentes, a responsabilidade do médico ou da clínica decorreu do fato de que garantiram que a operação teria eficácia absoluta[35], hipótese por vezes qualificada de "publicidade enganosa"[36]. Em um caso apreciado pelo Superior Tribunal de Justiça, a confiança do médico era tamanha que afirmou à sua paciente que não sabia explicar como ela havia conseguido engravidar após a cirurgia de laqueadura, chegando a cogitar que gravidez fosse "psicológica"[37].

Em outros casos, simplesmente não havia qualquer documento ou indício de que o paciente recebeu informações sobre a cirurgia ou sobre seus riscos, uma omissão que por si só serviu de fundamento à responsabilidade do médico ou da instituição de saúde[38].

125. Porém, as hipóteses mais comuns de condenação por falha de informação são aquelas fundadas na falta de clareza do termo de consentimento assinado pelo paciente. De fato, os modelos utilizados pelos médicos e hospitais são frequentemente incompletos[39] e, por vezes, nada revelam sobre a possibilidade de falha da cirurgia[40].

---

[35] É o que ocorreu, por exemplo, no curioso precedente do TJSP, em que o médico declarou, inclusive em juízo, que a paciente voltaria a engravidar "só se for vontade de Deus", Apel 0032922-85.2009.8.26.0000, 1ª C.Priv., 30.04.2013.

[36] Nesse sentido, os precedentes do TJRS, em que o tribunal condenou uma clínica a reparar diversos casos de falha da vasectomia, porque anunciara que "a vasectomia é o método anticoncepcional mais seguro que existe. Quando realizada em nossa clínica, damos 100% (cem por cento) de garantia". TJRS, Apel 70067085787, 9ª C.Civ., 29.01.2016; Apel 70054700034, 9ª C.Civ., 12.03.2014; Apel 70035694256, 6ª C.Civ., 24.11.2011; Apel 70047379557, 6ª C.Civ., 13.06.2013; Apel 70045261443, 9ª C.Civ., 28.03.2012; Apel 70042877050, 5ª C.Civ., 29.02.2012; Apel 70034402461, 5ª C.Civ., 28.10.2010; Apel 70030534895, 10ª C.Civ., 24.06.2010. Cf. também: TJRS, Apel 70042877050, 5ª C.Civ., 29.02.2012.

[37] STJ, AgInt no REsp 1.377.107/RR, 1ª Turma, 15.08.2017.

[38] TJSP, Apel 0032922-85.2009.8.26.0000, 1ª C.Priv., 30.04.2013; TJPR, Apel 936100-6, 9ª C.Civ., 07.03.2013; Apel 0748909-6, 10ª C.Civ., 16.06.2011; Apel 626.402-6, 9ª C.Civ., 31.03.2010; TJRS, Apel 70037335544, 9ª C.Civ., 01.12.2010.

[39] LIGIERA, Wilson Ricardo. *Termos de consentimento informado ou de 'constrangimento desinformado'?: a defesa do paciente diante de uma medicina ilícita e antiética*, op. cit., p. 628-629. Para uma análise dos elementos que devem estar presentes no termo de consentimento informado e sua força probante, cf. BERGSTEIN, Gilberto. *A informação na relação médico-paciente*, op. cit., p. 221-225.

[40] TJRS, Apel 70052227535, 10ª C.Civ., 28.11.2013; TJRJ, Apel 0050462-41.2009.8.19.0001, 1ª C.Civ., 08.10.2013; Apel 0004926-79.2006.8.19.0011, 6ª C.Civ., 31.07.2013; TJBA, Apel 0000120-32.2006.8.05.025, 1ª C.Civ., 09.12.2013; TJSP, Apel 0008047-

Em alguns casos, o teor do documento é tão deficiente que chega a fomentar no paciente a ideia de que a operação é "infalível"[41]. Isso ocorre porque muitos modelos se concentram na questão da irreversibilidade da cirurgia, ao declararem que o paciente foi informado sobre a "impossibilidade de nova gravidez"[42] ou sobre o fato de que a esterilização é de "consequência irreversível"[43], e se omitem, por outro lado, de advertir de que há sim um risco de reversão natural da esterilização[44].

§ 3 – *Os responsáveis pelo dever de informar*

126. O dever de informar o paciente sobre os riscos e alternativas à esterilização – e, consequentemente, de responder pela reparação dos danos – cabe precipuamente ao médico que o atendeu ou que realizou a operação. É o profissional médico quem tem melhores condições de alertar o paciente sobre estas questões, na medida em que ele, de um lado, tem conhecimentos técnicos adequados para tanto e, de outro, tem contato direto com o assistido, podendo transmitir esse conhecimento com mais facilidade.

Trata-se aí de um reflexo da já mencionada concepção contemporânea da medicina, focada na autonomia do paciente[45]. Cabe notar que essa nova visão não nega a existência de assimetria entre o assistido e o médico. É evidente que o profissional compreende com maior profundidade as questões envolvidas em sua atuação. Contudo, diante dessa desigualdade informacional das partes, o papel a ser exercido pelo médico passa a ser, precisamente, o de superá-la. Se, antes, o médico decidia em favor de seu paciente, hoje cabe a ele utilizar de sua posição de predominância para esclarecê-lo, de modo a permitir que ele tome sua decisão de forma autônoma. É exatamente por isso

---

33.2002.8.26.0053, 3ª C.Pub., 16.04.2013; Apel 0002029-68.2009.8.26.0176, 8ª C.Pub., 14.11.2012; Apel 0006174-51.2009.8.26.0441, 1ª C.Pub., 21.08.2012

[41] TJSP, Apel 0123485-62.2008.8.26.0000, 4ª C.Priv., 06.10.2011; TJRJ, Apel 010537-17.2006.8.19.0042. 15ª C.Civ., 12.07.2011; Apel 0003723-23.2005.8.19.0042, 3ª C.Civ., 09.10.2010; TJRS, Apel 70041661133, 5ª C.Civ., 20.04.2011.

[42] TJRJ, Apel 0008734-67.2004.8.19.0042, 10ª C.Civ., 14.10.2010.

[43] TJRS, Apel 70042877050, 5ª C.Civ., 29.02.2012; TJSP, Apel 9122185-43.2007.8.26.0000, 8ª C.Priv., 27.04.2011; Apel 0002029-68.2009.8.26.0176, 8ª C.Pub. 14.11.2012.

[44] Ver, contudo, alguns precedentes em que documentos que não continham informação clara sobre a falibilidade da cirurgia foram aceitos como prova de que o paciente estava ciente desses riscos: TJPR, Apel 846.099-9, 2ª C.Civ., 15.05.2012; TJRS, Apel 70020459772, 10ª C.Civ., 24.04.2008.

[45] BERGSTEIN, Gilberto. *A informação na relação médico-paciente*, op. cit., p. 109-112; STANCIOLI, Brunello Souza. *Relação jurídica médico-paciente*, op. cit., p. 23-43 e 48.

que, no plano jurídico, ao lado do dever de probidade e diligência técnica, o principal dever que pesa sobre os profissionais médicos é o de informação[46].

Aliás, o atual Código de Ética Médica contém diversos dispositivos que impõem aos profissionais deveres gerais de informação e respeito à autonomia dos pacientes[47]. No caso específico das cirurgias de esterilização, a questão é objeto do art. 42 do Código, que, além de exigir que o médico observe a vontade do paciente quanto aos métodos contraceptivos, determina que cabe ao profissional "esclarecê-lo sobre indicação, segurança, reversibilidade e risco de cada método".

127. Mas esse dever de informação não incumbe apenas ao médico. Todos os profissionais da saúde – enfermeiros, psicólogos, assistentes sociais e outros – envolvidos no atendimento do paciente e que possam interferir na formação de seu consentimento devem alertá-lo sobre os riscos e alternativas da cirurgia de esterilização, respeitados os limites de suas respectivas atuações[48]. Isso é especialmente válido com relação à "equipe multidisciplinar" que deve atender o público, nos termos do art. 10, I, da Lei n° 9.263/1996, e cuja missão é a de aconselhar sobre as questões envolvendo o planejamento familiar. Esses profissionais podem, inclusive, responder civilmente pelos danos, caso faltem com o dever informação.

Por fim, cabe lembrar que a clínica e o hospital onde foram realizados o atendimento e a cirurgia de esterilização, bem como o Estado, nos casos de atendimento pelo sistema público de saúde, também são responsáveis pela eventual falha na informação. Os primeiros, como base na responsabilidade pelo defeito do serviço em razão da falha de informação (art. 14 do Código de Defesa do Consumidor), ou, ainda, sob o enfoque da responsabilidade do empregador pelos atos de seus empregados (art. 932, III, do Código Civil). E o segundo, em razão da responsabilidade objetiva do Estado pelos danos causados por seus agentes, prevista constitucionalmente (art. 37, § 6°, da Constituição Federal).

Seção 3 – A prova do consentimento livre e esclarecido nas cirurgias de esterilização

128. Provar o consentimento livre e esclarecido do paciente é ônus que incumbe ao médico ou à clínica onde foi realizada a cirurgia. Essa regra geral se aplica sem qualquer ressalva às ações fundadas na falta de informação so-

---

[46] KFOURI NETO, Miguel. *Responsabilidade civil do médico*, op. cit., p. 46-55.
[47] Cf. arts. 22, 23, 24, 31 e 34 do CEM.
[48] BERGSTEIN, Gilberto. *A informação na relação médico-paciente*, op. cit., p. 127-135.

bre a falibilidade da cirurgia de esterilização, cabendo aos réus, nesses casos, demonstrar que o paciente foi alertado sobre o risco[49].

Trata-se de questão razoavelmente pacífica na literatura jurídica[50], já há algum tempo. Assim, em seus clássicos comentários ao Código Civil de 1916, Carvalho Santos declarava que, "em se tratando de operação cirúrgica, a doutrina exige que, para ser ela legitimamente praticada, deva o médico ter o consentimento do doente". E completou: "a prova deste consentimento incumbe ao médico"[51].

O motivo dessa regra é evidente. Exigir que o paciente comprove que não foi informado equivaleria a lhe impor prova de fato negativo, o que é repudiado em nosso sistema processual por tratar-se de fardo quase impossível de ser debelado[52]. O direito à informação tornar-se-ia letra morta[53].

129. O problema que realmente se coloca é sobre as provas admissíveis para que se demonstre o cumprimento do dever de informação.

De um lado dessa questão, encontra-se a redação do art. 10, § 1º, da Lei nº 9.263/1996 que afirma ser "condição para que se realize a esterilização o registro de expressa manifestação da vontade em documento escrito e firmado, após a informação a respeito dos riscos da cirurgia, possíveis efeitos colaterais, dificuldades de sua reversão e opções de contracepção reversíveis existentes". O dispositivo foi regulamentado pela Portaria nº 48, de 11 de fevereiro de 1999, da Secretária de Assistência à Saúde do Ministério da Saúde (SAS), que trouxe também um modelo de "Ficha de registro individual de notificação de esterilização", a ser assinada pelo paciente,

---

[49] Em sentido contrário, cf. acórdãos de segundo grau em que a pretensão reparatória foi negada na medida em que o paciente não conseguiu provar a ausência de informação: TJRS, Apel 70050854116, 10ª C.Civ., 25.10.2012; TJMG, Apel 1.0194.05.051926-4/001, 13ª C.Civ., 02.02.2012.

[50] KFOURI NETO, Miguel. *Responsabilidade civil do médico*, op. cit., p. 51; BERGSTEIN, Gilberto. *A informação na relação médico-paciente*, op. cit., p. 226-232.

[51] SANTOS, João Manoel de Carvalho. *Código Civil brasileiro interpretado*, op. cit., p. 259.

[52] DIDIER JÚNIOR, Fredie; BRAGA, Paula Sarno; OLIVEIRA, Rafael. *Curso de direito processual civil*. 5. ed. Salvador: Juspodivm, 2010, v. 2, p. 89-92.

[53] Nesse sentido, o art. L. 1111-2 do Code de la Santé Publique, da França, postula que "em caso de litígio, cabe ao profissional ou ao estabelecimento de saúde o ônus de provar que a informação foi fornecida ao interessado nas condições previstas no presente artigo. Essa prova pode ser feita por todos os meios". Mesmo antes da introdução desse dispositivo, em 2002, a jurisprudência francesa já postulava que "aquele que está legalmente ou contratualmente sujeito a uma obrigação particular de informação deve fazer prova da execução dessa obrigação", Civ. 1ª, 25 fev. 1997, p. nº 94-19685, *Bull. civ. 1997*, I, nº 75 p. 49.

nos seguintes termos: "1 – Tenho conhecimento sobre outros métodos contraceptivos, os quais me foram oferecidos. 2 – Estou consciente que a contracepção cirúrgica (Laqueadura Tubária ou Vasectomia) é um método definitivo e que as tentativas de reversão não têm sucesso garantido e nem são oferecidos de modo rotineiro. 3 – Estou consciente que toda e qualquer cirurgia tem os seus riscos operatórios. *4 – Estou consciente que ocasionalmente este método pode falhar.* 5 – Estou consciente que com a cirurgia estarei interrompendo minha fertilidade, que caso contrário poderia se prolongar por vários anos"[54].

Com base nessa regulamentação, alguns tribunais estaduais têm declarado que o termo de consentimento escrito seria indispensável para se comprovar a correta informação do paciente, não sendo permitido ao réu recorrer às demais fontes de prova para suprir a falta deste documento e afastar sua responsabilidade[55].

130. Essa limitação das fontes de prova ao termo escrito é criticável, por duas razões. Primeiramente, a restrição pode se revelar excessivamente rigorosa para com os médicos que, de boa-fé, informaram seu paciente por outros meios hábeis, como a comunicação oral. Se restar comprovado, pela análise das demais provas do processo, que o médico efetivamente alertou o assistido sobre os riscos da cirurgia, não nos parece razoável responsabilizá-lo com base na falha de informação; um argumento sabidamente inverídico. Teríamos aí um apego inexplicável ao formalismo.

Mas a segunda razão é que a forma escrita não constitui o meio mais adequado para que se alcance o fim pretendido pela norma, que é o de garantir o consentimento esclarecido do paciente. Pelo contrário: a oralidade se revela uma forma mais eficaz de transmissão de informações entre médicos e pacientes, considerando que a relação entre esses dois sujeitos ocorre, de maneira geral, por meio de seu contato direto e informal[56].

131. Cabe até mesmo questionar se o documento escrito é realmente um meio apropriado para alertar sobre os riscos envolvidos em uma ci-

---

[54] Grifos nossos.
[55] TJSP, Apel 0032922-85.2009.8.26.0000, 1ª C.Priv., 30.04.2013; TJPR, Apel 936100-6, 9ª C.Civ., 07.03.2013; Apel 0748909-6, 10ª C.Civ., 16.06.2011; Apel 626.402-6, 9ª C.Civ., 31.03.2010; TJRS, Apel 70037335544, 9ª C.Civ., 01.12.2010.
[56] Assim, Brunello Souza STANCIOLI afirma que "a informação deve ser fornecida, preferencialmente, de forma oral. A oralidade da comunicação, em regra, facilita o entendimento do paciente", *Relação jurídica médico-paciente*, op. cit., p. 65; BERGSTEIN, Gilberto. *A informação na relação médico-paciente*, p. 135-136.

rurgia de esterilização⁵⁷, tendo em vista que grande parte do público que se submete a esse tipo de intervenção é de baixa escolaridade e tem dificuldades em compreender o teor da notificação. É preciso reconhecer que há outros meios mais ajustados de conscientizar essa faixa da população, como as palestras sobre planejamento familiar (muito comuns em centros especializados), as cartilhas explicativas, os cartazes afixados no local de atendimento etc.⁵⁸

O documento escrito se presta muito mais para acautelar os médicos ou outros responsáveis diante de um possível conflito judicial do que, verdadeiramente, para informar o paciente⁵⁹. A leitura da "ficha de registro individual de notificação de esterilização", criada pelo Poder Público e transcrita acima, é bastante reveladora desse fato. O documento ressalta que o paciente foi inteirado de diversas questões, mas não traz qualquer informação concreta sobre elas. Não esclarece, por exemplo, quais os "riscos operatórios", os "métodos alternativos" ou as "hipóteses de falha" que lhe foram revelados.

132. Uma maneira de compatibilizar o rigor da lei com as necessidades práticas envolvidas nas cirurgias de esterilização é por meio de uma interpretação restritiva do dispositivo legal. Ao exigir um documento escrito e assinado pelo paciente, o objetivo do art. 10, § 1º, da Lei nº 9.263/1996, foi o de evitar que a cirurgia seja realizada sem a sua anuência. Em outras palavras, o documento escrito é essencial quando a controvérsia versa sobre a própria existência do consentimento do paciente.

Ocorre que, nos litígios fundados na falha de informação, a existência de consentimento não é colocada em questão. Nesse tipo de conflito, o paciente não nega que solicitou a cirurgia; apenas se queixa de que não foi

---

[57] Para uma descrição minuciosa sobre a forma de informar adequadamente pacientes que desejam se submeter a cirurgias de vasectomias, cf. HENDRY, William Forbes. V*asectomy and vasectomy reversal*, op. cit., p. 294-295.

[58] Em um artigo publicado no Reino Unido – país no qual, a exemplo do Brasil, as autoridades de saúde criaram um "termo escrito padrão" para as cirurgias de esterilização – recomenda que o paciente seja alertado por outros meios, notadamente, com o auxílio de cartilhas informativas (BHARATHAN, Rasiah; RAWESH, Rebecca; AHMED, Hasib. Written consent for laparoscopic tubal occlusion and medico-legal implications. *The journal of family planning and reproductive health care*, v. 35, n. 3, 2009, p. 177-179).

[59] Nesse sentido, Wilson LIGIERA alega que há, atualmente, um verdadeiro "desvirtuamento do consentimento informado" (*Termos de consentimento informado ou de "constrangimento desinformado"?: a defesa do paciente diante de uma medicina ilícita e antiética*, op. cit., p. 628-629).

alertado sobre todas as suas consequências. Nada impede, por esse viés, que a observância desse dever seja provada por outros meios admitidos em nosso ordenamento, como as testemunhas, as gravações audiovisuais[60] ou mesmo por presunções de fato, desde que sejam sérias e concordantes[61].

Trata-se de uma interpretação que melhor se coaduna com o próprio texto da lei, que exige a "manifestação da vontade [do paciente] em documento escrito e firmado, *após* a informação". Ou seja, o dispositivo indica que o ato de informar não se confunde com o ato de assinatura do documento, mas o contrário: a informação precede à formalidade documental – o que leva à conclusão lógica de que a informação há de ser transmitida oralmente ou por outros métodos adequados.

133. O próprio Superior Tribunal de Justiça já admitiu, no julgamento do Agravo Regimental no Agravo em Recurso Especial n° 664.783/RJ, que a prova da informação seja feita por outros meios, que não o documento escrito. No caso, a Corte ressaltou que a paciente participara de um curso educativo oferecido pelo Hospital, cujo conteúdo abrangia os efeitos colaterais da cirurgia de laqueadura, inclusive os riscos de falha e que, por essa razão, não haveria falha do dever de informar imputável à instituição[62].

---

[60] Para julgados que admitiram que a prova da informação fosse realizada por outros meios, não estando limitada ao documento escrito: TJPR, Apel 868.170-3, 8ª C.Civ., 13.06.2013; TJBA, Apel 0001797-24.1998.8.05.0274, 4ª C.Civ., 26.06.2012; TJRS, Apel 70043946789, 9ª C.Civ., 09.11.2011, Apel 70018629428, 10ª C.Civ., 18.12.2007; Apel 70018624130, 5ª C.Civ., 16.05.2007; TJDJ, Apel 20080110295246APC, 6ª T.Civ., 28.10.2009.

[61] Vale ressaltar que presunção não é meio ou fonte de prova (DINAMARCO, Cândido Rangel. *Instituições de direito processual civil*, v. 3, op. cit., p. 124-125, n° 829).

[62] STJ, AgRg no AREsp 664.793/RJ, 2ª Turma, 28.04.2015.

TÍTULO II

RESPONSABILIDADE CIVIL E OS PRODUTOS CONTRACEPTIVOS

134. A segunda hipótese de responsabilidade pela falha dos anticoncepcionais refere-se aos métodos que envolvem o uso de produtos, aqui entendidos de forma ampla, como qualquer tipo de objeto ou substância destinado à contracepção. Contrariamente à hipótese anterior, a gama de métodos contraceptivos abarcados nessa categoria é bastante vasta e heterogênea. Ela abrange os preservativos, os dispositivos intrauterinos, as pílulas anticoncepcionais e demais métodos que não estejam diretamente ligados a um serviço médico.

Como qualquer objeto fabricado industrialmente, esses produtos contraceptivos também estão sujeitos a apresentar defeitos. Em razão de uma falha durante o processo de fabricação, a pílula pode não conter os princípios ativos suficientes para surtir efeitos; ou o preservativo pode não apresentar a resistência necessária, rompendo-se facilmente durante o uso. É possível que as informações repassadas ao consumidor não sejam adequadas para que ele compreenda os riscos e efeitos colaterais inerentes àquele contraceptivo.

Para prevenir esse tipo de falha, os produtos contraceptivos são submetidos a um controle de qualidade e produção por parte das autoridades estatais, exercido no Brasil pela Agência Nacional de Vigilância Sanitária (Anvisa) e pelo Instituto Nacional de Metrologia, Qualidade e Tecnologia (Inmetro)[1]. Mas esse controle preventivo está longe de ser perfeito[2]. Não são raros os

---

[1] Sobre o controle dos preservativos, cf. Resolução-RDC Anvisa n° 62, de 03.09.2008.
[2] Nesse sentido, causou polêmica a decisão do Departamento de Saúde dos EUA de recomendar que os turistas americanos, que viessem ao Brasil por ocasião da Copa do Mundo de 2014, trouxessem preservativos de seu país: "EUA desaconselham preservativos brasileiros e primeiro andar em hotel", *Folha de São Paulo*, 30 de maio de 2014, p. A14.

casos em que as autoridades determinam a suspensão ou retirada do mercado de produtos já colocados à venda, por constatarem que o contraceptivo não respeitava os parâmetros de qualidade exigíveis[3]. E muitas outras hipóteses, certamente, passam desapercebidas pelos órgãos de controle.

135. Daí a importância da responsabilidade civil como forma de proteção *a posteriori* das vítimas desses acidentes envolvendo contraceptivos mal fabricados. A base legal dessa proteção é, de um lado, o Código de Defesa do Consumidor, em especial, o regime de responsabilidade pelo defeito do produto, previsto em seu art. 12 (Capítulo 1), e, de outro, o Código Civil de 2002, que também disciplina a responsabilidade pelos acidentes causados por produtos, em seu art. 931 (Capítulo 2).

---

[3] Para um exemplo recente em que a Anvisa determinou a suspensão da venda uma determinada marca de preservativos que já estava no mercado, cf. http://g1.globo.com/bemestar/noticia/2012/07/anvisa-suspende-fabricacao-e-venda-de-preservativo--sem-registro.html.

1

O DEFEITO DOS PRODUTOS CONTRACEPTIVOS E O CÓDIGO DO CONSUMIDOR

136. A proteção do consumidor em face dos produtos perigosos e a informação adequada sobre os riscos oferecidos por esses produtos constituem dois dos pilares do sistema de regulação das relações de consumo. Assim, o art. 6º do CDC elenca, entre os direitos básicos do consumidor, "a proteção da vida, saúde e segurança contra os riscos provocados por práticas no fornecimento de produtos e serviços considerados perigosos ou nocivos" (inciso I), e "a informação adequada e clara sobre os diferentes produtos e serviços, com especificação correta de quantidade, características, composição, qualidade, tributos incidentes e preço, bem como sobre os riscos que apresentem" (inciso III).

O regime de responsabilidade pelo fato do produto, previsto no art. 12 e seguintes do Código de Defesa do Consumidor é uma das vertentes dessa proteção. Inspirado na Diretiva 85/374/CEE, do então Conselho das Comunidades Europeias, o texto prevê que os fornecedores são responsáveis, independentemente de culpa, pelos danos causados aos consumidores pelo defeito do produto, o qual toma por base "a segurança que dele legitimamente se espera".

A peculiaridade desse regime é que ele substitui a culpa, elemento tradicional de determinação da responsabilidade, ligado à análise da conduta do responsável, pelo conceito de defeito do produto que, como a própria definição explicita, fundamenta-se na confrontação entre a segurança esperada do produto e aquela concretamente oferecida por ele[1]. E esse novo critério objetivo parece mais adaptado para regular a segurança dos produtos no

---

[1] REINIG, Guilherme Henrique Lima. *A responsabilidade do produtor pelos riscos do desenvolvimento*, op. cit., p. 28-29.

mercado massificado de produção e distribuição de bens, em que os acidentes são no mais das vezes "anônimos" ou "impessoais"[2].

137. O mencionado art. 12 elenca um rol extenso de fontes do defeito pelas quais responde o fabricante, que abrange "os defeitos decorrentes de projeto, fabricação, construção, montagem, fórmulas, manipulação, apresentação ou acondicionamento de seus produtos, bem como por informações insuficientes ou inadequadas sobre sua utilização e riscos". A profusão verbal evidencia o real objetivo do legislador, que pretendeu incluir, na esfera de responsabilidade do fornecedor, todas as possíveis causas que possam redundar na disparidade de segurança dos produtos colocados em circulação.

Por questões didáticas, os autores costumam agrupar essas causas do defeito em três espécies: os defeitos de concepção, de fabricação e de informação[3].

138. Os defeitos de concepção estão ligados à etapa que antecede à produção em si, e decorrem de erros no desenvolvimento do produto, na escolha dos materiais ou da técnica de fabricação[4]. Como, neste caso, é o próprio projeto concebido pelo fornecedor não atende aos padrões de segurança esperados, os defeitos de concepção tendem a atingir todas as unidades produzidas. Em outras palavras, o defeito de concepção compromete o modelo de produto, que é abstratamente considerado defeituoso.

Já os defeitos de fabricação decorrem de problemas na padronização da atividade produtiva, como falhas humanas ou mecânicas cometidas durante a fabricação, ou mesmo as variações naturais dos materiais empregados. O que distingue os defeitos de fabricação é justamente o caráter limitado, visto que acometem apenas uma parte da produção, como uma série ou um lote, que apresentem disparidades em relação às demais unidades consideradas normais[5].

---

[2] Josserand, Louis. *De la responsabilité du fait des choses inanimées*, op. cit., p. 7; Sanseverino, Paulo de Tarso V. *Responsabilidade civil no Código do Consumidor e a defesa do fornecedor*, op. cit., p. 195.

[3] Leães, Luiz Gastão Paes de Barros. *A responsabilidade do fabricante pelo fato do produto*. São Paulo: Saraiva, 1987, p. 159; João Calvão da Silva acrescenta uma quarta hipótese, relativa ao defeito de desenvolvimento (*Responsabilidade civil do produtor*. Coimbra: Almedina, 1999, p. 655-663).

[4] Rocha, Silvio Luís Ferreira da. *Responsabilidade civil do fornecedor pelo fato do produto no direito brasileiro*. 2. ed. São Paulo: RT, 2000, p. 101-102; Sanseverino, Paulo de Tarso Vieira. *Responsabilidade civil no Código do Consumidor e a defesa do fornecedor*, p. 146-147.

[5] Benjamin, Antônio Herman de Vasconcellos e. *Comentários ao Código de Proteção do Consumidor*, op. cit., p. 52-53; Lopes, José Reinaldo de Lima. *Responsabilidade civil do fabricante e a defesa do consumidor*. São Paulo: RT, 1992, p. 62.

Por fim, há os chamados defeitos de informação[6] que, contrariamente aos dois anteriores, decorrem, não de uma imperfeição do produto, mas antes da insuficiência ou inadequação dos dados apresentadas pelo fornecedor sobre seu uso ou sobre os riscos dele decorrentes. Nesse caso, a disparidade entre a segurança esperada e aquela oferecida ocorre porque o consumidor não recebeu todas as instruções para a correta utilização do bem, ou porque o risco inerente ao produto não lhe foi revelado. Até por isso, afirma-se que o defeito de informação é extrínseco[7], porquanto não há propriamente o que se corrigir no produto, mas apenas em sua apresentação.

139. No que toca aos produtos contraceptivos, podemos reduzir as espécies de defeito a duas categorias, reagrupando os defeitos de concepção e produção. De fato, nesses casos, as consequências para o consumidor são exatamente as mesmas: o contraceptivo é defeituoso porque apresenta anormalidade de funcionamento, que compromete a sua eficácia. Em outras palavras, encontramos aqui, novamente, uma violação à autonomia reprodutiva em razão da ausência de confiabilidade dos meios contraceptivos (Seção 1).

E nisso os defeitos de concepção e produção se distinguem dos defeitos de informação, que decorrem da ausência de indicação adequada sobre os usos e riscos do produto. Neste caso, não há propriamente uma disfunção do produto contraceptivo. O defeito de informação viola o direito à autodeterminação reprodutiva na medida em que falseia a decisão dos consumidores (Seção 2).

Seção 1 – Os defeitos ligados à ineficácia do contraceptivo: o contraceptivo como produto de risco inerente

140. Como visto, nos termos do art. 12 do Código do Consumidor, o produto é defeituoso quando não oferece a segurança que dele legitimamente se espera. Isso significa, *a contrario sensu*, que a mera existência de um perigo ao consumidor não basta para a responsabilização do fornecedor. E, de fato, o funcionamento de certos produtos por vezes pressupõe a existência um risco potencial, como é o caso das facas ou das armas, que só têm utili-

---

[6] Também chamados de "defeitos de comercialização", BENJAMIN, Antônio Herman de Vasconcellos e. Fato do produto e do serviço. *In*: BENJAMIN, Antônio Herman de Vasconcellos e; MARQUES, Cláudia Lima; BESSA, Leonardo Roscoe. *Manual de direito do consumidor*. 4. ed. São Paulo: RT, 2012, p. 161-162; MIRAGEM, Bruno. *Curso de direito do consumidor*, op. cit., p. 540-542.

[7] ROCHA, Silvio Luís Ferreira da. *Responsabilidade civil do fornecedor pelo fato do produto no direito brasileiro*, op. cit., p. 103; LEÃES, Luiz Gastão Paes de Barros. *A responsabilidade do fabricante pelo fato do produto*, op. cit., p. 161.

dade na medida em que possam de alguma forma provocar lesão[8]. Mas, na imensa maioria dos casos, o risco, apesar de não ser necessário à finalidade do produto, é uma consequência insuperável de seu uso, ao menos, dadas as condições de evolução da ciência. Isso concerne desde aos produtos cujo riscos são mais evidentes, como os veículos automotores, até aos itens mais inócuos, como sacos plásticos ou cordas, que também podem provocar acidentes em determinadas circunstâncias.

Ora, em princípio, não há razão para que o fornecedor seja responsável por esses efeitos nocivos. Aliás o próprio, o próprio art. 8º do Código de Defesa do Consumidor expõe que os "produtos e serviços colocados no mercado de consumo não acarretarão riscos à saúde ou segurança dos consumidores, exceto os considerados normais e previsíveis em decorrência de sua natureza e fruição"[9]. E é por isso que a doutrina costuma distinguir duas espécies de periculosidade oferecida pelos produtos: de um lado, haveria a chamada "periculosidade adquirida" que é aquela sancionada para efeitos do art. 12, por violar o grau de segurança esperado daquele produto; e de outro, a "periculosidade inerente" que, por ser previsível e normal ao seu uso, não enseja a responsabilidade dos fornecedores[10].

141. Pode-se afirmar que os contraceptivos são produtos que ostentam risco inerente[11], na medida em que a sua utilização pode ensejar uma série de danos previsíveis ao consumidor[12]. Um exemplo típico dos riscos envolvidos são os efeitos adversos dos contraceptivos hormonais combinados de progesterona e estrogênio, que aumentam sensivelmente o risco de trombose,

---

[8] BENJAMIN, Antônio Herman de Vasconcellos e. *Fato do produto e do serviço*, op. cit., p. 152; SANSEVERINO, Paulo de Tarso Vieira. *Responsabilidade civil no Código do Consumidor e a defesa do fornecedor*, op. cit., p. 140.

[9] Como expõe Sílvio Luís F. da ROCHA, o Código de Defesa do Consumidor "não normatizou a utopia de produtos sem riscos ao consumidor. Ao contrário, os riscos à saúde e à segurança são aceitáveis, desde que normais e previsíveis" (*Responsabilidade civil do fornecedor pelo fato do produto no direito brasileiro*, op. cit., p. 96).

[10] SANSEVERINO, Paulo de Tarso Vieira. *Responsabilidade civil no Código do Consumidor e a defesa do fornecedor*, op. cit., p. 140-141; ROCHA, Sílvio Luís F. da. *Responsabilidade civil do fornecedor pelo fato do produto no direito brasileiro*, op. cit., p. 95-97; BENJAMIN, Antônio Herman de Vasconcelos e. *Fato do produto e do serviço*, op. cit., p. 149-153.

[11] HOLANDA, Caroline Sátiro de. *A gravidez indevida e o consequente nascimento de uma criança podem ser considerados um dano?*, op. cit.

[12] Para uma distinção entre produtos potencialmente nocivos e produtos defeituosos, cf. LOPEZ, Teresa Ancona. *Nexo causal e produtos potencialmente nocivos*: a experiência brasileira do tabaco. São Paulo: Quartier Latin, 2007, p. 70-75.

sem que isso seja considerado um defeito do produto[13]. No caso dos contraceptivos injetáveis à base de medroxiprogesterona, estudos demonstram que eles podem provocar a diminuição da densidade óssea, havendo maior prevalência de osteoporose em mulheres que utilizam o produto[14]. Até mesmo os preservativos e diafragmas podem oferecer perigo aos usuários alérgicos ao látex. Os diafragmas, além do mais, também agravam as chances de que a mulher venha a contrair infecções urinárias[15].

142. Mas o principal risco inerente aos contraceptivos é aquele relativo à sua margem de ineficácia. É preciso notar que todos os métodos contraceptivos ostentam uma porcentagem de falha considerada normal, inerente à técnica. Isso ocorre porque a ação dos contraceptivos é influenciada por uma série de pormenores que não são totalmente antecipáveis, tais como as peculiaridades do corpo do usuário, suas diferentes reações às substâncias ou materiais que compõem o contraceptivo, suas alterações hormonais. São fatores que variam de caso a caso e que provocam uma insuperável oscilação dos efeitos dos contraceptivos. Não há, por essa razão, método contraceptivo infalível e o risco de gravidez indesejada é uma consequência inevitável de seu uso.

Assim, são comuns as decisões que isentam o fornecedor da responsabilidade pelo nascimento indesejado, ao ressaltar que há um risco inerente de ineficácia ao contraceptivo oral[16] ou injetável[17] empregado pela demandante, à "pílula do dia seguinte"[18], ao dispositivo intrauterino[19]. Há até mesmo

---

[13] MISHELL JUNIOR, Daniel. Combination Oral Contraceptives. *In*: SHOUPE, Donna (org.). *Contraception*. Oxford: Blackwell, 2011, p. 34-35.

[14] CUNDY, Tim; EVANS, Margaret; *et al*. Bone density in women receiving depot medroxyprogesterone acetate for contraception. *British medical journal*, v. 303, 1991, p. 13.

[15] SHOUPE, Donna. Barrier contraceptives: male condoms, vaginal spermicides, and cervical barrier methods. *In*: SHOUPE, Donna; KJOS, Siri (orgs.). *The handbook of contraception*: a guide for practical management. New Jersey: Humana Press, 2006, p. 162.

[16] TJRJ, Apel 0144908-12.2004.8.19.0001, 8ª C.Civ., 24.05.2011; TJSP, Apel 0008658-41.2009.8.26.0020, 1ª C.Priv., 07.02.2012; Apel 0063585-51.2008.8.26.0000, 2ª C.Civ., 07.02.2012; TJPR, Apel 611.920-6, 10ª C.Civ., 15.07.2010; TJDF, Apel 528847, 4ª T.Civ., 17.08.2011.

[17] TJRS, Apel 70048214464, 9ª C.Civ., 10.10.2012; Apel 70041816885, 9ª C.Civ., 20.07.2012; TJMG, Apel 1.0024.05.706332-3/001, 14ª C.Civ., 18.11.2010; Apel 1.0145.04.142863-5/001, 14ª C.Civ., 06.09.2006; TJGO, Apel 69449-7/188, 1ª C.Civ., 25.11.2003; TJSP, Apel 0375991-46.2008.8.26.0577, 1ª C.Priv., 19.06.2012.

[18] TJPR, Apel 1.085.798-0, 8ª C.Civ., 12.08.2013; Apel 764.068-0, 10ª C.Civ., 02.06.2011; TJMG, 1.0525.10.014974-5/002, 16ª C.Civ., 13.06.2012.

[19] TJMG, Apel 1.0145.05.215213-2/001, 12ª C.Civ., 05.09.2012; TJSP, Apel 0023901-76.2008.8.26.0564, 10ª C.Priv., 22.05.2012; Apel 0020862-18.2009.8.26.0344, 4ª C.Priv., 26.05.2011; TJPR, Apel 579326-6, 3ª C.Civ., 17.11.2009.

precedentes que reconhecem que o eventual rompimento do preservativo masculino faz parte dos riscos normais e previsíveis do produto, afastando a pretensão do consumidor à reparação[20]. O próprio Superior Tribunal de Justiça já acolheu a tese de defesa de um fabricante de anticoncepcionais de que "nenhum anticoncepcional é cem por cento eficaz"[21].

143. A questão que se coloca, para a delimitação do direito dos consumidores em caso de gravidez indesejada, é o de se distinguir em que situações os riscos oferecidos pelos contraceptivos ultrapassam o nível de aceitabilidade, a ponto de constituírem um defeito do produto. Qual é, sob a perspectiva de vista legal, a "segurança que legitimamente se espera" de um contraceptivo? Para responder a essa pergunta, é preciso analisar os elementos que caracterizam esse defeito de eficácia, previstos no art. 12 do Código de Defesa do Consumidor (§ 1).

Além dos requisitos legais do defeito de eficácia, um problema digno de nota refere-se à prova desse defeito. É por vezes muito difícil determinar, em juízo, se o produto utilizado pelo demandante atendia ou não ao grau de segurança esperado (§ 2). Dentro dessa temática, há um conflito que merece uma análise mais detida, seja em razão de sua enorme repercussão na mídia, seja pela quantidade de ações judiciais que provocou. Trata-se do "caso das pílulas de farinha" (§ 3).

§ 1 – A ineficácia do contraceptivo e a caracterização do defeito

144. O Código de Defesa do Consumidor prevê dois regimes de responsabilidade civil dos fornecedores pelas anomalias apresentadas por seus

---

[20] Reconhecendo que o rompimento do preservativo é um risco previsível ou, ainda, um "fortuito externo": TJMG, Apel 1.0024.09.724485-9/001, 17ª C.Civ., 27.10.2011; TJMG, Apel 2.0000.00.414639-8/000, 5ª C.Civ., 27.05.2004; TJSP, Apel 405.980.4/9-00, 9ª C.Priv., 12.02.2008; Apel 141.590-4/5-00, 3ª C.Priv., 05.08.2003; TJRS, Apel 70020745303, 10ª C.Civ., 22.11.2007. Contra: TJRJ, Apel 006002-28.2003.8.19.0211, 15ª C.Civ., 06.07.2011; TJSP, Apel 582.754-4/0-00, 8ª C.Priv., 11.02.2009. A questão do rompimento do preservativo é por vezes analisada em razão da contaminação do consumidor pelo vírus HIV: TJRS, Apel 70018926238, 6ª C.Civ., 23.07.2008 e TJSP, Apel 405.980.4/9-00, *supra*.

[21] STJ, AgRg no REsp 1.261.815/SC, 3ª Turma, 19.02.2013: "1. Ação de indenização movida por casal contra o laboratório fabricante do anticoncepcional Mesigyna, em decorrência de sua ineficácia, ensejando uma terceira gravidez não planejada. 2. Alegação do laboratório fabricante, acolhida pelas instâncias de origem, de que nenhum anticoncepcional é cem por cento eficaz, tendo essa informação constado de sua bula. 3. Fato notório de que os métodos contraceptivos não são 100% eficazes. 4. Informação constante da bula do medicamento". Cf. também: AgRg no Ag em REsp 96.706/SP, 4ª Turma, 14.05.2013. Cf. também: AgRg no Ag em REsp 313.090/SP, 3ª Turma, 21.08.2015.

produtos ou serviços. O primeiro deles é a responsabilidade pelo defeito, regulado entre os arts. 12 a 17 do Código, o qual se ocupa da segurança oferecida pelos produtos e serviços. O outro regime é o do vício do produto ou serviço, previsto nos arts. 18 a 20 do diploma. O vício, conforme a definição legal, ocorre quando há disparidade na qualidade ou na quantidade do produto ou serviço, que o torne impróprio ou inadequado ao consumo que se destina, ou diminua o seu valor.

Cada um desses regimes obedece a uma série de regramentos próprios. Há diferenças entre vício e defeito quanto aos prazos prescricionais ou decadenciais, ou quanto ao rol de fornecedores responsáveis. A principal divergência diz respeito aos remédios legais previstos para cada um desses problemas. A ocorrência de vício do produto – se não sanada no prazo legal de 30 dias[22] – abre um leque de opções ao consumidor, que poderá optar entre a troca do produto, a complementação de sua quantidade, o abatimento proporcional do preço ou a resolução do contrato. Já os casos de defeito do produto ou serviço desembocam em apenas uma solução legal: a indenização dos prejuízos experimentados pelas vítimas.

145. Essa dualidade de fundamentos pode provocar alguma dificuldade na qualificação da responsabilidade dos fornecedores nos acidentes envolvendo a falha de contraceptivos. A exemplo, a ausência de princípios ativos em uma cartela de contraceptivos é um fator que certamente a torna "imprópria para consumo", mas que também coloca em risco a incolumidade físico-psíquica das pacientes. O consumidor que for lesado por esse problema deverá recorrer ao regime do defeito do produto ou ao regime do vício?

Essa confusão ocorre porque defeito e vício são por vezes tratados, erroneamente, como categorias estanques, na qual o vício representaria uma falha menos grave, que comprometeria apenas a utilidade da coisa, ao passo que o defeito representaria uma deficiência mais séria, a ponto de colocar em risco a incolumidade do consumidor[23].

146. Na verdade, não é a natureza ou a gravidade da anomalia que determina o regramento legal aplicável, mas sim a repercussão desse problema para as vítimas. O regime do vício regulamenta as hipóteses em que os danos experimentados pelo consumidor se circunscreveram ao próprio produto, que não pode ser utilizado ou teve seu valor diminuído em razão do problema. Por isso, as soluções propugnadas pelo Código de Defesa do

---

[22] Art. 18, § 1º, do CDC.
[23] CAVALIERI FILHO, Sergio. *Programa de responsabilidade civil*, op. cit., p. 573-574.

Consumidor privilegiam a troca do produto, sua complementação ou o abatimento proporcional do preço.

Em seu turno, o regime do defeito se aplica quando a falha apresentada afeta outros interesses do consumidor ou mesmo de terceiros, que tiveram seus demais bens[24] ou sua integridade físico-psíquica atingidos pela falha[25]. A solução do problema, neste caso, passa necessariamente pela indenização dos prejuízos decorrentes.

147. O critério para a incidência do regime do vício ou do defeito reside, portanto, no tipo de interesse protegido ou – o que é o mesmo – na lesão a ser reparada, e não nas características do problema que a gerou[26]. Tanto assim que um mesmo problema pode constituir um vício ou um defeito do produto, ou mesmo ambos[27], a depender da situação em que é identificado[28].

O exemplo comumente mencionado pela doutrina é o do automóvel que apresenta falha no sistema de freios[29]. Se esse problema for reconhecido antes da ocorrência de um acidente, teremos um caso de vício, e o fornecedor será responsável perante o consumidor nos termos do art. 18 do Código de

---

[24] Essa mesma distinção é traçada pela Diretiva 85/374/CEE, da União Europeia. O art. 9º, *b*, da Diretiva estabelece que os danos causados ao próprio produto defeituoso não são abarcados pelo regime de responsabilidade do produtor pelo defeito. Isso significa que esses danos serão reparados com base em outros fundamentos jurídicos, como, por exemplo, o regime dos vícios redibitórios, Jean CALAIS-AULOY, e Henri TEMPLE, *Droit de la consommation*, op. cit., p. 359, nº 287; João Calvão da SILVA, *Responsabilidade civil do produtor*, op. cit., p. 702-708.

[25] BENJAMIN, Antônio Herman de Vasconcellos e. *Comentários ao Código de Proteção do Consumidor*, op. cit., p. 28-30 e 40-43; que elabora uma distinção calcada nos "prejuízos intrínsecos" e "prejuízos extrínsecos".

[26] NUNES, Luiz Antônio Rizzatto. *Comentários ao Código de Defesa do Consumidor*. 4. ed., São Paulo: Saraiva, 2009, p. 182-185; 205-209; LISBOA, Roberto Senise. *Responsabilidade civil nas relações de consumo*, op. cit., p. 66-79; SANSEVERINO, Paulo de Tarso Vieira. *Responsabilidade civil no Código do Consumidor e a defesa do fornecedor*, op. cit., p. 165.

[27] A possibilidade de sobreposição do vício e do defeito é, aliás, admitida pelo próprio CDC. De acordo com o art. 18, § 6º, do diploma são considerados viciados os produtos "nocivos à vida ou à saúde, perigosos". Ora, essa situação certamente caracterizará o defeito, caso esse perigo venha a se concretizar lesando a saúde ou a vida do consumidor ou de terceiros. Luiz Antônio Rizzatto NUNES afirma que "o defeito pressupõe o vício. Há vício sem defeito, mas não há defeito sem vício" (*Comentários ao Código de Defesa do Consumidor*, op. cit., p. 183).

[28] BENJAMIN, Antônio Herman de Vasconcellos e. *Comentários ao Código de Proteção do Consumidor*, op. cit., p. 42.

[29] CAVALIERI FILHO, Sergio. *Programa de responsabilidade civil*, op. cit., p. 548; SANSEVERINO, Paulo de Tarso Vieira. *Responsabilidade civil no Código do Consumidor e a defesa do fornecedor*, op. cit., p. 169.

Defesa do Consumidor. Se, por outro lado, o mau funcionamento do freio vier a provocar um acidente de trânsito, além da incidência do regime do vício do produto, todas as vítimas do evento poderão pleitear reparação sob fundamento do defeito, previsto no art. 12 do mesmo diploma[30].

148. Essa simbiose entre defeito e vício é ainda mais evidente no caso dos produtos contraceptivos, na medida em que qualquer disparidade na qualidade ou na quantidade pode atingir a saúde reprodutiva dos consumidores. A eventual gravidez indesejada atrairá a incidência do fundamento do defeito do produto, por implicar uma lesão externa a ele.

É o que ocorreu no Recurso Especial nº 918.257/SP, julgado pelo Superior Tribunal de Justiça em 03 de março de 2007[31]. Em razão de uma falha na fabricação, a cartela de contraceptivos adquirida pela consumidora continha uma pílula a menos do que deveria[32]. Se o problema fosse identificado logo após a compra, estaríamos diante de uma simples hipótese de vício de quantidade. Contudo, como a falha havia provocado a gravidez indesejada da consumidora, a questão foi resolvida com a aplicação do regime do defeito.

149. Logo, os casos de gravidez indesejada são invariavelmente regulados pelo regime do defeito, cujo elemento central é a segurança legitimamente esperada do produto. O art. 12, em seu parágrafo primeiro e incisos, oferece balizas para determinação do que se entende por "segurança legítima", ao estabelecer que "o produto é defeituoso quando não oferece a segurança que dele legitimamente se espera, levando-se em consideração as circunstâncias relevantes, entre as quais: I – sua apresentação; II – o uso e os riscos que razoavelmente dele se esperam; III – a época em que foi colocado em circulação".

Estudaremos, por ora, estes três últimos fatores de configuração do defeito dos contraceptivos: os riscos razoavelmente esperados (A); os usos razoavelmente esperados (B); e a época em que é colocado em circulação (C). Já a apresentação do produto, por tratar-se de um critério diretamente ligado

---

[30] Nesse mesmo sentido, EmbDcl no REsp 567.333/RN, 4ª Turma, 30.06.2013: "Embora o defeito no sistema de freio de um automóvel configure defeito de segurança, com potencial para acarretar dano ao consumidor, isto é, acidente de consumo, conforme previsto no art. 12 do Código, quando inexistir alegação de tal dano ao consumidor, ter-se-á a responsabilidade do fornecedor por mero vício do produto, por inadequação deste, de acordo com o art. 18 do CDC, e não por fato do produto".

[31] STJ, REsp 918.257/SP, 3ª Turma, 03.03.2007; em segundo grau: TJSP, Apel 159.783-4/2-00, 4ª C.Priv., 19.05.2006. Para uma análise desse julgado, cf. *infra*, nº 189.

[32] Para um problema idêntico envolvendo o contraceptivo "Triquilar", cf.: TJRS, Apel 70015424872, 10ª C.Civ., 14.12.2006.

os defeitos de informação, será estudada mais à frente, na parte especialmente dedicada ao tema[33].

A – Os riscos razoavelmente esperados do contraceptivo

150. Os riscos razoavelmente esperados constituem o elemento central na caracterização do defeito do produto[34]. É a partir da confrontação entre os riscos previsíveis e aqueles concretamente oferecidos ao consumidor que se deve auferir a existência de uma falha de segurança. E a primeira questão que se coloca é a de determinar se os "riscos esperados" são apreciados de forma subjetiva, de acordo com as expectativas de segurança daquele consumidor lesado, ou objetiva, conforme as expectativas do "público em geral", isto é, do usuário padrão ao qual o produto se destina.

O próprio texto do art. 12, quando faz uso das expressões "riscos que razoavelmente dele se esperam" e "segurança que dele legitimamente se espera", revela que o legislador adotou a segunda tese. De fato, o intuito do regime do defeito não é o de tutelar as expectativas pessoais de cada consumidor, mas sim o de estabelecer um padrão social de segurança esperada, aplicável aos produtos daquela espécie[35].

151. Um conhecido caso em que houve defeito do contraceptivo, por oferecer riscos desarrazoados à saúde de suas usuárias, diz respeito ao dispositivo intrauterino *Dalkon shield*. Muito popular nos anos 1970, especialmente nos Estados Unidos, esse dispositivo se revelou excessivamente perigoso por provocar infecções pélvicas sérias em grande parte das usuárias, levando muitas delas à morte. Em razão do defeito, as vítimas ajuizaram milhares de ações reparatórias em face do fabricante, redundando, inclusive, na sua falência.

Um problema semelhante ocorreu, mais recentemente, com o já mencionado dispositivo intrauterino *Essure*, fabricado pela Bayer, que prometia

---

[33] Cf., *infra*, n° 200 e s.
[34] Nesse sentido, Guilherme Henrique Lima REINIG destaca que, ao contrário do que ocorre com os demais critérios previstos no art. 12, § 1°, do CDC (apresentação do produto, usos esperados e época da colocação do produto em circulação), os "riscos que razoavelmente se esperam" não são um critério para aferição do defeito do produto, mas, antes, constituem a própria noção de defeito. Há de se notar que o art. 6°, 1, *b*, Diretiva 85/374/CEE – equivalente ao art. 12, § 1°, II, do CDC – somente menciona o "uso" (A *responsabilidade do produtor pelos riscos do desenvolvimento*, op. cit., p. 35).
[35] SILVA, João Calvão da. *Responsabilidade civil do produtor*, op. cit., p. 635-637; BENJAMIN, Antônio Herman de Vasconcellos e. *Comentários ao Código de Proteção do Consumidor*, op. cit., p. 60-61.

promover a esterilização definitiva da mulher sem que, para tanto, fosse necessário submetê-la a uma cirurgia. Lançado em 2002, esse dispositivo gozou de razoável prestígio durante seus primeiros anos no mercado[36], até surgirem inúmeros relatos de usuárias que estariam experimentado uma série de efeitos adversos, tais como a expulsão espontânea do dispositivo, perfuração tubária e uterina, dores severas, hemorragias, gravidezes e abortos involuntários[37]. Muitas mulheres tiveram de se submeter a cirurgias para a extração do dispositivo[38] ou mesmo para a retirada de seu útero[39].

Como resultado, a utilização do *Essure* foi proibida ou restrita em diversos países[40], levando a fabricante a suspender totalmente sua comercialização em 2018. Várias ações indenizatórias, individuais e coletivas, foram ajuizadas contra a Bayer em todo o mundo[41], inclusive no Brasil[42], onde o *Essure* foi fornecido pela rede pública de saúde em alguns estados[43].

---

[36] CONNOR, Viviane. Essure: a review six years later. *Journal of minimally invasive gynecology*, v. 16, n. 3, 2009, p. 282; HURSKAINEN, Ritva; HOVI, Sirpa-Liisa; GISSLER, Mika, *et al*. Hysteroscopic tubal sterilization: a systematic review of the Essure system. *Fertility and sterility*, v. 94, n. 1, 2010, p. 16.

[37] DHRUVA, Sanket; ROSS, Joseph; GARIEPY, Aileen. Revisiting Essure: toward safe and effective sterilization. *The New England journal of medicine*, v. 71, n. 2, 2016, p. 86.

[38] STIRUM, Emilie van Limburg; CLARK, Nisse; LINDSEY, Alexis, *et al*. Factors Associated with Negative Patient Experiences with Essure Sterilization. *Journal of the society of laparoscopic & robotic surgeons*, v. 24, n. 1, 2020, e2019.00065

[39] JEGADEN, Margaux; POURCELOT, Anne-Gaëlle; FERNANDEZ, Hervé; CAPMAS, Perrine. Surgical removal of Essure micro inserts by vaginal hysterectomy or laparoscopic salpingectomy with cornuectomy: case series and follow up survey about device-attributed symptoms resolution. *Journal of gynecology obstetrics and human reproduction*, 2020, n. 101781.

[40] Notadamente, na Europa (Disponível em: https://www.independent.co.uk/news/contraceptive-essure-implant-join-abdominal-pain-suicidal-depression-banned-eu-british-doctors-a7919801.html. Acesso em: 24.05.2021) e nos Estados Unidos (Disponível em: https://www.cbsnews.com/news/essure-birth-control-implant-new-fda-restrictions/. Acesso em: 24.05.2021).

[41] Disponível em: https://www.washingtonpost.com/business/economy/bayer-did-not-report-thousands-of-essure-complaints-to-fda-lawsuit-filing-alleges/2020/07/10/137455d6-c2a2-11ea-9fdd-b7ac6b051dc8_story.html. Acesso em: 24.05.2021.

[42] "Justiça determina que DF realize cirurgia para retirada de contraceptivo de paciente". Disponível em: https://www.tjdft.jus.br/institucional/imprensa/noticias/2020/junho/justica-determina-que-gdf-realize-cirurgia-para-retirada-de-contraceptivo-de-paciente. Acesso em: 24.05.2021.

[43] "Mulheres relatam dores intensas após uso de dispositivo que promete laqueadura das trompas sem cirurgia". Disponível em: https://g1.globo.com/rj/rio-de-janeiro/

152. No que diz respeito às legítimas expectativas quanto à eficácia dos contraceptivos, deve-se atentar que o grau de confiabilidade varia muito de método para método. Dentro dessa temática, é comum adotar como referência os trabalhos de James Trussell que, com base nos dados de pesquisas de crescimento demográfico dos Estados Unidos, elaborou uma tabela para comparar a eficácia dos diferentes métodos contraceptivos disponíveis na atualidade:

Figura 1 – Porcentagem de mulheres que experimentaram gravidez indesejada durante o primeiro ano de uso de contraceptivos[44]

Contraceptivo	Uso Típico	Uso Perfeito
Ausência de métodos contraceptivos (controle)	85%	85%
Espermicidas	28%	18%
Esponjas em mulheres multíparas	24%	20%
Esponjas em mulheres nulíparas	12%	9%
Preservativos masculinos	18%	2%
Preservativos femininos	21%	5%
Diafragma	12%	6%
Pílulas combinadas e de progestina	9%	0.3%
Adesivo *Evra*	9%	0.3%
NuvaRing	9%	0.3%
Depo-Provera	6%	0.2%
DIU *ParaGard* (T de cobre)	0.8%	0.6%
DIU *Mirena*	0.2%	0.2%
Implanon	0.05%	0.05%

Vale notar que os contraceptivos de emergência[45] – comumente denominados de "pílula do dia seguinte" – têm seu índice de eficácia medidos por

---

noticia/2019/11/25/mulheres-relatam-dores-intensas-apos-uso-de-dispositivo-que--promete-laqueadura-das-trompas-sem-cirurgia.ghtml. Acesso em: 07.08.2020.

[44] Adaptado de TRUSSELL, James. *Contraceptive failure in the United States*, op. cit., p. 397. Os dados da tabela são periodicamente atualizados pelo autor e publicados em livros e revistas da área.

[45] Os contraceptivos de emergência previnem a gravidez ao inibirem ou retardarem a ovulação. Nesse sentido, não há embasamento científico na afirmação, popularmente difundida, de que esse método impede a fixação do óvulo já fecundado no endométrio. Por outro lado, a colocação de DIU após o coito, que também é indicada

parâmetros distintos. Nesse caso, a confiabilidade é mais bem averiguada por meio da comparação entre o número de gravidezes que ocorreriam com e sem o uso do contraceptivo de emergência. Estudos concluem que o uso de contraceptivos de emergência compostos de acetato de ulipristal reduz a probabilidade de gravidez em 65%, caso empregado em até 24 horas após o coito, e em 42%, caso empregado em até 72 horas[46].

Essa variação do grau de eficácia, própria dos métodos contraceptivos, não provoca maiores contratempos quando estamos tratando dos mencionados "defeitos de fabricação". Nesse caso, os riscos esperados devem ser averiguados tendo-se por referência a eficácia de cada modelo de contraceptivo. Um determinado produto apresentará defeito de fabricação se sua margem de falha for superior àquela normalmente ostentada por outros exemplares do mesmo modelo.

153. Por outro lado, a determinação dos riscos esperados pode ser mais tormentosa quando a vítima alega que o produto utilizado apresentava um "defeito de concepção", ou seja, quando a eficácia do próprio modelo do contraceptivo é objeto de questionamento. O problema é que alguns modelos contraceptivos são únicos, isto é, não possuem equivalente exato no mercado. Que referências devemos utilizar para estabelecer a eficácia abstratamente esperada desses contraceptivos?

Note-se, primeiramente, que o simples fato de que certos métodos de contraceptivos apresentam margem de falha superior a outros não significa que eles sejam defeituosos. A reduzida eficácia é por vezes compensada por outros benefícios oferecidos por aquele método, como, por exemplo, a prevenção de doenças sexualmente transmissíveis, o baixo índice de efeitos colaterais ou a facilidade de uso. Os contraceptivos de menor eficácia também podem representar uma alternativa para indivíduos com restrições morais ou alergias a outros métodos[47]. É comum, igualmente, que certos contraceptivos, como os espermicidas ou o diafragma, sejam utilizados em associação com métodos mais eficazes, de forma a aumentar sua segurança[48].

---

como método contraceptivo de emergência, tem como propósito evitar a nidação do blastócito.

[46] TRUSSELL, James; RAYMOND, Elizabeth; CLELAND, Kelly. *Emergency contraception: a last chance to prevent unintended pregnancy (September 2015)*. Disponível em: http://ec.princeton.edu/questions/ec-review.pdf. Acesso em: 07.08.2020.

[47] SHOUPE, Donna; CAMPBELL, Timothy. Cost and Availability of Contraceptive Methods. *In*: SHOUPE, Donna (org.). *Contraception*. Oxford: Blackwell, 2011, p. 14-15.

[48] DESHAWN, Taylor. Spermicides. *In*: SHOUPE, Donna (org.). *Contraception*. Oxford: Blackwell, 2011, p. 103.

154. No entanto, não se deve concluir que as peculiaridades de cada método de anticoncepcional impossibilitam qualquer julgamento de valor sobre sua eficácia. Para apreciar se há ou não defeito de concepção, caberá ao juiz sopesar os riscos e os benefícios oferecidos por aquele modelo em particular.

Essa análise será especialmente importante com relação aos métodos contraceptivos pouco eficazes, que devem oferecer contrapartidas suficientes, sob pena de serem considerados defeituosos. É necessário que haja um motivo razoável a justificar sua menor confiabilidade, ainda que essa razão seja acessória, como uma facilidade de uso que torne esse contraceptivo recomendável para determinados consumidores. O preço também é um fator que deve ser levado em conta na apreciação da eficácia do contraceptivo[49]. A popularidade de DIU de cobre, por exemplo, se deve ao fato de que, a despeito de sua menor confiabilidade, ele é muito mais barato do que seu equivalente medicamentoso.

155. O juiz pode realizar essa ponderação entre riscos e benefícios ainda que ela já tenha sido feita pelas autoridades administrativas, quando da aprovação do produto para sua comercialização[50]. A regra, no ramo do Direito do Consumidor, é que as autorizações administrativas não obstam eventual responsabilidade do fornecedor pelos danos causados[51]. Além do mais, após a aprovação do produto para venda, podem surgir novas informações ou

---

[49] SILVA, João Calvão da. *Responsabilidade civil do produtor*, op. cit., p. 649-650; SANSEVERINO, Paulo de Tarso Vieira. *Responsabilidade civil no Código do Consumidor e a defesa do fornecedor*, op. cit., p. 129.

[50] Segundo Antônio Herman de Vasconcellos e BENJAMIN, "Não é porque um determinado fornecedor respeitou os padrões mínimos estabelecidos pelo administrador que ficará imune ao dever de indenizar o consumidor pelos danos causados. A administração fixa sempre standards de qualidade mínima. [...] Em outras palavras: um produto pode, com efeito, ser considerado perigoso, não obstante esteja absolutamente em conformidade com a regulamentação em vigor" (*Comentários ao Código de Proteção do Consumidor*, op. cit., p. 49).

[51] Só haverá exclusão da responsabilidade nos casos em que o defeito decorre da obediência a normas estatais imperativas, isto é, nas situações em que a regulação aplicável é de tal modo estrita que não restava ao fornecedor outra hipótese, senão a fabricação do produto com aquelas qualidades que conduziram ao acidente de consumo – em outras palavras, nas situações em que a regulação não permitia a adoção de medidas que concedessem segurança adequada ao produto. Nesse sentido, João Calvão da SILVA afirma que a excludente de responsabilidade fundada na conformidade do produto com normas imperativas "só acontecerá se as normas legais tiverem um conteúdo tão minucioso e rígido que imponham um 'modo de produção', sem margem para qualquer alternativa para o produzir" (*Responsabilidade civil do produtor*, op. cit., p. 724-726).

pesquisas relevantes, que evidenciem seu caráter defeituoso, justificando a intervenção do judiciário.

Por fim, os demais fatores legais de determinação do defeito, notadamente, a apresentação do produto e a época em que é colocado em circulação, serão igualmente relevantes na averiguação dos defeitos de concepção dos anticoncepcionais. São esses fatores que indicarão se o modelo questionado pode ser reputado obsoleto, ou se ele não atende às expectativas de seus usuários.

B – Os usos razoavelmente esperados do contraceptivo

156. Um segundo fator que deve ser levado em consideração na aferição do grau de segurança esperado do produto são os "usos que dele razoavelmente se esperam". A terminologia é importante, pois implica que as garantias de segurança não se limitam às situações em que o produto é utilizado de acordo com sua destinação natural ou dentro de padrões estritos de manuseio estabelecidos pelo fabricante. Para determinar a segurança esperada, deve-se ter em vista que há certa oscilação na forma como os consumidores empregam o produto. E todas as utilizações razoáveis hão de ser consideradas para a sua concepção. Em outras palavras, a má utilização previsível (*foreseeable misuse*)[52] não é pretexto para que o produto apresente periculosidade desarrazoada[53].

É exatamente essa margem de desvio previsível que é retratada pela literatura especializada, quando contrapõe a eficácia dos contraceptivos em seu "uso perfeito" à eficácia em seu "uso típico" (cf. figura 1, *supra*). Este último dado inclui as falhas normalmente cometidas pelos consumidores ao utilizar o produto[54].

A margem de falha do "uso típico" está diretamente ligada a dois fatores. Em primeiro lugar, às dificuldades encontradas pelos consumidores para se adequar às instruções de uso daquele contraceptivo. Quanto mais difícil ou mais específica for a utilização, maior serão as probabilidades de erro por parte dos consumidores. Em segundo lugar, às consequências desses erros sobre

---

[52] LANDES, William; POSNER, Richard Allen. *The economic structure of tort law*. Cambridge-EUA: Harvard University Press, 1987, p. 299-300; GEISTFELD, Mark. Product liability. *In*: FAURE, Michel (org.). *Tort law and economics*. Cheltenham: Edward Elgar, 2009, p. 316.

[53] SILVA, João Calvão da. *Responsabilidade civil do produtor*, op. cit., p. 639-643; SANSEVERINO, Paulo de Tarso Vieira. *Responsabilidade civil no Código do Consumidor e a defesa do fornecedor*, op. cit., p. 127.

[54] TRUSSELL, James. *Contraceptive failure in the United States*, op. cit., p. 397.

a eficácia dos contraceptivos[55]. Enquanto alguns métodos perdem apenas parte de sua eficácia em caso de mau uso (como pílula tomada com algumas horas de atraso), outros podem tornar-se totalmente ineficazes (como um preservativo que se rompe em razão da má-colocação).

157. Do ponto de vista legal, o fator "uso típico" é de grande relevância para a apreciação do eventual defeito de um contraceptivo. É o "uso típico", e não o "uso perfeito", que revela com maior fidelidade a segurança oferecida por cada método.

No mais, um desvio muito expressivo entre a eficácia no "uso típico" e a eficácia no "uso perfeito" é um indicativo de que a utilização do produto é demasiadamente complicada para o público a que se destina, ou, então, que as instruções sobre o manuseio não estão sendo corretamente veiculadas pelo produtor. Trata-se de dois indícios da presença de defeito do produto.

158. Um limite a esses usos considerados razoáveis são as situações em que o consumidor cometeu um equívoco inescusável ao empregar o produto, a tal ponto que essa utilização errônea possa ser considerada a única causa do acidente. É o que determina o art. 12, § 3º, III, do Código do Consumidor, que isenta o fornecedor de responsabilidade nas hipóteses de "culpa exclusiva do consumidor. Um caso típico de "culpa exclusiva do consumidor" ocorre quando a usuária não ingere as pílulas contraceptivas nos dias indicados, ou quando aplica o emplastro hormonal no local errado de seu corpo. Podem também ser qualificadas como casos de "culpa exclusiva do consumidor" as hipóteses de má-colocação dos contraceptivos de barreira, como preservativos e diafragmas.

Por outro lado, o fato de que a consumidora utilizou o medicamento contraceptivo sem prescrição médica não caracteriza, por si só, a culpa exclusiva da vítima. Com efeito, ainda que a automedicação seja uma medida arriscada e juridicamente reprovável, é possível que a consumidora tenha empregado o contraceptivo de forma adequada e, nesse caso, seria injusto privá-la de seu direito à reparação apenas porque cometeu um equívoco que não teve maiores consequências. Para que seja constatada a culpa exclusiva da vítima, é preciso verificar se a falta de aconselhamento médico concretamente influiu para a ocorrência do nascimento indesejado[56], como ocorreria, por exemplo, caso a consumidora tenha feito uso de um medicamento com princípio ativo incompatível com seu perfil biológico, ou tenha empregado o contraceptivo em dosagem ou periodicidade incorretas. Nesse sentido, o Superior Tribunal

---

[55] Idem.
[56] FARIAS, Cristiano Chaves de; BRAGA NETTO, Felipe Peixoto; ROSENVALD, Nelson. *Novo tratado de responsabilidade civil*, op. cit., p. 477-478.

de Justiça entendeu, no Recuso Especial nº 971.845/DF, de 21 de agosto de 2008, que a simples utilização de um medicamento sem indicação médica não implica a culpa exclusiva do consumidor e, portanto, não exonera o fabricante de um medicamento defeituoso de sua responsabilidade[57].

Essa possibilidade de que o consumidor tenha cometido falhas ao utilizar os anticoncepcionais explica, em parte, o receio dos magistrados em conceder reparação pelo nascimento indesejado. O problema é bastante visível nos litígios envolvendo pílulas contraceptivas hormonais: no mais das vezes, não é possível averiguar se a consumidora ingeria as pílulas com regularidade e se tomava as demais precauções para garantir o bom funcionamento do método contraceptivo[58].

É também por essa razão que os tribunais são mais inclinados a reconhecer a existência de defeito do contraceptivo nos conflitos que dizem respeito a contraceptivos injetáveis, DIUs e implantes hormonais[59]. Nesses casos, o paciente não participa diretamente da aplicação do contraceptivo, o que exclui a suspeita de que tenha havido culpa de sua parte.

159. De todo modo, é importante salientar que o ônus de provar a culpa da vítima incumbe ao fornecedor. É o que decidiu o Superior Tribunal de Justiça no Recurso Especial nº 1.452.306/SP, julgado pela Quarta Turma em 15 de março de 2016[60]. No caso, a consumidora de um implante hormonal *Implanon* engravidara dois anos após a aplicação do produto, o qual, segundo a bula, tinha eficácia comprovada durante os três primeiros anos de uso. Para afastar a tese de ocorrência de culpa exclusiva da vítima, sustentada pelo fabricante, a Corte ressaltou que o ônus de provar esse fato incumbia a ele próprio e que, nos termos das decisões de primeira e segunda instância,

---

[57] STJ, REsp 971.845/DF, 3ª Turma, 21.08.2008. No caso, o STJ entendeu trata-se de hipótese de culpa concorrente: apesar do consumidor ter utilizado do medicamento de forma abusiva, restou constatado que o produto era excessivamente perigoso – tanto que sua comercialização fora suspensa em vários países – e que sua bula não indicava qualquer efeito colateral, quando, em verdade, o medicamento provocava grave dependência química.

[58] TJSP, Apel 0063585-51.2008.8.26.0000, 2ª C.Priv., 07.02.2012. Para casos envolvendo o rompimento de preservativos masculinos, em que os magistrados consignaram que não havia provas de que o produto fora empregado corretamente: TJSP, Apel 405.980.4/9-00, 9ª C.Priv., 12.02.2008; TJRS, Apel 70020745303, 10ª C.Civ., 22.11.2007.

[59] STJ, REsp 1.452.306/SP, 4ª Turma, 15.03.2016 (em segunda instância: TJSP Apel 9066049-55.2009.8.26.0000, 4ª C.Civ., 16.08.2012); TJSP, Apel 462.209.4/9-00, 9ª C.Civ., 31.03.2009; TJRS, Apel 70021020664, 10ª C.Civ., 06.03.2008; TJMG, Apel 1.0625.04.038154-7/001, 10ª C.Civ., 03.10.2006; TJBA, Apel 0000844-60.2006.8.05.0248, 2ª C.Civ., 16.10.2012.

[60] *Idem*.

não havia nos autos "qualquer elemento probatório sobre alguma conduta, voluntária ou não, da autora que pudesse interferir na eficiência do Implanon. Não constatada a ingestão de qualquer droga ou remédio capaz de agir de modo a influenciar na ação do hormônio".

Essa prova da culpa do consumidor, apesar de difícil realização, não é um fardo impossível de ser debelado. De fato, há diversos precedentes em que a culpa exclusiva da vítima foi demonstrada em juízo[61], como no Agravo Regimental no Agravo em Recurso Especial n° 96.706/SP, proferido pelo Superior Tribunal de Justiça em 14 de maio de 2013. No curso do processo, ficou provado que a consumidora havia empregado contraceptivo injetável sem prescrição médica, na data incorreta e na região errada do corpo[62]. O Superior Tribunal, por essa razão, negou seguimento ao recurso, considerando que não poderia reanalisar a conclusão dos magistrados de segundo grau, que entenderam pela existência de culpa exclusiva da vítima.

160. Uma situação peculiar emergiu no já mencionado Recurso Especial n° 918.257/SP, de 03 de maio de 2007[63], em que restou demonstrado que o contraceptivo oral comercializado pelo fornecedor possuía uma pílula a menos do que deveria. A questão levantada pelo ministro revisor, e também pelo Tribunal do Rio Grande do Sul em litígio semelhante[64], é que, nesse caso, haveria um descuido por parte do próprio consumidor, que não notou a ausência do comprimido[65].

Esse argumento deve ser visto com certa cautela. Em primeiro lugar, porque a ausência de uma drágea implica, inegavelmente, um defeito do contraceptivo, o qual contribuiu para a ocorrência da gravidez. Logo, não há como se admitir que a culpa do consumidor seja considerada causa exclu-

---

[61] Para precedentes em que o consumidor não empregou o medicamento na data correta: TJSP, Apel 0008658-41.2009.8.26.0020, 1ª C.Priv., 17.02.2012; Apel 9139220-50.2006.8.26.0000, 3ª C.Priv., 22.02.2011; TJMG, Apel 2.0000.00.336173-7/000, 1ª C.Civ., 21.08.2001; que utilizou indevidamente um contraceptivo que só era recomendado a lactantes: TJPR, Apel 840656-0, 9ª C.Civ., 10.05.2012; que não compareceu às consultas médicas marcadas para a verificação do DIU: TJPR, Apel 579326-6, 3ª C.Civ., 17.11.2009.

[62] STJ, AgRg no AREsp 96.706/SP, 4ª Turma, 14.05.2013.

[63] STJ, REsp 918.257/SP, 3ª Turma, 03.05.2007.

[64] TJRS, Apel 70015424872, 10ª C.Civ., 14.12.2006.

[65] Cf. também: um precedente o Tribunal de Minas negou indenização à consumidora, ao considerar que ela não procurou seu médico quando notou que o implante hormonal que utilizava foi expelido de seu corpo, TJMG, Apel 1.0024.02.810824-9/001, 16ª C.Civ., 12.07.2006

siva do acidente⁶⁶. No mais, a falta de uma pílula é um fato particularmente problemático no que tange aos contraceptivos orais, tendo em vista que os comprimidos são dispostos no blíster em ordem cronológica, para facilitar o controle da consumidora e evitar que ela se esqueça de ingerir uma drágea a cada dia. A omissão de uma pílula pode facilmente confundi-la, levando-a a crer que já consumiu o medicamento naquela data.

C – A época em que o contraceptivo é colocado em circulação

161. Outro elemento importante para a aferição do defeito é aquele previsto no inciso III, do art. 12, § 1º, que determina que a segurança legitimamente esperada de um produto toma por base "a época em que foi colocado em circulação".

Essa regra tem duas implicações opostas. A primeira delas é os fornecedores não poderem empregar técnicas ou oferecer produtos considerados obsoletos do ponto de vista da segurança, sob pena de serem responsabilizados pelos prejuízos decorrentes. Mais uma vez, a responsabilidade civil atua como vetor de democratização dos avanços da ciência, legitimando a pretensão dos consumidores aos resultados das pesquisas e descobertas científicas. A principal preocupação do legislador é garantir que os produtos disponíveis no mercado acompanhem a tecnologia de seu tempo⁶⁷.

O contraponto a isso é que não se pode exigir que o produto ofereça mais segurança do que aquela permitida pelo progresso científico no momento em que é colocado em circulação. Os desenvolvimentos tecnológicos posteriores não implicam que os produtos até então comercializados sejam defeituosos⁶⁸. A questão é explicitada pelo § 2º do art. 12 do Código do Consumidor: "o produto não é considerado defeituoso pelo fato de outro de melhor qualidade ter sido colocado no mercado".

162. Isso é bastante relevante na apreciação da segurança de certos produtos que se desenvolveram com o passar dos anos, como, por exemplo, os contraceptivos orais. As primeiras pílulas anticoncepcionais, comercia-

---

⁶⁶ Seria possível, contudo, sustentar que a falha do consumidor constituiria hipótese de culpa concorrente, ensejando a redução proporcional da indenização. Para uma análise desse tipo de problema a partir da ideia de "risco concorrente", cf. TARTUCE, Flávio. *Responsabilidade civil objetiva e risco*: a teoria do risco concorrente. São Paulo: Método, 2011, p. 221-278.
⁶⁷ CALIXTO, Marcelo Junqueira. O art. 931 do Código Civil de 2002 e os riscos de desenvolvimento. *Revista trimestral de direito civil*, v. 21, 2005, p. 85-89.
⁶⁸ REINIG, Guilherme Henrique Lima. *A responsabilidade do produtor pelos riscos do desenvolvimento*, op. cit., p. 36.

lizadas a partir da década de 1960, continham altas doses de progesterona e estrogênio, o que trazia efeitos colaterais severos para as consumidoras[69]. As pesquisas bioquímicas permitiram que a quantidade de hormônios fosse drasticamente reduzida nas pílulas mais modernas. Outro exemplo de progresso ocorreu com os preservativos masculinos que, em meados de 1980, passaram a conter lubrificantes, diminuindo os riscos de rompimento durante a relação sexual[70].

Ora, em nenhum desses casos, os usuários podem afirmar que os produtos que consumiram em outras épocas eram defeituosos, simplesmente porque uma nova tecnologia se desenvolveu.

163. Outra questão que também diz respeito à evolução da ciência é aquela relativa à responsabilidade do fornecedor pelos chamados "riscos do desenvolvimento"[71]. O problema se coloca quando um determinado produto tem efeitos nocivos aos consumidores, mas esse risco não foi e nem poderia ter sido detectado na época em que o produto foi colocado no mercado, visto que, naquele dado momento, o desenvolvimento tecnológico não permitia a sua constatação.

Exemplo típico desse tipo de conflito ocorreu com a talidomida, sedativo disponibilizado para consumo primeiramente na Alemanha, em 1957, e que rapidamente se tornou popular ao redor do mundo, inclusive no Brasil. Ocorre que o principal efeito colateral desse medicamento, que, quando consumido por gestantes, pode causar graves más-formações no feto, só seria identificado pela medicina em 1961[72]. Até que o problema fosse descoberto, a talidomida já havia vitimado milhares de crianças[73].

---

[69] GORDON, Linda. *The moral property of women: a history of birth control politics in America*, op. cit., p. 331-33; JÜTTE, Roberte. *Contraception: a history*, op. cit., p. 209-215.

[70] JÜTTE, Robert. *Idem*, p. 201-202.

[71] Sobre o assunto, cf. REINIG, Guilherme Henrique Lima; CARNAÚBA, Daniel Amaral. Riscos do desenvolvimento no código de defesa do consumidor: a responsabilidade do fornecedor por defeitos não detectáveis pelo estado dos conhecimentos científicos e técnicos. *Revista de direito do consumidor*, v. 124, 2019, p. 343.

[72] REINIG, Guilherme Henrique Lima. *A responsabilidade do produtor pelos riscos do desenvolvimento*, op. cit., p. 11-17.

[73] Outro caso conhecido de risco do desenvolvido é o da contaminação de pacientes, em transfusões sanguíneas, pelo vírus da hepatite C e da Aids. Até a década de 1980, não havia comprovação científica da existência dessas doenças, tampouco do fato de que elas são transmitidas pelo sangue, BACACHE-GIBEILLI, Mireille. *Les obligations*: la responsabilité civile extracontractuelle. 2. ed. Paris: Economica, 2012, p. 800-803, nº 709 e s.; CALAIS-AULOY, Jean; TEMPLE, Henri. *Droit de la consommation*, op. cit., p. 363-365, nº 291. Para outros exemplos de risco do desenvolvimento, cf. LOPEZ,

164. Alguns autores têm sustentado que o fornecedor não responderia pelos danos provocados por esses riscos incognoscíveis, por tratarem-se, igualmente, de acidentes causados pelas imperfeições dos conhecimentos científicos[74]. Os riscos do desenvolvimento não constituiriam uma hipótese de defeito do produto, por força do art. 12, § 1º, III, do Código de Defesa do Consumidor[75].

No entanto, tem prevalecido na literatura a tese oposta, no sentido de que o risco do desenvolvimento não exclui a responsabilidade do fornecedor[76]. Há dois argumentos que corroboram essa conclusão: o primeiro é que os riscos do desenvolvimento implicam a existência de defeito, de acordo com a definição prevista no art. 12 do Código de Defesa do Consumidor. E a segunda razão é que o legislador brasileiro, em momento algum, previu o risco do desenvolvimento entre as hipóteses de isenção de responsabilidade, distanciando, conscientemente, da Diretiva 85/374/CEE que o inspirou.

165. Realmente, as limitações ao conceito de defeito, previstas no art. 12, § 1º, III, e § 2º, do Código de Defesa do Consumidor, não se confundem com o problema dos riscos do desenvolvimento. Naquelas hipóteses legais, o produto não é defeituoso porque corresponde às expectativas de segurança dos consumidores, ao menos, no momento em que é colocado em circulação. O que existe, na verdade, é uma elevação superveniente do grau de segurança esperado dos produtos, em razão dos avanços científicos posteriores. A lei

---

Teresa Ancona. *O princípio da precaução e evolução da responsabilidade civil*. São Paulo: Quartier Latin, 2010, p. 195-205.

[74] Marins, James. *Responsabilidade da empresa pelo fato do produto*: os acidentes de consumo no Código de Proteção e Defesa do Consumidor. São Paulo: RT, 1993, p. 135-137.

[75] Tepedino, Gustavo. A responsabilidade civil por acidentes de consumo na ótica civil-constitucional. *In*: *Temas de direito civil*. 4. ed. São Paulo: Renovar, 2008, t. 1, p. 287-288. Cf. também: Stoco, Rui. *Tratado de responsabilidade civil*, op. cit., p. 656-660.

[76] Tartuce, Flávio; Neves, Daniel Amorim Assumpção. *Manual de direito do consumidor*: direito material e processual. 7. ed. São Paulo: Método, 2018, p. 260-264; Calixto, Marcelo. *A responsabilidade civil do fornecedor de produtos pelos riscos de desenvolvimento*. Rio de Janeiro: Forense, 2004, p. 200-239; Denari, Zelmo. *In*: Grinover, Ada Pellegrini; Benjamin, Antônio Herman de Vasconcellos e; *et al*. *Código de Defesa do Consumidor*: comentado pelos autores do anteprojeto. 10. ed. Rio de Janeiro: Forense. 2011, v. 1, p. 201-203; Miragem, Bruno. *Curso de direito do consumidor*, op. cit., p. 567-570; Godoy, Claudio Luiz Bueno de. Responsabilidade pelo fato do produto e do serviço. *In*: Silva, Regina Beatriz Tavares da (coord.). *Responsabilidade civil*: responsabilidade civil nas relações de consumo. São Paulo: Saraiva, 2009, p. 150-155; Cavalieri Filho, Sergio. *Programa de direito do consumidor*, op. cit., p. 334-336.

brasileira apenas determina que essas melhorias tecnológicas ocorridas após a introdução do produto no mercado não terão eficácia jurídica retroativa para a apreciação do suposto defeito[77].

Ao contrário, nos casos de risco do desenvolvimento, há uma disparidade objetiva entre a segurança esperada e aquela oferecida pelo produto, desde a época em que foi disponibilizado aos consumidores. Com efeito, todo produto que apresenta uma periculosidade não revelada ao consumidor viola as expectativas de segurança legitimamente depositadas sobre ele, ainda que esse perigo não pudesse ser conhecido no momento da colocação do produto no mercado. O desvio de segurança, de fato, existe, e o risco do desenvolvimento em nada altera essa conclusão. Ele apenas explica por que essa falha de segurança só foi revelada tardiamente.

166. Uma vez que o risco do desenvolvimento está abarcado pelo conceito de defeito do produto, para afastar o dever de reparar do fornecedor seria necessário sustentar a existência de uma causa de exclusão de responsabilidade que abarcasse esse fenômeno. É o que fazem algumas legislações estrangeiras, como a portuguesa[78] ou a francesa[79], que, com base na Diretiva Europeia 85/374/CEE[80], expressamente preveem que o fornecedor é isentado de responsabilidade quando provar que o estado dos conhecimentos científicos e técnicos, no momento em que pôs o produto em circulação, não permitia detectar a existência do defeito.

---

[77] REINIG, Guilherme Henrique Lima. *A responsabilidade do produtor pelos riscos do desenvolvimento*, op. cit., p. 47-48.

[78] Art. 5º, *e*, do Decreto-Lei 383/1989.

[79] O art. 1385-11, 4º (atual art. 1245-10, 4º) do Código Civil francês previa que o fornecedor pode se isentar de responsabilidade caso prove que a ocorrência de risco do desenvolvimento. Contudo, o artigo subsequente do Código (art. 1386-12, atual art. 1245-11) afirma que essa isenção não é aplicável aos danos causados por um "elemento do corpo humano ou pelos produtos extraídos dele" – uma limitação destinada a evitar que os riscos do desenvolvimento fossem aplicados aos casos de sangue contaminado por aids ou hepatite C.

[80] A regra geral, prevista no art. 7º da Diretiva europeia é que "o produtor não é responsável nos termos da presente directiva se provar: e) que o estado dos conhecimentos científicos e técnicos no momento da colocação em circulação do produto não lhe permitiu detectar a existência do defeito". Ocorre que o art. 15 da mesma Diretiva afirma que qualquer Estado-membro pode, "em derrogação da alínea e) do artigo 7º, manter ou, sem prejuízo do procedimento definido no nº 2, prever na sua legislação que o produtor é responsável, mesmo se este provar que o estado dos conhecimentos científicos e técnicos no momento da colocação do produto em circulação não lhe permitia detectar a existência do defeito".

Não foi essa, porém, a opção tomada pelo legislador brasileiro que, mesmo tendo conhecimento do problema do risco do desenvolvimento, entendeu por bem não o incluir entre as causas de exclusão de responsabilidade previstas no art. 12, § 3º, do Código de Defesa do Consumidor. O argumento ganhou força com a promulgação do Código Civil de 2002. O art. 931 do diploma trouxe regras relativas à responsabilidade do produtor, sem mencionar que os riscos do desenvolvimento seriam hipótese de exclusão dessa responsabilidade[81].

167. O próprio Superior Tribunal de Justiça expressamente consignou, no julgamento do Recurso Especial 1.774.372/RS, de 05 de maio de 2020, que, nos casos envolvendo riscos do desenvolvimento, estaria configurado o defeito "desde o momento da concepção do produto, embora não perceptível a priori", ensejando a responsabilidade do fornecedor[82].

Na hipótese, a consumidora alegava que desenvolveu compulsão patológica por jogos de azar após o uso prolongado do medicamento Sifrol. Restou comprovado que, na época em que a autora fazia uso do medicamento, a informação sobre esse possível efeito adverso não constava da bula do produto, que apenas indicava tratar-se de "novo medicamento", passível de provocar "reações adversas imprevisíveis ainda não descritas ou conhecidas". Mais tarde, a própria fabricante promoveu a alteração da bula, que passou então a indicar o "jogo patológico" entre as possíveis reações do medicamento. Mesmo sem averiguar os elementos caracterizadores do risco do desenvolvimento estariam presentes no caso, o Tribunal assentou que esse fato, por si só, não afastaria a responsabilidade do laboratório: de um lado, porque o produto afetado por um risco do desenvolvimento é defeituoso e, de outro, porque o legislador brasileiro não previu o risco do desenvolvimento entre as hipóteses de exclusão da responsabilidade do fornecedor[83].

---

[81] Cf. o enunciado nº 43 da I Jornada de Direito Civil: "a responsabilidade civil pelo fato do produto, prevista no art. 931 do novo Código Civil, também inclui os riscos do desenvolvimento".

[82] STJ, REsp 1.774.372/RS, 3ª Turma, 05.05.2020.

[83] Para outro julgado do STJ em que, segundo a doutrina, o fornecedor teria sido responsabilizado pelo risco do desenvolvimento: STJ, REsp 971.845/DF, 3ª Turma, 21.08.2008. No caso, o demandante afirmava que utilizou durante anos um medicamento vendido como "ativador de memória" e que cuja bula não previa qualquer efeito colateral mais grave. Posteriormente, descobriu-se que a droga causava dependência e depressão, o que levou muitos países a proibir sua venda. No Brasil, houve alteração da bula e restrição à comercialização do medicamento, que passou a exigir receituário médico especial. O Tribunal condenou o fabricante a reparar os danos experimentados pelo consumidor, que já estava dependente da droga no momento em que o risco foi descoberto. Na verdade, a tese recursal girou em torno do critério

Essa mesma conclusão aplica-se aos produtos contraceptivos. Os danos provocados pelos riscos do desenvolvimento dos contraceptivos ensejam a responsabilidade do fornecedor, tendo em vista que nossa legislação civil ou consumerista não prevê qualquer excludente nesse sentido[84].

§ 2 – A ineficácia do contraceptivo e a prova do defeito

168. Os demandantes que pretendem obter indenização pelo suposto defeito de eficácia de um contraceptivo encontram grande dificuldade de êxito. A questão se coloca em termos muito semelhantes à responsabilidade médica: como os contraceptivos são considerados produtos de risco inerente, a mera ocorrência de gravidez indesejada não basta para configurar a responsabilidade do fornecedor. É preciso que o consumidor comprove que essa gravidez decorre de um risco diferente daquele considerado normal ao produto. O problema é que a prova desse defeito pode ser particularmente difícil de ser produzida.

Um dos principais obstáculos é que, via de regra, não é possível realizar uma perícia técnica direta sobre o produto supostamente defeituoso, de modo a verificar se a segurança por ele oferecida corresponde ou não àquela esperada. Alguns medicamentos contraceptivos, como, por exemplo, as pílulas e injeções intravenosas, desaparecem sem deixar vestígios após seu uso. Quanto às embalagens desses produtos, o normal é que elas sejam descartadas. Até porque, a ideia de ajuizar uma ação reparatória em face do produtor somente ocorre aos consumidores quando descobrem a gravidez indesejada, notícia que pode surgir muito tempo depois da utilização do produto[85].

---

da culpa da vítima e, talvez por essa razão, o STJ não investigou com profundidade se os elementos do risco do desenvolvimento estariam presentes, e tampouco mencionou a questão. Cf. WESENDONCK, Tula. *O regime da responsabilidade civil pelo fato dos produtos postos em circulação*: uma proposta de interpretação do artigo 931 do Código Civil sob a perspectiva do direito comparado. Porto Alegre: Livraria do Advogado, 2015, p. 140.

[84] Dois exemplos que podem trazer à tona a questão do risco do desenvolvimento em produtos contraceptivos, diz respeito aos medicamentos Yaz e Yazmin, que supostamente teriam causado diversas mortes por acidentes vasculares (Disponível em: http://g1.globo.com/ciencia-e-saude/noticia/2013/06/anticoncepcionais-causam-23--mortes-no-canada-apontam-documentos.html. Acesso em: 07.08.2020) e Essure, que estaria causando dor crônica e hemorragia em diversas pacientes (Disponível em: https://g1.globo.com/rj/rio-de-janeiro/noticia/2019/11/25/mulheres-relatam--dores-intensas-apos-uso-de-dispositivo-que-promete-laqueadura-das-trompas--sem-cirurgia.ghtml. Acesso em: 07.08.2020).

[85] Para julgados em que o STJ considerou que não seria razoável exigir a cartela: REsp 1.120.746/SC, 3ª Turma, 17.02.2011; REsp 1.096.325/SP, 3ª Turma, 09.12.2008, C.E.P. RUSYK, O *"caso das pílulas de farinha" como exemplo da construção jurisprudencial*

E mesmo nos poucos litígios em que o demandante conservou uma ou parte de uma das cartelas do medicamento, o decurso do prazo de validade do fármaco por vezes impossibilita a realização de perícia[86]. Isso ocorreu também em algumas demandas envolvendo preservativos, em que o consumidor trouxe aos autos os produtos supostamente defeituosos e, ainda assim, a perícia não pode ser feita[87].

169. Essa dificuldade probatória pode impedir que os consumidores, vítimas de contraceptivos defeituosos, tenham reconhecido seu direito à reparação. Uma vez que não é possível reconstituir precisamente os fatos litigiosos, o produtor do medicamento sempre poderá alegará que, naquele caso concreto, a gravidez indesejada é fruto dos riscos inerentes ao produto, e não de um defeito. Ora, a regra em nosso sistema processual é que cabe ao autor o ônus de provar os fatos constitutivos de seu direito[88], sob pena de rejeição do pleito. A dúvida acabaria se tornando um subterfúgio processual para isentar os produtores de sua responsabilidade pelos contraceptivos defeituosos[89].

É preciso, portanto, encontrar mecanismos legais para contornar esse problema probatório, de modo a proteger satisfatoriamente o consumidor. Uma das alternativas é interpretar o art. 12, § 3º, II, do Código de Defesa do Consumidor como se estabelecesse a inversão *ope legis* do ônus da prova do defeito – uma solução criticável, por ser demasiadamente inflexível (A). Outra opção seria adaptar as exigências probatória às possibilidades do conflito. Isso pode ser obtido por meio do emprego de presunções de fato (B) e da inversão *ope iudicis* do ônus da prova (C).

---

de um 'direito de danos' e da violação da liberdade positiva como "dano à pessoa", op. cit., p. 273; REsp 918.257/SP, 3ª Turma, 03.05.2007. Contra: REsp 720.930/RS, 4ª Turma, 20.10.2009. Cf. também: TJSP, Apel 462.209.4/9-00, 9ª C.Priv., 31.03.2009, Apel 443.672-4/1-00, 9ª C.Priv., 27.03.2007.

[86] Cf.: TJSP, Apel 0057855-59.2008.8.26.0000, 1ª C.Priv., 08.05.2012; Apel 0008658-41.2009.8.26.0020, 1ª C.Priv., 07.02.2012; TJRS, Apel 70021020664, 10ª C.Civ., 06.03.2008.

[87] Cf.: TJRS, Apel 70018926238, 6ª C.Civ., 24.07.2008; Apel 70020745303, 10ª C.Civ., 22.11.2007; TJSP, Apel 141.590-4/5-00, 3ª C.Priv., 05.08.2003.

[88] Art. 373, I, do CPC/2015; art. 333, I, do CPC/1973.

[89] Essa dúvida provocada pela possibilidade de que a gravidez decorra do risco inerente foi bem explorada pelos fabricantes em alguns precedentes. Nesse sentido, STJ, 1.096.325/SP, 3ª Turma, 09.12.2008: embora houvesse provas de que alguns contraceptivos sem princípio ativo vazaram no mercado, o produtor alegava em seu recurso que "nenhum anticoncepcional tem eficácia absoluta, de forma que não está excluída a hipótese de gravidez mesmo com o uso adequado do produto ativo". Cf. também: REsp 918.257/SP, 3ª Turma, 03.05.2007.

A – A inversão *ope legis* do ônus de provar o defeito

170. O art. 12, § 3º, do Código do Consumidor prevê um rol de causas de exclusão da responsabilidade do fornecedor. Influenciado, mais uma vez, pela Diretiva 85/374/CEE, o texto dispõe que "o produtor ou importador só não será responsabilizado quando provar: I – que não colocou o produto no mercado; II – que, embora haja colocado o produto no mercado, o defeito inexiste; III – a culpa exclusiva do consumidor ou de terceiro"[90].

Desde a aprovação do Código de Defesa do Consumidor, uma parcela considerável da doutrina tem defendido que o mencionado inciso II imporia uma presunção legal – e relativa – de defeito[91]. Segundo os partidários dessa corrente, nas ações de responsabilidade pelo fato do produto, caberia ao fornecedor demonstrar que o produto não é defeituoso, sob pena de ser responsabilizado. E a principal característica dessa inversão é que ela ocorreria de pleno direito, ou seja, independentemente de qualquer indício de defeito, ou mesmo de uma decisão do judicial que determine a inversão no curso do processo.

A tese encontra-se pacificada no Superior Tribunal de Justiça que já declarou, por diversas vezes, que a inversão do ônus de provar o defeito opera-se *ope legis*[92].

---

[90] Vale ressaltar que o art. 12, § 3º, do CDC não menciona o caso fortuito ou força maior como excludentes de responsabilidade. Nesse ponto, o CDC repetiu o texto da Diretiva 85/374/CEE. Influenciada pelo modelo de redação legislativa do Direito Inglês, a diretiva evitou recorrer a um termo único, e preferiu elencar uma série de excludentes que, no Sistema Romano-Germânico, seriam abarcadas pela "força maior" (CALAIS-AULOY, Jean; TEMPLE, Henri. *Droit de la consommation*, op. cit., p. 362, nº 290). No Brasil, os autores e tribunais são unânimes em afirmar que a força maior é excludente de responsabilidade do fornecedor, apesar da omissão do CDC. Cf. GODOY, Claudio Luiz Bueno de. *Responsabilidade pelo fato do produto e do serviço*, op. cit., 165-167; SANSEVERINO, Paulo de Tarso Vieira. *Responsabilidade civil no Código do Consumidor e a defesa do fornecedor*, op. cit., p. 312-322; MARINS, James. *Responsabilidade da empresa pelo fato do produto*, op. cit., p. 153-155.

[91] BENJAMIN, Antônio Herman de Vasconcellos e. *Comentários ao Código de Proteção do Consumidor*, op. cit., p. 59; MOREIRA, Carlos Roberto Barbosa. *Notas sobre a inversão do ônus da prova em benefício do consumidor*, op. cit., p. 135-136; SANSEVERINO, Paulo de Tarso Vieira. *Responsabilidade civil no Código do Consumidor e a defesa do fornecedor*, op. cit., p. 288-290; ROCHA, Silvio Luís Ferreira da. *Responsabilidade civil do fornecedor pelo fato do produto no direito brasileiro*, op. cit., p. 106-107; Contra: MARINS, James. *Responsabilidade da empresa pelo fato do produto*, op. cit., p. 56-59; DENARI, Zelmo. *Código de Defesa do Consumidor: comentado pelos autores do anteprojeto*, op. cit., p. 204.

[92] STJ, REsp 1.306.167/RS, 4ª Turma, 03.12.2013; AgRg no AREsp 402.107/RJ, 3ª Turma, 26.11.2013; REsp 1.288.008/MG, 3ª Turma, 04.04.2013; REsp 1.095.271/RS, 4ª

171. É evidente que essa solução contribui com a proteção do consumidor, ao estabelecer que a dúvida probatória o favorece. Mas, em nosso ver, a tese não resolve satisfatoriamente as dificuldades sobre a prova do defeito; ao menos no que tange aos produtos contraceptivos.

Se o obstáculo decorre da impossibilidade de realização de perícia direta, por força do desaparecimento do contraceptivo, o problema não pode ser resolvido com a reversão automática do ônus probatório. Isso apenas deslocaria a dificuldade, gerando o risco contrário, de que o fornecedor se veja diante do ônus probatório impossível de demonstrar, categoricamente, a ausência de defeito em um produto que não existe mais. Ora, uma das principais preocupações do direito processual ao regular a distribuição do ônus da prova é a de evitar essas situações, nas quais impõe-se uma "prova diabólica" a uma das partes[93]. No intuito de solucionar um problema, a inversão o*pe legis* termina por incorrer no mesmo vício, em seu outro extremo[94].

No mais, a inversão pura e simples da prova do defeito, sem qualquer outro requisito, é perigosa, na medida em que reduz demasiadamente o ônus argumentativo do demandante, que não precisará fazer outra prova senão a de que utilizava o contraceptivo quando da gravidez. Ao invés de proteger os consumidores vítimas de contraceptivos defeituosos, o risco é que essa facilitação incondicionada favoreça o oportunismo judicial, ao colocar em pé de igualdade demandantes cujas alegações ostentam algum grau verossimilhança e aqueles cujo pedido reparatório não tem qualquer embasamento concreto.

172. Os efeitos perniciosos da inversão *ope legis* ficam bem evidentes quando analisamos o posicionamento do contraditório do Superior Tribunal de Justiça em litígios envolvendo produtos contraceptivos supostamente defeituosos. Em diversos desses casos, restava comprovado que alguns dos contraceptivos fabricados pelo laboratório-réu apresentaram falhas, notadamente, porque os próprios órgãos de fiscalização haviam determinado a retirada de certos lotes do mercado. Nesse tipo de situação, é comum que consumidores desses contraceptivos ajuízem ações reparatórias, alegando que engravidaram durante o uso. Em muitas dessas ações, os demandantes não

---

Turma, 07.02.2013; REsp 1.026.153/SP, 4ª Turma, 06.12.2011; REsp 802.832/MG; 2ª Seção, 13.04.2011.

[93] DINAMARCO, Cândido Rangel. *Instituições de direito processual civil*, v. 3, op. cit., p. 80-81, nº 799.

[94] Nesse sentido, o CPC/15, ao instituir em seu art. 373, § 1º a possibilidade de inversão do ônus probatório, impôs limites a essa medida ao determinar que a inversão "não pode gerar situação em que a desincumbência do encargo pela parte seja impossível ou excessivamente difícil" (§ 1º). O propósito desse dispositivo é exatamente do de evitar que a inversão imponha o fardo insuperável à parte contratária.

trazem qualquer elemento do defeito do produto, escorando-se na singela alegação de que a gravidez, muito provavelmente, se deve ao fato de que os contraceptivos que consumiram pertenciam ao lote defeituoso.

Ora, uma vez que o próprio Superior Tribunal assentou que o ônus de provar a ausência de defeito incumbe ao fornecedor, a solução natural desses litígios seria a condenação do laboratório, salvo se ele conseguir provar que o contraceptivo empregado pelo demandante não apresentava defeito[95].

173. Não foi essa, todavia, a solução adotada pela Corte. Pelo contrário: o Superior Tribunal interpretou esse tipo de problema probatório como uma questão relativa ao nexo de causalidade e, por vezes, recusou reparação, ante a falta de provas, afirmando que caberia ao consumidor comprovar a ligação entre a conduta imputada ao fornecedor (vale dizer, a fabricação de lotes defeituosos) e os danos experimentados[96].

Na verdade, o problema em questão em nada se relaciona com questões de nexo causal. A dúvida a ser dirimida é se o produto concretamente utilizado pelo demandante apresentava defeito[97]. Aliás, a certeza de que alguns lotes postos em circulação continham problemas é um elemento que corrobora a tese do demandante: há mais razões para se suspeitar que o contraceptivo consumido por ele era defeituoso quando se sabe, de antemão, que o fabricante colocou alguns produtos defeituosos no mercado.

Em todo caso, a conjunção dos entendimentos do Superior Tribunal leva à conclusão – desconcertante – que o defeito do produto é em regra presumido, salvo nos casos em que, comprovadamente, o fornecedor fabricou

---

[95] Nesse sentido, STJ, REsp 1.452.306/SP, 4ª Turma, 15.03.2016, no qual a Corte estabeleceu que o ônus de provar a ausência de contraceptivos defeituosos incumbe ao fornecedor.

[96] Cf. STJ, AgRg no Ag em REsp 229.127/SP, 4ª Turma, 25.02.2014; REsp 798.803/BA, 4ª Turma, 21.10.2010; REsp 844.969/MG, 4ª Turma, 19.10.2010; REsp 720.930/RS, 4ª Turma, 20.10.2009; REsp 697.078/BA, 4ª Turma, 08.09.2009; REsp 883.612/ES, 4ª Turma, 08.09.2009. Trata-se de decisões relativas ao "caso das pílulas de farinha" (que será melhor analisado abaixo – *infra*, n° 188 e s.), nos quais alguns lotes de contraceptivos colocados em circulação, comprovadamente, apresentaram defeito, e diversos consumidores se queixaram da gravidez indesejada.

[97] De fato, para que se possa afirmar que o "produto é defeituoso", nos termos do art. 12 do CDC, não basta que o produtor tenha fabricado algumas mercadorias defeituosas em um momento qualquer de sua atividade. É preciso que o produto concretamente consumido pelo demandante seja defeituoso. E era esse o elemento que faltava nas demandas rejeitadas pelo STJ: a prova do defeito no medicamento que fora utilizado pela demandante. Basta notar que, uma vez comprovado o defeito no anticoncepcional consumido (por meio de perícia técnica, por exemplo), o suposto problema do "nexo causal" levantado pela corte teria desaparecido.

lotes defeituosos hipótese na qual caberá ao consumidor o ônus de provar que o produto que adquiriu fazia parte daquele lote. Em outras palavras, o tribunal impõe um fardo mais pesado ao consumidor, precisamente, nos casos em que sua tese é mais plausível.

174. O Superior Tribunal evitaria essa contradição se tivesse adotado uma postura mais franca com relação à inversão do ônus da prova do defeito do produto. A verdade é que o tribunal não está disposto a inverter esse ônus em toda e qualquer situação.

A duplicidade de entendimentos se deve justamente ao fato de que a inversão automática se mostrou inconveniente em alguns casos, nos quais os demandantes não haviam trazido qualquer indício de que consumiram um produto com defeito. Isso obrigou o tribunal recorrer à tese questionável de que não estaria comprovado o "nexo causal", evitando, desse modo, a aplicação da inversão *ope legis* e a consequente responsabilização do fornecedor. Em suma, a opção jurisprudencial em favor da inversão *ope legis* do defeito do produto não parece sincera.

175. Por fim, a inversão legal da prova do defeito, embora seja uma interpretação possível do art. 12, § 3º, II, do Código de Defesa do Consumidor, não é uma escolha necessária para a proteção dos consumidores. Não é necessária, primeiramente, sob o aspecto hermenêutico, tendo em vista que o referido art. 12, § 3º, II, do Código de Defesa do Consumidor em momento algum menciona a suposta inversão do ônus da prova.

A inversão *ope legis* do ônus da prova do defeito é uma regra de tamanha relevância que é difícil crer que ela esteja inserida no Código de Defesa do Consumidor de forma tão sucinta e obscura. Isso fica ainda mais evidente se compararmos esse dispositivo com outros do mesmo Código, que trazem explicitamente inversões probatórias, como o art. 38, sobre o ônus da prova acerca da correção da publicidade[98], ou, ainda, o art. 51, § 1º, que presume que certas cláusulas contratuais geram vantagem exagerada em favor do fornecedor[99]. A própria topografia do dispositivo parece indicar que não se trata de uma regra de inversão. Vale lembrar que as demais excludentes pre-

---

[98] "Art. 38. O ônus da prova da veracidade e correção da informação ou comunicação publicitária cabe a quem as patrocina".
[99] "Art. 51. (...) § 1º Presume-se exagerada, entre outros casos, a vantagem que: I – ofende os princípios fundamentais do sistema jurídico a que pertence; II – restringe direitos ou obrigações fundamentais inerentes à natureza do contrato, de tal modo a ameaçar seu objeto ou equilíbrio contratual; III – se mostra excessivamente onerosa para o consumidor, considerando-se a natureza e conteúdo do contrato, o interesse das partes e outras circunstâncias peculiares ao caso".

vistas no § 3º do art. 12 – a não colocação do produto do mercado e a culpa exclusiva da vítima ou de terceiro – são fatos que rompem o nexo causal, e nada dizem respeito ao ônus da prova.

Na verdade, o propositivo do art. 12, § 3º, II é ressaltar que o fornecedor pode fazer contraprova da existência defeito nos casos em que este foi constato *prima facie*, por meio de presunções ou da inversão *op iudicis* prevista no art. 6º, VIII[100]. No Direito Europeu, o art. 7º, *b*, da Diretiva 85/374, que inspirou a redação do art. 12, § 3º, II, do Código Brasileiro, tem como função permitir que o fornecedor se exima de responsabilidade ao demonstrar o problema apresentado pelo produto não existia no momento em que foi colocado em circulação[101], não se tratando, portanto, de um verdadeiro defeito congênito do produto que possa ser imputado ao fornecedor, mas antes de uma alteração posterior do produto introduzida, intencionalmente ou não, por terceiros ou pela própria vítima[102].

176. Não se trata de uma interpretação necessária, em segundo lugar, porque há outras técnicas mais adaptadas ao problema da comprovação do defeito. São elas a inversão *ope iudicis* do ônus da prova e a admissão da prova por meio de presunções de fato. Esses métodos são preferíveis porque levam em consideração o conjunto probatório existente, adaptando o ônus imposto a cada uma das partes às limitações fáticas da lide.

A tese, frequentemente defendida pela doutrina[103], de que cabe ao consumidor provar a utilização do produto e a ocorrência do dano, e ao fornecedor o ônus de provar a inexistência do defeito, por força da inversão *op legis*, conduziria a resultados absurdos. Qualquer motorista que sofresse um acidente com seu carro poderia ajuizar uma ação de responsabilidade contra a montadora, impondo a ela o fardo de provar que o freio e demais

---

[100] Assim, Zelmo Denari sustenta que o propósito art. 12, § 3º, II, é o de permitir a defesa do fornecedor nas hipóteses em que o ônus de provar o defeito foi previamente invertido com base no art. 6º, VIII, *Código de Defesa do Consumidor: comentado pelos autores do anteprojeto*, op. cit., p. 204.

[101] SILVA, João Calvão da. *Responsabilidade do produtor*, op. cit., p. 718-721; CALAIS--AULOY, Jean; TEMPLE, Henri. *Droit de la consommation*, op. cit., p. 361, nº 289.

[102] "Artigo 7º O produtor não é responsável nos termos da presente directiva se provar: b) Que, tendo em conta as circunstâncias, se pode considerar que o defeito que causou o dano não existia no momento em que o produto foi por ele colocado em circulação ou que este defeito surgiu posteriormente". Vale notar que a Diretiva é expressa ao imputar à vítima ônus da prova "do dano, do defeito e do nexo causal entre o defeito e o dano" (art. 4º).

[103] BENJAMIN, Antônio Herman de Vasconcellos e. *Comentários ao Código de Proteção do Consumidor*, op. cit., p. 59.

equipamentos do veículo não apresentavam defeito – um ônus que, muitas vezes, o fabricante não terá condições fáticas de debelar. A verdade é que a inversão do ônus da prova só é aceitável quando que há um mínimo de elementos indicativos da ocorrência do defeito. Ora, nesses casos, a inversão deve se fundamentar no art. 6º, VIII, do Código do Consumidor, e não em seu art. 12, § 3º, II.

B – A constatação do defeito por meio de presunções de fato

177. As presunções de fato, também conhecidas como judiciais ou *pro hominis*, são a técnica mais tradicional empregada pelo Direito para facilitar que uma das partes supere o ônus probatório que lhe incumbe[104]. Nas situações em que a prova direta sobre o fato controverso é impossível ou muito difícil de ser produzida, admite-se que o interessado traga aos autos provas indiretas, ou seja, elementos que, de acordo com as regras da experiência, indiquem que o fato que se quer demonstrar provavelmente ocorreu[105]. Se esses indícios forem suficientemente concordantes, a alegação será dada como comprovada, ainda que não haja evidência categórica nesse sentido.

Trata-se, portanto, de uma técnica de facilitação da prova[106], que se vale de dois elementos: em primeiro lugar, do deslocamento do objeto da prova, com o abandono da exigência de uma prova direta e a aceitação da prova por indícios[107]; e, em segundo lugar, de um raciocínio lógico-indutivo, por

---

[104] LOPEZ, Teresa Ancona. Presunção no direito, especialmente no Direito Civil. *Revista dos tribunais*, v. 513, 1978, p. 35; DINAMARCO, Cândido Rangel. *Instituições de direito processual civil*, v. 3, op. cit., p. 114-115, nº 822.

[105] GRECO FILHO, Vicente. *Direito processual brasileiro*. 16. ed. São Paulo: Saraiva, 2003, v. 2, p. 194-195.

[106] Ainda que não haja uma definição legal precisa, as presunções estão elencadas entre os "meios de prova" no art. 212, IV, do CC/2002. A doutrina, contudo, é bastante crítica a essa qualificação. DINAMARCO, Cândido Rangel. *Instituições de direito processual civil*, v. 3, op. cit., p. 124-125, nº 829; DIDIER JUNIOR, Fredie; BRAGA, Paula Sarno; OLIVEIRA, Rafael. *Curso de direito processual civil*, v. 2, op. cit., p. 57-60. Contra: Teresa Ancona LOPEZ, que distingue duas espécies de presunção: as presunções como técnica de elaboração legislativa, as quais não constituem meios de prova, e as presunções de fato ou comuns, que são meios de prova pois se apoiam na experiência comum para chegaram a uma conclusão (*A presunção no direito, especialmente no direito civil*, op. cit., p. 34-35).

[107] Tratamos com mais detalhe da utilização das presunções como meio para lidar com as incertezas em: CARNAÚBA, Daniel Amaral. *Responsabilidade civil pela perda de uma chance*: a álea e a técnica. São Paulo: Método, 2013, p. 87-102, nº 80 e s.

meio do qual conclui-se pelo a existência de um fato desconhecido a partir da probabilidade extraída dos fatos conhecidos[108].

As presunções têm um papel de grande relevância nos litígios envolvendo a falha de produtos contraceptivos[109]. Como visto, a prova direta do defeito é de difícil realização, em decorrência do desaparecimento do contraceptivo que se julga defeituoso. Nesse caso, não resta às partes e ao magistrado outra solução, senão a de trabalhar com as provas indiretas desse suposto defeito. E pode haver indícios nos dois sentidos; seja apontando a existência de defeito do contraceptivo, seja corroborando a conclusão oposta. É importante identificá-los.

178. Cabe ressaltar, primeiramente, os fatores que indicam a existência de defeito no produto. Nesse grupo, deve-se incluir todo tipo de elemento que demonstre a diligência do consumidor ao empregar o contraceptivo, afastando a suspeita de que a gravidez indesejada tenha decorrido do mau uso do produto[110].

Esses indícios estarão presentes, por exemplo, caso o consumidor demonstre que fazia uso de anticoncepcionais por longos anos sem qualquer incidente de gravidez[111], que seguia habitualmente acompanhamento de profissional médico ou, ainda, que adquiria o medicamento com regularidade compatível com o tratamento[112]. A idade do demandante também é um fator a ser levado em conta, tendo em vista que é razoável se inferir que uma mulher ou homem com vida sexual ativa há muitos anos é menos propenso a cometer

---

[108] Essa era, aliás, a definição constante do art. 1349 do Código Civil francês (substituído pelo atual art. 1354), em sua redação original: "as presunções são as consequências que a lei o magistrado tira de um fato conhecido a um fato desconhecido". Cf. LOPEZ, Teresa Ancona. *A presunção no direito, especialmente no direito civil*, op. cit., p. 28-29.

[109] RUSYK, Carlos Eduardo Pianovski. O *'caso das pílulas de farinha' como exemplo da construção jurisprudencial de um 'direito de danos' e da violação da liberdade positiva como 'dano à pessoa'*. In: FRAZÃO, Ana; TEPEDINO, Gustavo (orgs.). *O Superior Tribunal de Justiça e a reconstrução do direito privado*. São Paulo: RT, 2011, p. 294-298.

[110] TJSP, Apel 9069603-66.2007.8.26.0000, 9ª C.Priv., 22.05.2012; Apel 0121195-74.2008.8.26.0000, 9ª C.Priv., 08.05.2012.

[111] TJPR, Apel 113.201-4, 6ª C.Civ., 13.11.2002; Apel 112.552-2, 4ª C.Civ., 03.04.2002; TJRS, Apel 70003081957, 6ª C.Civ., 28.11.2001; TJSP, Apel 0099789-31.2007.8.26.0000, 9ª C.Priv., 31.06.2012; Apel 0121195-74.2008.8.26.0000, 9ª C.Priv., 08.05.2012; Apel 9181508-47.2005.8.26.0000, 9ª C.Priv., 17.01.2012; Apel 9074509-41.2003.8.26.0000, 9ª C.Priv., 04.10.2011; Apel 9056992-18.2006.8.26.0000, 9ª C.Priv., 20.09.2011, Apel 206 925-4/8, 9ª C.Priv., 30.05.2006.

[112] TJSP, Apel 462.209.4/9-00, 1ª C.Priv., 31.03.2009.

equívocos ao utilizar contraceptivos do que um indivíduo na adolescência – idade em que a gravidez indesejada é efetivamente mais frequente[113].

Outro elemento indicativo do defeito é o fato de que o consumidor não havia mudado de contraceptivo recentemente, o que revela que a gravidez não decorre da rejeição fisiológica àquele produto ou do desconhecimento do consumidor quanto à forma de utilizá-lo.

179. Assim, o Superior Tribunal de Justiça, no Recurso Especial n° 1.120.746/SC, julgado em 17 de fevereiro de 2011, referendou a decisão de segundo grau que havia concluído pela existência de defeito no contraceptivo consumido pela demandante, levando em consideração, entre outros fatos, "que existe um intervalo considerável entre os dois últimos filhos da apelante, razão pela qual supõe-se que soubesse utilizar corretamente o contraceptivo". No acórdão, o Superior Tribunal ressaltou que não se tratava – ao contrário do que haviam afirmado os magistrados de segunda instância – de uma inversão do ônus da prova em desfavor do fornecedor: "A conclusão quanto à presença dos requisitos indispensáveis à caracterização do dever de indenizar não exige a inversão do ônus da prova. Decorre apenas da contraposição dos dados existentes nos autos, especificamente sob a ótica da proteção ao consumidor e levando em consideração, sobretudo, a existência de elementos cuja prova se mostra impossível – ou ao menos inexigível – para ambas as partes"[114].

O Superior Tribunal também confirmou a condenação do fabricante de contraceptivos em outro precedente, o Recurso Especial n° 1.096.325/SP, de 9

---

[113] GORDON, Linda. *The moral property of women: a history of birth control politics in America*, op. cit., p. 347-354.

[114] "3. Além de outros elementos importantes de convicção, dos autos consta prova de que a consumidora fazia uso do anticoncepcional, muito embora não se tenha juntado uma das cartelas de produto defeituoso. Defende-se a recorrente alegando que, nessa hipótese, ao julgar procedente o pedido indenizatório, o Tribunal responsabilizou o produtor como se este só pudesse afastar sua responsabilidade provando, inclusive, que a consumidora não fez uso do produto defeituoso, o que é impossível. 4. Contudo, está presente uma dupla impossibilidade probatória: à autora também era impossível demonstrar que comprara especificamente uma cartela defeituosa, e não por negligência como alega a recorrente, mas apenas por ser dela inexigível outra conduta dentro dos padrões médios de cultura do país. 5. Assim colocada a questão, não se trata de atribuir equivocadamente o ônus da prova a uma das partes, mas sim de interpretar as normas processuais em consonância com os princípios de direito material aplicáveis à espécie. O acórdão partiu das provas existentes para concluir em um certo sentido, privilegiando, com isso, o princípio da proteção ao consumidor" (STJ, REsp 1.120.746/SC, 3ª Turma, 17.02.2011. Nesse mesmo sentido, cf. REsp 918.257/SP, 3ª Turma, 03.05.2007).

de dezembro de 2008[115]. Na hipótese, o tribunal de São Paulo havia decidido "de acordo com a prova dos autos [...] interpretados à luz da experiência comum e técnica (art. 335 do CPC), bem como, desenvolvido o raciocínio lógico razoável", entendendo pela existência de defeito do contraceptivo a partir de diversos elementos – dentre eles, o fato de que a consumidora "sabia usar o anticoncepcional, pois durante 8 anos, entre o nascimento de um filho e de outro, não engravidou"[116]. No mesmo sentido, o Agravo Regimental no Recurso Especial n° 1.192.792/PR, de 20 de setembro de 2012, em que a condenação levara em conta o fato de que, até a data do incidente, a consumidora já havia utilizado durante cinco anos aquela mesma pílula, obtendo sucesso em evitar a gravidez[117].

180. Mas os elementos de maior relevância para a constatação do defeito são aqueles externos à lide, relativos à existência de outros casos reportados de falha do contraceptivo em questão. Assim, o fato de que há um grande número de ações reparatórias envolvendo esse mesmo produto, ou de reclamações dos consumidores junto aos órgãos pertinentes, deve ser tomado como um indicativo de que pelo menos algumas unidades daquele contraceptivo apresentaram defeito[118].

O controle exercido pela administração pública pode oferecer um indício importante nesse sentido. Há diversos casos em que as autoridades de fiscalização determinam a imediata retirada do mercado de um determinado contraceptivo, por terem identificado problemas em um ou mais lotes do

---

[115] STJ, REsp 1.096.325/SP, 3ª Turma, 09.12.2008, C.E.P. Rusyk, *O "caso das pílulas de farinha" como exemplo da construção jurisprudencial de um "direito de danos" e da violação da liberdade positiva como "dano à pessoa"*, op. cit., p. 273.

[116] Nos termos do acórdão do Tribunal de São Paulo: "O documento de fls. 97 comprova que a apelante era de longa data (desde 1987) usuária do Microvlar. O prontuário do CooperPAS de fls. 788 demonstra que em 18 de dezembro de 1997 a apelante ainda era fiel à marca (sexta linha do prontuário médico). Em julho de 1998, atestou a médica que atendeu a apelante que ele noticiou o uso do Microvlar (fls. 99). A apelante sabia fazer uso do anticoncepcional. Se sua primeira filha nasceu em 12 de abril de 1991 (documento de fls. 751 e ss.) e se o segundo só veio em 28 de novembro de 1998, o remédio foi bem usado durante 8 anos. Isso afasta a hipótese de a gravidez se ter dado em razão de mau uso da pílula", TJSP, Apel 9063425-14.2001.8.26.0000, 6ª C.Priv., 30.05.2006.

[117] STJ, AgRg no REsp 1.192.792/PR, 3ª Turma, 20.09.2012. Para outro caso de presunção de defeito do contraceptivo, apreciado pelo STJ, cf.: AgRg no AI 1.157.605/SP, 3ª Turma, 03.08.2010.

[118] MOREIRA, Carlos Roberto Barbosa. *Notas sobre a inversão do ônus da prova em benefício do consumidor*, op. cit., p. 142-145. Cf., por exemplo, TJSP, Apel 9061621-30.2009.8.26.0000, 7ª C.Priv., 10.04.2013.

produto. O Superior Tribunal, por exemplo, já apreciou litígios dessa espécie envolvendo o contraceptivo "Diane 35"[119] e "Microvlar"[120], que tiveram sua comercialização temporariamente suspensa, em razão de defeitos apresentados[121]. É também o que ocorreu no Agravo Interno no Agravo em Recurso Especial nº 166.587/DF, julgado pelo Superior Tribunal em 21 de junho de 2018[122]. No caso, restou demonstrado que a marca de anticoncepcional utilizada pela consumidora havia sido reprovada, por duas vezes, nos testes de controle de qualidade das autoridades sanitárias. Esse fator foi determinante para que os magistrados afirmassem uma "presunção relativa de culpa" ao encontro do fabricante, que foi então responsabilizado pelo nascimento indesejado.

A existência de defeito em alguns dos contraceptivos comercializados torna-se praticamente certa, ainda mais, levando-se em conta que os atos administrativos gozam de presunção relativa de veracidade[123]. A dificuldade probatória muda de enfoque, havendo necessidade de se estabelecer se o consumidor adquiriu um dos exemplares ou cartelas que apresentavam defeito. Para essa ponderação, além da prova de que o consumidor fazia uso da marca do contraceptivo em questão, dois indícios serão relevantes: a data e o local dos fatos. Com efeito, a tese de que produto consumido pelo demandante era defeituoso será mais plausível se a gravidez tiver ocorrido no momento em

---

[119] STJ, REsp 918.257/SP, 3ª Turma, 03.03.2007.
[120] STJ, REsp 866.636/SP, 3ª Turma, 29.11.2007.
[121] Podemos encontrar nos tribunais estaduais outros casos envolvendo produtos temporariamente interditados pelas autoridades. Cf: TJSP, Apel 9061621-30.2009.8.26.0000, 7ª C.Priv., 10.04.2013, relativo à pílula "Nociclin", que teve suspensa sua distribuição nos programas estaduais de saúde; TJSP, AI 524.395-4/7-00, 4ª C.Priv., 27.09.2007, envolvendo o DIU Cepeó Copper TCu380A, produto que foi retirado das unidades municipais de saúde em setembro de 2005, "considerando a gravidade dos efeitos adversos", tais como "gravidez indesejada, expulsão espontânea, bem como fragmentação e expulsão do produto"; TJRS, Apel 70048214464, 9ª C.Civ., 10.10.2012 e Apel 70021020664. 10ª C.Civ., 06.03.2008, ambos relativos ao contraceptivo injetável "Contracep"; TJRS, Apel 70015424872, 10ª C.Civ., 14.12.2006, julgado improcedente, envolvendo a pílula "Triquilar", em que as autoridades constataram que cartelas de um determinado lote continham um comprimido a menos do que deveriam; TJDF, Apel 2010.04.1.007876-7, 6ª T.Civ., 17.11.2010, sobre a pílula "Ciclo 21", no qual o tribunal constou que o produto fora reprovado duas vezes pelas autoridades, estando, portanto, "em desacordo com as normas regulamentares de distribuição e apresentação, coisa que, por si só, os torna impróprios para o consumo, não havendo que se indagar sobre sua inadequação ao fim para que se destinam".
[122] STJ, AgInt no Ag em REsp 166.587/DF, 4ª Turma, 21.06.2018.
[123] DI PIETRO, Maria Sylvia Zanella. *Direito administrativo*. 27. ed. São Paulo: Atlas, 2014, p. 206-208.

que esses contraceptivos reconhecidamente falhos foram colocados à venda, e na região em que o lote foi comercializado[124].

181. Por outro lado, é de se ressaltar que as presunções de fato são sempre relativas, ou seja, admitem prova em sentido contrário[125]. Logo, o contraponto à utilização das presunções para demostrar o defeito do contraceptivo é que o fornecedor tem a faculdade de reverter essa presunção. E, para tanto, ele também poderá recorrer aos indícios.

O fornecedor pode, por exemplo, trazer aos autos exames, ainda que por amostragem, realizados sobre produtos postos em circulação naquele período, que indiquem a ausência de exemplares defeituosos. Outra possibilidade é que ele se valha do número de reclamações e processos relativos àquele contraceptivo[126], das estatísticas do produto desde que foi colocado à venda, dos últimos trabalhos científicos e pesquisas realizados; ou mesmo que ele aponte, com base nas informações do processo, quais as possíveis causas para a gravidez indesejada, senão o defeito do produto empregado pelos demandantes.

O exemplo mais comum de contraprova indireta ocorre nos casos em que o consumidor conservou a embalagem do produto, sendo possível identificar o lote ao qual pertencia o contraceptivo supostamente defeituoso. Nesse caso, muitos tribunais têm admitido que o fabricante comprove a eficácia do produto por meio de uma análise técnica indireta, com a perícia de outros exemplares do medicamento[127] ou do preservativo[128] pertencentes àquele mesmo lote. Se as amostras se revelarem satisfatórias, haverá forte

---

[124] A questão será apreciada mais à frente, *infra*, n° 195 e s.

[125] DINAMARCO, Cândido Rangel. *Instituições de direito processual civil*, v. 3, op. cit., p. 119-120, n° 825.

[126] Nesse sentido, cf. TJPR, Apel 611.920-6, 10ª C.Civ., 15.07.2010, em que o tribunal consignou que "se o medicamento utilizado pela autora estivesse defeituoso (ineficaz), todas as unidades daquele lote apresentariam a mesma ineficiência, atingindo dezenas, ou centenas de usuárias, o que certamente causaria uma comoção generalizada na comunidade em que foi comercializado o lote, aliás como é comum acontecer, com repercussão nacional e interdição imediata dos lotes até apuração. 3.13. Contudo, o caso da autora, ao que consta, foi isolado, inexistindo qualquer outra reclamação conhecida que sequer indicasse outros casos ocorridos naquela comunidade (Londrina) onde foi comercializado aquele lote do produto, o que impõe analisar a pendenga com parcimônia".

[127] TJSP, Apel 0375991-46.2008.8.26.0577, 1ª C.Priv., 19.06.2012; Apel 530.405.4/3-00, 4ª C.Priv., 30.07.2009; Apel 407.417-4/5, 10ª C.Priv., 13.05.2008; TJMG, Apel 1.0433.03.090133-7/001, 16ª C.Civ., 20.10.2010;

[128] TJSP, Apel 0338200-91.2009.8.26.0000, 1ª C.Priv., 07.07.2011; Apel 405.980.4/9-00, 9ª C.Priv., 12.02.2008.

probabilidade de que o produto consumido pelo demandante também não apresentava defeito.

C – A inversão *ope iudicis* do ônus de provar o defeito

182. A inversão do ônus da prova prevista no art. 6º, VIII, do Código de Defesa do Consumidor, também conhecida como inversão *ope iudicis*, já foi abordada no presente trabalho, quando tratamos da questão da culpa médica em cirurgias de esterilização[129]. Evidentemente, esse mesmo dispositivo pode ser aplicado aos litígios envolvendo produtos contraceptivos, para inverter o ônus da prova do defeito.

O que torna essa hipótese de inversão preferível àquela sustentada com base no art. 12, § 3º, II, do mesmo diploma, é que, diversamente desta, a inversão *ope iudicis* não decorre apenas da lei. O dispositivo em questão submete a inversão ao "critério do juiz", que deve tomar sua decisão com base em dois elementos: a verossimilhança da alegação do consumidor ou a sua hipossuficiência.

É justamente essa margem de discricionariedade que faz com que o art. 6º, VIII, seja um instrumento de adaptação das regras processuais às especificidades do litígio. Ela permite que o magistrado afaste a presunção quando o pedido do consumidor lhe pareça inoportuno ou abusivo.

Quanto ao requisito da verossimilhança, ele implica que o juiz poderá inverter o ônus da prova de um determinado fato controverso quando houver plausibilidade ou, ainda, grande probabilidade de que a tese sustentada pelo consumidor seja verdadeira[130]. Ora, é fácil perceber que esse elemento torna a inversão *ope iudicis* algo muito próximo das presunções de fato, que também se valem da probabilidade para reputar uma determinada alegação como comprovada[131]. Aliás, o próprio art. 6º, VIII, faz referência às "regras ordinárias de experiências", um elemento que remete à ideia de presunção de fato.

183. É por essa razão que a inversão *ope iudicis* tem maior relevância quando decorre de seu segundo requisito[132]: a hipossuficiência do consu-

---

[129] Cf. *supra*, nº 81 e s.
[130] GIDI, Antonio. *Aspectos da inversão do ônus da prova no Código do Consumidor*, op. cit.; MOREIRA, Carlos Roberto BARBOSA. *Notas sobre a inversão do ônus da prova em benefício do consumidor*, op. cit., 141-142.
[131] WATANABE, Kazuo. *Código de Defesa do Consumidor: comentado pelos autores do anteprojeto*, v. 2, op. cit., p. 8-9; SICA, Heitor Vitor Mendonça. *Questões velhas e novas sobre a inversão do ônus da prova (CDC, art. 6º, VIII)*, op. cit., p. 55-57.
[132] SICA, Heitor Vitor Mendonça. *Idem*, loc. cit.

midor. Cumpre notar que a hipossuficiência é aqui entendida, não como a carência de recursos financeiros, tratada pela Lei n° 1.060/1950 sob a mesma terminologia[133], tampouco como a vulnerabilidade inerente à posição social de consumidor, que é presumida, nos termos do art. 4°, I, do próprio Código do Consumidor. A hipossuficiência mencionada no art. 6°, VIII, é de natureza processual e apreciada *in concreto*: haverá hipossuficiência quando, em razão da disparidade de informações ou conhecimentos técnicos sobre determinada questão, o fornecedor esteja em melhores condições de produzir uma prova que seria de interesse do consumidor[134].

É nesse sentido que a inversão *ope iudicis* pode ser um instrumento eficaz para contornar os problemas de assimetria de informação nos litígios envolvendo produtos contraceptivos. Embora, na maioria dos casos, não seja possível realizar uma perícia direta sobre o contraceptivo utilizado, o fornecedor tem acesso a informações privilegiadas sobre ele, como por exemplo, as pesquisas, os dados técnicos e as estatísticas do contraceptivo. Ele tem condições, desse modo, de ampliar o conjunto probatório do litígio, fornecendo elementos capazes de facilitar a compreensão do magistrado e deixá-lo em melhores condições para averiguar a existência ou não de defeito naquele caso. A inversão *ope iudicis* do ônus da prova do defeito é um meio adequado para incitar o fornecedor a produzir esse tipo de prova e dividir os conhecimentos que detém.

Exemplo desse tipo de situação pode ser encontrado no já referido Recurso Especial n° 1.452.306/SP, julgado pelo Superior Tribunal de Justiça em 15 de março de 2016[135], e que envolvia um implante hormonal que se revelou ineficaz. Sabia-se que os efeitos desse tipo de contraceptivo podem restar comprometidos quando a espessura da cápsula e a quantidade hormônios nela contida são diferentes da recomendada, e o próprio fabricante admitia que havia uma certa variação desses fatores entre uma embalagem e outra.

---

[133] Nas primeiras edições de seus comentários ao CDC, Kazuo WATANABE relacionou o conceito de hipossuficiência previsto na legislação consumerista à hipossuficiência econômica da Lei n° 1.060/1950. O autor reviu seu entendimento nas edições mais recentes da obra, *Código de Defesa do Consumidor: comentado pelos autores do anteprojeto*, v. 2, op. cit., p. 9-10. Num sentido semelhante, relacionando a hipossuficiência à incapacidade do consumidor de arcar com os custos de uma determinada prova, cf. Tupinambá Miguel Castro do NASCIMENTO, *Responsabilidade civil no Código do Consumidor*, op. cit., p. 128.

[134] Alguns autores sustentam que a previsão do art. 6°, VIII, do CDC, seria um exemplo de distribuição dinâmica do ônus da prova. Cf. DIDIER JUNIOR, Fredie; BRAGA, Paula Sarno; OLIVEIRA, Rafael. *Curso de direito processual civil*, v. 2, op. cit., p. 94-100.

[135] STJ, REsp 1.452.306/SP, 4ª Turma, 15.03.2016.

Nesse sentido, o fabricante se encarregou de realizar perícia no bastonete retirado da consumidora, para verificar as condições do produto utilizado por ela. O laudo apresentado, contudo, não foi de forma alguma satisfatório, como apontou o perito do juiz: "embora a forma não possa ser considerada inapropriada, esperava o perito que o laudo acerca do implante fosse um relatório em algo semelhante, e nos mesmos moldes, ao relatório de controle de qualidade da droga remanescente, a quantidade de droga ativa, a quantidade de produtos de degradação e a espessura da película". Os tribunais, corretamente, imputaram o ônus dessa prova ao próprio fornecedor[136].

184. No entanto, é importante que a inversão *ope iudicis* do ônus do defeito seja realizada dentro de alguns parâmetros de razoabilidade. O primeiro limite é que essa inversão não deve gerar para o fornecedor um ônus probatório impossível[137]. Até porque, a inversão *ope iudicis* – ou, ao menos, a inversão fundamentada na hipossuficiência processual do consumidor – pressupõe que o fornecedor tenha mais facilidade para realizar a prova controversa.

Isso implica, no caso dos contraceptivos, não se pode exigir que o fabricante resolva por completo o problema do desaparecimento do produto, devendo-se admitir, tanto quanto nos casos de presunção, que ele produza a contraprova do defeito por vias indiretas. Uma forma de fazê-lo é por meio da realização de perícia técnica em outras unidades do contraceptivo, que pertençam ao mesmo lote do produto adquirido pelo consumidor.

185. Em segundo lugar, a inversão *ope iudicis* não deve isentar o consumidor de toda e qualquer atividade probatória. Vale lembrar que a inversão do art. 6º, VIII, versa sempre sobre fatos específicos – daí porque o dispositivo fala em verossimilhança da "alegação" e não das "alegações". Não trata, portanto, de uma presunção geral de veracidade das afirmações do autor, tal como ocorre nos casos de revelia[138], mas sim de uma inversão da prova sobre fatos controversos bem determinados do litígio[139].

No mais, antes de inverter o ônus da prova do defeito, o magistrado deve exigir que o consumidor traga aos autos todas as provas relevantes às quais tem acesso. E esses elementos devem ser suficientes, seja para demonstrar a plausibilidade da alegação do consumidor (verossimilhança), seja para evidenciar que o fornecedor terá melhores condições de esclarecer o ponto

---

[136] Em segunda instância: TJSP Apel 9066049-55.2009.8.26.0000, 4ª C.Civ., 16.08.2012.
[137] DINAMARCO, Cândido Rangel. *Instituições de direito processual civil*, v. 3, op. cit., p. 79-81, nº 799.
[138] *Idem*, p. 533-547, nº 1121 e s.
[139] SICA, Heitor Vitor Mendonça. *Questões velhas e novas sobre a inversão do ônus da prova (CDC, art. 6º, VIII)*, op. cit., p. 51-54.

controverso (hipossuficiência). Somente assim evita-se que a inversão *ope iudicis* esvazie totalmente o encargo argumentativo do consumidor, tornando-se um subterfúgio ao ócio probatório de alguns demandantes.

186. É importante notar que são as raras as decisões que se utilizam da inversão *ope iudicis* nesse tipo de conflito[140]. Isso demonstra que os tribunais brasileiros ainda são bastante reticentes no que diz respeito às demandas fundadas no nascimento indesejado, recusando a indenização em razão inexistência de provas diretas e conclusivas sobre o defeito imputado ao anticoncepcional[141].

Embora seja fruto da prudência dos julgadores, é inegável que esse entendimento termina por reduzir sensivelmente as possibilidades de que os pais obtenham reparação pela violação de seu direito à autodeterminação reprodutiva. Isso pode ser bastante injusto para com eles: não se trata, de fato, de um descaso com a produção da prova, mas sim de uma impossibilidade material inerente aos fatos litigiosos.

Essa postura rigorosa pode desembocar na exclusão apriorística da responsabilidade dos fabricantes, o que não é apenas contrário aos valores fundamentais do sistema de proteção ao consumidor, como também coloca em risco a segurança da sociedade. Há aí um incentivo para que os laboratórios farmacêuticos reduzam as cautelas empregadas na produção dos medicamentos[142].

187. Em resumo, as regras de convencimento do juízo devem ser prudentemente adaptadas às limitações materiais do conflito e à disparidade informacional das partes. Na hipótese em apreço, as inversões *ope iudicis* deveriam ser empregadas com mais frequência, tendo-se em vista, de um lado,

---

[140] TJBA, Apel 0000844-60.2006.8.05.0248, 2ª C.Civ., 16.10.2012; TJRJ, Apel 0007762-75.2005.8.19.0038, 6ª C.Civ., 29.08.2012; Apel 0001649-52.2006.8.19.0206, 3ª C.Civ., 20.07.2011; TJPR AI Apel 601.437-3, 9ª C.Civ., 17.09.2009; TJSP, Apel 443.672-4/1-00, 9ª C.Priv., 27.03.2007; Apel 292.952-4/5-00, 9ª C.Priv., 21.02.2006.

[141] Para decisões em que a inversão foi expressamente recusada: TJRS, Apel 70053610903, 10ª C.Civ., 17.06.2013; TJSP Apel 0004086-18.2007.8.26.0083, 2ª C.Priv., 29.05.2012; Apel 0008658-41.2009.8.26.0020, 1ª C.Priv., 17.02.2012; TJMG, Apel 2.0000.00.504771-0/000, 16ª C.Civ., 19.10.2005; Apel 2.0000.00.397619-0/000, 2ª C.Civ., 10.02.2004.

[142] Na verdade, o mercado de medicamentos é caso típico em que há forte assimetria de informação entre consumidor e produtor, o que provoca o fenômeno da seleção adversa. Para maiores detalhes sobre esse modelo de competição, cf. o nosso artigo CARNAÚBA, Daniel Amaral. Distribuição de riscos nas relações de consumo: uma análise econômica. *In*: LOPEZ, Teresa Ancona; LEMOS, Patrícia Fagá Iglecias; RODRIGUES JUNIOR, Otavio Luiz (orgs.). *Sociedade de risco e direito privado*: desafios normativos, consumeristas e ambientais. São Paulo: Atlas, 2012, p. 28-65.

que a prova direta sobre a alegada ineficácia do contraceptivo é impossível e, do outro, que o réu está em melhores condições de aproximar o juiz da verdade dos fatos e de enriquecer o litígio com algum tipo de informação.

Na seara da responsabilidade civil, as condenações equivocadas, resultantes das imperfeições do conjunto probatório, são inevitáveis e, até mesmo, toleráveis, principalmente nos conflitos de massa. O que não se pode admitir é que as dificuldades probatórias inerentes a esse tipo de litígio redundem numa verdadeira imunidade civil em favor dos fabricantes e na supressão dos direitos dos consumidores.

§ 3 – *A ineficácia do contraceptivo e o "caso das pílulas de farinha"*

188. Em alguns litígios, é fato incontroverso que o fabricante produziu medicamentos com problemas de eficácia, seja porque o defeito de algum lote posto em circulação foi detectado pelas autoridades sanitárias, seja porque o próprio fabricante reconheceu o defeito em parte de sua produção[143].

Porém, isso não significa que, em cada litígio individual, o problema da prova do defeito do produto estará superado. A comprovação de que foram produzidos lotes com defeito apenas um desloca o objeto da prova, que passa a ser fatual. As vítimas tentarão convencer os julgadores de que o contraceptivo que consumiram fazia parte do lote comprovadamente anômalo.

189. O Superior Tribunal de Justiça apreciou pela primeira vez um conflito dessa espécie em 3 de maio de 2007, com o julgamento do Recurso Especial nº 918.257/SP[144]. No caso, a demandante alegava ter engravidado porque consumiu uma cartela do anticoncepcional "Diane 35" que continha apenas 20 pílulas, em vez das 21 que normalmente deveriam constar do blíster. A peculiaridade do julgado é que não havia dúvidas de que o laboratório fabricara caixas com a referida falha, tendo em vista que a venda do produto fora inclusive suspensa e o fabricante autuado pela Vigilância Sanitária em razão desse problema[145]. Ocorre que a consumidora não trouxe aos autos a embalagem do medicamento supostamente defeituoso, afirmando tê-la descartado após o uso. Isso não impediu que o Tribunal de São Paulo acolhesse a demanda reparatória, calcado em presunções de fato.

---

[143] TJSP, Apel 9061621-30.2009.8.26.0000, 7ª C.Priv., 10.04.2013; 524.395-4/7-00, 4ª C.Priv., 27.09.2007; TJRS; Apel 70048214464, 9ª C.Priv., 10.10.2012; Apel 70021020664, 10ª C.Civ., 06.03.2008; Apel 70015424872, 10ª C.Civ., 14.12.2006; TJDF, Apel 2010.04.1.007876-7, 6ª T.Civ., 17.11.2010.
[144] STJ, Resp, 918.257/SP, 3ª Turma, 03.03.2007.
[145] Cf. TJSP, Apel 159.783-4/2-00, 4ª C.Priv., 19.05.2006.

E foi esse entendimento que serviu de base ao recurso especial interposto pelo laboratório. No entender do recorrente, o Tribunal de São Paulo teria lhe atribuído um ônus impossível, ao exigir que ele fizesse prova de que a autora não consumiu uma das unidades com defeito.

A tese foi prontamente repelida pela Terceira Turma da Corte Superior: "está presente uma dupla impossibilidade probatória: à autora também era impossível demonstrar que comprara especificamente uma cartela defeituosa, e não por negligência como alega a recorrente, mas apenas por ser dela inexigível outra conduta dentro dos padrões médios de cultura do país. Assim colocada a questão, não se trata de atribuir equivocadamente o ônus da prova a uma das partes, mas sim de interpretar as normas processuais em consonância com os princípios de direito material aplicáveis à espécie. O acórdão partiu de uma prova existente para concluir em um certo sentido, privilegiando, com isso, o princípio da proteção ao consumidor".

190. Mas houve outro evento, de maior abrangência, que obrigou os tribunais a enfrentarem o problema das provas quanto ao consumo de um medicamento reconhecidamente defeituoso. Trata-se do episódio notabilizado como "o caso das pílulas de farinha"[146], que deu origem a diversas demandas judiciais, inclusive, uma ação civil pública movida em face do fabricante do contraceptivo defeituoso[147]. Essa ação civil foi apreciada pelo Superior Tribunal de Justiça no Recurso Especial nº 866.636/SP, no qual a corte reconheceu a responsabilidade do produtor (A). Os problemas probatórios continuaram a repercutir nos litígios subsequentes (B).

A – O Recurso Especial nº 866.636/SP e a responsabilidade do fabricante

191. O escândalo conhecido como "o caso das pílulas de farinha" ocorreu em 1998 e envolveu um dos anticoncepcionais mais utilizados da época, o Microvlar, produzido pela filial nacional do laboratório alemão Schering. Ainda que os fatos jamais tenham sido totalmente esclarecidos, sabe-se que a empresa havia adquirido novo maquinário para produzir embalagens do

---

[146] RUSYK, Carlos Eduardo Pionovski. O "caso das pílulas de farinha" como exemplo da construção jurisprudencial de um "direito de danos" e da violação da liberdade positiva como "dano à pessoa", op. cit., p. 288; SILVA, Rafael Peteffi da. *Wrongful conception, wrongful birth e wrongful life: indenização pelo nascimento de filhos indesejados e os recentes posicionamentos da jurisprudência brasileira*, op. cit.

[147] Para um caso semelhante, ocorrido recentemente no Chile, cf.: "Falha em pílula deixa ao menos 170 mulheres grávidas no Chile". Disponível em: https://www.uol.com.br/universa/noticias/redacao/2021/03/16/falha-em-anticoncepcional-deixa--mais-de-170-mulheres-gravidas-no-chile.htm. Acesso em: 24.05.2021.

medicamento e que, para testá-lo, fabricou cerca de 644.000 cartelas contendo pílulas sem qualquer efeito, as quais, supostamente, continham farinha em vez dos princípios ativos[148].

Ocorre que esse material, de início destinado à incineração, foi de alguma forma desviado e parte das cartelas-placebo colocada à venda, principalmente em farmácias na região do município de Mauá, em São Paulo – certamente, com a aquiescência dos farmacêuticos que as venderam. Em 19 de junho daquele ano, os fatos vieram a público e de imediato ganharam as páginas dos jornais de todo o país[149]. Cinco dias depois, o Ministério da Saúde determinou a interdição do laboratório Schering[150] e, na mesma data, a Câmara dos Deputados aprovou o projeto de lei que tornaria hediondo o crime de falsificação ou adulteração de medicamentos[151].

192. Sem nenhuma surpresa, a repercussão avançou também sobre o Poder Judiciário. Não tardou para que as primeiras consumidoras se apresentassem como vítimas das pílulas de farinha e exigissem indenização pela gravidez indesejada, dando origem a um sem-número de ações reparatórias em diversos estados[152].

A questão chegaria ao Superior Tribunal de Justiça apenas em 29 de novembro de 2007, com o julgamento do Recurso Especial n° 866.636/SP[153]. Tratava-se de uma ação civil pública movida pelo estado de São Paulo e pelo Procon-SP em face da Schering, pretendendo obrigar o laboratório a disponibilizar tratamento médico às vítimas do evento e a veicular notas explicativas na mídia, informando os consumidores sobre o ocorrido e sobre os serviços de apoio oferecidos a eles. Os demandantes requeriam, por fim, a condenação da ré ao pagamento de danos morais coletivos[154].

---

[148] Cf. "O paraíso dos remédios falsificados", *Revista Veja*, 08 de julho de 1998, p. 40-47.
[149] Cf., por exemplo, *Folha de São Paulo*, 23 de junho de 1998, p. 3-4; *O Estado de São Paulo*, 25 de junho de 1998, p. A13.
[150] *Folha de São Paulo*, 25 de junho de 1998, p. 3-5.
[151] O projeto daria origem à Lei 9.695/1998. É curioso notar que, caso estivesse em vigor à época do incidente, a lei de forma alguma se aplicaria aos fatos em questão.
[152] A maioria das ações se concentrou no Tribunal do Estado de São Paulo e foram apreciadas, em segundo grau, por sua 9ª Câmara de Direito Privado.
[153] STJ, REsp 866.636/SP, 3ª Turma, 29.11.2007, Rafael Peteffi da SILVA, *Wrongful conception, wrongful birth e wrongful life: indenização pelo nascimento de filhos indesejados e os recentes posicionamentos da jurisprudência brasileira*, op. cit.
[154] Para um parecer jurídico elaborado a pedido da Schering, no curso desse processo, cf. FIORILLO, Celso Antonio Pacheco. O direito das relações de consumo e o critério legal de definição da relação entre fornecedor e consumidor. *Revista de direito privado*, v. 4, 2000, p. 206.

O pedido foi julgado inteiramente procedente em primeira e segunda instâncias, inclusive com o deferimento de tutela antecipada em relação às obrigações de fazer. Quanto aos danos morais coletivos, arbitrou-se a indenização no montante mínimo pretendido, equivalente a R$ 1.000.000,00[155].

193. Inconformada, a Schering interpôs o mencionado recurso especial[156]. A principal tese sobre a qual se apoiava o recurso concernia ao fundamento da responsabilidade da empresa. O laboratório salientava que jamais colocara à venda as cartelas de placebo e que, portanto, não seria "fornecedor", nos termos do art. 3º, *caput* e § 1º, do Código de Defesa do Consumidor. Pela mesma razão, o regime da responsabilidade pelo fato do produto deveria ser afastado, conforme a exceção prevista no art. 12, § 3º, I, do diploma consumerista, a qual estabelece que o fornecedor não será responsável quando provar "que não colocou o produto no mercado". Estaria igualmente configurada a excludente da culpa exclusiva de terceiro, conforme dispõe o mesmo art. 12, § 3º, cabendo às farmácias que indevidamente venderam os produtos a obrigação de indenizar os consumidores.

Rechaçada a tese da responsabilidade objetiva, a Schering haveria de ser isentada de qualquer responsabilidade, seja porque não houve culpa de sua parte, seja porque a hipótese constituiria caso fortuito.

195. O Superior Tribunal rejeitou os argumentos da recorrente. Quanto à incidência do art. 3º e da excludente de responsabilidade prevista no art. 12, § 3º, I, ambos do Código de Defesa do Consumidor, a corte assentou que "a responsabilidade da fornecedora não está condicionada à introdução consciente e voluntária do produto lesivo no mercado consumidor" e que "a excludente de responsabilidade objetiva só existe quando efetivamente configurado que a circulação da mercadoria aconteceu por ocasião de um evento no qual a empresa produtora do bem não teve qualquer participação"[157].

No caso em questão, a ré teria contribuído para a introdução dos placebos no mercado, ainda que indiretamente, em razão de sua conduta negligente. De fato, as investigações evidenciaram diversas falhas no procedimento adotado pelo laboratório que permitiram o desvio dos produtos, as quais incluíam desde erros quanto ao método de descarte das embalagens, até omissões

---

[155] TJSP, Apel 9178823-09.2001.8.26.0000, 9ª C.Priv., 23.03.2004.
[156] Outro ponto importante sustentado pelo laboratório referia-se à legitimidade ativa do Procon para o ajuizamento desse tipo de ação coletiva. O recurso argumentava, ainda, que o nascimento de uma criança não seria constitutivo de danos morais. A questão será apreciada mais à frente, *infra*, nº 304 e s.
[157] Contra: FIORILLO, Celso Antonio Pacheco. *O direito das relações de consumo e o critério legal de definição da relação entre fornecedor e consumidor*, op. cit.

graves no controle de seus funcionários, do transporte e da incineração dos resíduos[158]. No mais, as pílulas falsas eram fisicamente idênticas às verdadeiras, não havendo, ainda, alerta nas embalagens que permitisse ao leigo identificar que se tratava de cartelas-teste[159]. A Corte salientou, por fim, que a empresa se omitira em revelar os fatos às autoridades e à população, demorando quase um mês entre as primeiras evidências do desvio e a comunicação feita à polícia e à vigilância sanitária[160].

---

[158] Conforme o voto da ministra Nancy Andrighi, relatora do processo, "Se é verdade que não existe prova quanto à colocação intencional das pílulas no mercado por parte da Schering, há, por outro lado, provas de que a empresa nunca se preocupou em vigiar seus funcionários; de que nunca teve a intenção de estabelecer um controle efetivo de sua área de descarga; que nunca teve a intenção de fiscalizar o sistema de transporte dos resíduos; e que nunca teve a intenção de fiscalizar a efetiva destruição destes. Ou seja, em resumo, se não houve vontade de colocar as pílulas no mercado, também não houve vontade por parte da empresa no sentido de impedir que tal fato acontecesse, o que leva à constatação de que a empresa participou do desenrolar dos acontecimentos que levaram à causação do dano, devendo, portanto, assumir a recorrente os riscos de sua atividade".

[159] A relatora do acórdão ressaltou "a ausência completa de sinais distintivos compreensíveis ao leigo no invólucro do remédio ineficaz. São estes os termos literais do relatório, que transcrevem informações prestadas por Valter Frederico Schenk, responsável técnico da empresa: 'As bulas, blíster e cartelas utilizadas no teste de qualificação de equipamento são diferenciados dos originais. Entretanto, para o consumidor, a diferenciação só é possível comparando as duas embalagens, não havendo alerta de identificação referente ao uso para teste, utilizando drágea sem atividade terapêutica (placebo)'" – os únicos elementos que poderiam provocar a desconfiança do consumidor eram a inexistência de data de validade nas cartelas-placebo, além do número de lote com dígitos repetitivos (000011111111111).

[160] De fato, em 20 de maio daquele ano, a Schering recebeu uma carta anônima contendo uma cartela do produto-teste e informando que ela fora comprada em uma farmácia em Mauá. No dia 1º junho, uma consumidora, também de Mauá, fez uma reclamação formal à empresa de que engravidara, a despeito do uso correto do produto. No dia seguinte, foram feitas duas outras reclamações idênticas. Contudo, o laboratório comunicou a suspeita de desvio às autoridades apenas em 19 de junho – coincidentemente, no mesmo dia em que os fatos seriam veiculados no importante programa televisivo "Jornal Nacional". O comunicado oficial da empresa ao público veio no dia 24 de junho e, como bem ressaltou o acórdão do STJ "'mais se prestou a confundir do que a esclarecer', pois 'orientou suas consumidoras a continuarem a ingerir os comprimidos, que sabiam não produzir qualquer efeito', o que equivale a publicar informação enganosa". De fato, a leitura da nota publicada nos jornais de grande circulação revela que o laboratório se preocupou muito mais em defender-se das acusações de negligência, do que efetivamente informar as possíveis vítimas do evento. A nota em momento algum mencionava, abertamente, que as caixas sem princípio ativo foram desviadas, limitando-se a declarar que "Há um inquérito na Polícia Estadual aberto pela Schering do Brasil em 19.06.1998 para apuração do

Todos os equívocos cometidos serviram também para que o Superior Tribunal afastasse a tese da culpa exclusiva dos farmacêuticos ou o caso fortuito[161], levando os magistrados a confirmar a condenação do fabricante[162].

B – As decisões posteriores e a dificuldade de comprovação do uso do placebo

195. Com a procedência dessa ação civil pública, a jurisprudência sedimentou seu entendimento sobre a responsabilidade da Schering pelo incidente das pílulas de farinha. Mas isso não solucionou as dificuldades probatórias existentes nas ações reparatórias individuais.

De fato, o acolhimento dos pedidos individuais de reparação depende da demonstração de que a consumidora fez uso de uma das cartelas desviadas. E essa tem sido a principal questão enfrentada pelo Superior Tribunal nos diversos precedentes que se sucederam ao Recurso Especial n° 866.636/SP[163]. O problema é que, quanto a esse ponto, há uma nítida divergência de interpretação entre as duas Turmas de Direito Privado do Superior Tribunal de Justiça[164].

---

furto de que foi vítima. É imperdoável que uma Empresa com a seriedade e tradição da Schering do Brasil, há 127 anos atuando em mais de 130 países, há 44 anos no Brasil, esteja passando por esta situação criada por uma iniciativa criminosa". Como informação às consumidoras, o fabricante afirmava que "as usuárias de Microvlar não devem descontinuar o uso, no entanto, associar método de barreira" (termo técnico que certamente não compreendido por grande parte das consumidoras) e aconselhava-as "a procurar seu médico para orientação". Ao final, a nota reconfortava as consumidoras de que o acidente, se de fato existira, não era grave, ao observar que "a Schering do Brasil realizou em 24 horas, rastreamento em 126 estabelecimentos comerciais [...]. Obteve 597 unidades, não encontrou *nenhuma* amostra de produto não aprovado (especificações adequadas). Foram realizados 302 testes de Cromatografia para identificação de princípio ativo, tendo sido obtido 100% de positividade" (grifos no original), *Folha de São Paulo*, 24 de junho de 1998, p. 1-12. Cf. também: Cf. GASPARI, Elio. "A Schering pode virar farinha", *Folha de São Paulo*, 28 de junho de 1998, p. 1-14 e a entrevista concedida por Rainer Bitzer, diretor-presidente da Schering à época: *Revista Veja*, 08 de julho de 1998, p. 42-43.

[161] Contra: FIORILLO, Celso Antonio Pacheco. *O direito das relações de consumo e o critério legal de definição da relação entre fornecedor e consumidor*, op. cit.

[162] Para outro julgado em que a tese da culpa exclusiva dos farmacêuticos foi afastada: STJ, AgRg no AI 1.157.605/SP, 3ª Turma, 03.08.2010.

[163] RUSYK, Carlos Eduardo Pionovski. *O "caso das pílulas de farinha" como exemplo da construção jurisprudencial de um "direito de danos" e da violação da liberdade positiva como "dano à pessoa"*, op. cit., p. 294-298.

[164] Idem; MULTEDO, Renata Vilela. *A responsabilidade civil por nascimento indesejado no direito brasileiro*, op. cit., p. 99-100.

196. A Quarta Turma tem adotado uma posição rigorosa para com os demandantes. Cumpre notar, primeiramente, que esse órgão fracionário firmou entendimento de que não é possível inverter o ônus probatório em favor do consumidor, no que tange à demonstração do uso das pílulas-placebo. Essa interpretação do art. 6º, VIII, do Código de Defesa do Consumidor foi por diversas vezes empregada para reverter condenações proferidas em segundo grau[165].

E mesmo quanto à apreciação dos indícios do defeito, a Quarta Turma tem se revelado bastante cautelosa[166], rejeitando sistematicamente todos os pedidos de reparação que chegaram à sua análise.

Em alguns julgados, a Turma reformou a decisão recorrida, ao ressaltar que não existiam elementos probatórios para a condenação. Assim, no Agravo Regimental nº 1.271.425/CE, de 2 de dezembro de 2010[167], o colegiado entendeu que os indícios empregados pelo tribunal estadual para responsabilizar o laboratório – no caso, as provas de que a demandante utilizava Microvlar à época do desvio, a coincidência temporal entre este evento e a concepção e, ainda, os vários anos em que fez uso da pílula sem contratempos – não seriam suficientes, sendo "necessários elementos de convicção mais contundentes para a afirmação do nexo de causalidade"[168]. Do mesmo modo, no

---

[165] STJ, REsp 720.930/RS, 4ª Turma, 20.10.2009; REsp 844.969/MG, 4ª Turma, 19.10.2010; REsp 798.803/BA, 4ª Turma, 21.10.2010. Em um desses precedentes (REsp 844.969/MG), o Superior Tribunal nitidamente adentrou a matéria de fato, invadindo a apreciação soberana dos magistrados de segundo grau. Com efeito, o acórdão do Tribunal Alçada de Minas Gerais condenara o laboratório por considerar que haviam indícios suficientes do nexo de causalidade, tendo em vista a data dos fatos e o histórico clínico da consumidora. Cf. TJMG, Emb Inf 2.0000.00.397619-0/001, 2ª C.Civ., 01.03.2005 e o voto que inaugurou a divergência na apelação: TJMG, Apel 2.0000.00.397619-0/000, 2ª C.Civ., 10.02.2004. Cf. também: AgRg no Ag em REsp 194.649/SP, 4ª Turma, 06.09.2012; AgRg no AI 1.271.425/CE, 4ª Turma, 02.12.2010; REsp 883.612/ES, 4ª Turma, 08.00.2009; REsp 697.078/BA, 4ª Turma, 08.09.2009.

[166] Rusyk, Carlos Eduardo Pionovski. O "caso das pílulas de farinha" como exemplo da construção jurisprudencial de um "direito de danos" e da violação da liberdade positiva como "dano à pessoa", op. cit., p. 296.

[167] STJ, AgRg no AI 1.271.425/CE, 4ª Turma, 02.12.2010.

[168] Nos termos do acórdão: "o tribunal local fundamentou no sentido de que a simples comprovação de que a autora teria passado vários anos sem engravidar; que usava o medicamento Microvlar ao tempo da concepção não programada, bem como a existência de situação notória do vazamento de lotes do referido anticoncepcional, sem princípio ativo no mercado, seriam eventos suficientes para a comprovação do nexo de causalidade e, consequentemente, para a condenação do fabricante em danos patrimoniais. Ocorre que esta Corte Superior, analisando casos semelhantes, já se pronunciou no sentido de que são necessários elementos de convicção mais

Recurso Especial n° 883.612/ES a Turma reformou um acórdão favorável à consumidora, ao constatar que, a despeito dos demais indícios, havia uma incompatibilidade entre a data da compra do medicamento e o início dos testes com a máquina de embalagens[169].

Em outros casos, a Quarta Turma houve por bem não conhecer dos recursos dos consumidores, ao considerar que a revisão do julgado de segundo grau exigiria a reapreciação de matéria de fato. É o que ocorreu, por exemplo, no julgamento do Agravo Regimental no Agravo no Recurso Especial n° 194.649/SP[170] e do Recurso Especial n° 697.078/BA[171]. Em ambos os litígios, os tribunais estaduais haviam entendido pela inexistência de provas de que as demandantes adquiriram cartelas desviadas, notadamente porque residiam em local diverso daquele em que foi comprovada a distribuição dos placebos.

197. Certos precedentes da Quarta Turma chegam até mesmo a indicar que só haveria provas suficientes para a condenação nos casos em que o consumidor trouxesse aos autos a caixa do produto defeituoso[172]. Essa exigência, por vezes subentendida em alguns acórdãos[173], foi declarada abertamente Recurso Especial n° 720.930/RS, de 20 de outubro de 2009, no qual a corte afirmou que a apresentação da caixa do placebo ou, ao menos, da nota fiscal, seria condição indispensável para o acolhimento do pedido reparatório[174]. De fato, a dificuldade probatória é fácil de ser resolvida quando se tem acesso à embalagem do produto utilizado, tendo em vista que as caixas do lote de placebo possuíam

---

contundentes para a afirmação do nexo de causalidade entre a utilização do medicamento e o dano experimentado".

[169] STJ, REsp 883.612/ES, 4ª Turma, 08.09.2009. Segundo a decisão, "Não se trata de reexame do contexto fático-probatório dos autos, mas sim de valoração dos critérios jurídicos concernentes à utilização da prova e à formação da convicção, ante a distorcida aplicação pelo Tribunal de origem da inversão do ônus da prova".

[170] STJ, AgRg no Ag em REsp 194.649/SP, 4ª Turma, 06.09.2012.

[171] STJ, REsp 697.078/BA, 4ª Turma, 08.09.2009 – curiosamente, proferido no mesmo dia do REsp 883.612/ES, *supra*. Cf. também: AgRg no Ag em REsp 171.796, 4ª Turma, 25.02.2014.

[172] RUSYK, Carlos Eduardo Pionovski. O *"caso das pílulas de farinha" como exemplo da construção jurisprudencial de um "direito de danos" e da violação da liberdade positiva como "dano à pessoa"*, op. cit., p. 297.

[173] STJ, AgRg no AI 1.271.425/CE, 4ª Turma, 02.12.2010; REsp 798.803/BA, 4ª Turma, 21.10.2010; REsp 844.969/MG, 4ª Turma, 19.10.2010.

[174] Nos termos do voto do ministro relator, "na hipótese, mostrar-se-ia mais razoável a consumidora guardar – por apenas um mês bastaria – as caixas do medicamento usado ou as notas fiscais, por precaução, do que se exigir do laboratório a prova de que a autora não ingeriu as indigitadas 'pílulas de farinha', o que, convenhamos, é prova impossível de se produzir", STJ, REsp 720.930/RS, 4ª Turma, 20.10.2009.

algumas características que permitem a sua identificação – notadamente, a ausência de prazo de validade e a numeração do lote com dígitos repetitivos[175].

Essa posição, criticada por parte da doutrina[176] e refutada por outros tribunais[177], nos parece demasiadamente severa. Vale lembrar a regra em nosso Direito, tanto processual quanto material, de que a prova dos atos ilícitos pode ser feita por qualquer meio. Não faria sentido, assim, transformar a caixa do produto numa espécie de "título de crédito de reparação", cuja apresentação é essencial à exigibilidade da obrigação nele consubstanciada.

O entendimento pressupõe que o consumidor deva adotar uma postura de permanente desconfiança para com os produtos que utiliza, guardando sempre suas embalagens e notas fiscais para que, caso haja acidente, elas sirvam de fundamento a uma ação reparatória. Evidentemente, essa conduta não é comum. Ao torná-la condição para indenização, o Superior Tribunal terminaria por isentar o produtor de responsabilidade perante os consumidores, mesmo não havendo qualquer dúvida quanto à introdução dos placebos no mercado. E, de fato, a análise de nossa jurisprudência revela que são raros os litígios nos quais a caixa do placebo foi juntada aos autos[178].

198. A rigidez contrasta frontalmente com a posição adotada pela Terceira Turma da mesma Corte Superior que, desde o já mencionado acórdão envolvendo a pílula "Diane 35", havia estabelecido que a responsabilidade do fabricante não depende da apresentação da cartela do contraceptivo[179]. Esse entendimento foi confirmado em dois precedentes relativos ao Microvlar, nos quais a formação ressaltou que "seria uma postura desajustada à realidade esperar que esta guarde todas as notas fiscais e caixas de produtos que adquire na eventualidade de que algum deles apresente falhas"[180].

---

[175] Cf. REsp 866.636/SP, *supra*.
[176] RUSYK, Carlos Eduardo Pionovski. *O "caso das pílulas de farinha" como exemplo da construção jurisprudencial de um "direito de danos" e da violação da liberdade positiva como "dano à pessoa"*, op. cit., p. 294-295.
[177] TJSP, Apel 443.672-4/1-00, 9ª C.Priv., 27.03.2007.
[178] No STJ, em apenas um precedente a corte ressaltou que a demandante apresentou uma caixa com as características do placebo: AgRg no AI 1.157.605/SP, 3ª Turma, 03.08.2010. Para casos nos tribunais estaduais, cf.: TJSP, Apel 9069603-66.2007.8.26.0000, 9ª C.Priv., 22.05.2012; Apel 0121195-74.2008.8.26.0000, 9ª C.Priv., 09.05.2012; 9181508-47.2005.8.26.0000, 9ª C.Priv., 17.01.2012; Apel 482.037-4/0, 4ª C.Priv., 09.01.2009. É curioso notar que o TJRJ criticou a demandante que apresentara caixas de contraceptivos "estranhamente guardadas por alguns anos", 1ª C.Civ., 28.07.2009.
[179] STJ, REsp 918.257/SP, 3ª Turma, 03.05.2007.
[180] STJ, REsp 1.120.746/SC, 3ª Turma, 17.02.2011; REsp 1.096.325/SP, 3ª Turma, 09.12.2008, C.E.P. RUSYK, *O "caso das pílulas de farinha" como exemplo da construção*

No mais, embora a Terceira Turma jamais tenha admitido a inversão do ônus da prova para resolução do problema[181], a formação tem se mostrado mais flexível com a apreciação dos indícios do defeito[182], desde que haja provas de que a consumidora efetivamente utilizava aquela marca de contraceptivos[183]. Assim, o órgão já aceitou que o consumo de uma das cartelas inertes seja constatado a partir da coincidência entre a data da concepção e o incidente com os placebos[184], do local de residência da demandante[185], e dos anos que ela utilizou o produto sem engravidar[186].

199. Um fator que merece especial destaque é questão relativa ao local do evento. Alguns precedentes da Quarta Turma[187] e também de tribunais estaduais[188] afastaram o pedido de indenização de demandantes que moravam fora do estado de São Paulo – ou mesmo, fora da cidade de Mauá[189] –, ao

---

jurisprudencial de um 'direito de danos' e da violação da liberdade positiva como "dano à pessoa", op. cit., p. 294-295.

[181] No mencionado Recurso Especial 1.120.746/SC, por exemplo, a Terceira Turma, apesar de ter afirmado que o Tribunal de Santa Catarina se equivocara ao inverter o ônus da prova do nexo causal, considerou que a condenação deveria ser mantida, de todo modo, diante dos demais elementos presentes nos autos. Com efeito, os próprios magistrados de segundo grau ressaltaram que a demandante demonstrou ser consumidora do Microvlar e que engravidou precisamente no período dos desvios, depois de oito anos se valendo dos anticoncepcionais

[182] Para um excelente uso dos indícios e presunção para a resolução dos conflitos envolvendo o suposto uso das cartelas placebo de Microvlar, cf. as dezenas de acórdãos proferidos pela 9ª Câmara de Direito Privado do TJSP sobre esse conflito, relatados pelo des. Antonio Vilenilson, v.g. Apel 0742647-34.1998.8.26.0100, 01.10.2013; Apel 9187419-35.2008.8.26.0000, 01.10.2013; Apel 9162417-63.2008.8.26.0000, 21.04.2013. V. também: TJPR, Apel 112.552-2, 4ª C.Civ., 03.04.2002.

[183] STJ, REsp 918.257/SP, 3ª Turma, 03.05.2007.

[184] STJ, REsp 1.120.746/SC, 3ª Turma, 17.02.2011; AgRg no AI 1.157.605/SP, 3ª Turma, 03.08.2010. Por outro lado, a incompatibilidade temporal já serviu de fundamento para a rejeição da pretensão reparatória: AgRg no AI 1.017.530/SP, 3ª Turma, 07.10.2008.

[185] STJ, AgRg no AI 1.157.605/SP, 3ª Turma, 03.08.2010; REsp 1.096.325/SP, 3ª Turma, 09.12.2008.

[186] STJ, AgRg no REsp 1.192.792/PR, 20.09.2012; REsp 1.120.746/SC, 3ª Turma, 17.02.2011; REsp 1.096.325/SP, 3ª Turma, 09.12.2008.

[187] STJ, AgRg no Ag em REsp 194.649/SP, 4ª Turma, 06.09.2012; AgRg no AI 1.271.425/CE, 4ª Turma, 02.12.2010; REsp 720.930/RS, 4ª Turma, 20.10.2009; REsp 697.078/BA, 4ª Turma, 08.09.2009.

[188] TJGO, Apel 83450-27.1998.8.09.0051, 4ª C.Civ., 27.10.2011; Apel 125.683-5/188, 2ª C.Civ., 25.11.2008; TJDF, Apel 0001886-90.1999.8.07.0004, 4ª T.Civ., 10.11.2003; Apel 1998091003898-8, 2ª T.Civ., 20.08.2001.

[189] Cf., por exemplo, o REsp 194.649/SP, *supra*. Na decisão de segunda instância atacada, o TJSP sustentara que "Há mais uma circunstância nada favorável à versão da auto-

ressaltarem que os órgãos de vigilância não encontraram cartelas de placebos à venda nessas outras localidades, durante as inspeções especialmente realizadas para tanto.

Esse argumento, conquanto seja um indício favorável ao laboratório, não deve ser tomado como prova definitiva de sua tese. Cumpre notar que os fatos jamais foram completamente esclarecidos e, portanto, não há como se afirmar com segurança que os lotes de placebo não foram distribuídos em outras regiões[190]. No mais, como já ressaltou o próprio Superior Tribunal em algumas ocasiões[191], é de se esperar que, após divulgação dos fatos na mídia, as farmácias que haviam adquirido os placebos no mercado negro tenham se livrado das provas de sua culpa.

A própria Schering afirmou publicamente que jamais apreendera qualquer cartela dos placebos, mesmo durante os rastreamentos que realizou na região de Mauá logo após a revelação do vazamento[192]. Ora, não há qualquer dúvida de que os placebos foram distribuídos naquela cidade. Logo, o fato de que não se encontrou placebos à venda em uma determinada localidade não é prova cabal de que eles não foram comercializados ali[193].

Seção 2 – Os defeitos ligados à ausência de informação sobre os usos e riscos do contraceptivo

200. Um elemento para a caracterização do defeito do produto é a sua "apresentação", mencionada no art. 12, § 1º, I, do Código do Consumidor, ao lado dos já estudados elementos do uso e dos riscos que razoavelmente

---

ra: não indicou onde adquiriu o medicamento e o local onde reside (Guarulhos) é distinto daqueles em que comprovadamente foram distribuídas as pílulas de farinha (região de Mauá e adjacências)". Vale notar que essas duas cidades pertencem à região metropolitana de São Paulo e distam apenas 35 quilômetros uma da outra.

[190] TJRS, Apel 70003081957, 6ª C.Civ., 28.11.2001.

[191] STJ, REsp 1.120.746/SC, 3ª Turma, 17.02.2011; AgRg no REsp 1.192.792/PR, 3ª Turma, 20.09.2012.

[192] De acordo com o comunicado veiculado pelo Schering em diversos jornais no dia 14 de junho de 1998, o rastreamento foi realizado, em 24 horas, nas regiões de "Ferraz de Vasconcelos, Guarulhos, Itapecerica da Serra, Itaquaquecetuba, Mauá, Osasco, Ribeirão Pires, Santo André, São Bernardo do Campo, São Caetano do Sul, São Miguel Paulista, São Paulo capital, Suzano e Taboão da Serra", *Folha de São Paulo*, 24 de junho de 1998, p. 1-12.

[193] Cf. também: TJPR, Apel 112.552-2, 4ª C.Civ., 03.04.2002; TJSP, Apel 994.06.115009-1, 2ª C.Priv., 12.12.2010; Apel 9069603-66.2007.8.26.0000, 9ª C.Civ., 22.05.2012; Apel 292.952-4/5-00, 9ª C.Civ., 21.02.2006; TJRS, Apel 70003081957, 6ª C.Civ., 28.11.2001;TJRJ, Apel 2007.001.68915, 11ª C.Civ., 10.05.2009.

dele se esperam (inciso II) e da "época em que foi colocado em circulação" (inciso III). Vale ressaltar que, quando o Código do Consumidor afirma que a segurança esperada deve levar em consideração a "apresentação do produto", a questão não se resume, como poderia parecer, às embalagens ou ao manual de instruções trazidos com a mercadoria. O termo apresentação deve ser tomado em seu sentido amplo, de modo a abranger todo tipo de informação veiculada pelo fornecedor, que possa influenciar na imagem que o consumidor tem do produto. Isso inclui as informações transmitidas por meio de publicidade impressa, televisão ou rádio, e aquelas disponibilizadas na internet ou em documentos técnicos de acesso ao público[194].

Na verdade, a apresentação do produto é uma questão que está intimamente ligada ao tratamento da assimetria de informação pelo Direito do Consumidor. Uma das características marcantes das relações de consumo é a desigualdade entre as partes no que tange ao conhecimento sobre o bem comercializado: enquanto o produtor domina as técnicas de fabrico e, consequentemente, as informações sobre a mercadoria, o consumidor carece destes fatores. Assim, é comum que os consumidores não tenham um entendimento perfeito sobre o funcionamento do produto, sua utilização ou sobre os riscos por ele oferecidos[195].

201. É com o intuito de contrabalancear a desigualdade de conhecimentos que o Código de Defesa do Consumidor impõe, por diversos meios, deveres de informação ao fornecedor. Essa preocupação com o reequilíbrio informacional está presente quando o Código estabelece os direitos básicos do consumidor (art. 6º, III e IV) ou regulamenta a oferta (art. 31) e a publicidade (art. 37) nas relações de consumo[196].

Um desses instrumentos jurídicos para mitigar a assimetria de informação é a responsabilidade pelo defeito, notadamente, os "defeitos de informação", que são aqueles decorrentes das "informações insuficientes ou inadequadas sobre [a] utilização e riscos" dos produtos (art. 12, *caput*). O que caracteriza o defeito de informação é que ele não advém propriamente de um déficit de segurança do produto, mas sim da percepção incorreta dos

---

[194] REINIG, Guilherme Henrique Lima. *A responsabilidade do produtor pelos riscos do desenvolvimento*, op. cit., p. 33; BENJAMIN, Antônio Herman de Vasconcellos e. *Comentários ao Código de Proteção do Consumidor*, op. cit., p. 61; MARINS, James. *Responsabilidade da empresa pelo fato do produto*, op. cit., p. 114-115 e 120-123.

[195] Abordamos a questão em CARNAÚBA, Daniel Amaral. *Distribuição de riscos nas relações de consumo: uma análise econômica*, op. cit., p. 28-65

[196] MIRAGEM, Bruno. *Curso de direito do consumidor*, op. cit., p. 200-202; FABIAN, Christoph. *O dever de informar no direito civil*. São Paulo: RT, 2002. p. 83-86.

consumidores sobre os usos e riscos normalmente oferecidos por ele. Haverá defeito de informação quando as instruções fornecidas ou a aparência do produto transmitirem uma falsa ideia sobre ele.

202. A referência legal à "apresentação do produto" constitui, portanto, uma forma de controlar *a posteriori* esses problemas de informação. Em princípio, o consumidor não tem direito à indenização em razão dos danos provocados pelos "riscos inerentes" ao produto, que são aqueles que decorrem ordinariamente de sua utilização. É preciso, porém, que esses potenciais perigos sejam claramente perceptíveis no momento em que o consumidor adquire e utiliza o produto, de forma que ele compreenda os riscos está assumindo.

E é por isso que o produto será considerado defeituoso caso os riscos e usos normais do produto não correspondam àqueles que poderiam ser deduzidos de sua apresentação. Em outras palavras, aquilo que seria um "risco inerente" do produto passará a constituir um "risco adquirido" e ensejará a responsabilidade do fornecedor, se não houver informações claras e precisas sobre ele[197].

203. A apresentação do produto remete-nos, assim, aos deveres de informação dos fornecedores, que são particularmente relevantes no que tange aos produtos contraceptivos. Como visto anteriormente[198], os contraceptivos constituem um exemplo típico de produto de periculosidade inerente, pois implicam uma série de riscos ao consumidor, como os efeitos colaterais ou mesmo a possibilidade de gravidez indesejada.

O dever de informação dos fornecedores é um contrapeso a esses riscos inerentes ou, mais precisamente, à ausência de responsabilidade do fornecedor em caso de concretização desse risco. O respeito à autonomia reprodutiva exige que o consumidor seja advertido de todos os perigos que estará assumindo ao optar por aquele método, para que possa tomar suas decisões reprodutivas com efetiva autonomia.

Por esse aspecto, é importante analisar o conteúdo do dever de informação dos fornecedores de contraceptivos (§ 1) e o modo como essas informações devem ser repassadas aos consumidores (§ 2). Veremos, também, que a jurisprudência tem se mostrado bastante reticente com as demandas reparatórias fundadas no desrespeito a esses deveres (§ 3).

§ 1 – *O dever de informação dos fornecedores de produtos contraceptivos*

204. Uma primeira questão que se coloca é a de determinar o conteúdo do dever de informação dos fornecedores de contraceptivos. A principal re-

---

[197] BENJAMIN, Antônio Herman de Vasconcellos e. *Comentários ao Código de Proteção do Consumidor*, op. cit., p. 64.
[198] Cf. *supra*, n° 140 e s.

ferência legal sobre o tema é o art. 31 do Código de Defesa do Consumidor, que trata da "oferta e apresentação de produtos".

O mencionado o art. 31 do Código do Consumidor enumera uma série de informações obrigatórias para os produtos, que incluem as "características, qualidades, quantidade, composição, preço, garantia, prazos de validade e origem". Esse rol não é taxativo, contudo, conforme ressalva o próprio dispositivo, ao estabelecer que essas informações são exigidas "entre outros dados"[199]. Na verdade, as informações devem abranger todos os elementos que possam influir na decisão do consumidor de adquirir o produto, ou na forma como ele o utiliza[200].

205. No caso dos contraceptivos, as informações devem incluir os efeitos adversos, a eficácia preventiva contra doenças sexualmente transmissíveis e as contraindicações de cada método. No que interessa à questão do nascimento indesejado, duas informações são particularmente relevantes: a confiabilidade do contraceptivo e seu modo de utilização[201].

De fato, é importante que as informações disponibilizadas aos consumidores esclareçam que há possibilidades de falha do contraceptivo. A questão também se encontra regulada pelo art. 9º, parágrafo único, da Lei de Planejamento Familiar, o qual determina que a prescrição de contraceptivos só poderá ocorrer com a "informação sobre os seus riscos, vantagens, desvantagens e eficácia".

206. Essa informação deve ser tanto mais precisa quanto possível, indicando, por exemplo, a margem de risco de gravidez indesejada, obtida por meio das pesquisas realizadas com o produto. A advertência sobre a eficácia há de ser mais enfática nos produtos menos confiáveis, de modo a permitir que o usuário tenha conhecimento das limitações de cada método e opte por aquele que melhor se adequa às suas necessidades.

---

[199] BENJAMIN, Antônio Herman de Vasconcellos e. Oferta e publicidade. In: BENJAMIN, Antônio Herman de Vasconcellos e; Marques, Cláudia Lima; BESSA, Leonardo Roscoe. *Manual de direito do consumidor*. 4. ed. São Paulo: RT, 2012, p. 237.

[200] Cf. também FABIAN, Christoph. *O dever de informar no direito civil*, op. cit., p. 83 e p. 145-151.

[201] Aliás, mesmo antes da promulgação do Código do Consumidor, Vera Maria Jacob de FRADERA expunha que "quem fabrica ou põe à venda no mercado determinado bem ou produto tem o dever de indicar o seu modo de utilização e qual o seu emprego correto, além de prevenir contra os possíveis perigos que sua utilização pode acarretar ao consumidor" (O dever de informar do fabricante. *Revista dos tribunais*, v. 656, 1990, p. 53). No mesmo sentido: LEÃES, Luiz Gastão Paes de Barros. *A responsabilidade do fabricante pelo fato do produto*, op. cit., p. 164-165.

As informações devem ainda prevenir o consumidor dos fatores que comprometem a eficiência daquele método, tais como a ocorrência de vômitos e diarreia aguda quando da ingestão dos contraceptivos orais, ou a interação com outras substâncias medicamentosas, álcool e tabaco.

207. Outra informação relevante diz respeito ao modo de utilização[202]. Cabe ao fornecedor informar de forma clara e inteligível a maneira como o contraceptivo deve ser empregado para que surta efeitos. No que tange aos contraceptivos orais, as informações sobre o uso devem abranger a frequência e o horário em que o medicamento precisa ser ingerido, e os intervalos entre o fim de uma cartela e o início da outra.

Nesse ponto, é importante que o fornecedor leve em consideração os usos previsíveis do produto[203], advertindo os consumidores das falhas comuns que podem ocorrer, por exemplo, na colocação de preservativos, diafragmas, anéis vaginais e adesivos hormonais. Uma instrução indispensável refere-se às medidas a serem tomadas pelo consumidor em caso de atraso ou esquecimento em ingerir uma das pílulas[204], um problema recorrente no uso de contraceptivos orais. As medidas recomendáveis variam conforme a duração do atraso e o momento de sua ocorrência em relação ao ciclo menstrual[205].

208. Cabe observar, por fim, que o cumprimento do dever de informação não isenta automaticamente o fornecedor pelos danos provocados pelo produto. O fato de que o consumidor tenha sido corretamente advertido de um determinado risco ou do modo de utilização apenas afasta a ocorrência de defeito de informação, mas não impede que o produto seja considerado defeituoso em razão de um defeito de concepção ou fabricação, de acordo com os usos e riscos razoavelmente esperados e a época em que o produto foi colocado em circulação.

---

[202] LOPES, José Reinaldo de Lima. *Responsabilidade civil do fabricante e a defesa do consumidor*, op. cit., p. 73-77.
[203] Cf. *supra*, n° 156.
[204] Questão padronizada pela Resolução-RDC Anvisa n° 47, de 08.09.2009.
[205] Por exemplo, a bula do contraceptivo Nordette, publicada em 11.06.2013, contém instruções distintas para os casos em que: 1) a paciente se esqueceu de tomar uma drágea e lembrou dentro de até 12 horas da dose usual; 2) a paciente se esqueceu de tomar uma drágea e lembrou mais de 12 horas após a dose usual; ou 3) a paciente tomou a última drágea ativa antes do fim do intervalo de 7 dias durante o qual o uso de um método contraceptivo não hormonal é necessário e se atrasou para reiniciar a nova cartela. A bula do contraceptivo Yaz, de 18.02.2014, traz, inclusive, uma tabela com precauções a serem tomadas em caso esquecimento, de acordo 1) com o número de pílulas em atraso; e 2) o com o dia do atraso, em relação ao ciclo de 28 comprimidos que devem ser tomados a cada mês.

§ 2 – Os meios de informar os consumidores de produtos contraceptivos

209. Um segundo tema de relevo diz respeito à forma como as informações devem ser transmitidas aos consumidores. Nesse ponto, o art. 31 do Código do Consumidor coloca a clareza como elemento central do dever de informação, ao estabelecer que a "oferta e apresentação de produtos ou serviços devem assegurar informações corretas, claras, precisas, ostensivas e em língua portuguesa".

Para cumprir o mandamento legal, um dos fatores a ser levado em consideração pelo fornecedor é o grau de compreensão do consumidor-padrão de seus produtos[206]. É preciso que as informações sejam inteligíveis ao público ao qual o produto se destina, o que, no caso dos contraceptivos, implica uma faixa bastante heterogênea de consumidores, de diferentes classes sociais e níveis de escolaridade. Para atingir todo esse público, o fornecedor deve empregar uma linguagem simples na difusão das informações. Um exemplo típico de preocupação com a clareza é o uso de figuras para ilustrar o uso correto de preservativos, anéis e diafragmas.

O problema da clareza é particularmente relevante no que tange aos medicamentos contraceptivos, que envolvem uma série de dados técnicos os quais devem ser traduzidos de maneira adequada para seus usuários. Trata-se de uma preocupação constante dos órgãos reguladores, notadamente a Anvisa, que editou resoluções para elaboração das bulas[207] e dos rótulos[208] de medicamentos comercializados no Brasil. Uma importante regra administrativa, introduzida em 2003[209], concerne à elaboração de bulas distintas para os profissionais da saúde e para pacientes. Essas últimas trazem dados simplificados sobre o medicamento e devem seguir uma estrutura mais inteligível, já prevista no próprio regulamento, nas quais as informações são dispostas na forma de questões ou itens[210].

---

[206] Nesse mesmo sentido, Lucia Ancona Lopaz de Magalhães DIAS sustenta que, para a avaliação do caráter enganoso de uma determinada publicidade, é preciso recorrer à figura do "consumidor típico" atingido por aquela publicidade (*Publicidade e direito*. São Paulo: RT, 2010. p. 120-138).

[207] Resolução-RDC Anvisa nº 47, de 08.09.2009.

[208] Resolução-RDC Anvisa nº 71, de 22.12.2009.

[209] Resolução-RDC Anvisa nº 140, de 29.05.2003, revogada pela Resolução-RDC Anvisa nº 47/2009.

[210] Cf. art. 6º e anexo I da Resolução-RDC Anvisa nº 47/2009. Para uma crítica à validade dessa Resolução, que teria ultrapassado os limites legais e constitucionais, cf. RODRIGUES JUNIOR, Otávio Luiz. Liberdade de expressão e controle de propaganda de medicamentos e das advertências na ordem jurídica pela Agência Nacional de Vigilância Sanitária – Anvisa (parecer). *In*: MIRANDA, Jorge; RODRIGUES JUNIOR,

210. No mais, cabe ressaltar que os deveres de informação abrangem tanto condutas positivas, no sentido de que os fornecedores devem difundir os dados relevantes sobre o uso e os riscos dos contraceptivos; quanto negativas, que os obrigam a se abster de divulgar informações falsas sobre esses produtos[211].

Quanto aos deveres positivos, além das bulas, manuais e embalagens, que constituem os meios de difusão de informação por excelência, o fornecedor é por vezes obrigado a utilizar de outros métodos de comunicação com os consumidores. Um exemplo disso é o dever dos fornecedores de medicamentos de manter um Serviço de Atendimento ao Consumidor por telefone (SAC)[212] ou, ainda, de enviar informações para publicação no Bulário Eletrônico da Anvisa[213], um banco de dados acessível pela internet e que contém todas as bulas de medicamentos comercializados no país[214].

211. Já as obrigações negativas dizem respeito à garantia da veracidade das informações difundidas sobre o produto, impedindo que o fornecedor veicule dados falsos ou distorcidos. Esse princípio se aplica a todas as formas de comunicação utilizadas pelo fornecedor, seja ela impressa, digital, por rádio ou televisão, e pouco importando se esse meio foi empregado com intuito informativo ou publicitário.

A principal aplicação da garantia de veracidade reside na vedação à publicidade enganosa[215], prevista no art. 37, §§ 1º e 3º, do Código de Defesa do Consumidor[216]. Embora seu objetivo não seja propriamente de informar, mas antes de divulgar o produto e promover suas vendas, a publicidade não pode induzir o consumidor em erro, falseando suas expectativas sobre a segurança ou eficácia do produto.

Otavio Luiz; FRUET, Gustavo Bonato (orgs.). *Direitos da personalidade*. São Paulo: Atlas, 2012, p. 153.

[211] LOPEZ, Teresa Ancona. *Nexo causal e produtos potencialmente nocivos*, op. cit., p. 87.

[212] Art. 3º, § 3º, da Resolução-RDC Anvisa nº 96, de 17.12.2008

[213] Art. 38 da Resolução-RDC Anvisa nº 47, de 08.09.2009.

[214] Disponível em: http://www.anvisa.gov.br/datavisa/fila_bula/index.asp. Acesso em: 21.04.2014.

[215] DIAS, Lucia Ancona Lopaz de Magalhães. *Publicidade e direito*, op. cit., p. 70-76; CENEVIVA, Walter. *Publicidade e direito do consumidor*. São Paulo: RT, 1991, p. 111-128.

[216] "Art. 37. É proibida toda publicidade enganosa ou abusiva. § 1º É enganosa qualquer modalidade de informação ou comunicação de caráter publicitário, inteira ou parcialmente falsa, ou, por qualquer outro modo, mesmo por omissão, capaz de induzir em erro o consumidor a respeito da natureza, características, qualidade, quantidade, propriedades, origem, preço e quaisquer outros dados sobre produtos e serviços. (...). § 3º Para os efeitos deste código, a publicidade é enganosa por omissão quando deixar de informar sobre dado essencial do produto ou serviço".

É de se notar, contudo, que o tema da publicidade enganosa tem importância secundária no que tange aos medicamentos contraceptivos. Por se tratar de medicamentos de venda sob prescrição médica, a publicidade dos contraceptivos farmacológicos é vedada, nos termos do art. 7º da Lei nº 9.294/1996[217], salvo em meios de comunicação estritamente destinados aos profissionais da saúde habilitados a prescrevê-los[218]. Ainda assim, a vedação à publicidade enganosa é regra que incide sobre os demais produtos contraceptivos de publicidade permitida, como os preservativos.

§ 3 – O papel da informação nos litígios envolvendo produtos contraceptivos

212. Há uma diferença marcante quanto ao papel exercido pelo dever de informação nas ações reparatórias relativas às cirurgias de esterilização e naquelas relativas aos produtos contraceptivos. Como visto, a ausência de informação do paciente sobre os riscos de ineficácia da esterilização é o fundamento mais utilizado para condenar os médicos e clínicas a reparar o nascimento indesejado.

O mesmo argumento não parece tão persuasivo nos litígios que dizem respeito à falha de produtos contraceptivos[219]. Embora o Código preveja a modalidade do defeito do produto por ausência de informação, apenas em raras ocasiões o fornecedor de contraceptivos é responsabilizado com base nesse fundamento[220].

---

[217] "Art. 7º A propaganda de medicamentos e terapias de qualquer tipo ou espécie poderá ser feita em publicações especializadas dirigidas direta e especificamente a profissionais e instituições de saúde § 1º Os medicamentos anódinos e de venda livre, assim classificados pelo órgão competente do Ministério da Saúde, poderão ser anunciados nos órgãos de comunicação social com as advertências quanto ao seu abuso, conforme indicado pela autoridade classificatória". A restrição legal fundamenta-se no art. 220, § 4º, da CF/88, mas já estava amparada no art. 58, § 1º da Lei 6.360/76, cf.: RODRIGUES JUNIOR, Otavio Luiz. *Liberdade de expressão e controle de propaganda de medicamentos e das advertências na ordem jurídica pela Agência Nacional de Vigilância Sanitária*, op. cit., p. 167.

[218] Art. 27 da Resolução-RDC Anvisa nº 96, de 17.12.2008.

[219] Para exemplos em que os tribunais expressamente rejeitaram o pedido de reparatório fundado na falha de informação: TJSP, Apel 0023901-76.2008.8.26.0564, 10ª C.Priv., 22.05.2012; Apel 0008658-41.2009.8.26.0020, 1ª C.Priv., 07.02.2012; TJMG, Apel 1.0024.05.706332-3/001, 14ª C.Civ., 18.11.2010; TJSC Apel 2009.075453-3, 3ª C.Civ., 10.08.2010, TJPR, Apel 579326-6, 3ª C.Civ., 17.11.2009.

[220] Um dos poucos precedentes em que houve condenação do fabricante, em função da falha do dever de informar, foi proferido pelo TJSP em 2012. No caso, a usuária do implante subcutâneo Implanon havia engravidado alguns meses após a colocação do produto. A bula do implante explicitava que o "efeito contraceptivo de Implanon se dá principalmente por inibição da ovulação" e que "as ovulações não foram observadas

O que se nota, na verdade, é que, nos litígios envolvendo produtos contraceptivos, o dever de informação cumpre uma função oposta, servindo de tese defensiva aos produtores. O mais comum é que o consumidor se queixe do nascimento ocorrido durante o uso do contraceptivo e o produtor, em sua defesa, alegue que informou o consumidor sobre o risco de falha do produto. E o argumento tem encontrado êxito nos tribunais: muitos acórdãos afastam ocorrência de defeito do contraceptivo levando em conta as informações difundidas pelo produtor. Trata-se de um desfecho frequente nas ações envolvendo pílulas anticoncepcionais[221], contraceptivo hormonais injetáveis[222], pílulas do dia seguinte[223] e dispositivos intrauterinos[224].

---

nos primeiros 2 anos de uso e só raramente no terceiro ano". Os magistrados paulistas consideraram que essas referências implicavam a existência de "garantia de pelo menos os dois primeiros anos" de eficácia do produto, havendo, pois, falha na informação. O tribunal ressaltou ainda que o *site* do fabricante apresentava o produto com os dizeres "implante contraceptivo: 3 anos sem se preocupar com gravidez" criando assim "a certeza de que o medicamento funciona por 03 anos", TJSP, Apel 066049-55.2009.8.26.0000, 4ª C.Priv., 16.08.2012 – confirmado pelo STJ no REsp 1.452.306/SP, 4ª Turma, 15.03.2016. No sentido contrário, um precedente do TJMG, envolvendo o mesmo implante hormonal, em que os magistrados consideraram não haver falha de informação, embora o manual clínico do produto explicitasse que "mais de 2.300 mulheres participaram do programa de teste clínico: um total de 73.000 ciclos foram observados, durante os quais nenhuma gravidez foi registrada nas mulheres que utilizavam Implanon. Esta fantástica eficácia é obtida basicamente por meio da inibição da ovulação" (TJMG, Apel 1.0024.05.706332-3/001, 14ª C.Civ., 18.11.2010) Cf. também um precedente do TJBA, envolvendo a publicidade desse implante hormonal: TJBA, Apel 0106615-26.2005.8.05.0001, 1ª C.Civ., 22.05.2012. Para um acórdão em que o TJRS considerou que a bula do contraceptivo injetável "Contracep" não continha informações suficientes sobre sua falibilidade: "Ademais, não consta na embalagem do produto, de forma destacada, clara e ostensiva, a possibilidade de ineficácia do medicamento, como exige o dever anexo de informação, previsto no artigo 6º, III, do Código de Defesa do Consumidor. Pelo contrário, consta na bula do medicamento possuir ele 'grande eficácia anticoncepcional, desde que utilizado rigorosamente segundo a orientação do seu médico' (fl. 37), o que pode inclusive ser caracterizado como informação enganosa, uma vez que, por omissão, induz no consumidor a crença na eficácia do produto", TJRS, Apel 70021020664, 10ª C.Civ., 06.03.2008.

[221] TJPR, Apel 840656-0, 9ª C.Civ., 10.05.2012; TJRJ Apel 0144908-12.2004.8.19.0001, 8ª C.Civ., 24.05.2011.

[222] TJSP, Apel 0375991-46.2008.8.26.0577, 1ª C.Priv., 19.06.2012; Apel 335.710-4/3-00, 7ª C.Priv., 03.12.2008; TJMG, Apel 1.0145.04.142863-5/001, 14ª C.Civ., 06.09.2006; TJGO, Apel 69449-7/188, 1ª C.Civ., 25.11.2003.

[223] TJPR, Apel 1.085.798-0, 8ª C.Civ., 12.08.2013; Apel 764.068-0, 10ª C.Civ., 02.06.2011; TJMG Apel 1.0525.10.014974-5/002, 16ª C.Civ., 13.06.2012

[224] TJSP, Apel 0007654-81.2009.8.26.0597, 10ª C.Priv., 10.12.2013; Apel 0100184-73.2005.8.26.0006, 8ª C.Priv., 16.10.2013.

213. Diversos fatores podem explicar essa diferença de tratamento. O primeiro deles é que o consentimento informado é uma das preocupações centrais dos magistrados quando apreciam a conformação legal das cirurgias de esterilização. A severidade desses métodos contraceptivos e, em especial, seu caráter irreversível, faz com que os tribunais sejam particularmente rigorosos quanto à observância do dever de informar os pacientes sobre os riscos e possíveis consequências das laqueaduras e vasectomias. Ainda mais, tendo-se em vista que grande parte da população tem uma imagem distorcida sobre esses procedimentos, considerados, erroneamente, como métodos anticoncepcionais "infalíveis".

Não há essa mesma preocupação – ao menos, não com a mesma intensidade – quando os tribunais estão apreciando litígios relativos aos produtos contraceptivos. Tanto assim que alguns acórdãos ressaltam que a falibilidade dos produtos contraceptivos é fato de conhecimento geral, que independe de qualquer informação mais precisa por parte dos fornecedores[225].

214. Essa percepção da jurisprudência é bastante compreensível. É realmente incomum que os usuários ignorem totalmente que as pílulas anticoncepcionais ou preservativos possam falhar. Mas, em algumas situações, o entendimento desemboca em certa conivência com as omissões dos fabricantes, o que coloca em xeque o próprio direito à informação dos consumidores.

O Agravo Regimental nº 1.261.815/SC, julgado em 13 de fevereiro de 2013 pelo Superior Tribunal de Justiça, é um exemplo marcante dessa postura indulgente para com os fornecedores: apesar da bula do contraceptivo injetável empregado pela demandante não conter indicação clara de que o medicamento ostentava uma margem de ineficácia – o prospecto, em verdade, limitava-se a afirmar que a associação com outros fármacos poderia reduzir o efeito do contraceptivo e aconselhava a consulta de um médico em caso de

---

[225] Assim, o TJSP já assentou, em um litígio envolvendo um contraceptivo injetável, que a "mulher que tem vida sexual ativa deve estar informada do risco abrangendo a gravidez, independentemente da utilização de anticoncepcional", TJSP, Apel 335.710-4/3-00, 7ª C.Priv., 03.12.2008. O TJPR, por sua vez, para isentar o produtor de pílulas do dia seguinte, observou que "é fato notório e incontestável que os métodos anticoncepcionais não são 100% eficazes, já que é inerente a quase todos eles margem de falha, de modo que sempre há, ainda que reduzida, possibilidade de ocorrer a gravidez, sendo que por óbvio o único método contraceptivo que é 100% infenso a falhas é a absoluta abstinência sexual, que como visto não foi aquele eleito pela autora", TJPR, Apel 1.085.798-0, 8ª C.Civ., 12.08.2013. Ou, ainda, que seria difícil "acreditar que a apelante antes de resolver pela implantação do DIU não buscasse informações a respeito desse método contraceptivo ou, pior, que o médico não lhe tivesse informado que o método não era 100% eficaz", TJPR, Apel 579326-6, 3ª C.Civ., 17.11.2009.

suspeita de gravidez[226] –, a Corte Superior recusou-se a reapreciar a questão, asseverando que é "fato notório de que os métodos contraceptivos não são 100% eficazes" e que o suposto defeito de informação não estaria caracterizado, considerando a "informação constante da bula do medicamento"[227].

215. Um segundo fator que reduz o interesse dos demandantes no dever de informação é que os produtores têm certa facilidade em comprovar que informaram o consumidor acerca dos riscos do produto. Basta, para tanto, que eles demonstrem que a bula que acompanhava os contraceptivos vendidos à época continha tal advertência.

Ao contrário, no que tange às cirurgias de esterilização, a prova a ser fornecida é muito mais circunstancial. No mais das vezes, a prova da informação exige que o médico ou a clínica apresentem o termo assinado pelo paciente, o que pressupõe que eles tenham guardado esse documento em arquivo. Essa dificuldade probatória pode ser explorada pelos demandantes bem orientados, fazendo com que esse argumento seja mais frequente nas ações envolvendo cirurgias de esterilização.

216. Mas a principal explicação para o baixo número de condenações decorrentes da falha de informação é que os fornecedores, na maioria dos casos, respeitam esse dever de advertir os usuários sobre os riscos dos produtos contraceptivos. Isso ocorre, não tanto em razão da "boa vontade" dos fabricantes, mas porque há um efetivo controle prévio, exercido por parte da administração pública, sobre as informações veiculadas nesse tipo de mercadoria.

É de se lembrar que um medicamento contraceptivo não pode ser comercializado no Brasil sem que sua bula e sua embalagem tenham sido aprovadas pelos órgãos regulatórios e que essa autorização depende, entre outros fatores, da informação correta sobre a utilização e os riscos envolvidos com o medicamento[228]. Os poucos produtos contraceptivos que escapam a esse controle prévio de informação – particularmente, os preservativos – são

---

[226] Conforme se extrai do acórdão do TJSC, constava da bula: 'Informar imediatamente ao médico se houver suspeita de gravidez durante o uso da medicação.' [...] 'Se dentro dos 30 dias após a aplicação da injeção não ocorrer sangramento semelhante ao menstrual, consultar o seu médico pois deve ser afastada a possibilidade de gravidez.' [...] 'Avisar ao médico, pois são motivos de interrupção do tratamento: [...] gravidez.' [...] 'O efeito contraceptivo pode ser alterado pelo uso concomitante de outros medicamentos. Portanto, informe ao médico se estiver usando qualquer outro medicamento' [...] 'A eficácia de Mesigyna pode ser reduzida com a administração regular de outro medicamento' (TJSC, Apel 2009.075453-3, 3ª C.Civ., 17.08.2010).
[227] STJ, AgRg no REsp 1.261.815/SC, 3ª Turma, 13.02.2013.
[228] RDC Anvisa nº 47, de 08.09.2009.

de utilização e funcionamento simples, o que torna a informação um argumento improvável para fundamentar uma ação reparatória.

No mais, como já mencionado, a legislação veda toda forma de publicidade destinada aos usuários de medicamentos contraceptivos, por se tratar de fármacos de venda controlada por prescrição médica[229]. Isso limita as possibilidades de que os consumidores venham a alegar que sua percepção sobre o contraceptivo foi indevidamente influenciada por um anúncio falso ou exagerado sobre o produto[230].

217. Toda essa estrutura regulatória faz com que os problemas de informação se manifestem raramente no que se refere aos produtos contraceptivos. Não se deve concluir, porém, que a simples existência de uma regulamentação administrativa sobre a informação impeça que o tema seja discutido na esfera judicial, por meio de ações de responsabilidade.

De um lado, não se pode descartar a ocorrência de eventuais violações dessas normas regulatórias por parte dos fornecedores. Nesse caso, a responsabilidade do fornecedor não se limita à esfera administrativa, havendo também o dever de reparar os danos experimentados pelos consumidores. Cabe ressaltar que o eventual desrespeito a uma das regras administrativas de informação pode ser considerado *de plano* um defeito de informação do produto, facilitando a prova em favor do consumidor lesado.

A recíproca, contudo, não é verdadeira. De fato, a observância das normas regulatórias, consolidada com a aprovação da bula e da embalagem pelas autoridades competentes, não significa que o dever de informação do fornecedor para com os consumidores esteja satisfeito[231]. É possível que, a despeito do controle prévio estatal, a informação fornecida seja insuficiente ou inverídica, o que implicará a responsabilidade civil dos fornecedores[232].

---

[229] Art. 27 da RDC Anvisa nº 96/08; art. 7º da Lei 9.294/96; e art. 220, § 4º, da CF/88.

[230] Cf. contudo, uma ação reparatória em que a consumidora ressaltava o caráter enganoso do anúncio publicitário do contraceptivo, o qual previa que o implante era "sem risco de gravidez", TJBA, Apel 0106615-26.2005.8.05.0001, 1ª C.Civ., 22.05.2012 e os já mencionados acórdãos do TJSP (Apel 066049-55.2009.8.26.0000, 4ª C.Priv., 16.08.2012) sobre a veiculação de informações imprecisas sobre a eficácia de implantes contraceptivos subcutâneos no sítio do fabricante.

[231] BENJAMIN, Antônio Herman de Vasconcellos e. *Comentários ao Código de Proteção do Consumidor*, op. cit., p. 49; SILVA, João Calvão da. *Responsabilidade civil do produtor*, op. cit., p. 651-653.

[232] Um problema peculiar sobre a responsabilidade dos laboratórios pela falha de informação surgiu com a adoção do sistema de "Bulas Padrão", introduzido pela Resolução-RDC Anvisa nº 47, de 08.09.2009. Esse sistema foi criado com o intuito de harmonizar as bulas dos medicamentos genéricos e de referência, evitando

Todavia, não se pode negar que os deveres administrativos e privados do fornecedor apresentam pontos de contato, na medida em que ambos têm o objetivo comum de proteger os consumidores. É por essa razão que, na maioria dos casos, a observância das imposições administrativas relativas à apresentação do produto levará também à satisfação de seus deveres de informação perante os usuários[233].

---

disparidade entre as informações veiculadas por elas. Para tanto, a resolução prevê que, uma vez que a Anvisa aprove a bula de um determinado fármaco, esta bula passará a servir como modelo, de observância obrigatória, tanto para o titular do medicamento de referência, quanto para os fabricantes de medicamentos genéricos e similares (art. 18) – daí a denominação "Bula Padrão" (art. 4º, VII). Quanto a isso, cabe observar que essa padronização das bulas de modo algum afasta a eventual responsabilidade dos fabricantes pela falha de informação perante os consumidores. De fato, o próprio regulamento prevê a possibilidade de alteração da Bula Padrão por iniciativa do fabricante (art. 26) e estende essa faculdade aos produtores de medicamentos genéricos e similares quando "identificarem informações insuficientes sobre a segurança do medicamento em uma Bula Padrão" (art. 28). Assim, só se poderia cogitar a isenção de responsabilidade do fabricante pela informação incorreta ou insuficiente constante da Bula Padrão caso a Anvisa se negue a modificá-la, ou imponha, de inciativa própria, uma alteração do texto (art. 21), hipóteses em que estaria configurada a excludente da força maior, mais precisamente, em razão da conformidade do produto às normas imperativas. Cf. *supra*, nº 155 e notas.

[233] Christoph FABIAN menciona que a observância das normas administrativas é um indício do adimplemento do dever de informação (*O dever de informar no direito civil*, p. 84).

2

O DEFEITO DOS PRODUTOS CONTRACEPTIVOS E O ART. 931 DO CÓDIGO CIVIL

218. O anteprojeto que deu origem ao atual Código Civil continha um dispositivo que regularia especificamente a responsabilidade dos farmacêuticos e sociedades empresárias produtoras de medicamentos. O texto elaborado em 1973 pela equipe de juristas dirigida por Miguel Reale[1] estabelecia, em seu art. 973, que "Ressalvados outros casos previstos em lei especial, os farmacêuticos e as empresas farmacêuticas respondem solidariamente pelos danos causados pelos produtos postos em circulação, ainda que os prejuízos resultem de erros e enganos de prepostos". A proposta não passava de uma modesta atualização do art. 1.546 do Código Civil de 1916[2].

Ocorre que esse dispositivo foi bastante alterado durante o processo de aprovação do novo Código[3]. Uma série de emendas apresentadas na Câmara dos Deputados ampliou a incidência do artigo, que passou a responsabilizar qualquer empresário, e não apenas os produtores de fármacos, pelos danos causados pelos produtos postos em circulação. Ao final dos trabalhos legislativos, uma simples emenda de redação – de questionável constitucionali-

---

[1] Trata-se do anteprojeto revisto. Cf. *Código Civil*: Anteprojetos. Brasília: Senado Federal, v. 5, t. 2, p. 234.

[2] "Art. 1.546. O farmacêutico responde solidariamente pelos erros e enganos do seu preposto".

[3] Para uma análise pormenorizada do processo legislativo que resultou na atual redação do art. 931 do CC/02, cf. WESENDONCK, Tula. *O regime da responsabilidade civil pelo fato dos produtos postos em circulação*, op. cit., p. 129-146. Ver também: DELGADO, Mário Luiz. *Codificação, descodificação, recodificação do direito civil brasileiro*. São Paulo: Saraiva, 2011, p. 340-341.

dade – incorporou ao dispositivo a menção à responsabilidade sem culpa[4], redundando no art. 931 do Código de 2002: "ressalvados outros casos previstos em lei especial, os empresários individuais e as empresas respondem independentemente de culpa pelos danos causados pelos produtos postos em circulação".

219. O problema é que, durante as décadas em que o projeto do Código Civil esteve em trâmites no Congresso, o regime de responsabilidade pelo fato do produto avançou consideravelmente na legislação, em especial, com a entrada em vigor do Código de Defesa do Consumidor, ocorrida em 1990. A aprovação do atual Código Civil gerou uma séria dificuldade quanto à interface desses diplomas, pois passaram a existir dois fundamentos distintos para a responsabilidade pelos danos causados por produtos[5].

É importante analisar em que medida o advento desse dispositivo interfere na responsabilidade pela falha de contraceptivos, onde até então o Código do Consumidor reinava indisputado. Cumpre notar que o art. 931 impõe um modelo de responsabilidade bem mais rudimentar e antiquado, se comparado com regime previsto no Código do Consumidor (Seção 1). Por essa razão, tanto a doutrina, quanto a jurisprudência, têm buscado restringir a incidência desse dispositivo (Seção 2), de sorte que as repercussões do art. 931 sobre a responsabilidade pela falha de produtos contraceptivos são bastante modestas (Seção 3).

---

[4] De fato, durante praticamente todo o processo de aprovação do Código, o dispositivo em análise não continha, em sua redação, qualquer menção ao caráter objetivo da responsabilidade do empresário. A ideia de estender o escopo original do dispositivo, para que abarcasse a responsabilidade de outros empresários além dos produtores de fármacos, partiu do Deputado Emanoel Waisman, ainda na primeira passagem do projeto pelo Câmara dos Deputados, e foi posteriormente objeto de uma subemenda do Deputado Ernani Satyro, passando o dispositivo a apresentar a seguinte redação: "ressalvados outros casos previstos em lei especial, os empresários individuais e as empresas respondem pelos danos causados pelos produtos postos em circulação". Foi esse o texto foi aprovado pelo Senado. É evidente que a suposta "emenda de redação", inserida quando da segunda passagem do projeto pela Câmara, extrapolou as questões meramente estilísticas e alterou o conteúdo do dispositivo – o que viola as regras mais básicas de processo legislativo, pois o texto foi promulgado sem a apreciação das duas casas. Cf. WESENDONCK, Tula. Art. 931 do Código Civil: repetição ou inovação. *Revista de direito civil contemporâneo*, v. 3, 2015, p. 141; FIÚZA, Ricardo; SILVA, Regina Beatriz Tavares da (coords.). *Código Civil comentado*. 8. ed. São Paulo: Saraiva, 2012, p. 1094-1095. Para uma defesa das alegadas "emendas de redação", incorporadas por meio de um "malabarismo regimental" (sic.), cf. DELGADO, Mário Luiz. *Codificação, descodificação, recodificação do direito civil brasileiro*, op. cit., p. 389-396.

[5] SANSEVERINO, Paulo de Tarso Vieira. *Responsabilidade civil no Código do Consumidor e a defesa do fornecedor*, op. cit., p. 57-63.

Seção 1 – O art. 931 do Código Civil: um regime rudimentar de responsabilidade pelos danos causados por produtos

220. O cotejo entre o art. 931 do Código Civil e os arts. 12 e 13 do Código do Consumidor evidencia que esses dois regimes de responsabilidade apresentam graus de complexidade bastante díspares. Enquanto o primeiro diploma apenas declara que os empresários são objetivamente responsáveis pelos danos provados pelos produtos postos em circulação, o segundo elenca uma série de critérios para a configuração da responsabilidade do fornecedor, precisa quem são os responsáveis e prevê hipóteses de exclusão de responsabilidade[6].

Essa diferença no tratamento legal do tema decorre de dois fatores. Em primeiro lugar, em razão do hiato temporal que separa esses dois diplomas. Um fato digno de nota é que o regime responsabilidade pelos danos causados por produtos previsto no atual Código Civil é, sob a perspectiva da evolução legislativa, anterior ao seu homólogo instituído pelo Código do Consumidor[7]. Conquanto aquele diploma tenha sido promulgado em 2002 e este em 1990, as discussões parlamentares, que terminaram por introduzir um modelo de responsabilidade pelos danos causados por produtos no Código Civil atual, foram travadas no início da década de 1980, quando a preocupação com a proteção do consumidor era ainda incipiente em nosso país[8].

O processo que redundou no surgimento de cada um desses diplomas também contribuiu para a existência de uma assimetria. A questão dos acidentes envolvendo produtos foi discutida apenas de forma incidental durante a elaboração do Código Civil, e foi ofuscada por outros temas fundamentais regulados por esse diploma. Por outro lado, a responsabilidade pelos danos provocados por produtos foi uma questão de central importância na concepção do Código do Consumidor, uma lei cujo propósito é, precisamente, regular os conflitos oriundos das relações massificadas de produção e troca.

---

[6] HARTEN, Carlos. A responsabilidade pelo fato do produto no Código de Defesa do Consumidor (CDC) e a entrada em vigor do Código Civil (CC/02). *Revista dos tribunais do Nordeste*, v. 7, 2014, p. 55.

[7] SIMÃO, José Fernando. *Vícios do produto no novo Código Civil e no Código de Defesa do Consumidor*. São Paulo: Atlas, 2003, p. 169-170; STOCO, Rui. *Tratado de responsabilidade civil*, op. cit., p. 247.

[8] Para uma análise da evolução das leis de proteção ao consumidor na América Latina nas décadas de 80 e 90, cf. SODRÉ, Marcelo. *A construção do direito do consumidor*: um estudo sobre as origens das leis principiológicas de defesa do consumidor. São Paulo: Atlas, 2009, p. 40-46. Cf. também SIDOU, José Maria Othon. *Proteção do consumidor*. Rio de Janeiro: Forense, 1977, p. 75-84.

Naturalmente, o modelo consumerista de responsabilidade resultou de uma proposta mais refletida.

É compreensível, assim, que haja um desnível quanto à complexidade dos dois regimes, civil e consumerista. A insuficiência do art. 931 é particularmente notável com relação a três pontos[9]: ao contrário do modelo de responsabilidade pelo fato do produto, o dispositivo do Código Civil não menciona que o defeito do produto seja uma como condição à responsabilidade (§ 1); não regulamenta de forma diferenciada a responsabilidade dos comerciantes (§ 2); e tampouco elenca um rol específico de excludentes da responsabilidade do empresário (§ 3).

§ 1 – *A omissão quanto ao defeito do produto*

221. A primeira divergência – e, sem dúvida, a mais relevante – entre o regime do fato do produto e o art. 931 do Código Civil diz respeito ao fato gerador de responsabilidade.

A sistemática consumerista parte do princípio que fornecedor deve responder pelas falhas de segurança de seus produtos, daí porque sua responsabilidade depende da constatação de um defeito do produto. De acordo com o Código do Consumidor, o produto será considerado defeituoso quando não apresentar o grau de segurança que deles legitimamente se espera, e o diploma é bastante minucioso quanto à qualificação do defeito, elencando elementos precisos para a sua averiguação. Por outro lado, não haverá direito à reparação se o dano alegado pelo consumidor decorrer um risco normal e inevitável do bem, inerente àquela espécie de produto ou à sua utilização.

222. Já o art. 931 do Código Civil tem redação bem mais singela e se limita a afirmar que a responsabilidade do empresário independe da culpa. Não há menção ao defeito do produto, ou a imposição de qualquer outra condição à reparação[10].

Interpretada em sua literalidade, a redação do dispositivo levaria à conclusão de que a responsabilidade fundada no art. 931 não está ligada aos problemas de segurança do produto[11]. Trata-se de um ponto importante: com

---

[9] HARTEN, Carlos. *A responsabilidade pelo fato do produto no Código de Defesa do Consumidor (CDC) e a entrada em vigor do Código Civil (CC/2002)*, op. cit., p. 55.

[10] MIRAGEM, Bruno. *Curso de direito do consumidor*, op. cit., p. 576; CALIXTO, Marcelo Junqueira. *O art. 931 do Código Civil de 2002 e os riscos de desenvolvimento*, op. cit., p. 60-62.

[11] WESENDONCK, Tula. *O regime de responsabilidade civil pelo fato dos produtos postos em circulação*, op. cit., p. 148-153; PASQUALOTTO, Adalberto. Dará a reforma ao Código

isso, os empresários seriam responsáveis por qualquer dano decorrente da utilização dos produtos postos em circulação, inclusive aqueles provocados pelos riscos normais e previsíveis desses produtos. Em outras palavras, com a exclusão do defeito, o empresário passaria a responder mesmo pela mencionada periculosidade inerente apresentada por certos produtos[12].

Essa concepção teria grande impacto sobre os litígios envolvendo contraceptivos. O grau de falibilidade normalmente apresentado por esses produtos deixaria de ser um fator a afastar a responsabilidade do fabricante e a gravidez indesejada, sobrevinda durante o uso do contraceptivo, geraria *de plano* o dever de reparar, ainda que o método não tenha apresentado qualquer defeito.

223. O problema da exclusão do critério do defeito é que ela termina por impor aos empresários, pela via indireta da responsabilidade, um dever de garantir a segurança dos produtos para além do que as limitações fáticas e tecnológicas permitem. Há inúmeros produtos que são capazes de causar danos aos consumidores, mas cujos riscos não podem ser evitados no atual estado de desenvolvimento científico. O rol inclui desde produtos mais anódinos, como facas ou sacos plásticos, até os mais complexos, como veículos e medicamentos. Desde que esses riscos sejam aceitáveis naquele dado momento de evolução tecnológica, e sejam previamente conhecidos pelo consumidor, não há razão alguma para imputar esses danos ao empresário[13]

A responsabilização do empresário, mesmo quando não há falha de segurança do produto, poderia inviabilizar a comercialização de produtos[14] que, conquanto representem algum perigo aos seus usuários, são considerados socialmente desejáveis, na medida em que seus riscos são compensados pelas vantagens oferecidas. Os fabricantes de contraceptivos, por exemplo, dificilmente continuariam a explorar sua atividade se fossem responsabilizados cada vez que seus produtos, que reconhecidamente não podem oferecer garantia absoluta de eficácia, não surtissem o efeito pretendido.

---

de Defesa do Consumidor um sopro de vida? *Revista de direito do consumidor*, v. 78, 2011, p. 11.

[12] Cf. CALIXTO, Marcelo Junqueira. *O art. 931 do Código Civil de 2002 e os riscos de desenvolvimento*, op. cit., p. 60-66, que também rechaça a interpretação literal do art. 931, propugnando pela inclusão do defeito do produto como condição à responsabilidade do empresário.

[13] HARTEN, Carlos. *A responsabilidade pelo fato do produto no Código de Defesa do Consumidor (CDC) e a entrada em vigor do Código Civil (CC/2002)*, op. cit., p. 55.

[14] SANSEVERINO, Paulo de Tarso Vieira. *Responsabilidade civil no Código do Consumidor e a defesa do fornecedor*, op. cit., p. 57; HARTEN, Carlos. *Idem*.

224. O que ordenamento busca reprimir por meio da responsabilização do fornecedor não é a mera existência de um risco oferecido ao destinatário do produto. Como bem explicita Herman Benjamin, "todo produto ou serviço, por mais seguro e inofensivo que seja, traz sempre uma ponta de insegurança para o consumidor". Logo, o Direito só deve atuar "quando a insegurança ultrapassa o patamar da normalidade e da previsibilidade do risco"[15].

O conceito de defeito é exatamente o critério que separa a insegurança tolerada daquela repreendida do ponto de vista jurídico. Daí a importância dessa noção, solenemente ignorada pelo art. 931 do Código Civil.

§ 2 – *A inexistência de um regime especial de responsabilidade do comerciante*

225. Uma segunda diferença entre os regramentos diz respeito aos sujeitos responsáveis. De um lado, o Código do Consumidor optou por estabelecer, no *caput* de seu art. 12, um rol de indivíduos que respondem pelo defeito do produto, que inclui o fabricante, o produtor, o construtor e o importador. Note-se que a lista não abarca o comerciante. A omissão é proposital: nos termos do art. 13 do Código do Consumidor, o comerciante só será responsável pelo defeito em hipóteses restritas, previstas ali de forma taxativa[16].

Essa exceção não foi encampada pelo art. 931 do Código Civil, que, como visto, determina que todos as empresas (leia-se: sociedades empresárias)[17] e empresários individuais envolvidos na circulação de produtos respondem pelos danos que estes provocarem, sem tecer qualquer ressalva quanto aos comerciantes. No caso específico dos contraceptivos defeituosos, o regime trazido pelo art. 931 permitiria que as vítimas pleiteiem reparação em face das farmácias, supermercados ou outros intermediários da cadeia de venda – algum impossível, sob a perspectiva da legislação consumerista.

---

[15] BENJAMIN, Antônio Herman de Vasconcellos e. *Fato produto e do serviço*, op. cit., p. 149.

[16] "Art. 13. O comerciante é igualmente responsável, nos termos do artigo anterior, quando: I – o fabricante, o construtor, o produtor ou o importador não puderem ser identificados; II – o produto for fornecido sem identificação clara do seu fabricante, produtor, construtor ou importador; III – não conservar adequadamente os produtos perecíveis".

[17] CALIXTO, Marcelo Junqueira. *O art. 931 do Código Civil de 2002 e os riscos de desenvolvimento*, op. cit., p. 58-59; DIAS, José de Aguiar. *Da responsabilidade civil*, v. 1, op. cit., p. 33, n° 13; MIRAGEM, Bruno. *Curso de direito do consumidor*, op. cit., p. 576; LEÃES, Luiz Gastão Paes de Barros. *A responsabilidade do fabricante pelo fato do produto*, op. cit., p. 154.

226. Novamente, a omissão do Código Civil o coloca em confronto com o regime responsabilidade pelo fato do produto instituído na legislação consumerista. No Código do Consumidor, a exclusão do comerciante do rol de responsáveis decorre do fato de que ele, por não participar das etapas de produção, não tem ingerência sobre os riscos do produto e, consequentemente, sobre a ocorrência do defeito[18]. É por essa razão que o comerciante de um produto só é responsável pelos defeitos que ele mesmo der causa[19], ao não conservar adequadamente o produto (art. 13, III).

As demais hipóteses de responsabilidade do comerciante dizem respeito às situações em que o fabricante, o produtor, o construtor e o importador não foram identificados (art. 13, I e II). Nesses casos, a responsabilidade do comerciante tem o nítido propósito de garantir a proteção do consumidor, que de outro modo, ficaria sem ter contra quem demandar indenização[20].

Essa é também a razão pela qual o importador, conquanto não interfira na produção, é considerado responsável pelos defeitos do produto. Exigir que o consumidor ajuíze uma ação reparatória em face de um produtor de outro país seria impor-lhe um fardo demasiadamente pesado[21], e submeteria a vítima às contingências do direito estrangeiro, que pode ser menos protetivo que o brasileiro[22]. Em ambos os casos, a legislação consumerista facilita a tutela dos direitos do consumidor, ao determinar que o comerciante e o importador respondem pelos danos.

§ 3 – A inexistência de um rol de causas de exclusão da responsabilidade do empresário

227. Uma última diferença diz respeito ao rol de excludentes de responsabilidade. O art. 12, § 3º, do Código do Consumidor prevê que o fornecedor pode se eximir da responsabilidade pelos danos ao provar que não colocou o produto no mercado; que defeito inexiste; ou que o acidente se deve à culpa exclusiva do consumidor ou de terceiros. Já o Código Civil nada menciona

---

[18] WESENDONCK, Tula. *O regime de responsabilidade civil pelo fato dos produtos postos em circulação*, op. cit., 208-218; HARTEN, Carlos. *A responsabilidade pelo fato do produto no Código de Defesa do Consumidor (CDC) e a entrada em vigor do Código Civil (CC/2002)*, op. cit., p. 55.
[19] MIRAGEM, Bruno. *Curso de direito do consumidor*, op. cit., p. 574-575.
[20] BENJAMIN, Antônio Herman de Vasconcellos e. *Comentários ao Código de Proteção do Consumidor*, op. cit., p. 73-74.
[21] DENARI, Zelmo. *Código de Defesa do Consumidor: comentado pelos autores do anteprojeto*, op. cit., p. 197-198.
[22] SANSEVERINO, Paulo de Tarso Vieira. *Responsabilidade civil no Código do Consumidor e a defesa do fornecedor*, op. cit., p. 178-180.

sobre as hipóteses de exclusão da responsabilidade pelos danos provocados por produtos, o que obrigaria os empresários a recorrer às tradicionais dirimentes do caso fortuito e da força maior, previstas no seu art. 393 e parágrafo único daquele diploma[23].

Mas, quanto a este aspecto, a divergência entre os dois códigos é mais verbal do que real. Em primeiro lugar porque a prova de que o fornecedor "não colocou o produto no mercado" (art. 12, § 3º, I, do Código do Consumidor) também excluiria a responsabilidade fundada no art. 931 do Código Civil, na medida em que, segundo este dispositivo, os empresários respondem apenas pelos "produtos postos em circulação".

228. Também não há maior diferença entre os regimes no que diz respeito à força maior, ao caso fortuito, e à culpa exclusiva da vítima ou do terceiro. No que tange ao regime de responsabilidade consumerista, tanto a doutrina majoritária[24] quanto a jurisprudência[25] sustentam que o caso fortuito e a força maior excluem a responsabilidade do fornecedor, ainda que não expressamente previstos no rol do art. 12, § 3º do Código do Consumidor[26].

---

[23] "Art. 393. O devedor não responde pelos prejuízos resultantes de caso fortuito ou força maior, se expressamente não se houver por eles responsabilizado. Parágrafo único. O caso fortuito ou de força maior verifica-se no fato necessário, cujos efeitos não era possível evitar ou impedir".

[24] TARTUCE, Flávio; NEVES, Daniel Amorim Assumpção. *Manual de direito do consumidor*, op. cit., p. 248-259; SANSEVERINO, Paulo de Tarso Vieira. *Responsabilidade civil no Código do Consumidor e a defesa do fornecedor*, op. cit., p. 314-316; MIRAGEM, Bruno. *Curso de direito do consumidor*, op. cit., p. 564-566; MARTINS, Plínio Lacerda. O caso fortuito e a força maior como causas de exclusão da responsabilidade civil no Código do Consumidor. *Revista dos tribunais*, v. 690, 1991, p. 287; BENJAMIN, Antônio Herman de Vasconcellos e. *Comentários ao Código de Proteção do Consumidor*, op. cit., p. 67; DENARI, Zelmo. *Código de Defesa do Consumidor: comentado pelos autores do anteprojeto*, op. cit., p. 206-207; MARINS, James. *Responsabilidade da empresa pelo fato do produto*, op. cit., p. 153-155 (esses últimos dois autores sustentam que o caso fortuito e a força maior só seriam aplicáveis sob o regime do CDC quando se referirem a fatos ocorridos após o ciclo produtivo).

[25] STJ, EREsp 1.318.095/MG, 2ª Seção, 22.02.2017; REsp 974.138/SP, 4ª Turma, 22.11.2016; REsp 976.564/SP, 4ª Turma, 20.09.2012; REsp 996.833/SP, 3ª Turma, 04.12.2007; REsp 330.523/SP, 3ª Turma, 11.12.2001; REsp 120.647/SP, 3ª Turma, 16.02.2000.

[26] Contra: LOPES, José Reinaldo de Lima. *Responsabilidade civil do fabricante e a defesa do consumidor*, op. cit., p. 117; ROCHA, Silvio Luís Ferreira da. *Responsabilidade civil do fornecedor pelo fato do produto no direito brasileiro*, op. cit., p. 112-113.

Quanto ao Código Civil, a despeito das questões terminológicas[27], a culpa exclusiva[28] da vítima ou do terceiro[29] são unanimemente admitidas como excludentes gerais de responsabilidade civil[30], e frequentemente abordadas em conjunto com a força maior[31].

229. A única dissemelhança estre os dois regimes diz respeito ao inciso II, do art. 12, § 3º do Código do Consumidor, que permite que o fornecedor se exima da responsabilidade ao provar "que o defeito inexiste". Esse dispositivo não tem equivalente no sistema de responsabilidade previsto no Código Civil.

Mas, nesse caso, a diferença se é uma decorrência natural do próprio regime instituído pelo art. 931, que não menciona o defeito do produto como condição à responsabilidade do empresário. Consequentemente, não haveria como se admitir que ele se esquivasse do dever de indenizar ao provar a ausência do defeito[32].

Seção 2 – O art. 931 do Código Civil: um dispositivo eclipsado pela responsabilidade pelo fato do produto

230. O advento do art. 931 do Código Civil redundou num certo paradoxo com relação à regulação dos acidentes envolvendo produtos: a legislação anterior – o Código do Consumidor – prevê um modelo mais minucioso, forjado sob medida para regular as relações contemporâneas de fabricação

---

[27] É conhecida a divergência entre Pontes de Miranda e José de Aguiar Dias sobre a justeza da expressão "culpa exclusiva da vítima". Cf. PONTES DE MIRANDA, Francisco Cavalcanti. *Tratado de direito privado*: parte especial – direito das obrigações. Atualização de Nelson Nery Junior e Rosa Maria de Andrade Nery. São Paulo: RT, 2012, t. 22, p. 281-293, § 2721; DIAS, José de Aguiar. *Da responsabilidade civil*, v. 2, op. cit., p. 693-698, nº 220.

[28] STJ, AgInt no AREsp 989.115/SP, 4ª Turma, 22.11.2016; REsp 1.414.391/DF, 3ª Turma, 10.05.2016.

[29] STJ, AgRg no AREsp 571.060/MG, 4ª Turma, 21.09.2017; REsp 50.385/SC, 3ª Turma, 07.06.1999.

[30] GONÇALVES, Carlos Roberto. *Responsabilidade civil*, op. cit., p. 849-868; CAVALIERI FILHO, Sergio. *Programa de responsabilidade civil*, op. cit., p. 86-88; STOCO, Rui. *Tratado de responsabilidade civil*, op. cit., p. 279-280 e 290-298; MIRAGEM, Bruno. *Direito Civil*: responsabilidade civil. São Paulo: Saraiva, 2015, p. 241-244; FARIAS, Cristiano Chaves de; BRAGA NETTO, Felipe Peixoto; ROSENVALD, Nelson. *Novo tratado de responsabilidade civil*, op. cit., p. 477-478 e 482-485.

[31] VINEY, Geneviève; JOURDAIN, Patrice; CARVAL, Suzanne. *Les conditions de la responsabilité*, op. cit., p. 317-359, nº 383 e s.

[32] WESENDONCK, Tula. *O regime de responsabilidade civil pelo fato dos produtos postos em circulação*, op. cit., p. 151.

e circulação de produtos[33]; ao passo que a legislação posterior – o Código Civil – institui um regime de responsabilidade mais vago e que, em certo sentido, já nasceu desatualizado[34].

Não é surpreendente a tendência, existente no direito brasileiro atual, de se priorizar a aplicação do regime do fato do produto previsto no Código do Consumidor, em detrimento do art. 931 do Código Civil. Assim, passados mais de quinze anos de vigência do Código Civil, foram poucos os casos em que o Superior Tribunal de Justiça recorreu ao art. 931 para fundamentar suas decisões. E mesmo nessas raras ocasiões, o dispositivo foi evocado apenas como fundamento secundário para corroborar as condenações proferidas com base no Código do Consumidor, tendo pouca ou nenhuma utilidade concreta[35].

Na literatura, existem duas linhas de argumentação que buscam limitar os efeitos do art. 931 em prol da aplicação do regime consumerista. A primeira delas procura circunscrever o âmbito de aplicação do dispositivo, ao afirmar que o art. 931 não incidiria sobre as relações de consumo (§ 1). E a segunda sustenta que o operador do direito deve recorrer aos conceitos do Código do Consumidor para interpretar o art. 931, permitindo, de tal modo, que o regime do Código Civil se aproxime do modelo consumerista (§ 2).

§ 1 – A inaplicabilidade do art. 931 às relações de consumo

231. Uma primeira tese, que busca restringir os efeitos do art. 931, sustenta que o dispositivo é uma norma de incidência subsidiária, cuja aplicação estaria restrita aos casos que não sejam abarcados por outros regimes de responsabilidade. Em especial, o artigo em questão não se aplicaria aos acidentes em que esteja configurada uma relação de consumo entre a vítima e o empresário, visto que esses casos já são regulados pelo Código do Consumidor[36]. Para os partidários dessa tese, a vocação do art. 931 seria a de

---

[33] DIREITO, Carlos Alberto Menezes; CAVALIERI FILHO, Sergio. *Comentários ao novo Código Civil*, v. 13, op. cit., p. 228.

[34] STOCO, Rui. *Tratado de responsabilidade civil*, op. cit., p. 246; HARTEN, Carlos. *A responsabilidade pelo fato do produto no Código de Defesa do Consumidor (CDC) e a entrada em vigor do Código Civil (CC/2002)*, op. cit., p. 55.

[35] STJ, REsp 1.100.571/PE, 4ª Turma, 07.04.2011; REsp 473.085/RJ, 3ª Turma, 14.06.2004. Ambos os casos, em verdade, diziam respeito à responsabilidade fundada no fato do serviço (art. 14, do CDC).

[36] AGUIAR JÚNIOR, Ruy Rosado de. O novo Código Civil e o Código de Defesa do Consumidor (pontos de convergência). *Revista de direito do consumidor*, v. 48, 2012, p. 55; GONÇALVES, Carlos Roberto. *Responsabilidade Civil*, op. cit., p. 205-207; DIREITO, Carlos Alberto Menezes; CAVALIERI FILHO, Sergio. *Comentários ao novo Código Civil*,

disciplinar os acidentes causados por produtos em relações paritárias, sejam elas empresariais ou civis[37].

Ainda que esse entendimento goze de razoável prestígio na literatura jurídica, que foi capaz de encontrar sólidos argumentos para sustentá-lo (A), a tese inaplicabilidade do art. 931 às relações de consumo apresenta algumas inconsistências que merecem destaque (B).

A – Os fundamentos da tese da inaplicabilidade do art. 931 às relações de consumo

232. Para chegar à conclusão de que o art. 931 se aplica apenas às relações civis e empresariais, muitos autores partem da constatação que os dois regimes de responsabilidade por danos provocados por produtos são em muitos pontos contraditórios; uma questão que, portanto, deve ser solucionada pelos tradicionais critérios de resolução das antinomias[38]. No caso em apreço, incidiria o critério da especialidade[39]: o Código do Consumidor, por constituir regra específica para as relações de consumo, continuaria aplicável ao seu domínio de incidência, não tendo sido alterado ou revogado pela nova regra geral trazida pelo Código Civil de 2002[40].

O diploma Civil, por sua vez, na qualidade de regra geral e subsidiária, regularia os demais conflitos em que não esteja configurada uma relação de consumo e sobre os quais não incide a regra especial consumerista. A própria

---

v. 13, op. cit., p. 228; SIMÃO, José Fernando. *Vícios do produto no novo Código Civil e no Código de Defesa do Consumidor*, op. cit., p. 169-171; SANSEVERINO, Paulo de Tarso Vieira. *Responsabilidade civil no Código do Consumidor e a defesa do fornecedor*, op. cit., p. 63; MIRAGEM, Bruno. *Responsabilidade civil*, op. cit., p. 296-297; GODOY, Claudio Luiz Bueno de. *Responsabilidade civil pelo risco da atividade*: uma cláusula geral no Código Civil de 2002. São Paulo: Saraiva, 2009, p. 82.

[37] HARTEN, Carlos. *A responsabilidade pelo fato do produto no Código de Defesa do Consumidor (CDC) e a entrada em vigor do Código Civil (CC/2002)*, op. cit., itens 3.2 e 4; GODOY, Claudio Luiz Bueno de. *Idem*.

[38] Para uma crítica à aplicação, a este caso, dos critérios tradicionais de solução de antinomias, cf. HARTEN, Carlos. *A responsabilidade pelo fato do produto no Código de Defesa do Consumidor (CDC) e a entrada em vigor do Código Civil (CC/2002)*, op. cit., p. 55.

[39] Para uma conhecida exposição desses critérios clássicos de resolução de antinomias, cf. BOBBIO, Norberto. *Teoria do ordenamento jurídico*. Tradução de Maria Celeste Cordeiro Leite dos Santos. 10. ed. Brasília: UnB, 1999, p. 91-97.

[40] MIGUEL, Alexandre. A responsabilidade civil no novo Código Civil: algumas considerações. *Revista dos tribunais*, v. 809, 2003, p. 11; DIREITO, Carlos Alberto Menezes; CAVALIERI FILHO, Sergio. *Comentários ao novo Código Civil*, v. 13, op. cit., p. 239.

redação do art. 931 parece apoiar essa tese, na medida em que ressalva os "outros casos previstos em lei especial"[41].

233. Outro argumento levantado em favor da inaplicabilidade do art. 931 às relações de consumo é que algumas regras do regime do fato do produto são mais favoráveis ao consumidor, devendo prevalecer em razão da própria principiologia do Código consumerista[42]. É o caso do prazo prescricional de 5 anos instituído pela lei do consumo para a pretensão reparatória[43], superior aos 3 anos previstos no Código Civil[44]. Ou, ainda, do princípio da reparação integral, acolhido de forma irrestrita no Código do Consumidor, que o alçou à categoria de "direito básico do consumidor"[45], mas que, no diploma civil, encontra inúmeras limitações[46].

A ideia redundou na edição do Enunciado 190, da III Jornada de Direito Civil: "A regra do art. 931 do novo Código Civil não afasta as normas acerca da responsabilidade pelo fato do produto previstas no art. 12 do Código de Defesa do Consumidor, que continuam mais favoráveis ao consumidor lesado"[47].

B – As contradições da tese da inaplicabilidade do art. 931 às relações de consumo

234. O problema dessa interpretação é que ela ignora uma peculiaridade do sistema consumerista de responsabilidade, que torna insustentável a tese da

---

[41] Contra: Enunciado 378 da IV Jornada de Direito Civil: "Aplica-se o art. 931 do Código Civil, haja ou não relação de consumo". Cf. também: WESENDONCK, Tula. *O regime de responsabilidade civil pelo fato dos produtos postos em circulação*, op. cit., p. 153-165. A autora sustenta que o art. 931 se aplicaria às relações civis, mercantis e de consumo.

[42] SANSEVERINO, Paulo de Tarso Vieira. *Responsabilidade civil no Código do Consumidor e a defesa do fornecedor*, op. cit., p. 57-63.

[43] Art. 27, do CDC.

[44] Art. 206, 3°, V, do CC/02.

[45] Art. 6°, VI, do CDC.

[46] Os principais casos de limitações impostas pelo Código Civil ao princípio da reparação estão previstos nos arts. 928, § único, 944, § único, e 945. Cf. SANSEVERINO, Paulo de Tarso Vieira. *Princípio da reparação integral*: indenização no Código Civil. São Paulo: Saraiva, 2010, p. 80-136. No sistema instituído pelo Código Civil há, igualmente, a possibilidade de inserção de cláusulas de limitação de responsabilidade nas relações contratuais (arts. 416, parágrafo único, 420 e 448, do CC/02), algo vedado pela legislação consumerista (arts. 25 e 51, I, do CDC). Sobre o tema, cf. FERNANDES, Wanderley. *Cláusulas de exoneração e de limitação de responsabilidade*. São Paulo: Saraiva, 2013.

[47] Para uma crítica à ideia de que o regime de responsabilidade previsto no CDC seria mais favorável ao consumidor do que aquele instituído pelo art. 931 do CC/02, cf. *infra*, n° 238.

incidência subsidiária do art. 931. Trata-se do art. 17 Código do Consumidor, que concede um forte viés universalista ao regime do fato do produto, não deixando margem para a existência de um regime legal residual[48]. A suposta "subsidiariedade", conduz, assim, à total inaplicabilidade do dispositivo do Código Civil.

É fato que o Código do Consumidor se aplica, em princípio, apenas às relações de consumo, caracterizadas pela existência de um produtor (art. 3º, *caput*), de um produto ou serviço (art. 3º, §§ 1º e 2º) e de um consumidor (art. 2º). Todavia, não é o que ocorre no que toca à responsabilidade pelo defeito do produto ou do serviço, tendo em vista que o art. 17 prevê que, para essas questões, "equiparam-se aos consumidores todas as vítimas do evento".

Ora, essa regra de extensão torna a definição de consumidor absolutamente contingente ou, até mesmo, supérflua, em matéria de defeito do produto ou serviço. Se toda vítima é equiparada à categoria de consumidor, então o conceito de consumidor ou de relação de consumo não exercem aqui nenhum propósito. Basta a figura da vítima do defeito, atingida pela falha de segurança do produto ou serviço[49]. Efetivamente, o único indivíduo que deve ostentar uma qualidade especial para aplicação dessa regra do Código do Consumidor é o fornecedor, que introduziu o produto ou serviço no mercado.

235. Essa questão fica evidente se atentarmos que o próprio Superior Tribunal de Justiça reconheceu que, por força do art. 17 do Código do Consumidor, o regime de responsabilidade consumerista incide até mesmo quando a vítima do produto defeituoso é um outro fornecedor, participante da cadeia de produção e venda desse produto. No julgamento do Recurso Especial 1.288.008/MG[50], o Tribunal aplicou a responsabilidade pelo defeito do produto em favor de um comerciante de bebidas, ferido no olho quando uma das garrafas de cerveja manuseadas por ele explodiu ao ser introduzida no refrigerador de seu estabelecimento. Note-se que, nessa situação, a vítima não seria considerada consumidora nem mesmo pela aplicação da abrangente "teoria maximalista"[51], pois se dedicava à revenda do produto em questão.

---

[48] Cf. STOCO, Rui. *Tratado de responsabilidade civil*, op. cit., p. 248-249.
[49] E vale lembrar que a definição de "produto" adotada pelo ordenamento brasileiro é extremamente abrangente. Como determina o art. 3º, § 1º, do CDC, "Produto é qualquer bem, móvel ou imóvel, material ou imaterial".
[50] STJ, REsp 1.288.008/MG, 3ª Turma, 04.04.2013.
[51] Concepção essa que foi expressamente rechaçada pelo STJ a partir de 2004. REsp 541.867/BA, 2ª Seção, 10.11.2004. Para análise das diferentes teorias acerca do conceito de consumidor, cf. MARQUES, Cláudia Lima. Campo de aplicação do CDC. *In*: BENJAMIN, Antônio Herman de Vasconcellos e; MARQUES, Cláudia Lima; BESSA, Leonardo Roscoe. *Manual de direito do consumidor*. 4. ed. São Paulo: RT, 2012, p. 88-106.

O Superior Tribunal também já recorreu à figura do consumidor por equiparação para permitir que pescadores, impedidos de exercer sua atividade em razão de um vazamento de óleo, pudessem se valer do regime do fato do produto em face da empresa petrolífera responsável pelo incidente[52]. Mais uma vez, temos um caso em que o modelo consumerista é utilizado em uma situação que, evidentemente, não envolve uma relação de consumo e tampouco um consumidor – as vítimas, na hipótese, demandam reparação na qualidade de agentes econômicos. O fator que atrai a aplicação do art. 12 é a figura do fornecedor, aliada a uma falha de segurança.

236. Na doutrina, diversos autores[53] corroboram esse entendimento ao afirmarem que mesmos os intermediários da cadeia de consumo – comerciantes, atacadistas, varejistas, transportadores – podem ser vítimas de produtos ou serviços defeituosos, equiparando-se a consumidores[54]. James Marins cita o hipotético caso de um revendedor de defensivos agrícolas que sofre intoxicação em razão de problemas apresentados na embalagem do produto[55]; e Paulo de Tarso Sanseverino exemplifica com a queda de um avião comercial sobre a planta de uma grande indústria[56]. Também Herman Benjamin, após explicar que o regime do defeito protege "até mesmo o profissional, que ao adquirir um produto para revenda" vem a sofrer um acidente, menciona o caso hipotético do "dono do supermercado que, ao inspecionar sua seção de enlatados, sofre ferimentos provocados pela explosão de um recipiente defeituoso"[57].

---

[52] STJ, AgInt nos EDcl no CC 132.505/RJ, 2ª Seção, 23.11.2016. Cf. também: CC 143.204/RJ, 2ª Seção, 13.04.2016.

[53] BENJAMIN, Antônio Herman de Vasconcellos e. *Comentários ao Código de Proteção do Consumidor*, op. cit., p. 80-81; ROCHA, Silvio Luís Ferreira da. *Responsabilidade civil do fornecedor pelo fato do produto no direito brasileiro*, op. cit., p. 70-71.

[54] Contra: HARTEN, Carlos. *A responsabilidade pelo fato do produto no Código de Defesa do Consumidor (CDC) e a entrada em vigor do Código Civil (CC/2002)*, op. cit., p. 55; DIREITO, Carlos Alberto Menezes; CAVALIERI FILHO, Sergio. *Comentários ao novo Código Civil*, v. 13, op. cit., p. 239-240; MIRAGEM, Bruno. *Curso de direito do consumidor*, op. cit., p. 575; CALIXTO, Marcelo Junqueira. *O art. 931 do Código Civil de 2002 e os riscos de desenvolvimento*, op. cit., p. 62-65.

[55] MARINS, James. *Responsabilidade da empresa pelo fato do produto*, op. cit., p. 71.

[56] SANSEVERINO, Paulo de Tarso Vieira. *Responsabilidade civil no Código do Consumidor e a defesa do Fornecedor*, op. cit., p. 229. A jurisprudência, de fato, pacificou o entendimento que as vítimas terrestres de acidentes aéreos são consideradas "consumidores por equiparação": STJ, REsp 1.202.013/SP, 3ª Turma, 18.06.2013; REsp 1.281.090/SP, 4ª Turma, 07.02.2012; REsp 540.235/TO, 3ª Turma, 07.02.2006.

[57] BENJAMIN, Antônio Herman de Vasconcellos e. *Fato do produto e do serviço*, op. cit. p. 176.

237. Portanto, a noção de consumidor e, *a fortiori*, de relação de consumo, é irrelevante para incidência das normas previstas nos arts. 12 a 15 do Código de Defesa do Consumidor. Isso revela que o regime do fato do produto e do serviço, previsto no diploma consumerista, não é verdadeiramente um instrumento de proteção específico do consumidor. O foco desse regime está na figura do fornecedor e na segurança dos produtos que ele coloca em circulação. Trata-se de um sistema legal de regulação da atividade produtiva, que exige que os produtos introduzidos no mercado apresentem um padrão mínimo de segurança, sob pena de responsabilização do fornecedor perante todos atingidos[58], sejam eles consumidores ou não.

Esse fato pode ser explicado pela origem do regime da responsabilidade pelo fato do produto e do serviço previsto no Código do Consumidor. É notório que, na elaboração desse regramento, o legislador brasileiro buscou inspiração na Diretiva 85/374 da União Europeia, relativa à responsabilidade decorrente de produtos defeituosos[59]. Ocorre que a referida Diretiva em momento algum afirma que esse regime especial de responsabilidade beneficia apenas os consumidores[60]. O termo "consumidor" foi propositalmente omitido nos artigos da Diretiva que instituem regras de responsabilidade[61], para permitir a reparação de toda e qualquer vítima de acidentes corporais – lesões corporais ou morte – provocados por produtos defeituosos[62].

---

[58] SANSEVERINO, Paulo de Tarso Vieira. *Responsabilidade civil no Código do Consumidor e a defesa do Fornecedor*, op. cit., p. 226-231.

[59] GRINOVER, Ada Pellegrini. *Código de Defesa do Consumidor: comentado pelos autores do anteprojeto*, v. 1, op. cit., p. 8; HARTEN, Carlos. *A responsabilidade pelo fato do produto no Código de Defesa do Consumidor (CDC) e a entrada em vigor do Código Civil (CC/2002)*, op. cit., p. 55; SANSEVERINO, Paulo de Tarso Vieira. *Responsabilidade civil no Código do Consumidor e a defesa do fornecedor*, op. cit., p. 58-59.

[60] Até por isso, na França, o regime do defeito do produto foi incorporado, não ao Código do Consumo, mas ao Código Civil (arts. 1386-1 a 1386-18 em sua redação original, atuais arts. 1245 a 1245-17), logo após os dispositivos que regulamentam a responsabilidade pelo fato da coisa e pelo fato de terceiro. Contra: Jean CALAIS-AULOY e Henri TEMPLE afirmam que a escolha de legislador francês de incluir o regime do defeito do produto no Código Civil francês é "contestável" (*Droit de la consommation*, op. cit., p. 359, n° 287).

[61] Por outro lado, a proteção do consumidor é mencionada diversas vezes no preâmbulo da Diretiva e em seu art. 15.

[62] Contudo, a Diretiva só protege os danos causados pelo produto defeituoso "a uma coisa ou a destruição de uma coisa'" pertencente à vítima, se essa coisa atingida: "i) seja de um tipo normalmente destinado ao uso ou consumo privados, e ii) tenha sido utilizada pela vítima principalmente para seu uso ou consumo privados". Essa regra, evidentemente, tem por escopo limitar a proteção concedida aos não consumidores, no que diz respeito aos danos patrimoniais.

Assim, não parece possível afirmar que caberia ao art. 931 regular os acidentes envolvendo relações paritárias, ao passo que os acidentes ocorridos em relações qualificados como "de consumo" seriam disciplinados pelos arts. 12 e subsequentes do Código do Consumidor. Na verdade, o regime consumerista tem vocação para regular qualquer acidente provocado por um produto defeituoso e é aplicável, inclusive, às relações civis e empresariais. Não há espaço para a coexistência de um modelo de responsabilidade subsidiário[63].

238. Um segundo argumento contrário à tese da incidência subsidiária do art. 931 é que o regime previsto no Código Civil impõe menos condições à responsabilidade do empresário do que o regramento contido no Código do Consumidor[64]. O texto consumerista prevê um modelo de responsabilidade complexo, subordinado à existência de um defeito do produto e que contém até mesmo um rol de causas excludentes responsabilidade.

Já a redação do art. 931 é muito mais singela, na medida em que não menciona a necessidade do defeito e não estabelece quaisquer outros requisitos à responsabilidade pelo fato do produto além da qualidade de empresário e a colocação do produto em circulação. Ainda que algumas das regras do regime de responsabilidade consumerista sejam mais favoráveis à vítima de um acidente provocado por um produto, fato é que, sob o aspecto global, ela terá mais facilidade para obter reparação se puder recorrer ao art. 931 do Código Civil[65]. Se esse regime fosse realmente inaplicável às relações de consumo, chegaríamos à conclusão inaceitável de que o legislador estabeleceu, para o consumidor, um modelo que dificulta a reparação dos acidentes se comparado ao regime comum de responsabilidade, subvertendo, assim, o próprio escopo protetivo do Código do Consumidor[66].

---

[63] Em certo sentido, muitos dos partidários da tese da aplicação subsidiária do art. 931 do CC/02 reconhecem que, na prática, o campo de aplicação do dispositivo ficaria restrito a "pouquíssimos casos". Cf. GONÇALVES, Carlos Roberto. *Comentários ao Código Civil*, op. cit., p. 421; SANSEVERINO, Paulo de Tarso Vieira. *Responsabilidade civil no Código do Consumidor e a defesa do fornecedor*, op. cit., p. 63; CAVALIERI FILHO, Sergio. *Programa de responsabilidade civil*, op. cit., p. 233.

[64] Contra: SANSEVERINO, Paulo de Tarso Vieira. *Responsabilidade civil no Código do Consumidor e a defesa do fornecedor*, op. cit., p. 57.

[65] HARTEN, Carlos. *A responsabilidade pelo fato do produto no Código de Defesa do Consumidor (CDC) e a entrada em vigor do Código Civil (CC/2002)*, op. cit., p. 55.

[66] MIRAGEM, Bruno. *Curso de direito do consumidor*, op. cit., p. 575; GODOY, Claudio Luiz Bueno de. *In*: PELUZO, Cezar (org.). *Código Civil comentado*: doutrina e jurisprudência. 7. ed. São Paulo: Manole, 2013, p. 918.

§ 2 – *A intepretação do art. 931 à luz da responsabilidade pelo fato do produto*

239. Uma segunda linha de argumentação – não necessariamente inconciliável com a anterior – afirma que o problema da interface entre o art. 931 do Código Civil e os arts. 12 e subsequentes do Código do Consumidor não pode ser resolvido apenas com base no raciocínio da derrogação/exclusão de uma norma pela outra. Apoiados, por vezes, no modelo hermenêutico do "diálogo das fontes"[67], conforme a expressão consagrada por Claudia Lima Marques[68] no Brasil[69], esses autores sustentam que as incompatibilidades

---

[67] MIRAGEM, Bruno. *Idem*, p. 575-577; HARTEN, Carlos. *A responsabilidade pelo fato do produto no Código de Defesa do Consumidor (CDC) e a entrada em vigor do Código Civil (CC/2002)*, op. cit., p. 55.

[68] A autora aborda o tema do diálogo das fontes em diversas obras: *Contratos no Código de Defesa do Consumidor*. 8. ed. São Paulo: RT, 2016, p. 617-724; Diálogo das fontes. *In*: BENJAMIN, Antônio Herman de Vasconcellos e; MARQUES, Cláudia Lima; BESSA, Leonardo Roscoe. *Manual de direito do consumidor*. 4. ed. São Paulo: RT, 2012, p. 117-133. Cf. também: MARQUES, Cláudia Lima (org.). *Diálogo das fontes*: do conflito à coordenação de normas do direito brasileiro. São Paulo: RT, 2012.

[69] Marques atribui a tese do "diálogo das fontes" ao jurista germano-canadense Erik Jayme. No entanto, Jayme propõe a ideia do "diálogo de fontes" para aplicá-la ao âmbito do Direito Internacional Privado (JAYME, Erik. *Identité culturelle et intégration*: le droit international privé postmoderne. Haia: Martinus Nojhoff, 1996, p. 259-261) – o qual tem pressupostos muito distintos da utilização feita no Direito Brasileiro, em que a ideia é aproveitada para resolver problemas da interface entre regramentos pertencentes ao mesmo ordenamento nacional, em especial, entre o CC/02 e o CDC. Assim, é possível afirmar que a tese defendida no Brasil é uma criação da própria Claudia Lima Marques, que tinha em mente um propósito bastante nobre: evitar que a aprovação do novo CC, em 2002, ameaçasse as importantes contribuições do CDC ao direito privado brasileiro. De fato, as definições fluídas previstas nos arts. 2º, 3º e 17, do CDC permitiram que a legislação consumerista se expandisse a passos largos no Brasil, de modo que o CDC foi, ao lado da CF/88, o pivô das principais transformações experimentadas pelo Direito Privado brasileiro ao longo dos anos 1990 (cf. AGUIAR JÚNIOR, Ruy Rosado de. *O novo Código Civil e o Código de Defesa do Consumidor: pontos de convergência*, op. cit). Hoje, é possível afirmar que o "direito do consumidor" tem abrangência muito maior no Brasil do que em outros países de tradição Romano-Germânica, como Portugal, Alemanha, França ou Itália. O problema é que esse sistema privado civil-consumerista foi colocado em xeque com o advento do CC/02, o qual, em muitos campos, implicou o retrocesso da legislação nacional e reavivou questões já superadas pela doutrina ou pela jurisprudência. Ora, a aplicação das regras tradicionais de resolução de antinomias – em especial, do critério cronológico – poderia levar à conclusão que as regras de origem consumeristas haviam sido, ao menos em parte, revogadas pelo CC/02. Daí a necessidade de se superar esses critérios clássicos de resolução de antinomias, para evitar o retrocesso do direito privado nacional.

entre esses dois sistemas de responsabilidade haveriam de ser solucionadas por meio de uma interpretação conjunta e coordenada de ambos, voltada à sua harmonização.

Dentro desse contexto, ganha especial importância o reconhecimento de que os dois Códigos se influenciam reciprocamente[70]: os conceitos existentes no regime de responsabilidade do Código do Consumidor poderiam ser utilizados para suprir as lacunas e deficiências do Código Civil[71], e vice-versa.

240. O que se percebe, todavia, é que o suposto diálogo entre os dois regimes de responsabilidade pelos danos provados por produtos é bastante assimétrico. O método tem sido utilizado com o claro propósito de contornar o laconismo do art. 931, de sorte que é muito mais frequente que a doutrina recorra aos conceitos do Código do Consumidor para interpretar esse dispositivo[72] (A). Já as influências vindas no outro sentido dessa via interpretativa – do Código Civil para o Código do Consumidor – são mais raras e controversas (B).

A – A influência do Código do Consumidor sobre art. 931: a exigência do defeito do produto e a aplicação das causas de exclusão de responsabilidade do fornecedor

241. A conclusão mais importante a que chegam os partidários da interpretação dialogada diz respeito à aplicação, ao regime do art. 931, do conceito de defeito previsto no Código do Consumidor. Parte substancial da literatura brasileira sustenta que, a despeito da omissão do dispositivo, a responsabilidade do empresário nele prevista está subordinada à existência de um defeito do produto[73], o qual deve ser verificado com base nos mesmos critérios previstos no art. 12 e parágrafos do Código do Consumidor[74].

---

[70] Trata-se daquilo que Cláudia Lima Marques denominou de "diálogo das influências recíprocas", *Diálogo das fontes*, op. cit., p. 123.

[71] GODOY, Claudio Luiz Bueno de. *Responsabilidade civil pelo risco da atividade*, op. cit., p. 83-85.

[72] DIREITO, Carlos Alberto Menezes; CAVALIERI FILHO, Sergio. *Comentários ao novo Código Civil*, v. 13, op. cit., p. 228.

[73] SANSEVERINO, Paulo de Tarso Vieira. *Responsabilidade civil no Código do Consumidor e a defesa do fornecedor*, op. cit., p. p. 57-58; CAVALIERI FILHO, Sergio. *Programa de responsabilidade civil*, op. cit., p. 227-228; GODOY, Claudio Luiz Bueno de. *Responsabilidade civil pelo risco da atividade*, op. cit., p. 84; HARTEN, Carlos. *A responsabilidade pelo fato do produto no Código de Defesa do Consumidor (CDC) e a entrada em vigor do Código Civil (CC/2002)*, op. cit., p. 55; CALIXTO, Marcelo Junqueira. *O art. 931 do Código Civil de 2002 e os riscos de desenvolvimento*, op. cit., p. 61-64.

[74] CALIXTO, Marcelo Junqueira. *Idem*, p. 61-75; CAVALIERI FILHO, Sergio. *Idem*, p. 233; GODOY, Claudio Luiz Bueno de. *Código Civil comentado*, op. cit., p. 918.

As razões dessa interpretação bastante evidentes: sem o critério do defeito, os empresários seriam responsáveis por qualquer dano provocado por seus produtos, mesmo quando o produto em questão não apresentou qualquer falha de segurança[75]. Isso conduziria à imposição de um regime de responsabilidade pelo risco integral aos empresários envolvidos na circulação de produtos[76], o que, claramente, não é o propósito do Código Civil[77]. Como bem apontam alguns, a omissão no texto do art. 931 se deve ao fato de que o Código Civil foi elaborado em um momento em que não existia um regime específico de responsabilidade do produtor e a própria noção de defeito do produto era desconhecida do legislador[78].

Dentro dessa mesma linha de raciocínio, muitos autores sustentam que também as causas de exclusão da responsabilidade pelo fato do produto, previstas no art. 12, parágrafo 3º, do Código do Consumidor, devem ser aplicadas

---

[75] Tula WESENDONCK é uma das poucas vozes que se opõe à aplicação do critério do defeito ao regime do art. 931 (*O regime de responsabilidade civil pelo fato dos produtos postos em circulação*, op. cit., p. 148-153). A autora sustenta, contudo, que, mesmo excluindo o defeito como critério de interpretação do art. 931, o empresário não seria responsabilizado pelos danos decorrentes dos riscos inerentes aos produtos (p. 152). Colocada nesses termos, a tese se mostra logicamente incongruente. De fato, os produtos podem oferecer dois tipos de riscos aos seus usuários: os riscos naturais e esperados daquela espécie de produto – os riscos inerentes – e os riscos não esperados, decorrentes de falhas de segurança – isto é, defeitos. É impossível, nesse sentido, afirmar que o empresário não responde pelos riscos inerentes ao produto, sem, com isso, tecer um juízo sobre a existência de ou não de um defeito: o risco inerente é justamente aquele que não decorre de um defeito. Cf. também: PASQUALOTTO, Adalberto. *Dará a reforma ao Código de Defesa do Consumidor um sopro de vida?*, op. cit., p. 11.

[76] GODOY, Claudio Luiz Bueno de. *Código Civil comentado*, op. cit., p. 918; MIRAGEM, Bruno. *Curso de direito do consumidor*, op. cit., p. 576; CALIXTO, Marcelo Junqueira. *O art. 931 do Código Civil de 2002 e os riscos de desenvolvimento*, op. cit., p. 61; HARTEN, Carlos. *A responsabilidade pelo fato do produto no Código de Defesa do Consumidor (CDC) e a entrada em vigor do Código Civil (CC/2002)*, op. cit., p. 55; LEÃES, Luiz Gastão Paes de Barros. *A responsabilidade do fabricante pelo fato do produto*, op. cit., p. 153-154.

[77] Ressalte-se que a própria justificativa da emenda apresentada pelo Deputado Emanoel Waisman revela que o real objetivo da proposta não era tanto o de regular exaustivamente a matéria, mas sim abrir caminho "para a elaboração de um 'código ou estatuto de responsabilidade do fabricante' quanto aos produtos de sua fabricação". DELGADO, Mário Luiz. *Codificação, descodificação, recodificação do Direito Civil brasileiro*, op. cit., p. 340-341; FIÚZA, Ricardo; SILVA, Regina Beatriz Tavares da (coords.). *Código Civil comentado*, op. cit., p. 1095.

[78] LOPEZ, Teresa Ancona. *Nexo causal e produtos potencialmente nocivos*, op. cit., p. 49-52; STOCO, Rui. *Tratado de responsabilidade civil*, op. cit., p. 247.

ao regime do Código Civil[79]. De fato, uma vez aceito o critério do defeito para a interpretação do art. 931, a admissão das causas de exclusão é uma medida que se impõe, visto que todas elas se referem a situações em que o acidente decorre de fatores externos, não relacionados a uma falha na segurança do produto[80].

242. É importante observar que o critério do defeito e as excludentes de responsabilidade são justamente os dois conceitos fundamentais do regime de responsabilidade pelo fato do produto, de sorte que sua incorporação ao art. 931 acaba por eliminar as principais diferenças entre esses dois modelos de responsabilidade. O regime do Código Civil passa a ser a tal ponto semelhante ao seu homólogo consumerista que é necessário se questionar se sua promulgação trouxe alguma inovação ao ordenamento brasileiro[81].

A essa questão, alguns autores respondem positivamente: com o advento do art. 931 do Código Civil, o comerciante passou a ser igualmente responsável pelos danos causados por produtos.

B – A influência do art. 931 sobre o Código do Consumidor: a responsabilidade direta do comerciante

243. Como visto, outra diferença entre os dois regimes diz respeito à responsabilidade do comerciante. O Código do Consumidor estabelece que, salvo em hipóteses excepcionais, o comerciante ou revendedor não é responsável pelos danos causados pelos produtos que comercializa. Já o Código Civil determina que todos os empresários envolvidos na circulação dos produtos respondem por eventuais danos, não havendo qualquer ressalva em favor do comerciante.

Quanto a esse aspecto, a posição sustentada por diversos autores[82] é que o Código Civil de 2002 teria expandido o regime de responsabilidade pelo

---

[79] DIREITO, Carlos Alberto Menezes; CAVALIERI FILHO, Sergio. *Comentários ao novo Código Civil*, v. 13, op. cit., p. 235-237; Godoy, Claudio Luiz Bueno de. *Código Civil comentado*, op. cit., p. 919; CALIXTO, Marcelo Junqueira. *O art. 931 do Código Civil de 2002 e os riscos de desenvolvimento*, op. cit., p. 61-63; HARTEN, Carlos. *A responsabilidade pelo fato do produto no Código de Defesa do Consumidor (CDC) e a entrada em vigor do Código Civil (CC/2002)*, op. cit., p. 55.

[80] Cf. também o Enunciado n° 562 da VI Jornada de Direito Civil: "Aos casos do art. 931 do Código Civil aplicam-se as excludentes da responsabilidade objetiva".

[81] Adalberto PASQUALOTTO critica a tese de que o art. 931 dependeria da constatação do defeito do produto: "a ser assim, haverá mera redundância com o art. 12 do CDC" (*Dará a reforma ao Código de Defesa do Consumidor um sopro de vida?*, op. cit., p. 11).

[82] Entre eles, MIRAGEM, Bruno. *Curso de direito do consumidor*, op. cit., p. 575-576 e *Responsabilidade civil*, op. cit., p. 300-301; FACCHINI NETO, Eugênio. Da responsabilidade civil no novo Código. *Revista do Tribunal Superior do Trabalho*, v. 76, 2010,

fato do produto previsto no Código Consumerista, que passou a abarcar todos os intermediários envolvidos na circulação do produto impondo, inclusive, a responsabilidade direta e solidária dos comerciantes[83].

Talvez resida aí o grande potencial interpretativo do art. 931, que poderia alterar a dinâmica da responsabilidade pelo fato do produto. No Brasil, a responsabilidade direta e solidária do comerciante perante a vítima já é prevista pelo Código do Consumidor para os casos de vício do produto ou serviço[84]. Quanto ao regime do defeito do serviço, sempre imperou em nosso ordenamento um sistema de solidariedade entre fornecedores diretos e indiretos[85], tendo em conta que o art. 14 do Código nem ao menos faz uma distinção entre os "comerciantes do serviço" e seus "prestadores autênticos"[86]. A utilização do art. 931 como fundamento para a responsabilização do comerciante pelos vícios do produto ampliaria um estado de coisas já presente na legislação.

244. Todavia, essa tese enfrenta duas espécies de dificuldades. A primeira delas, uma dificuldade de ordem legal. Para que o comerciante seja declarado responsável direto e solidário pelos defeitos do produto, é necessário pressupor que o art. 931 derrogou tacitamente o art. 13 do Código do Consumidor[87] e do modelo de responsabilidade do comerciante nele previsto.

---

p. 17; SILVA, Jorge Alberto Quadros de Carvalho da. Responsabilidade objetiva: o Código Civil de 2002 e o Código de Defesa do Consumidor. *Revista de direito do consumidor*, v. 14, 2005, p. 68; DIREITO, Carlos Alberto Menezes; CAVALIERI FILHO, Sergio. *Comentários ao novo Código Civil*, v. 13, op. cit., p. 234-235; FROTA, Mario. Estudo contrastivo da responsabilidade civil nos Códigos Civis do Brasil e de Portugal. *Revista de direito do consumidor*, v. 53, 2005, p. 151; GOMES, José Jairo. Responsabilidade civil na pós-modernidade: influência da solidariedade e da cooperação. *Revista de direito privado*, v. 23, 2005, p. 227.

[83] É, em certo sentido, o que assenta o enunciado n° 42 da I Jornada de Direito Civil: "O art. 931 amplia o conceito de fato do produto existente no art. 12 do Código de Defesa do Consumidor, imputando responsabilidade civil à empresa e aos empresários individuais vinculados à circulação dos produtos".

[84] BESSA, Leonardo Roscoe. Vício do produto e do serviço. *In*: BENJAMIN, Antônio Herman de Vasconcellos e; MARQUES, Cláudia Lima; BESSA, Leonardo Roscoe. *Manual de direito do consumidor*. 4. ed. São Paulo: RT, 2012, p. 190-192 e 199-200.

[85] BENJAMIN, Antônio Herman de Vasconcellos e. *Comentários ao Código de Proteção do Consumidor*, op. cit., p. 78.

[86] O STJ, por exemplo, já reconheceu que uma agência de viagens, que apenas havia vendido um pacote turístico ao consumidor, é solidariamente responsável pelo defeito do serviço prestado pelo hotel incluído no pacote: REsp 287.849/SP, 4ª Turma, 17.04.2001. Cf. também: REsp 1.102.849/RS, 3ª Turma, 17.04.2012.

[87] Assim, Carlos Alberto Menezes DIREITO e Sergio CAVALIERI FILHO afirmam que "A responsabilidade civil prevista no artigo 931 está fundada nos 'danos causados pelos produtos postos em circulação', na qual o comerciante é peça fundamental. Trata-se

Ocorre que essa suposta derrogação tácita esbara na ressalva do art. 931 aos "casos previstos em lei especial". Ora, a responsabilidade do comerciante foi expressamente regulada no art. 13 do diploma consumerista, o que parece garantir sua imunidade em face do dispositivo do Código Civil.

Outra dificuldade enfrentada diz respeito à pertinência de um modelo que imponha ao comerciante uma responsabilidade direta e solidária. Com efeito, é impossível negar que há uma racionalidade subjacente às limitações instituídas pelo Código do Consumidor à responsabilidade do comerciante. O comerciante é aquele que, por definição, se dedica apenas à revenda do produto e, nessa qualidade, não tem qualquer controle sobre as eventuais falhas de segurança apresentadas por ele. Não parece lógico responsabilizar pelo defeito alguém que não poderia evitá-lo.

A regra da responsabilidade do comerciante poderia conduzir a resultados especialmente injustos quando atingisse pequenos vendedores, que não têm condições de arcar com fardo dos erros cometidos por seus fornecedores. Imagine-se, por exemplo, o caso em que uma falha no processo produtivo de uma importante fabricante de pílulas anticoncepcionais redundasse na fabricação de um lote com centenas de caixas de medicamentos com problemas de eficácia. Seria desproporcional imputar, a uma singela farmácia de bairro, para a qual esse lote foi direcionado, o dever de reparar esses danos de grande magnitude, sob o pretexto de que foi ela quem revendeu os contraceptivos defeituosos.

Tudo isso demonstra que não há uma resposta simples sobre a conveniência de uma regra que estenda ao comerciante a responsabilidade pelos defeitos dos produtos. Os efeitos dessa mudança não são fáceis de serem avaliados de antemão. Talvez por isso, a ideia de que o art. 931 teria reforçado a responsabilidade dos comerciantes ainda não repercutiu na jurisprudência do Superior Tribunal de Justiça, que continua alheio a essa interpretação. Mesmo na literatura especializada, a questão não é pacífica. A despeito do amplo respaldo que a tese recebeu, há diversos autores que se posicionam contrariamente a ela[88].

---

de um acréscimo ao que se contém no art. 12 do CDC, o que torna inaplicável o seu art. 13". Os autores sustentam, porém, que o dispositivo civil, embora mais protetivo nesse aspecto, não incidiria sobre os acidentes já regulados pelo CDC (*Comentários ao novo Código Civil*, v. 13, op. cit., p. 235).

[88] Cf. GODOY, Claudio Luiz Bueno de. *Código Civil comentado*, op. cit., p. 918; HARTEN, Carlos. *A responsabilidade pelo fato do produto no Código de Defesa do Consumidor (CDC) e a entrada em vigor do Código Civil (CC/2002)*, op. cit., item 3.2.; WESENDONCK, Tula. *O regime de responsabilidade civil pelo fato dos produtos postos em circulação*, op. cit., p. 203-218.

Seção 3 – Balanço das repercussões do art. 931 sobre a responsabilidade pela falha de produtos contraceptivos

245. Resta claro que nenhuma das propostas de interpretação do art. 931 é verdadeiramente satisfatória. Ler o dispositivo à luz do regime consumerista é o mesmo que torná-lo redundante com este diploma; afirmar que ele não incide sobre os acidentes já regulados pelo Código do Consumidor implica destituí-lo de qualquer aplicação prática.

A raiz desse problema está na própria redação do dispositivo, que é extremamente deficiente[89], de sorte que qualquer tentativa de salvar o art. 931 estaria fadada ao fracasso. É por isso que ambas as propostas procuram limitar os efeitos desse dispositivo.

246. Diante desse cenário, é possível afirmar que o advento do art. 931 não alterou substancialmente os conflitos envolvendo a falha de produtos contraceptivos, que continuam a ter como marco regulatório o art. 12 e seguintes do Código do Consumidor.

Se considerarmos que o art. 931 não se aplica às relações de consumo, então o dispositivo em questão não terá qualquer incidência sobre os casos de responsabilidade pelo nascimento indesejado. Sempre haverá, entre o usuário de um produto contraceptivo e seu fabricante, uma relação de consumo configurada nos moldes dos arts. 2º e 3º do Código do Consumidor, a ensejar a aplicação deste diploma.

Por outro lado, ao estendermos ao art. 931 o critério do defeito e as excludentes de responsabilidade previstas no Código do Consumidor, esse dispositivo passa a ter pouco interesse prático. A falha de segurança do contraceptivo continuará a ser o fundamento da responsabilidade dos fabricantes de contraceptivos, inexistindo qualquer diferença relevante entre o novo regime de responsabilidade e o antigo modelo do fato do produto.

247. O art. 931 poderá implicar alguma inovação nessa seara caso prevaleça a tese de que, com o advento desse dispositivo, os comerciantes passaram a ser diretamente responsáveis pelos danos causados por produtos defeituosos[90]. No caso específico dos contraceptivos, essa interpretação permi-

---

[89] Um problema que, antes mesmo da promulgação do Código, já havia sido antecipado Luiz Gastão Paes de Barros LEÃES, que taxou a redação do atual art. 931 de "curiosa" e "exótica" (*A responsabilidade do fabricante pelo fato do produto*, op. cit., p. 153). Cf. também: STOCO, Rui. *Tratado de responsabilidade civil*, op. cit., p. 246-247.

[90] Outro efeito, frequentemente atribuído ao art. 931 do CC/2002, é que esse dispositivo teria reforçado a tese de que, no Brasil, o fornecedor é responsável pelos danos decorrentes dos riscos do desenvolvimento. Cf. WESENDONCK, Tula. *O regime de*

tirá que as vítimas pleiteiem reparação em face das farmácias, supermercados ou outros intermediários da cadeia de venda.

Há de se ressaltar, porém, que a inovação não teria a mesma importância ostentada em outros setores do mercado. A produção de contraceptivos é dominada, em geral, por grandes indústrias e laboratórios do ramo farmacêutico. O consumidor dificilmente encontrará mais vantagem em acionar diretamente o comerciante, a não ser que o faça ao incluí-lo, ao lado produtor, no polo passivo da ação na qualidade de devedor solidário.

---

responsabilidade civil pelo fato dos produtos postos em circulação, op. cit., p. 166-203; CALIXTO, Marcelo Junqueira. *O art. 931 do Código Civil de 2002 e os riscos de desenvolvimento*, op. cit., p. 75-84; MIRAGEM, Bruno. *Curso de direito do consumidor*, op. cit., p. 576; FACCHINI NETO, Eugênio. *Da responsabilidade civil no novo Código*, op. cit., p. 39. Cf. também o Enunciado 43 da I Jornada de Direito Civil. Para uma análise do problema dos riscos do desenvolvimento, cf. *supra*, n° 163 e s.

PARTE 2
A RESPONSABILIDADE CIVIL PELO NASCIMENTO INDESEJADO: OS FUNDAMENTOS ÉTICOS

Seção Preliminar: a autonomia reprodutiva para além da perspectiva constitucional

248. Com mais trinta anos passados desde a sua promulgação, muitos artigos da Constituição Federal de 1988 ainda nos intrigam com seus mistérios. É o caso do art. 2º, que consagra o princípio da separação e independência dos Poderes, um dos fundamentos de nosso sistema de governo. A origem inusitada desse dispositivo só foi descoberta recentemente, quando uma fonte privilegiada revelou que ele não constava do projeto inicialmente aprovado pela Assembleia Constituinte e que fora acrescentado somente nas etapas finais de elaboração da Constituição, pela comissão de redação. A notícia rapidamente ganhou as páginas dos principais jornais do país[1].

Outras vezes, o que impressiona são os rumos tomados pelo texto constitucional após sua promulgação. Quem seria capaz de prever, por exemplo, o melancólico destino do § 3º do art. 192, que impunha limites aos juros cobrados pelas instituições bancárias? Declarado inaplicável pelo Supremo Tribunal Federal, por carecer de lei que o regulamentasse[2], o dispositivo seria finalmente suprimido pela Emenda Constitucional nº 40, sem jamais ter incidência concreta.

249. O art. 226, § 7º, da Constituição Federal é certamente um dispositivo menos célebre do que seus dois congêneres mencionados. Ele não trata de um pilar da democracia, tampouco interfere na regulação de todo o sistema financeiro nacional. Na literatura jurídica, a maioria dos comentadores lhe dedica poucas páginas e quase nenhuma atenção.

Isso não significa que ele seja um dispositivo menos importante dentro da ordem proposta pela Constituição Federal. Ou menos enigmático. De fato, poucos artigos possuem uma origem e uma abrangência tão obscuras quanto aquele que instituiu o denominado "direito ao planejamento familiar"

---

[1] *O Globo*, 05 de outubro de 2003, caderno especial, p. 3.

[2] STF, Súmula Vinculante 7: "A norma do § 3º do artigo 192 da Constituição, revogada pela Emenda Constitucional nº 40/2003, que limitava a taxa de juros reais a 12% ao ano, tinha sua aplicação condicionada à edição de lei complementar". Essa súmula repete o teor da Súmula 648 do STF, editada em 2003, dando-lhe os efeitos de súmula vinculante. A questão já havia sido apreciada pela corte em uma das primeiras ações diretas de inconstitucionalidade: STF, ADI 04, Plenário, 07.03.1991.

em nosso ordenamento. Eis o texto em questão: "Fundado nos princípios da dignidade da pessoa humana e da paternidade responsável, o planejamento familiar é livre decisão do casal, competindo ao Estado propiciar recursos educacionais e científicos para o exercício desse direito, vedada qualquer forma coercitiva por parte de instituições oficiais ou privadas".

250. O primeiro fato que não está estampado nas linhas desse texto é que ele pôs fim a uma longa disputa sobre as políticas de controle de natalidade e sobre a licitude dos métodos contraceptivos, que perdurou no Brasil até o fim do governo militar.

Para entender melhor essa controvérsia, é preciso recordar que o comércio de contraceptivos foi, durante muito tempo, proibido no Brasil. Até 1979, o art. 20 da Lei das Contravenções Penais cominava penas àqueles que anunciassem processo, substância ou objeto destinado a provocar aborto "ou evitar a gravidez"[3]. A proibição dos contraceptivos esteve igualmente presente na regulamentação da profissão dos médicos, inserida no Decreto Federal 20.931 de 1932[4], e dos farmacêuticos, tratada no Decreto Federal 4.113 de 1942[5]. Os diversos códigos de deontologia médica que se sucederam no país também previam vedações aos métodos contraceptivos, notadamente às cirurgias de esterilização[6]. E, mesmo depois da aprovação do Código de Ética Médica de 1984 – o primeiro a não condenar expressamente a realização de esterilizações voluntárias[7] –, o Conselho Federal de Medicina manteve firme

---

[3] RODRIGUES, Walter (org.). *X Seminário de Planejamento Familiar*. Rio de Janeiro: BemFam, 1973, p. 132-135.

[4] "Art. 16. É vedado ao médico: (...) f) dar-se a práticas que tenham por fim impedir a concepção ou interromper a gestação, só sendo admitida a provocação do aborto e o parto prematuro, uma vez verificada, por junta médica, sua necessidade terapêutica".

[5] "Art. 5º É proibido anunciar, fora dos termos dos respectivos relatórios e licenciamentos, produtos ou especialidades farmacêuticas e medicamentos: (...) V – apresentando-os com propriedades anticoncepcionais ou abortivas, mesmo em termos que induzam indiretamente a estes fins; (...) § 2º Os produtos intitulados 'reguladores', assim como os preparados destinados ao tratamento das afeções e empregados na higiene dos órgãos genitais, não poderão fazer referências a propriedades anticoncepcionais ou abortivas".

[6] Código de Moral Médica de 1929 (art. 16); Código de Deontologia Médica de 1931 (art. 15); Código de Deontologia Médica de1945 (art. 4º, 2); Código de Ética da Associação Médica Brasileira de 1953 (art. 52); e Código de Ética Médica de 1965 (art. 52). Cf. Hélio AGUINAGA, *A saga do planejamento familiar no Brasil*, op. cit., p. 73-75.

[7] O Código previa como infração ética "art. 12. Deixar de cumprir legislação específica nos casos de transplante de órgãos ou tecidos, abortamento e esterilização". A regra

seu entendimento de que esta prática era contrária à ética da profissão e à legislação penal, por configurar crime de lesão corporal grave[8].

251. Todo esse arcabouço legal repressivo pode surpreender o leitor acostumado à trivialidade dos anticoncepcionais, vendidos hoje em qualquer farmácia, supermercado ou banca de jornal. E, de fato, a proibição outrora existente no Brasil era fruto de uma concepção moralista sobre a sexualidade, típica de uma sociedade de forte tradição católica[9]. Via-se com maus olhos a ideia de que o ato sexual pudesse se desvincular da reprodução, pervertendo-se em uma prática destinada exclusivamente aos prazeres carnais.

Mas a verdade é que a proibição dos contraceptivos não era uma idiossincrasia do Direito brasileiro. Pelo contrário. É possível afirmar que posição adotada em nosso ordenamento era bastante reveladora da aversão aos métodos de controle reprodutivo que durante muito tempo predominou na cultura ocidental, a qual encarava as técnicas contraceptivas como um tipo de conhecimento espúrio, associado às prostitutas, aos adúlteros, aos

---

foi repetida no Código de Ética Médica de 1988: "art. 43. Descumprir legislação específica nos casos de transplantes de órgãos ou tecidos, esterilização, fecundação artificial e abortamento".

[8] Cf. por exemplo, os Processos-Consulta CFM 35/86; 03/88; 05/88; 03/89; e 41/89, em que o Conselho Federal expressamente afirmou que a realização de cirurgias de esterilização era ilegal e contrária à ética médica. O CFM só alterou formalmente seu entendimento em 1996, com a aprovação da Lei 9.263. Cf. VENTURA, Miriam. *Direitos Reprodutivos no Brasil*. 3. ed. Brasília: UNFPA, 2009. p. 89.

[9] A aversão da Igreja aos métodos contraceptivos é comumente associada às bulas papais *Casti Connubii* (1930), e *Humanae Vitae* (1968). Mas, na verdade, ela está presente desde os primórdios do cristianismo, remontando aos Pais da Igreja (sec. II a V) e ao embate ocorrido entre esse cristianismo e as seitas maniqueístas. É a Agostinho que se deve uma das primeiras manifestações cristãs condenando o uso de métodos contraceptivos e abortivos. Trata-se do excerto conhecido como "aliquando", retirado de sua obra *De nuptiis et concupiscentia* (sec. V): "Algumas vezes [*aliquando*], esta luxuriosa crueldade ou cruel luxúria os leva [os cônjuges] a procurar venenos de esterilização e, se estes não produzem efeito, então extinguem e destroem de algum modo o feto no ventre, preferindo que sua descendência morra antes de que viva e, se já vivia no ventre, preferem matá-la antes de que nasça. Sem dúvida, os esposos desta espécie não estão casados e, se agiam assim desde o começo, não estão unidos no matrimônio, mas sim na desonra. Se são desta classe, me arrisco a dizer que, ou a mulher é de alguma maneira a prostituta de seu marido, ou este é um adúltero com sua própria esposa", apud NOONAN JUNIOR, John Thomas. *Contracepción*: desarrollo y análisis del tema a través de los canonistas y teólogos católicos. Tradução de Jorge Venturini. Buenos Aires: Troquel, 1967, p. 148.

hereges, aos devassos e a todo tipo de infiéis a Deus[10] e ao matrimônio[11]. Não é de se surpreender que, assim como o Brasil, diversos países proibiram os métodos de contracepção ao longo dos séculos XIX e XX[12], por considerá-los atentatórios ao pudor público.

252. Nos Estados Unidos, por exemplo, a "Lei para a supressão do comércio e circulação de literatura obscena e artigos de uso imoral", aprovada em 1873 e conhecida popularmente como "Lei Comstock"[13], criminalizou

---

[10] Como ordinariamente ocorre em questões que envolvem a moralidade sexual, a repressão religiosa ao uso de contraceptivos sempre atingiu com mais rigor as mulheres do que os homens. E não é difícil encontrar as raízes desse padrão seletivo de comportamento. A religião tradicionalmente enxerga a sexualidade da mulher com desconfiança, ou até mesmo com medo de seu poder. Referências às origens demoníacas da sedução feminina são bastante frequentes (Angus MCLAREN, *A history of contraception: from antiquity to the present day*, op. cit., p. 87-88); dentre as quais a mais conhecida é a narrativa da expulsão do paraíso, segundo a qual Eva, instigada pelo Diabo, teria convencido Adão a provar do fruto proibido – por vezes interpretado como sendo uma metáfora para o ato sexual (Genesis 3:1-13). No mais, a negação da maternidade promovida pelos contraceptivos colocava em xeque os propósitos divinos da mulher, relegada por esse cristianismo arcaico ao papel subalterno de procriadora e educadora dos filhos. O próprio Agostinho deixa transparecer essa visão misógina em diversos momentos de sua obra: "Se não foi com o propósito de gerar filhos que a mulher foi dada ao homem como sua ajudante", afirma em outra passagem célebre, "como então como ela poderia ajudá-lo?" (*De genesis ad litteram*, IX: 10, apud CIVARDI, Deborah. How Catherine of Siena and Teresa of Avila outsmarted Aristotle: female mystics as philosophers in the Middle Ages. *Solidarity: the journal of catholic social thought and secular ethics*, vol. 4, n. 1, 2014, art. n. 5). Mas a principal razão para que o uso de contraceptivos por mulheres fosse particularmente repreendido está na própria contradição entre esses métodos e o ideal feminino cristão. Uma singularidade dos contraceptivos é concentram um si a antítese da imagem de Maria, mulher mais importante para a fé católica e cultuada, precisamente, pelo dom místico da concepção casta. Para a fé católica, a mulher que recorre aos contraceptivos é tanto mais pecadora porque nega, em um só tempo, as duas virtudes transcendentais de seu gênero: a virgindade e a maternidade.

[11] RIDDLE, John Marion. *Eve's herbs*: a history of contraception and abortion in the west, Cambridge-EUA: Harvard University Press, 1997, p. 64-166; JÜTTE, Robert. *Contraception: a history*, op. cit., p. 62-105.

[12] MCLAREN, Angus. *A history of contraception: from antiquity to the present day*, op. cit., p. 205-207; TONE, Andrea. *Devices and desires*: a history of contraception in America. Nova Iorque: Hill and Wang, 2001, p. 23-24.

[13] Em homenagem ao seu idealizador, Anthony Comstock (1844-1915). Comstock era um notório defensor da moralidade vitoriana, tendo sido fundador e dirigente da associação "New York society for the suppression of vice". Para garantir que a nova legislação não se tornaria letra morta, Comstock assumiu o cargo de Inspetor dos Correios dos Estados Unidos, consciente de que a maioria dos produtos contracep-

a circulação de objetos considerados imorais para a sociedade da época. A proibição se voltava, principalmente, para os textos e figuras pornográficas, mas incluía também as "drogas ou medicamentos, ou objetos de qualquer natureza, para a prevenção da concepção ou para provocar aborto ilegal".

Na França, a Lei de 31 de julho de 1920 proibiu a venda e a difusão de métodos contraceptivos e abortivos naquele país. Portugal seguiu o mesmo rumo e baniu a livre comercialização e a divulgação dos anticoncepcionais pela primeira vez em 1929[14], por meio do Decreto-Lei n° 17.636[15], que regulou a profissão dos farmacêuticos. E o Decreto-Lei n° 32.171, de 1942, relativo à profissão médica, veio a confirmar essa restrição, ao proibir o anúncio de produtos "antigenésicos e abortivos"[16].

O Código Penal da Espanha de 1944 – refundido e confirmado em 1973 – estabelecia, em seu art. 416, a proibição, a venda e a divulgação de "todos os medicamentos, substâncias, objetos, instrumentos aparatos, meios ou procedimentos capazes de provocar ou facilitar o aborto ou de evitar a procriação". Em 1935, a Irlanda também conheceu uma rigorosa lei penal que, além de criminalizar a prostituição, o incesto e os atos obscenos, proibiu o comércio e a importação de contraceptivos[17].

253. Todas essas restrições aos contraceptivos foram progressivamente derrogadas a partir da década de 1960, em meio a conhecida revolução cultural que alterou profundamente o papel da sexualidade no mundo ocidental. A França aboliu a proibição em 1967, por meio da lei Neuwirth. Em 1978, Irlanda e da Espanha reformaram suas leis penais que criminalizavam os métodos anticoncepcionais e, em 1984, seria a vez de Portugal. Nos Estados Unidos, a legalização dos contraceptivos dependeu da ação da Suprema Corte Americana, que, em duas decisões, de 1965 e 1972, declarou inconstitucionais as restrições ao comércio e ao uso de contraceptivos previstas na Lei Comstock e nas diversas leis estaduais que nela se inspiraram[18].

---

tivos e publicações de cunho pornográfico era distribuída pela via postal. Foi na posse de seu novo cargo que Comstock liderou uma verdadeira caça às suas bruxas da indecência. Cf. TONE, Andrea. *Devices and desires*, op. cit., p. 3-45.

[14] TAVARES, Manuela. *Aborto e contracepção em Portugal*. Lisboa: Livros Horizonte, 2003, p. 15 e nota 27.

[15] Art. 2°, § 2°, e art. 11°.

[16] Art. 16°, parágrafo único. Cf. também art. 21°, § 2°.

[17] Criminal Law Amendment Act, 1935 (section 17).

[18] Em *Griswold v. Connecticut* 381 U.S. 479 (1965), a Suprema Corte considerou inconstitucionais os dispositivos sob a perspectiva de que o acesso aos contraceptivos constituiria um direito do casal à sua intimidade. Foi apenas no julgado *Eisenstadt v.*

Foi também a partir da década de 1960 que, no Brasil, as restrições legais aos contraceptivos passaram a ser questionadas. Mas, em nosso caso, não foram apenas as ressignificações morais que conduziram à mudança. Havia um outro problema, muito mais presente na ordem do dia: a contenção do crescimento populacional das classes mais pobres.

254. Tratava-se uma polêmica que opunha duas coalizões improváveis[19]. Num dos lados dessa controvérsia estavam as nações desenvolvidas e os organismos internacionais, como o FMI e a ONU, que faziam forte pressão para que o Brasil adotasse práticas de contenção do crescimento populacional; uma posição partilhada por muitos setores da própria sociedade brasileira, que incluía economistas, empresários e parte do governo militar.

O principal argumento dos partidários dessa tese era que as altas taxas de natalidade, verificadas especialmente entre a população de baixa renda, representavam um dos grandes entraves para o desenvolvimento do país. Por detrás desse discurso, havia também a preocupação que o crescimento populacional aliado à miséria pudesse provocar instabilidade política a longo prazo e conduzir a uma revolta popular, à exemplo do ocorrido com a revolução cubana – um temor particularmente importante em meio ao cenário da Guerra Fria[20].

A esse entendimento favorável à legalização dos métodos contraceptivos opunham-se setores mais conservadores das forças armadas, que viam o aumento da população como uma questão estratégica para a defesa nacional e para a colonização de regiões desabitadas do Brasil[21]. Esse grupo era apoiado pela Igreja Católica que, desde 1968, se declarava oficialmente contrária ao uso de contraceptivos "não naturais"[22], e até mesmo por membros da esquerda antiamericana[23].

Baird 405 U.S. 438 (1972) que o tribunal consagraria um verdadeiro direito individual à autonomia reprodutiva, o qual estaria sendo violado pelas Leis Comstock.

[19] FONSECA SOBRINHO, Délcio da. *Estado e população*: uma história do planejamento familiar no Brasil. Rio de Janeiro: Rosa dos Tempos, 1994, p. 23-28; AGUINAGA, Hélio. *A saga do planejamento familiar no Brasil*, op. cit., p. 25-33 e 101-128.

[20] FONSECA SOBRINHO, Délcio da. *Idem*, p. 81-96.

[21] *Ibidem*, p. 97-100. Cf. também as diversas manifestações dos parlamentares da época em: RODRIGUES, Walter. *O planejamento familiar*. Rio de Janeiro: BemFam, 1973, p. 37-78.

[22] Para uma crítica particularmente abalizada dessa tese da igreja (e que parte de um importante pensador católico), cf. NOONAN JUNIOR, John Thomas. *The church and contraception*: the issues at the stake. Nova Iorque: Paulist Press, 1967.

[23] FONSECA SOBRINHO, Délcio da. *Estado e população: uma história do planejamento familiar no Brasil*, p. 23-28. Cf. também as diversas – e combativas – obras de Mário

255. A oposição entre esses dois núcleos políticos impediu que o Estado brasileiro tomasse uma postura mais clara sobre a questão dos contraceptivos, seja para incentivar sua utilização, seja para restringi-la com mais vigor. E isso abriu espaço para que o planejamento familiar fosse relegado às entidades privadas. Quem primeiro difundiu os métodos contraceptivos no Brasil foram instituições não governamentais, em especial, a Sociedade Civil de Bem-Estar Familiar (BemFam), fundada em 1965, durante a XV Jornada de Ginecologia e Obstetrícia[24], e o Centro de Pesquisas de Assistência Integrada à Mulher e Criança (CPAIMC), criado em 1975, a partir de um programa da Universidade Federal do Rio de Janeiro[25]. Enquanto a primeira instituição se desdobrou em dezenas de centros de planejamento familiar espalhados pelo Brasil, a segunda concentrava suas atividades em bairros pobres da cidade do Rio de Janeiro, tendo sua sede no Hospital-Escola São Francisco de Assis.

Essas entidades sempre foram muito criticadas por promoverem os métodos contraceptivos de forma manipulativa, ao se aproveitarem do baixo nível de instrução das classes menos abastadas para controlar seu crescimento demográfico. É de se ressaltar que essas instituições recebiam apoio institucional e financeiro de governos estrangeiros e organizações internacionais, como a *United States Agency for International Development* (USAID) e a *International Planned Parenthood Federation* (IPPF)[26], que abertamente defendiam que os países subdesenvolvidos deveriam adotar medidas impositivas de contenção populacional[27].

Victor de Assis PACHECO sobre o tema: *Planejamento familiar e libertação do Brasil*. Petrópolis: Vozes, 1983; *Racismo, machismo e planejamento familiar*. 2. ed. Petrópolis: Vozes, 1981; *Neocolonialismo e controle de natalidade*. Rio de Janeiro: Civilização Brasileira, 1967.

[24] FONSECA SOBRINHO, Délcio da. *Idem*, p. 101-108. Para uma perspectiva da atuação dessa instituição, cf. *X seminário brasileiro de planejamento familiar*, op. cit., 1973.

[25] A história do CPAIMC é relatada pelo seu próprio fundador em: AGUINAGA, Hélio. *A saga do planejamento familiar no Brasil*, op. cit., p. 155-220.

[26] Cf. o relatório nº 2 da CPI mista do Congresso Nacional para "examinar a incidência de esterilização em massa de mulheres no Brasil", de 1993, p. 52-56. Ver também: AGUINAGA, Hélio. *Idem*, p. 171-177 e 195-198; RODRIGUES, Gilda de Castro. *O dilema da maternidade*. São Paulo: Annablume, 2008, p. 159-163; BHERING, Marcos Jungmann. *Controle da natalidade no Brasil*: um estudo sobre o Centro de Pesquisas e Assistência Integral à Mulher e à Criança (1975-1994). Tese (Doutorado em História das Ciências e da Saúde), Casa de Oswaldo Cruz – FIOCRUZ, Rio de Janeiro, 2014, p. 88-94.

[27] Os Estados Unidos, por exemplo, responsável direta ou indiretamente por grande parte dos fundos dessas entidades, já haviam implementado, desde a década de 1950, um programa de controle de natalidade no seu protetorado de Puerto Rico, baseado na popularização das laqueaduras de trompas e no uso experimental das primeiras

256. O autoritarismo se refletia, em especial, no *modus operandi* da BemFam e do CPAIMC. Ambos priorizavam a realização de cirurgias de esterilização em regiões carentes do Brasil[28], sem que isso foi associado a medidas de conscientização da população sobre a saúde reprodutiva ou sobre as técnicas reversíveis de contracepção[29]. Diversas denúncias da época relatavam que mulheres estavam sendo coagidas a realizar cirurgias de esterilização, ou mesmo que algumas parturientes tiveram suas trompas laqueadas sem seu consentimento[30].

Um dos métodos utilizados por essas organizações para promover o controle demográfico foi a popularização dos partos por meio de cirurgia cesariana. A cesariana era particularmente útil a esse propósito pois simplificava o procedimento de laqueadura das trompas da mulher, que poderia realizado durante o próprio parto. Além disso, permitia a ocultação do ato de esterilização frente às autoridades sanitárias, resguardando o médico de uma eventual ação de responsabilidade penal ou profissional[31].

Os objetivos "controlistas" transpareciam até mesmo nas declarações públicas feitas pelos dirigentes dessas instituições. Em 1973, durante uma conferência realizada na Câmara dos Deputados, o presidente da BemFam defendeu que as medidas coercitivas de controle de natalidade seriam necessárias em "algumas regiões" do Brasil "dentro de uma política geral de desenvolvimento"[32]. Cinco anos antes, o tesoureiro da mesma instituição tinha sido ainda mais claro ao declarar, perante uma Comissão Parlamentar de Inquérito, que "há uma grande dificuldade para as pessoas verem o óbvio evidente, ululante, como diz Nelson Rodrigues, que é o excesso populacional atrapalhando o desenvolvimento [...]. Que capacidade de remuneração posso

---

pílulas hormonais contraceptivas. Esse programa serviu de modelo para as políticas de controle populacional implementadas nas regiões mais pobres do sul dos EUA, bem como nos países de terceiro mundo, GORDON, Linda. *The moral property of women: a history of birth control politics in America*, op. cit., p. 279-291 e 342-347.

[28] BOHADANA, Estrella; PÊGO, Raquel A. *A prática do planejamento familiar na Favela da Rocinha*, op. cit., p. 93; VENTURA, Miriam. *Direitos Reprodutivos no Brasil*, op. cit., p. 28-29.

[29] FONSECA SOBRINHO, Délcio da. *Estado e população: uma história do planejamento familiar no Brasil*, op. cit., 115-124.

[30] ALVES, Andrea Moraes. A trajetória do Centro de Pesquisas e Atenção Integrada à Mulher e à Criança (1975-1992). *Século XXI: revista de ciências sociais*, v. 4, n. 2, p. 189-190 e 198-199.

[31] BERQUÓ, Elza. Brasil, um caso exemplar – anticoncepção e parto cirúrgicos – à espera de uma ação exemplar. *Estudos feministas*, n. 2, 1993, p. 375-376.

[32] RODRIGUES, Walter. *O planejamento familiar*, op. cit., p. 20.

dar a esses indivíduos deseducados, com vocabulário reduzido de 250, 300 palavras? Essa gente me parece gravosa ao sistema social. Não vou matá-la. Apenas quero que a biologia o faça"[33].

257. Essa origem conturbada do planejamento familiar no Brasil repercute ainda nos dias de hoje, e é uma das razões pelas quais grande parte da sociedade brasileira considera que as laqueaduras constituem um método trivial de contracepção, quando, na verdade, essas cirurgias deveriam ser uma última opção em meio à gama de anticoncepcionais reversíveis existentes. Não por acaso, o Brasil ostenta uma das maiores taxas de esterilizações femininas de todo o mundo e é também um dos primeiros colocados em relação ao número de nascimentos por cirurgia cesariana[34].

Outra herança nefasta pode ser notada no autoritarismo que ainda predomina na seara das cirurgias de esterilização. Não é raro encontrar médicos que acreditam que cabe a eles avaliar as condições, não apenas de saúde, mas também socioeconômicas de seus pacientes, e com base nelas decidir se devem realizar cirurgias de esterilização. É revelador – e chocante – o grande número de ações de responsabilidade civil ajuizadas ainda hoje por mulheres, em sua maioria de baixa renda, que alegam terem sido esterilizadas durante o parto, sem sua autorização[35]. Os fundamentos para tamanha violência são os mais variados. Se, no mais das vezes, os médicos alegam que realizaram a cirurgia à revelia da paciente "por razões de saúde, imperiosas e urgentes" (frequentemente desmentidas no curso do processo)[36], há inúmeras hipó-

---

[33] Apud FONSECA SOBRINHO, Délcio da. *Estado e população: uma história do planejamento familiar no Brasil*, op. cit., p. 110-111. Para outras manifestações que ligavam o planejamento familiar à necessidade de contenção do crescimento demográfico da população mais pobre, cf. MORAES, Benjamin. *Aspectos jurídicos do planejamento familiar*. Rio de Janeiro: BemFam, 1974; e "Direito de família e planejamento familiar", *São Paulo conference on the law of the world*, 1981.

[34] BERQUÓ, Elza; CAVENAGHI, Suzana. Direitos reprodutivos de mulheres e homens face à nova legislação brasileira sobre esterilização voluntária. *Cadernos de saúde pública*, v. 19, sup. 2, 2003, p. 441. Cf. também o relatório da CPI de 1993, p. 39.

[35] MACHADO, Paulo Affonso Leme; PERROTTI, Maria Regina Machado; PERROTTI, Marcos Antonio. Direito do planejamento familiar. *Revista dos tribunais*, v. 749, 1998, p. 57-58.

[36] TJRS, Apel 70084029032, 6ª. C.Civ., 08.03.2021; Apel 70042878710, 10ª C.Civ., 29.03.2012; Apel 70036884732, 6ª C.Civ., 16.12.2010; Apel 70002965127, 9ª C.Civ., 16.12.2010; TJSP, Apel 3001654-26.2012.8.26.0268, 2ª C.Pub., 01.03.2021; Apel 1007426-36.2016.8.26.0309, 6ª C.Priv., 17.08.2020; Apel 1003690-74.2016.8.26.0320, 12ª C.Priv., 29.06.2020; Apel 1011049-20.2015.8.26.0576, 8ª C.Priv., 27.11.2019; Apel 9058757-19.2009.8.26.0000, 2ª C.Priv., 11.12.2012; Apel 9277876-16.2008.8.26.0000, 9ª C.Priv., 25.09.2012; Apel 0006351-78.2010.8.26.0344, 6ª C.Priv., 15.03.2012; Apel

teses em que o que sobressai é o mais puro preconceito[37], como nos casos em que mulher foi julgada "velha demais" para ter filhos[38], ou porque era portadora de doença "capaz de ser transmitida à prole"[39], ou simplesmente porque, no entender do profissional, o casal não teria condições financeiras para sustentar mais filhos[40].

258. As críticas às medidas de controle de natalidade se intensificaram a partir do final da década de 1960. Em 1967, foi aberta uma primeira Comissão Parlamentar de Inquérito em âmbito federal, motivada por uma notícia de que missionários americanos teriam promovido a esterilização em massa de

---

0006957-40.2003.8.26.0510, 7ª C.Priv., 14.03.2012; Apel 233.311-4/9-00, 6ª C.Priv., 20.08.2009; TJPR, Apel 779.328-4, 9ª C.Civ., 15.12.2011; Apel 498.622-3, 9ª C.Civ., 09.10.2008; Apel 61488-6, 5ª C.Civ., 08.02.2000; TJGO, Apel 187125-59.2005.8.09.0051, 4ª C.Civ., 06.05.2010; TJRJ, Apel 2005.001.36227, 18ª C.Civ., 20.12.2005; TJMG, Apel 1.0362.03.025921-6/001, 9ª C.Civ., 02.12.2008; Apel 1.0151.04.008727-3/001, 10ª C.Civ., 27.05.2008. Para precedentes na esfera penal: STJ, HC 90.725/SP, 5ª Turma, 28.11.2007; TJPR, Apel 473.412-1, 3ª C.Crim., 15.01.2009.

[37] Recentemente, o caso de Janaína Quirino, mulher em situação de rua que foi esterilizada à força, ganhou as páginas dos jornais de todo o País (cf. https://g1.globo.com/sp/sao-carlos-regiao/noticia/2019/08/05/defensoria-pede-indenizacao-de-r-1-milhao-por-laqueadura-de-mulher-sem-consentimento.ghtml. Acesso em: 24.05.2021). É verdade que a repercussão do caso concedeu destaque ao problema do tratamento autoritário a que são submetidas as pessoas em situação de vulnerabilidade, no que diz respeito à sua autonomia reprodutiva. Contudo, a polêmica também revela o quanto a sociedade brasileira desconhece a real dimensão do problema: violações como as sofridas por Janaína ocorrem cotidianamente, como comprovam as inúmeras ações reparatórias apreciadas por nossos tribunais. As recentes tentativas de regulamentar o oferecimento de métodos contraceptivos para populações vulneráveis evidencia o quão longe estamos de superar essa prática bárbara. Cf. Alesp PL 225/2021; Portaria SCTIE/MS 13/21.

[38] TJRS, Apel 70049337140, 10ª C.Civ., 27.06.2013. Após terminar a cirurgia, o médico apresentou, ao companheiro da paciente a razão pela qual realizara a laqueadura sem seu consentimento: "tem 41 anos não precisa ter filho!". Cf. também, no extremo oposto: TJMG, Apel 1.0095.07.000696-0/001, 16ª C.Civ., 24.10.2007, caso em que uma jovem de 17 anos, em situação de rua e com 2 filhos, foi esterilizada a seu pedido e com aval de sua mãe. Ela viria a se arrepender tempos depois.

[39] TJRS, Apel 70049337140, 10ª C.Civ., 27.06.2013 (no caso, a vítima sofria de transtorno bipolar). Cf. também: TJPR, Apel 0012499-31.2006.8.16.0019, 10ª C.Civ., 19.01.2012.

[40] TJPR, Apel 41551-8, 5ª C.Civ., 22.06.1995; TJMG, Apel 2.0000.00.322443-5/000, 3ª C.Civ.,13.12.2000. Neste último caso, em sua defesa, o médico convidou o magistrado a "se questionar, num final de século, em que o País e o Mundo se encontram emaranhados num questionamento social, possuindo já o casal dois filhos, sem qualquer comprovação da evolução social ou financeira do mesmo casal, não seria dever do Estado se acometer dos caprichos deste, de irresponsavelmente ter filhos".

mulheres na região amazônica⁴¹. Em 1983, instaurou-se uma nova Comissão Parlamentar no Senado, desta vez com o objetivo de investigar problemas vinculados ao aumento populacional⁴².

Às vésperas da Assembleia Constituinte, o sentimento que predominava no cenário público brasileiro era de aversão ao emprego dos contraceptivos para o controle populacional. Os jornais⁴³ e as associações de direitos humanos da época frequentemente denunciavam a prática de esterilizações em massa custeadas por fundos estrangeiros⁴⁴.

259. Isso explica por que o tema do planejamento familiar foi rapidamente incorporado às discussões da Assembleia Constituinte. O passo decisivo veio ainda nas primeiras etapas do processo de elaboração da Constituição e partiu do movimento feminista brasileiro, que repudiava os meios autoritários de controle populacional, mas defendia a legalização dos contraceptivos como forma de promover os direitos reprodutivos das mulheres. A reivindicação pela liberdade de escolha sobre a procriação constou de diversos documentos encaminhados por entidades de defesa dos direitos femininos à Assembleia Constituinte⁴⁵, entre os quais destaca-se a "Carta das mulheres aos constituintes" ⁴⁶, elaborada em 1986 pelo recém-criado Conselho Nacional dos Direitos da Mulher (CNDM)⁴⁷.

A Carta continha uma série de reivindicações em favor do reconhecimento dos direitos das mulheres, incluindo o pedido para que a nova Constituição vedasse "ao Estado e às entidades nacionais e estrangeiras, públicas ou

---

41 Pêgo, Raquel Abrantes; Richa, Arnaldo Chain. Estado e instituições de planejamento familiar. *In*: *Controle de natalidade x planejamento familiar no Brasil*. Rio de Janeiro: Achiamé, 1987, p. 34. Fonseca Sobrinho, Délcio da. *Estado e população: uma história do planejamento familiar no Brasil*, op. cit., p. 109-114.

42 Fonseca Sobrinho, Délcio da. *Idem*, p. 168-173.

43 Cf. *Folha de São Paulo*, 09 de março de 1985, Caderno Geral, p. 20; 03 de fevereiro de 1987, Caderno Cidades.

44 Para uma análise do tom crítico adotado pela mídia fluminense em relação à atuação do CPAIMC, cf. Alves, Andrea Morais. *A trajetória do Centro de Pesquisas e Atenção Integrada à Mulher e à Criança (1975-1992)*, op. cit., p. 190-194.

45 Rocha, Maria Isabel Baltar da. A constituinte e o planejamento familiar: um roteiro das sugestões, emendas e propostas. *Anais do VI encontro nacional de estudos populacionais*. Olinda: Abep, 1988, v. 1, p. 639-674.

46 Disponível em: Campos, Carmen Hein de; Oliveira, Guacira Cesar de (orgs.). *Saúde reprodutiva das mulheres*: direitos, políticas públicas e desafios. Brasília: Cfemea, 2009, p. 114-118.

47 Pitanguy, Jacqueline. Feminist politics and reproductive rights: the case of Brazil. *In*: Sen, Gita; Snow, Rachel (orgs.). *Power and decision*: the social control of reproduction. Boston: Harvard School of Public Health, 1994, p. 101.

privadas, promover o controle da natalidade"; e que contivesse um dispositivo prevendo que "é dever do Estado oferecer condições de acesso gratuito aos métodos anticoncepcionais, usando metodologia educativa para esclarecer os resultados, indicações, contraindicações, vantagens e desvantagens, alargando a possibilidade de escolha adequada à individualidade de cada mulher e, ao momento específico, de sua história de vida".

260. O documento elaborado pelo CNDM deu início a uma intensa discussão em meio à Assembleia Constituinte, do qual participaram organizações da sociedade civil pertencentes aos mais diversos horizontes ideológicos, que incluíam desde entidades ligadas à Igreja Católica e às religiões evangélicas; representantes de movimentos feministas e das associações privadas de planejamento familiar[48].

Evidentemente, as propostas que partiam desses grupos eram bastante contraditórias, havendo projetos para que a Constituição vedasse "os recursos à contracepção, à esterilização e ao aborto"[49], e outros para que o texto constitucional garantisse o direito individual à autonomia reprodutiva; algumas emendas foram propostas para que a Constituição proibisse os "programas antinatalistas, públicos e privados"[50] e outras em que se afirmava ser dever do Estado "implantar imediatamente programas de planejamento familiar que possam assegurar o controle da expansão demográfica"[51]. Também é digna de nota a emenda que expressamente afirmava que "a ajuda econômica, no âmbito das relações internacionais, não pode ser condicionada pela aceitação de programas de contracepção, esterilização e aborto". A proposta era uma contraposição à notória pressão exercida pelos países desenvolvidos e órgãos financeiros internacionais que, por vezes, exigiam esse tipo de medida como contrapartida aos projetos de salvamento econômico do Brasil e de outros países endividados. Mas a maior polarização entre os constituintes dava-se em torno do tema do aborto. Enquanto as associações feministas defendiam a adoção de um texto amplo o suficiente para permitir a eventual legalização do aborto, as entidades ligadas às religiões cristãs sustentavam a posição contrária e propunham emendas que, expressamente, proibiriam a prática em nosso país.

Foi a soma dessas influências conflitantes que deu origem à atual redação do art. 226, § 7º, da Constituição Federal. O dispositivo em questão

---

[48] ROCHA, Maria Isabel Baltar da. *A constituinte e o planejamento familiar: um roteiro das sugestões, emendas e propostas*, op. cit., p. 667.
[49] *Idem*, p. 659.
[50] *Ibidem*, p. 651.
[51] *Ibidem*, p. 656 e p. 660.

representa uma solução de compromisso[52] costurada entre esses grupos de interesses e que desembocou em um texto que, de um lado, positivou o direito ao planejamento familiar, mas que, em contrapartida, ofereceu uma série de concessões aos grupos que enxergavam a autonomia reprodutiva com certa desconfiança. Não por acaso, a autonomia reprodutiva instituída pela Constituição é um direito tímido e excessivamente circunscrito.

Isso nos leva ao segundo enigma envolvendo o direito ao planejamento familiar previsto no art. art. 226, § 7º: seus limites.

§ 1 – O planejamento familiar no art. 226, parágrafo 7º, da Constituição Federal: a constitucionalização de um direito limitado

261. A incorporação do planejamento familiar à esfera constitucional representou um evidente avanço para consolidação dos direitos sexuais e reprodutivos em nosso ordenamento. É interessante notar que o texto contempla o planejamento familiar sob duas perspectivas. Em primeiro lugar, sob o aspecto negativo; como um espaço liberdade do casal colocada ao abrigo de interferências externas. Esse é o núcleo do dispositivo, que define o planejamento familiar como "livre decisão do casal [...] vedada qualquer forma coercitiva por parte de instituições oficiais ou privadas". Trata-se de uma redação que reflete a reprovação à atuação das instituições de planejamento familiar, até então existentes no país.

O dispositivo consagra também o planejamento familiar sob seu aspecto positivo, como uma prestação que deve ser fornecida pelo Poder Público, ao estabelecer que compete "ao Estado propiciar recursos educacionais e científicos para o exercício desse direito".

262. Por outro lado, a redação do art. 226, § 7º reflete igualmente os compromissos que precisaram ser firmados para a sua aprovação. Nesse sentido, é preciso ressaltar que, ao contrário do que constava da "Carta das Mulheres", não há, no texto da Constituição, qualquer menção ao "acesso gratuito aos métodos anticoncepcionais". Na esfera constitucional, os deveres do Estado ficaram restritos às medidas de apoio indireto ao desenvolvimento desses métodos.

---

[52] Nesse sentido, é notável que o texto final aprovado pela Assembleia Constituinte não tratou da questão do aborto, inexistindo qualquer menção quanto à sua proibição ou legalidade. Isso foi visto por muitos como uma derrota da Igreja Católica, que, durante as várias etapas da elaboração da Constituição, tentou incluir na regulação do planejamento familiar dispositivo que garantisse "o respeito à vida humana desde o momento da concepção". Cf. ALMEIDA, José Luiz Gavião de. *Direito civil*: família. São Paulo: Elsevier, 2008. p. 15-16.

Outro fato digno de nota é que o constituinte optou por não tratar da liberdade reprodutiva como um direito individual à sexualidade, à saúde ou ao controle sobre o próprio corpo. O acesso às técnicas de regulação da fertilidade foi inserido no artigo que trata da proteção da família e, mais especificamente, como um "direito do casal"[53]. Aqui, é evidente a influência da moralidade cristã, para a qual as discussões sobre sexo e reprodução só são aceitáveis dentro dos limites estritos das relações matrimonializadas.

263. E não se trata de uma escolha despropositada do constituinte. Pelo contrário: o projeto de Constituição elaborado pela Comissão de Sistematização assegurava um direito individual à autonomia reprodutiva, ao afirmar que "é garantido aos homens e mulheres o direito de determinar livremente o número de seus filhos"[54]. A proposta foi rejeitada no plenário da Assembleia Constituinte, por pressão de congressistas contrários à consagração ampla da liberdade reprodutiva[55].

O problema é que a perspectiva eleita pela Constituição desconsidera que a reivindicação pelos métodos de controle de fertilidade é legítima mesmo em situações completamente alheias às estruturas familiares ou ao matrimônio. A jovem solteira, que inicia sua vida sexual, tem razões muito mais fortes para recorrer aos métodos de contracepção do que um casal de vida estabilizada. Para as inúmeras mulheres vítimas da violência de gênero dentro de seu casamento, a possibilidade empregar métodos contraceptivos, independentemente da opinião de seu cônjuge, é um instrumento indispensável de proteção individual em face da opressão de sua família. Ao tratar a autônima reprodutiva como um direito "do casal", a Constituição terminou por privar desse direito aqueles que dele mais necessitam.

264. O Código Civil de 2002 reforçou essa relação entre os direitos reprodutivos e o matrimônio, ao inserir o planejamento familiar como um dos efeitos específicos do casamento, em seu art. 1.565, § 2º[56]. O enunciado nº 99

---

[53] Nesse sentido, a crítica de Jacqueline PITANGUY, uma das idealizadoras do texto da "carta das mulheres aos constituintes", ao texto da constituição (*Feminist politics and reproductive rights: the case of Brazil*, op. cit., p. 116).

[54] *Folha de São Paulo*, 16 de novembro de 1987, p. 4.

[55] Cf. a ata da 274ª sessão da Assembleia Nacional Constituinte, realizada em 26.05.1988, que deliberou sobre a redação do dispositivo: *Assembléia Nacional Constituinte: Diário*, ano II, nº 251, Brasília: Centro Gráfico do Senado Federal. Ver também: ALMEIDA, José Luiz G. de. *Direito civil: família*, op. cit., p. 15-16.

[56] O dispositivo do Código basicamente repete parte do texto constitucional: "Art. 1.565, § 2º O planejamento familiar é de livre decisão do casal, competindo ao Estado propiciar recursos educacionais e financeiros para o exercício desse direito, vedado qualquer tipo de coerção por parte de instituições privadas ou públicas".

da I Jornada de Direito Civil tenta contornar o embaraço, ao propor que esse artigo do Código seja interpretado, não como uma "norma destinada apenas às pessoas casadas, mas também aos casais que vivem em companheirismo".

Ainda assim, o problema persiste: a liberdade para a reprodução não deveria ser tratada como um direito da família[57]. Ela diz respeito a decisões individuais de saúde, que muitas vezes extrapolam ou mesmo contrariam os contextos familiares. A autonomia reprodutiva estaria mais bem colocada entre os direitos da personalidade, regulados nos arts. 11 a 21 do Código Civil, ou no rol de direitos fundamentais previsto no art. 5º da Constituição.

265. As ressalvas da Constituição com relação à autonomia reprodutiva ficam mais evidentes se atentarmos para a referência do texto à "paternidade responsável"[58]. Há duas questões obscuras sobre essa expressão, que geralmente passam desapercebidas da maioria dos leitores. A primeira é que, ao contrário do que a literalidade possa sugerir, a paternidade responsável não diz respeito apenas aos "deveres do pai", genitor masculino, mas à responsabilidade de ambos os genitores por suas escolhas procriativas. O termo "paternidade" é empregado no sentido de parentalidade[59]; referente às obrigações que pesam sobre o pai ou a mãe em decorrência do nascimento de um filho.

O segundo fato poucas vezes ressaltado é que a expressão "paternidade responsável" tem uma conotação muito específica, que remete à perspectiva católica sobre o uso de contraceptivos. Prevista pela primeira vez em 1966, no relatório da Comissão Pontifícia sobre o Controle de Natalidade, e definida com mais clareza na bula papal *Humanae Vitae*, de 1968, a paternidade responsável é a denominação criada pela Igreja para se referir ao seu próprio entendimento sobre quais são as formas legítimas de regulação dos nascimentos. Trata-se de uma concepção bastante restritiva, tendo em vista que a Igreja condena todas as formas de contracepção "não naturais", bem como o sexo – e, *a fortiori*, o emprego de contraceptivos – fora das relações matrimoniais.

Mesmo se interpretada sem o rigor do contexto religioso, a menção do art. 226, § 7º, à paternidade responsável não é fortuita. Ao se reportar a uma terminologia típica de um discurso que restringe a legitimidade dos contra-

---

[57] Nesse sentido, a denominação "autonomia reprodutiva" é preferível à expressão "planejamento familiar", adotada na Constituição e na legislação brasileiras.

[58] PITANGUY, Jacqueline. *Feminist politics and reproductive rights: the case of Brazil*, op. cit., p. 116.

[59] Cf. GAMA, Guilherme Calmon Nogueira da. Princípio da paternidade responsável. *Revista dos tribunais*, v. 18, 2004, p. 29. Na verdade, "paternidade" é uma tradução pouco precisa do termo inglês "parenthood".

ceptivos, o constituinte deixou claro que pretendia impor limites ao direito que acabava de positivar[60].

§ 2 – O planejamento familiar na Lei nº 9.263 de 1996: a consagração do direito individual à saúde reprodutiva

266. Nada disso significa que o destino da autonomia reprodutiva no Brasil esteja selado pelos contornos estritos do art. 226, § 7º, da Constituição Federal. Ainda que a autonomia reprodutiva prevista na Constituição tenha dimensão reduzida, é inegável que esse texto, em momento algum, impede que outros diplomas agreguem ao nosso ordenamento concepções distintas sobre esse mesmo direito. E, de fato, seria ingênuo acreditar que a Constituição tem vocação para resolver satisfatoriamente todos os conflitos sociais. Como qualquer fonte normativa, a Constituição é um documento historicamente determinado e materialmente finito[61]. Para resolver os problemas da sociedade

---

[60] Comparar, por exemplo, com a redação do art. 67º, 2, *d*, da Constituição da República Portuguesa de 1967, que institui um direito individual ao planeamento familiar em termos muito mais generosos do que seu homólogo brasileiro: "art. 67º, 2. Incumbe, designadamente, ao Estado para protecção da família: d) Garantir, no respeito da liberdade individual, o direito ao planeamento familiar, promovendo a informação e o acesso aos métodos e aos meios que o assegurem, e organizar as estruturas jurídicas e técnicas que permitam o exercício de uma maternidade e paternidade conscientes". A redação do referido dispositivo foi alterada pela Lei Constitucional nº 1/97, que concedeu ao planeamento familiar as feições de uma liberdade individual.

[61] A tendência atual de "constitucionalização" de toda e qualquer questão jurídica – da qual a "constitucionalização do Direito Civil" é apenas uma vertente – pressupõe que a Constituição Federal tem um potencial quase ilimitado para solucionar conflitos; uma aptidão que nenhum texto normativo criado por seres humanos seria capaz de oferecer. Esse fetichismo em torno de um único documento jurídico é apenas comparável à Escola francesa da Exegese, hoje, amplamente criticada justamente porque se propunha a resolver qualquer conflito privado a partir da interpretação do Código Civil, ao qual se atribuía o dom da "completude". A verdade é que nem toda decisão juridicamente relevante deve, necessariamente, partir da interpretação da Constituição Federal. Há valores fundamentais que são incorporados ao nosso ordenamento por meio de outras fontes normativas. A primazia e a centralidade da Constituição não significam que esse texto seja onipresente. Para uma crítica a tendência contemporânea de constitucionalização do Direito Civil, cf. RODRIGUES JUNIOR, Otavio Luiz. Estatuto epistemológico do direito civil contemporâneo na tradição de civil law em face do neoconstitucionalismo e dos princípios. *O direito*, v. 143, 2011, p. 43; LEAL, Fernando. Seis objeções ao direito civil constitucional. *Direitos fundamentais e justiça*, n. 33, 2015, p. 123; REIS, Thiago. Dogmática e incerteza normativa: crítica ao substancialíssimo jurídico do direito civil-constitucional. *Revista de direito civil contemporâneo*, v. 11, 2017, p. 213. Por todos: RODRIGUES JUNIOR, Otavio Luiz. *Direito civil contemporâneo*: estatuto epistemológico, Constituição e direitos fundamentais. Rio de Janeiro: Forense, 2019.

contemporânea, o intérprete precisa recorrer a outras fontes do Direito que ampliam ou mesmo remodelam os direitos constitucionalmente previstos.

A questão envolvendo a autonomia reprodutiva é um exemplo típico em que a interpretação para além da Constituição faz-se necessária, para que seja possível incorporar ao ordenamento brasileiro uma perspectiva mais ampla desse direito. É preciso buscar outros fundamentos jurídicos que deem suporte a uma abordagem desapegada das amarras morais que conformaram o texto constitucional.

267. Uma das possibilidades hermenêuticas é interpretar autonomia reprodutiva como uma vertente do direito individual à saúde. Desde meados do século passado, a comunidade internacional vem tentando superar a tradicional ideia de que os serviços de saúde, que devem ser garantidos pelo Estado, se limitam àqueles destinados a curar patologias fisiológicas. O direito à saúde passou a ser visto como um fenômeno mais amplo, que agrega diversos elementos capazes de promover o bem-estar individual, incluindo, por exemplo, a saúde psicológica e ocupacional. O documento mais contundente nesse sentido é a Carta de Constituição da Organização Mundial da Saúde, de 1948, que se inicia com a afirmação de que "a saúde é um estado de completo bem-estar físico, mental e social, e não consiste apenas na ausência de doença ou de enfermidade".

Essa visão abriu espaço para o surgimento do campo da "saúde sexual e reprodutiva", que envolveria os aspectos da saúde relacionados com o sistema sexual e reprodutivo humano, suas funções e processos biológicos. Para promover a saúde sexual e reprodutiva, diversos países iniciaram campanhas de informação e difusão dos métodos contraceptivos, especialmente em meio a políticas públicas de saúde da família e da mulher. Exemplos desse fenômeno podem ser encontrados na Lei nº 3/1984 de Portugal sobre "Educação sexual e planeamento familiar" ou na "Lei de defesa do direito à saúde sexual e reprodutiva" do Uruguai, de 2008.

A consagração da saúde reprodutiva no plano internacional viria na década de 1990[62], por meio da Conferência Internacional sobre População e Desenvolvimento do Cairo (1994)[63] e da Conferência Mundial sobre a Mulher

---

[62] Ainda que conferências anteriores, como a Conferência Mundial do Ano Internacional da Mulher do México, de 1975, e a Conferência Mundial da Década das Nações Unidas para Mulheres de Copenhage, de 1980, tivessem reconhecido o direito ao planejamento familiar no âmbito dos direitos das mulheres.

[63] Cf. Capítulo VII, sobre "Direitos de Reprodução e Saúde Reprodutiva", do Relatório da Conferência Internacional sobre População e Desenvolvimento – Plataforma de Cairo.

de Pequim (1995)[64]. Tanto o Relatório da Conferência de Pequim, quanto a Plataforma de Ação da Conferência do Cairo, previram uma mesma definição sobre saúde reprodutiva: "a saúde reprodutiva implica que o indivíduo possa ostentar uma vida sexual segura e satisfatória, tendo autonomia para se reproduzir e a liberdade de decidir sobre quando e quantas vezes deve fazê-lo. Implícito nessa última condição está o direito de homens e mulheres de serem informados e de terem acesso a métodos eficientes, seguros, permissíveis e aceitáveis de planejamento familiar de sua escolha, assim como outros métodos de regulação da fecundidade, de sua escolha, que não sejam contrários à lei, e o direito de acesso a serviços apropriados de saúde que deem à mulher condições de atravessar, com segurança, a gestação e o parto e proporcionem aos casais a melhor chance de ter um filho sadio"[65].

268. No Brasil, o primeiro documento oficial a abordar o tema da saúde reprodutiva foi o "Programa de Assistência Integral à Saúde da Mulher", adotado pelo Ministério da Saúde já em 1983[66]. Elaborado por uma comissão de médicos e representantes dos movimentos sociais pró-direitos femininos, o PAISM significou o rompimento com a visão tradicional das ciências da saúde, que até então atendiam às necessidades da mulher de forma fragmentada, com as diferentes especialidades clínicas atuando isoladamente[67]. O conceito de "assistência integral", preconizado pelo PAISM, envolve a "oferta de ações globalmente dirigidas ao atendimento de todas as necessidades de saúde do grupo em questão"[68], abarcando, na mesma pauta, medidas de prevenção ao câncer de mama e de útero, tratamento e prevenção de doenças sexuais e ginecológicas, assistência pré-natal, ao parto e ao puerpério.

Dentro dessa proposta global de promoção da saúde, foram incluídas as medidas de acesso aos contraceptivos, notadamente o "esclarecimento,

---

[64] Cf. item 94 e s. da Declaração e Plataforma de Ação da IV Conferência Mundial Sobre a Mulher.
[65] No plano internacional, o tema da saúde sexual e reprodutiva consta também da Convenção Internacional sobre os Direitos das Pessoas com Deficiência (arts. 23, 1, b, c; e 25, a), ratificada pelo Brasil em 2008.
[66] MATTAR, Laura Davies. Direitos reprodutivos das mulheres. In: FERRAZ, Carolina Valença; LEITE, George Salomão; et al. (orgs.). *Manual dos direitos das mulheres*. São Paulo: Saraiva, 2013, p. 68.
[67] OSIS, Maria José Martins Duarte. Paism: um marco na abordagem da saúde reprodutiva no BRASIL. *Cadernos de saúde pública*, n. 14. (Supl. 1), 1998, p. 25.
[68] Cf. a cartilha distribuída pelo Ministério da Saúde, com o propósito de difundir o PAISM: Brasil. *Assistência integral à saúde da mulher: bases de ação programática*. Brasília: Centro de documentação do Ministério da Saúde, 1984, p. 15.

orientação e implementação de métodos para evitar a concepção"[69]. É digno de nota que o PAISM expressamente reconheceu "a regulação da fertilidade como um direito fundamental da pessoa"[70].

269. Mas o diploma que mais avançou na promoção da saúde reprodutiva como um direito individual foi a Lei n° 9.263/1996, que trata especificamente do planejamento familiar.

A lei é fruto de mais uma Comissão Parlamentar de Inquérito, instalada em 1991 para a examinar "a incidência de esterilização em massa de mulheres no Brasil"[71]. Como apontava o requerimento de abertura da CPI, assinado pela deputada Benedita da Silva e pelo senador Eduardo Suplicy, dados fornecidos pelo IBGE/PNAD indicavam que cerca de 45% das mulheres brasileiras em idade fértil estavam esterilizadas[72]. Para efeitos de comparação, nos países desenvolvidos, esses mesmos índices eram de, na média 7%; no Reino Unido, 8%, na Bélgica, 5%, e na Itália, 1%[73]. A pesquisa também demonstrava que o percentual de mulheres em idade fértil esterilizadas era ainda maior nos estados mais pobres do Brasil, como o Maranhão (79,8%) e Alagoas (64,3%). Tais dados eram um forte indicativo que o País fora alvo de uma política de controle de natalidade, praticada por instituições privadas desde as décadas anteriores.

270. A Comissão de Inquérito foi composta por um grande número de parlamentares mulheres ligadas à luta pelos direitos femininos[74] e encerrou seus trabalhos em 1993. O relatório final não apenas condenou as políticas de esterilização até então promovidas pela BemFam e pelo CPAIMC[75], como também exortou várias instâncias do Poder Público a adotarem medidas de promoção da saúde sexual e reprodutiva como um direito individual.

Dentre as ações propostas pela Comissão, constava, como anexo ao relatório[76], o anteprojeto que, três anos mais tarde, daria origem à Lei n°

---

[69] *Idem*, p. 19.
[70] *Ibidem*, p. 12.
[71] BRASIL. Congresso Nacional. *Relatório n° 2, 1993 – CN*: Relatório final da Comissão Mista Parlamentar de Inquérito. Brasília, 1993.
[72] *Idem*, p. 10.
[73] *Ibidem*, p. 9.
[74] Além da deputada Benedita da SILVA, nomeada presidente da CPI, destaque-se a participação da senadora Eva Blay, e das deputadas Jandira Feghali, Raquel Cândido e Rita Camata.
[75] *Ibidem*, p. 52-65.
[76] *Ibidem*, p. 122-125.

9.263/1996. Em tese, a norma tinha por fulcro "regulamentar o art. 226, § 7º, da Constituição". Contudo, ela foi muito além do texto constitucional.

271. Diferentemente da Constituição, a Lei nº 9.263/1996 enfatiza o caráter individual dos direitos reprodutivos e declara, logo em seus primeiros artigos, que "o planejamento familiar é direito de todo cidadão" (art. 1º), direito este que compreende "o conjunto de ações de regulação da fecundidade que garanta direitos iguais de constituição, limitação ou aumento da prole pela mulher, pelo homem ou pelo casal" (art. 2º).

Outro progresso realizado pela Lei nº 9.263/1996 foi deslocar a autonomia reprodutiva do domínio do "direito de família" para o domínio do "direito à saúde", alterando, assim, a perspectiva até então dominante em nosso ordenamento. De fato, o texto legal estabelece que "o planejamento familiar é parte integrante do conjunto de ações de atenção à mulher, ao homem ou ao casal, *dentro de uma visão de atendimento global e integral à saúde*" (art. 3º).

Essa mudança permitiu que a lei suprisse uma grave omissão do texto constitucional e universalizasse o acesso aos métodos de controle da fecundidade, que passaram a ser oferecidos gratuitamente por meio do Sistema Único de Saúde (arts. 4º a 14º). Leis posteriores seguiram essa mesma perspectiva, como é o caso do Estatuto da Pessoa com Deficiência, que expressamente menciona o direito à "atenção sexual e reprodutiva" como elemento integrante do direito à saúde (art. 18, VII)[77].

272. Outro avanço da Lei nº 9.263/1996 foi o fato de que ela dispôs sobre o procedimento para a realização de esterilizações voluntárias[78]. Até então, havia uma grande incerteza acerca da legalidade desse tipo de cirurgia, de modo que eram comuns as ações questionando a prática, tanto nos tribunais, quanto nos conselhos de ética profissional, sob o argumento de que a esterilização praticada pelo médico constituía crime de lesão corporal grave[79].

Em contrapartida, a Lei nº 9.263/1996 previu regras importantes destinadas a frear o recurso excessivo a esterilização no país, evitando que os

---

[77] Cf. também o art. 6º, II e III, do referido Estatuto.
[78] Os artigos que regulamentavam a esterilização voluntária haviam sido inicialmente vetados pelo Presidente da República. Mas esses vetos foram rejeitados pelo Congresso Nacional.
[79] Vale notar que, até a promulgação da Lei, a cartilha distribuída pelo Ministério da Saúde aos profissionais atuantes na área de planejamento familiar não previa as cirurgias de esterilização entre os métodos contraceptivos recomendáveis: *Assistência ao planejamento familiar*. 3. ed. Brasília: Cosam, 1996.

pacientes sejam induzidos a realizar esse tipo de cirurgia[80]. Em primeiro lugar, a lei vedou a esterilização da mulher durante o período de parto[81] e impôs, como condição da realização cirurgia, a manifestação esclarecida e por escrito do paciente[82], observado um prazo mínimo de sessenta dias de reflexão entre esta declaração de vontade e o ato cirúrgico.

A exigência foi particularmente relevante para mudar os procedimentos adotados no Brasil até então. Muitas vezes, a autorização para a laqueadura de trompas era obtida nas últimas semanas de gestação ou até mesmo durante o trabalho de parto, num momento em que a mulher era facilmente influenciável em razão das dores que experimentava[83].

Em segundo lugar, a lei determinou que "só podem ser autorizadas a realizar esterilização cirúrgica as instituições que ofereçam todas as opções de meios e métodos de contracepção reversíveis"[84]. Por fim, o diploma estabeleceu que somente é permitida a esterilização voluntária de pacientes "maiores de vinte e cinco anos de idade ou, pelo menos, com dois filhos vivos", salvo nas hipóteses de risco à saúde da mulher ou do futuro concepto.

273. O art. 10, § 5º, da Lei nº 9.263/1996 representa a grande concessão feita à antiga perspectiva de que os direitos reprodutivos dizem respeito aos interesses do casal. O mencionado dispositivo estabelece que "na vigência de sociedade conjugal, a esterilização depende do consentimento expresso de ambos os cônjuges".

A norma em questão – que não constava originalmente do projeto de lei encaminhado pela CPI em 1993 – é bastante criticada por representar um entrave à livre disposição sobre o próprio corpo, porquanto condiciona

---

[80] "Art. 12. É vedada a indução ou instigamento individual ou coletivo à prática da esterilização cirúrgica".

[81] "Art. 10. (...) § 2º É vedada a esterilização cirúrgica em mulher durante os períodos de parto ou aborto, exceto nos casos de comprovada necessidade, por cesarianas sucessivas anteriores".

[82] A lei inclusive aborda, em seu art. 10º, § 6º, o delicado problema da esterilização de incapazes. O dispositivo prevê que esse tipo de intervenção "somente poderá ocorrer mediante autorização judicial, regulamentada na forma da Lei". Alguns tribunais têm se recusado a autorizar a esterilização de incapazes, sob o argumento de que a medida seria extrema e desproporcional, inexistindo qualquer lei que regulamente a matéria, como exige o texto citado. Em sentido contrário, autorizando a medida, cf. TJRS, Apel 70047036728, 8ª C.Civ., 22.03.2012; TJSC, Apel 122.818-8, 4ª C.Civ., 27.11.2002; TJMG, Apel 1.0471.09.118576-2/001, 5ª C.Civ., j11.08.2011.

[83] BERQUÓ, Elza. *Brasil, um caso exemplar – anticoncepção e parto cirúrgicos – à espera de uma ação exemplar*, op. cit., p. 376.

[84] Art. 14, parágrafo único.

à anuência de terceiro algo que deveria ser uma decisão pessoal de cada cônjuge[85]. Ainda que não haja, no plano formal, qualquer elemento fundado no gênero, na prática, a lei acaba por dificultar que as mulheres tenham acesso a cirurgias de laqueadura, sem o beneplácito de seu marido; algo que é problemático quando o casal se encontra separado de fato, ou nas hipóteses, infelizmente frequentes, de violência ou submissão da mulher em meio ao seu casamento[86].

§ 3 – *A saúde sexual e reprodutiva e a responsabilidade civil*

274. A inclusão dos temas da sexualidade e da reprodução dentro do espectro do direito individual à saúde acaba por se refletir em diferentes campos do Direito. A saúde é considerada uma prioridade social e, por essa razão, há diversos instrumentos jurídicos que lhe concedem especial proteção nas situações em que é ameaçada. Ao ser incorporada ao direito à saúde, a autonomia reprodutiva passa a gozar dessa estrutura privilegiada de tutela.

No Direito Público, a consequência mais evidente dessa mudança de perspectiva é que, doravante, o Estado pode ser compelido judicialmente a oferecer métodos de contracepção de forma gratuita à população, tal como ocorre com os demais serviços de saúde. A Constituição Federal e a Lei nº 9.263/1996 têm servido de fundamento às ações destinadas a obrigar o Poder Público a realizar cirurgias de vasectomia[87] e laqueadura de trompas[88] custeadas pelo Serviço Único de Saúde.

A diretriz foi estendida ao setor privado em 2009, quando a Lei nº 11.935/2009[89] estabeleceu que o atendimento médico ao "planejamento

---

[85] Nesse sentido, a tese institucional nº 13 da Defensoria Pública de São Paulo: "É inconstitucional o parágrafo 5º do artigo 10º da Lei 9.263/96, que estabelece que na vigência de sociedade conjugal, a esterilização depende do consentimento expresso de ambos os cônjuges, eis que tal previsão fere os direitos fundamentais da mulher à liberdade de escolha e de disposição do próprio corpo, à autonomia privada e à dignidade humana".

[86] A constitucionalidade do dispositivo está sendo questionada por meio da ADI 5.097/DF e da ADI 5.911/DF, ajuizadas, respectivamente, pela Associação Nacional de Defensores Públicos (Anadep) e pelo Partido Socialista Brasileiro (PSB); As ações ainda estão pendentes de julgamento no STF.

[87] Cf. TJRJ, Rex Nec 934/2009, 4ª C.Civ., 19.09.2009; TJSP, Apel 9111710-57.2009.8.26.0000, 6ª C.Pub., 30.08.2010.

[88] Cf., por exemplo: TJSP, Apel 0004503-05.2008.8.26.0028, 5ª C.Pub., 27.05.2013; TJRJ, Apel 0001350-29.2008.8.19.0037, 9ª C.Civ., 20.03.2012; Apel 2009.227.02082, 15ª C.Civ., 07.07.2009; TJRS, Apel 70052883808, 21ª C.Civ., 20.03.2013.

[89] Esse diploma alterou o art. 35-C da Lei planos e seguros privados de assistência à saúde (Lei 9.656/1998).

familiar" é de cobertura obrigatória em todos os planos e seguros de saúde comercializados no Brasil.

275. Mesmo os ramos mais tradicionais do Direito Privado estão sujeitos aos influxos dessa nova abordagem sobre a autonomia reprodutiva. Um exemplo dessas repercussões pode ser sentido na responsabilidade civil. A incorporação da autonomia reprodutiva à seara da saúde individual significa que toda lesão a essa liberdade – inclusive, a lesão consistente no nascimento indesejado – deve ser interpretada como um dano à saúde da vítima.

A questão é relevante, tendo em conta que a responsabilidade civil possui regras específicas para lidar com as lesões à saúde, as quais privilegiam a reparação integral desse tipo de acidente. Assim, o art. 949 Código Civil de 2002 dispõe que, nos casos de lesão a saúde, a vítima fará jus à indenização dos gastos com o tratamento, dos lucros cessantes experimentados e de qualquer "outro prejuízo que o ofendido prove haver sofrido", deixando clara a intenção do legislador de garantir a reparação integral desse tipo de lesão.

Também o Código do Consumidor prevê regras de reforçadas de proteção da saúde dos consumidores em seus arts. 6º, I; 8º; e 10, entre outros. Aliás, não é por acaso que a lei consumerista trata, num mesmo capítulo, do tema da "proteção da saúde" (arts. 8º a 11) e daquele relativo à "reparação de danos" (arts. 12 a 25).

276. A abordagem da autonomia reprodutiva sob o prisma da saúde individual também se revela um argumento importante para a legitimação da reparação do nascimento indesejado. Muitos autores e tribunais criticam a responsabilidade pela falha de contraceptivos, ao declararem que seria imoral admitir que o nascimento de um filho representa um dano para o seu pai ou para a sua mãe.

A perspectiva da "saúde reprodutiva" contribui para que essa objeção seja superada: o pedido dos pais à reparação deita seu fundamento, não na suposta rejeição dos pais ao seu filho, mas na lesão experimentada por eles à sua saúde reprodutiva. O que justifica a reparação é o direito individual à saúde[90], o qual goza de tutela reforçada em meio à responsabilidade civil.

277. No entanto, há um risco decorrente da intepretação voltada à temática da saúde: a possibilidade de que esse direito, que diz respeito à saúde e à autonomia dos pais, seja indevidamente interpretado como um problema

---

[90] De maneira semelhante, Dan Dobbs afirma que os casos de *wrongful birth* devem ser considerados como um *personal injury tort*: "o ilícito cometido contra a mãe nas ações de *wrongful birth* inevitavelmente envolvem o corpo da mãe e seus direitos pessoais de autonomia" (*The law of torts*, op. cit., p. 795).

relativo à saúde dos filhos. É o que aconteceu na Inglaterra e, especialmente, na França, onde os tribunais estabeleceram que as vítimas de métodos contraceptivos ou abortivos defeituosos só têm direito à reparação caso o filho nascido não seja "saudável", vale dizer, apenas se a criança sofrer de deficiência congênita incurável. Veremos que essa posição é bastante controversa. O critério traz à tona uma série de discussões acerca da discriminação para com pessoas com deficiência e coloca em xeque, a um só tempo, o direito dos pais à saúde reprodutiva e a dignidade dos filhos com deficiência.

Partindo desses pressupostos, poderemos afirmar que o nascimento indesejado deve ser interpretado como um prejuízo legítimo, e que sua reparação integral é necessária como meio assegurar o direito dos genitores à saúde reprodutiva (Título 1). É também sob essa perspectiva que poderemos concluir que não se pode condicionar a reparação do nascimento indesejado a determinadas características de saúde da criança nascida (Título 2).

TÍTULO I

A LEGITIMIDADE DO INTERESSE DOS PAIS

278. O dano, uma das três condições necessárias para a configuração da responsabilidade civil contratual ou extracontratual, é frequentemente definido de forma ampla, como "uma lesão a um interesse da vítima"[1]. Ainda assim, para que uma dada lesão seja reconhecida como prejuízo reparável, é preciso que ela apresente algumas qualidades. A doutrina clássica afirmava que o dano reparável deveria ser "certo, direto e atual"[2], ao que alguns autores mais recentes acrescentaram que o prejuízo há de ser também "pessoal ao demandante"[3].

Um desses elementos do prejuízo reparável é a chamada "legitimidade do interesse lesado"[4], também denominada "injustiça do dano"[5]. A exigência de legitimidade significa que o interesse alegado pela vítima deve ser compatível

---

[1] VINEY, Geneviève; JOURDAIN, Patrice; CARVAL, Suzanne. *Les conditions de la responsabilité*, op. cit., p. 25, n° 249; BACACHE-GIBEILLI, Mireille. *Les obligations: la responsabilité civile extracontractuelle*, op. cit., p. 391, n° 355.

[2] SOURDAT, Auguste; SOURDAT, Louis. *Traité général de la responsabilité*. 6. ed. Paris: Marchal et Godde, 1911, t. 1, p. 451.

[3] MAZEAUD, Henri; MAZEAUD, Léon; MAZEAUD Jean; TUNC, André. *Traité théorique et pratique de la responsabilité civile délictuelle et contractuelle*. 6. ed. Paris: Montchretien, 1965, t. 1, p. 359-360, n° 272 e s.; VINEY, Geneviève; JOURDAIN, Patrice; CARVAL, Suzanne. *Les conditions de la responsabilité*, op. cit., p. 163-164, n° 288.

[4] PRADEL, Xavier. *Le préjudice dans le droit civil de la responsabilité*, op. cit., p. 133-186, n° 111 e s.; Yves CHARTIER trata desse tema sob a denominação "licitude do prejuízo" (*La réparation du préjudice dans la responsabilité civile*. Paris: Dalloz, 1983, p. 6-21, n° 15 e s.).

[5] Paulo de Tarso Vieira SANSEVERINO define a "injustiça do dano" como a exigência de "ofensa indevida a um interesse da vítima, direta ou por ricochete, tutelado pelo ordenamento jurídico. Em outras palavras, o fato gerador da responsabilidade civil fere interesses legítimos da vítima" (*Princípio da reparação integral: indenização no Código Civil*, op. cit., p. 178). Ver também: MORAES, Maria Celina Bodin de. *Danos*

com os demais valores do ordenamento, ou, sob a perspectiva oposta, que os interesses imorais ou ilícitos não podem ser objeto de reparação[6].

279. Algumas vezes, o requisito da legitimidade está ligado ao fato de que a vantagem pretendida pela vítima era expressamente proibida em lei. Assim, na Argentina, a Câmara Nacional de Apelações indeferiu o pedido reparatório de um recepcionista de hotel que ficou incapacitado após acidente e que pretendia receber indenização pelas gorjetas que estava acostumado a perceber em seu emprego. O tribunal ressaltou que a legislação então em vigor proibia o pagamento desse tipo de gratificação[7].

A Corte de Cassação francesa enfrentou um problema muito semelhante em um acórdão datado de 24 de janeiro de 2002. No caso, a vítima de um acidente de trânsito pleiteava indenização pelas perdas de rendimentos oriundos dos trabalhos clandestinos que exercia. O pedido foi prontamente repelido pela corte: "a vítima só pode obter a reparação da perda de suas remunerações se estas foram lícitas"[8].

Em outros casos, a legitimidade entre em cena, não tanto em razão de uma vedação legal, mas porque o interesse sustentado pelo demandante viola os valores morais em vigor. Em um julgado proferido em 1954[9] – época em que as uniões não matrimonializadas eram vistas como contrárias aos bons costumes – o Supremo Tribunal Federal negou que a companheira de um homem falecido em uma colisão de trânsito tivesse direito à reparação dos danos patrimoniais decorrentes. Segundo a corte, ainda que a mulher fosse

---

    à pessoa humana: uma leitura civil-constitucional dos danos morais. Rio de Janeiro: Renovar, 2003, p. 175-181.

[6]   As propostas de reforma do Código Civil francês assimilam a legitimidade como elemento do dano. Assim, o anteprojeto da Academia de Ciências Morais e Políticas (*Projet F. Terré*) afirma que "constitui um dano toda lesão certa a um interesse da pessoa reconhecido e protegido pelo direito". Já o art. 1149 do "Anteprojeto de Reforma do Direito das Obrigações e do Direito da Prescrição" (*Avant projet Catala*) prevê, em seu art. 1343, que "é reparável todo prejuízo certo consistente em uma lesão de um interesse lícito, patrimonial ou extrapatrimonial, individual ou coletivo". Em seu em seu art. 1235, o projeto de reforma atualmente apreciado pelo parlamento francês repete, com algumas alterações, o texto do *projet Catala*: "é reparável todo prejuízo certo resultante de um dano e consistente em uma lesão de um interesse lícito, patrimonial ou extrapatrimonial".

[7]   Cf. ZANNONI, Eduardo. *El daño en la responsabilidad civil*. 2. ed. Buenos Aires: Astrea, 1993, p. 38-39.

[8]   Para uma crítica a esse entendimento, cf. CAPITANT, Henri; TERRÉ, François; LEQUETTE, Yves. *Les grands arrêts de la jurisprudence civile*. 12. ed. Paris: LGDJ, 2008, t. 2, p. 322-330, n° 188.

[9]   STF, Rext 24.431/SP, 1ª Turma, 21.01.1954.

sustentada financeiramente pelo companheiro falecido, ela não era casada com a vítima direta. "A moral não ampara as relações sexuais fora do casamento", sustentou o relator[10]. O entendimento manteve-se constante no tribunal[11], e só seria alterado em 1963, quando da edição da Súmula 35 daquela corte[12].

280. O requisito da legitimidade do prejuízo é por vezes interpretado como uma simples incidência, na responsabilidade civil, da máxima jurídica de que "ninguém pode alegar a própria torpeza em juízo" (*nemo auditur propriam turpitudinem allegans*)[13].

Mas é possível ir além. A legitimidade está ligada ao papel da responsabilidade civil como instrumento de proteção de determinados interesses. Ela constitui um critério de seleção dos valores que merecem ser protegidos por meio da responsabilidade civil, garantindo que ela não servirá como meio para a satisfação de interesses que a própria sociedade ou o ordenamento jurídico reprovam[14]. A legitimidade representa, assim, a dimensão axiológica do dano reparável.

---

[10] A Corte de cassação francesa esboçou a mesma ressalva do célebre julgado Métenier, de 27 de julho de 1937 (Civ., 27 jul. 1937, *DP 1938*, 1, p. 5, nota R, Savatier, *S. 1938*, 1, p. 321, nota G. Marty). Esse entendimento foi superado pela própria Corte de Cassação que, em 1970, no acórdão Dangereux, declarou que a companheira tem direito à indenização pela morte acidental de seu companheiro: Cham. mix., 27 fev. 1970, *D. 1970*, p. 201, nota R. Combaldieu, *RTD Civ. 1970*, p. 353, nota G. Durry. Para uma análise dessa evolução, contrastando os entendimentos das câmaras civil e criminal da Corte de Cassação, cf. Xavier Pradel, *Le préjudice dans la responsabilité civile*, op. cit., p. 26-49, n° 28 e s.

[11] STF, Rext 17.751/SP, 1ª Turma, 10.12.1951; Rext 29.706/DF, 1ª Turma, 10.11.1955. Neste último julgado, o juiz de 1º grau chegou até mesmo a tecer um emblemático argumento *ad terrorem*: "reconhecido o legítimo interesse da concubina, amanhã se acabaria por admitir o proveniente das relações homossexuais. Rebateu-se o argumento com o fato de jamais ter-se pleiteado semelhante direito. Nada impede que hoje mesmo se o faça. Também não é de longa data que o pleiteia a concubina, então havida na mesma situação de imoralidade ainda agora reconhecida aos agentes de relações homossexuais".

[12] STF, Súmula 35: "Em caso de acidente do trabalho ou de transporte, a concubina tem direito de ser indenizada pela morte do amásio, se entre eles não havia impedimento para o matrimônio". É curioso notar que esta súmula se fundamentava no precedente STF, Rext 47.724/PE, 2ª Turma, 26.03.1963 – no qual, por sua vez, o STF fez questão de ressaltar que a concubina, conquanto não tivesse laços matrimoniais civis com o falecido "era casada eclesiasticamente" com ele, o que afastava a suposta imoralidade da relação entre os dois.

[13] Zannoni, Eduardo. *El daño en la responsabilidad civil*, op. cit., p. 36; cf. também: Tourneau, Philippe le. *La règle nemo auditur*. Paris: LGDJ, 1970.

[14] Viney, Geneviève; Jourdain, Patrice; Carval, Suzanne. *Les conditions de la responsabilité*, op. cit., p. 119, n° 274.

281. A legitimidade do prejuízo é frequentemente colocada em evidência nos casos envolvendo a falha de métodos contraceptivos. É comum que os fabricantes de anticoncepcionais e médicos aleguem, em sua defesa, que seria ilícito ou imoral considerar que o nascimento de um filho representa um prejuízo experimentado por seus pais.

Esses argumentos são acolhidos em muitos países, como no Reino Unido ou na França, onde a jurisprudência assentou que o nascimento não constitui, em si, um prejuízo para efeitos de responsabilidade civil. Isso não significa que esses tribunais ignorem as repercussões pessoais decorrentes da parentalidade não planejada, ou o fato de que os pais terão de arcar os custos financeiros inerentes ao sustento da criança. O problema não está na existência de uma lesão, mas na sua legitimidade. As cortes recusam indenizar a falha dos contraceptivos na medida em que tal solução lhes parece imoral[15].

282. Mesmo no Brasil, a questão da legitimidade levou alguns tribunais estaduais a limitar os prejuízos reparáveis nos casos de nascimento indesejado. Para afastar os danos morais pretendidos pela consumidora de um anticoncepcional injetável que se revelou ineficaz, o Tribunal de Minas Gerais assentou que "repugna à ética que o indesejado nascimento do segundo filho possa equivaler a uma dor moral como o falecimento de algum ente da família"[16]. A mesma decisão foi tomada pelo Tribunal de São Paulo, ao asseverar que o nascimento de um filho "não se compraz com o padecimento anormal exigido para a caracterização da lesão moral indenizável"[17].

Em outros casos, os magistrados recorrem à legitimidade para indeferir a reparação dos prejuízos materiais experimentados pelos pais, notadamente, os gastos que eles incorrerão com o sustento e a educação da criança até que ela alcance sua independência financeira. Esse tem sido o entendimento reiterado do Tribunal de Justiça do Rio Grande do Sul, que concede reparação aos danos morais experimentados pelos genitores, mas nega a eles qualquer compensação referente à assistência material que devem prestar ao filho[18]. "A obrigação precípua no sustento da prole é dos pais", assentou o tribunal gaúcho em um desses julgados, "não podendo ser delegada"[19].

---

[15] Idem, p. 29, nº 249-2.
[16] TJMG, Apel 1.0625.04.038154-7/001, 10ª C.Civ., 03.10.2006. Cf. também MULTEDO, Renata Vilela. A responsabilidade civil por nascimento indesejado no direito brasileiro, op. cit., p. 101.
[17] TJSP, Apel 381.698-4/9-00, 3ª C.Priv., 17.10.2006.
[18] SILVA, Rafael Peteffi da. Responsabilidade civil pelo nascimento de filhos indesejados: comparação jurídica e recentes desenvolvimentos jurisprudenciais, op. cit., p. 388-390.
[19] TJRS, Apel 70074369984, 9ª C.Civ., 11.10.2017.

283. Existe, contudo, certa inconsistência em se afirmar que o interesse das vítimas de contraceptivos defeituosos é ilegítimo. A constatação é de fato surpreendente pois, tanto a autonomia reprodutiva, quanto a segurança de produtos e serviços, são direitos expressamente previstos em nosso ordenamento.

É interessante comparar a demanda dessas vítimas, com as hipóteses de ilegitimidade do dano citadas há pouco. No caso dos trabalhadores, por exemplo, havia uma norma declarando que os rendimentos auferidos por eles era ilegal. Em seu turno, a concubina mantinha uma relação afetiva considerada moralmente inaceitável pela sociedade da época. Já a situação das vítimas de contraceptivos falhos é bastante distinta: no momento do acidente, elas não estavam fazendo uso de nenhum recurso ilegal ou socialmente condenável. Ao contrário, sua expectativa de que o contraceptivo oferecesse um grau normal de eficácia encontrava respaldo no ordenamento, tratando-se, pois, de um interesse legítimo[20]. É natural que tenham direito à indenização em decorrência da frustração dessa expectativa.

284. O propósito dos próximos capítulos será precisamente o de desconstruir os argumentos contrários à reparação do nascimento indesejado. A indenização das vítimas é uma medida indispensável para a própria afirmação da autonomia reprodutiva como um direito subjetivo. A opção contrária – a de se permitir que as falhas dos métodos contraceptivos passem incólume à responsabilidade – seria um desestímulo à eficácia desses métodos, além de colidir com o princípio da reparação integral, consagrado em nosso Direito Positivo nos arts. 944 do Código Civil, e 6º, VI, do Código de Defesa do Consumidor.

Em definitivo, a reparação do nascimento indesejado é necessária (Capítulo 1) e deve ser integral, de modo abranger tanto os danos morais como os danos patrimoniais decorrentes (Capítulo 2).

---

[20] Nesse mesmo sentido, Rafael Peteffi da Silva afirma que "a única forma de imaginar a não reparação do dano moral seria considerar que este não está relacionado com um interesse juridicamente tutelado. Ora, parece-nos que a dicção do art. 226, parágrafo 7, da Constituição Federal, citado pelo próprio acórdão em comento, não deixa dúvidas sobre a legitimidade do interesse lesado pelo ato do agente, obrigando a reparação de todos os prejuízos que estiverem em relação de causalidade direta e imediata" (*Wrongful conception, wrongful birth e wrongful life: indenização pelo nascimento de filhos indesejados e os recentes posicionamentos da jurisprudência brasileira*, op. cit.).

O NASCIMENTO INDESEJADO: A REPARAÇÃO NECESSÁRIA

285. Há três argumentos sustentados, tanto pela literatura, quanto pela jurisprudência, para contestar a legitimidade da reparação do nascimento indesejado.

O primeiro é que esse tipo de ação reparatória estaria fundamentado no sentimento de rejeição dos pais com relação ao filho concebido em razão da falha do contraceptivo – uma pretensão inaceitável, portanto, por violar a dignidade da criança (Seção 1). O segundo argumento volta-se principalmente para os alegados danos morais decorrentes do nascimento indesejado. Muitos afirmam que o nascimento de um filho é sempre uma fonte de alegria paras os pais, que não sofreriam, assim, qualquer prejuízo de ordem moral em razão da falha do método contraceptivo (Seção 2). Por fim, é igualmente comum que os tribunais recusem o pedido de indenização dos custos de sustento da criança, sob a justificativa de que não seria lícito, aos pais, delegar a um terceiro sua obrigação de prestar alimentos ao seu filho (Seção 3).

Veremos que nenhuma dessas alegações é realmente convincente.

Seção 1 – A ação reparatória dos pais e a rejeição ao filho

286. A preocupação com a dignidade da criança é um dos principais argumentos levantados contra a responsabilidade pela falha de contraceptivos. Nos Estados Unidos, alguns tribunais estaduais já denegaram esse tipo de pretensão por considerarem que os pais, ao formularem equivalente pedido reparatório, estariam declarando que rejeitam o filho nascido em razão da falha do contraceptivo. Segundo as cortes, o acolhimento dessa pretensão

transformaria a criança numa espécie de "bastardo emocional"[1] (*emotional bastard*); repudiada por seus pais com a chancela do Judiciário[2].

É também comum encontrar autores[3] e magistrados[4] contrários à reparação do nascimento indesejado por se dizerem preocupados com o fato de que o filho um dia poderá tomar conhecimento da ação movida por seus pais e descobrirá que eles nunca o desejaram e que o consideram como um mero "prejuízo" causado por terceiros[5].

287. No Brasil, muitas decisões de segunda instância indeferiram total ou parcialmente a reparação pleiteada pelos pais, ao constatarem que seria imoral considerar que o nascimento de um filho constituísse um prejuízo para eles[6]. Ao negar provimento ao recurso de um casal que se queixava do rompimento de um preservativo, um magistrado do Tribunal de Justiça de Minas Gerais afirmou estar "profundamente consternado em deparar com uma ação em que um casal, ou mais precisamente, um pai e uma mãe, movem, para obter indenização, porque seu filho foi concebido. Eu acho, no meu ponto de vista de ética e moral, que o que arrebentou aí não foi só uma camisinha.

---

[1] *Boone v. Mullendore* 416 So. 2d 718, 722-23 (Ala. 1982); *Wilbur v. Kerr* 628 S.W.2d 568, 571 (Ark. 1982); *McKernan v. Aasheim* 687 P.2d 850, 853 (Wash. 1984); *Moorman v. Walker* [1989] 773 P. 2nd 887. Cf. também: SILVA, Rafael Peteffi da. *Responsabilidade civil pelo nascimento de filhos indesejados: comparação jurídica e recentes desenvolvimentos jurisprudenciais*, op. cit., p. 394.

[2] Cf. HENSEL, Wendy. *The disabling impact of wrongful birth and wrongful life actions*, op. cit., p. 143; BURGMAN, Dierdre. Wrongful birth damages: mandate and mishandling by judicial fiat. *Valparaiso university law review*, v. 13, n. 1, 1978, p. 142; MEE, Jennifer. Wrongful conception: the emergence of a full recovery rule, op. cit., p. 901; BLOCK, Norman. Wrongful birth: the avoidance of consequences doctrine in mitigation of damages. *Fordham law review*, v. 53, n. 5, 1985, p. 1111.

[3] VINEY, Geneviève; JOURDAIN, Patrice; CARVAL, Suzanne. *Les conditions de la responsabilité*, op. cit., p. 29, n° 249-2; MULTEDO, Renata Vilela. *A responsabilidade civil por nascimento indesejado no direito brasileiro*, op. cit., p. P. 117.

[4] TJRJ, Apel 0017475-19.2009.8.19.0205, 13ª C.Civ., 14.11.2012; Apel 0000260-62.2006.8.19.0002, 13ª C.Civ., 20.05.2009. Cf. também: *Wilbur v. Kerr* 628 S.W.2d 568, 571 (Ark. 1982); *Boone v. Mullendore* 416 So. 2d 718, 722-23 (Ala. 1982); *McKernan v. Aasheim* 687 P.2d 850, 853 (Wash. 1984).

[5] V. também: TJSP, Apel 209.736-4/7, 9ª C.Priv. 03.06.2008; Apel 443.672-4/1-00, 9ª C.Priv., 27.03.2007; Apel 206.925-4/8, 9ª C.Priv., 30.05.2006; Apel 292.952-4/5-00, 9ª C.Priv., 21.02.2006. Nesses precedentes, o tribunal considerou que o reconhecimento de um dano moral experimentado pelos pais causaria, inevitavelmente, um dano moral no filho.

[6] TJMG, Apel 1.0625.04.038154-7/001, 10ª C.Civ., 03.10.2006; Apel 1.0024.02.810824-9/001, 16ª C.Civ., 12.07.2006; Emb Inf 2.0000.00.397619-0/001, 2ª C.Civ., 01.03.2005; Apel 2.0000.00.336173-7/000, 1ª C.Civ., 21.08.2001.

O que arrebentou aí foi a dignidade moral de um ser humano, mas isso é apenas um desabafo que faço, porque a lei permite que esse tipo de ação seja proposta e nós somos obrigados a acatar a vontade da lei"[7].

Em outro caso apreciado pelo mesmo tribunal, um dos desembargadores sustentou que o pedido reparatório dos pais decorrente do nascimento de um filho seria contrário à "Lei de Deus"[8]. O Tribunal do Rio Grande do Sul, por sua vez, já rejeitou um recurso interposto pelos pais, fundamentando sua decisão no fato de que, "em nome da humanidade que deve reinar entre os homens de boa vontade", um filho jamais poderia ser reputado como "erro médico-hospitalar"[9].

288. A questão também já foi abordada como um problema de colisão entre os direitos individuais. Alguns autores[10] e julgados[11] ressaltaram que a responsabilidade civil pelo nascimento indesejado envolve um conflito entre os interesses dos pais no planejamento familiar e a dignidade dos filhos, o que demandaria uma solução calcada na técnica da "ponderação".

Como a Constituição e a legislação ordinária estabelecem a "absoluta prioridade" dos interesses da criança[12], esse conflito haveria de ser decidido em favor da dignidade do filho, implicando a rejeição à reparação dos danos experimentados pelos genitores, em especial os danos morais[13].

289. Em nosso ver, esse suposto conflito entre a pretensão reparatória dos pais e a dignidade do filho, na verdade, não existe. Note-se que, qualquer que seja a perspectiva adotada, a crítica parte de um mesmo pressuposto, a saber, que o pedido reparatório implica que os pais, de forma velada ou ostensiva, repudiam o filho nascido. Uma análise mais aprofundada da questão

---

[7] TJMG, Apel 2.0000.00.372750-0/000, 1ª C.Civ., 29.04.2004.
[8] TJMG, Apel 2.0000.00.414639-8/000, 5ª C.Civ., 27.05.2004.
[9] TJRS, Apel 70064358658, 7ª C.Civ., 29.09.2016.
[10] MULTEDO, Renata Vilela. *A responsabilidade civil por nascimento indesejado no direito brasileiro*, op. cit., p. 113-124.
[11] Notadamente em: TJRJ, Apel 0017475-19.2009.8.19.0205, 13ª C.Civ., 14.11.2012; Apel 0000260-62.2006.8.19.0002, 13ª C.Civ., 20.05.2009, nos quais o tribunal fluminense emprega textualmente trechos do trabalho de Renata Vilela Multedo (op. cit.) na fundamentação da decisão.
[12] Art. 227, *caput*, da CF/88; arts. 3º e 4º do ECA.
[13] Renata Vilela MULTEDO, "considerar que o nascimento de um filho indesejado é capaz de gerar um dano moral ressarcível viola os princípios basilares contemplados em nosso ordenamento jurídico, subvertendo as próprias escolhas ético-filosóficas presentes na tábua de valores estabelecida no texto constitucional, que priorizou os direitos da criança, através de uma proteção integral, justamente por se tratar de uma pessoa em desenvolvimento" (*idem*, p. 125-126).

nos leva a concluir que essa acusação é absolutamente falsa. A pretensão reparatória pressupõe que o nascimento foi um evento inoportuno para os genitores, mas de modo algum pode-se inferir que eles rejeitam seu filho ou desejariam quem ele jamais tivesse nascido.

Para demonstrar essa afirmação, é preciso avaliar o interesse dos genitores sob duas perspectivas distintas: no momento da falha do contraceptivo (Seção 1); e no momento do ajuizamento da ação reparatória (Seção 2).

§ 1 – *A legitimidade do interesse dos pais no momento da falha do contraceptivo*

290. Um primeiro aspecto que precisa ser analisado é a legitimidade do interesse dos pais no momento em que os seus direitos à autonomia reprodutiva foram violados, ou mais precisamente, quando da falha do método contraceptivo. É fato que o ordenamento expressamente reconhece a autonomia reprodutiva e a segurança dos produtos e serviços como direitos individuais, o que, em princípio, leva à conclusão que a expectativa dos pais na eficácia do contraceptivo que empregavam era encampada pelo Direito. Seria possível, a despeito desse reconhecimento legal, afirmar que o interesse dos pais na segurança do contraceptivo era ilegítimo, na medida em que implicaria uma rejeição ao seu filho, violando, portanto, sua dignidade?

A resposta a essa questão parece bastante evidente: naquela altura, não havia qualquer conflito entre os direitos dos pais e a dignidade do filho, tendo em vista que a criança nem ao menos havia sido concebida.

291. Quanto a esse ponto, é importante ressaltar que a moralidade ou legalidade de uma conduta não pode ser avaliada a partir de fatos que surgiram depois dela. Certamente, ao tecermos um juízo de valor sobre os interesses de um determinado indivíduo, podemos levar em consideração todos os fatores que poderiam ser sopesados por esse indivíduo naquele momento. Mas não podemos, para construir nosso julgamento, agregar elementos posteriores a essa conduta e que não deveriam ser ponderados pelo agente quando a praticou.

Assim, por exemplo, podemos condenar a atitude de uma fábrica que se instala num bairro residencial, na medida em que esse ato prejudicará os vizinhos que moram na região. A censura não terá qualquer fundamento, porém, caso a fábrica tenha se instalado em um determinado local ermo e, anos mais tarde, desenvolveu-se ali um bairro residencial. Sem dúvida, é possível alegar que a conduta da fábrica de manter sua produção é errada e que ela deve se mudar ou encerrar suas atividades. Mas seria absurdo afirmar que a decisão de construir a fábrica naquele local foi contrária aos interesses dos vizinhos desde o princípio.

292. A tese de que o interesse alegado pelos pais conflita com a dignidade do filho incorre exatamente nesse equívoco. Para afirmar a imoralidade desse interesse, ela emprega um elemento que só surgiu depois que esse interesse foi violado, vale dizer, o nascimento do filho. Ora, o nascimento do filho não era um valor que deveria ser levado em consideração pelos pais quando empregavam o contraceptivo, visto que a criança não existia àquela época. Aliás, a concepção é exatamente o fato que os pais pretendiam evitar, se sua autonomia reprodutiva tivesse sido respeitada.

Em outras palavras, a censura ao interesse dos pais é logicamente inaceitável, na medida em que projeta retrospectivamente a imagem do filho, nascido em razão da lesão à autônima reprodutiva, e utiliza essa imagem para concluir que eles não tinham direito à autonomia reprodutiva desde o início.

293. Trata-se de um equívoco que foi bem evidenciado por Ronald Dworkin, quando criticou o que chamou de "objeção derivativa" ao aborto: "as pessoas [que se posicionam contrariamente ao aborto] frequentemente cometem o erro de aceitar o argumento contrário, que pode ser mais ou menos descrito assim: é de grande importância para meus interesses que eu esteja vivo agora, e que eu não tenha sido morto em algum momento do passado. Assim, quando eu era um feto recém-concebido, deve ter sido conveniente a meus interesses o fato de não me terem abortado"[14].

Dworkin argumenta que essa tese é falaciosa, porque pressupõe que determinados eventos podem contrariar os interesses de certas pessoas, mesmo num momento em que essas pessoas ainda não existiam. E exemplifica: "uma vez que as criaturas existem, faz sentido dizer, em retrospecto, que certos fatos teriam contrariado esses interesses se tivessem ocorrido no passado. Contudo, daí não segue que, se tais fatos tivessem ocorrido no passado, teriam sido contrários aos interesses de alguém quando ocorreram. Podemos admitir que é o do interesse de todos os seres humanos atualmente vivos o fato de que, há milhões de anos, a Terra não tenha sido destruída por uma colisão com um meteoro gigante. Contudo, disso não se pode inferir que, tivesse a Terra explodido em decorrência de tal explosão, tal fato teria sido contrário aos interesses de algum ser humano, uma vez que não teria existido nenhum ser humano contra cujos interesses a explosão pudesse ter ocorrido"[15].

294. Alguns poderiam contrapor que é possível se vislumbrar uma contradição entre os interesses de pais e filhos desde o momento da falha

---

[14] DWORKIN, Ronald. *Domínio da vida*: aborto, eutanásia e liberdades individuais. Tradução de Jefferson Luiz Camargo. São Paulo: Martins Fontes, 2009. p. 24.
[15] Idem, loc. cit. Cf. também: FRIAS, Lincoln. *A ética do uso e da seleção de embriões*. Florianópolis: Editora UFSC, 2012, p. 82-83.

do contraceptivo, se considerarmos que a dignidade da criança deve ser tutelada antes mesmo de seu nascimento. Com efeito, em diversas situações, o Direito protege os interesses das pessoas ainda não nascidas. É o que ocorre, por exemplo, com o art. 2º do Código Civil, que, apesar de declarar que a personalidade se inicia com o nascimento, resguarda expressamente os "direitos do nascituro". Outro exemplo pode ser encontrado no princípio da "solidariedade intergeracional" do Direito Ambiental, a qual postula que a preservação dos recursos naturais tem por propósito garantir a qualidade de vida também das gerações futuras[16].

Não seria possível aplicar esse mesmo raciocínio aos litígios envolvendo contraceptivos, chegando-se assim à conclusão que o ordenamento, ou até mesmo os pais, deveriam considerar também os interesses da criança ainda não nascida?[17] Mais uma vez, uma resposta negativa se impõe. Se fôssemos resguardar os interesses dos filhos eventuais, então os contraceptivos não poderiam ser empregados em hipótese alguma. Isso revela o segundo motivo pelo qual devemos recusar a tese da imoralidade da reparação do nascimento indesejado: ela é absolutamente incompatível com a legalização dos métodos contraceptivos

295. Não por acaso, a Igreja Católica, historicamente, recorreu à proteção dos filhos não nascidos para condenar os métodos anticoncepcionais, afirmando que o recurso a esses métodos equivaleria a um assassinato dos futuros conceptos. Em uma passagem célebre, São Cesário de Arles declarou que as: "mulheres não devem tomar poções diabólicas com o propósito de não conceber crianças. Uma mulher que assim o faz deve compreender que será culpada por tantos homicídios quanto o número de crianças que ela daria à luz"[18].

A mesma conclusão se extrai da bula papal *Effraenatam*. Proferida pelo Papa Sisto V em 1588, o documento ordenava que fossem punidos "com as mesmas penas aplicáveis aos homicidas" todos aqueles que "com venenos, poções e ações demoníacas esterilizam mulheres ou impedem que elas concebam ou deem à luz por meio de drogas e medicamentos perniciosos"[19].

---

[16] LEMOS, Patrícia Faga Iglecias. *Resíduos sólidos e responsabilidade civil pós-consumo*. São Paulo: RT, 2011, p. 76-77; MARQUES, Claudia Lima; MIRAGEM, Bruno. *O novo direito privado e a proteção dos vulneráveis*. 2. ed. São Paulo: RT, 2014, p. 178-190.

[17] Para uma linha de raciocínio semelhante, cf. CAYLA, Olivier; THOMAS, Yan. *Du droit de ne pas naître*: à propos de l'affaire Perruche. Paris: Gallimard, 2002, p. 147-170.

[18] Apud McLAREN, Angus. *A history of contraception: from antiquity to the present day*, op. cit., p. 91.

[19] NOONAN JUNIOR, John Thomas. *Contracepción: desarrollo y análisis del tema a través de los canonistas y teólogos católicos*, op. cit., p. 389-391; McLAREN, Angus. *A history of contraception: from antiquity to the present day*, op. cit., p. 161.

Essa conclusão extrema pode parecer chocante – até mesmo a Igreja jamais ousou levá-la ao pé da letra[20]. Mas ela é logicamente coerente. Há duas perspectivas possíveis para se avaliar a moralidade dos contraceptivos: podemos afirmar que não há conflito entre o uso de contraceptivos e o interesse dos filhos, na medida em que eles não existem à época em que os métodos são empregados; ou podemos adotar a abordagem oposta e afirmar que devemos levar em consideração também o valor dos filhos ainda não nascidos quando tecemos nosso julgamento sobre os contraceptivos. Sob essa segunda hipótese, todo tipo de prática contraceptiva é imoral. Nada há de mais atentatório aos interesses de um futuro concepto do que o uso de anticoncepcionais por seus pais.

296. Hoje, no entanto, não existem mais dúvidas sobre qual dessas duas perspectivas deve prevalecer. Ao afirmar que o uso de contraceptivos é legal, o legislador estabeleceu que não há conflito entre a autonomia reprodutiva dos pais e a dignidade dos futuros conceptos. Só é possível legalizar o uso de contraceptivos se partimos do pressuposto que os interesses das crianças eventuais são irrelevantes nesse momento.

§ 2 – *A inexistência de rejeição ao filho após seu nascimento*

297. A questão da legitimidade do interesse torna-se mais tormentosa quando analisamos o problema após o nascimento do filho ou, mais precisamente, no momento em que os pais ajuízam a ação reparatória. O alegado conflito entre a dignidade do filho e os direitos reprodutivos dos genitores parece surgir com mais clareza: o filho agora já existe e seus direitos são tutelados pelo ordenamento, tanto quanto os direitos de seus pais. Não seria possível, então, argumentar que o interesse dos pais, que era legítimo no momento de sua lesão, deixou de sê-lo após o nascimento? Tal como a fábrica pode ser repreendida por manter suas atividades após o surgimento do bairro, os pais poderiam ser criticados por se apegarem à autonomia reprodutiva numa ocasião em que essa liberdade passou a colidir com a dignidade de seu filho já nascido.

Nota-se, aqui, uma peculiaridade da lesão à autonomia reprodutiva: o fato de que ela enseja o surgimento de uma nova pessoa. Isso faz com que o filho se torne uma espécie de corporificação do desrespeito aos direitos reprodutivos dos pais, pois ele é o resultado material dessa lesão.

---

[20] Talvez em razão de seu excessivo rigor, as punições previstas em *Effarenatum* foram revogadas, em sua maioria, pelo sucessor de Sisto V, o Papa Gregório XIV, que manteve a pena máxima tão somente para os casos de aborto tardio, cf. NOONAN JUNIOR, John Thomas. *Idem*, loc. cit.

Quanto a esse ponto, há certa semelhança entre a polêmica em torno da responsabilidade pela falha dos contraceptivos e aquela relativa à moralidade do aborto. Diferentemente do que ocorre com os métodos contraceptivos, que atuam num momento em que não se sabe ao certo quais seriam as características do filho que poderia nascer, no aborto, os atributos genéticos do nascituro já foram determinados. Após a concepção, é possível vislumbrar o indivíduo que "sofre" as consequências das escolhas reprodutivas de seus pais.

O fenômeno da personificação dos direitos reprodutivos também ocorre nos casos de falha de contraceptivos. Como, por hipótese, o filho concebido em razão da falha do contraceptivo já nasceu, a ação reparatória é por vezes tratada como uma espécie de aborto *a posteriori*, por meio do qual os genitores estariam pretendendo se desfazer da relação de filiação estabelecida com aquela criança.

298. É por isso que muitos interpretam a ação reparatória como uma grave ofensa dos pais à criança e às relações parentais[21]. Para essa corrente, a partir do momento em que o filho adquire existência e personalidade próprias, o conflito não mais versaria sobre o os direitos reprodutivos dos pais, mas à aceitação daquela criança por seus genitores[22].

A raiz dessa tese está na crença de que o pedido de reparação do nascimento indesejado só faria sentido nas situações em que os pais gostariam que a criança jamais tivesse nascido; pois não haveria de se pensar em dano caso eles tenham, afinal, se afeiçoado a ela. E isso os conduz seus partidários a um curioso dilema, em que as duas alternativas redundam em um idêntico resultado: ou bem, os pais estão felizes com o nascimento do filho e, nesse sentido, não haveria direito à reparação pois a falha do contraceptivo não representou para eles prejuízo algum; ou, então, eles repudiam o filho nascido e, nessa hipótese, a indenização lhes deve ser negada, pois o interesse em questão viola a dignidade da criança e das relações de filiação[23].

299. Ocorre que essas duas alternativas não esgotam todas as possibilidades fáticas. Os pais podem perfeitamente repudiar falha do contraceptivo, por ter violado suas escolhas reprodutivas, e amar o filho concebido em

---

[21] TOURNEAU, Philippe le. De la responsabilité du chirurgien après une tentative infructueuse d'interruption volontaire licite de grossesse. *D. 1990*, p. 284; VINEY, Geneviève. Brèves remarques a propos d'un arret qui affecte l'image de la justice dans l'opinion publique. *JCP 2000*, I, 286; MULTEDO, Renata Vilela. *A responsabilidade civil por nascimento indesejado no direito brasileiro*, op. cit., p. 113-124.
[22] TOURNEAU, Philippe le. *Idem*, loc. cit.
[23] PRIAULX, Nicolette. *The harm paradox: tort law and the unwanted child in an era of choice*, op. cit., p. 104-105.

razão dessa falha. E, mesmo nesse caso, farão jus à reparação, pois o dano à autonomia reprodutiva de fato existe, independentemente dos sentimentos positivos ou negativos nutridos pelas vítimas ao encontro da criança nascida.

Com efeito, nada impede que a vítima de um determinado acidente pretenda a indenização das consequências desse evento e, ainda assim, deseje que essa situação lesiva não seja desfeita porque, de algum modo, se afeiçoou a ela. Tome-se como exemplo o caso de um empregado que, depois de ter sido injustamente demitido de seu trabalho, consegue encontrar um novo emprego onde se sente tão ou mais realizado do que no anterior. Mesmo assim, ele decide ajuizar uma ação reparatória contra seu ex-patrão, em decorrência de sua demissão indevida. A pretensão do empregado não significa que ele está descontente com seu emprego atual e que gostaria de voltar à sua antiga função. Aliás, é bem provável que ele recusaria a proposta, caso lhe fosse oferecida uma nova oportunidade para trabalhar com o demandado. Mas nem por isso podemos afirmar que a demissão injusta não representou, para ele, a violação de um interesse legítimo e que merece compensação.

Outro caso ilustrativo é fornecido por James Woodward[24]: uma companhia aérea impede que um passageiro negro embarque em um voo, motivada por puro preconceito racial. Ocorre que, momentos após a decolagem, o avião vem a cair, matando todos os passageiros a bordo. Ninguém duvidaria que o ato de racismo implicou um dano juridicamente relevante à vítima discriminada. Mas isso certamente não significa que ela desejaria ter embarcado no fatídico voo...

A compatibilidade entre esses interesses aparentemente conflitantes existe porque o propósito da reparação não é o de eliminar a lesão experimentada pelas vítimas. A responsabilidade civil parte justamente da constatação oposta; de que não é possível, por motivos fáticos ou jurídicos, desfazer o dano. Com base nessa premissa, a responsabilidade protege os interesses da vítima e os assimila como direitos subjetivos, realocando os custos da lesão sobre o indivíduo responsável.

300. O mesmo raciocínio se aplica aos genitores que pretendem reparação pela falha de contraceptivos. É evidente que o dano experimentado por eles não pode ser desfeito; daí a necessidade de recorrer à responsabilidade civil, que é um mecanismo subsidiário de positivação de direitos individuais.

O pedido de reparação, contudo, não pode ser interpretado como um ato de repúdio ao filho, como se os demandantes estivessem afirmando que desejariam que o filho jamais tivesse nascido. O que os pais alegam é que a

---

[24] WOODWARD, James. The non-identity problem. *Ethics*, v. 96, 1986, p. 810-811.

falha do contraceptivo representou uma injusta interferência à sua autonomia, cujas consequências devem ser integralmente indenizadas[25]. Em outras palavras, a pretensão implica apenas que, para os pais, a falha do contraceptivo e o nascimento foram eventos indesejados; o que não quer dizer que o filho também o seja[26]. Não é de se estranhar que, no curso de muitos processos, os próprios demandantes admitam que amam o filho nascido em razão da falha do contraceptivo e, mesmo assim, mantenham-se firmes em seu pleito reparatório[27].

301. Esse ponto foi bem compreendido pelo Superior Tribunal de Justiça que, em diversas ocasiões, enfatizou que o propósito dos pais não era o de questionar o valor da parentalidade, mas, antes, de exigir compensação pela lesão à autonomia reprodutiva[28]. Assim, por exemplo, no Recurso Especial n° 1.096.325/SP, a Terceira Turma asseverou que "o objeto dos autos não é discutir o dom da maternidade. Ao contrário, o produto em questão é um anticoncepcional, cuja única utilidade é a de evitar uma gravidez. A mulher que toma tal medicamento tem a intenção de utilizá-lo como meio a possibilitar sua escolha quanto ao momento de ter filhos, e a falha do remédio, ao frustrar a opção da mulher, dá ensejo à obrigação de compensação pelos danos morais"[29].

No mesmo sentido, a decisão proferida no Agravo Regimental no Agravo de Instrumento n° 1.157.605/SP: "o dever de compensar danos morais não fica afastado com a alegação de que a gravidez resultante da ineficácia do anticoncepcional trouxe, necessariamente, sentimentos positivos pelo surgimento de uma nova vida, porque o que aqui se discute não é o dom maternal, mas sim a eficácia de um produto. A sua qualidade"[30].

302. Não há, assim, qualquer contradição entre a reparação do nascimento indesejado e a dignidade da criança. O que fundamenta o pedido de

---

[25] TJRJ, Apel 0009815-62.2009.8.19.0014, 9ª C.Civ., 20.03.2012.

[26] PINTO, Paulo Mota. *Indemnização em caso de 'nascimento indevido' e de 'vida indevida' ('wrongfulbirth' e 'wrongful life')*, op. cit., p. 18.

[27] STJ, REsp 883.612/ES, 4ª Turma, 08.09.2009; TJSP, Apel 0099789-31.2007.8.26.0000, 9ª C.Civ., 31.07.2012; TJPR, Apel 112.552-2, 4ª C.Civ., 03.04.2002; TJRS, Apel 70003081957, 6ª C.Civ., 28.11.2001; TJMG, Apel 1.0024.02.810824-9/001, 16ª C.Civ., 12.07.2006.

[28] STJ, AgRg no REsp. 1.192.792/PR, 3ª Turma, 20.09.2012; REsp 918.257/SP, 3ª Turma, 03.05.2007.

[29] STJ, REsp 1.096.325/SP, 3ª Turma, 09.12.2008, C.E.P. RUSYK, *O "caso das pílulas de farinha" como exemplo da construção jurisprudencial de um "direito de danos" e da violação da liberdade positiva como "dano à pessoa"*, op. cit., p. 273.

[30] STJ, AgRg no AI 1.157.605/SP, 3ª Turma, 03.08.2010.

reparação formulado pelos pais é a lesão à sua autonomia reprodutiva, e não um suposto sentimento de rejeição ao filho.

É possível até mesmo afirmar que, na grande maioria dos casos, o que ocorre é justamente o oposto: os demandantes, a despeito de terem se tornado pais contra a sua vontade, aceitaram a criança em sua família e pretendem receber indenização pelos patrimoniais e morais decorrentes dessa aceitação. Se os pais tivessem de fato rejeitado a criança – entregando-a à adoção ou recorrendo a um aborto, legal ou clandestino, por exemplo – o dano material alegado por eles, logicamente, não existiria[31].

303. Por fim, também não nos parece convincente o argumento *ad terrorem*, frequentemente veiculado na doutrina, segundo o qual a reparação do nascimento indesejado terá consequências catastróficas sobre a integridade psicológica do filho, que poderá, um dia, descobrir a ação ajuizada por seus pais e se sentir rejeitado por eles. Para que pudesse ser levada a sério, a alegação precisaria ser corroborada por um substrato fático mínimo, como exemplos concretos ou outros dados empíricos que demonstrassem a ocorrência deste tipo de trauma. Sem esses elementos, a tese não passa de pura especulação[32].

Ao revés, a experiência comum parece indicar que o temor é infundado: qualquer pessoa consciente sabe que a sinceridade do amor de seus pais não tem relação com as circunstâncias que cercaram sua concepção, ainda que ela tenha ocorrido contra a vontade de seus pais. O nascimento indesejado não é um fenômeno incomum na sociedade contemporânea. Pelo contrário: estudos indicam que, em 2012, 40% das gestantes não desejavam estar grávidas; uma taxa que sobre para 45% quando analisados apenas os dados da América Latina[33]. Isso de forma alguma significa que 45% das crianças nascidas neste continente se sintam rejeitadas ou mal-amadas em sua família.

---

[31] Vale ressaltar, todavia, que se deve reconhecer a existência de um dano reparável, mesmo nos casos em que os genitores decidem entregar o filho não planejado à adoção. É verdade que, nessa hipótese, os pais não experimentarão qualquer prejuízo material com o sustento da criança. Mas a adoção da criança não anula as lesões à liberdade reprodutiva e aos demais interesses extrapatrimoniais das vítimas do contraceptivo defeituosos. Por certo, a entrega de um filho a adoção não é uma escolha anódina para os genitores e pode ter sido tomada, inclusive, no melhor interesse da criança.

[32] HOLANDA, Caroline Sátiro de. *A gravidez indevida e o consequente nascimento de uma criança podem ser considerados um dano?*, op. cit.

[33] SEDGH, Gilda; SINGH, Susheela; HUSSAIN, Rubina. Intended and unintended pregnancies worldwide in 2012 and recent trends. *Studies in family planning*, v. 45, n. 3, 2014, p. 301.

Uma sólida relação de filiação decorre, não tanto do caráter voluntário ou involuntário da concepção[34], mas das vivências e da cumplicidade desenvolvidas no seio familiar. É absurdo supor que um filho duvidaria do amor que recebeu de seus pais durante anos, apenas porque descobriu que, no princípio, seu nascimento não estava nos planos deles[35].

Seção 2 – O nascimento como uma fonte de alegria para os pais

304. Outra tese frequentemente utilizada para desqualificar o pedido reparatório das vítimas de falhas de contraceptivos consiste na afirmação de que a chegada de um filho é necessariamente uma dádiva ou uma "benção"[36] para seus pais e que, assim, não existiriam danos morais a serem reparados[37]. Essa tese também é expressa sobre a perspectiva inversa; com a afirmação de que os pais não experimentaram qualquer "dor" com o nascimento de um filho. Muitos tribunais estaduais recusam reparação aos danos morais alegados pelos demandantes, sob o argumento de que o nascimento de um filho não é causa de angústia ou aflição aos genitores[38].

O entendimento não encontra respaldo no Superior Tribunal de Justiça que, em diversas ocasiões, reconheceu que os danos morais decorrentes do nascimento indesejado são reparáveis[39]. No entanto, a tese da ausência de

---

[34] HOLANDA, Caroline Sátiro de. *A gravidez indevida e o consequente nascimento de uma criança podem ser considerados um dano?*, op. cit.

[35] A mesma crítica é levantada por Paulo da Mota PINTO: "Não só o acto de planeamento familiar (a prevenção do alargamento da família 'anónimo, isto é, com membros ainda desconhecidos) é bem diverso do da aceitação eventual de uma criança depois de ter nascido e de ter passado a integrar a família, como se trata de uma matéria que deve em primeira linha se deixada à apreciação dos pais, que podem fazer ver à criança que é errada qualquer impressão de não ser desejada"; *Indemnização em caso de 'nascimento indevido' e de 'vida indevida' ('wrongful birth' e 'wrongful life')*, op. cit., p. 18. Cf. também:

[36] TJRS, Apel 70064358658, 7ª C.Civ., 29.09.2016.

[37] TJMG, Apel 1.0079.08.427567-0/001, 2ª C.Civ., 03.08.2010; Apel 1.0625.04.038154-7/001, 10ª C.Civ., 03.10.2006; Emb Inf 2.0000.00.397619-0/001, 2ª C.Civ., 01.03.2005; TJRS, Apel 70034402461, 5ª C.Civ., 28.05.2010; TJSP, Apel 1001481-21.2013.8.26.0100, 2ª C.Priv., 15.10.2019; Apel 421.677-4/3-00, 7ª C.Priv., 10.06.2006; TJRO, Apel 7054461-49.2016.8.22.0001, 1ª C.Esp., 30.04.2020.

[38] TJMG, Apel 1.0431.06.030997-5/001, 11ª C.Civ., 09.04.2008; Apel 1.0625.04.038154-7/001, 10ª C.Civ., 03.10.2006; Apel 2.0000.00.372750-0/000, 1ª C.Civ., 29.04.2003; Apel 2.0000.00.336173-7/000. 1ª C.Civ., 21.08.2001; TJPR, Apel 112.552-2, 4ª C.Civ., 03.04.2002; TJRJ, Apel 2005.001.41438, 13ª C.Civ., 16.11.2005; TJDF, Apel 0006687-35.2016.8.07.0010, 2ª T.Civ., 22.07.2020.

[39] STJ, REsp 918.257/SP, 3ª Turma, 03.05.2007; REsp 1.096.325/SP, 3ª Turma, 09.12.2008, C.E.P. RUSYK, *O "caso das pílulas de farinha" como exemplo da construção jurispru-*

danos morais foi encampada pela corte no Recurso Especial n° 883.612/ES, de 8 de setembro de 2009. Depois de afastar o pedido reparatório dos pais por questões probatórias, o ministro relator do acórdão expressou sua perplexidade com a pretensão dos pais de receber reparação pelos danos morais: "Finalmente, gostaria de consignar que inobstante a própria autora reconhecesse a sua satisfação com o nascimento da criança, ajuíza a presente ação alegando 'dano moral' argumentando ter sofrido prejuízo, quando ela própria, repito, afirmou que 'hoje seu filho está com muita saúde e muito amado pelos familiares'. Não compreendo como alguém que ame seu filho possa dizer que sofreu prejuízo para pedir indenização por dano moral, pois o dano moral não tem cabimento, em tese, quando o ato atacado traz satisfação e amor, embora se viesse alegar uma gravidez indesejada como fundamento a indenização pecuniária"[40].

Essa mesma perspectiva também é encontrada no Direito Comparado. Num dos primeiros precedentes sobre a responsabilidade pela falha de contraceptivos, a Suprema Corte do Minnesota asseverou que o nascimento indesejado era necessariamente um "evento abençoado" (*blessed event*)[41], rechaçando, assim, o pedido reparatório de um pai que havia sido vítima de uma cirurgia de esterilização mal realizada[42]. Na França, um autor foi ainda mais longe e afirmou que o erro médico que impediu a paciente de realizar um aborto não era causa de qualquer prejuízo a ela, mas o contrário: o profissional deveria ser recompensado pela alegria que provocou com sua negligência[43].

---

dencial de um "direito de danos" e da violação da liberdade positiva como "dano à pessoa", op. cit., p. 273; AgRg no AI 1.157.605, 3ª Turma, 03.08.2010; AgRg no REsp 1.261.815, 3ª Turma, 19.02.2013.

[40] STJ, REsp 883.612/ES, 4ª Turma, 08.09.2009. Para uma crítica a esse entendimento, Carlos Eduardo Pionovski Rusyk, *O "caso das pílulas de farinha" como exemplo da construção jurisprudencial de um "direito de danos" e da violação da liberdade positiva como "dano à pessoa"*, op. cit., p. 299.

[41] *Christensen v. Thornby* Minnesota Supr. Cor 255 N.W. 620 (1934), cf. Michael Murtaugh, *Wrongful birth: the courts' dilemma in determining a remedy for a 'blessed event'*, op. cit., p. 243; Rafael Peteffi da Silva, *Wrongful conception, wrongful birth e wrongful life: indenização pelo nascimento de filhos indesejados e os recentes posicionamentos da jurisprudência brasileira*, op. cit. Uma argumentação semelhante foi adotada em *McFarlane v. Tayside Health Board* [2000] 2 AC 599.

[42] Para uma crítica a esse entendimento, cf. Rafael Peteffi da Silva, *Novos direitos, reparação dos pais pelo nascimento de filhos indesejados e a tutela do 'direito de nascer': um diálogo com o ordenamento francês*, op. cit., p. 207-208.

[43] Philippe le Tourneau, *De la responsabilité du chirurgien après une tentative infructueuse d'interruption volontaire licite de grossesse*, op. cit.: "as mães que dão à luz, após

305. É possível compreender as boas intenções dos magistrados quando encampam essa argumentação. Ao negarem a reparação do dano moral, seu principal propósito é o de reafirmar que o nascimento é um evento socialmente valoroso e que a vida de uma criança não deve ser considerada como algo ruim, especialmente para seus pais. Contudo, esse tipo de política judiciária[44] é inaceitável quando realizada, como no caso, por meio de uma distorção dos fatos e em detrimento dos direitos das vítimas de receberem indenização por um dano que reconhecidamente experimentaram.

Em nosso ver, a tese da "ausência de dor parental" incorre em dois equívocos: um, fático; e outro, jurídico. De um lado, o argumento ignora que, além das alegrias, a relação de filiação também enseja uma série de responsabilidades para a mãe e para o pai. Ora, são essas repercussões – de grande relevância – que merecem reparação pela via dos danos morais (§ 1). De outro, a tese parte de uma concepção equivocada sobre os danos morais, reduzindo esse tipo de prejuízo à dor física ou psicológica experimentada pela vítima. Na verdade, a noção de dano moral é muito mais ampla: ela abarca todo tipo de lesão a interesses extrapatrimoniais relevantes (§ 2).

§ 1 – O equívoco fático: a parentalidade não se reduz às alegrias vivenciadas pelos pais

306. Afirmar que o nascimento indesejado representa um dano moral para os pais não significa negar as alegrias advinda da parentalidade. O dano moral se justifica por duas razões: porque os pais terão de arcar com importantes responsabilidades (A) e porque eles tiverem seu direito de escolha violado (B). E, ao contrário do que por vezes é sustentado, esses prejuízos morais não podem ser compensados com a felicidade decorrente da parentalidade (C).

A – As responsabilidades parentais

307. Uma primeira crítica que se pode fazer à tese de que o nascimento constitui "um evento abençoado" é que ela incorre em um cinismo flagrante. É claro que um filho representa – ou, ao menos, deveria representar – uma fonte de alegria para seus pais. Mas é igualmente inegável que um

---

[44] tentarem em vão realizar um aborto, ficam felizes pelo nascimento de seu filho, tanto é verdade que, sempre que há o surgimento de uma vida, há uma grande alegria; seria, portanto, injusto imputar ao médico os custos relativos a esse filho; muito pelo contrário, ele deveria ser recompensado!".

[44] DOBBS, Dan. *The law of torts*, op. cit., p. 796; MURTAUGH, Michael. *Wrongful birth: the courts' dilemma in determining a remedy for a 'blessed event'*, op. cit., p. 265-266.

nascimento não planejado traz sérias repercussões sociais e afetivas para a vida dos genitores[45], as quais eles não estavam necessariamente dispostos a experimentar[46].

Isso é facilmente perceptível quando o nascimento não planejado ocorre em um momento delicado da vida dos genitores, em que a gravidez não seria, normalmente, aconselhável. São comuns na jurisprudência casos em que a falha do contraceptivo atingiu casais já em idade avançada[47], de prole numerosa e que não desejavam ter mais filhos[48]; ou, ao contrário, jovens que não tinham condições psicológicas ou familiares de arcar com parentalidade[49] ou que tiveram seus projetos de vida, profissionais e educacionais, abalados pelo nascimento[50].

308. Mesmo fora dessas situações extremas, é preciso reconhecer que a parentalidade nunca é um evento que implica apenas a alegria dos genitores. Ela também enseja importantes responsabilidades. Tanto a Constituição[51], quanto a legislação ordinária, como o Estatuto da Criança e do Adolescente[52] ou o Código Civil[53], impõem uma série de obrigações sobre os pais[54], que vão

---

[45] TJSP, Apel 0099789-31.2007.8.26.0000, 9ª C.Priv., 31.07.2012; TJRS, Apel 70003081957, 6ª C.Civ., 28.11.2001; TJRJ, Apel 0004926-79.2006.8.19.0011, 6ª C.Civ., 13.07.2013.

[46] HOLANDA, Caroline Sátiro de. *A gravidez indevida e o consequente nascimento de uma criança podem ser considerados um dano?*, op. cit.; Rafael Peteffi da SILVA, *Wrongful conception, wrongful birth e wrongful life: indenização pelo nascimento de filhos indesejados e os recentes posicionamentos da jurisprudência brasileira*, op. cit.

[47] TJSP, Apel 421.677-4/3-003, 7ª C.Priv., 10.05.2006; Apel 139.785.4/5, 9ª C.Priv., 02.06.2003.

[48] STJ, REsp 1.120.746/SC, 3ª Turma, 17.02.2011; TJSP, Apel 0008047-33.2002.8.26.0053, 3ª C.Pub., 16.04.2013; Apel 9191833-13.2007.8.26.0000, 7ª C.Priv, 22.05.2012; Apel 494.864-4/6-00, 5ª C.Priv., 18.11.2009; TJRJ Apel 2009.001.07608, 9ª C.Civ., 28.04.2009 ; TJMG, Apel 1.0572.03.002488-7/001, 15ª C.Civ., 20.04.2006, TJRS, Apel 70035694256, 6ª C.Civ., 24.11.2011; Apel 70020347175, 9ª C.Civ., 26.09.2007; Apel 70009780065, 6ª C.Civ., 18.05.2005.

[49] TJRS, Apel 70021020664, 10ª C.Civ., 06.03.2008; TJSP, AI 524.395-4/7-00, 4ª C.Civ., 27.09.2007.

[50] TJBA, Apel 0000844-60.2006.8.05.0248, 2ª C.Civ., 16.10.2012.

[51] Arts. 227 e 229 da CF/88.

[52] Art. 22 do ECA.

[53] Art. 1.634 do CC/02.

[54] Tanto assim que o poder familiar é citado como uma hipótese típica de "poder--dever": PINTO, Carlos Alberto da Mota. *Teoria geral do direito civil*. 4. ed. Coimbra: Coimbra Editora, 2005, p. 179-190, nº 42; ASCENSÃO, José de Oliveira. *Direito civil: teoria geral – relações e situações jurídicas*, v. 3, op. cit., p. 49-50, nº 28.

muito além da simples obrigação de caráter pecuniário[55], e que incluem o dever de cuidar e educar, de prestar apoio afetivo e de proporcionar condições para o livre desenvolvimento da criança.

Tudo isso exige dos pais uma grande dose de dedicação e auto sacrifício. Qualquer pai ou mãe sabe que o nascimento de um filho implicará menos tempo livre, mudanças na dinâmica familiar e na vida social e, eventualmente, restrições quanto às potencialidades de seus estudos ou de sua carreira. E é claro que esse tipo de ônus recai com muito mais força sobre as mulheres que, por fatores principalmente sociais, acabam arcando a maior parte das responsabilidades na criação de um filho[56].

Os deveres decorrentes da parentalidade são de tal importância que muitas pessoas que gostariam de ter um filho deixam de lado este desejo, por não se sentirem à altura das responsabilidades. Não é difícil encontrar indivíduos que, como condição ao projeto parental, aguardam alcançar uma posição profissional ou financeira mais estável, o término de estudos, mudar para um local mais seguro ou próximo da família, ou mesmo encontrar um parceiro mais adequado do que o atual[57]. É também por essa razão que pessoas que têm filhos quando são ainda muito jovens ou já muito velhas, ou têm mais filhos do que suas condições pessoais permitiriam, são por vezes vistas como irresponsáveis[58]. A importância da parentalidade e as responsabilidades a ela inerentes não são temas que podem ser negligenciados.

É, portanto, com uma grande dose de hipocrisia que os operadores do Direito recorrerem à "felicidade da filiação" como pretexto para privar os pais da reparação dos danos morais que experimentaram, ignorando, assim, a laboriosa missão a ser assumida por eles[59]. Ainda que o propósito seja o de resguardar a respeitabilidade das relações de filiação, o resultado obtido é justamente o oposto: o argumento faz pouco caso de todos os deveres inerentes ao papel de pai ou mãe e desmerece a dignidade e a importância dessa função.

---

[55] HIRONAKA, Giselda Maria Fernandes Novaes. Os contornos jurídicos da responsabilidade afetiva na relação entre pais e filhos, além da obrigação legal de caráter material. In: HIRONAKA, Giselda Maria Fernandes Novaes (coord.). *A outra face do Poder Judiciário*: decisões inovadoras e mudanças de paradigmas. Belo Horizonte: Del Rey, 2005, v. 1, p. 446, p. 446-474.

[56] HOLANDA, Caroline Sátiro de. *A gravidez indevida e o consequente nascimento de uma criança podem ser considerados um dano?*, op. cit.

[57] FRIAS, Lincoln. *A ética do uso de da seção de embriões*, op. cit., p. 192.

[58] *Idem*.

[59] HOLANDA, Caroline Sátiro de. *A gravidez indevida e o consequente nascimento de uma criança podem ser considerados um dano?*, op. cit.

309. No mais, é incoerente que os fabricantes de contraceptivos e médicos especializados em cirurgias de esterilização possam alegar que a falha do método contraceptivo oferecido por eles gerou apenas bem-estar para os atingidos. A afirmação é desonesta: se a tese fosse verdadeira, então a atividade que exercem não teria propósito algum[60].

A contradição foi apontada pela Terceira Turma do Superior Tribunal de Justiça em diversos acórdãos[61], como, por exemplo, no já mencionado Recurso Especial n° 866.636/SP, relativo ao caso dos contraceptivos Microvlar. A corte ressaltou que o argumento da Schering no sentido de que vítimas das pílulas de farinha experimentaram apenas "sentimentos positivos" conduziria "ao paradoxo de se ter uma empresa produtora de anticoncepcionais defendendo que seu produto não deveria ser consumido, pois a maternidade, ainda que indesejada, é associada à ideia de felicidade feminina"[62].

B – A violação do direito de escolha

310. Há outra inconsistência na tese de que nega a existência de danos morais decorrentes do nascimento indesejado, por se este um "evento abençoado". A ideia pressupõe que, uma vez que o nascimento é um fator de prosperidade e felicidade na vida dos pais, eles não teriam qualquer motivo para se queixar desse evento – ainda que não desejassem conceber a criança e tenham sido induzidos a tanto, em razão da falha do método que empregavam. Trata-se de uma perspectiva bastante autoritária sobre as questões reprodutivas.

Mesmo considerando que a parentalidade é uma fonte de alegrias, isso não significa que uma pessoa possa ser compelida a ter um filho contra a sua

---

[60] Nesse sentido, Rafael Peteffi da SILVA, ao comentar a jurisprudência americana, aponta que a positivação do direito à autonomia reprodutiva, instituída nos julgados *Griswold v. Connecticut* 381 U.S. 479 (1965) e *Roe v. Wade* 410 U.S. 113 (1973), afastou a tese de que o nascimento de um filho é sempre um "evento abençoado" para os genitores, abrindo caminho para a reparação do nascimento indesejado; *Wrongful conception, wrongful birth e wrongful life: indenização pelo nascimento de filhos indesejados e os recentes posicionamentos da jurisprudência brasileira*, op. cit. Cf. também: HOLANDA, Caroline Sátiro de. *A gravidez indevida e o consequente nascimento de uma criança podem ser considerados um dano?*, op. cit.

[61] STJ, AgRg no REsp 1.192.792/PR, 3ª Turma, 20.09.2012; AgRg no AI 1.157.605, 3ª Turma, 03.08.2010; REsp 1.096.325/SP, 3ª Turma, 09.12.2008, C.E.P. RUSYK, *O "caso das pílulas de farinha" como exemplo da construção jurisprudencial de um "direito de danos" e da violação da liberdade positiva como "dano à pessoa"*, op. cit., p. 299; REsp 918.257/SP, 3ª Turma, 03.05.2007.

[62] STJ, REsp 866.636, 3ª Turma, 29.11.2007.

vontade[63]. A consagração da autonomia reprodutiva traz como corolário a ideia que não se pode afirmar *a priori* que ter um filho é do interesse de todo e qualquer casal[64]. A escolha deve caber exclusivamente aos envolvidos[65].

311. O direito de um indivíduo de decidir sobre os rumos de suas funções reprodutivas decorre diretamente da importância desse tipo de escolha. Quanto maior for o impacto de uma determinada decisão na vida de uma pessoa, tanto mais legítimo será seu interesse em tomar essa decisão de forma autônoma, seguindo seus próprios valores e perspectivas[66].

Ora, poucos eventos têm um impacto tão profundo na vida de um indivíduo do que o nascimento de um filho. A parentalidade é acontecimento que tem um grande potencial para alterar o estilo de vida, os projetos e prioridades e até mesmo os valores de uma pessoa. Ainda que o nascimento de um filho seja visto como um evento auspicioso, é natural que uma decisão de tamanha magnitude deva ser tomada de forma livre pelo interessado, de acordo com suas convicções. É esse tipo de interesse que é violado quando um indivíduo, a despeito de ter optado por não ser pai ou mãe, se vê obrigado a tanto em razão da falha de um método contraceptivo.

Isso demonstra que, nos casos de falhas de contraceptivos, não é o nascimento de um filho, abstratamente considerado, que representa um prejuízo aos seus pais. O que faz com que esse nascimento se torne um dano moral é o fato de que, naquele caso concreto, ele contradiz a vontade dos genitores[67] e viola seus direitos reprodutivos[68]. O dano moral decorre, menos do nasci-

---

[63] HOLANDA, Caroline Sátiro de. *A gravidez indevida e o consequente nascimento de uma criança podem ser considerados um dano?*, op. cit.

[64] SILVA, Rafael Peteffi da. *Responsabilidade civil pelo nascimento de filhos indesejados: comparação jurídica e recentes desenvolvimentos jurisprudenciais*, op. cit., p. 383; HOLANDA, Caroline Sátiro de. Idem.

[65] *Shaheen v. Knight* 11 Pa. D. & C.2d 41 (1957).

[66] FRIAS, Lincoln. *A ética do uso de da seção de embriões*, op. cit., p. 191.

[67] STJ, AgRg no REsp 1.192.792/PR, 3ª Turma, 20.09.2012; AgRg no AI 1.157.605/SP, 3ª Turma, 03.08.2010; REsp 866.636/SP, 3ª Turma, 29.11.2007; TJRJ, Apel 0038863-76.2007.8.19.0001, 9ª C.Civ., 02.04.2013; Apel 0001649-52.2006.8.19.0206, 3ª C.Civ., 20.07.2011; TJBA, Apel 0000844-60.2006.8.05.0248, 2ª C.Civ., 16.10.2012; TJDF, Apel 20100410078767APC, 6ª T.Civ., 17.11.2011; TJSP, Apel 482.037-4/0, 4ª C.Priv., 29.01.2009.

[68] CORDEIRO, António de Menezes. *Tratado de direito civil português*: parte geral – pessoas. 2. ed. Coimbra: Almedina, 2007, v. 1, t. 3, p. 325; MONTEIRO, António PINTO. Direito a não-nascer? *Revista do Instituto dos Advogados de São Paulo*, v. 10, n. 19, 2007, p. 324; PINTO, Paulo Mota. *Indemnização em caso de 'nascimento indevido' e de 'vida indevida' ('wrongful birth' e 'wrongful life')*, op. cit., p. 16. Cf. também: TJRJ, Apel 0005964-91.2006.8.19.0055, 2ª C.Civ., 12.06.2013; Apel 0038863-76.2007.8.19.0001, 9ª

mento como evento do mundo real, e mais do desrespeito a uma liberdade individual que esse nascimento representa[69].

C – A impossibilidade de compensação entre as dores e alegrias da parentalidade

312. Uma variação da tese de que os pais não podem se queixar da felicidade de um nascimento indesejado é aquela que afirma que os sofrimentos experimentados por eles são amplamente compensados pelas alegrias da parentalidade[70]. A ideia já foi empregada por tribunais brasileiros[71] e estrangeiros[72] para negar reparação aos danos decorrentes da falha de contraceptivos.

Essa proposta nos parece inadmissível, por duas razões. Em primeiro lugar porque a compensação entre alegrias e sofrimentos é juridicamente impraticável. Mesmo que se admita, na seara da responsabilidade civil, a chamada "compensação dos lucros com o dano"[73], esse tipo de raciocínio pressupõe a absoluta identidade quanto à natureza dos interesses a serem contrabalanceados[74]. Ora, isso é impossível na seara dos danos morais, onde os valores lesados e satisfeitos não são intercambiáveis. Quantas promoções

---

C.Civ., 02.04.2013; TJSP, Apel 0032922-85.2009.8.26.0000, 1ª C.Priv., 30.04.2013; Apel 9122185-43.2007.8.26.0000, 8ª C.Pub., 27.04.2011; Apel 443.672-4/1-00, 9ª C.Priv., 27.03.2007; TJMG, Apel 2.0000.00.372750-0/000, 1ª C.Civ., 29.04.2003; TJPR, Apel 652.523-3, 10ª C.Civ., 15.07.2010.

[69] Nesse mesmo sentido, Carlos Eduardo Pionovski Rusyk: "Não é, porém, o advento de um filho que pode ser reputado como um dano à pessoa nesse caso. Não se trata de aferir se houve ou não 'dor moral' pelo nascimento de uma criança, o que seria de todo descabido. A questão atinente ao dano reside em um outro lugar: trata-se da violação da liberdade pessoal da mulher (e do casal) na realização do planejamento familiar", *O "caso das pílulas de farinha" como exemplo da construção jurisprudencial de um "direito de danos" e da violação da liberdade positiva como "dano à pessoa"*, op. cit., p. 299. Cf. também: HOLANDA, Caroline Sátiro de. *A gravidez indevida e o consequente nascimento de uma criança podem ser considerados um dano?*, op. cit.

[70] Para uma crítica a esse entendimento, cf. MURTAUGH, Michael. *Wrongful birth: the courts' dilemma in determining a remedy for a 'blessed event'*, op. cit., p. 294-299.

[71] TJSP, Apel 209.736-4/7, 9ª C.Priv. 03.06.2008; Apel 443.672-4/1-00, 9ª C.Priv., 27.03.2007; Apel 206.925-4/8, 9ª C.Priv., 30.05.2006; Apel 292.952-4/5-00, 9ª C.Priv., 21.02.2006.

[72] *Christensen v. Thornby* Minnesota Supr. Cor 255 N.W. 620 (1934); *Shaheen v. Knight* 11 Pa. D. & C.2d 41 (1957); *Pub. Health Trust v. Brown* 388 So. 2d 1084, 1085-86 (1980). No Reino Unido, cf. o voto da juíza Hale em *Parkinson v. St. James & Seacroft University Hospital N.H.S. Trust* [2001] EWCA Civ 530.

[73] Sobre esse princípio, cf. *infra*, nº 323.

[74] Cf., por exemplo, *Restatement (second) of Tort* § 920.

na carreira seriam necessárias, por exemplo, para compensar o assédio moral sofrido no trabalho? A fama, alcançada em razão da publicação não autorizada de uma foto pessoal, é um contrapeso equivalente à lesão à imagem decorrente desse mesmo fato? O raciocínio simplesmente não faz sentido[75] e é por isso que alguns autores sustentam que a compensação entre danos e lucros só seria aplicável aos prejuízos patrimoniais; e jamais aos de natureza moral[76].

313. Em segundo lugar porque o juízo sobre a conveniência ou não da parentalidade é algo que compete unicamente aos interessados que, ao exercerem sua autonomia reprodutiva, devem ponderar as benesses e os ônus de um filho e decidir qual é a medida mais adequada para si. Por óbvio, se eles optaram por fazer uso de contraceptivos, é porque julgaram que a parentalidade não era uma escolha compensadora[77], a despeito da felicidade envolvida[78]. A sinceridade dessa decisão é inquestionável.

Ao afirmarem que as alegrias do nascimento superam seus contratempos, os tribunais estão na verdade desautorizando a decisão que os genitores tomaram sobre seus próprios projetos de vida e afirmando que a parentalidade era, afinal, a melhor opção para eles – algo que nem mesmo as cortes têm legitimidade para fazer.

§ *2 – O equívoco jurídico: os danos morais não se reduzem às dores experimentadas pelas vítimas*

314. Outro equívoco da tese da "ausência de dor parental" reside em seus pressupostos. O argumento parte de uma visão incorreta sobre a reparação dos danos morais, no sentido de que ela só teria lugar nas situações em que

---

[75] O equívoco foi evidenciado com mais clareza nos EUA, onde os tribunais por vezes afirmaram que as alegrias da parentalidade compensariam até mesmo as perdas patrimoniais experimentadas pelos pais. Para uma crítica a esse entendimento, cf. Dan Dobbs, *The law of torts*, op. cit., p. 798-800 e julgados citados.

[76] CASILLO, João. *Dano à pessoa e sua indenização*. 2. ed. São Paulo: RT, 1994, p. 103-104; PINTO, Paulo Mota. *Indemnização em caso de 'nascimento indevido' e de 'vida indevida' ('wrongful birth' e 'wrongful life')*, op. cit., p. 23-24 e nota 86 – o autor sustenta que os benefícios intangíveis recebidos pela vítima devem ser levados em conta no momento da quantificação do dano moral. Mas não haveria de se pensar em compensação. Contra: SILVA, Wilson Melo da. *O dano moral e sua reparação*. 3. ed. Rio de Janeiro: Forense, 1983, p. 662-663.

[77] HOLANDA, Caroline Sátiro de. *A gravidez indevida e o consequente nascimento de uma criança podem ser considerados um dano?*, op. cit.

[78] MURTAUGH, Michael. *Wrongful birth: the courts' dilemma in determining a remedy for a 'blessed event'*, op. cit., p. 296; Cf. também: *Burke v. Rivo* 551 N.E.2d 1 (1990).

há sofrimento físico ou emocional experimentado pela vítima[79]. Trata-se de uma concepção excessivamente psicológica sobre danos morais, na qual eles representariam o "preço da dor" (*pretium doloris*)[80].

A associação dos danos morais ao sofrimento teve um papel relevante no contexto jurídico dos séculos XIX e XX, quando contribuiu para que os danos morais fossem definitivamente incorporados ao rol dos prejuízos reparáveis[81]. No entanto, essa concepção restritiva é incompatível com o cenário atual da responsabilidade civil. A ideia de que os danos morais decorrem necessariamente da dor não seria capaz de explicar, por exemplo, os danos morais experimentados por pessoas jurídicas[82], por crianças ainda sem discernimento completo[83], os danos morais coletivos[84] ou a presunção de danos morais – também conhecida como dano moral *in re ipsa*[85].

Em todas essas situações, o Direito Positivo reconhece a existência de danos morais reparáveis, ainda que não haja qualquer prova de um suposto sofrimento experimentado pelas vítimas, ou mesmo em situações nas quais essa dor sabidamente não existe[86].

---

[79] PONTES DE MIRANDA, Francisco Cavalcanti. *Tratado de direito privado: parte especial – direito das obrigações*, t. 22, op. cit., p. 304, § 2723.

[80] SILVA, Wilson Melo da. *O dano moral e sua reparação*, op. cit., p. 330.

[81] CAHALI, Yussef Said. *Dano moral*. 3. ed. São Paulo: RT, 2005, p. 45-49; FARIAS, Chaves de; BRAGA NETTO, Felipe Peixoto; ROSENVALD, Nelson. *Novo tratado de responsabilidade civil*, op. cit., p. 291-293.

[82] STJ, Súmula 227: "A pessoa jurídica pode sofrer dano moral".

[83] STJ, REsp 1.037.759/RJ, 3ª Turma, 23.02.2010.

[84] STJ, REsp 1.509.923/SP, 2ª Turma, 06.10.2015; AgRg no REsp 1.526.946/RN, 2ª Turma, 17.09.2015; REsp 1.293.606/MG, 4ª Turma, 02.09.2014, REsp 1.291.213/SC, 3ª Turma, 30.08.2012. Para um dos primeiros acórdãos do STJ reconhecendo a figura dos danos morais coletivos, cf. REsp 1.057.274/RS, 2ª Turma, 01.12.2009. A 1ª Turma do Tribunal é mais hostil a esse tipo de reparação, sob o fundamento de que haveria "necessária vinculação do dano moral à noção de dor, de sofrimento psíquico, de caráter individual", REsp 598.281/MG, 1ª Turma, 02.05.2006; REsp 821.891/RS, 1ª Turma, 08.04.2008; AgRg no REsp 1.109.905/PR, 1ª Turma, 22.06.2010.

[85] STJ, AgRg no AREsp 729.678/SP, 3ª Turma, 24.11.2015; AgRg no AREsp 762.661/SP, 4ª Turma, 24.11.2015; AgRg no AREsp 796.500/RS, 4ª Turma, 24.11.2015. Ver também: FARIAS, Chaves de; BRAGA NETTO, Felipe Peixoto; ROSENVALD, Nelson. *Novo tratado de responsabilidade civil*, op. cit., p. 319-320.

[86] Cf. o litígio envolvendo uma modelo profissional que pretendia reparação moral pelo fato de que suas fotos, inicialmente destinadas a uma campanha publicitária no Brasil, foram utilizadas, sem sua autorização, em outras campanhas veiculadas no exterior. Adotando a perspectiva psicológica do dano moral, a 3ª Turma do STJ recusou a reparação desse prejuízo, confirmando a decisão de segundo grau segundo a qual "não se consegue enxergar, sequer vislumbrar, qual a dor moral, a sensação desagradável, o padecimento, o

315. Não é coincidência que a antiga definição dos danos morais como o "preço da dor" foi sendo progressivamente substituída por outras teorias mais convincentes[87]. Na literatura contemporânea, é comum que os danos morais sejam definidos como a lesão a direitos da personalidade[88] ou, de forma ainda mais ampla, como a lesão à dignidade humana[89] ou a interesses existenciais merecedores de tutela[90].

Independentemente da concepção específica que se adote, fato é que os danos morais são hoje utilizados de forma mais abrangente. O dano moral engloba todo tipo de lesão a interesses da vítima que não têm expressão pecuniária, mas que são dignos de receber proteção por meio da responsabilidade civil. As dores físicas e angústias experimentadas pela vítima constituem alguns desses interesses extrapatrimoniais protegidos por meio da noção de dano moral. Mas eles não são os únicos.

316. É sob essa perspectiva que podemos afirmar que as vítimas de contraceptivos defeituosos fazem jus à reparação dos danos morais. A compensação dessa espécie de prejuízo é uma medida que se impõe dada a importância dos interesses extrapatrimoniais atingidos pela falha do contraceptivo. A procriação não é um evento anódino na vida dos genitores, mas o contrário: ela traz repercussões marcantes sobre seu corpo, sua saúde, sua esfera afetiva e profissional. As decisões reprodutivas são, afinal, um elemento diretamente ligado à dignidade de cada ser humano e à sua liberdade para traçar suas escolhas fundamentais de vida[91].

---

temor, o prejuízo psicológico, impostos à pessoa da autora". Esse acórdão da 3ª Turma foi reformado, tanto pelo STF (Rext 215.984/RJ, 2ª Turma, 04.06.2002), quanto pela 2ª Seção do STJ (EREsp 230.268/SP, 2ª Seção, 11.12.2002); SANSEVERINO, Paulo de Tarso Vieira. *Princípio da reparação integral: indenização no Código Civil*, op. cit., p. 182-183; MORAES, Maria Celina Bodin de. *Danos à pessoa humana: uma leitura civil-constitucional dos danos morais*, op. cit., p. 180-181. Comp.: REsp 270.730/RJ, 3ª Turma, 19.12.2000 (caso Maitê Proença) e o polêmico acórdão proferido pelo TJRJ: Emb Inf 0011236-18.1998.8.19.0000, 2º C.Civ., 29.09.1999, Revista de Direito do TJRJ, n° 41, p. 184-187.

[87] É o que ressalta o enunciado n° 445 da VI Jornada de Direito Civil: "O dano moral indenizável não pressupõe necessariamente a verificação de sentimentos humanos desagradáveis como dor ou sofrimento".

[88] SANSEVERINO, Paulo de Tarso Vieira. *Princípio da reparação integral: indenização no Código Civil*, op. cit., p. 261-265.

[89] MORAES, Maria Celina Bodin de. *Danos à pessoa humana: uma leitura civil-constitucional dos danos morais*, op. cit., p. 129-134.

[90] FARIAS, Chaves de; BRAGA NETTO, Felipe Peixoto; ROSENVALD, Nelson. *Novo tratado de responsabilidade civil*, op. cit., p. 296-300.

[91] RUSYK, Carlos Eduardo Pionovski. *O "caso das pílulas de farinha" como exemplo da construção jurisprudencial de um "direito de danos" e da violação da liberdade positiva como "dano à pessoa"*, op. cit., p. 299-301.

A reparação dos danos morais experimentados pelos pais não significa, portanto, que o nascimento tenha provocado um desgosto ou um sofrimento para eles – ainda que seja difícil negar que, para mulher, a gestação e o parto provocam, sim, dores e alterações fisiológicas juridicamente relevantes. Na verdade, o dano moral em questão deita seu fundamento nas lesões causadas pela falha do contraceptivo aos interesses extrapatrimoniais das vítimas, as quais consistem na injusta frustração de seus projetos parentais e opções de vida[92]. Por meio da reparação do dano moral, o ordenamento reconhece que a concepção operada contra a vontade dos pais implica a violação de sua autonomia reprodutiva[93] e, consequentemente, de sua dignidade[94].

Seção 3 – A impossibilidade de delegação dos alimentos

317. Um último argumento contrário à reparação da falha de contraceptivos diz respeito aos danos patrimoniais experimentados pelos pais, mais especificamente, aos gastos incorridos por eles com o sustento e a educação do filho. Ainda que o Superior Tribunal de Justiça não tenha se pronunciado de forma clara sobre o assunto[95], é possível afirmar que, em linhas gerais, a jurisprudência nacional reconhece que essa espécie de prejuízo comporta reparação. Os tribunais estaduais frequentemente condenam os responsáveis pela falha de contraceptivos a arcar com a assistência material da criança, sob a forma de pensionamento mensal a ser pago até que ela atinja a independência financeira[96].

---

[92] Contra: MULTEDO, Renata Vilela. *A responsabilidade civil por nascimento indesejado no direito brasileiro*, op. cit., p. 118.

[93] PINTO, Paulo Mota. *Indemnização em caso de 'nascimento indevido' e de 'vida indevida' ('wrongful birth' e 'wrongful life')*, op. cit., p. 16.

[94] Nesse sentido, Carlos Eduardo Pionovski RUSYK ressalta que "é irrelevante a natureza dos sentimentos que podem advir da maternidade ou da paternidade para a avaliação sobre se houve ou não dano à pessoa no caso concreto. Embora o nascimento de um filho não seja fonte de dor moral, a conduta que priva um casal do exercício da liberdade de planejar a extensão de sua prole engendra grave violação à liberdade de definição dos rumos da vida desses indivíduos em relação, ofendendo, nessa medida, direito fundamental constitucionalmente assegurado", *idem*, p. 302.

[95] Cf. STJ, REsp 1.096.325/SP, 3ª Turma, 09.12.2008, no qual o fabricante de contraceptivos defeituosos havia sido condenado, em segunda instância, ao pagamento de pensão mensal às vítimas. O STJ não apreciou esse tema, pois "não houve irresignação específica quanto à condenação ao pagamento de pensão mensal à criança, até a idade de 21 anos".

[96] TJSP, Apel 0002029-68.2009.8.26.0176, 8ª C.Pub., 14.11.2012; Apel 9065758-55.2009.8.26.0000, 2ª C.Priv., 17.04.2012; Apel 9069603-66.2007.8.26.0000, 9ª C.Priv., 22.05.2012; TJDF, Apel 2010.04.1.007876-7, 6ª T.Civ., 17.11.2010; TJMG,

Há, porém, alguns julgados de segundo grau que negaram indenização a esse tipo de prejuízo. Dentre as cortes estaduais que proferiram acórdãos nesse sentido, destaca-se o Tribunal do Rio Grande do Sul que, com reiteradas decisões[97], consolidou a tese de que os gastos com o sustento do filho não são reparáveis[98].

318. Para justificar a negativa de indenização, os magistrados recorrem a diversos argumentos, como a ausência de nexo de causalidade entre esse prejuízo e o fato imputado aos responsáveis[99], a falta de provas quanto à necessidade financeira dos pais[100] ou o caráter hipotético do dano alegado[101].

Mas o principal fundamento empregado pelas cortes é a inexistência da relação familiar entre a criança e o responsável. As decisões que indeferem a reparação material por vezes mencionam que o dever de prestar alimentos é inerente ao poder familiar, constituindo obrigação irrenunciável e intransferível[102]. Por esse viés, caberia exclusivamente aos pais prover a criança, não lhes sendo dado delegar tal incumbência a terceiros[103].

No Direito Comparado, esse mesmo tipo de argumentação pode ser encontrado no precedente *Becker v. Schwartz*, proferido pela Corte de Ape-

---

Apel 1.0625.04.038154-7/001, 10ª C.Civ., 03.10.2006; Apel 2.0000.00.397619-0/001, 2ª C.Civ., 01.03.2005; TJRJ, Apel 2005.001.41438, 13ª C.Civ., 16.11.2005; TJPR, Apel 112.552-2, 4ª C.Civ., 03.04.2002.

[97] TJRS, Apel 70052227535, 10ª C.Civ., 28.11.2013; Apel 70041661133, 5ª C.Civ., 20.04.2011; Apel 70037676434, 9ª C.Civ., 02.03.2011; Apel 70034402461, 5ª C.Civ., 28.05.2010; Apel 70021020664, 10ª C.Civ., 05.03.2008; Apel 70012464111, 10ª C.Civ., 15.12.2005.

[98] SILVA, Rafael Peteffi da. *Responsabilidade civil pelo nascimento de filhos indesejados: comparação jurídica e recentes desenvolvimentos jurisprudenciais*, op. cit., p. 388-390.

[99] TJRS, Apel 70034402461, 5ª C.Civ., 28.05.2010.

[100] TJMG, Apel 1.0024.04.257636-3/003, 12ª C.Civ., 02.05.2007; TJRS, Apel 70021020664, 10ª C.Civ., 06.03.2008; TJPR, Apel 626.402-6, 9ª C.Civ., 31.03.2010; TJGO, Apel 182105-35.2004.8.09.0112, 3ª C.Civ., 30.11.2010.

[101] TJRJ, Apel 0070007-68.2007.8.19.0001, 15ª C.Civ., 18.01.2011.

[102] MULTEDO, Renata Vilela. *A responsabilidade civil por nascimento indesejado no direito brasileiro*, op. cit., p. 110.

[103] TJRS, Apel 70039310909, 9ª C.Civ., 20.07.2011; Apel 70041661133, 5ª C.Civ., 20.04.2011; Apel 70037676434, 9ª C.Civ., 02.03.2011; Apel 70037335544, 9ª C.Civ., 01.12.2010; Apel 70030534895, 10ª C.Civ., 24.06.2010; Apel 70012464111, 10ª C.Civ., 15.12.2005. Esse entendimento também fora esboçado em precedentes mais antigos do TJSP: Apel 142.114.4/1, 9ª C.Priv., 20.04.2004; AI 303.637.4/0, 9ª C.Priv., 14.10.2003; Apel 239.817.4/1, 9ª C.Priv., 14.10.2003; Apel 269.592.4/8, 9ª C.Priv. 05.08.2003; Apel 139.785.4/5, 9ª C.Priv., 03.06.2003.

lação do estado de Nova Iorque em 1978[104]. Para censurar a decisão apelada, que havia condenado o médico negligente a arcar com os custos de sustento da criança nascida, um dos magistrados da Corte de Apelação declarou que, com sua decisão, os juízes de primeira instância haviam criado uma "ação de reconhecimento de paternidade médica"[105] (*medical paternity suit*)[106].

319. Essa hostilidade com relação à reparação dos danos patrimoniais nos parece injustificável. Se restar comprovado que o nascimento se deve a um erro médico ou a um defeito do contraceptivo, é natural que os responsáveis por este evento sejam obrigados a assumir todas as consequências, morais e materiais, experimentadas pelas vítimas. Seria ilógico afirmar que as despesas com o sustento da criança, nascida em razão da falha do contraceptivo, não constituem repercussões relevantes dessa falha para efeitos de cálculo do dano reparável.

De outro lado, não há nada de excepcional no fato de que o causador de um dano seja condenado a versar uma pensão mensal à vítima. A pensão é apenas uma forma de pagamento de indenização bastante comum no âmbito dos acidentes pessoais e que se justifica em função do caráter continuado de certos danos patrimoniais [107]. O próprio Código Civil prevê, em seus arts. 948 e 950, o pagamento de indenizações por meio de pensões periódicas às vítimas diretas ou indiretas de acidentes, sem que isso jamais tenha provocado qualquer questionamento sobre uma possível invasão da responsabilidade civil sobre o campo das obrigações familiares[108].

320. A reparação dos gastos de sustento com a criança também não significa que houve uma delegação das obrigações parentais. Os deveres dos pais perante seu filho, tanto patrimoniais como não patrimoniais, continuam a pesar sobre eles, de acordo com os princípios norteadores do direito

---

[104] Para uma crítica a esse entendimento, cf. CHAMALLAS Martha; WRIGGINS, Jennifer. *The measure of injury*. Nova Iorque: New York University Press, 2010, p. 132-138.

[105] *Becker v. Schwartz* 46 N.Y. 2nd 401 (1978): "em suma, ao reputar o médico responsável pelo nascimento da criança geneticamente deficiente, e assim obrigado a pagar a maioria, senão a totalidade, dos custos de assistência e suporte vitalícios, a corte criou uma espécie de ação de paternidade médica".

[106] Em *Rieck v. Medical Protective Co.* 64 Wis. 2d 514 (1974), os magistrados utilizaram a expressão "parentalidade sub-rogada" (*surrogate parenthood*) para descrever a mesma ideia. Cf. HOLANDA, Caroline Sátiro de. *A gravidez indevida e o consequente nascimento de uma criança podem ser considerados um dano?*, op. cit.

[107] LAMBERT-FAIVRE, Yvonne; PORCHY-SIMON Stéphanie. *Le droit du dommage corporel*: systèmes d'indemnisation. 6. ed. Paris: Dalloz, 2009, p. 219-220, n° 127; CHARTIER, Yves. *La réparation du préjudice*, op. cit., p. 552-564, n° 444 e s.

[108] TJSP, Apel 421.677-4/3-00, 7ª C.Priv., 10.05.2006.

de família. Ocorre que, como os encargos patrimoniais familiares surgiram como consequência direta da falha do contraceptivo, os pais têm o direito de receber uma compensação equivalente.

O mesmo ocorreria, por exemplo, caso a vítima de um acidente de trânsito tivesse que se dirigir a um hospital privado para receber atendimento médico emergencial. Ninguém duvidaria que ela tem direito de receber reparação, junto ao responsável, pelas despesas que incorreu com o socorro. Mas disso não decorre que houve uma "delegação" das obrigações contratuais assumidas pelo acidentado. Quem é parte do contrato é o paciente. Perante o hospital, ele deve pagar pelas despesas de seu tratamento.

321. A suposta "indelegabilidade" dos alimentos é, na verdade, um pretexto para esconder o cerne do problema, que diz respeito à dificuldade em se admitir que o nascimento indesejado constitui um prejuízo legítimo. Todavia, uma vez superada essa questão moral, a reparação dos danos patrimoniais é uma consequência inevitável.

Em definitivo, a negativa de indenização viola o princípio da reparação integral do dano, tendo em vista que os gastos com o filho representam um prejuízo material suportado pelos pais (§ 1) e que têm relação causal com a falha do contraceptivo imputável aos responsáveis (§ 2).

§ 1 – *O reconhecimento do prejuízo material experimentado pelos pais*

322. Um primeiro fato a ser ressaltado é que os custos de sustento da criança representam um prejuízo experimentado pelos pais[109]. A perda patrimonial é evidente: a chegada de um filho gera um aumento nas despesas do núcleo familiar, pois caberá aos genitores prover as necessidades da criança, que incluem sua alimentação, educação, saúde e lazer[110].

Trata-se de um dano financeiro bastante relevante. Os gastos com o sustento do filho não planejado por vezes comprometem uma grande parcela dos rendimentos dos pais. A recusa à indenização desses danos teria impactos sobre a qualidade de vida de toda a família, inclusive da própria criança.

Uma vez que há uma perda patrimonial decorrente do nascimento indesejado, é difícil compreender por qual motivo esse prejuízo não comportaria reparação – ainda mais, se considerarmos que muitos indivíduos recorrem aos contraceptivos justamente porque não estão dispostos a arcar

---

[109] HOLANDA, Caroline Sátiro de. *A gravidez indevida e o consequente nascimento de uma criança podem ser considerados um dano?*, op. cit.

[110] SILVA, Rafael Peteffi da. *Novos direitos, reparação dos pais pelo nascimento de filhos indesejados e a tutela do 'direito de nascer': um diálogo com o ordenamento francês*, op. cit., p. 190.

com os custos financeiros de um filho. A recomposição do patrimônio dos pais uma medida que se impõe em qualquer caso de nascimento indesejado, seja em favor das vítimas mais pobres (A), sejam em favor das mais ricas (B).

A – O direito das famílias carentes: a inviabilidade da compensação com a possível ajuda financeira proporcionada pelo filho

323. A análise dos precedentes nacionais revela que grande parte das vítimas de contraceptivos são famílias de baixa renda[111], por vezes, já com muitos filhos[112], que não teriam condições de sustentar mais um de forma digna. A reparação dos gastos com o sustento da criança se torna uma questão particularmente sensível nesse tipo de situação. Não seria exagerado afirmar que as dificuldades financeiras estão entre os principais fatores que levam esses casais a adotar métodos contraceptivos, e estarão entre suas principais preocupações após a falha desses métodos.

Assim, é bastante surpreendente o entendimento adotado por alguns tribunais nacionais[113] que negam reparação aos custos incorridos pelos pais, sob o pretexto que essas perdas materiais serão contrabalanceadas pela ajuda que receberão do filho, quando ele atingir a idade laborativa. Trate-se de uma aplicação concreta de um princípio tradicional da responsabilidade civil, segundo o qual as perdas patrimoniais experimentadas pela vítima devem ser compensadas com os lucros obtidos por ela em razão do acidente (*compensatio lucri cum damno*)[114]. No caso em questão, haveria uma suposta

---

[111] TJRJ, Apel 0038863-76.2007.8.19.0001, 9ª C.Civ., 02.04.2013; Apel 0019199-91.2010.8.19.0021, 4ª C.Civ., 13.03.2008; Apel 0009815-62.2009.8.19.0014, 9ª C.Civ., 20.03.2012; 0004552-29.2005.8.19.0066, 3ª C.Civ., 15.03.2012; TJSP, 0008047-33.2002.8.26.0053, 3ª C.Pub., 16.04.2013; Apel 9191833-13.2007.8.26.0000; 9ª C.Priv., 22.05.2012; Apel 992.06.064627-5, 1ª C.Priv., 17.08.2010; TJMG, Apel 1.0079.08.427567-0/001, 2ª C.Civ., 03.08.2010; Apel 1.0431.06.030997-5/001, 11ª C.Civ., 09.04.2008; TJRS, Apel 70034402461, 5ª C.Civ., 28.05.2010; Apel 70003081957, 6ª C.Civ., 28.11.2001.

[112] TJRJ Apel 2009.001.07608, 9ª C.Civ., 28.04.2009; TJMG, Apel 1.0572.03.002488-7/001, 15ª C.Civ., 20.04.2006. TJRS, Apel 70035694256, 6ª C.Civ., 24.11.2011; Apel 70020347175, 9ª C.Civ., 26.09.2007; Apel 70009780065, 6ª C.Civ., 18.05.2005.

[113] TJRS, Apel 70012464111, 10ª C.Civ., 15.12.2005, o qual serviu de fundamento a outros precedentes do tribunal gaúcho: Apel 70034402461, 5ª C.Civ., 28.05.2010; Apel 70030534895, 10ª C.Civ., 24.06.2010. Para um comentário desses julgados, cf. SILVA, Rafael Peteffi da. *Idem*, loc. cit. e *Wrongful conception, wrongful birth e wrongful life: indenização pelo nascimento de filhos indesejados e os recentes posicionamentos da jurisprudência brasileira*, op. cit.

[114] SANSEVERINO, Paulo de Tarso Vieira. *Princípio da reparação integral: indenização no Código Civil*, op. cit., p. 63-68; SILVA, Rafarel Peteffi da; LUIZ, Fernando Vieira. A

compensação dos custos de criação do filho com os benefícios financeiros oriundos da parentalidade.

Para entender essa compensação, é preciso atentar que os tribunais superiores há muito firmaram o entendimento que, nos casos de morte acidental de uma criança oriunda de família de baixa renda, os pais da vítima farão jus ao recebimento de uma pensão mensal, ainda que, à época do fato, a criança não exercesse qualquer atividade remunerada[115]. Essa tese foi consolidada na Súmula 491 do Supremo Tribunal Federal[116] e parte do pressuposto que, nas famílias mais pobres[117], os pais podem legitimamente esperar que seus filhos lhes prestarão socorro financeiro tão logo estejam aptos ao trabalho[118]. Note-se que há uma completa subversão do propósito desse entendimento, quando aplicado aos litígios envolvendo a falhas de contraceptivos. Se a tese da "futura ajuda financeira da criança" originalmente tinha por função garantir uma reparação mais ampla às famílias de poucos recursos, nos casos de responsabilidade pelo nascimento indesejado ele serve de fundamento para a redução da indenização devida aos pais.

---

compensatio lucri cum damno: contornos essenciais do instituto e a necessidade de sua revisão nos casos de benefícios previdenciários. *Revista de direito civil contemporâneo*, v. 13, 2017, p. 281; PONTES DE MIRANDA, Francisco Cavalcanti. *Tratado de direito privado*: parte especial – direito das obrigações. 3. ed. São Paulo: RT, 1984, t. 26, p. 52-57, § 3111; CASILLO, João. *Dano à pessoa e sua indenização*, op. cit., p. 99-104.

[115] STJ, REsp 1.325.034/SP, 3ª Turma, 16.04.2015; REsp 1.044.527/MG, 3ª Turma, 27.09.2011; REsp 1.082.663/MG, 4ª Turma, 04.03.2010; REsp 1.121.800/RR, 2ª Turma, 18.11.2010; REsp 674.586/SC, 1ª Turma, 06.04.2006.

[116] STF, Súmula 491: "É indenizável o acidente que cause a morte de filho menor, ainda que não exerça trabalho remunerado".

[117] Na verdade, a Súmula 491 foi editada pelo STF em 1969, numa época em que a reparação dos danos morais não era amplamente admitida em nossos tribunais. Isso provocava uma grave injustiça, uma vez que os pais de uma criança falecida tragicamente só receberiam indenização pelas despesas do funeral. A Súmula 491 se prestava a contornar esse problema, ao reconhecer artificialmente a existência de um dano material, fundada na provável ajuda financeira que o filho, no futuro, ofereceria aos. A assimilação irrestrita da reparabilidade dos danos morais em nosso ordenamento exigiu uma reinterpretação desse enunciado, que hoje é visto como aplicável apenas em favor das famílias de baixa renda, nas quais, ordinariamente, os filhos em condições de trabalho contribuem com as despesas do lar; cf. CAVALIERI FILHO, Sergio. *Programa de responsabilidade civil*, op. cit., p. 157-158.

[118] PONTES DE MIRANDA, Francisco Cavalcanti. *Tratado de direito privado: parte especial – direito das obrigações*, t. 22, op. cit., p. 301-303, § 2722; SANSEVERINO, Paulo de Tarso Vieira. *Princípio da reparação integral: indenização no Código Civil*, op. cit., p. 233-235; CAHALI, Yussef Said. *Dano moral*, op. cit., p. 76-104 e 127-141.

324. Ocorre que esse abatimento entre as perdas e os ganhos da parentalidade termina por provocar resultados injustos para com os pais. Eles são, desse modo, privados da reparação dos gastos com o filho – um dano certo e atual – em troca de uma ajuda futura e que é, no mínimo, duvidosa. Os supostos lucros da parentalidade só serão auferidos na eventualidade de os pais se encontrarem em estado de necessidade financeira e seu filho em condições de ajudá-los. Ora, nada garante que essa situação irá um dia se configurar[119].

Outro fator que torna esse entendimento criticável é o hiato temporal entre o dano e a sua alegada compensação. Enquanto as necessidades financeiras dos pais e da própria criança são prementes, a possível ajuda do filho virá apenas quando ele alcançar a capacidade para o trabalho – ironicamente, num momento em que os genitores não precisarão mais de auxílio para sustentá-lo. Com a recusa à indenização das perdas materiais, a família se vê obrigada a passar por anos de privação financeira antes de receber uma compensação provinda do trabalho do filho.

B – O direito das famílias abastadas: a reparação não depende da demonstração de incapacidade financeira dos pais para sustentar a criança

325. Ainda que o problema das despesas com o sustento do filho seja mais agudo entre as famílias de baixa renda, também as famílias mais abastadas incorrem em gastos para a criação de seu filho. Por essa razão, deve ser rejeitada a tese de que os pais só fazem jus à reparação material se comprovarem sua incapacidade financeira para sustentar a criança. Essa ideia, que encontra defensores tanto na literatura[120], quanto nos tribunais[121], confunde a natureza

---

[119] Cf., todavia, a opinião de Paulo Mota PINTO, que sustenta ser possível a compensação dos danos com os ganhos materiais oriundos da parentalidade, desde que estes sejam certos (*Indemnização em caso de 'nascimento indevido' e de 'vida indevida' ('wrongful birth' e 'wrongful life')*, op. cit., p. 23-24 e nota 86).

[120] MULTEDO, Renata Vilela. *A responsabilidade civil por nascimento indesejado no direito brasileiro*, op. cit., p. 110-112. A autora sustenta que o dever de alimentos é inerente ao poder familiar e que, portanto, incumbiria em princípio aos pais. Mas admite que "não tendo os pais condições de provê-lo sem sacrificar o seu sustento e o de sua família, entende-se cabível, levando-se em conta a incidência dos princípios da solidariedade social e do melhor interesse da criança, a fixação de verba alimentar para o filho. Por esse motivo, a análise do caso concreto é fundamental para se avaliar as necessidades da criança dentro do contexto familiar no qual ela se insere, a fim de ser perquirir as reais condições sociais em que vive sua família".

[121] TJMG, Apel 1.0024.04.257636-3/003, 12ª C.Civ., 02.05.2007; TJRS, Apel 70021020664, 10ª C.Civ., 06.03.2008; TJPR, Apel 626.402-6, 9ª C.Civ., 31.03.2010; TJGO, Apel

da reparação civil, projetando sobre ela considerações que só teriam lugar em prestações de cunho assistencial. A indenização é um meio de compensar os danos experimentados pelas vítimas, e não uma ajuda humanitária destinada apenas àqueles que demonstrarem insuficiência econômica. Ora, os custos de vida do filho são um tipo de despesa que atinge toda e qualquer família, independentemente de sua classe social[122].

No mais, não há qualquer critério razoável que permita afirmar que os gastos com o filho constituem um prejuízo material experimentado pelos pais que têm menores rendimentos, mas não para aqueles ostentam condições de sustentá-lo. Se esses custos representam um prejuízo material, ele logicamente deve existir nessas duas situações.

A única diferença entre os pais que têm e os que não têm meios de sustentar a criança reside no fato de que os primeiros podem, com recursos próprios, fazer face aos prejuízos materiais que experimentaram. Mas isso não significa que eles não tenham experimentado prejuízo algum. Como observou Rafael Peteffi da Silva, declarar que os pais com bons rendimentos não merecem reparação pelos danos patrimoniais decorrentes da falha do contraceptivo é algo tão absurdo quanto afirmar que o proprietário de um carro abalroado não faz jus à reparação se tiver recursos suficientes para pagar pelo reparo[123].

§ 2 – O reconhecimento da relação de causalidade entre o prejuízo material experimentado pelos pais e a falha do contraceptivo

326. A causalidade é um outro ponto relevante para a reparação dos gastos com o sustento da criança. Uma vez constatado, de um lado, que houve falha do contraceptivo imputável ao fornecedor ou ao médico, e, de outro, que os custos com o filho representam uma perda patrimonial para os pais, a única questão que importa, do ponto de vista da responsabilidade civil, é inquerir se há ou não relação causal entre esses eventos.

Cumpre então ressaltar que há nexo de causalidade estabelecido, sob a perspectiva qualquer das teorias causais normalmente aceitas no Direito

---

182105-35.2004.8.09.0112, 3ª C.Civ., 30.11.2010. Cf. também: TJRS, Apel 70012464111, 10ª C.Civ., 15.12.2005. No caso, ainda que os magistrados tenham reconhecido que o casal experimentava sérias dificuldades financeiras, eles apontaram que a família vivia numa "pequena comunidade do Interior do Estado, onde os parâmetros e as exigências são diferentes e menores do que na chamada 'urbe'" e que, portanto, certamente teria condições de sustentar a criança.

[122] Cf. TJDF, Apel 2010.04.1.007876-7, 6ª T.Civ., 17.11.2010.
[123] SILVA, Rafael Peteffi da. *Responsabilidade civil pelo nascimento de filhos indesejados: comparação jurídica e recentes desenvolvimentos jurisprudenciais*, op. cit., p. 389.

Brasileiro[124]; seja pelo viés da teoria da equivalência das condições (A); seja sob ótica das teorias individualizadoras, como a da causalidade adequada ou do dano direto e imediato (B). No mais, não há de se cogitar que a conduta dos pais, ao decidirem por não entregar o filho à adoção, tenha implicado o rompimento desse nexo de causalidade (C).

A – A relação de causalidade sob a teoria da equivalência das condições

327. Primeiramente, a relação de causalidade estará configurada se adotarmos o modelo proposto pela teoria da equivalência das condições. De acordo com essa concepção, que é a mais ampla e simples entre as teorias causais, todo antecedente necessário à realização de um determinado prejuízo, ou seja, todo evento sem o qual este prejuízo não ocorreria (*conditio sine qua non*), deve ser considerado como sua causa jurídica. A causalidade entre fato e dano é assim determinada por um processo hipotético de eliminação, por meio do qual exclui-se, da sequência de acontecimentos, o fato imputado ao responsável[125]. Haverá relação causal se, com essa exclusão, o dano também desapareceria.

O que caracteriza essa teoria é o fato de que ela não promove qualquer distinção entre os vários antecedentes necessários de um evento, tratando-os, todos, como causas jurídicas. Vale notar que um evento jamais é consequência de apenas um antecedente necessário, mas o contrário: todo acontecimento decorre da confluência de inúmeros fatores que, somados, provocaram o evento em questão; de modo que a supressão de qualquer um deles teria evitado o resultado. A teoria da equivalência das condições parte da ideia de que não há critério válido para definir quais desses antecedentes seriam preponderantes ou mais importantes do que os outros[126]. Todos seriam equivalentes e mereceriam a qualificação de causa[127].

---

[124] Para uma análise pormenorizada das diferentes teorias causas, cf. Cruz, Gisela Sampaio da. *O problema do nexo causal na responsabilidade civil*. Rio de Janeiro: Renovar, 2005, p. 33-35; Lemos, Patrícia Faga Iglecias. *Meio ambiente e responsabilidade civil do proprietário*: análise do nexo causal. São Paulo: RT, 2008, p. 128-151.

[125] Chabas, François. *L'influence de la pluralité de causes sur le droit à réparation*. Paris: LGDJ, 1967, p. 83-86, n° 98 e s.

[126] Lemos, Patrícia Fagá Iglecias. *Meio ambiente e responsabilidade civil do proprietário: análise do nexo causal*, op. cit., p. 131.

[127] Como afirmou Von Buri, principal formulador dessa teoria, "deve ser considerada como causa de um determinado fenômeno a totalidade das forças que, de qualquer maneira, participaram para a produção do mesmo. E isto porque a existência de tal fenômeno fica a depender, de tal modo, de cada uma dessas forças que, pela supressão de uma só delas (ou dessas condições), teríamos, como consequência, a supressão do próprio

Há de se concluir, sob essa perspectiva, que a falha imputável aos responsáveis é causa dos danos patrimoniais experimentados pelos pais. O problema apresentado pelo método contraceptivo constitui um claro antecedente necessário aos gastos incorridos pelos pais com o sustento da criança: caso o contraceptivo tivesse funcionado corretamente, o filho não teria nascido, logo, esses gastos não existiriam.

B – A relação de causalidade sob as teorias individualizadoras

328. O mesmo pode ser dito a partir das chamadas "teorias individualizadoras" da causalidade[128], como a teoria da equivalência de condições ou a teoria do dano direto e imediato, as quais são adotadas com mais frequência na jurisprudência brasileira[129]. Em comum, essas duas teorias propõem que nem todos os antecedentes necessários à realização de um determinado dano sejam considerados como causa desse evento, para efeitos de responsabilização do agente. Apesar de necessários, certos antecedentes deveriam ser descartados, por não terem, ao menos sob a perspectiva jurídica, exercido uma influência relevante para a produção do dano.

O que distingue essas duas teorias é justamente o critério empregado nessa seleção[130]. A teoria da causalidade adequada procura excluir as chamadas

---

fenômeno. Por conseguinte, cada condição insuflaria vida à totalidade (ou massa), sem ela inerte de todas as demais condições, tornando cada condição, pois, causal referente a todas as outras" (Über Kausalität und deren Veranwortung *apud* SILVA, Wilson Melo da. *Responsabilidade sem culpa*. 2. ed. São Paulo: Saraiva, 1974. p. 115).

[128] CRUZ, Gisela Sampaio da. *O problema do nexo causal na responsabilidade civil*, op. cit., p. 53; LEMOS, Patrícia Fagá Iglecias. *Meio ambiente e responsabilidade civil do proprietário: análise do nexo causal*, op. cit., p. 133-134.

[129] O STJ jamais assentou de forma categórica qual das teorias causais é a aplicável no Brasil. Em geral, o tribunal rejeita a aplicação da teoria da equivalência de condições por considerá-la muito ampla (REsp 620.777/GO, 4ª Turma, 03.11.2009). Quanto às teorias seletivas, há certa inclinação pela teoria da causalidade adequada (REsp 1.615.971/DF, 3ª Turma, 17.09.2016; REsp 1.185.100/MS, 4ª Turma, 15.02.2011; REsp EDcl no AgRg no Ag no REsp 790.643/DF, 3ª Turma, 23.06.2016), ainda que, em alguns casos, o tribunal recorra à teoria do dano direto e imediato, especialmente em litígios que dizem respeito à responsabilidade do Estado pelos crimes praticados por presidiários evadidos da cadeia (REsp 858.511/DF, 1ª Turma, 19.08.2008; REsp 719.738/RS, 1ª Turma, 16.09.2008). É curioso notar que certos precedentes fazem uso da causalidade adequada e da teoria do dano direto e imediato indistintamente (REsp 1.307.032/PR, 4ª Turma, 18.06.2013; REsp 1.307.032/PR, 1ª Turma, 05.10.2010; REsp 1.067.332/RJ, 4ª Turma, 05.11.2013).

[130] Para a chamada "teoria do escopo da norma", cf. REINIG, Guilherme Henrique Lima. *O problema da causalidade na responsabilidade civil*: a teoria do escopo da de proteção

"cadeias causais inabituais", negando a qualificação de causa aos antecedentes necessários que, sob condições normais, não teriam produzido aquele mesmo resultado e que só o fizeram, no caso concreto, em razão da presença de outras circunstâncias extraordinárias.

Para tanto, a tese parte da noção de "previsibilidade objetiva do resultado"[131]: seriam causas, no sentido jurídico do termo, apenas os antecedentes necessários que previsivelmente, segundo o curso ordinário das coisas e a experiência comum da vida, seriam capazes de provocar aquele resultado, mesmo sob outras circunstâncias[132]. Causa adequada, nesse sentido, é aquela normalmente idônea para produzir aquele resultado lesivo; que aumenta de forma relevante a probabilidade objetiva de sua ocorrência[133].

É evidente que, também por essa teoria, o fato imputável aos responsáveis é uma causa dos prejuízos materiais experimentados pelos pais. Seria um truísmo afirmar que o propósito de todo método contraceptivo é evitar a concepção e que muitos indivíduos recorrem a esses métodos porque não desejam arcar com os ônus da parentalidade. Logo, qualquer problema apresentado por um contraceptivo pode, previsivelmente, provocar um nascimento indesejado e os custos materiais a ele inerentes. A falha do contraceptivo constitui uma causa idônea à ocorrência desse tipo prejuízo[134].

---

    da norma (Schutzzwecktheorie) e a sua aplicabilidade no direito civil brasileiro. Tese (Doutorado em Direito), Faculdade de Direito, Universidade de São Paulo, São Paulo, 2015. O autor sustenta que essa teoria, oriunda do Direito Alemão, tem duas funções: 1) delimitar quais são os interesses protegidos por meio da responsabilidade civil, para além dos bens jurídicos já protegidos expressamente pelo § 823 do BGB; e 2) excluir a responsabilidade nos casos de incongruência entre o desvalor da conduta e o do resultado lesivo. Para uma aplicação dessa teoria à responsabilidade pelo dano ambiental, cf. LEMOS, Patrícia Fagá Iglecias. *Meio ambiente e responsabilidade civil do proprietário: análise do nexo causal*, op. cit., p. 145-151. Segundo a autora, "a teoria do escopo da norma jurídica violada é uma alternativa à teoria da causalidade adequada, que melhor se adapta à questão ambiental".

[131] REINING, Guilherme Henrique Lima. *O problema da causalidade na responsabilidade civil*, op. cit., p. 101-108.

[132] CRUZ, Gisela Sampaio da. *O problema do nexo causal na responsabilidade civil*, op. cit., p. 64-70; CHABAS, François. *L'influence de la pluralité de causes sur le droit à réparation*, op. cit., p. 86, n° 103.

[133] Na verdade, a teoria da causalidade adequada abarca uma série de variantes e reformulações que dificilmente podem ser descritas sob uma única definição. Para uma análise dessas diferenças: REINING, Guilherme Henrique Lima. *O problema da causalidade na responsabilidade civil*, op. cit., p. 101-111; CHABAS, François. *L'influence de la pluralité de causes sur le droit à réparation*, op. cit., p. 88-90, n° 108 e s.

[134] TJRS, Apel 0005964-91.2006.8.19.0055, 2ª C.Civ., 12.06.2013.

329. Já a teoria do dano direto e imediato – a qual, segundo alguns autores[135], teria sido expressamente adotada no art. 403 do Código Civil atual[136] – resolve o problema da seleção dos antecedentes necessários sob o prisma das causas sucessivas, dando especial destaque às hipóteses de rompimento do nexo causal[137].

Desenvolvida no Brasil por Agostinho Alvim[138], essa teoria propugna que, para ser considerado "causa" do ponto de vista jurídico, o antecedente necessário precisa ter provocado, por si só, o prejuízo em questão; sem que, para tanto, tenha havido influência de outra causa superveniente, não imputável ao responsável. Em outras palavras, para efeitos de responsabilidade civil, somente é relevante a "causa exclusiva, porque opera de si, dispensada todas as outras causas"[139]. Isso significa que haverá rompimento do nexo causal se, entre o antecedente necessário e o dano, houve a interferência de uma nova causa, alheia à conduta do responsável, que seja atribuída a terceiros ou mesmo a um evento natural[140].

---

[135] ALVIM, Agostinho. *Da inexecução das obrigações e suas consequências*. 2. ed. São Paulo: Saraiva, 1955, p. 396, n. 226.

[136] "Art. 403: Ainda que a inexecução resulte de dolo do devedor, as perdas e danos só incluem os prejuízos efetivos e os lucros cessantes por efeito dela direto e imediato, sem prejuízo do disposto na lei processual". O dispositivo repete integralmente o art. 1.060 do CC/1916, acrescentando-lhe a observação sobre a lei processual.

[137] Gisela Sampaio da CRUZ critica o legislador pelo fato de ter tratado do tema da causalidade apenas no art. 403, que estaria mal localizado no Código porque "é aplicado tanto à responsabilidade contratual quanto à extracontratual, razão pela qual não deveria constar do título referente ao inadimplemento das obrigações (título IV), mas, sim, em vez disso, dos capítulos relativos à responsabilidade civil (título IX)" (*O problema do nexo causal na responsabilidade civil*, op. cit., p. 20-21).

[138] Agostinho ALVIM afirma que deve haver "nexo causal necessário" entre o fato e o dano: "é indenizável todo o dano que se filia a uma causa, ainda que remota, desde que ela lhe seja necessária, por não existir outra que explique o mesmo dano" (*Da inexecução das obrigações e suas consequências*, op. cit., p. 380, n° 222). Até por isso, a tese é por vezes denominada de "teoria da necessariedade da causa" ou "teoria da causa necessária" (SILVA, Wilson Melo da. *Responsabilidade sem culpa*, op. cit., p. 131-133; NORONHA, Fernando. *Direito das obrigações*. 3. ed. São Paulo: Saraiva, 2010, p. 622-626). O problema dessa denominação é que ela termina por confundir a teoria do dano direito e imediato com a teoria da equivalência de condições. No mais, a expressão "causa necessária" empregada, por Agostinho Alvim, é inexata do ponto de vista lógico-formal. A ideia à qual o autor faz alusão ("causa exclusiva, porque opera por si, dispensadas as outras causados", loc. cit.) corresponde ao conceito de causa suficiente, e não ao de causa necessária.

[139] ALVIM, Agostinho. *Da inexecução das obrigações e suas consequências*, op. cit., p. 380, n° 222.

[140] *Idem*, p. 397, n° 227.

Apesar dos termos "direto e imediato", adotados expressamente pelo Código Civil, os autores que se fundamentam no referido dispositivo são unânimes em afirmar que o critério legal em nada se relaciona com a proximidade temporal entre dano e prejuízo. "A ideia central", explica Agostinho Alvim, "é, pois, a de que o aparecimento de outra causa é o que rompe o nexo causal e não a distância entre a inexecução e o dano"[141].

Ora, mesmo sob essa teoria, por vezes criticada por ser excessivamente restritiva[142], há de se concluir pela existência de nexo de causalidade entre a falha de contraceptivos e os gastos financeiros incorridos pelos pais. Com efeito, não há qualquer evento posterior à falha do contraceptivo que tenha o condão de romper o nexo causal entre esses dois eventos: a falha ensejou o nascimento indesejado que, por sua vez, implicou os custos exigidos para o sustento da criança nascida. O liame causal está estabelecido, sem que seja necessário recorrer a um evento alheio à conduta do médico ou do laboratório.

C – O dever de mitigação e a ruptura do nexo causal em razão da opção dos pais de acolher a criança

330. Uma forma de se questionar a relação causal é recorrer à escolha dos pais em manter a criança em sua família. O Direito Comparado oferece exemplos em que tribunais negaram a reparação dos custos de sustento da criança, sob o argumento de que as vítimas de contraceptivos defeituosos tinham a possibilidade de entregá-la à adoção ou, nos países em que isso é permitido, praticar um aborto voluntário, o que teria evitado os gastos em questão[143]. Assim, ao optarem por perfilhar a criança não planejada, os genitores teriam voluntariamente dado causa ao seu próprio prejuízo, rompendo o nexo inicialmente existente entre a falha do contraceptivo e o dano experimentado por elas[144].

---

[141] *Ibidem*, p. 388, n° 224; CRUZ, Gisela Sampaio da. *O problema do nexo causal na responsabilidade civil*, op. cit., p. 103-104.

[142] Fernando NORONHA critica a teoria do dano direto e imediato por ser demasiadamente restritiva, reduzindo o espectro da indenização às condições "necessárias e suficientes" do dano (*Direito das obrigações*, op. cit., p. 624-625).

[143] Na França: CA Riom, 6 julho 1989, D. 1990, p. 284, nota P. le TOURNEAU; na Austrália: *CES and another v. Superclinics (Australia) Pty Limited and others* [1995] NSWSC 103; no Reino Unido: *Emeh v. Kensington, Chelsea and Westminster Area Health Authority* [1985] QB 1012 (argumentos acolhidos em primeira instância, mas posteriormente rejeitados pela High Court).

[144] Nesse sentido, a argumentação apresenta por um dos magistrados da Suprema Corte de Nova Gales do Sul: "A questão no presente caso é que a demandante escolheu manter seu filho. A angústia em ter de fazer a escolha é parte do dano causado pela

O argumento é também sustentado sob a ótica da regra das "consequências evitáveis" (*avoidable consequences*)[145], também concedida como "dever de mitigar o próprio dano" (*duty to mitigate*)[146]. Originário dos sistemas jurídicos de *Common Law*[147], o "dever de mitigar o próprio dano"[148] pressupõe que mesmo a vítima de um acidente tem de empregar todas as medidas razoáveis ao seu alcance para minimizar as consequências danosas desse evento. Caso não o faça, a indenização devida a ela será reduzida, com a exclusão dos danos que teriam sido evitados por meio de uma conduta mais diligente[149].

O dever de mitigar não é propriamente um dever no sentido técnico-jurídico do termo, pois a vítima não pode ser compelida a segui-lo e tampouco será responsabilizada caso o descumpra[150]. Ainda assim, ela arcará com

---

negligência [do réu], mas a verdade é que, pouco importa quão persuasiva tenha sido a pressão psicológica sobre a demandante para que mantivesse a criança, a oportunidade de escolha foi real, em minha opinião, e a escolha foi feita voluntariamente. Essa escolha foi a causa, em minha opinião, dos custos subsequentes de prover a criança", *CES and another v. Superclinics (Australia) Pty Limited and others*, cit.

[145] DOBBS, Dan. *The law of torts*, op. cit., p. 510.

[146] DEAKIN, Simon; JOHNSTON, Angus; MARKENSINIS, Basil. *Markensinis and Deakin's tort law*, op. cit., p. 812.

[147] A regra das consequências evitáveis está inserida no *Restatement (second) of Tort* § 918 e no *Restatement (second) of Contracts* § 350. Também há menção na Lei Uniforme sobre a Venda Internacional de Mercadorias (art. 88), Convenção Internacional de Viena sobre venda internacional de mercadorias (art. 77), ratificada pelo Brasil em 2012, no Draft Common Frame of Reference (III – 3:705) e mesmo em normas de países de tradição Romano-Germânica, como o Código Civil italiano (art. 1.227).

[148] No Brasil, cf. ZANETTI, Cristiano de Sousa. A mitigação do dano e alocação da responsabilidade. *Revista brasileira de arbitragem*, n. 35, 2008, p. 29; FRADERA, Véra Maria Jacob de. Pode o credor ser instado a diminuir o próprio prejuízo? *Revista trimestral de direito civil*, v. 19, 2004, p. 109; DIAS, Daniel Pires Novais. O duty to mitigate the loss no direito civil brasileiro e o encargo de evitar o próprio dano. *Revista de direito privado*, v. 45, 2011, p. 89; ANDRADE, Fábio Siebeneichler de; RUAS, Celina Diehl. Mitigação de prejuízo no direito brasileiro: entre concretização do princípio da boa-fé e consequência dos pressupostos da responsabilidade contratual. *Revista de direito civil contemporâneo*, v. 7, 2016, p. 119.

[149] Em diversos precedentes, o STJ supostamente recorreu ao "dever de mitigar", ressaltando a origem anglo-saxã do instituto (cf. REsp 1.401.233/RS, 3ª Turma, 17.11.2015; REsp 1.216.853/PR, 4ª Turma, 05.11.2015; REsp 1.325.862/PR, 4ª Turma, 05.09.2013; REsp 758.518/PR, 3ª Turma, 17/06/2010). Porém, a referência é bastante equivocada. O uso do "dever de mitigar" feito pela corte brasileira não guarda qualquer relação com sentido ostentado por essa regra no direito estrangeiro. Ver, especialmente: HC 171.753/GO, 6ª Turma, 04.04.2013.

[150] ATIYAH, Patrick; SMITH, Stephen. *Atiyah's introduction to the law of contracts*. 6. ed. Oxford: Oxford University Press, 2005, p. 420.

um ônus se não empregar as medidas de contenção, pois não terá direito à reparação de todos os danos que experimentou.

Alguns autores sustentam que a tese do "dever de mitigar o próprio dano" deveria ser aplicada à responsabilidade pela falha de métodos contraceptivos[151]. Nos casos em que as vítimas pleiteiam indenização pelos ônus decorrentes da parentalidade, caberia a elas demonstrar o motivo pelo qual não colocaram o filho à adoção ou recorreram a um aborto, quando juridicamente possível. A depender das peculiaridades da própria vítima – notadamente, suas crenças religiosas e concepções de vida – os tribunais poderiam chegar à conclusão que era razoável esperar que ela recorresse a essas medidas para minimizar seus próprios danos[152]. Com isso, os responsáveis pela falha do contraceptivo não teriam de arcar com os danos que seriam evitados com o aborto ou com a adoção, o que inclui os gastos com o sustento da criança e demais repercussões sociais.

331. Tanto a tese da quebra do nexo causal, quanto a da mitigação[153], nos parecem inaceitáveis. Em primeiro lugar porque violam a dignidade e a autonomia dos genitores. O ato de entregar um filho à adoção – ou de realizar um aborto voluntário, nos países que o admitem – é uma faculdade reconhecida aos pais, por considerações humanitárias. Porém, a lei jamais pretendeu que eles fossem de algum modo constrangidos a adotar essas

---

[151] BLOCK, Norman. *Wrongful birth: the avoidance of consequences doctrine in mitigation of damages*, op. cit., p. 1107; MURTAUGH, Michael. *Wrongful birth: the courts' dilemma in determining a remedy for a 'blessed event'*, op. cit., p. 288-294. Para uma crítica a esse entendimento, PRIAULX, Nicolette. *The harm paradox: tort law and the unwanted child in an era of choice*, op. cit., p. 85-110.

[152] É o que defende Michel MURTAUGH: "Pode-se argumentar que, conquanto o aborto ou a adoção possa ser uma conduta não razoável para muitos pais, como uma questão de fato, elas não devem ser consideradas não razoáveis, como uma questão de direito, para todos os pais. Assim, tendo em vista que a decisão de ter um aborto é um direito legalmente reconhecimento, e que o demandante deve tomar a vítima tal como a encontrou, o julgador nos casos de *wrongful birth* deve ter a possibilidade de analisar caso a caso o que há de ser considerado uma conduta razoável no que diz respeito à mitigação do prejuízo. Se o demandante não conseguir justificar sua falha em mitigar os danos, a corte reduziria a reparação" (*Wrongful birth: the courts' dilemma in determining a remedy for a 'blessed event'*, op. cit., p. 293).

[153] Há, ainda, uma terceira variante desse argumento, levantada por Andrea FERRARIO (*Il danno da nascita indesiderata*, op. cit., cap. 2, n° 6), que sugere que a opção dos pais de não realizar um aborto poderia ser considerada como uma hipótese de 'culpa concorrente' da vítima. Contudo, é difícil enxergar de que forma o ato de não interromper uma gestação poderia se enquadrar na definição de 'culpa', em qualquer de suas modalidades.

medidas extremas[154]. Ora, ainda que não imponham um verdadeiro dever, as duas teses acabam por induzir os pais a aceitar a adoção ou o aborto, ao determinarem que essa seria a conduta esperada do ponto de vista jurídico, privando-os de reparação integral caso não a acatem[155].

Eis, então, o paradoxo dessa argumentação, que termina por colocar de ponta cabeça as discussões éticas em torno do nascimento. Se a entrega de um filho à adoção sempre foi vista como um ato de moralidade duvidosa, e se a legitimidade do aborto continua a ser questionada, mesmo nos países que o legalizaram, é no mínimo espantoso que, para as vítimas de contraceptivos defeituosos, esses atos devam se tornar obrigatórios – e que os pais tenham decidido rejeitar o aborto ou a adoção sejam considerados desonestos ou altamente suspeitos, a ponto de terem de provar, em juízo, a sinceridade de sua escolha. Do que resulta uma espécie para discriminação para com essas vítimas, que passariam a ter um direito de escolha reduzido, se comparados a qualquer outra pessoa comum.

332. Em segundo lugar, porque tanto o aborto, quanto a colocação do filho à adoção não são decisões anódinas e podem implicar um peso psicológico enorme para os pais. Na verdade, autores que defendem que o aborto ou adoção sejam considerados medidas razoáveis partem do pressuposto que, uma vez que o nascimento é indesejado, os pais poderiam se desfazer de seu filho sem maiores implicações pessoais; uma afirmação absolutamente falsa. Além das convicções religiosas ou filosóficas que podem levá-los a rejeitar de plano essas duas medidas, a concepção de um filho é capaz de provocar fortes sentimentos de responsabilidade em seus genitores[156], de sorte que seria desonesto – ou mesmo, desumano[157] – supor que eles poderiam facilmente rejeitar a criança simplesmente porque ela não fora planejada. Entregar o filho à adoção ou abortar são decisões delicadas, que envolvem sentimentos

---

[154] PRIAULX,. *The harm paradox: tort law and the unwanted child in an era of choice*, op. cit., p. 94-100; HOLANDA, Caroline Sátiro de. *A gravidez indevida e o consequente nascimento de uma criança podem ser considerados um dano?*, op. cit.

[155] MARKENSINIS, DEAKINS e JOHNSTON chamam de "sugestão horrível" a proposta de que as vítimas de contraceptivos defeituosos teriam de oferecer o filho à adoção, sob pena de não receberem reparação integral (*Markensinis and Deakin's tort law*, op. cit., p. 304, nota 339). Ao comentar essa mesma tese, adotada por alguns tribunais, Rafael Peteffi da SILVA qualifica-a de "cruel fundamento" (*Responsabilidade civil pelo nascimento de filhos indesejados: comparação jurídica e recentes desenvolvimentos jurisprudenciais*, op. cit., p. 385). A ideia é, de fato, repulsiva.

[156] HOLANDA, Caroline Sátiro de. *A gravidez indevida e o consequente nascimento de uma criança podem ser considerados um dano?*, op. cit.

[157] DEAKIN, Simon; JOHNSTON, Angus; MARKENSINIS, Basil. *Markensinis and Deakin's tort law*, op. cit., p. 812; DOBBS, Dan. *The law of torts*, op. cit. p. 800.

e percepções pessoais sobre a gravidez e a parentalidade, os quais devem ser respeitados. Não é possível "normalizar" esse tipo de escolha.

Especificamente quanto à regra da mitigação, cabe ressaltar que ela tem uma importante restrição: entre as possíveis medidas para redução do dano, somente podem ser exigidos da vítima "os esforços e gastos razoáveis"[158], ou seja, aqueles que seriam incorridos por uma pessoa prudente colocada nas mesmas condições. É evidente que o aborto ou a adoção não se adequam a esse requisito[159]. Não se pode considerar que seria razoável que um indivíduo tomasse uma decisão que, potencialmente, poderia de provocar sérias consequências psicológicas graves sobre si mesmo[160].

333. Em terceiro lugar, porque a aplicação dessas teses conduziria a resultados moralmente insustentáveis. O responsável pela falha do contraceptivo, que já compeliu os pais a conceberem um filho contra a sua vontade, não está em posição de exigir que eles então abortem a criança ou a entreguem à adoção, desrespeitando sua vontade pela segunda vez[161].

A tese de que os danos relativos aos custos de sustento da criança foram causados pelas próprias vítimas conduz a uma completa inversão de valores. A conduta reprovável juridicamente não seria tanto a dos fabricantes de contraceptivos defeituosos ou dos médicos negligentes, mas sim a atitude dos pais que, corajosamente, optaram por acolher o filho, mesmo tendo sido vítimas da falha do contraceptivo[162].

---

[158] Cf. Restatement (second) of Tort § 918.
[159] HOLANDA, Caroline Sátiro de. *A gravidez indevida e o consequente nascimento de uma criança podem ser considerados um dano?*, op. cit.
[160] Como forma de evitar esse argumento, o Código Civil de Califórnia contém um dispositivo – § 43.6 (a) – que expressamente determina que a recusa dos pais em realizar um aborto não pode ser utilizada contra eles em juízo, especialmente para impedir ou diminuir indenizações às quais eles façam jus. A Corte de Apelação daquele estado também já assentou que, nos casos de *wrongful birth*, a mãe não pode ser obrigada, com base na doutrina da mitigação, "a se submeter a um aborto ou colocar a criança indesejada para adoção". *Morris v. Frudenfeld* 135 Cal. Ap. 3d 23, 31 (1982).
[161] DOBBS, Dan. *Idem*, p. 801.
[162] As cortes superiores do Reino Unido, por mais de uma vez, adotaram fundamentações semelhantes para rejeitar a aplicação do "dever de mitigar os próprios danos" nos casos de responsabilidade pelo nascimento indesejado: *Emeh v. Kensington, Chelsea and Westminster Area Health Authority* [1985] QB 1012; *McFarlane v. Tayside Health Board* [2000] 2 AC 599; e *Parkinson v. St. James & Seacroft University Hospital N.H.S. Trust* [2001] EWCA Civ 530.

2

O NASCIMENTO INDESEJADO: A REPARAÇÃO INTEGRAL

334. Um dos princípios de maior importância na responsabilidade civil contemporânea é o chamado "princípio da reparação integral dos danos". Reparar é o ato de conceder à vítima de um evento danoso uma prestação, pecuniária ou *in natura*, equivalente às lesões que experimentou. O princípio da reparação integral é apenas uma decorrência lógica dessa ideia: ele significa que deve haver correspondência entre o dano e a sua reparação; entre os interesses da vítima que foram atingidos e a compensação que lhe é devida[1].

O princípio da reparação integral tem dois corolários, explicitados pela doutrina francesa com a afirmação de que a reparação deve abranger "todo o dano e nada além do dano" (*tout le dommage et rien que le dommage*)[2]. Em primeiro lugar, a reparação integral atua como limite ao valor da indenização, que não pode ultrapassar o montante da lesão, patrimonial ou extrapatrimonial, experimentada pela demandante. O propósito é evitar que a responsabilidade sirva de pretexto para o seu enriquecimento.

335. A segunda e mais importante implicação da reparação integral está na garantia de indenização que oferece à vítima. O princípio significa que todas as consequências negativas sofridas por ela devem ser objeto de compensação. A reparação não pode abarcar apenas parte dos interesses lesados.

Essa prerrogativa de indenização trazida pelo princípio da reparação integral está intimamente ligada à função reparatória da responsabilidade civil. Ainda que a responsabilidade civil cumpra, hoje, uma série de finali-

---

[1] VINEY, Geneviève; JOURDAIN, Patrice. *Les effets de la responsabilité*. 3. ed. Paris: LGDJ, 2011, p. 154-156, n° 57.
[2] VINEY, Geneviève; JOURDAIN, Patrice. *Les effets de la responsabilité*, op. cit., p. 156, n° 57.

dades – como a de punir o transgressor[3], de fazer cessar uma conduta ilícita[4] ou, até mesmo, de prevenir e precaver a ocorrência de danos[5] – sua função primordial continua a ser a reparação de danos[6]. A principal finalidade da responsabilidade civil é a de proteger as vítimas de acidentes, compensando--as, por meio da concessão de prestações equivalentes aos seus interesses atingidos. Trata-se, como visto, de uma forma como o Direito protege *a posteriori* interesses individuais ofendidos.

Para que essa missão seja cumprida satisfatoriamente, é preciso que a reparação leve em conta todas as repercussões do evento experimentadas pelo indivíduo. A reparação integral é, assim, uma diretriz para que o ordenamento procure, ao máximo, neutralizar os efeitos negativos de um evento danoso e recoloque a vítima na situação mais próxima daquela em que ela se encontraria, caso esse acidente não tivesse ocorrido[7].

336. O princípio da reparação integral é aplicável a todo o campo da responsabilidade civil por força do art. 944 do Código Civil, o qual postula que "a indenização mede-se pela extensão do dano". E, ainda, em razão do art. 186 do Código, que expressamente engloba, na noção de ato ilícito, a lesão a qualquer tipo de interesse da vítima, "ainda que exclusivamente moral".

---

[3] CARVAL, Suzanne. *La responsabilité civile dans sa fonction de peine privée*. Paris: LGDJ, 1995; HIGA, Flávio da Costa. *Responsabilidade civil punitiva*: os 'punitive damages' no direito brasileiro. Rio de Janeiro: Lumen Juris, 2016.

[4] VINEY, Geneviève; JOURDAIN, Patrice. *Les effets de la responsabilité*, op. cit., p. 39-42, n° 2.

[5] Teresa Ancona LOPEZ distingue as funções de precaução e prevenção exercidas pela responsabilidade civil: "tanto a precaução quanto a prevenção constituem medidas antecipatórias que tentam evitar o dano [...] A diferença entre elas vem da diferença entre risco potencial e risco provado. A precaução diz respeito aos riscos-potenciais, como, por exemplo, à saúde com o consumo de alimentos geneticamente modificados; a prevenção a riscos constatados, como aqueles que vêm das instalações nucleares. Esses últimos são conhecidos e provados" (*Princípio da precaução e evolução da responsabilidade civil*, op. cit., p. 96-103).

[6] VINEY, Geneviève; JOURDAIN, Patrice. *Les effets de la responsabilité*, op. cit., p. 1-3, n° 2; LOPEZ, Teresa Ancona. *Princípio da precaução e evolução da responsabilidade civil*, op. cit., p. 76-77.

[7] SANSEVERINO, Paulo de Tarso Vieira. *Princípio da reparação integral: indenização no Código Civil*, op. cit., p. 34; VINEY, Geneviève; JOURDAIN, Patrice. *Les effets de la responsabilité*, op. cit., p. 155, n° 57. Cf. o art. 1258 do projeto francês de reforma do direito da responsabilidade: "a reparação tem por objeto recolocar a vítima o tanto quanto possível na situação em que ela se encontraria se o fato danoso não tivesse ocorrido. Não devem resultar para ela nem perdas nem ganhos". Esse texto foi claramente influenciado pelo art. 1370 do *Projet catala*.

A reparação integral também encontra fundamento no Código de Defesa do Consumidor, que concedeu ainda mais respaldo ao preceito e o elevou à categoria de "direito básico do consumidor"[8]. No mais, enquanto o Código Civil prevê exceções à reparação integral e admite que, em algumas situações, o valor da indenização possa ser inferior aos prejuízos experimentados pela vítima[9], o Código do Consumidor não contém ressalvas semelhantes. Ao contrário, o diploma consumerista proíbe as cláusulas contratuais de exclusão ou mesmo de atenuação da responsabilidade do fornecedor[10] e deixa claro que, nas relações de consumo, o princípio de reparação integral não admite restrições[11].

337. O princípio da reparação integral é especialmente protegido no caso de lesão à saúde, que representa uma das causas mais antigas nas quais o ordenamento brasileiro se preocupa com a completa indenização dos prejuízos, materiais e morais, sofridos pelas vítimas. O Código Civil de 1916, por exemplo, já previa em seu art. 1.538 que, nas hipóteses de "ofensa à saúde", a indenização abarcaria tanto as despesas com o tratamento, quanto os lucros cessantes experimentados pelo ofendido. Além disso, o dispositivo acrescentava que o responsável também estaria obrigado a pagar à vítima uma importância equivalente "à multa no grão médio da pena criminal correspondente". Isso fazia que a reparação extrapolasse a esfera dos danos patrimoniais comprovados, evidenciando a preocupação do legislador com a ampla reparação das lesões à saúde. Para muitos, tratava-se de uma hipótese excepcional em que aquele Código admitia a reparação dos danos morais[12] cumulada com danos patrimoniais[13] – algo de muita importância no curso do século passado, tendo em vista que, de acordo com a jurisprudência então dominante, os danos morais não seriam indenizáveis, salvo em hipóteses taxativamente previstas na legislação[14].

---

[8] Art. 6º, VI, do CDC.
[9] Cf. arts. 928, 944, parágrafo único; e 945 do CC/02.
[10] Arts. 24, 25 e 51, I, do CDC.
[11] MIRAGEM, Bruno. *Curso de direito do consumidor*, op. cit., p. 214.
[12] CAHALI, Yussef Said. *Dano moral*, op. cit., p. 195-201; DIAS, José de Aguiar. *Da responsabilidade civil*, v. 2, op. cit., p. 743; SILVA, Wilson Melo da. *O dano moral e sua reparação*, op. cit., p. 490; BEVILÁQUA, Clóvis. *Código Civil dos Estados Unidos do Brasil*. Ed. histórica. Rio de Janeiro: Rio, 1977, v. 2, p. 691; Contra: Agostinho ALVIM, para quem o art. 1538 do CC/2016 representaria uma hipótese de dano patrimonial presumido pelo legislador, *Da inexecução das obrigações e suas consequências*, op. cit., p. 244-245, nº 160.
[13] STF, Rext 111.223/RJ, 2ª Turma, 13.02.1987.
[14] STF, Rext 83.978/RJ, 1ª Turma, 03.06.1980; Rext 84.718/PR, Plenário, 26.10.1977. V. contudo: Emb Rext 64.771/GB, Plenário, 29.10.1970; 59.111/CE, 1ª Turma, 15.05.1967.

Mas, mesmo antes da promulgação do Código de 1916, a preocupação com as lesões à saúde já havia se incorporado à tradição jurídica nacional. Vale notar que o tratamento pormenorizado das lesões à saúde, focado na ampla reparação, foi uma constante durante todo o processo de codificação do Direito Civil brasileiro e esteve presente no Esboço de Teixeira de Freitas[15], bem como nos projetos de Felício dos Santos[16] e de Coelho Rodrigues[17].

338. Na legislação atual, a regra da reparação integral dos danos à saúde encontra lugar no art. 949 do Código Civil de 2002, que substituiu mencionado art. 1.538 do diploma de 1916: "No caso de lesão ou outra ofensa à saúde, o ofensor indenizará o ofendido das despesas do tratamento e dos lucros cessantes até ao fim da convalescença, além de algum outro prejuízo que o ofendido prove haver sofrido". Mais uma vez, o dispositivo deixa claro, em sua parte final, que a indenização das lesões à saúde deve ser a mais abrangente possível[18].

339. Essa ligação umbilical entre o princípio da reparação integral e as lesões à saúde é especialmente relevante para os casos de violação dos direitos reprodutivos. Como visto, uma das principais consequências da Lei nº 9.263/1996 foi a inclusão da autonomia reprodutiva como um elemento do direito individual à saúde, mais especificamente, da "saúde reprodutiva". Isso significa que toda lesão à autonomia reprodutiva deve ser considerada como um dano à saúde e que, portanto, está acobertada pelo regramento reforçado de indenização.

A questão é facilmente visualizada nas hipóteses em que a vítima tem sua capacidade reprodutiva injustamente comprometida pela conduta alheia. Um caso bastante ilustrativo refere-se à realização, no decorrer de um parto cesariano, da laqueadura das trompas da parturiente, sem o seu consentimento prévio e expresso[19]. Os tribunais estaduais são unânimes em reconhecer

---

[15] Art. 3.644.
[16] Arts. 627 a 630.
[17] Arts. 1.221 a 1.223.
[18] STOCO, Rui. *Tratado de responsabilidade civil*, op. cit., p. 1700; SANSEVERINO, Paulo de Tarso Vieira. *Princípio da reparação integral: indenização no Código Civil*, op. cit., p. 206.
[19] Um caso peculiar apreciado pelo Tribunal de Justiça de São Paulo referia-se à responsabilidade de um hospital pelo descarte indevido de dois embriões congelados. Após o sucesso do primeiro implante, o casal pretendia implantar os embriões excedentários, para tentar dar à luz a um segundo filho. Foram então surpreendidos pela notícia de que houve o descarte dos referidos embriões, sem sua autorização. A Corte entendeu pela responsabilidade da instituição hospitalar: TJSP, Apel 0212660-67.2008.8.26.0000, 3ª C.Pub., 07.08.2012.

que a mulher[20], vítima desse tipo de arbitrariedade, faz jus à compensação tantos dos danos morais[21], quanto dos materiais, especialmente dos custos de realização de uma operação para reverter a laqueadura[22].

340. Ora, a mesma solução se impõe nas hipóteses em que a violação dos direitos reprodutivos ocorre no sentido oposto, vale dizer, quando ela consiste na concepção não desejada pelos genitores, decorrente da falha do método contraceptivo empregado por eles[23]. Todas as repercussões dessa lesão também devem ser integralmente compensadas.

Essa diretriz tem sido seguida pelos tribunais brasileiros que, em geral, concedem ampla reparação aos pais (Seção 1). Seria possível admitir que os filhos, nascidos em razão da falha do método contraceptivo, também sofreram prejuízos reparáveis, por serem vítimas indiretas do evento? Duvidamos que essa solução seja aceitável (Seção 2).

Seção 1 – A reparação integral dos danos experimentados pelos pais

341. O nascimento indesejado é um evento que traz consequências importantes para a vida de ambos os pais, de modo que os dois ostentam, em princípio, legitimidade para pleitear reparação dos danos que experimentaram. Quanto a esse aspecto, uma dificuldade técnica pode emergir no que diz respeito ao princípio da relatividade dos contratos. Normalmente, o método contraceptivo é obtido por meio de um contrato celebrado por apenas um dos genitores, tal como ocorre, por exemplo, com as cirurgias de esterilização ou com os dispositivos intrauterinos. Em caso de falha do método, o outro genitor se encontraria numa posição vulnerável: por não ser parte do contrato inadimplido, ele careceria de fundamento para exigir reparação em face do responsável.

---

[20] Cf. também a demanda incomum, apreciada pelo STJ, relativa a uma vasectomia não autorizada, realizada por engano quando o paciente pretendia se submeter a uma operação de retirada de fimose: STJ, REsp 1.733.387/SP, 3ª Turma, 15.05.2018. Para um caso muito semelhante, em que o paciente deveria ter sido submetido a uma cirurgia para correção de varicoceles: TJSP, Apel 0040660-73.2009.8.26.0114, 1ª C.Priv., 05.02.2013.
[21] Cf. *supra*, n° 257 e notas.
[22] TJRS, Apel 70002965127, 9ª C.Civ., 16.12.2010; TJRJ, Apel 2005.001.36227, 18ª C.Civ., 20.12.2005; TJMG, Apel 1.0362.03.025921-6/001, 9ª C.Civ., 02.12.2008.
[23] TJSP, Apel 443.672-4/1-00, 9ª C.Priv., 27.03.2007; Apel 292.952-4/5-00, 9ª C.Priv., 21.02.2006.

Na Itália[24] e na Alemanha[25], os tribunais resolveram esse impasse ao declararem que os contratos de fornecimento de métodos contraceptivos possuem eficácia protetiva com relação a terceiros, em especial, com relação ao outro cônjuge[26]. Essa qualificação é bastante convincente: a liberdade sexual e reprodutiva é um direito individual, mas cujo exercício sempre envolve duas pessoas. Logo, é razoável presumir que um contrato celebrado por uma delas para prestação de serviços de contracepção é, na verdade, uma medida voltada para a satisfação dos interesses de ambas.

No Brasil, o tema ainda não levantou maiores questionamentos. O problema talvez tenha, aqui, uma solução mais elementar: como virtualmente todo serviço ou produto contraceptivo é oferecido em meio a uma relação que, nos termos da legislação nacional, é qualificável como "de consumo", a vítima que não é parte do contrato pode se valer da regra de equiparação prevista no art. 17 do Código do Consumidor.

342. Em todo caso, é preciso reconhecer que são várias as espécies de prejuízos decorrentes do nascimento indesejado[27]. A primeiro e mais evidente são os custos financeiros inerentes à paternidade. Esses gastos se iniciam mesmo antes do nascimento, com despesas com a gestação e com o parto, e se estenderão durante anos, pois competirá aos pais arcarem com sustento do filho até que ele atinja a idade de independência financeira. De outro lado, há igualmente as repercussões extrapatrimoniais do nascimento indesejado. O evento representa, em si, uma violação da esfera de interesses imateriais e terá grandes impactos no campo pessoal, profissional e nos projetos de vida dos envolvidos.

---

[24] Cass. Civ., sez. III, 10 maio 2002, n° 6735; Cass. Civ., sez. III, 29 julho 2004, n° 14488; Cass. Civ., sez. III, 4 jan. 2010, n° 13.

[25] BGHZ 86, 240, JZ 1983 447 (18.01.1983) – traduzido em MARKENSINIS, Basil; UNBERATH, Hannes. *The german law of torts*: a comparative treatise. 4. ed. Oxford: Hart Publishing, 2002, p. 156-163.

[26] Os tribunais discutem também se esse a eficácia protetiva do contrato abarcaria, além do outro cônjuge, a própria criança nascida em razão da falha da prestação do serviço contraceptivo ou abortivo. Cf. BGHZ 86, 240, cit.; Cass. Civ., sez. III, 11 maio 2009, n° 10741; Cass. Civ., sez. III, 3 maio 2011, n° 9700; Cass. Civ., sez. III, 2 out. 2012, n° 16754; Cass. Civ., sez. uni., 22 dez. 2015, n° 25767. Cf. também: FERRARIO, Andrea. *Il danno da nascita indesiderata*, op. cit., cap. 1, n° 2.1. Para discussão semelhante em Portugal: Supr. Trib. Just., 17 jan. 2013, proc. 9434/06.6TBMTS.P1.S1; MONTEIRO, António PINTO. *Direito a não-nascer?*, op. cit., p. 329.

[27] Para um rol bastante extenso de prejuízos já reconhecidos pela jurisprudência americana nos casos de *wrongful conception*, cf. DOBBS, Dan. *The law of torts*, op. cit., p. 796-798.

Convém, assim, analisar os danos experimentados pelo casal a partir da tradicional classificação que os divide em danos patrimoniais (§ 1º) e extrapatrimoniais (§ 2º).

§ 1 – Os danos patrimoniais

343. A análise da jurisprudência brasileira sobre a falha de métodos contraceptivos revela que uma série de prejuízos patrimoniais já foram reconhecidos em nossos tribunais. Eles podem ser classificados em duas grandes categorias: as despesas fixas decorrentes do nascimento indesejado (A) e as despesas contínuas com o sustento da criança (B).

A – As despesas fixas decorrentes do nascimento

344. Dentro dos gastos fixos decorrentes do nascimento indesejado, incluem-se, principalmente, as despesas médicas incorridas pelos pais em razão do nascimento. De um modo geral, elas abrangem os exames pré-natais, os cuidados com a saúde da gestante e os gastos médicos com o parto propriamente dito[28]. No que se refere especificamente aos casos de laqueaduras e vasectomias mal realizadas, os tribunais comumente reconhecem que as vítimas têm direito à devolução dos honorários médicos e demais valores que pagaram para a realização da cirurgia que se revelou desastrosa[29].

Também devem ser computados entre os danos os lucros cessantes experimentados pela mãe, durante tempo que deixou de trabalhar em razão da maternidade. Contudo, as decisões que reconhecem a reparação dessa espécie de prejuízo são bastante raras[30]. Em geral, a indenização é concedida apenas a mulheres que, por serem trabalhadoras autônomas[31] ou mesmo desempregadas[32], não são afiliadas ao regime da seguridade social e, portanto, não se beneficiam da licença-maternidade[33].

---

[28] TJPR, Apel 422.788-1, 8ª C.Civ., 13.03.2008; TJSP, Apel 9066049-55.2009.8.26.0000, 4ª C.Priv., 16.08.2012; Apel 9069603-66.2007.8.26.0000, 9ª C.Priv., 22.05.2012; Apel 0121195-74.2008.8.26.0000, 9ª C.Priv., 08.05.2012; Apel 381.698-4/9-00, 3ª C.Priv., 17.10.2006; TJRS, Apel 70037335544, 9ª C.Civ., 01.12.2010.
[29] TJRS, Apel 70030534895, 10ª C.Civ., 24.06.2010; TJRJ, Apel 2005.001.4438, 15ª C.Civ., 14.01.2005; Apel 2001.001.09661, 3ª C.Civ., 27.08.2001.
[30] TJRS, Apel 70074252180, 9ª C.Civ., 30.08.2017.
[31] TJSP, Apel 9122185-43.2007.8.26.0000, 9ª C.Pub., 27.04.2011; TJRS, Apel 70034402461, 5ª C.Civ., 28.05.2010.
[32] TJSP, Apel 292.952-4/5-00, 9ª C.Priv., 21.02.2006.
[33] TJRJ, Apel 0019199-91.2010.8.19.0021, 4ª C.Civ., 23.01.2013.

345. Outro gasto fixo cuja reparação é admitida pelas cortes diz respeito às despesas para a constituição de um enxoval[34] para suprir as necessidades básicas do bebê[35]. Todavia, alguns tribunais têm se mostrado bastante reticentes com esse tipo de prejuízo e recusam sua reparação sob o argumento de que os pais não fizeram prova dos gastos incorridos com o alegado enxoval[36].

A restrição nos parece bastante criticável. Condicionar a reparação desses gastos à apresentação de todos os recibos é uma medida, a um só tempo, desnecessária e severa. Desnecessária pois é de conhecimento geral que o nascimento de um filho exige a aquisição de roupas e objetos de alimentação e higiene indispensáveis às primeiras etapas de vida da criança. Não parece razoável exigir, como condição à reparação, que os pais guardem todos os comprovantes dos gastos que incorreram, ainda mais se levarmos em conta que a aquisição do enxoval é normalmente feita de forma segmentada, por meio de inúmeras compras de pequeno valor. E severa na medida em que priva as famílias de baixa renda do direito à aquisição de um enxoval. Um conjunto de itens básicos de saúde e higiene é algo indispensável para garantir que a criança receba um tratamento digno em seus primeiros anos de vida. Ocorre que muitos casais mais pobres não conseguem comprar um enxoval adequado para seu filho justamente porque não têm condições financeiras para tanto. Ao exigirem que os pais façam prova da prévia aquisição do enxoval, os magistrados terminam por incorrer em um perverso raciocínio circular, que torna a indenização impossível: os pais que não têm condições de adquirir um enxoval necessário para os cuidados da criança só poderão exigir que o responsável arque com esses itens se comprovarem que adquiriram o tal enxoval...

346. A exigência da prévia aquisição do enxoval decorre de uma falha quanto à identificação do prejuízo reparável. O pedido reparatório não se confunde com "um pedido de reembolso", logo, para que um dano esteja configurado, não é necessário a vítima tenha arcado previamente com o prejuízo às próprias expensas. Assim, uma vez que se sabe que o nascimento exige a

---

[34] TJSP, Apel 9069603-66.2007.8.26.0000, 9ª C.Priv., 22.05.2012; Apel 0121195-74.2008.8.26.0000, 9ª C.Priv., 08.05.2012; AI 524.395-4/7-00, 4ª C.Priv., 27.09.2007; Apel 269.592.4/8, 9ª C.Priv., 05.08.2003; TJRS, Apel 70042877050, 5ª C.Civ. 29.02.2012.

[35] Cf. também: TJSP, Apel 13.2007.8.26.0000, 9ª C.Civ., 22.05.2013 – além do enxoval, a autora requereu que a fabricante do contraceptivo defeituoso fosse condenada a custear a construção de dois cômodos em sua casa, para adaptá-la à chegada da criança. O pedido foi negado.

[36] TJRS, Apel 70041661133, 5ª C.Civ., 20.04.2011; Apel 70003081957, 6ª C.Civ., 28.11.2001; TJMG, Apel 1.0079.08.427567-0/001, 2ª C.Civ., 03.08.2010; TJRJ, Apel 0007762-75.2005.8.19.0038, 6ª C.Civ., 29.09.2012.

compra de itens mínimos, capazes de garantir uma vida digna à criança, a prova desse prejuízo material já está feita. Não faz sentido exigir que os pais tenham comprado esses itens para que tenham direito à reparação. Do mesmo modo, o motorista que teve seu carro atingido em acidente pode exigir que o responsável seja condenado a custear reparo do veículo, mesmo que ele não tenha, ainda, pago pelo conserto.

A solução mais lógica, e que tem sido aplicada por alguns tribunais de segunda instância[37], é que o juiz fixe, em todo caso e independentemente de qualquer outra prova, um valor adequado à aquisição de um enxoval para o bebê, compatível com o padrão de vida dos genitores. Trata-se do mesmo raciocínio que é aplicado pelas cortes no que diz respeito ao direito dos familiares da vítima de um acidente fatal de receberem indenização pelas despesas com o funeral[38]. Conforme já assentou o Superior Tribunal de Justiça, "não se exige a comprovação das despesas com funeral, se o valor arbitrado não for excessivo"[39].

B – As despesas contínuas com o sustento da criança

347. Outro dano material experimentado pelas vítimas de contraceptivos defeituosos diz respeito às despesas com o sustento da criança. Como exposto anteriormente, ainda que alguns tribunais estaduais afastem a reparação desse tipo de prejuízo[40], a jurisprudência majoritária parece pender no outro sentido[41], e reconhece que os pais fazem à uma compensação pecuniária que seja suficiente para cobrir os custos de criação do filho, que incluem educação, alimentação, vestuário, saúde e lazer[42]. Essa indenização é particularmente importante para famílias de baixa renda, que não teriam condições de arcar com essas despesas.

---

[37] TJRJ, Apel 0004926-79.2006.8.19.0011, 6ª C.Civ., 13.07.2013; 0000096-72.2008.8.19.0020, 19ª C.Civ., 01.03.2011; TJSP, Apel 994.02.055162-6, 9ª C.Priv., 04.05.2010; Apel 443.672-4/1-00, 9ª C.Priv., 27.03.2007; Apel 139.785.4/5, 9ª C.Priv., 02.06.2003.

[38] SANSEVERINO, Paulo de Tarso Vieira. *Princípio da reparação integral: indenização no Código Civil*, op. cit., p. 210.

[39] STJ, AgRg no Ag 1.162.578/DF, 4ª Turma, 03.03.2016. Cf. também: EDcl no Ag 1.407.780/RJ, 4ª Turma, 25.09.2012; REsp 865.363/RJ, 4ª Turma, 21.10.2010.

[40] Cf. *supra*, nº 317 e s.

[41] TJPR, Apel 652.523-3, 10ª C.Civ., 15.07.2010; TJGO Rex Nec 53781-60.2007.8.09.0164, 1ª C.Civ., 09.10.2012; TJSP, Apel 9065758-55.2009.8.26.0000, 2ª C.Priv., 17.04.2012; TJMG, Apel 1.0625.04.038154-7/001, 10ª C.Civ., 03.10.2006; TJDF, Apel 20100410078767APC, 6ª T.Civ., 17.11.2010.

[42] TJPR, Apel 933.439-0, 10ª C.Civ., 21.02.2013.

Em razão da natureza continuativa desse tipo de dano, a indenização é concedida aos pais sob a forma de uma pensão mensal. É importante notar, entretanto, que essa é uma prestação periódica de natureza compensatória, decorrente de ato ilícito, e que, como tal, não se confunde com as pensões alimentícias fundadas no Direito de Família[43]. Por essa razão, a ela não se aplicam as regras previstas no Código Civil para as pensões alimentícias familiares[44], como o modo o cálculo baseado no binômio "possibilidade do devedor / necessidade do alimentado", e tampouco é possível rever o valor da pensão em razão de alteração superveniente da situação econômica das partes[45].

348. O montante da pensão deve ser calculado de acordo com o padrão de vida das vítimas atingidas[46], de forma a abranger os gastos de sustento ordinariamente incorridos por famílias daquele mesmo nível de renda[47]. Isso significa que a indenização há de ser maior para famílias mais ricas e menor para as mais pobres, o que se explica em razão do propósito compensatório – e não distributivo – atribuído à responsabilidade civil.

Todavia, o valor da pensão deve ser ao menos suficiente para garantir uma qualidade de vida digna à criança, mesmo que esse montante seja superior àquilo que a família, em razão de suas limitações financeiras, teria condições de proporcionar ao filho. Um dos motivos que levam as pessoas de poucos recursos a adotarem métodos contraceptivos é a percepção de que, em razão de sua difícil situação econômica, elas não seriam capazes de garantir uma vida decente a uma eventual prole. Se, nessas hipóteses, a reparação ficasse circunscrita ao baixo padrão de vida das vítimas, estaríamos submetendo-as

---

[43] STF, Rext 8.388/SP, 2ª Turma, 21.05.1948; Rext RE 96.879/RJ, 1ª Turma, 28.05.1982; STJ, REsp 157.912/RJ, 4ª Turma, 04.08.1998; REsp 45.194/RJ, 3ª Turma, 12.03.1996.

[44] Arts. 1.694 a 1.710 do CC/02.

[45] SANSEVERINO, Paulo de Tarso Vieira. *Princípio da reparação integral: indenização no Código Civil*, op. cit., p. 214; PONTES DE MIRANDA, Francisco Cavalcanti. *Tratado de direito privado*: parte especial – direito das obrigações. 3. ed. São Paulo: RT, 1984, t. 54, p. 284-285, § 5573; CAVALIERI FILHO, Sergio. *Programa de responsabilidade civil*, op. cit., p. 160-161; DIAS, José de Aguiar. *Da responsabilidade civil*, v. 2, op. cit., p. 759-760, nº 230.

[46] TJRS, Apel 70003081957, 6ª C.Civ., 28.11.2001.

[47] Para uma análise inconclusiva sobre se o critério a ser adotado para a quantificação da pensão deveria ser "subjetivo" (de acordo com as condições sociais da família em questão) ou "objetivo" (de acordo com os valores que, em média, as famílias despendem com o sustento de um filho), cf. HOLANDA, Caroline Sátiro de. *A gravidez indevida e o consequente nascimento de uma criança podem ser considerados um dano?*, op. cit.

ao mesmo infortúnio que pretendiam evitar com o emprego do contraceptivo; o que contrariaria o princípio da reparação integral. A indenização dos pais só será verdadeiramente completa se o risco de que seu filho passe por uma situação de penúria for afastado. É talvez por isso que, na maioria dos casos, a pensão concedida pelos tribunais é igual ou superior ao valor do salário mínimo[48].

Além do padrão de vida da família, outros fatores que interferem nos gastos incorridos pelos pais devem ser levados em consideração no momento da determinação do valor da pensão. Assim, por exemplo, a pensão há de ser maior caso o filho seja acometido por doença congênita[49], hipótese em que as despesas com sua saúde e acessibilidade são muito mais elevadas[50]. Igualmente, caso ambos os pais trabalhem, o cálculo da pensão deve levar em conta que eles precisarão contratar um cuidador ou uma creche já nos primeiros anos de vida da criança.

349. Quanto à duração da pensão, a maioria dos tribunais nacionais tende a estabelecer como limite para o pagamento o momento em que o filho atingirá a maioridade civil, aos 18 anos[51], e outras cortes, com menos frequência, fixam o prazo esse prazo aos 21 anos[52].

Há também decisões que determinam que o pagamento da pensão deve se estender até que o filho complete 24 anos de idade, caso ingresse

---

[48] TJRJ, Apel 0000096-72.2008.8.19.0020, 9ª C.Civ., 01.03.2011; TJSP Apel 0008047-33.2002.8.26.0053, 3ª C.Priv., 16.04.2013; Apel 0002029-68.2009.8.26.0176, 8ª C.Pub., 14.11.2012; TJDF, Apel 20100410078767APC, 6ª T.Civ., 17.11.2010; TJPR, Apel 933.439-0, 10ª C.Civ., 21.02.2013; Apel 112.552-2, 4ª C.Civ., 03.04.2002; TJRS, Apel 70003081957, 6ª C.Civ., 28.11.2001.

[49] DOBBS, Dan. *The law of torts*, op. cit., p. 797-798.

[50] TJSP, Apel 381.698-4/9-00, 3ª C.Priv., 17.10.2006; Apel 421. 677-4/3, 7ª C.Priv., 10.05.2006.

[51] TJRJ, Apel 0005964-91.2006.8.19.0055, 2ª C.Civ., 12.06.2013; Apel 0004552-29.2005.8.19.0066, 3ª C.Civ., 15.03.2012; Apel 2009.001.01010, 19ª C.Civ., 07.04.2009; TJSP, Apel 0002029-68.2009.8.26.0176, 8ª. C.Pub., 14.11.2012; Apel 0006174-51.2009.8.26.0441, 1ª C.Pub., 21.08.2012; Apel 0123485-62.2008.8.26.0000, 4ª C.Priv., 06.10.2011; TJMG, Apel 1.0079.08.427567-0/001, 2ª C.Civ., 03.08.2010; TJPR, Apel 422.788-1, 8ª C.Civ., 13.03.2008.

[52] TJSP, Apel 0008047-33.2002.8.26.0053, 3ª C.Pub. 16.04.2013; Apel 381.698-4/9-00, 3ª C.Priv., 17.10.2006; TJDF, Apel 20100410078767APC, 6ª T.Civ., 17.11.2010; TJMG, Apel 1.0572.03.002488-7/001, 15ª C.Civ., 20.04.2006; TJPR, Apel 112.552-2, 4ª C.Civ., 03.04.2002.

no ensino superior[53]. Trata-se uma aplicação analógica da legislação tributária[54], e que também é utilizada para determinar a duração da pensão alimentícia a ser paga pelos pais em favor de seus filhos[55]; ou da pensão compensatória devida pelo responsável pela morte de um indivíduo aos filhos da vítima que dela dependiam[56]. Essa posição é mais consentânea realidade brasileira atual e com a efetiva reparação dos danos experimentados pelas vítimas de contraceptivos defeituosos. É natural que a situação de dependência econômica do filho perdure durante seus anos de estudos universitários, o que, por consequência amplia as despesas dos pais com seu sustento.

Outro elemento que justifica a ampliação do período de pagamento de pensão é a hipótese em que o filho, nascido em razão da falha do contraceptivo, sofra de doença congênita que o impeça de alcançar plena autonomia financeira. Nessa situação, tanto o direito de família[57], quanto o direito previdenciário[58] ou tributário[59], admitem que a situação de dependência do filho em relação aos seus pais não se extingue com a maioridade, cabendo aos genitores o dever de prover, ao longo de toda a sua vida, os alimentos necessários ao filho com deficiência. Consequentemente, a pensão compensatória há de ser concedida aos pais sem prazo determinado. Nesse caso, o dever de pagar a indenização periódica cessará com a morte do filho – porquanto

---

[53] TJPR, Apel 933.439-0, 10ª C.Civ., 21.02.2013; Apel 652.523-3, 10ª C.Civ., 15.07.2010; TJGO, Rex Nec 53781-60.2007.8.09.0164, 1ª C.Civ., 09.10.2012; Rex Nec 232180-48.2006.8.09.0164, 2ª C.Civ., 12.08.2012; TJRJ, Apel 0000096-72.2008.8.19.0020, 19ª C.Civ., 01.03.2011; TJMG, Apel 1.0625.04.038154-7/001, 10ª C.Civ., 03.10.2006; TJSP, 9065758-55.2009.8.26.0000, 2ª C.Priv., 17.04.2012; Apel 9215490-18.2006.8.26.0000, 9ª C.Priv., 17.01.2012; Apel 992.06.064627-5, 1ª C.Priv., 17.08.2010; Apel 494.864-4/6-00, 5ª C.Priv., 18.11.2009.

[54] Lei 9.250/95, art. 35, § 1º, que permite que sejam considerados dependentes para fins de imposto de renda os filhos "maiores até 24 anos de idade, se ainda estiverem cursando estabelecimento de ensino superior ou escola técnica de segundo grau".

[55] STJ, AgRg no Ag 655.104/SP, 3ª Turma, 28.06.2005. Cf. também: LÔBO, Paulo. *Direito civil*: famílias. 4. ed. São Paulo: Saraiva, 2011, p. 381; TARTUCE, Flávio. *Direito civil*: direito de família. 12. ed. São Paulo: Método, 2017, p. 597-598.

[56] STJ, REsp 333.462/MG, 4ª Turma, 05.11.2002. Contudo, no que tange às pensões por morte de cunho previdenciário, os tribunais não têm admitido a extensão do benefício em favor do filho em estudos universitários, tendo em vista que, tanto a Lei 8.213/91, quanto a Lei 8.112/90, preveem como beneficiários os filhos de até 21 anos. Cf. STJ, AgInt nos EDcl no AREsp 1.220.599/AM, 1ª Turma, 26.06.2018.

[57] STJ, RO em HC 16.005/SC, 3ª Turma, 01.06.2004.

[58] Lei 8.213/91, art. 16, I. Cf. CAHALI, Yussef Said. *Dos alimentos*. 6. ed. São Paulo: RT, 2009, p. 341-342.

[59] Lei 9.250/95, art. 35, III.

extingue-se, nesse caso, a origem das despesas – ou, então, com a morte de ambos os genitores, ainda que o filho com deficiência sobreviva a eles – pois são os pais, e não o filho, os beneficiários da indenização.

350. O valor fixado na decisão judicial precisa ser periodicamente corrigido, para evitar a perda de seu valor real diante da inflação verificada ao longo dos anos. Por se tratar de pensão indenizatória, a correção tem como base a variação do salário mínimo, conforme antigo entendimento jurisprudencial acerca dos índices de correção monetária aplicáveis às pensões decorrentes de atos ilícitos[60], e que foi incorporado ao novo Código de Processo Civil[61]. O valor da pensão deve ser convertido em salários mínimos e posteriormente corrigido toda vez que houver aumento do salário mínimo nacional[62].

É possível que o responsável pague parte dessa pensão *in natura*, ou seja, por meio de prestações distintas de dinheiro destinadas ao sustento da criança. É o que ocorre, por exemplo, quando o laboratório responsável pela fabricação do contraceptivo defeituoso é condenado a incluir a criança como beneficiária do plano de saúde oferecido aos seus empregados[63].

351. Aplicam-se à prestação periódica concedida aos pais as regras previstas no Código de Processo Civil para as pensões decorrentes de ato ilícito. Por essa razão, é possível determinar que o responsável pelo nascimento indesejado constitua um capital, cuja renda seja apta a garantir o pagamento da pensão devida[64]. Esse entendimento que tem sido seguido por algumas cortes estaduais[65], em especial, pelo Tribunal de Justiça do Paraná[66]. Essa

---

[60] STF, Súmula 490: "A pensão correspondente à indenização oriunda de responsabilidade civil deve ser calculada com base no salário mínimo vigente ao tempo da sentença e ajustar-se-á às variações ulteriores."
[61] Art. 533, § 4º, do CPC/15; art. 475-Q, § 3º do CPC/73.
[62] É possível argumentar que a utilização do salário mínimo como fator de correção viola o art. 7º, IV, da CF/88. Contudo, essa interpretação é rechaçada pelos tribunais superiores, que recorrentemente afirmam a constitucionalidade desse método de atualização de valor. Cf. STF, Rext 134.567/PR, 1ª Turma, 19.11.1991; STJ, REsp 343.517/PR, 4ª Turma, 23.04.2002.
[63] TJSP, Apel 0008047-33.2002.8.26.0053, 3ª C.Pub., 16.04.2013; Apel 9215490-18.2006.8.26.0000, 9ª C.Priv., 17.02.2012; Apel 292.952-4/5-00, 9ª C.Priv., 21.02.2006; TJPR, Apel 113.201-4, 6ª C.Civ., 13.11.2002; Apel 112.552-2, 4ª C.Civ., 03.04.2002.
[64] Art. 533 do CPC/15; art. 475-Q, do CPC/73.
[65] TJRJ, Apel 2005.001.4143-8, 13ª C.Civ., 16.11.2005.
[66] TJPR, Apel 652.523-3, 10ª C.Civ., 15.07.2010; Apel 422.788-1, 8ª C.Civ., 13.05.2008; Apel 112.552-2, 4ª C.Civ., 03.04.2002.

medida pode ser substituída pela inclusão das vítimas na folha de pagamento da empresa responsável[67], desde que reunidas as condições legais para tanto[68].

Por outro lado, o inadimplemento da prestação mensal devida em razão da falha do contraceptivo não autoriza a prisão civil do devedor. O Superior Tribunal de Justiça já sedimentou o entendimento que a prisão civil é uma sanção aplicável apenas nos casos de não pagamento de pensões alimentícias fundadas nas relações familiares[69], não tendo incidência sobre as pensões de cunho indenizatório, decorrentes de atos ilícitos. O advento do Código de Processo Civil de 2015 chegou a reascender o debate sobre o tema[70], mas o Superior Tribunal de Justifica rapidamente reafirmou seu entendimento de que, mesmo sob o novo diploma, a prisão civil não é aplicáveis aos casos de inadimplemento de pensão decorrente de ato ilícito[71].

§ 2 – *Os danos morais*

352. Qual é o valor a ser atribuído aos pais, como compensação pelos danos morais que experimentaram em razão do nascimento indesejado? A questão não é de fácil resposta. Com efeito, a quantificação do dano moral é um dos temas mais tormentosos que envolvem essa categoria de prejuízo[72]. Por definição, os interesses extrapatrimoniais são aqueles que não podem ser estimados em dinheiro[73] e, até por isso, toda forma de avaliação encerra em si certa dose de arbitrariedade.

A tarefa de quantificação do dano moral acaba acuada entre dois riscos opostos. O primeiro deles concerne à dificuldade de se manter a coerência das decisões judiciais sobre a quantificação do dano moral. Sem critérios claros para tecer essa avalição, é possível que os tribunais concedam indenizações

---

[67]   TJSP, Apel 9074509-41.2003.8.26.0000, 9ª C.Civ., 04.10.2011; TJPR, Apel 113.201-4, 6ª C.Civ., 13.11.2002

[68]   Art. 533, § 2º, do CPC/15; art. 475-Q, § 2º, do CPC/73.

[69]   STJ, HC 182.228/SP, 4ª Turma, 01.03.2011; REsp 93.948/SP, 3ª Turma, 02.04.1998.

[70]   De fato, o CPC/15 incluiu o regramento da prisão civil (art. 528) no capítulo que trata do cumprimento de sentença que reconhece "exigibilidade de obrigação de alimentos", e que contém regras aplicáveis tanto às prestações alimentícias familiares quanto àquelas oriundas de fatos ilícitos. Cf. ROQUE, André Vasconcelos; OLIVA, Mila Donato. Prestação de alimentos por ato ilícito no novo Código de Processo Civil: regras aplicáveis e o regime do patrimônio de afetação. *Revista de processo*, v. 253, 2016, p. 211.

[71]   STJ, 523.357/MG, 4ª T., 01.09.2020.

[72]   SANSEVERINO, Paulo de Tarso Vieira. *Princípio da reparação integral: indenização no Código Civil*, op. cit., p. 275.

[73]   SILVA, Wilson M. da. *O dano moral e sua reparação*, op. cit., p. 1.

muito díspares para vítimas que sofreram prejuízos semelhantes – algo que viola um dos princípios mais elementares de justiça; a isonomia. Uma forma de contornar esse problema é por meio da adoção de baremas ou tabelas de dano moral. E aí reside o segundo tipo de risco: um enquadramento muito rígido dos danos morais impediria que o valor possa ser adaptado às peculiaridades do caso concreto, além de dificultar a evolução da jurisprudência. Esse é um dos motivos pelos quais as leis[74] que propunham[75] tabelamentos de dano moral jamais foram bem recebidas pelos tribunais[76], e mesmo o Superior Tribunal de Justiça tem se recusado a fixar, por meio de seus precedentes[77], valores máximos ou mínimos para os morais[78].

---

[74] Notadamente, o Código Brasileiro das Telecomunicações (Lei 4.117/62, art. 84) e a Lei de Imprensa (Lei 5.250/67, art. 51).

[75] Recentemente, a Reforma Trabalhista (Lei 13.467/17) introduziu na CLT um sistema de tarifação do dano extrapatrimonial aplicável às relações de trabalho, o qual adota o salário do empregado como critério para a quantificação do dano experimentado por ele. Esse sistema é flagrantemente inconstitucional, pois estabelece uma odiosa forma de discriminação fundada na classe social da vítima: trabalhadores de profissão mais modesta terão direito a indenizações inferiores àquelas que receberiam seus colegas mais bem remunerados, caso fossem vítimas do mesmo infortúnio. Sob o pretexto de modernizar a legislação do trabalho, o modelo instituído pela reforma nos remete ao conhecido sistema da *wergeld*, adotado pelos povos bárbaros na Alta Idade Média, no qual o valor das composições pecuniárias que deveriam ser pagas em casos envolvendo a morte ou lesão corporal variavam de acordo com a posição social da vítima – se homem livre ou escravo, nobre ou plebeu, homem ou mulher, cf. GAZZANIGA, Jean-Louis. *Introduction historique au droit des obligations*. Paris: PUF, 1992, p. 232-236, n° 208.

[76] STJ, Súmula 281; STF, ADPF 130/DF, Plenário, 30.04.2009. Cf. também: Enunciado n° 550 da VI Jornada de Direito Civil.

[77] Cf., nesse sentido, a decisão, proferida pela 2ª Seção do STJ em 10.05.2017, de desafetar do rito dos recursos repetitivos o REsp 1.446.213/SP. A afetação inicialmente deferida tinha por objetivo fixar limites mínimos e máximos para os danos morais decorrentes de negativações indevidas.

[78] O denominado "método bifásico" de quantificação do dano moral, adotado pela 3ª Turma do STJ (REsp 959.780/ES, 26.04.2011) e posteriormente encampado também pela 4ª Turma do mesmo tribunal (REsp 1.473.393/SP, 04.10.2016), pode ser considerado uma forma flexível de tabelamento jurisprudencial do dano moral e, nesse sentido, uma solução de compromisso entre os dois extremos. O método já havia sido proposto por Paulo de Tarso Vieira SANSEVERINO em sua obra *Princípio da reparação integral: indenização no Código Civil*, op. cit., p. 288-290. Cf. também: TARTUCE, Flávio. *Manual de responsabilidade civil*. São Paulo: Método, 2018, p. 463-467. O método binário já vem sendo aplicado aos casos de nascimento indesejado: TJRS, Apel 70042877050, 5ª C.Civ., 29.02.2012.

353. Uma maneira de atenuar a arbitrariedade inerente à quantificação do dano moral é por meio da identificação de subcategorias de danos dessa espécie. De fato, sob o manto amplo do "dano moral", escondem-se lesões a interesses bastante díspares, cada qual reclamando critérios próprios de quantificação. Enquanto no Brasil, os magistrados tendem a tratar do dano moral como um conceito homogêneo e arbitram o seu valor de forma global[79], sem recorrer a uma fundamentação mais refinada, outros países são mais propensos a criação de categorias de danos extrapatrimoniais[80], que garantem mais coerência e racionalidade à jurisprudência.

No caso específico do nascimento indesejado, há três espécies distintas de prejuízos morais que podem ser experimentados pelos genitores: os sofrimentos e alterações corporais decorrentes da gestação (A), as repercussões sobre seus projetos de vida e as intercorrências profissionais e sociais inerentes à parentalidade (B), e o dano da suspeita de infidelidade (C).

A – As alterações corporais e sofrimentos inerentes à gestação e ao parto

354. Uma primeira espécie de dano moral que decorre do nascimento indesejado – e que incide exclusivamente sobre as mulheres – diz respeito às dores e alterações fisiológicas inerentes à gestação e ao parto.

Nem seria preciso insistir no fato de que a gravidez, a despeito de ser um processo não patológico, provoca transformações de grande impacto no corpo da gestante[81] e implica uma série de incômodos de intensidade variável, que vão desde náuseas, tonturas, câimbras, até dores mais fortes. A gestação é um período em que a mulher se encontra fisicamente fragilizada e, na maioria dos casos, tem dificuldades para cumprir suas tarefas cotidianas.

O mesmo pode ser dito sobre o parto, um procedimento bastante delicado e doloroso. Por isso mesmo, as dores do parto e da gestação revestem-se, social-

---

[79] A exceção à regra é o "dano estético"; única categoria de danos morais amplamente aceita na jurisprudência brasileira e tratada de forma autônoma em relação às demais expressões do dano moral. Cf. STJ, Súmula 387.
[80] Na França, o "rapport Dintilhac", que propõe uma nomenclatura uniforme para os diferentes tipos de prejuízos decorrentes de acidentes corporais, prevê 14 espécies distintas de prejuízos extrapatrimoniais. Na Itália, reconhece-se a existência de tipos específicos de danos extrapatrimoniais, como dano moral subjetivo, o dano existencial e ou dano biológico – ainda que não se tratem, propriamente, de categorias dos danos extrapatrimoniais (Cf. Cass. Civ., sez. uni., 11 nov. 2008, n° 26972).
[81] TJSP, Apel 0099789-31.2007.8.26.0000, 9ª C.Priv., 31.07.2012; Apel 9191833-13.2007.8.26.0000, 9ª C.Priv., 22.05.2012.

mente, de uma forte carga simbólica, na medida em que validam a procriação como um gesto magnânimo da mulher[82].

355. Do ponto de vista psicológico, é preciso admitir que a gestação é também um período em que a mulher experimenta fortes sentimentos de ansiedade e apreensão[83]. Essas sensações são agravadas, nos casos envolvendo falhas de métodos contraceptivos, pelo caráter inesperado do evento: a mulher foi surpreendida por uma gravidez indesejada, mesmo tendo tomado as medidas adequadas para evitá-la[84]. Como bem reconhecem os tribunais brasileiros, os abalos psicológicos são ainda mais graves nas hipóteses em que a gestação não planejada é considerada "de risco", para a saúde do feto ou da gestante[85].

É evidente, portanto, que os sofrimentos e dores decorrentes da gravidez indesejada devem ser considerados como um dano moral experimentado pela gestante. Até mesmo ordenamentos refratários à reparação do nascimento indesejado, como é o caso do Direito inglês[86], tendem a reconhecer a reparabilidade deste tipo de prejuízo extrapatrimonial[87].

356. Se as dores da gestação e do parto são aflições incontornáveis, mas de natureza temporária, em alguns casos mais graves o nascimento indesejado pode provocar também danos corporais permanentes na mulher[88]. É o que

---

[82] Na Bíblia, por exemplo, há várias passagens que ligam as dores da maternidade à redenção em face do pecado original. Nas epístolas pastorais, Paulo declara que a mulher "tendo sido enganada, se tornou transgressora. Salvar-se-á, porém, dando à luz filhos" (Timóteo, 2:14-15). No Gênesis (3:16), ao expurgar Adão e Eva do paraíso, Javé teria condenado a mulher aos martírios da maternidade: "Multiplicarei grandemente seu sofrimento na gravidez".

[83] TJSP, Apel 142.114.4/1, 9ª C.Priv., 20.04.2004; Apel 269.592.4/8, 9ª C.Priv., 05.08.2003.

[84] TJRJ, Apel 0019199-91.2010.8.19.0021, 4ª C.Civ., 23.01.2013; Apel 0004552-29.2005.8.19.0066, 3ª C.Civ., 15.03.2012; TJGO, Apel 182105-35.2004.8.09.0112, 3ª C.Civ., 30.11.2010; TJPR, Apel 626.402-6, 9ª C.Civ., 31.03.2010; TJRS, Apel 70021020664, 10ª C.Civ., 06.03.2008.

[85] TJRS, Apel 70043239284, 6ª C.Civ., 29.08.2013; Apel 70021020664, 10ª C.Civ., 06.03.2008; TJRJ, Apel 0005964-91.2006.8.19.0055, 2ª C.Civ., 12.06.2013; Apel 0038863-76.2007.8.19.0001, 9ª C.Civ., 02.04.2013; Apel 010537-17.2006.8.19.0042, 15ª C.Civ., 12.07.2011; TJBA, Apel 0000120-32.2006.8.05.0256, 1ª C.Civ., 03.10.2013; TJMG, Apel 1.0024.04.257636-3/003, 12ª C.Civ., 02.05.2007; TJSP, Apel 9069603-66.2007.8.26.0000, 9ª C.Priv., 22.05.2012.

[86] *McFarlane v. Tayside Health Board* [2000] 2 AC 599.

[87] Para visão sobre o Direito Civil austríaco, cf. o relatório de Helmut Koziol em MAGNUS, Ulrich (org.). *Unification of torts*: damages. Haia: Kluwer, 2001, p. 19-20.

[88] Para um exemplo extremo, cf. TJRS, Apel 70042877050, 5ª C.Civ., 29.02.2012. No caso, a gravidez indesejada agravou o câncer de mama que acometia a gestante, contribuindo para sua morte.

ocorre quando o parto cesariano deixa cicatrizes na parturiente, ou quando o nascimento provoca lesões em órgãos ou tecidos e compromete funções fisiológicas[89], causando, por exemplo, incontinência urinária ou dificultando a atividade sexual.

Essas consequências extrapatrimoniais permanentes também devem ser reparadas, e podem ser enquadradas, a depender do caso, seja como um dano estético[90], seja como um déficit funcional corporal[91].

Mas, para além dessas repercussões da gravidez sobre o corpo da gestante, é preciso reconhecer que o nascimento indesejado também tem reflexos sobre a esfera social dos genitores, atingindo seus projetos e modos de vida.

B – As repercussões sobre os projetos de vida dos genitores

357. O prejuízo moral mais relevante experimentado pelas vítimas de contraceptivos falhos diz respeito à alteração de seus projetos fundamentais de vida[92]. A criação de um filho é uma tarefa que exige dos pais, ao longo de anos, grande empenho e abnegação e, por essa razão, a parentalidade não planejada, inevitavelmente, terá repercussões significativas sobre o seu estilo de vida. É natural que a vinda da criança exija adaptações no funcionamento do núcleo familiar, e implique mudanças nos planos pessoais e na rotina dos pais, que terão menos tempo para o trabalho, estudos, ou atividades lazer.

Por certo, essas alterações de vida são vistas, por aqueles que conscientemente decidiram pela parentalidade, como um corolário natural de sua escolha e, até mesmo, de pouca significância, diante da magnitude dessa opção. A questão muda de figura, todavia, quando a parentalidade é involun-

---

[89] TJDF, Apel 20100410078767APC, 6ª T.Civ., 17.11.2010.
[90] É importante notar que o dano estético estará presente, ainda que a marca ou cicatriz seja imperceptível a terceiros, pois esta espécie de dano "não se trata apenas de horripilantes feridas, [...] das cicatrizes monstruosas ou mesmo do aleijão propriamente dito. Para a responsabilidade civil, basta a pessoa ter sofrido uma 'transformação', não tendo mais aquela aparência. Há agora um desequilíbrio entre o passado e o presente, uma modificação para pior" (LOPEZ, Teresa Ancona. *O dano estético*, op. cit., p. 46-47).
[91] CASILLO, João. *Dano à pessoa e sua indenização*, op. cit., p. 205. Para uma análise mais detalhada dos prejuízos funcionais, cf. VINEY, Geneviève; JOURDAIN, Patrice. *Les effets de la responsabilité*, op. cit., p. 293-294, n° 120-1; p. 300-314, n° 124 e s.
[92] Ainda que sejam poucos os precedentes que expressamente mencionam essa espécie de dano: TJSP, Apel 9122185-43.2007.8.26.0000, 8ª C.Pub., 27.04.2011; Apel 206.925-4/8, 9ª C.Priv., 30.05.2006; Apel 142.114.4/1, 9ª C.Priv, 20.04.2004; TJRS, Apel 70042877050, 5ª C.Civ., 29.02.2012.

tária. Nesse caso, os pais podem se ver obrigados a abrirem mão de projetos e padrões de vida que, em princípio, não estavam dispostos a renunciar. Isso pode envolver desde alterações mais simples na vida do casal, como a renúncia a viagens, eventos sociais e atividades esportivas, até questões mais sérias, como a mudança de residência ou de emprego, o encurtamento do percurso educacional, o abandono de projetos profissionais e empreendimentos mais arriscados ou laboriosos[93].

358. Trata-se de um tipo de dano extrapatrimonial conhecido no Direito italiano como "dano existencial", que, como definiu a Corte de Cassação daquele país[94], consiste em uma lesão "sobre as atividades não econômicas do sujeito, alterando seus hábitos de vida e os arranjos relacionais que lhe eram próprios, perturbando sua rotina" e impondo-lhe "escolhas de vida diversas daquela que seriam adotadas se não o evento danoso não tivesse ocorrido"[95]. O dano existencial decorre de uma "radical mudança de vida"[96] imposta à vítima, especialmente do que diz respeito à sua esfera socio-relacional, e, nesse sentido, implica um desrespeito à livre expressão de sua individualidade[97]. Assim, já foram considerados como "danos existenciais"

---

[93] HOLANDA, Caroline Sátiro de. *A gravidez indevida e o consequente nascimento de uma criança podem ser considerados um dano?*, op. cit.
[94] Para os primeiros precedentes das cortes superiores italianas sobre o dano existencial, cf. Cass. Civ., sez. III, 31 maio 2003, n° 8827 e n° 8828; Corte cost., 11 julho 2003, n° 233.
[95] Cass. Civ., sez. uni., 24 março 2006, n° 6572.
[96] Cass. Civ., sez. III, 28 janeiro 2018, n° 2056.
[97] A Corte de Cassação, contudo, por diversas vezes ressaltou que o dano existencial não é uma modalidade autônoma de dano, mas, antes, uma expressão da categoria ampla de "danos extrapatrimoniais", prevista no art. 2.059 do Código Civil italiano. Cf., em especial, Cass. Civ., sez. uni., 11 nov. 2008, n° 26972, n° 26973, n° 26974, e n° 26975. De fato, o referido dispositivo do diploma civil italiano estabelece que os danos extrapatrimoniais são reparáveis apenas "nos casos determinados em lei" – arranjo normativo que se denomina "tipicidade do dano extrapatrimonial". Durante muito tempo, essas hipóteses legais se limitavam ao art. 185 do Código Penal italiano, que determina que o condenado pela prática de um delito repare dos danos patrimoniais e extrapatrimoniais decorrentes. Posteriormente, outras leis especiais admitiram a reparação do dano extrapatrimonial (v.g., art. 2° da Lei de 13 de abril de 1988, no 117, reconhecendo a reparabilidade do dano moral em hipóteses de prisão ilegal; art. 2° da Lei de 24 de março de 2001, n° 89, sobre o dano moral decorrente da violação à razoável duração do processo). Eis que, em 2003, as mencionadas decisões da Corte de Cassação e da Corte Constitucional da Itália tomaram partido por uma interpretação ampliativa do art. 2.059 do Código Civil italiano, orientada constitucionalmente, de modo que no termo "lei", empregado pelo dispositivo, sejam também compreendidos os direitos pessoais

pelos tribunais italianos[98] a perda da capacidade sexual[99]; a alteração no estilo de vida provocada por um acidente incapacitante[100] ou pela morte acidental de um parente próximo[101].

O caso de nascimento indesejado tem sido tratado por alguns autores italianos como uma hipótese emblemática de surgimento de um dano existencial, em razão da transformação que esse evento provoca na vida dos pais[102]. E a própria Corte de Cassação daquele país assentou, em um julgado de 2010, que um casal injustamente impedido de recorrer a um aborto faria

---

protegidos pela Constituição (além do já mencionado art. 185 do Código Penal e da legislação esparsa pertinente). Nesse sentido, os "danos existenciais", assim como os "danos biológicos", seriam expressões de finalidade meramente descritiva, indicando hipóteses em que certos direitos pessoais garantidos pela Constituição foram violados. Não constituiriam, contudo, 'subcategorias' de danos extrapatrimoniais. Essa intervenção foi necessária em razão da vulgarização dos 'danos existenciais' junto às cortes inferiores que, Essa intervenção foi necessária em razão da vulgarização dos 'danos existenciais' junto às cortes inferiores que, tomando por certo tratar-se de uma nova categoria de dano extrapatrimonial (ao lado dos já reconhecidos dano biológico e danos moral subjetivo), facilmente concediam reparação a ela, mesmo em situações consideradas não merecedoras de tutela. Por meio das decisões de 2008, a Corte de Cassação reafirmou que não existem tais categorias de danos extrapatrimoniais e que, além do caso do art. 185 do Código Penal e das hipóteses previstas na legislação esparsa, o dano extrapatrimonial só estará configurado quando atingindo um interesse pessoal qualificado constitucionalmente, seja ele biológico, existencial, ou de outra espécie.

[98] Na França, o "dano existencial" italiano se diluiria em ao menos em quatro categorias de prejuízos extrapatrimoniais previstos na *nomenclature Dintilhac*: *préjudice d'agrément* (perdas ligadas à impossibilidade de continuar práticas esportivas ou de lazer); *préjudice d'établissement* (lesão a projetos familiares ou à possibilidade de constituir família), *préjudice sexuel* (danos provocando a incapacidade, ou de algum modo dificultando, a atividade sexual e a reprodução) e *préjudice d'accompagnement* (transformações que no morte da vítima de uma pessoa, provocadas pela morte de um próximo).

[99] Cass. Civ., sez. III, 2 fevereiro 2007, nº 2311.

[100] Cass. Civ., sez. III, 12 junho 2016, nº 12211 (desde essa alteração já não tenha sido considerada pelo juiz, no momento da avaliação do dano biológico).

[101] Cass. Civ., sez. III, 31 maio 2003, nº 8828 (prejuízo que não se confunde, contudo, com a dor experimentada pelos próximos da vítima direta em razão de sua morte).

[102] FERRARIO, Andrea. *Il danno da nascita indesiderata*, op. cit., cap. 5 e as decisões das jurisdições italianas de 1º e 2º grau analisadas. O autor sustenta que o reconhecimento dos danos existenciais pelos tribunais superiores italianos, a partir de 2003, permitiu o correto enquadramento taxinômico do dano decorrente do nascimento indesejado, que até então era artificialmente qualificado pelos tribunais italianos como um "dano biológico".

jus à reparação deste tipo de prejuízo[103]. Mesmo no Brasil[104], o reconhecimento de que o nascimento indesejado provoca danos de natureza existencial já encontra adeptos, tanto na academia[105], quanto nos tribunais[106].

359. É importante que a quantificação dessa espécie de dano extrapatrimonial seja realizada *in concreto*, isto é, a partir da análise dos efetivos impactos do nascimento não planejado sobre os projetos de vida pais. Isso porque, a depender dos elementos fatuais, essas consequências podem ser mais ou menos acentuadas; o que, evidentemente, deve se refletir no montante da reparação.

Assim, por exemplo, é natural supor que uma gravidez precoce, ocorrida quando os pais são ainda adolescentes ou recém-ingressos na idade adulta, tem efeitos deletérios muito mais pronunciados do que aquela sobrevinda a um casal em seus trinta anos, com vida profissional estabilizada e mais maturidade emocional. No outro extremo, é também possível assumir que uma gravidez tardia traz consequências mais sérias para as vítimas, que terão de se adaptar ao quotidiano agitado de uma criança em um momento da vida em que esperavam mais tranquilidade[107].

Outro fator importante a se ter em conta é a relação afetiva existente entre as vítimas. O nascimento de um filho não planejado é certamente me-

---

[103] Cass. Civ., sez. III, 10 janeiro 2010, n° 13: Em razão da falha de diagnóstico pré-natal, os pais foram impedidos de recorrer a um aborto que teria evitado o nascimento de seu filho deficiente.

[104] Para estudos sobre os danos existenciais publicados no Brasil: LOPEZ, Teresa Ancona. Dano existencial. *Revista de direito privado*, v. 57, 2014, p. 287; ALMEIDA NETO, Amaro Alves de. Dano existencial à tutela da pessoa humana. *Revista de direito privado*, v. 24, 2005, p. 21; MORLINI, Gianluigi. Dano patrimonial e dano existencial. *Revista de direito do trabalho*, v. 182, 2017, p. 193; SOBREIRA, Marcelo José de Araújo Bichara. Responsabilidade civil por dano existencial: uma violação à autonomia privada. *Revista de direito privado*, v. 72, 2016, p. 51; FERREIRA, Keila Pacheco; BIZELLI, Rafael Ferreira. A cláusula geral de tutela da pessoa humana: enfoque específico no dano existencial, sob a perspectiva civil-constitucional. *Revista de direito privado*, v. 54, 2013, p. 11. Ainda que se mencionar diretamente a expressão "dano existencial", a definição de dano moral a "frustração de um projeto de vida" já era encontrada na obra clássica de Yussef Said CAHALI, *Dano moral,* op. cit., p. 96.

[105] POLETTO, Carlos Eduardo Minozzo. *Autodeterminação reprodutiva e imputação civil de danos existenciais*. Dissertação (Mestrado em Direito), Faculdade de Direito, Universidade de São Paulo, São Paulo, 2016.

[106] TJSP, Apel 482.037-4/0, 4ª C.Priv., 29.01.2009; Apel 9066049-55.2009.8.26.0000, 4ª C.Priv., 16.08.2012.

[107] STJ, REsp 1.120.746/SC, 3ª Turma, 17.02.2011; TJSP, Apel 421.677-4/3-00, 7ª C.Priv., 10.05.2006; Apel 139.785.4/5, 9ª C.Priv., 02.06.2003.

nos impactante para o pai e para a mãe que eram casados ou companheiros. Ao revés, o evento terá consequências mais delicadas para os pais que não mantinham uma relação afetiva estável ou não pretendiam constituir família; e mais ainda para aqueles que conceberam a criança em razão de um encontro amoroso fugaz. Também há de se considerar se a estrutura familiar dos envolvidos permite com que eles enfrentem com mais naturalidade as responsabilidades parentais ou, ao contrário, dificulta essa missão. Por exemplo, a vinda de um mais um filho pode ser particularmente penosa para uma família com prole já numerosa[108]. Por outro lado, um casal que conta com o apoio dos avós ou tios para a criação de seus filhos pode lidar mais facilmente os ônus decorrentes desse nascimento.

Por fim, é necessário também verificar as consequências do nascimento do filho sobre os projetos profissionais e educacionais de seus pais. Por certo, um casal que tenha um emprego estável e não tão fastidioso terá menos dificuldade em se adaptar à vinda da criança. Mas há hipóteses em que o nascimento indesejado provoca alteração mais sérias nessa esfera social. É o que ocorre, por exemplo, quando algum dos membros do casal teve de abandonar seus estudos, seja para cuidar da criança, seja para encontrar um emprego que lhe desse condições de sustentá-la. Ou, ainda, caso algum deles se veja obrigado a renunciar a determinadas perspectivas profissionais, ou diminuir sua dedicação ao trabalho, em razão do nascimento da criança.

360. Ao contrário da espécie de dano analisada no item anterior, que dizia respeito exclusivamente à gestante, o dano existencial é uma violação que atinge, em princípio, tanto a mãe, quanto o pai da criança. É necessário reconhecer, todavia, que, mesmo aqui, há uma forte tendência de que o dano experimentado pela mulher seja maior, pois as repercussões do nascimento indesejado costumam a pesar com mais força sobre ela.

Bem que caminhemos para a superação da enraizada divisão de trabalho fundada no gênero, seria hipócrita negar que, ainda hoje, a sociedade enxerga a criação dos filhos como uma atribuição feminina. Não é incomum que a maternidade precoce leve a adolescente a abandonar seus estudos, sem que tal consequência alcance também o pai da criança; ou que a jovem e promissora profissional abra mão de sua carreira para criar os filhos do casal. São também as mulheres que, mais frequentemente, alteram seu estilo de vida e renunciam

---

[108] TJSP, Apel 0008047-33.2002.8.26.0053, 3ª C.Pub., 16.04.2013; Apel 9191833-13.2007.8.26.0000, 7ª C.Priv, 22.05.2012; Apel 494.864-4/6-00, 5ª C.Priv., 18.11.2009; TJRJ Apel 2009.001.07608, 9ª C.Civ., 28.04.2009; TJMG, Apel 1.0572.03.002488-7/001, 15ª C.Civ., 20.04.2006, TJRS, Apel 70035694256, 6ª C.Civ., 24.11.2011; Apel 70020347175, 9ª C.Civ., 26.09.2007; Apel 70009780065, 6ª C.Civ., 18.05.2005.

aos seus momentos pessoais para se dedicarem aos filhos[109]. Nada mais justo, portanto, que a reparação atribuída às vítimas reflita essa assimetria[110].

Em verdade, ainda que a autonomia reprodutiva seja um direito fundamental de ambos os sexos, ele é muito mais sensível às mulheres do que aos homens[111]. Se a sociedade impõe às mulheres os ônus e a responsabilidade pela reprodução, é natural que elas tenham mais interesse em controlar essa força da natureza. Os métodos de restrição da natalidade acabam, assim, sendo um importante instrumento para a promoção da igualdade entre os gêneros, e não é sem razão que as lutas pela positivação dos direitos reprodutivos[112], pela legalização dos contraceptivos e do aborto[113], sempre estiveram na pauta dos movimentos feministas, em suas diferentes etapas de evolução[114]. A falha de contraceptivos é, nesse sentido, um acidente tipicamente feminino.

C – O dano da suspeita de infidelidade

361. Em certas situações, a falha dos métodos contraceptivos pode provocar consequências inusitadas. É o que ocorre nas hipóteses envolvendo a ineficácia de cirurgias de vasectomia, notadamente, quando o paciente era casado. É comum que, nesse tipo de situação, surja no marido a desconfiança – ou a certeza infundada – de que a gravidez indesejada é fruto de uma suposta infidelidade de sua esposa.

Esse fator deve ser considerado como um elemento relevante para o cálculo dos danos morais experimentados pelas vítimas de contraceptivos de-

---

[109] HOLANDA, Caroline Sátiro de. *A gravidez indevida e o consequente nascimento de uma criança podem ser considerados um dano?*, op. cit.
[110] Cf. TJSC, Apel 903525-2, 9ª C.Civ., 14.03.2013.
[111] Não por acaso, o primeiro tratado de direitos humanos a consagrar o "direito ao planejamento familiar" no âmbito global foi, precisamente, a "Convenção sobre a Eliminação de Todas as Formas de Discriminação contra a Mulher", de 1979 (Art. 10, item 8; art. 12, item 1; e art. 14, item 2, b). O direito também é mencionado na Declaração e Plataforma de Ação da IV Conferência Mundial Sobre a Mulher de Pequim, de 1995 (item 94), e nos relatórios da Conferência Mundial do Ano Internacional da Mulher do México, de 1975 (item 15) e da Conferência Mundial da Década das Nações Unidas para Mulheres de Copenhage, de 1980 (item 1).
[112] PITANGUY, Jacqueline. *Feminist politics and reproductive rights: the case of Brazil*, op. cit., p. 101; HOLANDA, Caroline Sátiro de. *A gravidez indevida e o consequente nascimento de uma criança podem ser considerados um dano?*, op. cit.
[113] PÊGO, Raquel Abrantes. A luta das mulheres pela livre concepção. *Controle de natalidade x planejamento familiar no Brasil*. Rio de Janeiro: Achiamé, 1987, p. 64-65.
[114] GORDON, Linda. *The moral property of women: a history of birth control politics in America*, op. cit., p. 67-71.

feituosos. Por mais que o problema da imputação equivocada de infidelidade possa, à uma primeira vista, parecer insólito, e até mesmo cômico, é preciso ressaltar que a questão está longe de ser rara na jurisprudência brasileira[115]. E as consequências desse incidente são bastante graves: para além das aflições experimentadas pela mulher diante da injusta acusação de adultério, ou da correspondente "dor do corno putativo", que afligiu seu marido, é comum que o incidente provoque sérios abalos na relação do casal[116] os quais, em casos extremos, podem até mesmo levar à separação[117]. Algumas vezes, a paternidade da criança só é reconhecida pelo marido após a realização de teste de DNA[118].

Há também diversos casos em que as vítimas relatam que a suspeita de traição conjugal os submeteu aos deboches e à humilhação pública[119]; um fenômeno previsível em cidades de menor porte[120]. Ele teria experimentado o escárnio no papel de marido enganado, e ela a reprovação social pelo adultério[121]. Num litígio bastante ilustrativo, passado no Rio Grande do Sul, a crença na infidelidade da esposa fez com que o marido se entregasse ao alcoolismo e a mulher fosse expulsa da igreja que frequentava, vindo a sofrer agressões e ameaças dos membros daquela comunidade[122].

362. Essas consequências desastrosas experimentadas pelas vítimas de vasectomias falhas são um reflexo da falta de informação generalizada acerca

---

[115] SILVA, Rafael Peteffi da. *Responsabilidade civil pelo nascimento de filhos indesejados: comparação jurídica e recentes desenvolvimentos jurisprudenciais*, op. cit., p. 391.

[116] TJPR, Apel 933.439-0, 10ª C.Civ., 21.02.2013; TJGO, Rex Nec 53781-60.2007.8.09.0164, 1ª C.Civ., 09.10.2012; TJRS, Apel 70045452117, 5ª C.Civ., 18.11.2011 Apel 70042848481, 9ª C.Civ., 20.07.2011; Apel 70041661133, 5ª C.Civ., 20.04.2011; Apel 70034402461, 5ª C.Civ., 28.05.2010; Apel 70009780065, 6ª C.Civ., 18.05.2005.

[117] TJRS, Apel 70047379557, 6ª C.Civ., 13.06.2013; Apel 70012464111, 10ª C.Civ., 15.12.2005.

[118] TJRS, Apel 70055467765, 9ª C.Civ., 13.11.2013; Apel 70047379557, 6ª C.Civ., 13.06.2013; Apel 70035694256, 6ª C.Civ., 24.11.2011; Apel 70012464111, 10ª C.Civ., 15.12.2005.

[119] TJSP, Apel 0002029-68.2009.8.26.0176, 8ª C.Pub., 14.11.2012; Apel 494.864-4/6-00, 5ª C.Priv., 18.11.2009.

[120] TJGO, Rex Nec 53781-60.2007.8.09.0164, 1ª C.Civ., 09.10.2012; TJRS, Apel 70055467765, 9ª C.Civ., 13.11.2013; Apel 70034402461, 5ª C.Civ., 28.05.2010; Apel 70012464111, 10ª C.Civ., 15.12.2005.

[121] Para um caso semelhante, em que o STJ reconheceu a reparabilidade do dano moral experimentado pela mulher em razão da falha – falso negativo – do exame de DNA para verificação de paternidade de seu filho, cf. REsp 1.700.827/PR, 3ª Turma, 05.11.2019.

[122] TJRS, Apel 70035694256, 6ª C.Civ., 24.11.2011.

da eficácia dessas cirurgias, que ainda são vistas por grande parte da população como um método anticoncepcional "infalível"[123]. O engano está a tal ponto arraigado que muitos nem ao menos consideram a hipótese de que a gravidez se deva ao fato de que a intervenção não surtiu os efeitos pretendidos[124]. Por razões óbvias, o problema acaba por não atingir as esterilizações femininas.

Isso reforça a importância dos deveres de informação que recaem sobre os médicos, especialmente aqueles que lidam com pacientes com baixo nível de instrução. É necessário que o profissional enfatize que mesmo as cirurgias de esterilização apresentam uma margem de falha, conquanto pequena. Em algumas das decisões que reconheceram o dano moral pela suspeita de infidelidade, os médicos foram condenados, não tanto por terem cometido qualquer erro técnico durante a cirurgia, mas, antes, por não terem alertado seus pacientes sobre os riscos de ineficácia da intervenção[125].

Seção 2 – A inexistência de danos experimentados pelos filhos

363. O Direito Comparado oferece inúmeros exemplos em que a ação reparatória fundada no nascimento indesejado é ajuizada pela própria criança nascida em razão do evento[126]. Para ser mais preciso, esses pedidos são em regra formulados, não diretamente pela criança, mas por seus pais que, na qualidade de representantes legais do filho, agem em seu nome em juízo. É comum que os pais se valham de uma só ação judicial para exigir a indenização de seus próprios prejuízos, e, também, daqueles supostamente suportados pela criança[127].

---

[123] Cf. *supra*, nº 110.
[124] Em um precedente do Rio Grande do Sul, o próprio médico chegou a sugerir ao seu paciente que sua esposa o havia traído: TJRS, Apel 70041661133, 5ª C.Civ., 20.04.2011.
[125] TJSP, Apel 0002029-68.2009.8.26.0176, 8ª C.Pub., 14.11.2012; Apel 494.864-4/6-00, 5ª C.Priv., 18.11.2009; TJPR, Apel 933.439-0, 10ª C.Civ., 21.02.2013; TJRS, Apel 70047379557, 6ª C.Civ., 13.06.2013; Apel 70041661133, 5ª C.Civ., 20.04.2011; Apel 70034402461, 5ª C.Civ., 28.05.2010. Para uma apreciação demasiadamente rigorosa do dever de informação que pesa sobre o médico: TJRS, Apel 70045452117, 5ª C.Civ., 18.11.2011 – no caso, o tribunal entendeu que o "consentimento informado", assinado pelo paciente e que continha menção expressa à possibilidade de falha da vasectomia, não era prova suficiente de que o ele fora corretamente informado sobre os riscos da cirurgia.
[126] Para alguns exemplos: Itália – Cass. Civ., sez. III, 29 julho 2004, nº 14488; França – Civ. 1ª, 26 março 1996, *Bull. civ. I*, nº 155 e 156; Portugal – Supr. Trib. Just., 19 junho 2001, proc. 01A1008; Reino Unido -*McKay v. Essex Area Health Authority* [1982] 1 QB 1166; Alemanha – BGHZ 86, 240, JZ 1983 447 (18.01.1983).
[127] CE, 14 fev. 1997, *Rec.* 44; Cass. Civ., sez. III, 14 julho 2006, nº 16123; Supr. Trib. Just., 17 jan. 2013, proc. 9434/06.6TBMTS.P1.S1.

Compreensivelmente, esse tipo de demanda sempre atrai uma forte polêmica. Seria mesmo correto – tanto do ponto de vista jurídico, quanto moral – afirmar que um indivíduo sofreu um dano em decorrência do ato, ainda que culposo, que permitiu que ele viesse ao mundo?

364. Os casos mais emblemáticos que envolvem essa espécie de pedido são as já mencionadas ações de *wrongful life*[128], nas quais a criança, nascida com deficiência, pretende que o indivíduo que deveria ter impedido seu nascimento repare os danos decorrentes da doença. Elas normalmente são ajuizadas em face do médico ou do laboratório que havia sido encarregado de ministrar métodos contraceptivos ou abortivos à mãe da criança. Mesmo que a nomenclatura denuncie a origem anglo-saxã do instituto[129], as ações de *wrongful life* já foram apreciadas por tribunais de vários países, especialmente aqueles que legalizaram o aborto voluntário. É possível afirmar que, salvo exceções pontuais, essas demandas reparatórias são geralmente rejeitadas pelas cortes mundo afora.

Não é o que ocorre, de ordinário, na jurisprudência brasileira, onde frequentemente os tribunais reconhecem que a criança nascida em razão da falha de um método contraceptivo tem direito ao recebimento de uma pensão mensal a ser paga pelo responsável por essa falha. Veremos que esse entendimento é tecnicamente incorreto, afinal, a criança não sofreu qualquer prejuízo em razão do erro que redundou em seu próprio nascimento. Mas ele pode, ainda assim, ser adotado, por razões de ordem prática.

Em todo caso, é preciso notar que, no Brasil, a questão dos prejuízos supostamente suportados pelo filho se coloca em termos um tanto diversos do que em outros países. Enquanto o problema enfrentado no Direito Comparado diz respeito ao direito da criança de receber indenização pelos danos decorrentes de sua doença congênita (§ 1), aqui, o dilema enfrentado por nossos magistrados reside em decidir se a criança tem legitimidade processual para exigir o pagamento da pensão mensal (§ 2).

---

[128] Cf. *supra*, n° 4.

[129] A expressão *wrongful life* é também empregada em países não anglófonos, tanto na literatura jurídica (FRADA, Manuel António Carneiro da. A própria vida como dano? Dimensões civis e constitucionais de uma questão-limite. *In*: CAMPOS, Diogo Leite de; CHINELLATO, Silmara Juny de Abreu (orgs.). *Pessoa humana e direito*. Coimbra: Almedina, 2009, p. 260; Monteiro, António Pinto. *Direito a não-nascer?*, op. cit., p. 323; VINEY, Geneviève; JOURDAIN, Patrice; CARVAL, Suzanne. *Les conditions de la responsabilité*, op. cit., p. 33, n° 249-6; FERRARIO, Andrea. *Il danno da nascita indesiderata*, op. cit., cap. 1, n° 3), quanto nos tribunais (Cass. Civ., sez. uni., 22 dez. 2015, n° 25767; Supr. Trib. Just., 17 jan. 2013, cit.; BGHZ 86, 240, cit.).

§ 1 – A demanda do filho no Direito Comparado: o direito da criança à indenização em razão da doença congênita que a acomete

365. Antes de adentrar o tema do pedido de reparação formulado pela criança nascida com deficiência, convém excluir do espectro dessa discussão as hipóteses em que a doença surge em razão da própria falha médica praticada no curso da gravidez ou do parto. É o que ocorre, por exemplo, quando o erro técnico ocorrido durante o procedimento abortivo, além de tornar inócua a intervenção, provoca sequelas no feto[130]; quando o nascituro é privado de um tratamento eficaz *in utero* a uma doença que o acomete[131] ou vem a sofrer lesões graves durante a gestação em razão de uma cirurgia realizada na gestante[132] ou de um medicamento teratogênico indevidamente ministrado a ela[133]; ou ainda, nas hipóteses, infelizmente frequentes[134], de negligência cometida por obstetras ou profissionais da saúde durante o trabalho de parto, que geralmente resultam em lesões neuromotoras graves para a criança[135].

Nesses casos, o prejuízo a ser reparado não decorre do nascimento indesejado, mas da enfermidade provocada na criança pelo erro médico. A legitimidade desse interesse jamais foi objeto de dúvidas, e tanto a doutrina[136]

---

[130] CE, 27 set. 1989, *D. 1991*, p. 80, nota Verpeaux, *Gaz.Pal. 1990*, 2, p. 421, conc. Fornacciari.

[131] Civ. 1ª, 3 fev. 1993, p. n° 91-12.391: a não realização de um teste de toxoplasmose privou o nascituro de um tratamento *in utero* que teria 97 % de chances de êxito.

[132] *Burton v. Islington Health Autority* [1993] QB 204.

[133] Cass. Civ., sez. III, 11 maio 2009, n° 10741. O julgado é particularmente interessante porque, nele, a Corte de Cassação italiana faz uma clara distinção entre as demandas de *wrongful life* (não admitidas por aquela corte) e as demandas fundadas na lesão corporal causada pelo médico no nascituro (que comportam acolhimento), entre as quais se incluía o pedido então analisado pelo tribunal.

[134] Miguel KFOURI NETO aponta que medicina gineco-obstétrica é a "especialidade que registra o maior número de reclamações", no que diz respeito à responsabilidade civil (*Culpa médica e ônus da prova*, op. cit., p. 319-320). No mesmo sentido: FERRARIO, Andrea. *Il danno da nascita indesiderata*, op. cit., cap. 2, n° 4.4.

[135] Na Itália: Cass. Civ., sez. III, 11 ago. 2018, n° 20829; Cass. Civ., sez. III, 12 abril 2018, n° 9048. Na França: CE, 17 jan. 1990, n° 80664, *D. 1990*, p. 254, conc. Stirn; Civ. 1ª, 30 out. 1995, p. n° 93-20.544, *Bull. civ. I*, n° 383, *D. 1995*, IR 276; Crim., 2 abril 1992, p. n° 90-87.579; Civ. 1ª, 7 julho 1998, p. n° 97-10.869; Civ. 1ª, 10 julho 2002, *Bull. civ. I*, n° 197, *Resp. civ. et assu. 2002*, com. n° 339; Civ. 1ª, 10 julho 2002, *Bull. civ. I*, n° 197, *Resp. civ. et assu. 2002*, com. n° 339; Civ 1ª, 28 jan. 2010, p. n° 08-20.755, *D. 2010*, p. 947, nota G. Maître, *RTD civ. 2010*, p. 330, obs. P. Jourdain.

[136] VINEY, Geneviève; JOURDAIN, Patrice; CARVAL, Suzanne. *Les conditions de la responsabilité*, op. cit., p. 30, n° 249-3; PRADEL, Xavier. *Le préjudice dans le droit de la responsabilité civil*, op. cit., p. 149-150, n° 126. Cf. também: DEAKIN, Simon; JOHNSTON, Angus; MARKENSINIS, Basil. *Markensinis and Deakin's tort law*, op. cit., p. 302-304.

quanto a jurisprudência[137] admitem com tranquilidade que a criança receba indenização pelos prejuízos materiais e morais que experimentou. O problema é recorrente também na jurisprudência brasileira, como demonstram as diversas condenações confirmadas pelo Superior Tribunal de Justiça[138].

366. As ações de *wrongful life* também consistem em pedidos formulados por crianças nascidas com deficiência, que pretendem reparação dos danos decorrentes de seu estado de saúde debilitado. Contudo, diferentemente dos casos acima reportados, nas ações de *wrongful life*, o réu não é acusado de ter provocado a doença. A pretensão é fundada no fato de que as falhas praticadas pelo médico ou pelo laboratório impediram que os pais da criança adotassem medidas que teriam evitado o seu nascimento e, por decorrência, a sua enfermidade[139].

Tratam-se, portanto, de pedidos que se inserem na temática do nascimento indesejado e que normalmente surgem em razão de erros cometidos em procedimentos pré-natais – ou mesmo, pré-concepcionais – especificamente destinados a evitar o nascimento de crianças com deficiência[140]

367. Um típico litígio de *wrongful life* é aquele em que os pais da criança com deficiência sofreram uma violação de seu direito de realizar um aborto

---

[137] Cf. decisões *supra*. No Reino Unido, a reparação dos danos causados ao nascituro (que é condicionada ao seu nascimento) é regulada pelo Congenital Disabilities (Civil Liability) Act 1976.

[138] Cf. STJ, AgInt no AREsp 1.525.065/AC, 1ª Turma, 09.03.2020; REsp 1.749.965/SP, 3ª Turma, 12.11.2019; AgRg no Ag em REsp 241.652/RJ, 3ª Turma, 27.11.2012; AgRg no REsp 221.113/RJ, 2ª Turma, 23.10.2012; AgRg no Ag em REsp 221.110/RJ, 2ª Turma, 09.10.2012; AgRg no Ag em REsp 163.891/RJ, 2ª Turma, 16.08.2012; AgRg no Ag em REsp 69.698/RN, 4ª Turma, 15.05.2012; REsp 1.173.058/DF, 4ª Turma, 22.11.2011; REsp 1.145.728/MG, 4ª Turma; 30.06.2011; REsp 933.067/MG, 3ª Turma, 07.12.2010; REsp 1.106.829/MG, 1ª Turma, 19.05.2009; REsp 753.567/SP, 4ª Turma, 13.10.2009; REsp 734.303/RJ, 2ª Turma, 07.06.2005.

[139] Algumas vezes, pedidos reparatórios que não envolvem o nascimento de uma criança deficiente são também chamados de *wrongful life*, pois o demandante está a se queixar do fato que redundou em seu próprio nascimento. Tipicamente, esses pedidos são formulados por crianças concebidas em decorrência de estupros ou abusos sexuais, e que pretendem reparação dos transtornos decorrentes de seu nascimento conturbado. Cf. Crim. 4 fev. 1998, *Bull. crim.*, n° 43; Crim., 23 set. 2010, p. n° 09-82.438 e 09-84.108; *Williams v. State of New York* 18 N.Y.2d 481 (1966); *Cowe v. Forum Group Inc.* 575 N.E.2d 630 (1991). V. também: *Zepeda v. Zepeda* 190 NE 2d 849 (1963); *Slawek v Stroh* 62 Wis.2d 295, 215 N.W.2d 9 (1974); *Stills v. Gratton* 55 Cal. App. 3d 698 (1976). Cf. *infra*, n° 457 e s.

[140] Há, nesse sentido, uma óbvia similitude entre o *fattispecie* das ações de *wrongful life* e aquele das ações de *wrongful birth*. O que os diferencia é apenas o autor da ação – a criança ou seus pais, respectivamente.

voluntário; um conflito que, obviamente, surge apenas nos países que permitem esse tipo de intervenção. Em geral, os médicos ou laboratórios são acusados de terem cometido um equívoco quando da realização de exames pré-natais, fazendo com que a doença incurável que acometia o feto não fosse detectada durante a gestação. Privada dessa informação sobre o estado debilitado de saúde do feto, a gestante não pôde recorrer a um aborto para impedir o nascimento do filho deficiente[141].

Nos tribunais estrangeiros, os exemplos de ação dessa espécie são os mais variados. Há casos em que os obstetras deixaram alertar a gestante que, em razão das características genética dela ou de seu marido, havia um sério risco de que o feto estivesse acometido de deficiência[142]. Em outros, os profissionais se equivocaram na interpretação das ecografias pré-natais, que claramente indicavam as más-formações no feto[143]; ou não solicitaram a realização de exames mais confiáveis, que teriam acusado que o nascituro era portador de doenças, como a síndrome de Down[144]. Outro litígio bastante

---

[141] Nesse tipo de conflito, há, ainda, um outro problema de difícil solução: caso tivesse sido informada sobre a má-formação do feto, teria a gestante recorrido ao aborto? Em alguns litígios estrangeiros, a paciente havia expressamente declarado ao médico sua intenção de interromper a gravidez caso o feto fosse diagnosticado com alguma doença, fato que, uma vez provado em juízo, torna a questão mesmo tormentosa (Assem. Plén., 17 nov. 2000, p. n° 99-13.701, *Bull. civ I*, n° 9.; CE, 14 fev. 1997, Rec. 44; Cass. Civ., sez. III, 2 out. 2012, n° 16754). Mas, fora essas raras hipóteses, as cortes se veem obrigadas a recorrer a presunções de fato para definir qual teria sido a conduta da gestante diante da informação (Cass. Civ., sez. III, 31 out. 2017, n° 25859; Supr. Trib. Just., 12 março 2015, proc. 1212/08.4TBBCL.G2.S1). Esse dilema sobre a "vontade virtual da vítima" é bastante comum na seara médica e atinge, não só os casos de wrongful life e wrongful birth, mas também outras hipóteses de inadimplemento do dever de informação por parte do médico. De todo modo, é importante ressaltar que o recurso à técnica da reparação de chances não é uma forma adequada de resolver esse tipo de impasse. Cf. CARNAÚBA, Daniel A. *Responsabilidade civil pela perda de uma chance: a álea e a técnica*, op. cit., p. 149-153. V. também: FABRE-MAGNAN, Muriel. *De l'obligation d'information dans les contrats: essai d'une théorie*, op. cit., p. 482, n° 606.

[142] Cass. Civ., sez. III, 29 julho 2004, n° 14488; *Siemieniec v. Lutheran General Hospital* 117 Ill. 2d 230, 512 N.E.2d 691 (1987).

[143] Supr. Trib. Just., 19 junho 2001, proc. 01A1008; Supr. Trib. Just., 17 jan. 2013, proc. 9434/06.6TBMTS.P1.S1; Cass. Civ., sez. III, 14 julho 2006, n° 16123; Assem. Plén., 13 julho 2001, *Bull. civ. I*, n° 10, p. n° 97-19282 e 98-19190, *D. 2001*, 2325, nota P. Jourdain.

[144] Trata-se do exame denominado "amniocentese". Cass. Civ., sez. III, 2 out. 2012, n° 16754; Cass. Civ., sez. uni., 22 dez. 2015, n° 25767; *Becker v. Schwartz* 46 N.Y.2d 401 (1978); *Berman v Allan* 80 N.J. 421, 404, A. 2nd 8 (1979).

frequente diz respeito à falha do médico que não diagnosticou que a gestante havia contraído rubéola, uma doença extremamente perigosa para o feto[145].

368. Além da temática do aborto, as ações do tipo *wrongful life* também podem surgir, ainda que com menos frequência, em outros contextos. Um deles é o campo do aconselhamento genético pré-concepcional. Muitas vezes, pessoas portadoras de doenças genéticas ou com histórico de doença na família procuram esse tipo de serviço especializado antes de decidirem pela concepção para se assegurarem de que a enfermidade não será transmitida à prole. Tribunais dos Estados Unidos[146] e França[147] já enfrentaram demandas do tipo *wrongful life* nas quais a criança, nascida com deficiência, afirmava que seus pais foram induzidos a concebê-la, após terem recebido a falsa informação, por parte dos profissionais contratados, de que não havia risco de transmissão da doença.

Outra hipótese diz respeito às técnicas de procriação assistida, notadamente, aos exames de diagnóstico genético pré-implantacional geralmente associados a elas. Esses exames são procedimentos realizados em gametas ou embriões ainda não implantados no útero materno e destinados a identificar aqueles que estão acometidos por doenças genéticas graves e que, portanto, não devem ser utilizados para a finalidade reprodutiva. Litígios do tipo *wrongful life* podem surgir caso uma falha nesse diagnóstico permita que um embrião portador de deficiência seja erroneamente implementado na mulher. No Reino Unido, por exemplo, o *Congenital Disabilities Act* expressamente prevê que a criança nascida com deficiência tem direito à reparação nesse tipo de situação[148].

É igualmente possível que a demanda de *wrongful life* surja em razão de falhas de métodos contraceptivos ordinários, como pílulas ou cirurgias de

---

[145] *McKay v. Essex Area Health Authority* [1982] 1 QB 1166; *Procanik by Procanik v. Cillo* 97 N.J. 339, 478 A. 2nd 755 (1984); Civ. 1ª, 16 julho 1991, *Bull. civ. I*, n° 248; Assem. Plén., 17 nov. 2000, *D. 2001*, p. 332; BGHZ 86, 240, JZ 1983 447 (18.01.1983) – traduzido em MARKENSINIS, Basil; UNBERATH, Hannes. *The german law of torts*, op. cit., p. 156-163. Cf. também: *Gleitman v Cosgrove* 49 N.J.22, 227A.2d 689 (1967), no qual o médico, apesar de ter diagnosticado que a gestante havia contraído rubéola, não a alertou sobre os riscos da doença para o nascituro.

[146] *Curlender v. Bio-Science Laboratories* 106 Cal. App. 3d 811 (1980); *Park v. Chessin* 60 A.D.2d 80 (1977). Cf. também: *Turpin v. Sortini* 31 Cal.3d 220 (1982); *Harbeson v. Parke-Davis Inc.* 98 Wn. 2nd 460 (1983).

[147] Civ. 1ª, 26 março 1996, Bull. civ. I, n° 155.

[148] Congenital Disabilities (Civil Liability) Act 1976, S.1A (1). O dispositivo em questão foi acrescido à lei em 1991, por força do Human Fertilisation and Embryology Act 1990. Cf. DEAKIN, Simon; JOHNSTON, Angus; MARKENSINIS, Basil. *Markensinis and Deakin's tort law*, op. cit., p. 309, nota 374.

esterilização, caso a criança não planejada venha a ser portadora de doença congênita[149]. Essa hipótese se distingue das anteriores na medida em que não está associada à falha de um procedimento especificamente destinado a evitar o nascimento de uma criança com deficiência.

369. A multiplicidade de situações que podem dar origem a uma ação de *wrongful life* – e a frequência com que ocorrem – não significa, contudo, que esse tipo de pedido seja visto como banal pelas cortes ou juristas ao redor do mundo. Pouco importa qual seja a hipótese fática que ensejou seu surgimento: o pedido reparatório formulado pela criança é sempre recebido com forte polêmica.

A controvérsia se principia com o próprio direito que se pretende tutelar por meio desse tipo de ação. Como sustentado ao longo desta obra, a responsabilidade civil é uma forma de proteger interesses e, consequentemente, reafirmar direitos subjetivos violados. Assim, se um método de controle de nascimentos falhou, é fácil identificar uma violação a um direito dos pais: trata-se de uma lesão ao direito à autodeterminação reprodutiva. O mesmo não pode ser dito com relação ao filho com deficiência. Que direito da criança, afinal, ateria sido atingido pela falha que permitiu seu nascimento? A resposta a esta indagação divide os detratores e os defensores das ações de *wrongful life*.

Os primeiros afirmam que, com o acolhimento desse tipo demanda reparatória, estaríamos reconhecendo um pretenso "direito de não nascer" em favor da criança com deficiência – um direito inaceitável por ser, ao mesmo tempo, imoral e ilógico (A). Essa tese é contestada pelos partidários das ações de *wrongful life*, os quais sustentam que o prejuízo a ser reparado é a doença, e não a vida do demandante. Logo, o propósito dessas ações seria o de resguardar o direito à saúde da criança com deficiência. Ainda que sedutora, a ideia apresenta dificuldades de ordem técnica: a doença não foi causada pelo médico, e tampouco pode ser considerada, do ponto de vista jurídico, como um "prejuízo" experimentado pela criança (B). É por essa razão que o argumento de que as ações de *wrongful life* visam resguardar uma suposta lesão à saúde experimentada pela criança não tem conquistado adeptos entre os tribunais estrangeiros (C).

A – As ações de *wrongful life* e o direito de não nascer

370. As ações de *wrongful life* apresentam duas peculiaridades. Uma delas é que o autor da ação está a se queixar do fato que permitiu seu próprio nascimento; a outra, que o dano a ser reparado consiste numa doença que

---
[149] *Elliott v. Brown* 361 So. 2d 546 (1978).

não foi adquirida, mas, ao contrário, é inerente à constituição biológica do autor. São justamente esses dois fatores que provocam uma série de entraves ao acolhimento desse pedido reparatório.

O primeiro desses problemas é de ordem moral: essas ações atentam diretamente contra a dignidade das pessoas com deficiência[150]. A questão será mais bem debatida no próximo título. Por ora, basta notar que todo indivíduo que ajuíza uma ação reparatória em razão de um equívoco que permitiu seu nascimento tem um complicado ônus argumentativo a enfrentar. Ele precisa demonstrar que o fato em questão atentou contra seus interesses; uma alegação que, no caso, se mostra insustentável: a suposta vítima deve sua vida a esse equívoco. Ora, é difícil crer que a não existência lhe seria uma alternativa desejável. Por maiores que sejam os desprazeres a serem enfrentados ao longo de uma vida, eles parecem ser um preço perfeitamente aceitável pela dádiva da existência[151].

Por qual razão, então, reconheceríamos um direito à reparação em favor das pessoas com deficiência? Para muitos, o acolhimento desse tipo de ação implicaria afirmar que, ao contrário do que ocorre com as pessoas saudáveis, a uma vida das pessoas com deficiência é tão miserável, tão insatisfatória, que não valeria a pena ser vivida[152]; que seria preferível – inclusive para os

---

[150] Aynès, Laurent. Préjudice de l'enfant né handicapé: la plainte de Job devant la Cour de cassation. *D. 2001*, p. 492; Terré, François; Simler, Philippe; Lequette, Yves. *Droit civil*: les obligations. 10. ed. Paris: Dalloz, 2009, p. 1007, n° 1001; Viney, Geneviève. *Brèves remarques à propos d'un arrêt qui affecte l'image de la justice dans l'opinion publique*, op. cit., p. 286; Pradel, Xavier. *Le préjudice dans le droit de la responsabilité civil*, op. cit., p. 143-144.

[151] *Contra*: Benatar, David. *Better never to have been*: the harm of coming into existence. Oxford: Oxford University Press, 2006. Em sua obra – de teor um tanto quanto sensacionalista – o autor sustenta que, para qualquer pessoa (e não apenas para aquelas acometidas por graves deficiências), a não existência seria racionalmente preferível à existência, de tal sorte que todo nascimento representaria um dano para toda criança nascida.

[152] Os autores que abordam o tema do problema da não identidade tendem a concordar que, em alguns casos, as condições de vida da pessoa com deficiência são tão deterioradas que podemos afirmar que, para ela, seria melhor jamais ter nascido. Esse juízo só se aplicaria a doenças extremamente graves, que condenam a vítima a uma vida geralmente curta, de dores intensas e com pouca ou nenhuma interação com o mundo exterior – como a síndrome de Tay-Sachs. Nesses casos, não haveria qualquer paradoxo, pois a vida com deficiência poderia ser qualificada como um prejuízo para a criança. É por isso que, geralmente, os autores formulam uma condição para o surgimento do problema da não identidade: ele existira nas situações em que a conduta de alguém ensejou o surgimento de uma pessoa que terá uma vida privações e sofrimentos, *mas que ainda assim valará a pena ser vivida*. Cf. Feinberg, Joel. Wrongful life and the counterfactual element in harming. *Social philosophy & policy*, v. 4, n. 1, 1986, p.

próprios deficientes – que essas pessoas jamais tivessem vindo ao mundo[153]. Assim, as ações de *wrongful life* levariam ao reconhecimento de que, para as pessoas com deficiência, a própria vida constitui um dano[154], uma conclusão que implica uma grave discriminação para com essas pessoas.

371. É por isso que muitos dos críticos das ações de *wrongful life* afirmam – com grande dose de sarcasmo – que o acolhimento dessas demandas implicaria na positivação, em favor da criança com deficiência, de um ultrajante "direito de não nascer"[155] ou, como mais precisamente identificou a Corte de Cassação italiana, por um "direito de não nascer, se não saudável"[156]. Trata-se, à toda evidência, de um direito absurdo[157]: em princípio, ele não teria um titular[158] pois, antes de nascer, o indivíduo-por-vir não é pessoa[159],

---

161-170; Boonin, David. *The non-identity problem and the ethics of future people.* Oxford: Oxford University Press, 1984, p. 2; Kavka, Gregory. The paradox of future individuals. *Philosophy & public affairs*, v. 11, n. 2, 1982, p.105. Esse tipo de discussão não será aprofundado nesta obra. Para além da dificuldade em se determinar qual é o liminar abaixo do qual podemos considerar que uma vida "não vale a pena ser vivida", podemos notar que, na prática judicial, a maioria dos casos de *wrongful life* diz respeito a doenças que não são tão severas, como a síndrome de Down (CE, 14 fev. 1997, *Rec.* 44; Assem. Plén., 28 nov. 2001, *Bull. civ. I*, n° 16, p. n° 00-14.248; Cass. Civ., sez. uni., 22 dez. 2015, n° 25767), más formações de membros como mãos e braços (Supr. Trib. Just., 19 junho 2001, proc. 01A1008), ou surdez (*Turpin v. Sortini* 31 Cal. 3rd 220 (1982)).

[153] Sainte-Rose, Jerry. Réparation du préjudice de l'enfant empêché de ne pas naître handicapé. *D. 2001*, p. 316; Monteiro, António Pinto. *Direito a não-nascer?*, op. cit., p. 332.

[154] Frada, Manuel António Carneiro da. *A própria vida como dano? Dimensões civis e constitucionais de uma questão-limite*, op. cit., p. 259.

[155] Cf. Monteiro, António Pinto. *Direito a não-nascer?*, op. cit.; Monteiro, Fernando. Direito à não existência, direito a não nascer. *Comemorações dos 35 anos do Código Civil e dos 25 nos da reforma de 1977*: a parte geral do Código e a teoria geral do direito civil. Coimbra: Coimbra Editora, 2006, v. 2, p. 131.

[156] Cass. Civ., sez. III, 29 julho 2004, n° 14488; Cass. Civ., sez. III, 14 julho 2006, n° 16123; Cass. Civ., sez. III, 11 maio 2009, n° 10741; Cass. Civ., sez. uni., 22 dez. 2015, n° 25767. Cf. também: Mazeaud, Denis. Réflexions sur un malentendu. *D. 2001*, p. 332; Tourneau, Philippe le. *Droit de la responsabilité et des contrats*, op. cit., p. 570, n° 1440.

[157] Fabre-Magnan, Muriel. *La responsabilité civile et quasi-contrats*, op. cit., p. 179-180; Aynès, Laurent. *Préjudice de l'enfant né handicapé: la plainte de Job devant la Cour de cassation*, op. cit.

[158] Por essa razão, a Corte de Cassação italiana qualificou o hipotético direito de não nascer de "a-déspota (literalmente: sem dono)", Cass. Civ., sez. III, 29 julho 2004, n° 14488.

[159] Seria desnecessário adentrar, aqui, a polêmica sobre o início da personalidade. Para uma discussão sobre as principais teorias, cf. Chinellato, Silmara Juny de Abreu. *Tutela civil do nascituro*. São Paulo: Saraiva, 2000, p. 135-160.

e jamais o será, caso o seu suposto direito ao não nascimento seja de fato respeitado. O direito de não nascer só alcançará os umbrais do ordenamento jurídico se a criança com deficiência vier ao mundo, o que significa dizer que a prerrogativa surgirá apenas nas hipóteses em que for violada e no exato momento dessa violação[160]... Do que se conclui que esse pretenso direito, que já nasce desrespeitado, jamais poderá ser exercido de modo eficaz por quem quer que seja seu titular.

Outros autores apontam que a consagração de um equivalente direito de não nascer poderia redundar em resultados práticos catastróficos, pois serviria de fundamento para que a criança ajuizasse uma ação reparatória contra seus próprios pais[161]. Se o médico que permitiu que a criança deficiente nascesse pode ser responsabilizado por ter violado seus direitos, a mesma conclusão seria aplicável aos pais que, cientes da doença que acometia o feto, decidissem, corajosamente, por levar a gravidez a termo. Eles também teriam violado o direito de seu filho de não nascer[162].

372. O segundo problema inerente às ações de *wrongful life* é de ordem lógica e diz respeito à impossibilidade de se averiguar se o demandante, de fato, sofreu um prejuízo. Pode-se afirmar, de forma bastante intuitiva, que uma ação só prejudica alguém se fizer com que essa pessoa fique numa situação pior do que de outro modo estaria, caso a ação não tivesse sido praticada. Trata-se daquilo que a literatura jurídica ordinariamente denomina de "teoria da diferença"[163]: todo prejuízo é constatado a partir da comparação entre dois parâmetros; um fatual – a situação na qual o indivíduo se encontra após um evento – e um contrafatual – a situação na qual esse indivíduo se encontraria, caso esse evento não tivesse ocorrido. Haverá um prejuízo apenas quando a realidade se revelar um estado de coisas depreciado, em relação à situação alternativa que poderia ter se produzido.

---

[160] Para uma visão peculiar dos "direitos de nascimento" e sua violação, cf. FEINBERG, Joel. *Wrongful life and the counterfactual element in harming*, op. cit., p. 166-167.

[161] FRADA, Manuel António Carneiro da. *A própria vida como dano? Dimensões civis e constitucionais de uma questão-limite*, op. cit., p. 266; MONTEIRO, António Pinto. *Direito a não-nascer?*, op. cit., p. 331. Cf. também: LAMBERT-FAIVRE, Yvonne; PORCHY-SIMON, Stéphanie. *Le droit du dommage corporel: systèmes d'indemnisation*, op. cit., p. 759, n° 582-3; TERRÉ, François; SIMLER, Philippe; LEQUETTE, Yves. *Droit civil: les obligations*, op. cit., p. 1007, n° 1001.

[162] Contra: PINTO, Paulo Mota. *Indemnização em caso de 'nascimento indevido' e de 'vida indevida' ('wrongful birth' e 'wrongful life')*, op. cit., p. 14; VINEY, Geneviève; JOURDAIN, Patrice; CARVAL, Suzanne. *Les conditions de la responsabilité*, op. cit., p. 36-37, n° 249-6; MAZEAUD, Denis. *Réflexions sur un malentendu*, op. cit.

[163] SANSEVERINO, Paulo de Tarso Vieira. *Princípio da reparação integral: indenização no Código Civil*, op. cit., p. 140-142.

Partindo desse pressuposto, fica claro que, nas demandas de *wrongful life*, não há como se asseverar que a criança sofreu um prejuízo em decorrência da conduta do médico ou do laboratório. O problema desses casos é que, ainda que o parâmetro fatual seja inegavelmente aflitivo – a saber, a vida com deficiência –, a alternativa que se apresentava ao demandante seria a sua não existência[164]. Essa peculiaridade torna a averiguação de um suposto prejuízo racionalmente impossível[165]. Não se pode afirmar que a criança estaria numa situação melhor ou pior, sem a ação do responsável[166]. Ela simplesmente não estaria[167].

De fato, alguém que nunca existiu não é alguém, mas um não ser. E um não ser não admite qualificações: ele não está bem ou mal, feliz ou triste e, portanto, não pode servir de referência para que teçamos um juízo de valor sobre a vida de uma pessoa[168]. Como resume Sigmund Freud em uma de suas frases emblemáticas, "quem nunca nasceu não é, absolutamente, uma criatura humana; e para ele não existe um bom ou um melhor"[169]. Essa ausência de um parâmetro contrafatual que permita a aferição de um prejuízo é o traço distintivo das demandas de *wrongful life*[170], que não está presente, por exemplo,

---

[164] MONTEIRO, António Pinto. *Direito a não-nascer?*, op. cit., p. 325.

[165] *Berman v. Allan*, 80 N.J. 421, 404, A. 2nd 8 (1979); *Becker v. Schwartz* 46 N.Y. 2nd 401 (1978); *Siemieniec v. Lutheran General Hospital* 117 Ill. 2d 230, 512 N.E.2d 691 (1987); Cass. Civ., sez. III, 29 julho 2004, nº 14488. Cf. também: FRADA, Manuel António Carneiro da. *A própria vida como dano? Dimensões civis e constitucionais de uma questão-limite*, op. cit.

[166] Para resolver esse impasse, Joel FEINBERG propõe uma reformulação do critério contrafatual para os casos de *wrongful life*: a indenização não pressupõe que a vítima estaria "numa situação melhor" se não tivesse nascido, mas sim que, para ela, é racionalmente preferível não ter nascido. *Wrongful life and the counterfactual element in harming*, op. cit., p. 158-159.

[167] Note-se, nesse sentido, que não se trata apenas de uma dificuldade de quantificação do dano, mas da impossibilidade de afirmação de sua existência. De fato, a dificuldade de quantificação não poderia servir de pretexto para privar a vítima do direito à indenização, como comprovam os diversos casos em que os tribunais contornaram esse tipo de problema e garantiram a reparação de danos particularmente difíceis de serem calculados – danos morais, perda de uma chance, lucros cessantes, etc. Cf. FABRE-MAGNAN, Muriel. *Avortement et responsabilité médicale*. RTD Civ. *2001*, p. 285.

[168] HEYD, David. *Genethics*: moral issues in the creation of people. Berkeley: University of California Press, 1992, p. 32-33.

[169] FREUD, Sigmund. *O chiste e a sua relação com o inconsciente*. Tradução de Fernando Costa Mattos e Paulo César de Souza. São Paulo: Companhia das letras, 2017, p. 84.

[170] Paulo Mota PINTO critica o uso do parâmetro contrafatual como forma de impedir que a criança receba indenização, e propõe que seja utilizado como critério de com-

nas ações reparatórias movidas pelos pais. Para eles, é perfeitamente possível utilizar como parâmetro contrafatual a vida que teriam levado caso o filho não tivesse nascido.

373. O problema lógico inerente às ações de *wrongful life* é bastante debatido também no campo da Filosofia, onde recebe o nome de "problema da não identidade" (*non-identity problem*)[171]. As discussões sobre o problema da não identidade buscam avaliar a moralidade de ações que ensejam o surgimento de uma pessoa, a qual, no entanto, terá uma vida com sofrimentos ou privações[172]. O cerne da questão consiste em verificar se essa conduta pode ser considerada errada, ainda que, em princípio, não tenha prejudicado nenhuma pessoa em específico.

Os exemplos apresentados pelos autores que tratam do assunto vão de meros "casos imaginários", como o do casal que não pretendia ter filhos, mas que mudou de ideia porque celebrou um contrato em que se comprometia a gerar a criança e entregá-la como escrava a um comprador[173]; até exemplos mais concretos, como a discussão sobre a moralidade do ato de poluir o ambiente: se, de um lado, a poluição compromete a vida das futuras gerações, de outro, é preciso atentar para o fato de que, em razão as alterações sociais provocadas pelo próprio ato de poluir, é muito provável que as pessoas que existirão no "mundo futuro poluído" não seriam as mesmas que existiriam num alterativo "mundo futuro não poluído". Em outras palavras, as pessoas do "mundo futuro poluído" devem sua existência, precisamente, à ação do poluidor[174].

374. A uma primeira vista, tanto a conduta do casal que vendeu seu futuro filho, quanto a do poluidor, parecem ser erradas ou imorais. Contudo, se analisarmos com mais detalhe, notaremos que, tecnicamente, esses atos não causaram danos nem à criança, nem às supostas vítimas da poluição: nenhum deles teria existido, se não fosse pelo contrato celebrado pelos pais ou pelo ato de poluir. Não há, portanto, quem esteja em uma situação "pior"

---

paração "o da pessoa sem malformações e regularmente funcional", *Indemnização em caso de 'nascimento indevido' e de 'vida indevida' ('wrongful birth' e 'wrongful life')*, op. cit., p. 17.

[171] Também chamado de "paradoxo dos indivíduos futuros" (*paradox of future individuals*).

[172] Para as primeiras abordagens sobre o tema: PARFIT, Derek. *Reasons and persons*. Oxford: Oxford University Press, 1984, p. 351-380; KAVKA, Gregory. *The paradox of future individuals*, op. cit., p. 93; WOODWARD, John. *The non-identity problem*, op. cit., p. 804.

[173] KAVKA, Gregory. *Idem*, p. 100-103.

[174] PARFIT, Derek. *Reasons and persons*, p. 361-364.

em razão dessas condutas, o que, contrariamente à intuição anterior, parece indicar que essas ações são moralmente aceitáveis[175], ou, ao menos, que elas não foram prejudiciais aos indivíduos em questão.

Os autores que se debruçaram sobre o assunto já avançaram diversas teses para contornar esse embaraçoso paradoxo. Alguns sustentam que, nesse tipo de situação, a conduta é errada com relações às vítimas, na medida em que violou seus direitos, ainda que não tenha, verdadeiramente, causado um dano a elas[176]. Outra estratégia é tratar a questão como um dano não individualizado[177]: quem sofre os prejuízos da poluição não são os cidadãos A, B ou C, mas sim a "geração futura", pouco importando que não sejam as mesmas pessoas que a comporiam num cenário poluído ou não poluído[178]. Adotar uma perspectiva utilitarista é uma terceira forma de lidar o problema da não identidade. Ao invés de se conduziram da forma como fizeram, os agentes poderiam ter adotado medidas alternativas, que teriam trazido ao mundo pessoas diferentes, mas que seriam mais saudáveis ou felizes. Logo, eles podem ser repreendidos pois, com sua conduta, diminuíram o nível de bem-estar geral da sociedade. Fato é, contudo, que nenhuma dessas propostas é verdadeiramente convincente[179] ou isenta de falhas[180].

Nada obstante, muitos tentam superar esses problemas lógicos e morais inerentes às ações de *wrongful life*, recorrendo a uma pretensa lesão ao direito à saúde da criança.

B – As ações de *wrongful life* e o direito à saúde

375. Diante das críticas formuladas ao encontro das ações de *wrongful life*, seus defensores normalmente retorquem que esse tipo de pretensão não tem qualquer relação com um suposto "direito de não nascer". O dano a ser

---

[175] BOONIN, David. *The non-identity problem and the ethics of future people*, op. cit., p. 189-235.
[176] WOODWARD, John. *The non-identity problem*, op. cit.
[177] HARE, Caspar. Voices from another world: must we respect the interests of people who do not, and will never, exist? *Ethics*, v. 117, n. 3, 2007, p. 498.
[178] Do ponto de vista lógico, a solução proposta implica considerar a "vítima" do evento como um enunciado *de dicto*, e não *de re*, *idem*.
[179] FRIAS, Lincoln. *A ética do uso e da seleção de embriões*, op. cit., p. 164.
[180] Para uma análise das falhas das principais soluções propostas para o paradoxo da não identidade, cf. BOONIN, David. *The non-identity problem and the ethics of future people*, op. cit., p. 29-188.

reparado pelo responsável não é a vida da criança, mas a sua doença[181] e, nesse sentido, a indenização não atentaria contra a dignidade das pessoas com deficiência[182]. Não há nada verdadeiramente inusitado em se reparar o dano corporal experimentado pela vítima[183]. Estaríamos apenas reconhecendo seu direito à saúde[184].

Em princípio, esse raciocínio parece semelhante àquele utilizado para legitimar as ações reparatórias movidas pelos pais: não há violação da dignidade da criança na medida que os pais não estão a se queixar do filho, mas da lesão ao seu direito à autonomia reprodutiva[185]. Há, contudo, diferenças fundamentais entre as duas ações que não permitem esse tipo de paralelo. A tese de que o dano a ser reparado consiste na "doença" esbarra em obstáculos técnicos difíceis de serem transpostos.

376. O primeiro deles diz respeito à causalidade. Uma inconsistência em se afirmar que o dano a ser reparado é a doença da criança reside no fato de que essa condição de saúde não foi provocada pelo médico ou pelo laboratório[186]. A deficiência é congênita e a criança não poderia vir ao mundo sem ela. O erro imputável ao responsável apenas permitiu que essa pessoa de saúde inevitavelmente debilitada pudesse nascer[187], o que, por óbvio, não é o mesmo que dizer que esse erro causou a debilidade. Se esta ideia fosse levada a sério, chegaríamos a soluções insustentáveis. Teríamos de concluir, por exemplo, que o sujeito que impediu que uma

---

[181] PINTO, Paulo Mota. *Indemnização em caso de 'nascimento indevido' e de 'vida indevida' ('wrongfulbirth' e 'wrongful life')*, op. cit., p. 19; Cf. Cass. Civ., sez. III, 2 out. 2012, n° 16754;

[182] VINEY, Geneviève; JOURDAIN, Patrice; CARVAL, Suzanne. *Les conditions de la responsabilité*, op. cit., p. 36, n° 249-6; BACACHE-GIBEILLI, Mireille. *Les obligations: la responsabilité civile extracontractuelle*, op. cit., p. 425, n° 384, p. 870, n° 782; JOURDAIN, Patrice. L'indemnisation du préjudice de l'enfant né handicapé consacrée par l'Assemblée plénière. *D. 2001*, p. 332.

[183] FABRE-MAGNAN, Muriel. *Avortement et responsabilité médicale*, op. cit., p. 285; Patrice JOURDAIN, idem.

[184] JOURDAIN, Patrice. *L'indemnisation du préjudice de l'enfant né handicapé consacrée par l'Assemblée plénière*, op. cit.; MARKENSINIS, Basil. Réflexions d'un comparatiste anglais sur et à partir de l'arrêt Perruche. *RTD Civ. 2001*, p. 77.

[185] Cf. *supra*, n° 297 e s.

[186] SAINTE-ROSE, Jerry. *Réparation du préjudice de l'enfant empêché de ne pas naître handicapé*, op. cit., p. 316; CAPITANT, Henri; TERRÉ, François; LEQUETTE, Yves. *Les grands arrêts de la jurisprudence civile*, op. cit., p. 314.

[187] TOURNEAU, Philippe le. *Droit de la responsabilité et des contrats*, op. cit., p. 569-570, n° 1440; MAZEAUD, Denis. *Réflexions sur un malentendu*, op. cit., p. 332.

pessoa gravemente doente se matasse é o causador da doença que a levou a tentar o suicídio.

Os autores favoráveis às ações de *wrongful life* geralmente tentam resolver esse problema recorrendo à teoria causal mais ampla, da equivalência de condições[188]: o médico ou o laboratório teriam causado a doença da criança pois, não tivessem cometido o erro, essa doença não existiria. Mas, mesmo quanto a esse aspecto, a tese nos parece fruto de um evidente verbalismo.

Nos termos da teoria da equivalência de condições, um evento só poderá ser considerado "causa" de um determinado dano quando a supressão daquele evento teria evitado a produção deste dano. Ora, não é o que ocorre nos casos de *wrongful life*. Uma conduta proativa do médico ou do laboratório não teria evitado o dano à saúde da criança. Ela de modo algum estaria curada, caso tivesse sido abortada ou não concebida, mas, ao contrário, o resultado seria ainda mais devastador para a sua integridade física[189]. Do mesmo modo, é inegável que a tendinite em meu polegar esquerdo deixará de existir caso eu tome a decisão esdrúxula de amputar minha própria mão. Mas disto não decorre que, se eu desistir da ideia da amputação, terei dado causa à minha doença. Por mais ampla que seja, a teoria da equivalência de condições jamais pretendeu sufragar a absurda conclusão de que um mal pode ser validamente evitado provocando-se um mal ainda maior.

377. Há outra dificuldade técnica em se afirmar que o dano a ser reparado nas ações de *wrongful life* é a doença da criança. Ele reside na própria identificação da deficiência como um dano. De fato, a vítima de um acidente corporal pode alegar que a deficiência é um prejuízo na medida em que esse fato representa para ela um estado de depreciação: ela foi reduzida à deficiência, e isso é verdadeiro mesmo quando a sequela é fruto de uma lesão *in utero*, ou de abstenção terapêutica culposa. Já os casos de *wrongful life* não guardam paralelo com esse tipo problema. Neles, a criança jamais poderia nascer sem a enfermidade e a falha imputada ao médico em nada alterou essa

---

[188] KAYSER, Pierre. Un arrêt de l'Assemblée plénière de la Cour de cassation sans fondement juridique? *RTD Civ. 2001*, p. 285; AUBERT, Jean-Luc. Indemnisation d'une existence handicapée qui, selon le choix de la mère, n'aurait pas dû être. *Défrenois 2001*, p. 262; JOURDAIN, Patrice. *L'indemnisation du préjudice de l'enfant né handicapé consacrée par l'Assemblée plénière*, op. cit., 332; FABRE-MAGNAN, Muriel. *Avortement et responsabilité médicale*, op. cit., p. 285; BACACHE-GIBEILLI, Mireille. *Les obligations: la responsabilité civile extracontractuelle*, op. cit., p. 869-870, n° 781.

[189] No mesmo sentido, MAZEAUD, Denis. *Réflexions sur un malentendu*, op. cit., p. 332.

inevitável conclusão[190]. Ao indenizá-la, estaríamos devolvendo a ela algo que nunca lhe foi verdadeiramente tolhido[191].

A dificuldade em se afirmar a existência de um prejuízo sofrido pelo filho decorre do fato de que os métodos de planejamento familiar, e mais especificamente aqueles destinados a impedir o nascimento de crianças não saudáveis (sejam eles o aborto, as técnicas de aconselhamento genético, os diagnósticos pré-implantacionais etc.), têm por propósito satisfazer os interesses dos pais, ao permitirem que eles tenham um filho sadio. A criança com deficiência, e que só nasceu porque esses métodos falharam, não é destinatária dos serviços contratados por seus pais[192] e de forma alguma teria seus interesses, e tanto menos seu direito à saúde[193], resguardados caso esses serviços tivessem sido prestados a contento[194].

Esses fatores revelam que a tese de que o dano a ser reparado consiste na doença é tecnicamente insustentável. Não por acaso, a maioria dos tribunais estrangeiros tem rejeitado esse tipo de pedido reparatório.

C – As ações de *wrongful life* e as decisões dos tribunais

378. A análise das decisões proferidas por tribunais estrangeiros em ações de *wrongful life* revela uma nítida aversão dos magistrados a esse

---

[190] É notável a diferença com relação ao julgado em que a falha no procedimento abortivo, não apenas impediu o aborto, como causou lesões ao feto. Nesse caso, a saúde do feto foi efetivamente diminuída pelo fato imputado ao profissional: CE, 27 set. 1989, *D. 1991*, 80, nota Verpeaux, *Gaz.Pal. 1990*, 2, 421, conc. Fornacciari.

[191] Cf. Patrice JOURDAIN que, apesar de defender o precedente Perruche, reconhece essa peculiaridade da decisão: "a indenização da criança conduz, com efeito, à admissão de um prejuízo ante a inexistência de perda", in: VINEY, Geneviève; JOURDAIN, Patrice; CARVAL, Suzanne. *Les conditions de la responsabilité*, op. cit., p. 37, n° 249-6. Ver também: AUBERT, Jean-Luc. *Indemnisation d'un existence handicapée qui, selon le choix de la mère, n'aurait pas dû être*, op. cit., p. 262.

[192] Cf. BGHZ 86, 240, JZ 1983 447 (18.01.1983); Cass. Civ., sez. III, 11 maio 2009, n° 10741; Cass. Civ., sez. uni., 22 dez. 2015, n° 25767.

[193] Essa conclusão não se estende aos litígios que o próprio erro médico provocou lesões no feto, ou aqueles em que houve falha na prestação de serviços médicos pré-natais destinados a prevenir ou tratar uma doença in utero. Nesses casos, ainda que o contrato tenha sido celebrado pela gestante, é possível afirmar que seu propósito também é proteger os interesses do próprio nascituro. Já os serviços de controle de natalidade (aborto e contracepção), de seleção de embriões e de aconselhamento genético, não tem por propósito resguardar os interesses do nascituro, mas, antes, evitar que ele nasça.

[194] *Contra*: FERRARIO, Andrea. *Il danno da nascita indesiderata*, op. cit., cap. 1, n° 2.1. Cf. também: Cass. Civ. sez. III, 2 out. 2012, n° 16754; Cass. Civ., sez. III, 3 maio 2011, n° 9700.

tipo de pedido. As cortes, em sua maioria, rejeitam os pedidos reparatórios formulados pelas crianças com deficiência, fundadas, precisamente, na impossibilidade de se acolher um pretenso direito de não nascer em favor da criança com deficiência.

Em Portugal, por exemplo, o Supremo Tribunal de Justiça decidiu pela inadmissibilidade desse tipo de pedido, pela primeira vez, em 2001[195], sob o argumento de que o ordenamento português não admitiria um "direito à não existência". O entendimento viria a ser reafirmado pela mesma corte em 2013[196].

379. Na Alemanha, o Tribunal de Justiça Federal rejeitou uma ação de *wrongful life* em 1983[197]. Segundo a corte, o contrato de prestação de serviços abortivos, celebrado pela mãe, não teria qualquer efeito protetivo em favor do nascituro, porquanto a lei alemã teria autorizado a interrupção voluntária da gravidez no interesse exclusivo das gestantes. No mais, o tribunal afirmou que, por uma questão de princípio, um indivíduo tem de aceitar sua vida tal como a natureza o dotou, não havendo, em seu favor, pretensão legítima contra terceiros para exigir seu nascimento ou sua eliminação. O Tribunal Constitucional Federal daquele país tomaria decisão semelhante dez anos mais tarde[198].

O mesmo ocorre no Reino Unido, onde o precedente *McKay v. Essex Area Health Authority*, de 1982, continua a ser o *leading case* sobre as ações de *wrongful life*[199]. No caso, que consistia em um típico problema da falha no diagnóstico de rubéola contraída pela gestante, a Alta Corte de Justiça negou que a criança nascida com deficiência tivesse direito à reparação. É preciso ponderar, como visto, que, fora do perímetro da *Common Law*[200], uma ação

---

[195] Supr. Trib. Just., 19 junho 2001, proc. 01A1008. Cf. CORREIA, Vanessa Cardoso. Wrongful life action – Comentário ao acórdão do Supremo Tribunal de Justiça de 19 de junho de 2001. *Lex medicinae: revista portuguesa de direito da saúde*, ano 1, n. 2, 2004, p. 125; PINTO, Paulo Mota. *Indemnização em caso de 'nascimento indevido' e de 'vida indevida' ('wrongful birth' e 'wrongful life')*, op. cit., p. 11-12; MONTEIRO, António Pinto. *Direito a não-nascer?*, op. cit., p. 327-328; CORDEIRO, António de Menezes. *Tratado de direito civil português: parte geral – pessoas*, v. 1, t. 3, op. cit., p. 329-331, n° 103.
[196] Supr. Trib. Just., 17 jan. 2013, proc. 9434/06.6TBMTS.P1.S1.
[197] BGHZ 86, 240, JZ 1983 447 (18.01.1983), cf. MARKENSINIS, Basil; UNBERATH, Hannes. *The german law of torts*, op. cit., p. 164-171.
[198] BVerfGE 88, 203; NJW 1993, 1751 (28.05.1993), *idem*, p. 163-164.
[199] *McKay v. Essex Area Health Authority* [1982] 1 QB 1166.
[200] A expressão *Common law* é empregada, aqui, para designar o conjunto de regras do ordenamento britânico que têm sua origem nas decisões dos tribunais daquele país,

de *wrongful birth* pode prosperar no Direito Inglês nos casos de falhas de diagnósticos pré-implantatórios de embriões, com fundamento na Seção 1A (1) do *Congenital Disabilities Act*[201], o que evidencia certa contradição entre o Direito jurisprudencial e o estatutário daquele país[202].

380. Na Itália, a terceira seção civil da Corte Suprema de Cassação proferiu, ao longo da década de 2000, três decisões que afirmaram que o filho não poderia pretender reparação em litígios envolvendo a falha de diagnósticos pré-natais[203]. Entre os vários fundamentos adotados, o tribunal ressaltou o direito do nascituro à saúde, que é reconhecido pelo ordenamento italiano, seria direcionado, exclusivamente, ao nascimento da criança, e que dele não poderia ser extraído um correlativo "direito de não nascer, se não saudável". A Corte também afirmou que, nos termos da legislação italiana, o aborto é admitido com o único propósito de preservar a saúde, física ou psíquica, da gestante[204]. Logo, não seria possível reconhecer, em favor do nascituro, um suposto direito autônomo de não nascer, se não saudável, pois tal prerrogativa poderia entrar em conflito com o direito de sua mãe, especialmente nas situações em que, a despeito da deficiência, não há qualquer risco à saúde da gestante.

---

contrapondo-se, assim, às regras de fonte legislativa (*Statutory law*). A dubiedade existe porque, como evidencia o *Black's law dictionary* (9. ed., 2009), a expressão *Common law* é também utilizada para designar o próprio sistema jurídico dos países de tradição anglo-saxã, em oposição modelo de Direito de raízes romano-germânicas (*Civil law*), adotado na Europa continental e nações por ela influenciadas.

[201] "Em qualquer caso em que: (a) uma criança gestada por uma mulher em consequência da implantação no útero dela de um embrião, ou de esperma e óvulos, ou de sua inseminação artificial, nasce com deficiência, (b) a deficiência resulta de um ato ou omissão cometido durante a seleção [...] do embrião gestado por ela ou dos gametas usados para ensejar a criação do embrião, e (c) um indivíduo é, nos termos dessa seção, responsável em face da criança no que se refere ao ato ou omissão; as deficiências da criança devem ser consideradas como um dano resultante da conduta ilícita desse indivíduo e podem ser objeto de demanda proposta pela criança". DEAKIN, JOHNSTON e MARKENSINIS afirmam o disposto na S. 1 (1)(a) da referida lei também daria sustentação jurídica a certos casos de *wrongful life*, MARKENSINIS *and Deakin's tort law*, op. cit., p. 309.

[202] cf. GUR, Noam. Wrongful life claims and negligent selection of gametes or embryos in infertility treatments: A quest for coherence. *Journal of law and medicine*, v. 22, 2014, p. 426; SCOTT, Rosamund. Reconsidering 'wrongful life' in England after thirty years: legislative mistakes and injunstifiable anomalies. *Cambridge law journal*, v. 72, n. 1, 2013, p. 115.

[203] Cass. Civ., sez. III, 29 julho 2004, nº 14488; Cass. Civ., sez. III, 14 julho 2006, nº 16123; Cass. Civ., sez. III, 11 maio 2009, nº 10741.

[204] Cf. Lei de 22 de maio de 1978, nº 194, arts. 4 e 6.

De forma surpreendente, essa mesma formação da Corte de Cassação italiana reverteu seu entendimento em 2012, num polêmico julgado que acolheu um pedido reparatório do tipo *wrongful life*[205]. Mas a mudança teria vida breve no tribunal: três anos mais tarde, as Câmaras Unidas Civis resolveriam o impasse, decidindo pelo não acolhimento desse tipo de demanda[206].

381. França e Estados Unidos são, provavelmente, as duas principais exceções a essa tendência pretoriana contrária às ações de *wrongful life*. Entretanto, seria um equívoco afirmar, de forma categórica, que tais demandas são acolhidas nesses dois países. É bem verdade que, em 2000, com o julgado Perruche[207] – ou mesmo antes dele[208] –, a Corte de Cassação francesa inaugurou uma corrente de precedentes[209] favorável às ações de *wrongful life*. Mas esse movimento jurisprudencial foi interrompido com a intervenção do legislador francês em 2002, que determinou que esse tipo de indenização não seria mais admissível[210].

Quanto ao Direito americano, qualquer afirmação sobre a aceitação das ações de *wrongful life* naquele país passa por uma inevitável referência às jurisdições estaduais. E os resultados dessa análise revelam que o não acolhimento tende a prevalecer sobre o entendimento oposto. Como visto anteriormente, há apenas três estados americanos cujos tribunais concederam indenizações à própria criança nascida com deficiência[211]. Por outro lado, as ações de *wrongful life* foram rejeitadas em diversas unidades da federação[212],

---

[205] Cass. Civ., sez. III, 2 out. 2012, n° 16754. A mudança já havia sido antecipada em um acórdão de 2011: Cass. Civ., sez. III, 3 maio 2011, n° 9700.
[206] Cass. Civ., sez. uni., 22 dez. 2015, n° 25767.
[207] Assem. Plén., 17 nov. 2000, *D. 2001*, p. 332.
[208] Civ. 1ª, 16 julho 1991, *Bull. civ. I*, n° 248; Civ. 1ª, 26 março 1996, *Bull. civ. I*, n° 155 e 156.
[209] Assem. Plén., 13 julho 2001, *Bull. civ. I*, n° 10, p. n° 98-19.190, 97-17359 e 97-19282; Assem. Plén., 28 nov. 2001, *Bull. civ. I*, n° 16, p. n° 00-14.248.
[210] A questão será aprofundada mais à frente, cf. *infra*, n° 450 e s.
[211] Califórnia (*Turpin v. Sortini* 31 Cal. 3rd 220 (1982); *Curlender v. Bio-Science Labs.* 165 Cal. Rptr. 477 (1980), Nova Jersey (*Procanik by Procanik v. Cillo* 97 N.J. 339, 478 A. 2nd 755 (1984)) e Washington (*Harbeson v. Parke-Davis Inc.* 98 Wn. 2nd 460 (1983)).
[212] Cf., por exemplo: *Walker v. Mart*, 164 Ariz. 37, 790 P.2d 735 (1990); *Siemieniec v. Lutheran General Hospital* 117 Ill. 2d 230, 512 N.E.2d 691 (1987); *Becker v. Schwartz* 46 N.Y.2d 401 (1978); *Bruggeman v. Schimke* 239 Kan. 245, 718 P.2d 635 (1986); *Strohmaier v. Associates in Obstetrics and Gynecology*, 122 Mich. App. 116, 332 N.W.2d 432 (1982); *Elliott v. Brown* 361 So. 2d 546 (1978); *Smith v. Cote* 128 N.H. 231 513 A.2d 341 (1986); *Ellis v. Sherman* 512 Pa. 14, 515 A.2d 1327 (1986).

e alguns estados até mesmo promulgaram leis para impedir o acolhimento dessas demandas[213].

382. A tese de que não seria possível reconhecer um suposto direito de não nascer em favor da criança com deficiência entra eco até mesmo no judiciário brasileiro. Um dos raros exemplos desse tipo de ação em nosso país foi apreciado em 2011 pelo Tribunal de Justiça do Paraná, e dizia respeito ao já mencionado caso das pílulas Microvlar[214]. No litígio, a própria criança, representada por seus pais, pretendia a reparação dos danos morais e materiais que supostamente experimentou, pois, em razão da falha do contraceptivo empregado por sua mãe, "veio ao mundo sem ser desejada e ainda deficiente". Os magistrados observaram que a demandante não era vítima do incidente, mas sim seus pais, e que o pedido formulado passava "pela absurda conclusão de que [a autora] quer ser indenizada porque nasceu, ou então, porque não queria ter nascido!". Por essa razão, o tribunal extinguiu o processo, sem resolução do mérito, ante a ilegitimidade processual da autora[215].

Em resumo, há inúmeros motivos que nos levam a concluir que a criança, mesmo que nascida com deficiência, não sofre qualquer prejuízo em razão da falha dos métodos de controle de natalidade adotados por seus pais. Se esse fato foi bem notado pela corte paranaense, outros tribunais brasileiros parecem ignorá-lo por completo.

§ 2 – A demanda do filho no Direito Brasileiro: a legitimidade processual da criança para requerer o pagamento da pensão mensal

383. Há uma razão bastante evidente pela qual as ações de *wrongful life* tendem a ser raras no Brasil. Como visto, a casuística do Direito Comparado revela que a maioria dos litígios de *wrongful life* decorre de falhas que comprometeram o direito da gestante de recorrer a um aborto. Ora, esse direito não existe no Brasil, país em que a interrupção voluntária da gravidez é, em regra, criminalizada[216]. Isso faz com que esse tipo de demanda fique restrito

---

[213] Tais leis, normalmente, vedam também as ações do tipo *wrongful birth*. Cf. Cailin HARRIS, *Statutory prohibitions on wrongful birth claims & their dangerous effects on parents*, op. cit., p. 377-383.

[214] Cf. *supra*, n° 188 e s.

[215] TJPR, Apel 768.753-0, 8ª C.Civ., 18.08.2011.

[216] SILVA, Rafael Peteffi da. *Wrongful conception, wrongful birth e wrongful life: indenização pelo nascimento de filhos indesejados e os recentes posicionamentos da jurisprudência brasileira*, op. cit.; MULTEDO, Renata Vilela. *A responsabilidade civil por nascimento indesejado no direito brasileiro*, op. cit., p. 97.

a um contencioso periférico, como o do diagnóstico pré-implantatório[217] ou do aconselhamento genético[218], nos quais as demandas de *wrongful life* surgem de forma bem mais esporádica[219].

Nada obstante, são muito frequentes as hipóteses em que a criança, nascida em razão da falha de métodos contraceptivos, figura no polo ativo da ação reparatória, conjuntamente com seus pais. No mais das vezes, o pedido formulado em favor do menor se resume à reparação patrimonial[220]: os autores pretendem que o responsável pela falha pague uma pensão mensal diretamente à criança, para fazer face às despesas com o seu sustento[221].

384. O problema consiste em identificar o fundamento desse pedido. Qual seria, afinal, o dano patrimonial infligido à criança, que justificaria a outorga de uma pensão em seu favor? De certo, nenhum: o filho jamais experimentou qualquer dano em razão da falha que do método contraceptivo que permitiu que ele nascesse. Essa conclusão é ainda mais evidente do que nas ações de *wrongful life*, visto que, nos casos brasileiros, a criança não sofre de qualquer doença congênita e, portanto, nem ao menos pode alegar que o prejuízo a ser reparado residiria na sua deficiência.

385. Na verdade, o exótico pedido se deve a uma confusão quanto à natureza da obrigação que pesa sobre o responsável. Influenciados pelas pensões alimentícias concedidas em favor de crianças na seara do Direito de Família, os demandantes concluem que o filho seria o destinatário da pensão devida

---

[217] Cf. GOZZO, Débora. O diagnóstico pré-implantatório do embrião e a responsabilidade civil à luz dos direitos fundamentais. *In*: MARTINS-COSTA, Judith; MÖLLER, Letícia Ludwig (orgs.). *Bioética e responsabilidade*. Rio de Janeiro: GenForense, 2009, p. 391; MONTEIRO, Juliano Ralo. A responsabilidade civil no diagnóstico genético pré-implantacional. *Revista de direito privado*, v. 51, 2012, p. 273.

[218] SOUZA, Iara Antunes de. *Aconselhamento genético e responsabilidade civil*, op. cit.

[219] Cf. todavia, o já mencionado precedente do tribunal paranaense: TJPR, Apel 768.753-0, 8ª C.Civ., 18.08.2011.

[220] Em casos mais raros, o pedido formulado pelo filho inclui também os danos morais: TJSP, Apel 407.417-4/5, 10ª C.Priv., 13.05.2008; Apel 443.672-4/1-00, 9ª C.Priv., 27.03.2007; TJRS, Apel 70053153995, 10ª C.Civ., 23.05.2013. Em todos eles, a pretensão foi rechaçada pelos tribunais.

[221] Cf., por exemplo: TJRJ, Apel 0019199-91.2010.8.19.0021, 4ª C.Civ., 23.01.2013; Apel 0000096-72.2008.8.19.0020, 19ª C.Civ., 01.03.2011; Apel 0152852-94.2006.8.19.0001, 7ª C.Civ., 05.05.2010; TJMG, Apel 2.0000.00.336173-7/000, 1ª C.Civ., 21.08.2001; TJPR, 113.201-4, 6ª C.Civ., 13.11.2002; Apel 112.552-2, 4ª C.Civ., 03.04.2002; TJSP, Apel 9191833-13.2007.8.26.0000, 9ª C.Priv., 22.05.2012; Apel 9074509-41.2003.8.26.0000, 9ª C.Priv., 04.10.2011; Apel 494.864-4/6-00, 5ª C.Priv., 18.11.2009; Apel 494.864-4/6-00, 10ª C.Priv., 26.04.2006.

pelo responsável pela falha do contraceptivo, e que, consequentemente, ele teria legitimidade processual para exigir seu pagamento.

Ocorre que, como já analisado, a pensão a ser paga pelo responsável tem natureza indenizatória, e serve para compensar os pais pelos gastos que incorrerão com a criação do filho não planejado. Quem sofreu o prejuízo e, portanto, tem legitimidade processual para requerer esse pagamento são os próprios pais[222].

386. O mesmo não pode ser dito com relação ao filho, que não é vítima do evento e tampouco têm legitimidade para pretender, em juízo, a reparação do dano suportado por seus genitores.

Todavia, são raros os acórdãos em que o menor teve sua legitimidade processual afastada[223]. Na maioria das dos casos, o problema da falta de legitimidade parece ter passado desapercebido dos magistrados[224], que concedem a pensão diretamente à criança sem atentar que os gastos com o seu sustento não podem ser considerados um "dano" para ela mesma. Por outro lado, há também julgados que expressamente reconheceram a legitimidade processual do filho[225] e outros que, de forma ainda mais espantosa, rejeitaram a legitimidade dos pais para pretender esse tipo de reparação, alegando que o direito à pensão compete exclusivamente à criança[226].

387. Mesmo que tecnicamente equivocada, o acolhimento do pedido do filho é uma medida que pode ser adotada sob a perspectiva da instrumen-

---

[222] TJRJ, Apel 0000096-72.2008.8.19.0020, 19ª C.Civ., 01.03.2011; Apel 0152852-94.2006.8.19.0001, 7ª C.Civ., 05.05.2010; AI 4.543/01, 18ª C.Civ., 12.06.2001; AI 4.583/00, 10ª C.Civ., 29.08.2000; TJSP, Apel 482.037-4/0, 4ª C.Priv., 29.01.2009; Apel 421.677-4/3-003, 7ª C.Priv., 10.05.2006; TJMG, Apel 2.0000.00.397619-0/000, 2ª C.Civ., 10.02.2004.

[223] TJSP, Apel 407.417-4/5, 10ª C.Priv., 13.05.2008; Apel 303.637.4/0, 9ª C.Priv., 14.10.2003; Apel 269.592.4/8, 9ª C.Priv., 05.08.2003; TJMG, Apel 2.0000.00.336173-7/000, 1ª C.Civ., 21.08.2001.

[224] TJSP, Apel 0099789-31.2007.8.26.0000, 9ª C.Priv., 21.07.2012; Apel 0121195-74.2008.8.26.0000, 9ª C. Priv., 08.05.2012; Apel 494.864-4/6-00, 5ª C.Priv., 18.11.2009; Apel 494.864-4/6-00, 10ª C.Priv., 26.04.2006; TJPR, 113.201-4, 6ª C.Civ., 13.11.2002; Apel 112.552-2, 4ª C.Civ., 03.04.2002.

[225] TJSP, Apel 443.672-4/1-00, 9ª C.Priv., 27.03.2007.

[226] TJRJ, Apel 0019199-91.2010.8.19.0021, 4ª C.Civ., 23.01.2013. Ver também julgados em que os magistrados consideraram que a legitimidade processual para pretender a reparação dos gastos com o sustento da criança caberia ao próprio filho, mas que, por razões pragmáticas, admitiram que a mãe formulasse tal pedido em seu lugar: TJSP, Apel 9215490-18.2006.8.26.0000, 9ª C.Priv., 17.01.2012; Apel 193.123-4/0, 9ª C.Priv., 11.12.2007; AI 157.557-4/7-00, 8ª C.Civ., 23.08.2000; TJRJ, AI 1999.002.12.142, 6ª C.Civ., 22.02.2000.

talidade do processo. O propósito da pensão a ser paga aos pais é, de fato, o de custear as despesas da criança, o que faz com que ela seja a beneficiária mediata da indenização[227]. Seria um ato de desarrazoado apego ao formalismo extinguir a lide – e sujeitar a vítima a uma possível prescrição – apenas porque o patrono dos autores confundiu o destinatário jurídico e o destinatário fático da soma, ainda mais se atentarmos para o fato de que o primeiro é o representante legal do segundo.

Problema semelhante é encontrado no âmbito das pensões do Direito de Família, onde, algumas vezes, a mãe propõe ação de alimentos aos quais tem direito o seu filho, mas, por um lapso, formula o pedido em nome próprio, e não na qualidade de representante da criança. A doutrina tem sustentado que esse equívoco deve ser tratado como uma simples irregularidade processual, inapta a ensejar a declaração de ilegitimidade da parte[228]; uma tese que, inclusive, já foi encampada pelo Superior Tribunal de Justiça[229]. É perfeitamente possível aplicar esse entendimento aos problemas sobre a legitimidade processual em pensões decorrentes do nascimento indesejado[230], pois seguem a mesma lógica. Há apenas uma inversão quanto aos polos ocupados por mãe e filho: enquanto no problema encontrado no Direito de Família, a mãe trata direito alheio como se fosse próprio; nos casos de *wrongful life* é o filho quem demanda, em seu nome, uma prerrogativa que pertence aos seus genitores.

---

[227] TJRJ, Apel 0004926-79.2006.8.19.0011, 6ª C.Civ., 13.07.2013; TJPR, 113.201-4, 6ª C.Civ., 13.11.2002.
[228] CAHALI, Youssef Said. *Dos alimentos,* op. cit., p. 557.
[229] STJ, REsp 1.046.130/MG, 3ª Turma, 06.10.2009.
[230] TJSP, Apel 0008658-41.2009.8.26.0020, 1ª C.Priv., 07.02.2012.

A ILEGITIMIDADE DO CRITÉRIO FUNDADO NA DEFICIÊNCIA DOS FILHOS

388. O conflito entre a autonomia reprodutiva dos pais e a dignidade da criança levou os tribunais de alguns países a adotarem uma postura ambivalente sobre a questão da responsabilidade pela falha de contraceptivos, subordinando a reparação às condições de saúde da criança. Trata-se do que poderíamos denominar de "proteção seletiva" da autonomia reprodutiva: de acordo com essa concepção, o nascimento indesejado não representaria, em regra, um dano reparável aos genitores. Os pais só fariam jus à reparação se o filho não planejado sofrer de doença incurável, ou seja, caso ele tenha alguma deficiência física ou mental.

Esse tipo de entendimento foi adotado no Reino Unido, no já mencionado precedente *Parkinson v. St. James & Seacroft University Hospital N.H.S. Trust*[1], proferido pela Corte de Apelação daquele país em 2001. No caso, a Sra. Parkinson havia se submetido, em dezembro de 1993, a uma laqueadura tubária, realizada com o auxílio de clipes metálicos. Pouco mais de seis meses depois, ela já estava grávida novamente e, em maio de 1995, ela deu à luz ao seu filho Scott que, conforme indicavam diversas fontes, sofria de transtornos mentais compatíveis com autismo. Restou comprovado que o nascimento de Scott se deu em razão da negligência dos médicos que operaram a Sra. Parkinson, os quais haviam posicionado incorretamente os clipes em suas trompas.

Uma série de outros elementos tornavam o incidente com a Sra. Parkinson particularmente dramático. Ela e seu marido já eram pais de quatro outras crianças e moravam, todos, em uma modesta casa de apenas dois cômodos. A Sra. Parkinson estava desempregada e foi impedida de voltar a trabalhar em razão da

---

[1] *Parkinson v. St. James & Seacroft University Hospital N.H.S. Trust* [2001] EWCA Civ 530.

gravidez do quinto filho. Para complicar ainda mais a situação, o casal veio a se separar três meses antes que ela desse à luz, de modo que a guarda das crianças coube à Sra. Parkinson, inclusive a de Scott, que exigia cuidados especiais[2].

389. Tudo isso contribuiu para que a Corte de Apelação não ficasse indiferente diante das dificuldades enfrentadas pela demandante[3]. Havia, contudo, um obstáculo à concessão de reparação: a Câmara dos Lordes assentara, cerca de um ano antes, no precedente *McFarlane v. Tayside Health Board*[4], que, nos casos de falha de uma cirurgia de esterilização, os pais não teriam direito à indenização pelos custos de sustento da criança. A reparação ficaria restrita às dores e aos sofrimentos físicos experimentados pela mãe durante a gestação e o parto.

A maneira encontrada pelos magistrados da Corte de Apelação para contornar o problema foi operar uma distinção: após analisarem pontualmente o voto de cada um dos lordes que julgaram *McFarlane*, os membros da Corte de Apelação concluíram que aquela decisão vedaria apenas a reparação dos custos ordinários de sustento de um filho saudável. O precedente não impediria, portanto, a reparação dos gastos extraordinários[5], exigidos caso a filho não planejado fosse acometido por doença congênita[6].

---

[2] *Idem.*
[3] PRIAULX, Nicolette. *The harm paradox: tort law and the unwanted child in an era of choice*, op. cit., p. 132-136.
[4] *McFarlane v. Tayside Health Board* [2000] 2 AC 599.
[5] Um dos magistrados do caso Parkinson, *Lord Justice* Brooke, considerou que a Câmara dos Lordes havia restringido a reparação em McFarlane por questões de justiça distributiva: não seria correto, justo e razoável conceder indenização aos pais de uma criança saudável. Essa justificativa não se aplicaria ao caso Parkinson: "se os princípios de justiça distributiva forem chamados a ajudar, eu acredito que as pessoas comuns considerariam que seria justo que o direito concedesse reparação nesse caso, desde que ela seja limitada aos custos extras associados à deficiência da criança" (§ 50). Já a *Lady Justice* Hale abordou a questão sob a ótica da "quebra da equivalência" entre os custos de benefícios da parentalidade: a Câmara dos Lordes teria negado indenização em McFarlane por considerar que os ônus e bônus da parentalidade indesejada se compensariam. Contudo, essa correspondência não existiria nos casos em que a criança nascida tem deficiência, de modo que a reparação pelos custos extras estaria justificada: "não há, portanto, qualquer razão ou necessidade de se levar a limitação para além do que foi levada em McFarlane. Ela diz respeito aos custos ordinários de uma criança ordinária. Uma criança deficiente exige cuidados extras e gastos extras. Essa análise considera que ela traz tanta alegria e tantas vantagens quanto uma criança saudável normal [...]. Mas ela simplesmente reconhece que [a criança deficiente] custa mais" (§ 90).
[6] Cf. também: *Groom v. Selby* [2002] EWCA Civ 1522; *MNX v. Khan* [2017] EWHC 2990 (QB); e sua reversão pela Corte de Apelação em *Khan v. MNX* [2018] EWCA Civ 2609.

390. Os motivos que levam os magistrados a adotar a saúde da criança como critério para a reparação são bastante evidentes: o filho com deficiência frequentemente exige dos pais um empenho muito maior do que eles teriam com uma criança sadia, tanto do ponto dos cuidados necessários, mas, principalmente, do ponto de vista financeiro. A depender da deficiência, os custos com a adaptação da casa, equipamentos, medicamentos e assistência médica podem atingir cifras bastante elevadas.

Nada obstante, há duas razões para se afirmar que a distinção operada pelo tribunal britânico é eticamente inaceitável. A primeira delas é que o critério esconde uma grave discriminação para as pessoas com deficiência[7], pois implica que o nascimento de uma criança deficiente é menos valoroso do que o nascimento de uma criança saudável[8]. Enquanto para estas, a reparação constituiria uma solução inadmissível, por ofender a dignidade de seu nascimento, para aquelas, esse contrapeso moral não seria forte o bastante para impedir a reparação. A deficiência da criança tornaria aceitável uma solução que a própria jurisprudência considerou como aviltante para qualquer outra pessoa[9].

Se a proteção da dignidade da criança é o motivo pelo qual o nascimento indesejado não pode ser considerado um prejuízo reparável, então a deficiência não deveria constituir uma razão suficiente para se abrandar essa regra. A dignidade humana tem exatamente a mesma importância nessas duas situações.

391. Já a segunda razão diz respeito à arbitrariedade dessa abordagem seletiva de proteção da autonomia reprodutiva. Todo nascimento indesejado implica uma série de ônus aos genitores. Ora, não cabe à lei ou aos magistrados a tarefa de hierarquizar, com base nas características da criança, quais desses nascimentos representam ônus excessivos para os pais e quais não. O reconhecimento legal da autonomia reprodutiva significa que essas decisões devem ser tomadas de forma livre pelos próprios indivíduos interessados.

---

[7] PRIAULX, Nicolette. *The harm paradox: tort law and the unwanted child in an era of choice*, op. cit., p. 53-63; HENSEL, Wendy. *The disabling impact of wrongful birth and wrongful life actions*, op. cit., p. 171-181.

[8] HOLANDA, Caroline Sátiro de. *A gravidez indevida e o consequente nascimento de uma criança podem ser considerados um dano?*, op. cit.

[9] Nesse sentido, Rafael Peteffi da SILVA afirma que a opção seletiva, adotada nos EUA e na França, consagra uma "odiosa discriminação" (*Wrongful conception, wrongful birth e wrongful life: indenização pelo nascimento de filhos indesejados e os recentes posicionamentos da jurisprudência brasileira*, op. cit.).

As escolhas reprodutivas são questões de tal modo ligadas ao foro interno e às opções de vida de cada um, que dificilmente poderiam ser clivadas a partir de critérios legais predeterminados. Nem mesmo a deficiência, que sabidamente implica maiores ônus aos pais e à própria criança, é um critério satisfatório para tecer esse tipo de avaliação. Tomemos o caso da Sra. Parkinson. Será que a deficiência de seu filho teria provocado as mesmas repercussões em sua vida, caso ela gozasse de uma estrutura familiar e de condições financeiras para sustentá-lo? Qual, então, teria sido o fator determinante para que seu caso fosse considerado suficientemente penoso, a ponto de merecer reparação? O fato de que ela estava desempregada e recém-separada? Os quatro outros filhos? Nenhuma dessas questões pode ser respondida de forma adequada[10]. E por uma razão muito simples: a única pessoa em posição de avaliar a pertinência do nascimento de um filho naquele dado momento de sua vida é a própria Sra. Parkinson.

392. Nesse sentido, a tentativa de selecionar, a partir da deficiência da criança, os casos graves e não graves de lesão à autonomia reprodutiva, pode levar a decisões insustentáveis. A própria jurisprudência britânica enfrentaria esse tipo de embaraço no precedente *Rees v. Darlington Memorial Hospital NHS Trust*, proferido pelo Câmara dos Lordes dois anos depois de *Parkinson*[11]. Novamente, o litígio envolvia uma mulher que engravidara contra a sua vontade, como resultado de uma cirurgia de laqueadura de trompas mal realizada. A peculiaridade em *Rees* é que, nesse caso, quem sofria de doença incurável não era a criança, mas sim a própria mãe. A Sra. Rees era portadora de uma deficiência visual progressiva e incurável, que a deixara praticamente cega[12]. A decisão de se submeter a uma cirurgia de esterilização decorreu precisamente do fato de que ela não se sentia em condições de arcar com as responsabilidades de uma possível maternidade.

Tal como em *Parkinson*, o próprio tribunal reconheceu as adversidades experimentadas pela mãe para educar seu filho não planejado: a Sra. Rees era solteira e o pai da criança jamais demonstrara qualquer interesse em seu filho. Em função de sua deficiência, ela sentia dificuldades ao cumprir as tarefas

---

[10] Nesse mesmo sentido, David BENATAR argumenta que a vida de pessoas sem deficiência, muitas vezes, pode ser muito mais difícil do que a de pessoas que convivem com doenças incuráveis (*Better never to have been: the harm of coming into existence*, op. cit., p. 123).

[11] *Rees v. Darlington Memorial Hospital NHS Trust* [2003] UKHL 52.

[12] Em princípio, a criança, Anthony, era perfeitamente saudável e não havia indícios de que herdara a doença que acometia a Sra. Rees (retinite pigmentosa). Contudo, os riscos, apesar de pequenos, não haviam sido completamente descartados (*idem*, § 23).

maternais mais simples, como cozinhar para seu filho, e só conseguia criá-lo graças à ajuda de sua mãe e outros parentes que moravam na vizinhança. Ainda assim, a Câmara dos Lordes optou por manter o critério delineado em *McFarlane* e *Parkinson* e negou reparação dos custos incorridos pela Sra. Rees com o sustento de seu filho. Só a deficiência da criança justificaria a alocação de danos patrimoniais às vítimas de contraceptivos defeituosos[13].

393. As contradições experimentadas pela jurisprudência do Reino Unido evidenciam a real origem do problema. A verdade é que todo critério que condiciona a proteção da autonomia reprodutiva às idiossincrasias da criança incorre em algum tipo de discriminação e pode conduzir a resultados práticos injustificáveis.

É preciso ressaltar que esse não é um posicionamento isolado dos tribunais britânicos. Muitos tribunais americanos adotam semelhante perspectiva[14] e, mesmo no Brasil, é possível encontrar decisões afirmando que não há dano "quando a gestação indesejada transcorreu sem problemas e a criança nasceu saudável"[15] ou que o "nascimento de um filho saudável, em condições normais, não constitui motivo bastante para configurar o dano moral indenizável"[16]. Ainda que não se tenha notícia de julgados que adotaram essa solução sob sua perspectiva inversa – ou seja, que tenham determinando a reparação do nascimento, em caráter excepcional, em razão da deficiência da criança não planejada[17] – esse tipo de entendimento parece perfeitamente plausível, levando em conta o teor debates em nossos tribunais.

---

[13] Todavia, a corte entendeu que seria razoável conceder à Sra. Rees, em razão da lesão que experimentou, uma indenização arbitrada equitativamente em £ 15.000 – um montante que, como enfatizou Lorde Bingham, teria apenas uma função simbólica e "não seria, e não teria o propósito de ser, uma reparação (*compensatory*). Ele não seria o resultado de um cálculo". Esse valor fixo de indenização deveria ser aplicado como regra em casos semelhantes, pouco importando a condição de saúde dos pais ou da criança.

[14] Cf. DOBBS, Dan. *The law of torts*, op. cit., p. 769-768 e os acórdãos citados.

[15] TJMG, Apel 1.0079.08.427567-0/001, 2ª C.Civ., 03.08.2010. Ver também: TJMG, Apel 1.0625.04.038154-7/001, 10ª C.Civ., 03.10.2006; TJGO, Apel 182105-35.2004.8.09.0112, 3ª C.Civ., 30.11.2010; TJRS, Apel 70064358658, 7ª C.Civ., 29.09.2016.

[16] TJPR, Apel 112.552-2, 4ª C.Civ., 03.04.2002. Cf. também: TJSP Apel 139.785.4/5, 9ª C.Priv., 02.06.2003.

[17] Cf., por exemplo, o julgado TJSP, Apel 421.677-4/3-00, 7ª C.Priv., 10.05.2006: trata-se de um dos muitos casos envolvendo as pílulas Microvlar. Na hipótese, a criança nascida sofria de doença auditiva congênita. Apesar de mencionarem essa questão nos fundamentos da decisão, os magistrados não recorreram à doença da criança como um critério de reparação. Pelo contrário: o acórdão é claro ao afirmar que a indenização tinha por fundamento a lesão à autonomia reprodutiva da mãe.

O exemplo mais emblemático dos perigos da abordagem seletiva pode ser encontrado na França. O julgado *Perruche*, proferido pela Corte de Cassação francesa em 2000, é provavelmente o mais conhecido[18] e polêmico precedente envolvendo o problema da responsabilidade pela lesão à autonomia reprodutiva, sendo considerado um marco para esse tipo de litígio em todo mundo. É preciso entender as origens desse acórdão (Capítulo 1), bem com as suas consequências (Capítulo 2).

---

[18] Para referências brasileiras ao acórdão, cf. LOPEZ, Teresa Ancona. *Dano existencial*, op. cit., p. 287; MORAES, Maria Celina Bodin de. *Danos à pessoa humana: uma leitura civil-constitucional dos danos morais*, op. cit., p. 134-140; também em MORAES, Maria Celina Bodin de. O princípio da dignidade humana. In: MORAES, Maria Celina Bodin de (coord.). *Princípios do direito civil contemporâneo*. Rio de Janeiro: Renovar, 2006, p. 1. p. 56-59; SANSEVERINO, Paulo de Tarso Vieira. *Princípio da reparação integral: indenização no Código Civil*, op. cit., p. 181-82; GODOY, Gabriel Gualano de. *Acórdão Perruche e o direito de não nascer*. Dissertação (Mestrado em Direito), Faculdade de Direito, Universidade Federal do Paraná, Curitiba, 2007.

A ABORDAGEM SELETIVA NA FRANÇA: AS ORIGENS DO ACÓRDÃO PERRUCHE

394. O problema da responsabilidade pela lesão ao direito de planejamento familiar emergiu de forma distinta na jurisprudência francesa. Ao contrário da controvérsia enfrentada pelos tribunais brasileiros ou britânicos, em que o nascimento indesejado resultava do vício de métodos contraceptivos, a Corte de Cassação e o Conselho de Estado foram chamados a resolver litígios envolvendo a liberdade de aborto[1].

Esse contencioso surgiu com a aprovação da chamada "Lei Veil", de 17 de janeiro de 1975[2], que descriminalizou a interrupção voluntária de gravidez, introduzindo duas hipóteses em que o aborto pode ser realizado: a *interrupção voluntária de gravidez* propriamente dita (IVG)[3], praticável até a décima semana de gestação[4] e condicionada ao simples "estado de angústia" da gestante[5]; e a *interrupção voluntária de gravidez por motivo terapêutico*

---

[1] Ver, contudo, acerca do inadimplemento do dever de informar quando da realização de uma operação de laqueadura de trompas: Civ. 1ª, 9 maio 1983, *D. 1984*, p. 121, nota J. Penneau, *JCP 1984*, II, 20149, nota A. Dorsner-Dolivet.

[2] Em homenagem a Simone Veil, ministra da Saúde à época e principal idealizadora da lei.

[3] Segundo o art. L. 162-1 do texto original da lei: "A gestante cujo estado a coloca em uma situação de angústia pode requerer a um médico a interrupção de sua gravidez. Esta interrupção somente pode ser praticada até o fim da décima semana de gravidez" – correspondente ao atual art. L. 2212-1 do Código da Saúde Pública.

[4] Esse prazo foi estendido até a decima segunda semana de gestação, a partir da reforma legal promovida pela Lei 2001-588 de 4 de julho de 2001.

[5] Era entendimento pacífico no Direito francês que cabe à gestante determinar se ela se encontrava ou não em "estado de angústia", apreciação que não estava subordinada a qualquer tipo de avaliação técnica ou opinião de terceiros. Esse poder soberano da mulher sobre a sorte de sua gravidez foi sedimentado pelo Conselho de Estado,

(IMG)⁶, a qual pode ocorrer em qualquer momento da gestação, desde que a continuação da gravidez ponha em risco a vida da gestante, ou ainda, caso exista uma forte probabilidade de que o nascituro seja acometido por enfermidade grave e reconhecidamente incurável⁷ no momento do diagnóstico.

395. A legalização do aborto promovida pela Lei Veil daria ensejo a duas espécies de litígio envolvendo a maternidade indesejada. Uma primeira hipótese de conflito entre genitores e médicos surgiu em torno da interrupção de gravidez por conveniência (IVG), mais precisamente, nos casos em que, em razão da falha humana cometida durante o procedimento abortivo, a intervenção não surte efeitos, ensejando o prosseguimento da gravidez indesejada e o eventual nascimento da criança.

Mas a questão tornou-se ainda mais controversa com o surgimento de uma segunda hipótese de conflito, dessa vez relativa à interrupção terapêutica de gravidez fundada no risco de doença da criança (IMG). Nestes casos, a falha imputada ao médico consiste no inadimplemento de uma obrigação

---

em seu parecer de n° 13028, de 31 de outubro de 1980. No caso, a gestante havia se submetido a uma interrupção voluntária de gravidez sem comunicar seu marido, com quem estava separada de fato. O marido se voltou então contra o hospital que realizou a intervenção, alegando que o art. L. 162-4 do Código da Saúde Pública previa que "sempre que possível, o casal participará da consulta e da decisão a ser tomada". O Conselho de Estado rejeitou a interpretação: "infere-se deste texto, esclarecido pelos trabalhos preparatórios da lei, que o dispositivo em questão, que apresenta um caráter puramente facultativo, não tem nem o objeto ou nem o efeito de privar a mulher maior de idade do direito de apreciar exclusivamente se sua situação justifica a interrupção de sua gravidez". Em todo caso, a reforma promovida pela Lei 2014-873, de 5 de agosto de 2014 ("lei para igualdade real entre mulheres e homens"), eliminou a exigência do "estado de angústia" da mulher para a realização do aborto.

6   Segundo o art. L. 162-12 do texto original da lei, "A interrupção voluntária de gravidez pode, a qualquer momento, ser praticada se dois médicos atestarem, após exame e discussão, que a continuação da gravidez coloca em grave perigo a saúde da mulher ou exista uma forte probabilidade que o nascituro seja acometido por enfermidade grave e reconhecidamente incurável no momento do diagnóstico" – correspondente ao atual art. L. 2213-1 do Código da Saúde Pública.

7   Vale lembrar que o conceito de enfermidade "grave e incurável" não é determinado previamente por lei ou regulamento, cabendo aos médicos, em cada caso concreto, apreciar a questão. Doenças não terminais, como a síndrome de Down ou a espinha bífida (doença que provoca paraplegia), são comumente reputadas como suficientemente graves de modo a permitir o aborto terapêutico; SARGOS, Pierre. Réflexions 'médico-légales' sur l'interruption volontaire de grossesse pour motif thérapeutique. *JCP 2001*, I, 322; BERGOIGNAN-ESPER, Claudine; SARGOS, Pierre. *Les grands arrêts du droit de la santé*. Paris: Dalloz, 2010, p. 610-612, n° 481. No Direito Português: CORDEIRO, António de Menezes. *Tratado de direito civil português: parte geral – pessoas*, v. 1, t. 3, op. cit., p. 323, n° 102.

de informação: os pais queixam-se que a doença do nascituro não lhes foi revelada e que, em razão desse erro, eles não puderam recorrer à faculdade legal de abortar o feto portador de deficiência.

Dentre as decisões proferidas em litígios desta segunda espécie, o acórdão da Assembleia Plena da Corte de Cassação datado de 17 de novembro de 2000, conhecido como "acórdão Perruche"[8], é certamente o mais célebre. A decisão notabilizou-se em razão de uma peculiaridade da condenação: após constatar que as falhas de diagnóstico imputáveis ao laboratório e ao médico haviam privado a gestante de sua vontade de recorrer a uma IMG, a Corte de Cassação reconheceu que o direito à reparação caberia, não apenas aos genitores, mas à própria criança deficiente que, nas palavras do tribunal, "pode demandar a reparação do prejuízo resultante desta deficiência e causado pelas falhas constatadas". Tratava-se, portanto, de um típico caso de *wrongful life*.

396. O acórdão foi imensamente criticado pela comunidade jurídica e pela opinião pública[9], que acusaram a Corte de Cassação de ter reconhecido à criança um "direito de não nascer"[10]. As hostilidades à posição adotada pelo tribunal terminaram por repercutir no Poder Legislativo, que em 2002, em meio a uma reforma do sistema de saúde (Lei Kouchner), aprovou um dispositivo legal destinado especificamente a impedir o prosseguimento da jurisprudência Perruche[11].

Em nosso ver, as críticas ao encontro da solução jurídica adotada pelo acórdão Perruche procedem, mas a condenação pública da Corte de Cassação é absolutamente injusta. A maioria dos problemas éticos identificados no acórdão Perruche já se encontrava na jurisprudência até então sufragada pelo Conselho de Estado e, ainda que em seu germe, na própria Lei Veil.

---

[8] Assem. Plén., 17 nov. 2000, p. n° 99-13.701, *Bull. civ I*, n° 9. Por meio da decisão, a Assembleia Plena confirmou o entendimento adotado pela 1ª Câmara Cível da Corte de Cassação, no curso do mesmo litígio: Civ. 1ª, 26 março 1996, Perruche, *Bull. civ.* I, n° 156.

[9] Cf., por exemplo, "Un handicapé né après une erreur médicale va être indemnisé", *Le Monde*, 19 de novembro de 2000 ; "Nicolas, indemnisé pour être né handicapé", *Le Figaro*, 19 de novembro de 2000.

[10] Cf. TOURNEAU, Philippe le. *Droit de la responsabilité et des contrats*, op. cit., p. 570, n° 1440; CAYLA, Olivier; THOMAS, Yan. *Du droit de ne pas naître: à propos de l'affaire Perruche*, op. cit.; e as notas de MAZEAUD, Denis. *Réflexions sur un malentendu*, op. cit., p. 332; AYNÈS, Laurent. *Préjudice de l'enfant né handicapé: la plainte de Job devant la Cour de cassation*, op. cit., p. 492.

[11] Lei 2002-303, de 4 de março de 2002 "Relativa aos direitos dos doentes e à qualidade do sistema de saúde".

Em definitivo, o erro está em analisar o acórdão Perruche sem antes inseri-lo em seu contexto. Um fato quase nunca mencionado pelos críticos é que os magistrados franceses sempre se opuseram à reparação dos danos decorrentes de um nascimento indesejado, fundados, precisamente, na ilegitimidade do prejuízo em questão (Seção 1). A jurisprudência Perruche da Corte de Cassação, bem como a jurisprudência Quarez do Conselho de Estado, representam apenas uma exceção a esse princípio da irreparabilidade, criada pelos juízes para favorecer o neonato deficiente (Seção 2). É a partir dessas considerações que podemos entender as reais contradições da jurisprudência francesa (Seção 3).

Seção 1 – O princípio: o nascimento indesejado não é um prejuízo legítimo experimentado pelos pais

397. Com a aprovação da Lei Veil, não tardou para que os tribunais fossem chamados a apreciar demandas reparatórias movidas pelos genitores, em razão de erros cometidos pelos médicos durante o procedimento de aborto. A questão a ser resolvida pela jurisprudência civil e administrativa era estabelecer se o nascimento indesejado de um filho, após uma intervenção abortiva infrutífera, pode ser considerado um prejuízo legítimo experimentado pelos genitores[12]. E a resposta, apresentada tanto pelo Conselho de Estado, quanto pela Corte de Cassação, foi negativa (§ 1) – um entendimento que, inevitavelmente, provoca uma série de inconvenientes (§ 2).

§ 1 – As decisões do Conselho de Estado e da Corte de Cassação

398. O primeiro a abordar o problema foi o Conselho de Estado. Em decisão datada de 2 de junho de 1982, essa corte administrativa rejeitou o recurso interposto pela demandante, assentando que "o nascimento de um filho, mesmo se ocorrido após uma intervenção praticada, sem sucesso, para provocar a interrupção de uma gravidez demandada nas condições estabelecidas nos arts. L. 162-1 a L. 162 do Código da Saúde Pública por uma mulher grávida, não gera prejuízo capaz de conceder à mãe direito à reparação em face do estabelecimento hospitalar onde esta intervenção ocorreu, a menos que existam, em caso de insucesso desta intervenção, uma situação ou circunstâncias particulares, suscetíveis de serem invocadas pela interessada"[13].

---

[12] VINEY, Geneviève; JOURDAIN, Patrice; CARVAL, Suzanne. *Les conditions de la responsabilité*, op. cit., p. 28-29, n° 249-2.

[13] CE, 2 julho 1982, n° 23141, *D. 1984*, p. 425, nota J-B. D'Onorio, IR, p. 21, obs. Moderne e Bon, *Gaz. Pal. 1983*, p. 193, obs. Moderne, *AJDA* 1983, p. 206.

A Corte de Cassação adotaria esse mesmo entendimento em acórdão proferido por sua 1ª Câmara Cível, em 25 de junho 1991[14]. No caso, os peritos apontaram que a negligência do médico ensejara a ineficácia do tratamento abortivo ao qual foi submetida uma jovem gestante, na medida em que o profissional não realizara os exames necessários para verificar se o ovo havia sido efetivamente evacuado durante a intervenção. Nada obstante, a Corte de Apelação de Riom negou o direito de reparação à paciente, considerando que "o nascimento de um filho não pode constituir, em si mesmo, no plano moral, um dano" e que a demandante não trouxera "outra prova de que esse evento, presumivelmente feliz, tenha sido para ela a causa de um sofrimento moral"[15]. Essa decisão foi confirmada pela Corte de Cassação[16]: "considerando que a existência de um filho por ela concebido, não pode, em si, constituir para a mãe um prejuízo juridicamente reparável, mesmo que o nascimento tenha ocorrido após uma intervenção praticada, sem sucesso, para provocar a interrupção da gravidez, que o julgado recorrido ressalta que a criança era perfeitamente sadia e que a Sra. X não provou que o nascimento tenha ensejado para ela um sofrimento moral certo [...], que, dessa maneira, sem que haja um dano particular o qual, somado aos ônus normais da maternidade, permitiria à mãe demandar indenização, a Corte de Apelação [...] justificou sua decisão"[17].

---

[14] Civ. 1ª, 25 junho 1991, p. n° 89-18617, *Bull. civ. I*, n° 213, *D. 1991*, p. 566, nota P. le Tourneau, *JCP 1992*, II, 21784, nota J-F. Barbieri, *RTD Civ. 1991*, p. 753, obs. P. Jourdain, R. Peteffi da SILVA, *Novos direitos, reparação dos pais pelo nascimento de filhos indesejados e a tutela do 'direito de nascer': um diálogo com o ordenamento francês*, op. cit., p. 186-190.

[15] CA Riom, 6 julho 1989, *D. 1990*, p. 284, nota P. le Tourneau.

[16] A Corte de Cassação, porém, não repetiu o argumento moralmente questionável empregado pela Corte de Apelação de Riom que, para negar a reparação dos danos patrimoniais alegados pela gestante, ressaltara que ela "dispunha da possibilidade, admitida pela legislação, de abandonar à criança aos serviços de assistência social" e que, por esse viés, não haveria ônus econômico inevitável para a mãe. Cf. TERRÉ, François; SIMLER, Philippe; LEQUETTE, Yves. *Droit civil: les obligations*, op. cit., p. 721, nota 2.

[17] Nesse sentido, Patrice JOURDAIN interpretou o acórdão como um simples caso de ausência de provas acerca do dano moral supostamente experimentado pela genitora. De fato, a Corte de Apelação havia negado a pretensão reparatória assentando que, contrariamente ao que ocorre nos casos de morte acidental de um ente próximo, não há presunção de que o nascimento indesejado constitua um prejuízo moral, cabendo ao demandante fazer prova nesse sentido. A Corte de Cassação, ao confirmar o julgado, teria ratificado esse entendimento, La naissance d'un enfant peut-elle engendrer un préjudice indemnisable pour la mère en cas d'interruption volontaire de grossesse pratiquée sans succès? *RTD Civ. 1991*, p. 753.

399. Essa recusa à indenização nos parece fundada em duas premissas. A primeira delas é a preocupação da Corte de Cassação e do Conselho de Estado em reafirmar a dignidade da vida da criança e o respeito à relação de maternidade – uma ideia que, com ou sem razão[18], é frequentemente externada por magistrados de todo mundo, quando apreciam litígios envolvendo o nascimento indesejado. De acordo com esse ponto de vista, a partir do momento em que o filho adquire existência e personalidade próprias, o litígio extravasaria as considerações relativas ao direito de planejamento familiar dos pais e passaria a interferir nos direitos da própria criança[19].

Endossando o entendimento das cortes de seu país, Geneviève Viney sustenta que o indeferimento do pedido reparatório dos pais "é indispensável para afirmar simbolicamente o valor intrínseco da vida e sua superioridade sobre o respeito das conveniências pessoais da mãe e para evitar que a criança descubra mais tarde a verdade e constate que para seus pais ela é apenas um 'prejuízo', do qual eles procuraram indenização, após terem tentado em vão livrar-se dela"[20].

400. O segundo fundamento para a recusa à reparação concerne à moralidade da interrupção voluntária de gravidez. Nesse sentido, o contencioso enfrentado pela jurisprudência francesa é muito mais delicado do que aquele apreciado pelos tribunais brasileiros. Na França, o problema da legitimidade do "bebê-prejuízo" se mescla com o problema da legitimidade do próprio aborto.

Ainda que a lei francesa tenha admitido a prática do aborto, isso não significa que ela seja aceita sem ressalvas por toda a sociedade francesa[21] ou pelo

---

[18] Cf. *supra*, n° 297.

[19] Cf. o comentário de Philippe le TOURNEAU em CA Rion, 6 julho 1989, *D. 1990*, p. 284: "[uma vez concebida] a criança não pertence aos seus pais: eles o têm sob sua responsabilidade, e não sob sua posse. Sua vida não deve decorrer da boa vontade de seus autores, uma vez que ela exista: tão logo eles o conceberam, deliberadamente ou não, ele os escapa; novo ser, ele aspira à autonomia". Ver também: CAPITANT, Henri; TERRÉ, François; LEQUETTE, Yves. *Les grands arrêts de la jurisprudence civile*, op. cit., p. 316; BACACHE-GIBEILI, Mireille. *Les obligations: la responsabilité civile extracontractuelle*, op. cit., p. 423, n° 382.

[20] Les conditions de la responsabilité, op. cit., p. 29, n° 249-2. Cf. também: MULTEDO, Renata Vilela. *A responsabilidade civil por nascimento indesejado no direito brasileiro*, op. cit., p. 117.

[21] Nesse ponto, é interessante notar o problema jurídico provocado pelos "commandos anti-IVG", que é como se autodenominavam os grupos de manifestantes que tinham por prática invadir hospitais e clínicas onde se realizavam abortos, na tentativa de evitá-los. Essa espécie de demonstração obrigou o legislador a criar um tipo penal incriminando especificamente o "entrave à interrupção legal de gravidez" (arts.

próprio ordenamento jurídico. Muitos juristas franceses enfatizam que o aborto não é um direito subjetivo da mulher, mas uma liberdade[22], ou ainda, uma mera 'tolerância legal' em seu favor[23]. Outros apontam que é incorreto afirmar que a Lei Veil tenha promovido a descriminalização do aborto[24], quando, na verdade, ela apenas previu situações especiais de exclusão da ilicitude, fundadas no estado de angústia da gestante e nas necessidades de saúde[25]. Cumpre notar, por fim, que a própria legislação ressalva que nenhum profissional de saúde, mesmo no exercício de cargo público, está obrigado a praticar um aborto voluntário (IVG)[26], podendo se recusar a fazê-lo por motivo de foro íntimo[27].

L. 2223-1 a L. 2223-2 do Código da Saúde Pública). Para confirmar que a prática constituía crime, a Corte de Cassação decidiu que os manifestantes não estavam acobertados pela legítima defesa de outrem (Crim., 31 jan. 1996, p. n° 95-81319). Cf. DUPONT, Marc; BERGOIGNAN-ESPER, Claudine; PAIRE, Christian. *Droit hospitalier*. 8. ed. Paris: Dalloz, 2011, 857-858, n° 1007.

[22] FABRE-MAGNAN, Muriel. *Avortement et responsabilité médicale*, op. cit., p. 285; LAUDE, Anne; MATHIEU, Bertrand; Tabuteau, Didier. *Droit de la santé*. 3. ed. Paris: PUF, 2012, p 604-607, n° 480.

[23] TOURNEAU, Philippe Le. *De la responsabilité du chirurgien après une tentative infructueuse d'interruption volontaire licite de grossesse*, op. cit., p. 287.

[24] BERGOIGNAN-ESPER, Claudine; SARGOS, Pierre. *Les grands arrêts du droit de la santé*, op. cit., p. 113.

[25] A ideia de que a legalização do aborto seria uma "necessidade" para preservar a saúde física ou mental da mulher em certas situações extremas estava muito presente no texto original da Lei Veil e serviu de fundamento à decisão do Conselho Constitucional 15 de janeiro de 1975, em que o Conselho confirmou a compatibilidade dessa lei com a Constituição Francesa (n° 74-54). Para evolução desse conceito, LAUDE, Anne; MATHIEU, Bertrand; TABUTEAU, Didier. *Droit de la santé*, op. cit., p. 605, n° 480, que demonstram a diferença de concepção expressada pelo mesmo Conselho Constitucional em outra decisão, datada de 27 de junho de 2001, que apreciou a constitucionalidade da lei que elevou o prazo para o aborto de 10 para 12 semanas de gravidez (n° 2001-446). Se, em 1975, o aborto foi tratado pelo Conselho como uma excludente de ilicitude, calcada em questões de "necessidade", em 2001, o mesmo tribunal interpretou o aborto como um instrumento de afirmação da autonomia da mulher sobre seu corpo. Essa evolução culminaria na já mencionada Lei 2014-873, de 5 de agosto de 2014, que suprimiu a menção de que o aborto estaria submetido ao "estado de angústia" da mulher, passando a afirmar que toda a mulher "que não deseja prosseguir a gravidez" pode, dentro das condições legais, realizar um aborto.

[26] Art. L. 2212-8 do Código da Saúde Pública. O dispositivo possibilita também que as instituições privadas de saúde se oponham a que IVGs sejam praticados dentro de seus estabelecimentos. Cf. FABRE-MAGNAN, Muriel. *Avortement et responsabilité médicale*, op. cit., e o relatório do Conselheiro Pierre SARGOS no acórdão Perruche: *JCP 2000*, II, 10438. Ver também: C.Const., 27 junho 2001, n° 2001-446.

[27] TRUCHET, Didier. *Droit de la santé publique*. 8. ed. Paris: Dalloz, 2013, p. 211; DUPONT, Marc; BERGOIGNAN-ESPER, Claudine; PAIRE, Christian. *Droit hospitalier*, op. cit., p. 856.

Todos esses fatores influenciaram as decisões de 1982 e 1991. Ao negarem a reparação pretendida pela gestante, o Conselho de Estado e a Corte de Cassação reafirmaram a opinião segundo a qual o aborto não é um interesse tutelado pelo ordenamento e que, por esse viés, sua violação não gera direito à indenização.

É certo, no entanto, que esse entendimento jurisprudencial termina por provocar algumas contradições no Direito Francês.

§ 2 – As dificuldades decorrentes das decisões

401. Um primeiro problema decorrente da recusa à indenização, adotada pelas cortes superiores francesas, é que ela cria uma verdadeira hipótese de imunidade civil em favor do médico que se conduz de forma negligente durante uma intervenção abortiva. Que o procedimento de interrupção de gravidez constitua, tal como a maioria dos procedimentos médicos em geral, uma obrigação de meios, e não de resultados, a questão nos parece uma evidência. É estranho, porém, que um médico que comprovadamente faltou com os deveres de sua profissão não seja responsabilizado em razão dessa falha[28]. A responsabilidade civil exerce outras funções além da reparadora, e é, em nosso ver, não apenas injusto, mas perigoso, que a jurisprudência admita a existência de um reduto de irresponsabilidade em meio à seara médica[29].

Outra dificuldade gerada pelo entendimento é que ele relega a interrupção de gravidez a uma espécie de esquizofrenia legal: acolhido no ordenamento jurídico pela porta da lei, o aborto é em seguida expulso pela janela da responsabilidade civil. A interrupção voluntária é um tema que provoca grande polêmica em meio à sociedade, e sempre encontraremos partidários e bons argumentos em ambos os lados da questão. Contudo, o debate parecia resolvido na França, ao menos no plano jurídico, com o reconhecimento da prática pelo próprio legislador. Ora, o natural é que a lei produza efeitos em todos os domínios do Direito, e não apenas em alguns deles. É digno de nota que o aborto voluntário é financiado pelo próprio Estado francês, que arca com todos os custos da intervenção[30]. Não faz sentido que esse reconhecimento jurídico desapareça "por razões morais" apenas quando o problema tangencia o domínio da responsabilidade civil.

Como notou Patrice Jourdain, a posição da jurisprudência "atinge frontalmente as soluções consagradas pela lei posta. Pois o direito de abortar tem

---

[28] FABRE-MAGNAN, Muriel. *Avortement et responsabilité médicale*, op. cit.
[29] No Direito Português, cf. CORDEIRO, António de Menezes. *Tratado de direito civil português: parte geral – pessoas*, v. 1, t. 3, op. cit., p. 324-325, n° 103.
[30] Art. L. 2214-1 do Código da Saúde Pública, cf. também: P. Sargos, *JCP 2000*, II, 10438.

por corolário o direito de ser indenizado em caso de falha do procedimento imputável ao cirurgião [...] O juiz, sem dúvida, não deve ficar insensível às questões da moral; ele só pode, contudo, elevá-las à vida jurídica se elas não se opuserem direta ou indiretamente às disposições legais"[31].

402. Os magistrados franceses manteriam essa posição inflexível de recusa à indenização pelo nascimento indesejado, se fossem confrontados com o mesmo problema surgido no Brasil, ou seja, se a questão fosse colocada em situações que nada se relacionam com o aborto, como é o caso em que um medicamento contraceptivo apresenta vício comprometendo sua eficácia?

Nesse ponto, é difícil identificar em que medida a jurisprudência inaugurada pelos acórdãos de 1982 e 1991 foi influenciada pela censura moral ao aborto, ou se estamos, de fato, diante de uma afirmação geral e irrestrita da ilegitimidade do prejuízo decorrente do nascimento indesejado. Os termos amplos adotados pela Corte de Cassação, que declarou que a "existência de um filho por ela concebido, não pode, em si, constituir para a mãe um prejuízo juridicamente reparável", parecem corroborar a segunda hipótese, apontando que, ao menos para a jurisdição civil, a maternidade jamais constitui um prejuízo para os genitores, pouco importando a situação em que ocorra.

Há de se notar que a Corte de Cassação adotou a tese da irreparabilidade do nascimento indesejado em um acórdão que em nada se relacionava com a questão do aborto, datado de 12 de julho de 2007[32]. Tratava-se de uma curiosa demanda reparatória por meio da qual o demandante, declarado pai a contragosto após uma ação de reconhecimento de paternidade, pretendia que a mãe da criança o indenizasse dos prejuízos materiais[33] e morais decorrentes do nascimento do filho em comum[34]. O homem estimava-se vítima da

---

[31] Patrice JOURDAIN, nota sobre Civ. 1ª, 25 junho 1991, *RTD Civ. 1991*, p. 753.

[32] Civ. 2ª, 12 julho 2007, p. nº 06-16.869, *JCP 2008*, I, 125, obs. P. Stoffel-Munck, *D. 2008*, p. 1371, obs. F. Granet-Lambrechts, *RTD Civ. 2008*, p. 91, obs. J. Hauser. Cf. também: FABRE-MAGNAN, Muriel. *Droit des obligations*: la responsabilité civile et quasi-contrats. 3. ed. Paris: PUF, v. 2, p. 171, e TOURNEAU, Philippe Le. *Droit de la responsabilité et des contrats*, op. cit., p. 568, nº 1437.

[33] Vale notar a engenhosa técnica adotada pelo demandante, que pretendia que a ré o reembolsasse de todas as despesas materiais decorrentes da paternidade, mas que a exigibilidade dessa obrigação de reembolso ficasse suspensa até que o filho alcançasse a maioridade. O pedido foi assim formulado para que não fosse interpretado como uma tentativa do autor de se eximir da obrigação de pagar pensão alimentícia ao filho.

[34] Wendy HANSEL noticia litígios semelhantes nos Estados Unidos, nos quais os pedidos de indenização foram rejeitados por diferentes tribunais daquele país: *The disabling impact of wrongful birth and wrongful life actions*, op. cit., p. 153-154. Notadamente, em *Moorman v. Walker* [1989] 773 P. 2nd 887, no qual a Corte de Apelação

armadilha da genitora, que conhecera por meio de um anúncio de jornal e que, por ocasião do único encontro havido entre os dois, o teria persuadido da inexistência de risco de gravidez[35]. Asseverando que o autor não provou, nem a culpa da ré, "nem a existência de um prejuízo direto ou indireto indenizável" a Corte de Cassação confirmou o entendimento da Corte de Apelação de Orléans, rejeitando o pedido de indenização[36].

403. Por outro lado, a mesma Corte de Cassação admitiu, ao menos em uma hipótese, a indenização dos pais em um conflito que envolvia a questão dos métodos contraceptivos, ou mais precisamente, uma operação de laqueadura de trompas. No julgado proferido em 9 de maio de 1983[37], a Primeira Câmara Civil confirmou a responsabilidade de um médico que não informou sua paciente sobre os riscos residuais de gravidez que permaneciam após a realização da laqueadura, o que, de fato, levou-a a engravidar menos de um mês depois da cirurgia.

Entretanto, há de se notar que o exato alcance desse precedente não é evidente: além de ser anterior ao julgado de 1991[38], no acórdão de 1983 a Corte de Cassação rejeitou o recurso do médico ressaltando precisamente que "os juízes de segundo grau em momento algum declararam que o nascimento

---

de Washington afirmou que a concessão de reparação ao pai enganado seria uma medida inadmissível, pois equivaleria a taxar da criança de "bastardo emocional". Cf. também: SILVA, Rafael Peteffi da. *Wrongful conception, wrongful birth e wrongful life: indenização pelo nascimento de filhos indesejados e os recentes posicionamentos da jurisprudência brasileira*, op. cit.

[35] Em segunda instância, o demandante procurou fazer uma analogia entre o ocorrido e os crimes de estupro. Na Corte de Cassação, alegou que não existia qualquer projeto de procriação comum entre as partes, como se extrai do fato de que eles haviam se conhecido em razão de um simples anúncio de jornal, e que, nessa medida, a atitude da ré violou seu direito fundamental ao respeito à vida privada e familiar (art. 8º da Convenção Europeia dos Direitos do Homem).

[36] A Corte de Apelação de Orléans havia assentado que "a primeira condição da responsabilidade civil é a existência de um prejuízo, de maneira que cabe ao apelante, antes mesmo de demonstrar que a ré teria incorrido em culpa ao persuadi-lo ou deixando-o crer que ele poderia ter com ela uma relação sexual sem risco de procriação, de comprovar que ele sofreu um dano; considerando que o simples fato de tornar-se pai, mesmo sem tê-lo procurado, não pode ser considerado um dano, salvo se admitirmos que a vida em si, ou somente sua transmissão, pode constituir um prejuízo", CA Orléans, 21 março 2005, nº 05/01301.

[37] Civ. 1ª, 9 maio 1983, *D. 1984*, p. 121, nota J. Penneau, *JCP 1984*, II, 20149, nota A. Dorsner-Dolivet.

[38] Mas não ao precedente de 1982 do Conselho de Estado. De fato, o recorrente alegava em seu recurso que "o nascimento de um filho não gera, em si, um prejuízo" – uma clara remissão ao aresto da jurisprudência administrativa.

do filho é, em si, gerador de um prejuízo" e que a indenização de 20.000,00 francos arbitrada pela Corte de Apelação de Rouen tinha por fundamento as "dificuldades, não só materiais e de saúde para a mãe, (...) mas também de ordem psíquica e relacional", tendo em vista o "estado de saúde precário da mulher que, aos seus vinte e cinco anos, já havia engravidado cinco vezes e era intolerante aos contraceptivos ordinários".

404. O que se pode concluir, a partir da análise dos precedentes citados, é que a jurisprudência francesa adotou como princípio a tese da irreparabilidade do prejuízo decorrente do nascimento indesejado, em especial, no tange aos gastos normais de maternidade e sustento da criança, admitindo, excepcionalmente, que outros prejuízos sejam reparados, diante das peculiaridades de cada caso. Os julgados de 1982 e 1991 são bastante claros nesse sentido. Enquanto o Conselho de Estado declarou que o nascimento não é um prejuízo "a menos que existam, em caso de insucesso desta intervenção, circunstâncias ou uma situação particulares, suscetíveis de serem invocadas pela interessada", a Corte de Cassação, em seu turno, ressaltou que a demandante não provara um "dano particular o qual, somado aos ônus normais da maternidade, permitiria à mãe demandar indenização"[39]. No entendimento da jurisprudência, não é o nascimento ou a vida da criança que representa um prejuízo, mas os sofrimentos específicos experimentados pelos pais por ocasião desse nascimento[40].

Diante dessa posição, o problema que evidentemente se coloca é: quais seriam essas "situações" ou "danos particulares", que justificam a indenização aos genitores? A questão jamais foi enfrentada com clareza pela jurisprudência. Na doutrina, alguns autores afirmam que seria a hipótese, por exemplo, dos nascimentos decorrentes de crimes de estupro. Ou ainda, caso a mãe se encontre em uma verdadeira situação de angústia psicológica em razão do nascimento indesejado. "Nesse caso, a concessão de uma indenização destinada a cobrir os custos provocados pelo parto e o sustento da criança durante os primeiros meses de sua vida não seria chocante"[41].

Mas a principal exceção cunhada pela jurisprudência viria a ser a hipótese em que a criança nascida é portadora de doença congênita incurável.

---

[39] SILVA, Rafael Peteffi da. *Wrongful conception, wrongful birth e wrongful life: indenização pelo nascimento de filhos indesejados e os recentes posicionamentos da jurisprudência brasileira*, op. cit.

[40] VINEY, Geneviève; JOURDAIN, Patrice; CARVAL, Suzanne. *Les conditions de la responsabilité*, op. cit., p. 28-29, n° 249-2.

[41] Idem. Cf. também PRADEL, Xavier. *Le préjudice dans le droit de la responsabilité civil*, op. cit., p. 146-147, n° 122; TOURNEAU, Philippe Le. *Droit de la responsabilité et des contrats*, op. cit., p. 568, n° 1437.

Seção 2 – A exceção: o nascimento indesejado de um filho com deficiência

405. A partir dos anos 1990, a jurisprudência francesa enfrentaria uma segunda hipótese de litígio envolvendo o nascimento indesejado e a liberdade de aborto. Mas, dessa vez, a questão giraria em torno da interrupção voluntária de gravidez por motivo terapêutico (IMG), na sua modalidade legal que permite à gestante interromper a gravidez caso "exista uma forte probabilidade que o nascituro seja acometido por enfermidade grave e reconhecidamente incurável no momento do diagnóstico"[42].

Pouco questionada e pouco debatida durante os trabalhos de aprovação da Lei Veil[43], essa forma de aborto legal fundada na doença da criança ganharia destaque com o desenvolvimento das técnicas de diagnóstico pré-natal[44] e acarretaria um intrincado problema na seara da responsabilidade médica por desrespeito ao dever de informação[45]. Caso a enfermidade do feto não seja revelada aos pais, em razão da negligência do médico ou ainda, de um erro do laboratório, teriam os genitores direito à reparação pela injusta privação da liberdade de recorrer a uma IMG?

406. A questão se coloca em termos semelhantes ao conflito enfrentado até então pelos tribunais franceses, com a diferença de que, agora, a criança é acometida por doença congênita. Todavia, a resposta fornecida pelos magistrados franceses foi diametralmente oposta à outrora uníssona recusa à reparação: o Conselho de Estado admitiu a indenização dos prejuízos experimentados pelos pais (§ 1), e a Corte de Cassação foi ainda mais longe, ao afirmar que a própria criança teria direito à reparação (§ 2).

---

[42] Art. L. 2213-1 do Código da Saúde Pública.
[43] LAUDE, Anne; MATHIEU, Bertrand; TABUTEAU, Didier. *Droit de la santé*, op. cit., p. 610-611, n° 481.
[44] A legislação francesa é cautelosa com o regramento dos diagnósticos pré-natais, em razão da possibilidade oferecida à gestante de recorrer ao aborto voluntário. A integração entre esses dois instrumentos traz sérios riscos de eugenia, notadamente, quando diagnósticos pré-natais direcionados a identificação de certas doenças são aconselhados sistematicamente às gestantes. É o que ocorreu, por exemplo, com os diagnósticos pré-natais para detecção de trissomia 21. Cf. LAUDE, Anne; MATHIEU, Bertrand; TABUTEAU, Didier. *Droit de la santé*, op. cit., p. 626-630, n° 489 e 490; BINET, Jean René. *Cours de droit médical*. Paris: Montchrestien, 2010. p. 157-163, n° 310 e s.; BACHELARD-JOBARD, Catherine. *L'eugénisme, la science et le droit*. Paris: PUF, 2001, p. 97-132.
[45] BACACHE-GIBEILI, Mireille. *Les obligations: la responsabilité civile extracontractuelle*, op. cit., p. 865-893, n° 778 e s.

§ 1 – O nascimento indesejado de um filho deficiente e o prejuízo dos pais: o acórdão Quarez

407. O julgado Quarez, proferido pelo Conselho de Estado em 14 de fevereiro de 1997[46], foi o primeiro em que o tribunal enfrentou claramente a questão da responsabilidade médica pelo nascimento indesejado de um filho com deficiência[47].

Grávida aos 42 anos de idade, a Sra. Quarez decidiu se submeter a um exame pré-natal de amniocentese. Esse exame é realizado a pedido dos pais, nas hipóteses em que há alto risco de transmissão de doenças genéticas ao nascituro, e se presta, principalmente, à identificação da presença de trissomia do cromossomo 21 (síndrome de Down), permitindo assim que a gestante recorra a um aborto terapêutico[48]. No caso, a Sra. Quarez, em razão de sua idade, apresentava um risco quarenta vezes superior ao normal de dar à luz um filho portador dessa doença[49]. O resultado do exame apontou a inexistência de "qualquer anomalia cromossômica detectável". Porém, quatro meses mais tarde, veio ao mundo Mathieu, portador da trissomia 21.

O casal Quarez ajuizou então ação reparatória em face do hospital, agindo tanto em nome próprio, quanto na qualidade de representantes legais de seu filho. Em segunda instância, a Corte de Apelação de Lyon entendeu pela responsabilidade do hospital decorrente do erro no diagnóstico, condenando-o a indenizar os prejuízos morais experimentados pelos genitores, no mon-

---

[46] CE, 14 fev. 1997, *Rec.* 44, *RFD adm.* 1997, p. 379, conc. V. Pécrese, nota B. Mathieu, *JCP 1997*, II, 22828, nota J. Moreau, *LPA* 28 março 1997, p. 23, nota S. Alloiteau; R. Peteffi da SILVA, *Novos direitos, reparação dos pais pelo nascimento de filhos indesejados e a tutela do 'direito de nascer': um diálogo com o ordenamento francês*, op. cit., p. 181.

[47] Ver, contudo, Civ. 1ª, 26 março 1996, *Bull. civ. I*, nº 155, *infra*.

[48] Esse exame consiste na aspiração de uma pequena quantidade de líquido da bolsa amniótica, por meio de uma agulha. Sua precisão de diagnóstico de trissomia 21 é de 99,9%. A literatura por vezes afirma que a disseminação da amniocentese desemboca, na prática, da consagração de uma forma de eugenia, promovendo uma seleção pré-natal dos fetos. Para uma análise do problema, Cf. FABRE-MAGNAN, Muriel. De la sélection à l'eugénisme. *In*: FABRE-MAGNAN, Muriel; MOULLIER, Philippe (orgs.). *La génétique, science humaine*. Paris: Belin, 2004, p. 188-214; BACHELARD-JOBARD, Catherine. *L'eugénisme, la science et le droit*, op. cit., p. 96-133. Essa questão foi objeto de dois pareceres do Comité consultatif national d'éthique (Parecer nº 107, de 15 outubro de 2009, e Parecer nº 120, de 13 de abril de 2013 – este último, sobre o recente surgimento de um exame sanguíneo, substitutivo da amniocentese, apresentando maior precisão e oferecendo menos riscos para o feto). Nos dois casos, o Comité entendeu que a prática não era contrária aos valores éticos, na medida em que não havia uma imposição, por parte do Estado, da interrupção da gravidez, quando detectada a enfermidade.

[49] Cf. *RFD adm.* 1997, 379, conc. V. Pécrese.

tante de 100.000 francos para cada um, bem como a versar uma pensão de 5.000 francos mensais ao jovem Mathieu, em razão dos prejuízos materiais ressentidos pela própria criança.

408. Essa decisão seria parcialmente reformada pelo Conselho de Estado, no mencionado aresto de 1997. Primeiramente, o tribunal constatou que não havia maiores dúvidas acerca da intenção dos autores de realizar o aborto terapêutico, caso soubessem da enfermidade. O acórdão ressalta que a Sra. Quarez "havia claramente manifestado sua vontade de evitar o risco de um acidente genético na criança concebida" e que "o erro cometido pelo serviço de patologia celular e genética do centro hospitalar regional de Nice falsamente induziu o Sr. e a Sra. Quarez à certeza de que a criança concebida não era portadora de trissomia e que a gravidez da Sra. Quarez poderia ser conduzida normalmente ao seu termo".

Contudo, a Corte Administrativa asseverou que os juízes de segunda instância haviam cometido um erro de direito ao constatarem que "existiria um nexo de causalidade direto entre a falha cometida pelo centro hospitalar regional de Nice por ocasião da amniocentese e o prejuízo resultante para o jovem Mathieu da trissomia da qual ele é portador" quando, na realidade, não seria possível afirmar que "a enfermidade que acomete a criança e que é inerente ao seu patrimônio genético seria consecutiva a esta amniocentese".

Assim, o Conselho anulou a decisão de segundo grau quanto à indenização concedida à criança deficiente.

Em contrapartida, o mesmo Conselho acolheu o pedido alternativo formulado pelo casal Quarez, para que eles fossem indenizados, em nome próprio, dos prejuízos materiais decorrentes da falha do hospital, os quais consistiriam nos gastos com o sustento do filho com deficiência: "Considerando que devem ser igualmente levados em conta, a título de prejuízo material, os gastos particulares, notadamente em matéria de cuidados de saúde e educação especializada que resultarão para o Sr. e a Sra. Quarez da doença de seu filho; que é necessário, por consequência, condenar o centro hospitalar regional de Nice a pagar-lhes uma indenização em capital representativa de uma renda mensal de 5.000 francos durante toda a vida de Mathieu Quarez".

409. Ora, se até então o Conselho havia negado que os gastos com a maternidade indesejada constituíssem um prejuízo reparável, que razão o teria levado a adotar a decisão oposta no caso em questão?[50] Em verdade, só é possível compreender a lógica por trás do acórdão Quarez se sopesarmos dois fatores.

---

[50] Comp: CE, 27 set. 1989, *D. 1991*, 80, nota Verpeaux, *Gaz.Pal. 1990*, 2, 421, conc. Fornacciari.

O primeiro deles é a importância que o Direito Francês atual concede à reparação dos danos corporais. Ao longo do século XX[51], a França desenvolveu um amplo sistema de socialização das lesões à integridade física[52], calcado na difusão do seguro de responsabilidade, na criação de fundos de indenização às vítimas de lesões corporais[53] e no desenvolvimento de regimes jurídicos especiais para regular os acidentes corporais mais comuns[54]. A proteção das vítimas de danos corporais é, nesse sentido, o principal foco da responsabilidade civil francesa atual[55].

---

[51] Seria possível ir mais longe e afirmar que essa evolução da responsabilidade civil francesa remonta ao final do século XIX. De fato, a preocupação com os danos corporais emergiu com o problema dos acidentes de trabalho, que levaram a doutrina francesa a desenvolver a "teoria do risco" e a "responsabilidade pela guarda de coisa", desembocando, finalmente, na criação do regime da seguridade social. É certo, contudo, que essa tendência se intensificou com (i) o surgimento dos automóveis e a intensificação dos acidentes de transporte; (ii) a expansão da produção industrial massificada e dos acidentes de consumo; e (iii) o desenvolvimento da ciência médica, que concedeu maior segurança e previsibilidade aos métodos terapêuticos.

[52] Para algumas obras clássicas demarcando essa evolução: STARCK, Boris. *Essai d'une théorie générale de la responsabilité civile considérée en sa double fonction de garantie et de peine privée*. Paris: Rodestein, 1947.

[53] Dentre os fundos de maior relevância, podemos citar o Fundo de Garantia das Seguradoras de Dano Obrigatórias (FGAO), que garante indenização às vítimas de acidentes automobilísticos; o Fundo de Indenização das Vítimas do Amianto (FIVA); e o Fundo de Garantia das Vítimas de Atos de Terrorismo e Outras Infrações (FGTI). Mais recentemente, foi criado um fundo gerido pela Secretaria Nacional de Indenização de Acidentes Médicos (ONIAM) que garante indenização às vítimas de acidentes médicos em que não há culpa do profissional. A ONIAM é também responsável por reparar os prejuízos decorrentes de contaminações ocorridas em transfusões sanguíneas (AIDS e hepatite C), vacinas e infecções hospitalares. Cf. LAMBERT-FAIVRE, Yvonne; PORCHY-SIMON, Stéphanie. *Le droit du dommage corporel: systèmes d'indemnisation*, op. cit., parte II.

[54] Além da Lei de 9 de abril de 1898, instituindo o regime jurídico dos acidentes de trabalho, convém citar a Lei Badinter, de 5 de julho de 1982, sobre os acidentes de trânsito, e mais recentemente a Lei Kouchner, de 4 de março de 2002, que trata, entre outros assuntos, da responsabilidade médica. Por fim, também deve ser incluída nesse rol de textos sobre os acidentes corporais a Lei sobre a responsabilidade pelos produtos defeituosos, de 19 de maio 1998, adotada por influência da União Europeia e que incluiu os arts. 1386-1 e s. ao Código Civil (atuais arts. 1245 a 1247-17).

[55] Essa centralidade do tema dos acidentes corporais se refletiu nos anteprojetos de reforma do direito da responsabilidade civil publicados na França nos últimos anos. Tanto o "Anteprojeto de reforma do direito das obrigações e do direito da prescrição" (*Avant projet Catala*), quanto o "Anteprojeto da academia de ciências morais e políticas" (*Avant projet Terré*) consagravam diversos artigos à reparação dos danos corporais, privilegiando os interesses das vítimas desse tipo de acidente. O mesmo

Essa perspectiva assecuratória transparece no julgado Quarez. O Conselho de Estado interpretou o litígio como um caso de danos à saúde individual e buscou garantir, por meio da reparação dos pais, que o menor recebesse recursos para fazer face aos enormes gastos associados à sua enfermidade.

Isso fica evidente no momento do arbitramento do valor da indenização, calculado pelo tribunal com base na pensão devida pelo hospital "durante toda a vida de Mathieu Quarez", e não na expectativa de vida de seus genitores[56]. A preocupação também se evidencia no parecer da Comissária do Governo, Valérie Pécresse, que então atuava junto ao Conselho de Estado[57]. Apesar de combater "por razões éticas e jurídicas" a indenização concedida em segunda instância ao jovem Mathieu, a Comissária incitou os magistrados a contornar o problema, redirecionando a reparação aos pais: "é possível conceder, em grande parte, satisfação às demandas indenitárias formuladas perante a Corte sem que seja necessário reconhecer a existência de um prejuízo para a criança".

410. O segundo fator a ser considerado é a evolução das técnicas de diagnóstico pré-natal, que alteraram a forma como a sociedade francesa compreende o fenômeno das doenças congênitas. Em razão da possibilidade de se prever e interromper a gestação de um feto portador de doença, o nascimento de uma criança deficiente deixou de ser uma contingência da maternidade e transformou-se em um infortúnio controlável e, sobretudo, evitável pela vontade da gestante[58].

É justamente esse controle oferecido pela ciência médica que fundamenta a distinção estabelecida pelo Conselho de Estado entre a regra jurídica aplicável ao nascimento indesejado de uma criança sadia, daquela aplicável ao nascimento indesejado de uma criança com deficiência. A primeira hipótese constituiria um fato ordinário da vida, logo, não indenizável, ao passo que a segunda seria um verdadeiro acidente envolvendo a saúde do menor, pelo

---

se diga do projeto de reforma atualmente em apreciação no parlamento francês, o qual segue, em grandes linhas, o anteprojeto Catala.

[56] Cf. AUBERT, Jean-Luc. *Indemnisation d'une existence handicapée qui, selon le choix de la mère, n'aurait pas dû être*, op. cit., p. 262. É verdade, por outro lado, que a utilização da vida da criança como critério pode ser explicada em razão da baixa expectativa de vida dos portadores de síndrome de Down. Nesse sentido, o critério seria um limite à indenização, e não uma ampliação da mesma.

[57] RFDA 1997, p. 374.

[58] PRADEL, Xavier. *Le préjudice dans le droit de la responsabilité civil*, op. cit., p. 150, n° 127; AYNÈS, Laurent. *Préjudice de l'enfant né handicapé: la plainte de Job devant la Cour de cassation*, op. cit., p. 492; SILVA, Rafael Peteffi da. *Novos direitos, reparação dos pais pelo nascimento de filhos indesejados e a tutela do 'direito de nascer': um diálogo com o ordenamento francês*, op. cit., p. 185-186.

qual é legítimo – ou até mesmo, necessário – designar um responsável. No caso, o médico, que, por sua culpa, impediu que a mãe abortasse a criança[59].

411. É certo, porém, que a posição firmada no acórdão Quarez desemboca em um resultado moralmente insustentável. A conjugação desse julgado com os precedentes de 1982 e 1991 nos leva à conclusão que a ninguém é dado se queixar da dádiva da maternidade... salvo se o filho não for perfeitamente constituído!

A própria Corte de Cassação esboçara entendimento semelhante ao julgado Quarez, no mencionado acórdão de 25 de junho 1991[60] quando, para rejeitar o prejuízo alegado pela mãe, observara que a criança nascida "era perfeitamente sadia". Como bem anteciparam alguns autores[61], seria possível concluir *a contrario sensu* que a eventual deficiência do neonato teria o condão de alterar os fatos do problema e tornaria a maternidade indesejada relevante para efeitos de indenização[62].

A posição também foi adotada em um acórdão proferido pela mesma Primeira Câmara Civil da Corte de Cassação em 26 de março 1996[63]. Um casal ajuizou ação reparatória em face de um professor de medicina, alegando que uma informação incorreta fornecida pelo réu seria a causa do nascimento de sua filha deficiente. O marido era portador de doença congênita e o casal, receoso de que a enfermidade fosse transmissível à prole, solicitou o parecer do especialista, antes de decidir sobre seu projeto familiar. Em decorrência de um equívoco quanto ao diagnóstico da doença, o perito assegurou erroneamente que não havia risco de hereditariedade, encorajando o casal a optar pela gravidez. A Corte de Cassação confirmou a responsabilidade civil do réu perante o casal, asseverando que "o erro cometido teve relação causal direta com sua decisão de conceber uma criança"[64].

---

[59] Cf. a nota de Laurent AYNÈS em *D. 2001*, p. 492.
[60] Civ. 1ª, 25 junho 1991, p. n° 89-18617, *Bull. civ. I*, n° 213, *D. 1991*, p. 566, nota P. le Tourneau, *JCP 1992*, II, 21784, nota J-F. Barbieri, *RTD Civ. 1991*, p. 753, obs. P. Jourdain, R. Peteffi da SILVA, *Novos direitos, reparação dos pais pelo nascimento de filhos indesejados e a tutela do 'direito de nascer': um diálogo com o ordenamento francês*, op. cit., p. 186-190.
[61] P. JOURDAIN, nota sobre Civ. 1ª, 25 junho 1991, *RTD Civ. 1991*, p. 753.
[62] No mesmo sentido, completar. Cf. Assem. Plén. 28 nov. 2001, 2 julgados, p. n° 00-11.197 e p. n° 00-14.248, *JCP 2002*, II, 10018, conc. J. Sainte-Rose, nota F. Chabas, *Resp. civ. et assu. 2001*, chr. 24.
[63] Civ. 1ª, 26 março 1996, *Bull. civ. I*, n° 155 – decisão proferida no mesmo dia do primeiro acórdão Perruche.
[64] Cumpre notar que a própria criança também era autora da ação reparatória.

No mesmo sentido, a Assembleia Plena da Corte de Cassação afirmou, em 28 de novembro de 2001[65], a responsabilidade do médico que, por negligência, não realizou um exame pré-natal que permitiria identificar que o nascituro era portador de síndrome de Down[66]. Segundo a Corte, "uma vez, de um lado, que a falha cometida pelo médico na execução do contrato celebrado com a Sra. X impediram-na de exercer sua escolha de interromper sua gravidez por motivo terapêutico, e de outro, que não houve impugnação quanto ao fato de que as condições médicas para uma tal interrupção estavam reunidas, os pais podem demandar a reparação do prejuízo material resultante para eles desta deficiência e causado pela falha constatada"[67].

412. O efeito paradoxal desse entendimento é que ele afasta o ressarcimento da violação à autonomia reprodutiva, reputando imoral que os pais rejeitem a parentalidade, mas reconhece que esse suposto repúdio é perfeitamente legítimo caso esteja fundado na enfermidade da criança[68]. Isso transforma a responsabilidade pela falha de métodos abortivos numa espécie de "ação fundada no defeito da criança"[69], na qual apenas o nascimento de um filho de não corresponde a supostos parâmetros de normalidade é considerado uma lesão digna de reparação[70].

---

[65] Assem. Plén., 28 nov. 2001, *Bull. civ. I*, n° 16, p. n° 00-11.197, *JCP 2002*, II, 10018, conc. J. Sainte-Rose, nota F. Chabas, *Resp. civ. et assu. 2001*, chr. 24.

[66] No caso, havia diversos indícios apontavam para o risco de que a criança fosse portadora de doença genética: o primeiro filho do casal era deficiente, bem como uma das irmãs do marido.

[67] O acórdão repetia, em parte, o dispositivo do julgado Perruche, proferido por essa mesma formação um ano antes. Cf. *infra*, n° 416.

[68] Nesse mesmo sentido, a crítica de Rafael Peteffi da SILVA à jurisprudência francesa em *Wrongful conception, wrongful birth e wrongful life: indenização pelo nascimento de filhos indesejados e os recentes posicionamentos da jurisprudência brasileira*, op. cit. O autor afirma que os tribunais franceses são contraditórios, na medida em que recusam reparação aos casos de wrongful conception, calcados na tese de que o nascimento é um "evento abençoado", ao passo que admitem reparação nos litígios do tipo wrongful birth.

[69] Laurent AYNÈS afirma, com certa ironia, que "talvez diremos, amanhã, com o desenvolvimento da medicina preditiva, e o materialismo crescente que impregna a transmissão da vida, que os pais têm um direito subjetivo a ter somente crianças perfeitas, como o comprador tem direito de obter um produto sem defeito" (*Préjudice de l'enfant né handicapé: la plainte de Job devant la Cour de cassation*, op. cit., p. 492).

[70] Para uma crítica semelhante, cf. Rafael Peteffi da SILVA: "Sem maiores eufemismos, pode-se dizer que a conjunção da possibilidade de abortos imotivados com o aparecimento de avançados testes genéticos e intrauterinos possibilita tutelar o interesse dos pais que desejam ter filhos somente se eles forem sadios e 'normais'. Quanto este interesse é violado, nasce, segundo a opinião de grande parte dos operadores franceses, o direito à indenização" (*Novos direitos, reparação dos pais pelo nascimento*

Seria possível afirmar que a própria criança com deficiência também foi vítima do equívoco dos médicos? No acórdão Quarez, o Conselho de Estado demarcou claramente sua hostilidade à ideia. A Corte de Cassação tomaria o contrapé dessa posição.

§ 2 – *O nascimento indesejado de um filho deficiente e o prejuízo da própria criança: o acórdão Perruche*

413. Algumas decisões judiciais entram para os anais da ciência jurídica menos pela regra de Direito que reconhecem e mais pela comoção social que provocam[71]. O fenômeno é comum nos julgamentos de crimes bárbaros ou de importantes figuras políticas. Mas é raro que disputas na esfera civil atraiam equivalente atenção da opinião pública. O acórdão proferido em 17 de novembro de 2000 pela Assembleia Plena da Corte de Cassação[72] é uma franca exceção a essa regra. Nenhum outro litígio relativo à responsabilidade civil provocou debates tão apaixonados[73] ou ganhou tanto destaque na mídia, francesa[74] e internacional[75], quanto o denominado "caso Perruche".

---

de filhos indesejados e a tutela do 'direito de nascer': um diálogo com o ordenamento francês, op. cit., p. 186).

[71] Capitant, Henri; Terré, François; Lequette, Yves. *Les grands arrêts de la jurisprudence civile*, op. cit., p. 310.

[72] Assem. Plén., 17 nov. 2000, Perruche, Bull. civ., n° 9.

[73] Para uma lista (não exaustiva) de comentários e notas ao julgado: Mazeaud, Denis. Réflexions sur un malentendu. *D. 2001,* p. 332; Jourdain, Patrice. L'indemnisation du préjudice de l'enfant né handicapé consacrée par l'Assemblée plénière. *D. 2001,* p. 332; Sainte-Rose, Jerry. Réparation du préjudice de l'enfant empêché de ne pas naître handicapé. *D. 2001,* p. 316 (*conclusions*); Chabas, François. *JCP 2000*, II, 10438 (nota); Labrusse-Riou, Catherine; Mathieu, Bertrand. La vie humaine peut-elle être un préjudice?. *D. 2000*, n. 44, p. III; Viney, Geneviève. Brèves remarques à propos d'un arrêt qui affecte l'image de la justice dans l'opinion publique. *JCP 2001*, I, 286; Aubert, Jean-Luc. Indemnisation d'une existence handicapée qui, selon le choix de la mère, n'aurait pas dû être. *Defrénois 2001*, p. 262; Aynés, Laurent. Préjudice de l'enfant né handicapé: la plainte de Job devant de la Cour de cassation. *D. 2001*, p. 492; Markesinis, Basil. Réflexions d'un comparatiste anglais sur et à partir de l'arrêt Perruche. *RTD Civ. 2001*, p. 77; Mémeteau, Gérard. L'action de vie dommageable. *JCP 2001*, I, 279; Kayser, Pierre. Un arrêt de l'Assemblée plénière de la Cour de cassation sans fondement juridique? *D. 2001*, p. 1889; Fabre-Magnan, Muriel. Avortement et responsabilité médicale. *RTD Civ. 2001*, p. 285; Gobert, Michelle. La Cour de cassation méritait-elle le pilori? (à propos de l'arrêt de l'assemblé plénière du 17 novembre 2000). *LPA 2000*, 08 dez. 2000, n° 245, p. 4; Terré, François. Le prix de la vie. *JCP 2000*, ar, p. 2267.

[74] Ver, por exemplo, a sequência de reportagens publicadas no jornal *Le Monde*, nos dias 5, 19 e 30 de novembro, e 3 dezembro de 2000, ou no *Le Figaro* de 18 de novembro, 1 e 2 de dezembro daquele mesmo ano.

[75] Cf.: "Rapaz será indenizado por nascer defeituoso", *O Estado de São Paulo*, 18 de novembro de 2000.

Convém, assim, analisar os contornos desse famoso julgado (A), bem como a maneira – fortemente desfavorável – como foi acolhido pela doutrina francesa (B). Contudo, uma estudo mais fidedigno do caso Perruche exige também que esse precedente seja devidamente contextualizado em meio à jurisprudência da Corte de Cassação. De fato, essa não foi primeira decisão em que o tribunal concedeu reparação diretamente à criança nascida com deficiência. E tampouco seria a última (C).

A – Os contornos do acórdão Perruche

414. Os fatos do litígio Perruche são razoavelmente simples de serem compreendidos: em 10 de maio 1982, a Sra. Perruche, então no início de sua gravidez, apresentou erupções cutâneas associadas à febre e inchaço dos gânglios; um quadro indicativo de infecção por rubéola. As suspeitas eram tanto mais sérias pois sua filha, de 4 anos, havia apresentado os mesmos sintomas três semanas antes. O problema é que a rubéola, no mais das vezes inofensiva para adultos e crianças, pode implicar graves consequências para o feto, se contraída pela mãe no início da gestação. Como indica o Conselheiro Sargos, no relatório do acórdão[76], a rubéola traz forte risco de que a criança seja portadora de uma série de anomalias que, em conjunto, recebem a denominação de "síndrome de Gregg", as quais incluem a cegueira, a surdez, a microcefalia, problemas cardíacos e renais, além de deficiência mental.

É por essa razão que a Sra. Perruche foi submetida a exames de sangue para confirmar a presença da doença. Em verdade, a contaminação por rubéola não seria tratável, conforme a evolução da ciência médica até então consolidada. Porém, a gestante manifestou seu desejo de interromper a gravidez, caso a suspeita se confirmasse. Por encontrar-se nas primeiras semanas de gestação, ela poderia certamente submeter-se a uma IVG e, se confirmada a suspeita de rubéola, poderia igualmente recorrer a uma IMG, em razão dos riscos de que o feto fosse portador da síndrome de Gregg e das graves consequências da doença[77].

Dois exames de sangue foram realizados e os resultados acusaram a presença de rubéola. Mas um teste de controle, desta vez um falso negativo, bastou para que o médico reconfortasse a gestante, garantindo que ela es-

---

[76] Pierre SARGOS no acórdão Perruche: *JCP 2000*, II, 10438.
[77] Os trabalhos de elaboração da Lei Veil indicam que essa modalidade de IMG foi pensada, precisamente, para as hipóteses de rubéola contraída pela gestante. Cf. SARGOS, Pierre. *Réflexions 'médico-légales' sur l'interruption volontaire de grossesse pour motif thérapeutique*, op. cit.

tava imunizada contra a doença[78]. Um erro do laboratório que se somou ao desleixo do profissional[79]: ainda que o teste de controle apontasse, erroneamente, a imunização, a gravidade da situação e a presença de indícios fortes e concordantes da rubéola exigiriam do médico uma conduta proativa, com a investigação mais aprofundada do quadro clínico de sua paciente[80].

Oito meses mais tarde, veio ao mundo Nicolas Perruche, portador dos sintomas da síndrome de Gregg em grau elevado: problemas neurológicos graves, surdez bilateral, cegueira quase completa e cardiopatia. Sua condição de saúde extremamente debilitada exigiria cuidados médicos intensos durante toda sua vida.

415. A questão deu ensejo a um longo processo judicial, movido pelo casal Perruche e pela Caixa Primária de Seguro de Saúde (CPAM) de Yonne, instituição pública que arcava com parte dos custos de saúde da mãe e do jovem Nicolas[81], em face do médico negligente, do laboratório e de suas respectivas seguradoras. Tal como no litígio Quarez, os pais agiam, não apenas em nome próprio, pretendendo a reparação dos prejuízos experimentados por eles, mas também em nome do filho, em razão dos danos suportados pela criança.

Em 13 de janeiro de 1992, o Tribunal de Grande Instância de Evry deu razão aos autores. De um lado, determinou a realização de uma perícia mé-

---

[78] De fato, a Sra. Perruche submeteu-se a dois exames de sangue: um primeiro exame realizado em 12.05.1982, revelando resultado negativo para presença de anticorpos de rubéola, e outro em 27.05.1982, desta vez acusando a existência dos anticorpos à taxa de 1/160. A conjunção desses dois resultados indicava que a paciente contraíra rubéola há pouco tempo, com a doença ainda em estágio evolutivo, pondo em risco a integridade da criança. Diante desse diagnóstico, o médico determinou a realização de um exame de controle sobre a primeira amostra, recolhida em 12.05.1982. Esse novo exame indicou, falsamente, a presença de rubéola também à taxa de 1/160. Ao contrário do que o senso comum indica, a existência de dois resultados positivos era reconfortante, porque afastava a suspeita da doença: teríamos aí a demonstração de que os anticorpos eram apenas o vestígio de uma infecção mais antiga e já debelada, logo, inofensiva ao feto.

[79] AYNÈS, Laurent. *D. 2001*, p. 492.

[80] Cf. a fundamentação do acórdão da Corte de Apelação de Paris: CA Paris, 18 dez. 1993, n° 92-5210.

[81] A CPAM agia na qualidade de subrogatária dos direitos da Sra. Perruche e de seu filho, pretendendo o reembolso dos gastos incorridos com a saúde de ambos. Vale ressaltar que a ação regressiva das entidades que prestam auxílio às vítimas de acidentes corporais é um tema central no direito dos seguros e da responsabilidade civil na França, e representa uma fonte de financiamento (ou de redução de custos) dos serviços sociais daquele país; LAMBERT-FAIVRE, Yvonne; PORCHY-SIMON, Stéphanie. *Le droit du dommage corporel: systèmes d'indemnisation*, op. cit., p. 592-639, n° 438 e s.

dica para averiguar os prejuízos à saúde da Sra. Perruche. De outro, declarou que os réus eram igualmente responsáveis pelo estado de saúde de Nicolas, e condenou-os a reparar os danos corporais sofridos pela criança, avaliados em 500.000 francos, e a reembolsar as prestações versadas pela CPAM em seu favor, que alcançavam 1.851.128 francos.

Essa segunda parte da decisão seria reformada pela Corte de Apelação de Paris. Apesar de confirmarem a responsabilidade dos réus pelos danos à saúde da mãe, os magistrados de segundo grau ressaltaram que o fato de suportar as consequências da rubéola, em razão não realização do aborto, "não poderia, em si, representar para a criança um prejuízo reparável" e que inexistiria relação de causalidade entre a conduta dos réus e os prejuízos alegados pelo menor, na medida em que as sequelas decorreriam "apenas da rubéola que lhe foi transmitida *in utero* pela sua mãe, Sra. Perruche; que esta infecção de caráter irreversível é inerente à pessoa da criança e não resulta da falha dos apelantes". Por esse viés, reverteram a condenação favorável a Nicolas e, consequentemente, à CPAM[82].

416. O litígio foi levado, então pela primeira vez, para a apreciação da Corte de Cassação, por meio de dois recursos interpostos pelos autores. Em um acórdão datado de 26 de março de 1996[83], a Primeira Câmara Civil censurou o entendimento da Corte de Apelação de Paris, assentando que as falhas imputáveis ao médico e ao laboratório induziram a gestante em erro quanto à sua opção pelo aborto e, portanto, "provocaram o dano experimentado pela criança consecutivo à rubéola de sua mãe"[84]. A decisão de segundo

---

[82] CA Paris, 18 dez. 1993, *supra*.

[83] Civ. 1ª, 26 março 1996, *Bull. civ. I*, n° 156, *D. 1997*, p. 35, nota Roche-Dahan, *LPA 6 dez. 1996*, p. 22, nota Dagorne-Labbe, *RTD Civ. 1996*, p. 623, nota P. Jourdain, p. 871, J. Hauser, *JCP 1996*, I, 3946, n° 6, obs. Murat, 3985, nota G. Viney.

[84] Cabe ressaltar que a Corte de Cassação teve a oportunidade de resolver a questão de forma semelhante ao julgado Quarez. Com efeito, o casal Perruche alegou, como tese recursal subsidiária, que a Corte de Apelação teria cometido um equívoco ao limitar a missão do perito ao exame do estado de saúde da mãe "sem incluir no prejuízo reparável o prejuízo material experimentado pelos pais em razão das deficiências de seu filho". Por outro lado, a CPAM alegou que seu prejuízo era independente da responsabilidade do médico em face de Nicolas, porquanto a instituição "sofreu um prejuízo próprio resultante das diversas prestações que deverá efetuar em favor de seu segurado social; que o crédito da CPAM de Yonne não foi contestado nem em seu princípio, nem em seu montante; que o nexo de causalidade entre o prejuízo da Caixa e os erros dos apelantes não foi contestado; que, portanto, os juízes do fundo não poderiam rejeitar a responsabilidade dos apelantes em razão apenas da ausência de responsabilidade em relação a Nicolas Perruche". Por outro lado, a responsabili-

grau foi consequentemente cassada nessa parte, e a questão foi reenviada para julgamento perante a Corte de Apelação de Orléans.

Ocorre que os magistrados de Orléans não se convenceram da decisão proferida pela Corte de Cassação e resistiram ao entendimento. O "acórdão de rebelião" – como é conhecido esse tipo de julgamento, em que uma Corte de Apelação não se curva à decisão do tribunal superior já proferida no processo[85] – apoiava-se em uma linha de argumentação bastante pungente: "Considerando que restou comprovado que os profissionais são alheios à transmissão da rubéola à mãe; que eles intervieram tão somente após o início da gestação, de forma que não poderia mais ser evitada a concepção da criança; Que restou também comprovado que nenhuma terapia ministrada no início da gravidez seria capaz de suprimir, ou mesmo de limitar os efeitos da rubéola sobre o feto; que, portanto, Nicolas, que não tinha nenhuma chance de vir ao mundo normal ou com uma deficiência mais branda, inevitavelmente nasceria com as consequências dolorosas imputáveis à rubéola pelas quais o erro dos médicos é alheio, ou desapareceria em decorrência de uma interrupção voluntária de gravidez cuja decisão caberia exclusivamente aos seus pais e que não constitui para ele um direito do qual pode se prevalecer; Considerando que a consequência ligada ao erro dos profissionais é o nascimento da criança; Que, se um ser humano é titular de direitos desde sua concepção, ele não dispõe, contudo, de um direito de nascer ou de não nascer, de viver ou de não viver, que, desse modo, seu nascimento ou a supressão de sua vida não podem ser considerados como uma chance ou como um infortúnio do qual ele pode extrair consequências jurídicas; Que, assim, Nicolas Perruche, representado por seu pai, não pode invocar ao encontro dos profissionais, como fonte de dano, o fato de ter nascido porque, em decorrência da somatória de seus erros,

---

dade dos réus quanto aos danos morais experimentados pela Sra. Perruche não foi contestada e a decisão de segundo grau, quanto a esse ponto, transitou em julgado.

[85] Trata-se de uma peculiaridade do sistema recursal francês, no qual a Corte de Cassação, em regra, não decide o mérito da causa, apenas cassa o julgado de segunda instância e remete a questão a outra corte de apelação. Contudo, a própria legislação prevê que o tribunal de reenvio não está vinculado à decisão superior, em respeito à prerrogativa de independência dos magistrados (Cod. Org. Jud. art. L431-6). Nesse caso, se houver outro recurso em cassação, com idênticos fundamentos, a matéria há de ser novamente apreciada pela Corte de Cassação, desta vez reunida em sua Assembleia Plena, o que concede ao precedente maior importância e força persuasiva. Por razões evidentes, o segundo tribunal de reenvio não poderá contrariar essa última decisão da corte superior (Cod. Org. Jud. art. L431-4). Cf. GUINCHARD, Serge; CHANAIS, Cécile; FERRAND, Frédérique. *Procédure civile*: droit interne et droit de l'Union européenne. 31. ed. Paris: Dalloz, 2012, p. 1306-1308, n° 2039 e s.

eles não forneceram aos seus pais os elementos de apreciação suficientes para que pudessem interromper o processo vital que resultaria no nascimento".

É em meio a esse cenário que sobreveio o acórdão de 17 de novembro de 2000. Como o casal Perruche e a CPAM interpuseram novo recurso de cassação, a questão foi afetada diretamente à formação mais ampla da Corte de Cassação, a Assembleia Plena. A despeito do parecer francamente contrário à indenização apresentado pelo Advogado-Geral Jerry Sainte-Rose, representante do Ministério Público junto à Corte[86], o órgão máximo do tribunal ratificou, em poucas palavras, o entendimento anteriormente esboçado por sua Primeira Câmara Civil[87]: "Considerando, contudo, que uma vez que as falhas cometidas pelo médico e pelo laboratório na execução dos contratos celebrados com a Sra. Perruche impediram-na de exercer sua escolha de interromper sua gravidez, a fim de evitar o nascimento de um filho portador de deficiência, este último pode demandar a reparação do prejuízo resultante desta deficiência e causado pelas falhas constatadas".

B – A recepção do acórdão Perruche

417. A decisão do caso Perruche foi amplamente criticada nos círculos jurídicos franceses, pelos mais diversos fundamentos. Além da acusação de que a Corte de Cassação teria por meio dela assegurado à criança um direito de não nascer[88] ou, ainda, à eutanásia pré-natal[89], afirmou-se que o acórdão Perruche imporia à mãe uma verdadeira obrigação de realizar um aborto[90] e que os pais que optassem por dar à luz à criança deficiente correriam o risco de se verem, no futuro, condenados a indenizar seu próprio filho em razão

---

[86] *D. 2001*, 316.

[87] A questão foi reenviada à Corte de Apelação de Paris, a quem coube apenas ratificar a decisão da Assembleia Plena, pondo um fim ao longo processo: CA Paris, 11 dez. 2002, n° 2000/22983.

[88] TOURNEAU, Philippe Le. *Droit de la responsabilité et des contrats*, op. cit., p. 570, n° 1440; CAYLA, Olivier; THOMAS, Yan. *Du droit de ne pas naître: à propos de l'affaire Perruche*, op. cit.; MAZEAUD, Denis. *Réflexions sur un malentendu*, op. cit., p. 332; AYNÈS, Laurent. *Préjudice de l'enfant né handicapé: la plainte de Job devant la Cour de cassation*, op. cit., 492. Em Portugal: PINTO, Carlos Alberto da Mota. *Teoria Geral do Direito Civil*, op. cit., p. 217-220. Cf. contudo, as opiniões divergentes dos atualizados da obra: MONTEIRO, António Pinto. *Direito a não-nascer?*, op. cit., p. 321; PINTO, Paulo Mota. *Indemnização em caso de 'nascimento indevido' e de 'vida indevida' ('wrongfulbirth' e 'wrongful life')*, op. cit., p. 16.

[89] SAINTE-ROSE, Jerry. *Réparation du préjudice de l'enfant empêché de ne pas naître handicapé*, op. cit., AYNÈS, Laurent. Idem; TERRÉ, François. *Le prix de la vie*, op. cit.

[90] CAPITANT, Henri; TERRÉ, François; LEQUETTE, Yves. *Les grands arrêts de la jurisprudence civile*, op. cit., p. 314.

desta escolha[91]; que, por fim, o aresto da corte reconheceria que certas vidas que não merecem ser vividas, o que não apenas seria atentatório à dignidade humana[92], como também iria de encontro à proibição da eugenia[93].

Parte dessa polêmica nos parece exagerada. Como bem notaram alguns autores[94], não é verdade que o precedente tenha transfigurado a liberdade de aborto, impondo aos pais um suposto dever de interromper a gravidez, sob pena de responsabilização. Tanto na decisão de 1996, quanto na de 2000, a Corte de Cassação enfatizou que o direito à indenização da criança decorreria das falhas cometidas pelo médico e pelo laboratório, as quais haviam impedido a gestante de exercer sua escolha pelo aborto. Isso não apenas pressupõe a liberdade de escolha, pela mãe[95], como também limita a reparação às hipóteses de culpa comprovada do réu. Ora, jamais se levantou a possibilidade de que a opção pelo nascimento pudesse configurar equivalente ato de negligência, imputável aos genitores.

Quanto à preocupação com a chancela legal da eugenia, cumpre notar que a crítica não deveria ser direcionada apenas ao julgado Perruche. A mesma observação é igualmente válida em relação à posição encampada pelo Conselho de Estado, que concedeu indenização aos pais precisamente porque o filho era portador de deficiência. Tanto a jurisprudência judicial quanto a administrativa postularam que a enfermidade do nascituro torna legítimo o interesse no aborto e, nesse ponto, é irônico que o acórdão Quarez tenha sido aclamado como um "exemplo de boas práticas" dos tribunais[96], ao passo que a Corte de Cassação foi apedrejada pela opinião pública no caso Perruche.

---

[91] LAMBERT-FAIVRE, Yvonne; PORCHY-SIMON, Stéphanie. *Le droit du dommage corporel: systèmes d'indemnisation*, op. cit., p. 759, n° 582-3; TERRÉ, François; SIMLER, Philippe; LEQUETTE, Yves. *Droit civil: les obligations,* op. cit., p. 1007, n° 1001.

[92] VINEY, Geneviève. *Brèves remarques à propos d'un arrêt qui affecte l'image de la justice dans l'opinion publique*, op. cit., p. 286; PRADEL, Xavier. *Le préjudice dans le droit de la responsabilité civil*, op. cit., p. 143-144.

[93] SAINTE-ROSE, Jerry. *Réparation du préjudice de l'enfant empêché de ne pas naître handicapé*, op. cit.; LABRUSSE-RIOU, Catherine; MATHIEU, Bertrand. "La vie humaine comme préjudice?", *Le Monde*, 24 de novembro de 2000; TERRÉ, François. *Le prix de la vie*, op. cit.

[94] VINEY, Geneviève; JOURDAIN, Patrice; CARVAL, Suzanne. *Les conditions de la responsabilité*, op. cit., p. 36-37, n° 249-6; FABRE-MAGNAN, Muriel. *Avortement et responsabilité médicale*, op. cit.; MAZEAUD, Denis. *Réflexions sur un malentendu*, op. cit.

[95] Cf. CAYLA, Olivier; THOMAS, Yan. *Du droit de ne pas naître: à propos de l'affaire Perruche*, op. cit., p. 36-46; Pinto, Paulo Mota. *Indemnização em caso de 'nascimento indevido' e de 'vida indevida' ('wrongfulbirth' e 'wrongful life')*, op. cit., p. 14.

[96] Cf. "Le Conseil d'État fixe des bornes éthiques et juridiques", *Le Figaro*, 15 de fevereiro de 1997.

Por fim, é preciso reconhecer que, se o objetivo de ambos os tribunais é garantir auxílio aos portadores de enfermidade incurável, então o entendimento da Corte de Cassação é certamente mais eficaz do que aquele expressado por seu homólogo administrativo[97]. De um lado, a concessão de pensão em favor do próprio deficiente evita o risco de dilapidação da soma pelos pais, e contorna o problema que surgiria caso eles abandonassem o filho enfermo, o que é, aliás, bastante comum[98]. De outro, ela permite o exercício da ação de regresso dos organismos de assistência à saúde que prestam auxílio diretamente ao menor, que poderão assim reaver seus gastos em face do médico culpado e de sua seguradora. Trata-se de um importante instrumento para a manutenção do equilíbrio financeiro dessas instituições e do sistema de assistência social francês em geral.

418. Ainda assim, é inegável que a solução adotada no julgado Perruche causa maior perplexidade do que aquela demarcada no acórdão Quarez. Não é difícil enxergar, aqui, os mesmos problemas presentes em qualquer caso de *wrongful life*.

A dificuldade se principia com a identificação do interesse violado, elemento essencial à constatação de um prejuízo reparável. No que tange à demanda dos pais, é possível afirmar a falha os privou da possibilidade de recorrer ao aborto, atingindo, por esse viés, o seu interesse na autonomia reprodutiva[99]. Porém, a resposta não é tão simples quando o problema é analisado sob a ótica do neonato[100]. É difícil identificar qual interesse da criança teria sido violado pelo ato que impediu que ela fosse abortada.

419. A Corte de Cassação, bem como os defensores do julgado Perruche, resolvem o dilema recorrendo ao interesse da criança em sua saúde "a

---

[97] Uma virtude reconhecida, inclusive, por autores de outros países: Dobbs, Dan. *The law of torts*, op. cit., p. 792. Cf. também: Silva, Rafael Peteffi da. *Novos direitos, reparação dos pais pelo nascimento de filhos indesejados e a tutela do 'direito de nascer'*: um diálogo com o ordenamento francês, op. cit., p. 201.

[98] Fabre-Magnan, Muriel. *Avortement et responsabilité médicale*, op. cit.; Jourdain, Patrice. *L'indemnisation du préjudice de l'enfant né handicapé consacrée par l'Assemblée plénière*, op. cit., p. 332. Contra: Henri Capitant, François Terré, e Yves Lequette, que ressaltam que, à época, o art. 294 do Código Civil francês previa mecanismos para evitar que os pais dilapidassem o patrimônio de seus filhos (*Les grands arrêts de la jurisprudence civile*, op. cit., p. 312).

[99] Aynès, Laurent. *Préjudice de l'enfant né handicapé: la plainte de Job devant la Cour de cassation*, op. cit.; Fabre-Magnan, Muriel. Op. cit.

[100] Apontando essa dificuldade: Aynès, Laurent. *Idem*; Mazeaud, Denis. *Réflexions sur un malentendu*, op. cit. Contra: Kayser, Pierre. *Un arrêt de l'Assemblée plénière de la Cour de cassation sans fondement juridique?*, op. cit, p. 1889.

criança é deficiente, e é possível afirmar que existe aí um dano: não há nada de chocante em admiti-lo, considerando que isso é afirmado por meio de todas as ações em responsabilidade civil que concedem reparação às vítimas que se encontram acometidas por deficiência pela culpa de um terceiro"[101]. Essa é a ideia subjacente quando o tribunal afirmou que a criança poderia "demandar a reparação do prejuízo resultante desta deficiência e causado pelas falhas constatadas".

Ocorre que essa argumentação, como já demonstrado, é tecnicamente insustentável. Em primeiro lugar porque a doença não foi causada pelo médico, cujo único erro foi ter permitido que a criança com deficiência pudesse nascer. No mais, sob uma perspectiva estritamente jurídica, a deficiência não pode ser considerada um prejuízo para a criança com deficiência. Todo prejuízo pressupõe a deterioração de algum interesse da vítima, seja em razão da piora efetiva do estado de coisas anterior, seja porque ela foi impedida de alcançar uma situação que lhe seria mais favorável. Não é o que ocorre no caso Perruche: a deficiência era uma característica física inerente ao jovem Nicolas, que não foi causada e nem poderia ser curada por qualquer ato do médico que atendeu sua mãe. Ele não pode alegar, assim, que foi indevidamente relegado à condição de pessoa com deficiência.

420. Mas a principal polêmica em torno do julgado Perruche decorre do fato de que a alternativa que se apresentava a Nicolas seria a de não ter nascido. Ao afirmar que ele sofreu um prejuízo pelo fato de não ter sido abortado, a Corte de Cassação acaba por reconhecer que ele tinha uma pretensão legítima ao não nascimento. É daí que emerge a quimérica figura do "direito de não nascer" que, conquanto jamais tenha sido afirmado pela Corte, é o resultado desconcertante da posição adotada por ela[102].

Ora, por mais graves que sejam as deficiências que o acometem, a afirmação de que, para ele, a não existência seria preferível à vida exigiria a superação de uma série de barreiras éticas; um ônus que poucos se dispõem a assumir. Especialmente porque, em seu cerne, está a afirmação de que certas

---

[101] FABRE-MAGNAN, Muriel. *Ibidem*.

[102] Nesse sentido, Denis MAZEAUD: "admitir no caso, como o decidiu a Assembleia Plena, a existência de um prejuízo indenizável conduz indiretamente, mas fatalmente, a consagrar a existência em favor da criança de um 'direito de não nascer se ela não for normal'" (*Réflexions sur un malentendu*, op. cit.). Cf. também, Geneviève VINEY, que afirma que "há boas razões para pensar que os magistrados da alta corte não tiveram a intenção que se lhes imputa, mas que eles quiseram simplesmente tratar da mesma maneira, na presença da mesma situação, a criança deficiente e seus pais" (*Brèves remarques à propos d'un arrêt qui affecte l'image de la justice dans l'opinion publique*, op. cit.).

vidas não valem a pena serem vividas, o que implica relativizar a dignidade da vida humana.

C – A contextualização do acórdão Perruche

421. Apesar de todos os problemas oriundos do precedente Perruche, é difícil entender a comoção provocada por ele, especialmente se atentarmos ao fato de que a outorga de indenização em favor do próprio menor deficiente não era, de forma alguma, uma solução inovadora proposta pela Corte de Cassação. Pelo contrário, tratava-se de um entendimento consolidado no tribunal que, em três ocasiões anteriores, havia aplicado a mesma regra. Duas delas em 26 de março de 1996, quando a Corte proferiu sua primeira decisão no litígio Perruche[103] e apreciou também outro litígio, já mencionado, em que um professor de medicina foi declarado responsável por ter erroneamente assegurado a um casal que a doença que acometia o marido não tinha natureza hereditária. Nessa última decisão, a Corte de Cassação confirmou que a falha do docente causara tanto os prejuízos dos pais, quanto aqueles experimentados pela criança, decorrentes de sua doença[104].

Mesmo antes disso, em um acórdão datado de 16 de julho de 1991[105], a Primeira Câmara Civil enfrentou um dilema de feições praticamente idênticas ao caso Perruche. Tratava-se, igualmente, de uma lide envolvendo o nascimento de uma criança cuja deficiência – no caso, catarata bilateral, surdez e problemas cardíacos – resultava da rubéola contraída pela mãe durante a gravidez. A doença não fora detectada em razão da falha cometida por duas médicas, uma generalista e uma ginecologista, que não determinaram a realização de um exame de anticorpos, a despeitos dos claros sintomas da rubéola apresentados pela gestante que, consequentemente, não pode recorrer a uma IMG.

A Corte de Apelação de Pau entendera que a filha, representada judicialmente por seus pais, não fazia jus à indenização, porquanto não havia "qualquer meio de prevenir as más-formações decorrentes da rubéola congênita" e que "a ninguém é dado, no estágio atual da legislação e da evolução da moral na França, demandar reparação de um dano resultante do fato de

---

[103] Civ. 1ª, 26 março 1996, *Bull. civ. I*, n° 156, *D. 1997*, p. 35, nota Roche-Dahan, *LPA 6 dez. 1996*, 22, nota Dagorne-Labbe, *RTD Civ. 1996*, p. 623, nota P. Jourdain, p. 871, nota J. Hauser, *JCP 1996*, I, 3946, n° 6, obs. Murat, 3985, nota G. Viney.
[104] Civ. 1ª, 26 março 1996, *Bull. civ. I*, n° 155, *supra*.
[105] Civ. 1ª, 16 julho 1991, *Bull. civ. I*, n° 248, *RDSS 1992*, p. 267, nota L. Dubois, *RTD Civ. 1992*, p. 51, nota J. Hauser, p. 109, obs. P. Jourdain, *JCP 1992*, II, 21947, nota A. Dorsner-Dolivet.

ter sido impossibilitado de dar fim aos seus próprios dias, pouco importa qual seja o prejuízo experimentado"[106]. Mas esse entendimento foi censurado pela Corte de Cassação: os juízes de segunda instância teriam violado a lei, ao rejeitaram a demanda reparatória da criança, conquanto restasse comprovado que as rés "não adimpliram sua obrigação de informação à qual estavam sujeitas perante sua paciente e que teria permitido ao casal David de tomar uma decisão esclarecida quanto à possibilidade de recorrer a uma interrupção de terapêutica de gravidez".

Proferido nove anos antes do polêmico acórdão Perruche, o precedente de 1991 constitui, assim, o primeiro caso de *wrongful life* acolhido pela Corte de Cassação. De maneira bastante estranha, esse julgado passou absolutamente incólume na doutrina de seu país, contrariamente ao que ocorreria com seu homólogo Perruche. A omissão talvez decorra de uma falha de leitura por parte dos juristas franceses. A maioria dos comentadores parece não ter percebido[107] que, não fosse pela falha imputada às médicas, a criança não teria nascido[108]. Já outros autores consideraram, erroneamente, que a Corte de Cassação havia concedido uma indenização em favor dos pais[109], sem

---

[106] CA Pau, 8 março 1990, n° 1536, *D. 1991*, p. 357, nota J. Pennau.
[107] Cf. as notas de Annick DORSNER-DOLIVET; Louis DUBOIS; e Jean HAUSER, *cit.*
[108] Um fato que dificulta a correta interpretação do acórdão é que, além das duas médicas, também era réu na ação um terceiro profissional da saúde. Ocorre que a falha praticada por ele era de natureza fundamentalmente distinta daquela imputada às demais corrés: enquanto as duas médicas privaram a mãe do diagnóstico de rubéola e, consequentemente, impediram-na de realizar um aborto, o médico em questão cometera um erro quatro anos antes da concepção, ao elaborar o certificado pré-nupcial da mãe da criança, quando deixou de solicitar o exame obrigatório de rubéola. No entender da Corte de Cassação, a falha teria impedido a mãe, que ainda não havia contraído rubéola à época do exame pré-nupcial, da possibilidade de se vacinar contra a doença, privando a criança da chance de nascer sadia. Nota-se que, especificamente quanto a esta falha, o pedido não se confunde com uma ação de *wrongful life*: tivesse a mãe se vacinado, a criança teria nascido, mas sem a doença. É possível concluir, assim, que a demanda envolvia pedidos de *wrongful life*, ao lado de uma pretensão tradicional em que o médico, efetivamente, causou a doença da criança. Essa dupla natureza da ação – que certamente contribuiu para a confusão cometida pelos comentadores do julgado – só é elucidada com a análise da decisão do Tribunal de Pau, que claramente distinguiu as duas demandas: de um lado, condenou o médico que realizou o exame pré-nupcial a indenizar a criança pela perda de uma chance de nascer sadia e, de outro, inocentou as demais rés, por considerar inamissível os pedidos do tipo *wrongful life*. Essa distinção é menos clara no acórdão da Corte de Cassação, pois o tribunal responsabilizou os três médicos, indistintamente.
[109] VINEY, Geneviève; JOURDAIN, Patrice; CARVAL, Suzanne. *Les conditions de la responsabilité*, op. cit., p. 31, n° 249-4, nota 74; PRADEL, Xavier. *Le préjudice dans le droit de*

atentar para o fato de que, nessa lide, os pais agiam apenas na qualidade de representantes legais de sua filha deficiente[110].

422. Se o entendimento não era novo, e nem fundamentalmente distinto da posição adotada pelo Conselho de Estado e aceita com tranquilidade pela doutrina, porque então o julgado Perruche teria provocado tanta polêmica? Em nosso ver, dois eventos podem explicar a notoriedade do precedente.

O primeiro foi a publicação do acórdão Quarez, que interveio precisamente entre a primeira decisão Perruche (1996) e sua confirmação pela Assembleia Plena (2000). Como visto, esse precedente do Conselho de Estado colocou em evidência a questão da indenização da criança deficiente, ao reconhecer o prejuízo dos pais, mas negar que o filho tivesse igual direito à reparação. Ainda que, nos fundamentos da decisão, o Conselho tenha se resumido a afirmar que não haveria nexo de causalidade entre os danos ressentidos pela criança e a falha médica, no comunicado oficial do tribunal à imprensa constou que a "o fato de estar com vida não pode ser considerado como um prejuízo sofrido pela criança"[111]. No mais, a decisão foi influenciada pela opinião da Comissária do Governo, Valérie Pécresse que, em seu parecer, declarou abertamente que a criança não poderia "se queixar de ter nascido tal como foi concebida pelos pais, mesmo que ela esteja acometida por uma doença incurável ou imperfeição genética, uma vez que a ciência médica não oferecia nenhum tratamento para curá-la *in utero*. Afirmar o inverso seria julgar que haveria vidas que não valeriam ser vividas"[112].

O segundo fato foi a publicação do manifesto intitulado "A vida humana como prejuízo?" no jornal "Le Monde" de 24 de novembro de 2000 – uma semana depois do julgado Perruche. De autoria dos professores Catherine Labrusse-Riou e Bertrand Mathieu, e subscrito por outros 28 juristas e pesquisadores, o texto basicamente repudiava o precedente Perruche por razões

---

la responsabilité civil, op. cit., p. 153, n° 129; SAINTE-ROSE, Jerry. *D. 2001*, p. 316 – este último declarou que o julgado reconhecera a "responsabilidade do profissional em relação à mãe ou dos pais, mas não à criança".

[110] O fato foi notado, contudo, por Patrice JOURDAIN (Sur la perte d'une chance. *RTD Civ. 1992*, p. 109) e Jean PENNEAU (Responsabilité d'un médecin n'ayant pas soumis sa patiente à une sérologie de la rubéole pour l'établissement d'un certificat prénuptial. *D. 1991*, p. 357).

[111] VINEY, Geneviève; JOURDAIN, Patrice; CARVAL, Suzanne. *Les conditions de la responsabilité*, op. cit., p. 33-34, n° 249-6; SAINTE-ROSE, Jerry. *Réparation du préjudice de l'enfant empêché de ne pas naître handicapé*, op. cit.; PRADEL, Xavier. *Le préjudice dans le droit de la responsabilité civil*, op. cit., p. 163, n° 137.

[112] *RFDA 1997*, p. 374.

técnicas e éticas, e conclamava o legislador e os juristas "preocupados com a função antropológica e ética do Direito" a reagir[113].

423. A despeito da polêmica em torno do precedente, que foi criticado inclusive pelo Comitê Consultivo Nacional de Ética da França[114], a Corte de Cassação não cedeu à pressão e, em duas outras oportunidades, confirmou o entendimento assentado no julgado Perruche.

A primeira delas em 13 de julho de 2001[115], quando a Assembleia Plena rejeitou três recursos interpostos por crianças deficientes e, consequentemente, afastou sua pretensão à reparação. O indeferimento, contudo, não implicava a alteração da jurisprudência. Pelo contrário; a Corte esclareceu que "a criança deficiente pode demandar reparação do prejuízo resultante de sua deficiência se esta tem relação de causalidade direta com as falhas cometidas pelo médico durante a execução do contrato celebrado com sua mãe e que a impediram de exercer sua escolha de interromper sua gravidez".

O que fundamentou a recusa à indenização foi a ausência dessa relação de causalidade. Em todos os três litígios, a gestação já se encontrava em estágio avançado no momento da falha de diagnóstico e a deficiência experimentada pelas crianças não era suficientemente grave[116]. Desse modo, ainda que a mãe fosse corretamente informada pelo médico sobre a doença do feto, ela não poderia recorrer a um aborto terapêutico naquele momento, porque as condições legais não estavam presentes.

424. A segunda confirmação da jurisprudência Perruche veio em 28 de novembro de 2001. Novamente reunida em sua Assembleia Plena, a Corte de Cassação confirmou a condenação de um médico que, por sua negligência, impedira a gestante de tomar conhecimento de que o nascituro era portador de síndrome de Down, privando-a, assim, da faculdade de recorrer a um aborto terapêutico[117]. Segundo a Corte de Cassação, ao constatar que os médicos não comunicaram à paciente que os resultados dos exames pré-natais traziam

---

[113] LABRUSSE-RIOU, Catherine; MATHIEU, Bertrand. "La vie humaine comme préjudice?", *Le Monde*, 24 de novembro de 2000.

[114] Em seu parecer de n° 68 publicado em 29 de maio 2001.

[115] Assem. Plén., 13 julho 2001, *Bull. civ. I*, n° 10, p. n° 98-19.190, 97-17359 e 97-19282, *D. 2001*, 2325, nota P. Jourdain, *D. 2002*, som. 1314, obs. D. Mazeaud, *JCP 2001*, II, 10601, conc. J. Sainte-Rose, nota F. Chabas, *Resp. civ. et assu., 2001*, com. n° 269.

[116] A deficiência em questão dizia respeito à ausência do braço esquerdo e má-formação do braço direito (p. n° 97-19282); espinha bífida (p. n° 97-17359); e má-formação do braço direito (p. n° 98-19190).

[117] Assem. Plén., 28 nov. 2001, *Bull. civ. I*, n° 16, p. n° 00-14.248, *JCP 2002*, II, 10018, conc. J. Sainte-Rose, nota F. Chabas, *Resp. civ. et assu. 2001*, chr. 24. Na mesma data, foi proferido um segundo acórdão, também envolvendo o erro no diagnóstico pré-

fortes indícios da presença da doença, "a Corte de Apelação pôde concluir que a falha assim cometida, que havia privado a Sra. X da possibilidade de recorrer a uma amniocentese e a uma interrupção de gravidez, tinha relação direta com o prejuízo resultante para a criança de sua deficiência".

A Corte de Cassação não demonstrava qualquer sinal de que estaria disposta a rever seu entendimento.

Seção 3 – Análise crítica da jurisprudência francesa

425. É possível inferir que os juízes franceses jamais pretenderam reconhecer um suposto direito de não nascer ou afirmar que a vida com deficiência não merece ser vivida. Pelo contrário: a análise dos precedentes da Corte de Cassação e do Conselho de Estado revela o zelo, talvez excessivo, dos magistrados em relação à dignidade da vida da criança, o que os levou a negar que o nascimento indesejado pudesse, em si, representar um prejuízo para os genitores.

A jurisprudência Quarez-Perruche foi uma forma encontrada pelos tribunais para atenuar o rigor dessa posição, diante de uma preocupação maior com a proteção das vítimas de lesões corporais – uma ideia muito presente na responsabilidade civil francesa contemporânea. O nascimento de uma criança enferma foi entendido como mais uma questão a ser resolvida dentro do sistema de proteção à integridade física, proporcionado pela responsabilidade civil e pela extensa rede de seguros privados existente na França. Tal como ocorre com todas as vítimas de acidentes corporais, a jurisprudência procurou garantir ao deficiente, por meio da reparação, os recursos financeiros necessários para fazer face aos gastos que sua condição de saúde debilitada exige[118].

O problema surgiu em razão da inaptidão da responsabilidade civil, e em especial, da responsabilidade civil por violação da autonomia reprodutiva, para responder a esse propósito assecuratório dos magistrados. Tanto o julgado Quarez, quanto o julgado Perruche, demonstraram que a tutela oferecida pela responsabilidade civil tem seus limites, e que não é possível proteger os interesses das crianças com deficiência em litígios que dizem

---

-natal de trissomia 21. Contudo, nesse segundo litígio, os pais ajuizaram a ação em nome próprio, apenas: p. n° 00-11.197.

[118] Nesse sentido, Mireille BACACHE-GIBEILI, "para além das sutilidades jurídicas, a Corte de Cassação desejou consagrar uma solução oportuna e justa, com o fim de conceder à criança deficiente os meios para enfrentar nas melhores condições as dificuldades de existência" (*Les obligations: la responsabilité civile extracontractuelle*, op. cit., p. 425, n° 384. Cf. também: SARGOS, Pierre. *JCP 2000*, II, 10438; FABRE-MAGNAN, Muriel. *Avortement et responsabilité médicale*, op. cit.).

respeito tão somente aos direitos reprodutivos de seus pais. A indenização, concedida aos pais (§ 1) ou aos filhos (§ 2), não é uma resposta adequada às dificuldades enfrentadas pelas pessoas com doenças congênita.

§ 1 – *Os limites da responsabilidade: a reparação concedida aos pais*

426. Há dois problemas éticos oriundos da jurisprudência francesa: o primeiro, de conceder indenização à própria criança nascida contra a vontade dos pais. Trate-se de um vício incorrido unicamente pelo julgado Perruche. Contudo, há um segundo problema moral, mais grave, que consiste em afirmar que a lesão à liberdade de procriação é juridicamente relevante apenas quando atributos físicos do filho não correspondem a certas expectativas de normalidade. Essa reprovação há de ser dirigida tanto à jurisprudência judiciária, quanto à jurisprudência administrativa.

Mas, se analisarmos a questão com mais profundidade, veremos que o tratamento seletivo tem fundamentos na própria legislação francesa (A). No julgado Quarez, os magistrados apenas aplicaram à responsabilidade civil o critério legalmente estabelecido, que favorece a realização do aborto quando o feto apresenta doenças incuráveis (B).

A – O aborto seletivo na Lei Veil

427. É importante notar que a iniciativa de privilegiar, no plano jurídico, o interesse dos pais em interromper a gravidez de filhos considerados "anormais" não partiu da jurisprudência, mas do legislador. A ideia deita suas raízes na própria Lei Veil, de 1975[119].

Essa lei foi um importante marco para o movimento de igualdade do gênero. O aborto, visto como uma forma de controle da mulher sobre o próprio corpo, é um instrumento por vezes indispensável para libertá-la do peso de uma gravidez indesejada e das dificuldades profissionais e sociais decorrentes. Mas a lei foi mais longe ao estabelecer, sob a denominação eufemística de "interrupção de gravidez por motivo terapêutico", um verdadeiro direito privilegiado ao aborto de crianças com deficiência.

428. A legalização do aborto é uma questão polêmica, pois coloca em jogo, de um lado, o problema do início da vida e do direito do nascituro à sua própria vida e, de outro, a autonomia reprodutiva da mãe e seu direito ao próprio corpo. Uma forma encontrada em vários países para equilibrar esses valores

---

[119] Cf., em sentido muito próximo, JOURDAIN, Patrice. *L'indemnisation du préjudice de l'enfant né handicapé consacrée par l'Assemblée plénière*, op. cit.; PRADEL, Xavier. *Le préjudice dans le droit de la responsabilité civil*, p. 172, n° 142.

conflitantes foi adotar um critério moralmente neutro: o tempo de gestação[120]. Durantes as primeiras semanas da gravidez, prevaleceriam os interesses da mãe, que estaria livre para realizar o aborto. Transcorrido esse prazo, o ordenamento passaria a privilegiar o valor da vida da criança por nascer[121].

Esse compromisso delicado foi colocado por terra quando a própria lei francesa admitiu que os critérios temporais podem ser estendidos, se o nascituro sofrer de doença incurável[122]. Ora, há aí uma evidente discriminação para com as pessoas com deficiência[123]. O que a lei está de fato afirmando é que as regras que protegem a dignidade da vida de pessoas com deficiência são mais brandas do que aquelas que protegem a dignidade da vida das demais as pessoas[124].

429. Certamente, uma vez admitido o direito amplo ao aborto nos primeiros estágios da gestação, a descoberta de uma má-formação fetal durante esse prazo pode ter influência determinante na decisão da mãe de interromper a gravidez, o que é tolerável, na medida em que esta é uma opção que incumbe exclusivamente a ela. A gestante é livre para ponderar todas as consequências de sua escolha, desde as mais sérias, como sua idade ou sua capacidade financeira para sustentar o filho, às mais anódinas, como o signo ou sexo da criança[125]. Trata-se de uma questão de foro interno e seria inócuo, ou mesmo inoportuno, tentar controlá-la[126].

---

[120] LAUDE, Anne; MATHIEU, Bertrand; TABUTEAU, Didier. *Droit de la santé*, op. cit., p. 607, n° 480.

[121] Essa foi, precisamente, a argumentação adotada por muitos magistrados americanos no célebre julgado *Roe v. Wade* 410 U.S. 113 (1973).

[122] A Lei do Aborto britânica (*Abortion act 1976*) contém semelhante dispositivo: S. 1 (1)(d) – no texto original da Lei, S. 1 (1)(b). DEAKIN, Simon; JOHNSTON, Angus; MARKENSINIS, Basil. *Markensinis and Deakin's tort law*, op. cit., p. 271.

[123] SILVA, Rafael Peteffi da. *Wrongful conception, wrongful birth e wrongful life: indenização pelo nascimento de filhos indesejados e os recentes posicionamentos da jurisprudência brasileira*, op. cit.

[124] António de Menezes CORDEIRO dirige crítica semelhante no Direito Português (*Tratado de direito civil português: parte geral – pessoas*, v. 1, t. 3, op. cit., p. 322-323, n° 102).

[125] Assim, Muriel FABRE-MAGNAN discorda que o aborto possa ser considerado um direito da mulher, ao ressaltar que, ao contrário do que ocorre com os direitos subjetivos, o recurso ao aborto jamais pode ser considerado como "abusivo": "a qualificação de direito acarreta a possibilidade de um abuso desse direito, o que no caso não é admitido (a mulher pode discricionariamente requerer a interrupção de sua gravidez uma vez que ele se encontre nas condições legalmente previstas), nem é, sem dúvida, oportuno. Há na realidade o exercício de uma liberdade da mulher", *Avortement et responsabilité médicale*, op. cit.

[126] Nesse sentido, o precedente do Tribunal Europeu dos Direitos do Homem, no caso R.R. c. Polônia. Os médicos que realizam os diagnósticos pré-natais da gestante, de forma deliberada e reiterada, impediram seu acesso aos resultados que demonstravam a

No entanto, é eticamente questionável que a lei tenha elegido a deficiência do nascituro como elemento privilegiado para essa tomada de decisão, incentivando, por meio de restrições temporais mais brandas, a escolha das mulheres que desejam interromper a gravidez especificamente porque o feto apresenta doença incurável[127].

430. Na verdade, o chamado "aborto terapêutico" é uma reminiscência das origens eugênicas do planejamento familiar, em geral, e da regulação do aborto, em específico. Essa argumentação pode parecer chocante nos dias de hoje, em uma sociedade que conheceu os horrores do nazismo e que combateu a segregação racial. Mas a verdade é que, até a Segunda Guerra Mundial, a eugenia não era um princípio considerado eticamente reprovável. Pelo contrário, o discurso eugênico era bastante aceito em todo o mundo.

Entre seus diversos legados deixados na sociedade, a eugenia teve uma importante influência para a consolidação do direito ao planejamento familiar. As primeiras manifestações em prol do planejamento familiar, surgidas ao final do séc. XIX e começo do séc. XX, apoiavam-se, entre outras bandeiras, na necessidade de se recorrer ao controle de fertilidade como forma de evitar o nascimento de pessoas socialmente indesejadas e garantir a melhoria da espécie humana. Margaret Sanger, a grande precursora dos movimentos de planejamento familiar, era também uma partidária ferrenha da "purificação da raça humana", que deveria ser alcançada através da educação reprodutiva e dos meios coercitivos de controle de nascimentos. Em um de seus livros mais importantes, "A mulher e a nova raça", de 1920, Sanger defendeu o

---

enfermidade que acometia o feto. Os resultados só foram liberados quando já esgotado o prazo legal para a realização do aborto. A Polônia foi condenada com base no art. 3º (proibição de tratamento degradante) e 8º (Direito ao respeito pela vida privada e familiar) da Convenção Europeia de Direitos Humanos. TEDH, 26 maio 2011, *R.R. v. Poland*, n° 27617/04. Cf. LAUDE, Anne; MATHIEU, Bertrand; TABUTEAU, Didier. *Droit de la santé*, op. cit., p. 607, n° 480.

[127] Contra esse argumento de que a IMG nada mais é do que um aborto facilitado, alguns retorquem que a lei impõe condições mais rigorosas para sua realização. De fato, a decisão pelo aborto dentro do prazo legal de 14 semanas depende exclusivamente do arbítrio da própria gestante, ao passo que, para a realização de uma IMG, o art. L. 2213-1 do Código da Saúde Pública exige que o risco à vida da gestante ou a probabilidade de enfermidade do nascituro sejam atestados por dois médicos. A tese é evidentemente falaciosa: a exigência da opinião médica tem como única finalidade evitar que o IMG seja utilizado de forma abusiva, em casos que não envolvem a gestão de fetos acometidos por doenças genéticas. Uma vez que a lei favorece a gestante nos casos de IMG, oferecendo a ela um prazo mais amplo, é necessário atestar que as condições objetivas desse direito privilegiado ao aborto estão efetivamente reunidas. Cf. LAUDE, Anne; MATHIEU, Bertrand; TABUTEAU, Didier. *Droit de la santé*, op. cit., p. 610-611, n° 481.

planejamento familiar ao afirmar que ele era um meio de "facilitação do processo para eliminar os inaptos"[128]. Doze anos mais tarde, ela sustentou que a paz mundial exigiria "uma política austera e rígida de esterilização e de segregação dessa parte da população cuja descendência está contaminada"[129]. Outras importantes pioneiras do planejamento familiar, como Victoria Woodhull[130]; Emma Goldman[131] e Marie Stopes[132] eram notórias defensoras do uso de métodos contraceptivos para finalidades eugênicas.

431. Esse discurso eugênico contribuiu de forma determinante para que os métodos de controle de fertilidade – abortivos e contraceptivos – fossem legalizados em muitos países. O principal propósito desse tipo de política não era promover os direitos reprodutivos individuais, mas sim evitar que o nascimento de pessoas com deficiência impusesse um "ônus excessivo" ao Estado e à sociedade. Nos Estados Unidos, por exemplo, as políticas eugênicas adotadas durante as primeiras décadas do século XX[133] levaram diversos estados, como a Califórnia ou a Flórida, que proibiam o aborto voluntário antes de *Roe v. Wade*, a abrirem uma exceção e legalizarem as interrupções realizadas com o propósito específico de evitar o nascimento de deficientes. Portugal[134] e Espanha[135], que até recentemente proibiam o aborto voluntário[136], também previam regras semelhantes, excluindo a ilicitude do aborto se ele fosse motivado por doença grave e incurável do nascituro; uma prática conhecida abertamente nesses países como "aborto eugênico"[137]. No Japão, a "Lei para a Proteção Eugênica",

---

[128] SANGER, Margaret. *Eugenics and the new race*. New York: Eugenics Publishing Company, 1920, p. 229.

[129] My way to peace, *Birth Control Review*, abril 1932, p. 107-108.

[130] BLACK, Edwin. *War against the weak: eugenics and America's campaign to create a master race*, op. cit., cap. 3.

[131] GORDON, Linda. *The moral property of women: a history of birth control politics in America*, op. cit., p. 147.

[132] McLAREN, Angus. *A history of contraception: from antiquity to the present day*, op. cit.

[133] Para um relato detalhado dessas políticas: BLACK, Edwin. *War against the weak: eugenics and America's campaign to create a master race*, op. cit. Cf. também, o célebre precedente *Buck v. Bell* da Suprema Corte Americana: *Buck v. Bell* 274 U.S. 2000 (1927).

[134] Lei 6/84 e Lei 90/97.

[135] Lei orgânica 9/1985.

[136] O aborto voluntário, realizável até a 10ª semana de gestação, foi instituído em Portugal pela Lei 16/2007, após um referendo realizado naquele mesmo ano. Na Espanha, a Lei Orgânica 2/2010 permitiu o aborto voluntário desde que praticado até a 14ª semana de gestação.

[137] Cf. CORDEIRO, António de Menezes. *Tratado de direito civil português: parte geral – pessoas*, v. 1, t. 3, op. cit., p. 331-332, n° 103. Comp.: FABRE-MAGNAN, Muriel. *De la sélection à l'eugénisme*, op. cit., p. 188-214.

promulgada em 1948 por pressão das forças de ocupação americanas, além de ampliar as hipóteses de esterilização compulsória já existentes naquele país, legalizou o aborto fundado nas condições "físico-psíquicas da gestante", termo que incluía as doenças mentais e a hanseníase[138].

Até mesmo no Brasil é possível apontar vestígios dessa ligação entre o planejamento familiar e eugenia. A Constituição Federal de 1934 incumbiu à União, aos Estados e aos Municípios o dever de "estimular a educação eugênica" (art. 138, b). A primeira Constituição do Estado do Rio de Janeiro, de 1975, foi ainda mais longe e, ignorando as lições da história, estabeleceu que o Estado daria especial atenção "ao planejamento familiar e ao desenvolvimento de uma consciência eugênica na família" (art. 147, § 1º, a). A eugenia era vista como um argumento perfeitamente válido para se defender o recurso aos métodos de controle de fertilidade, sejam eles contraceptivos ou abortivos.

432. A legislação francesa – mais precisamente, no ponto em que consagrou o IMG fundado na doença da criança[139] – é uma herança dessa ideologia que durante muito tempo influenciou a regulação do planejamento familiar.

Os juristas franceses normalmente rebatem a crítica de que a IMG teria fundamentos eugênicos, ao afirmarem que a eugenia pressupõe uma política

---

[138] Ao tratar da "Lei para a Proteção Eugênica" e da legalização do aborto promovida no Japão, Masae KATO afirma que "o aborto foi legalizado no contexto da eugenia, ou, na verdade, a eugenia foi pensada como um pré-requisito do aborto. O aborto foi legalizado para que houvesse menores famílias e 'boas crianças', sob a renovada e reforçada política de eugenia. A saúde e as necessidades das mulheres não eram a principal preocupação" (*Women's right? The policy of eugenic abortion in modern Japan*. Amsterdam: Amsterdam University Press, 2009. p. 43-45).

[139] Nesse sentido, a crítica de Anne LAUDE, Bertrand MATHIEU, e Didier TABUTEAU à IMG fundado no risco de doença do nascituro: "o recurso à interrupção terapêutica de gravidez em razão da probabilidade de doença grave acometendo a criança por nascer obedece a lógicas menos evidentes, ou que foram expressas com menor clareza. Curiosamente, em 1975, os motivos dessa legislação foram objeto de poucas discussões no Parlamento e não foram examinados pelo Conselho Constitucional. Da mesma maneira, essa prática jamais foi objeto de um verdadeiro debate social, enquanto a despenalização parcial da interrupção voluntária de gravidez por angústia da mulher foi objeto de controvérsias públicas. De fato, a finalidade dessa legislação oscila entre várias considerações: evitar o nascimento de um ser humano deficiente, poupar a sociedade de um grande fardo financeiro, ou pôr fim à angústia da mãe e mais amplamente dos pais que se estimam sem condições de suportar a dificuldade. Tendo em vista que o legislador se absteve de adentrar essas análises, pode-se estimar que a motivação consista na estrita imbricação de considerações de compaixão, de saúde pública e de eugenia", *Droit de la santé*, op. cit., p. 610, n° 481. Sobre os debates parlamentares em torno da IMG, cf. SARGOS, Pierre. *Réflexions 'médico-légales' sur l'interruption volontaire de grossesse pour motif thérapeutique*, op. cit.

pública que imponha a seleção dos indivíduos com características reputadas indesejáveis e que tenha o fim específico de promover a melhoria genética da população[140]. No caso do IMG, não haveria esse risco porque a escolha de aborto cabe à mãe, não ao Estado. O argumento ignora que, para além dos comandos proibir-permitir-impor, a lei exerce outro papel fundamental na sociedade: o papel simbólico, de legitimação pública de certos interesses ou condutas. A simples existência de um tipo de aborto facilitado para nascituros com deficiência, de um lado, incentiva os pais a realizar esse tipo de medida, de outro, consagra a ideia de que, para a sociedade, as pessoas com deficiência são menos dignas do que os demais indivíduos[141].

B – A reparação seletiva nos tribunais

433. É possível afirmar que o julgado Quarez se harmoniza perfeitamente com o critério seletivo adotado pela lei francesa. Os juízes do Conselho de Estado nada mais fizeram do que admitir a superioridade do aborto destinado a suprimir um feto acometido por deficiência sobre os abortos impulsionados por outras razões, reconhecendo que apenas aquele constitui um interesse protegido pela responsabilidade civil. O aborto comum representaria, assim, 'mera tolerância legal', ao passo que o aborto fundado na má-formação do nascituro seria um verdadeiro direito subjetivo, cuja violação ensejaria reparação.

Essa distinção decorre de uma abordagem distorcida acerca da função do aborto motivado pela doença do nascituro; um equívoco cujo maior responsável é o próprio diploma legal. É no mínimo espantoso que a lei francesa tenha regulado essa modalidade abortiva ao lado da interrupção de gravidez fundada no perigo à vida da própria gestante, tratando ambas pela mesma denominação de "interrupção de gravidez por motivo terapêutico"[142]. A escolha topográfica e terminológica sugere que, diferentemente das demais hipóteses de aborto, a interrupção fundada na doença do nascituro seria uma forma de terapia a essa enfermidade. Daí porque ela seria 'mais legítima'.

Na verdade, tal como o aborto comum, o propósito da interrupção de gravidez fundada na doença do nascituro[143] é oferecer aos pais um instru-

---

[140] Cf. BACHELARD-JOBARD, Catherine. *L'eugénisme, la science et le droit*, op. cit., e os pareceres n° 107 e 120 do Comité consultatif national d'éthique.

[141] Cf. também: FABRE-MAGNAN, Muriel. *De la sélection à l'eugénisme*, op. cit., p. 188-214.

[142] Não por acaso, a reforma promovida pela Lei 2001-588 de 4 de julho de 2001 alterou a denominação do instituto, que passou a se chamar – de forma mais honesta – "interrupção da gravidez por motivo médico".

[143] Frise-se, aqui, que essa discussão em nada se relaciona com o problema da interrupção de gravidez em razão da inviabilidade do feto, notadamente, em casos de anencefalia. Obrigar a mãe, já gravemente atingida pela frustração da gestação, a

mento de controle de suas funções reprodutivas, evitando um nascimento incompatível com seus projetos de vida. Por essa razão, ela deveria ser tratada, tanto pela lei, quanto pela jurisprudência, como mais uma hipótese de aborto de conveniência, recebendo o mesmo regramento da IVG.

434. No que diz respeito à responsabilidade civil, todo esse dilema ético seria evitado se a jurisprudência francesa tivesse mantido uma posição coerente diante dos litígios envolvendo lesão a um projeto parental. Tanto a Corte de Cassação quanto o Conselho de Estado inicialmente penderam para a tese de que a reparação do nascimento indesejado atenta contra a dignidade da criança e, por essa razão, afirmaram que o nascimento de um filho não representa um prejuízo legítimo experimentado por seus genitores[144].

Uma vez adotada essa posição desfavorável aos pais, é imoral excepcioná-la, como o fez o julgado Quarez, apenas porque o filho é portador de deficiência, mesmo que essa exceção tenha por objetivo proteger o próprio menor. O entendimento pressupõe que a dignidade de uma criança deficiente é menos relevante do que a dignidade de uma criança sadia, ou que o interesse dos pais em realizar um aborto é socialmente mais aceitável se o feto é acometido de enfermidade – algo sustentado abertamente por diversos juristas franceses[145]. Em todo caso, a deficiência passa a ser um predicado de indignidade de uma vida humana[146].

---

carregar durante nove meses o cadáver do filho em seu ventre é mais do que imoral; é impor-lhe um martírio desumano. O STF, felizmente, afastou a tese de que o aborto de feto anencéfalo seria proibido em nosso ordenamento, com o julgamento da ADPF 54 (Plenário, 12.04.2012).

[144] CAPITANT, Henri; TERRÉ, François; LEQUETTE, Yves. *Les grands arrêts de la jurisprudence civile*, op. cit., p. 316; BACACHE-GIBEILI, Mireille. *Les obligations: la responsabilité civile extracontractuelle*, op. cit., p. 423, n° 382.

[145] A posição é explicitamente adotada em VINEY, Geneviève; JOURDAIN, Patrice; CARVAL, Suzanne. *Les conditions de la responsabilité*, op. cit., p. 32, n° 249-5: "Quanto ao argumento relativo ao caráter supostamente ilegítimo do interesse lesado, fundado na constatação de que, na legislação atual, o aborto é uma simples tolerância e não um direito, ele seria sem dúvida convincente se o caso tratasse de um aborto de conveniência. Porém, para o aborto terapêutico, ele é muito mais discutível". No mesmo sentido: cf. SARGOS, Pierre. *Réflexions 'médico-légales' sur l'interruption volontaire de grossesse pour motif thérapeutique*, op. cit. Michelle GOBERT chega a apresentar a tese como uma 'evidência', que obviamente justifica a indenização concedida no julgado Peruche: "No caso, qual era a vontade? Não se tratava de uma mulher em estado de angústia desejando, por um motivo que lhe é pessoal e que ela é a única capaz de apreciar, evitar o nascimento de uma criança qualquer. Trata-se de uma mulher que deseja evitar o nascimento de uma criança deficiente" (*La Cour de Cassation meritait-elle le pilori? (à propos de l'arrêt de l'Assemblée plénière du 17 novembre 2000)*, op. cit., p. 4).

[146] HOLANDA, Caroline Sátiro de. *A gravidez indevida e o consequente nascimento de uma criança podem ser considerados um dano?*, op. cit.

Como visto[147], a reparação do nascimento indesejado só é aceitável na medida em que não implique um desvalor à vida da criança nascida. Trata-se de um pressuposto ético desse tipo de ação: o pedido dos pais não se fundamenta num suposto sentimento de rejeição à criança, mas, antes, na ingerência sofrida por eles em sua autonomia reprodutiva. O problema da jurisprudência Quarez é que ela vai de encontro a esse postulado. Os tribunais franceses transfiguraram o problema do nascimento indesejado em outro que diz respeito ao indivíduo indesejado.

435. A diferença de tratamento provocada pelo critério seletivo pode conduzir a resultados particularmente chocantes. Um exemplo disso é o mencionado litígio apreciado pela Corte de Apelação de Riom, em 1989[148] e pela Corte de Cassação, em 1991[149]. A gestante, indevidamente impedida de recorrer a um aborto, alegava que não tinha estrutura familiar ou psicológica de manter a criança. Tratava-se de uma jovem de 22 anos, solteira, órfã de mãe e cujo pai era desconhecido, e que fora criada durante sua vida toda pelos serviços de assistência social[150].

Nada obstante, seu pedido reparatório foi tratado com indiferença – e mesmo com desdém – por parte dos magistrados e da doutrina[151]. Seria realmente justo afirmar que a tragédia pessoal enfrentada por essa jovem mãe é menos grave do que aquela suportada pelos pais do menino Mathieu, no julgado Quarez, pelo simples fato de que, neste caso, a criança não planejada sofria de síndrome de Down?

436. Outra possibilidade seria adotar o entendimento diametralmente oposto, concedendo indenização em toda e qualquer hipótese de lesão a um projeto parental. Essa solução favorável à indenização nos parece mais justa para com aqueles que tiveram sua liberdade de procriação indevidamente violada[152]. Os genitores muitas vezes optam pela interrupção da gravidez

---

[147] Cf. *supra*, n° 297 e s.
[148] CA Riom, 6 julho 1989, *D. 1990*, p. 284.
[149] Civ. 1ª, 25 junho 1991, *Bull. civ. I*, n° 213, *D. 1991*, p. 566, nota P. le Tourneau.
[150] Silva, Rafael Peteffi da. *Novos direitos, reparação dos pais pelo nascimento de filhos indesejados e a tutela do 'direito de nascer': um diálogo com o ordenamento francês*, op. cit., p. 186-190.
[151] Para uma análise particularmente sarcástica do pedido reparatório, cf. Tourneau, Philippe Le. *De la responsabilité du chirurgien après une tentative infructueuse d'interruption volontaire licite de grossesse*, op. cit.
[152] Geneviève Viney, por sua vez, sustenta que o reconhecimento de uma indenização de cunho punitivo contornaria o problema ético e concederia a necessária proteção às vítimas (*Brèves remarques à propos d'un arrêt qui affecte l'image de la justice dans l'opinion publique*, op. cit.).

justamente porque não têm condições materiais ou psicológicas de prover o menor, seja ele deficiente ou não. Se o nascimento de uma criança portadora de doença incurável exige maiores cuidados, esse é um fato que deve refletir no montante da indenização, e não em seu fundamento.

Uma das virtudes da solução favorável à reparação dos pais é que ela garante a qualidade de vida das crianças indesejadas, inclusive as portadoras de enfermidade incurável, sem fazer uso da deficiência como critério privilegiado em meio ao campo da autodeterminação reprodutiva. Essa proteção ao deficiente passaria a ocorrer de forma indireta, não como o objetivo, mas como consequência da reparação, que deverá recobrir todos os prejuízos experimentados pelos pais, entre eles os gastos incorridos para o sustento da criança, de acordo com suas reais necessidades[153].

§ 2 – Os limites da responsabilidade: a reparação concedida à criança

437. A jurisprudência Perruche não levanta questões morais fundamentalmente distintas da jurisprudência Quarez. Nas duas hipóteses, o dilema ético deflui dos fundamentos da interrupção de gravidez motivada pela deficiência do nascituro, já que essa modalidade abortiva pressupõe um juízo de indignidade acerca da vida da pessoa com deficiência[154]. Nesse sentido, Geneviève Viney afirma que a dignidade da pessoa humana é atingida nas duas hipóteses de indenização: "para admitir tanto uma como a outra, é preciso, de todo modo, afirmar que a vida com deficiência é um prejuízo (para a criança em um caso, para os pais, no outro)"[155].

O que de fato ocorre com o julgado Perruche é que ele realçou o conflito moral latente na Lei Veil e no julgado Quarez. Já era questionável que os pais pudessem se valer de um critério seletivo para obter reparação; e esse pedido indenizatório se tornou insustentável quando o demandante passou a ser a própria criança, vítima da discriminação. O pedido da criança com deficiência levaria à conclusão que ela mesma concorda com o preconceito que a lei institui ao seu encontro, de acordo com o qual o aborto de um feto

---

[153] MAZEAUD, Denis. *Réflexions sur un malentendu*, op. cit.
[154] Nesse sentido, Rafael Peteffi da SILVA critica a doutrina francesa por ter ignorado a dimensão moral do julgado Quarez, ao mesmo tempo em que deu excessiva atenção ao problema trazido pelo julgado Perruche. O autor ressalta que o interesse indenizatório dos pais "é tão questionável quanto o da criança" (*Novos direitos, reparação dos pais pelo nascimento de filhos indesejados e a tutela do 'direito de nascer': um diálogo com o ordenamento francês*, op. cit., p. 203).
[155] *Brèves remarques à propos d'un arrêt qui affecte l'image de la justice dans l'opinion publique*, op. cit.

apresenta alguma doença incurável é mais aceitável do que um aborto motivado por qualquer outra razão.

438. Outro fator que torna questão moral ainda mais séria quando a indenização é concedida à criança é já mencionada a polêmica em torno do "direito de não nascer". É verdade que os magistrados franceses em momento algum afirmaram a existência desse suposto direito em favor do nascituro, seja no acórdão Perruche, seja em qualquer outro precedente[156]. Pelo contrário: os julgados deixam claro que o objeto da indenização não é a vida do demandante, mas sim sua deficiência[157].

Entretanto, o reconhecimento do direito de não nascer é uma decorrência inevitável do mecanismo da reparação civil empregado pelo tribunal. Se a não realização do aborto causou um dano ao filho, então é lógico concluir que a interrupção da gravidez teria atendido aos seus interesses. Ora, essa conclusão só possível se considerarmos que ele preferia não ter nascido; que a deficiência torna sua vida tão miserável que a não existência lhe seria uma alternativa mais vantajosa. Trata-se de uma solução que viola a dignidade dessas pessoas que se pretende proteger.

439. Alguns autores refutam essa crítica, afirmando que a responsabilidade civil seria completamente alheia a toda essa celeuma moral: a criança deficiente não teria sua dignidade ofendida apenas porque recebeu indenização[158]. O argumento foi empregado com precisão pelo conselheiro Pierre Sargos, em seu relatório para o acórdão Perruche: "onde está o verdadeiro respeito à pessoa humana e à vida: na recusa abstrata de qualquer indenização, ou, o contrário, na sua admissão, que permitirá que a criança viva, ao

---

[156] FABRE-MAGNAN, Muriel. *Avortement et responsabilité médicale*, op. cit. e *La responsabilité civile et quasi-contrats*, op. cit., p. 179-181.

[157] Nesse sentido, Pierre Sargos, conselheiro da Corte de Cassação, afirmou em seu relatório para o acórdão Perruche: "Não é o nascimento e a vida da criança que constitui o prejuízo para o qual se pretende reparação. O prejuízo reparável é, ao contrário, exclusivamente aquele que resulta da deficiência, a qual imporá à criança, durante toda a sua existência, sofrimentos, ônus, restrições, privações e custos de toda natureza". Cf. também: Patrice JOURDAIN em *L'indemnisation du préjudice de l'enfant né handicapé consacrée par l'Assemblée plénière*, op. cit., e em seu tratado em coautoria com Geneviève VINEY, *Les conditions de la responsabilité*, op. cit., p. 36, n° 249-6 e p. 38, n° 249-7.

[158] BACACHE-GIBEILI, Mireille. *Les obligations: la responsabilité civile extracontractuelle*, op. cit., p. 425, n° 384; JOURDAIN, Patrice. *L'indemnisation du préjudice de l'enfant né handicapé consacrée par l'Assemblée plénière*, op. cit.

menos materialmente, em condições mais condizentes com a dignidade, sem ser abandonada às incertezas dos auxílios sociais, privados ou públicos?"[159].

O problema dessa tese é que desvia o foco do debate. É evidente que a criança estaria melhor com dinheiro do que sem ele, e essa afirmação continuará válida se substituirmos o beneficiário da soma por qualquer outra pessoa. Ocorre que as reparações civis não são impermeáveis às considerações éticas; pelo contrário, elas se justificam como uma aplicação concreta de um valor juridicamente tutelado. A questão levantada pelo julgado Perruche está, portanto, no fundamento dessa transferência de riqueza. Ainda que favoreça a criança do ponto de vista material, a indenização concedida a ela é censurável na medida em que decorre do menosprezo à vida do beneficiado.

440. A jurisprudência Perruche é, assim, reveladora da carga simbólica ostentada pelo conceito jurídico de prejuízo, o qual pressupõe o reconhecimento do desvalor de um determinado evento em relação à vítima.

Ninguém ousaria criticar, por exemplo, as prestações pagas pelo Estado aos deficientes a título de assistência social, tampouco a indenização devida por aquele que provocou um acidente de trânsito, acarretando a incapacidade física de um pedestre. Ainda que essas duas obrigações tenham a enfermidade do favorecido como fundamento, o valor afirmado por elas distingue-se frontalmente daquele abarcado pelo julgado Perruche: a primeira decorre do sentimento de solidariedade e de comprometimento da sociedade com a igualdade material; a segunda, da afirmação de que o acidente de trânsito é um evento desvaloroso para a vítima. O julgado Perruche, em seu turno, implicaria a conclusão que o nascimento – ou melhor, o impedimento ao aborto – é um evento de consequências negativas para a própria criança, o que evidentemente avilta a sua existência.

441. Por esse aspecto, é preciso reconhecer à jurisprudência Perruche o mérito de ter exposto com maior clareza os reais objetivos dos magistrados, cuja preocupação não era reparar a lesão à saúde reprodutiva experimentada pelos pais, mas sim garantir o sustento da criança deficiente[160].

Para além dos problemas éticos já presentes no julgado Quarez, o acórdão Perruche demonstrou que o impulso assecuratório havia conduzido a jurisprudência a desrespeitar a própria lógica da responsabilidade civil. Há,

---

[159] JCP 2000, II, 10438. Cf. também: MONTEIRO, António Pinto. *Direito a não-nascer?*, op. cit., p. 330; PINTO, Paulo Mota. *Indemnização em caso de 'nascimento indevido' e de 'vida indevida' ('wrongfulbirth' e 'wrongful life')*, op. cit., p. 20.

[160] BACACHE-GIBEILI, Mireille. *Les obligations: la responsabilité civile extracontractuelle*, op. cit., p. 425, n° 384; SARGOS, Pierre. *JCP 2000*, II, 10438; FABRE-MAGNAN, Muriel. *Avortement et responsabilité médicale*, op. cit.

de fato, incoerências no julgado Perruche quanto aos interesses protegidos (A) e quanto aos meios escolhidos para essa proteção (B).

A – A contradição entre os interesses de pais e filhos

442. Em primeiro lugar, o julgado Perruche evidenciou que há uma contradição em se buscar proteger a integridade corporal dos filhos em litígios que envolvem a lesão à liberdade reprodutiva de seus pais. Ora, o antagonismo entre os interesses dessas supostas vítimas é patente: se a vontade dos pais quanto à sorte da gravidez fosse respeitada, então a lesão à integridade corporal do filho seria ainda maior. É incongruente considerar que esses indivíduos, de interesses incompatíveis, possam receber proteção numa mesma situação de conflito, condenando-se o médico a indenizar ambos.

Para que o filho possa ser indenizado nas demandas reparatórias formuladas por seus genitores, como admite o acórdão Perruche, seria necessário assumir que ele compartilhava algum dos interesses desses últimos, ou seja, que tal como seus pais, o filho também desejava a realização do aborto terapêutico que teria impedido seu próprio nascimento[161].

443. Parte da doutrina toma o contrapé desse raciocínio e defende que a reparação do prejuízo dos pais pressupõe que igual direito seja concedido à criança, por ser ela a vítima direta do incidente. Nesse sentido, uma autora afirmou que "a diferença entre a ação dos pais e a ação dos menores é injustificável, na medida em que o dano dos pais é precisamente um dano por ricochete e que não há dano por ricochete sem dano imediato"[162].

---

[161] "A identidade das fontes do prejuízo da mãe e da criança jamais é justificada, nem mesmo discutida pelos defensores da solução comentada; como se fosse evidente que a vida com deficiência da criança procedesse da violação de um direito subjetivo idêntico, para mãe e criança. O raciocínio é falsamente claro: sem o erro médico, a mãe teria abortado, e a criança não teria sofrido prejuízo; é, portanto, a não realização do aborto que causou o prejuízo da criança. Mas essa não realização do aborto se torna um prejuízo apenas porque ela constitui a lesão a um direito ao aborto. Permite-se assim que a criança invoque a violação de um direito subjetivo que pertence à sua mãe" (TERRÉ, François. *Le prix de la vie*, op. cit.).

[162] BACACHE-GIBEILI, Mireille. *Les obligations: la responsabilité civile extracontractuelle*, op. cit., p. 425, n° 384. No mesmo sentido, JOURDAIN, Patrice. *L'indemnisation du préjudice de l'enfant né handicapé consacrée par l'Assemblée plénière*, op. cit.; VINEY, Geneviève; JOURDAIN, Patrice; CARVAL, Suzanne. *Les conditions de la responsabilité*, op. cit., p. 36, n° 249-6; SARGOS, Pierre. JCP 2000, II, 10438; GOBERT, Michelle. *La Cour de Cassation meritait-elle le pilori? (à propos de l'arrêt de l'assemblée plénière du 17 novembre 2000)*, op. cit. Contra: MAZEAUD, Denis. *Réflexions sur un malentendu*, op. cit. Ver também: MONTEIRO, António Pinto. *Direito a não-nascer?* op. cit., p.

O argumento peca por inverter os fatos do litígio. A falha imputada profissional da saúde consiste na má prestação de um contrato de serviços médicos ou, mais precisamente, no inadimplemento de um dever de informação do médico para com sua paciente. A pessoa diretamente atingida por esse inadimplemento é a própria paciente, credora da informação e impedida de exercer sua opção pelo aborto. O prejuízo supostamente ressentido pela criança é uma apenas um dano reflexo, que surge como consequência da lesão à autonomia reprodutiva de sua mãe[163].

O próprio julgado Perruche declara que o direito do filho à reparação existia na medida em que "as falhas cometidas pelo médico e pelo laboratório na execução dos contratos celebrados com a Sra. Perruche impediram-na de exercer sua escolha de interromper sua gravidez". Para fundamentar a condenação, a Corte de Cassação viu-se obrigada a conjugar o art. 1.382 do Código Civil francês (responsabilidade delitual) com o art. 1.165 do mesmo diploma (princípio da relatividade dos contratos)[164], evidenciando que o direito à reparação em favor da criança, ainda que fundado nas regras da responsabilidade extracontratual, decorria da inexecução de um contrato celebrado entre o médico e seus pais[165].

B – A contradição entre meios e fins

444. Em segundo lugar, a jurisprudência Perruche demonstra que o meio escolhido pelos magistrados para tutelar a saúde do filho conduz a uma injustificável discriminação no tratamento dado às próprias crianças com deficiência. O problema foi claramente exposto nos três acórdãos proferidos

---

330; PINTO, Paulo Mota. *Indemnização em caso de 'nascimento indevido' e de 'vida indevida' ('wrongful birth' e 'wrongful life')*, op. cit., p. 14-15.

[163] AUBERT, Jean-Luc. *Indemnisation d'une existence handicapée qui, selon le choix de la mère, n'aurait pas dû être*, op. cit., p. 262. Em Portugal: PINTO, Paulo Mota. *Indemnização em caso de 'nascimento indevido' e de 'vida indevida' ('wrongfulbirth' e 'wrongful life')*, op. cit., p. 14-15.

[164] Respectivamente, atuais arts. 1119 e 1250 do Código Civil francês, após a reforma do direito dos contratos.

[165] Nesse sentido, Denis MAZEAUD ressalta que, ao demandar reparação em nome próprio, o menor "não age na qualidade de credor da obrigação contratual inadimplida, o que o princípio da relatividade o proíbe, daí a incidência do art. 1.165, mas na qualidade de vítima de um prejuízo provocado pela inexecução do contrato, daí a aplicação do art. 1.382", *idem*. Cf. também: KAYSER, Pierre. *Un arrêt de l'Assemblée plénière de la Cour de cassation sans fondement juridique?*, op. cit.

em 13 de julho 2001[166], nos quais a Assembleia Plena rejeitou a demanda reparatória formulada pelos filhos deficientes, assentando que eles só teriam direito à indenização de seus gastos de saúde se provassem, categoricamente, que seus pais poderiam optar por um aborto terapêutico, caso fossem corretamente informados pelo médico sobre a má-formação fetal.

Ora, se o objetivo da jurisprudência Perruche é garantir os meios de subsistência adequados às pessoas com doença incurável, por que apenas as crianças que poderiam ser abortadas merecem esse tipo de proteção? Esse critério é plenamente justificável quando os demandantes da ação são os próprios genitores. Ao limitar a indenização aos pais que poderiam legalmente realizar um aborto, a Corte apenas separa os indivíduos que tiverem seu direito à autodeterminação reprodutiva atingido, daqueles que não o tiveram[167].

445. O mesmo não pode ser dito sob a ótica das crianças deficientes. Para uma pessoa com doença congênita, é indiferente se seus pais teriam ou não direito de abortá-lo, e se esse direito foi ou não obstado em razão da conduta do médico. Seu sofrimento e suas dificuldades existenciais são exatamente os mesmos[168]. Uma vez admitido, como o querem os defensores da jurisprudência Perruche, que o prejuízo indenizável é a própria doença[169], então o critério fundado na lesão ao direito de aborto dos pais se torna sem sentido. Todas as crianças com deficiência mereceriam tal compensação[170].

---

[166] Assem. Plén., 13 julho 2001, *Bull. civ. I*, n° 10, p. n°s 98-19.190, 97-17359 e 97-19282, *D. 2001*, p. 2325, nota P. Jourdain, *D. 2002*, som. 1314, obs. D. Mazeaud, *JCP 2001*, II, 10601, conc. J. Sainte-Rose, nota F. Chabas, *Resp. civ. et assu., 2001*, com. n° 269.

[167] Civ. 1ª, 9 março 2004, *Bull. civ. I*, n° 79.

[168] Cf. o entendimento do Comité consultatif national d'éthique, em seu parecer n° 68, *op. cit.*: "Privilegiar as situações nas quais a deficiência poderia ser atribuída à negligência médica e enquadra-se na responsabilidade individual introduziria inaceitáveis discriminações entre as pessoas deficientes. No mais, tal posição encorajaria a busca sistemática de uma responsabilidade culposa, mesmo que inverossímil, diante de qualquer deficiência, porque este seria o único meio de assegurar o futuro material destas pessoas".

[169] JOURDAIN, Patrice. *L'indemnisation du préjudice de l'enfant né handicapé consacrée par l'Assemblée plénière*, op. cit.; SARGOS, Pierre. JCP 2000, II, 10438; SILVA, Rafael Peteffi da. *Novos direitos, reparação dos pais pelo nascimento de filhos indesejados e a tutela do 'direito de nascer': um diálogo com o ordenamento francês*, op. cit., p. 204.

[170] Nesse sentido, Geneviève VINEY: "Quanto à melhoria das condições materiais das pessoas deficientes, trata-se de um imperativo verdadeiro, mas que concerne a todos, e não somente aquelas cuja mãe não foi informada durante a gravidez acerca do risco da deficiência" (*Brèves remarques à propos d'un arrêt qui affecte l'image de la justice dans l'opinion publique*, op. cit.).

Em verdade, a negligência do médico não é o fundamento da condenação pronunciada no acórdão Perruche, mas um simples pretexto – o único encontrado pelos magistrados – para justificar a outorga de apoio financeiro ao deficiente. A negligência médica tornou-se um álibi perfeito para movimentar, em favor da criança, o sistema de seguros privados mantido pelos profissionais da saúde na França. Eis o irônico destino da teoria da culpa, que terminaria por se revelar mais favorável ao demandante do que a própria teoria do risco.

446. É justamente nesse tipo situação, quando o coração da jurisprudência fala mais alto que os seus escrúpulos, que podemos observar os limites da responsabilidade civil como técnica de proteção de interesses individuais. A responsabilização do médico jamais representaria uma resposta adequada aos problemas enfrentados pelas pessoas com deficiência congênita. E por uma razão muito simples: esse não é um dever que caiba ao médico. A superação das dificuldades existenciais dos deficientes é uma reivindicação social[171] e, portanto, há de ser alcançada por meio das políticas públicas apropriadas[172] e da solidariedade nacional[173]. A responsabilidade privada tem pouco a contribuir com o problema[174].

Ainda que a responsabilidade seja o único instrumento à disposição dos magistrados, eles devem resistir à tentação da onipotência, ou cairão em contradições ainda maiores. A Corte de Cassação ousaria condenar o médico negligente a reparar, por exemplo, as demais dificuldades existenciais que serão experimentadas pela criança não abortada, caso ela pertença a algum outro grupo social desfavorecido? Se a decisão da mãe pelo aborto estiver fundada igualmente em sua relação conturbada com o pai da criança, seria possível afirmar que o médico negligente é responsável pelo ambiente familiar instável com o qual o menor deficiente terá de conviver? Certamente, não. Mas essa reparação se imporia, com todo rigor, com base na mesma lógica

---

[171] FRADA, Manuel António Carneiro da. *A própria vida como dano? Dimensões civis e constitucionais de uma questão-limite*, op. cit., p. 272-275.

[172] Comité consultatif national d'éthique, perecer n° 68, op. cit.

[173] LAMBERT-FAIVRE, Yvonne; PORCHY-SIMON, Stéphanie. *Le droit du dommage corporel: systèmes d'indemnisation*, op. cit., p. 760, n° 582; TERRÉ, François; SIMLER, Philippe; LEQUETTE, Yves. *Droit civil: Les obligations*, op. cit., p. 1008, n° 1002. É a justamente a insuficiência das prestações sociais que levou os juízes a empregar a única arma da qual dispunham: a reparação.

[174] Em sua crítica ao acórdão Perruche, Philippe le TOURNEAU afirma que a responsabilidade civil não pode ser tratada como uma forma de cobertura social universal, contra todos as desgraças que a natureza impõe ao homem, *Droit de la responsabilité et des contrats,* op. cit., p. 571, n° 1441.

indenizatória adotada no acórdão Perruche, segundo a qual o médico, responsável pela vida, é também responsável pelas desventuras inerentes a ela.

447. As dificuldades existenciais experimentadas pelas pessoas com deficiência jamais serão resolvidas se a sociedade se eximir de seu dever político de acolhê-las. É exatamente esse tipo de fuga que desponta no momento em que o aborto é legalmente sufragado como tratamento indicado às doenças congênitas; ou quando a jurisprudência procura, a todo custo, apontar um culpado pelo "insuportável acidente" da vida com deficiência, como ironizou Laurent Aynès[175]. E não se trata de um debate exclusivamente teórico. Basta lembrar que um dos maiores beneficiados pelo acórdão Perruche foi o próprio Estado, que pode então reaver todos os gastos com a saúde de Nicolas. A principal consequência prática do julgado foi, portanto, a transferência, para os profissionais da saúde, do ônus financeiro do apoio ao deficiente que, em princípio, caberia a toda a sociedade[176].

Somente o comprometimento coletivo seria capaz de aliviar, satisfatoriamente, as adversidades enfrentadas tanto pelas crianças deficientes, quanto por seus pais, as quais são absolutamente alheias aos problemas do direito ao aborto[177]. E evitaria essa desconfortável solução jurídica que, a pretexto de ajudar os portadores de necessidades especiais, transforma a doença em signo de indignidade e termina por consolidar ainda mais o estigma social que pesa sobre esses indivíduos. A declaração feita ao jornal *Le Figaro* por Alexandre Varaut, pai de François, que tem síndrome de Down, é particularmente esclarecedora nesse aspecto: "Eu esperava, como François, como tantas famílias de crianças deficientes, que a mais alta jurisdição do nosso país compreendesse essa afirmação tão simples: a vida com deficiência é uma das formas de vida, e outra um pouco mais complexa: ajudá-la é um dever, indenizá-la é uma injúria"[178].

448. O problema da jurisprudência Quarez e Perruche é, portanto, um problema da adequação entre meios e fins; entre os limites da responsabilidade civil e as boas intenções da jurisprudência francesa. Ao tentar instrumentalizar os litígios envolvendo a lesão à liberdade reprodutiva dos pais como veículo de uma verdadeira política social em prol de seus filhos

---

[175] Aynès, Laurent. *Préjudice de l'enfant né handicapé : la plainte de Job devant la Cour de cassation*, op. cit., p. 492.

[176] Comité consultatif national d'éthique, parecer n° 68, op. cit.

[177] E, indiretamente, aliviaria a situação dos médicos condenados a indenizar os genitores, na medida em que os gastos incorridos pelos pais com a educação e a assistência de crianças deficientes seriam menores.

[178] "L'immonde meilleur des mondes", *Le Figaro*, 16 julho 2001.

deficientes[179], os juízes inevitavelmente depararam-se com contradições técnicas e dificuldades éticas na determinação dos interesses reparáveis. Uma criança não abortada não se encontra em situação equivalente à vítima de um acidente corporal, e tampouco podemos afirmar que os seus genitores, indevidamente impedidos de interromper a gravidez, foram, em razão, deste erro privados de um tratamento adequado à doença de seu filho.

Em definitivo, o tema da deficiência deveria ser completamente extirpado dos conflitos relativos à liberdade de aborto. Mais do que um imperativo ético, trata-se de uma questão de higiene legal. Os pais devem sempre ser indenizados em razão da lesão à sua autonomia reprodutiva, pouco importando se o filho não planejado é ou não acometido por enfermidade. Quanto às dificuldades de vida enfrentadas pelos próprios deficientes, essa questão há de ser solucionada pela responsabilidade social[180], e não pela responsabilidade civil[181]. Aliás, não parece adequado que o Estado exija do médico o reembolso das prestações sociais e de saúde fornecidas ao portador de necessidades especiais. Tais prestações não podem ser vistas como um prejuízo público, mas sim como a concretização de um princípio político de solidariedade. Por fim, a lei não deveria, de forma alguma, privilegiar o recurso ao aborto como solução adequada às doenças congênitas.

Essa série de medidas traçaria contornos mais claros entre os deveres dos médicos e os deveres da sociedade[182], recolocando os litígios sobre a autonomia reprodutiva em seus verdadeiros termos.

---

[179] MÉMETEAU, Gérard. L'action de vie dommageable, op. cit.
[180] MONTEIRO, António Pinto. Direito a não-nascer?, op. cit., p. 332. Contra: PINTO, Paulo Mota. Indemnização em caso de 'nascimento indevido' e de 'vida indevida' ('wrongfulbirth' e 'wrongful life'), op. cit., p. 24-25.
[181] FRADA, Manuel António Carneiro da. A própria vida como dano? Dimensões civis e constitucionais de uma questão-limite, op. cit., p. 275.
[182] Comité consultatif national d'éthique, parecer n° 68, op. cit.

A ABORDAGEM SELETIVA NA FRANÇA: AS CONSEQUÊNCIAS DO ACÓRDÃO PERRUCHE

449. A distorção das regras da responsabilidade promovida pelos tribunais da França não passaria incólume à opinião pública. O entendimento daria ensejo a uma drástica intervenção legislativa: a chamada "Lei anti-Perruche", aprovada pelo parlamento francês em 2002. Esse diploma legal mudou os rumos da jurisprudência, reduzindo substancialmente as hipóteses de responsabilidade pela falha de métodos abortivos (Seção 1).

Ironicamente, a alteração legal não significou o fim do "direito à reparação em decorrência do próprio nascimento" no Direito francês. Mesmo após a entrada em vigor da nova lei, os tribunais franceses se mantiveram firmes em seu entendimento de que o filho, nascido em razão de um ato de abuso sexual, pode pretender reparação em face de seu genitor (Seção 2).

Seção 1 – A interrupção da jurisprudência: a lei anti-Perruche

450. Sem perspectivas de mudança de posicionamento por parte de Corte de Cassação e persuadido pela mídia e pela opinião pública, o Parlamento francês resolveu intervir para obstar a continuidade da jurisprudência Perruche.

O principal foco de pressão veio da parte das seguradoras de profissionais da saúde e dos órgãos representativos da classe médica[1] que, em reação à jurisprudência Perruche organizaram, no início de 2002, uma greve dos obstetras, ginecologistas e especialistas em ecografia pré-natal[2]. Por trás

---
[1] Para uma crítica ao *lobby* dessas organizações: JOURDAIN, Patrice. Loi anti-Perruche: une loi démagogique. *D. 2002*, p. 891.
[2] "Des spécialistes du diagnostic prénatal annoncent une grève des échographies", *Le Monde*, 15 de dezembro 2001.

de toda essa movimentação estavam as cifras resultantes das condenações: somente o litígio Perruche ensejou o pagamento de mais de 3,5 milhões de euros por parte de uma das seguradoras dos réus[3]. De 2001 a 2002, os prêmios de seguro pagos pelos especialistas em ecografia subiram em média 400%[4] e, em certos casos extremos o valor chegou a aumentar dez vezes[5]. Alguns veículos da imprensa indicavam que os obstetras estariam abandonando a atividade e optando por exercer especialidades menos arriscadas dentro do campo da medicina[6].

A iniciativa de intervenção legal partiu do deputado e professor de medicina Jean-François Mattei[7], que em 12 de dezembro de 2001 apresentou à Assembleia Nacional um curto projeto de lei destinado a barrar a jurisprudência Perruche[8]. O texto foi rapidamente incorporado ao projeto de lei de reforma do sistema de saúde da França, de abrangência muito maior, e que já se encontrava em vias de aprovação na Assembleia. Fruto desses trabalhos legislativos, em 4 de março de 2002 foi promulgada a Lei 2002-303 relativa ao "direito dos enfermos e à qualidade do sistema de saúde", cujo título primeiro, dedicado à "solidariedade para com as pessoas deficientes" é vulgarmente batizado de "Lei Anti-Perruche" – ainda que não se trate, verdadeiramente, de um diploma legal autônomo.

451. As disposições mais relevantes concentram-se no art. 1º, I, da mencionada lei[9]. Logo de início, o texto prevê que "ninguém pode se valer de um prejuízo pelo simples fato de seu nascimento", ressalvando, porém, que "a pessoa nascida com uma deficiência decorrente de um erro médico pode obter a reparação de seu prejuízo se o ato culposo provocou diretamente a

---

[3] CAPITANT, Henri; TERRÉ, François; LEQUETTE, Yves. *Les grands arrêts de la jurisprudence civile*, op. cit., p. Les grands arrêts de la jurisprudence civile, op. cit., p. 318.

[4] *La Croix*, 25 de outubro de 2002, p. 9.

[5] "Les primes d'assurance des médecins flambent après l'arrêt Perruche" *Le Monde*, 11 de dezembro de 2001, p. 22.

[6] "Après l'arrêt Perruche, des obstétriciens abandonnent leur métier", *Le Monde*, 31 de janeiro de 2002, p. 12.

[7] De fato, três outros projetos de lei já haviam sido propostos no parlamento e rejeitados.

[8] O projeto acrescentava duas alíneas ao art. 16 do Código Civil francês, nos seguintes termos: "Ninguém pode demandar uma indenização pelo fato de seu nascimento; Se uma deficiência é a consequência direta de uma ato culposo, é concedido direito à reparação nos termos do art. 1382 do presente Código".

[9] A Lei 2005-102, de 11.02.2005, derrogou o art. 1º, I, da Lei 2002-303, e o incorporou ao Código da Ação Social de das Famílias, art. L114-5, preservando integralmente a redação do dispositivo. Por razões de simplificação e clareza cronológica, as referências serão feitas ao diploma original.

deficiência ou a agravou, ou não permitiu que fossem tomadas as medidas capazes de atenuá-la"[10].

Esse dispositivo tem o evidente escopo de "ab-rogar" o precedente Perruche, preservando as demais hipóteses de responsabilidade civil do médico para com a criança deficiente. Contudo, como apontaram diversos autores[11] – e mesmo alguns parlamentares, durante os trabalhos de aprovação da lei –, uma interpretação literal do texto poderia permitir o prosseguimento da jurisprudência Perruche, pois a reparação pronunciada pela Corte fundava-se não no simples fato do nascimento, mas no "prejuízo resultante da deficiência" e supostamente causado pelo erro médico.

A Corte de Cassação, até por uma questão de bom senso, jamais ousou explorar essa deficiência redacional e respeitou a vontade do legislador nos litígios posteriores à promulgação da lei[12].

452. O texto legal prossegue estabelecendo que "Quando um profissional ou uma instituição de saúde são responsáveis em face dos pais de uma criança nascida com uma deficiência não identificada durante a gravidez em razão de culpa caracterizada, os pais podem demandar indenização apenas a título de seu prejuízo. Esse prejuízo não incluirá o gasto decorrente, ao longo de toda a vida da criança, desta deficiência. A compensação desta última incumbe à solidariedade nacional"[13].

As origens desse dispositivo são menos evidentes. Cumpre notar que o projeto de lei inicialmente apresentado à Assembleia não fazia menção alguma ao tema da responsabilidade civil dos médicos e hospitais frente aos pais da criança deficiente. A mudança foi introduzida nas etapas finais de aprovação

---

[10] Nul ne peut se prévaloir d'un préjudice du seul fait de sa naissance. La personne née avec un handicap dû à une faute médicale peut obtenir la réparation de son préjudice lorsque l'acte fautif a provoqué directement le handicap ou l'a aggravé, ou n'a pas permis de prendre les mesures susceptibles de l'atténuer.

[11] VINEY, Geneviève; JOURDAIN, Patrice; CARVAL, Suzanne. *Les conditions de la responsabilité*, op. cit., p. 38, n° 249-7; TERRÉ, François; SIMLER, Philippe; LEQUETTE, Yves. *Droit civil: les obligations*, op. cit., p. 1007; TOURNEAU, P. Le. *Droit de la responsabilité et des contrats*, op. cit., p. 570, n° 1441.

[12] LAMBERT-FAIVRE, Yvonne; PORCHY-SIMON, Stéphanie. *Le droit du dommage corporel: systèmes d'indemnisation*, p. 759, n° 582-3.

[13] Lorsque la responsabilité d'un professionnel ou d'un établissement de santé est engagée vis-à-vis des parents d'un enfant né avec un handicap non décelé pendant la grossesse à la suite d'une faute caractérisée, les parents peuvent demander une indemnité au titre de leur seul préjudice. Ce préjudice ne saurait inclure les charges particulières découlant, tout au long de la vie de l'enfant, de ce handicap. La compensation de ce dernier relève de la solidarité nationale.

do diploma, com o claro objetivo de limitar a indenização ao prejuízo moral decorrente do nascimento indesejado.

Isso comprova que, muito além das discussões éticas, o principal propósito da intervenção legislativa foi o de atender à reivindicação dos médicos e seguradoras, diminuindo o valor das condenações[14]. Com a medida, os parlamentares afastaram qualquer risco de que a Corte de Cassação redirecionasse aos pais a indenização reconhecida no julgado Perruche e mantivesse, dessa forma, as vultosas condenações referentes aos gastos materiais do deficiente.

453. A preocupação com o interesse dos médicos fica ainda mais clara no momento em que a lei condicionou sua responsabilidade à "culpa caracterizada": a redação tranquilizou assim os profissionais da área que, de forma absolutamente infundada, acusavam o julgado Perruche de ter transformado o diagnóstico pré-natal de doenças fetais em uma "obrigação de resultados"[15].

Intencionalmente ou não, o efeito concreto dessa segunda parte do texto foi o de reduzir drasticamente a abrangência da jurisprudência Quarez[16], a

---

[14] Diga-se que um dos principais objetivos da reforma do sistema de saúde foi, justamente, o de reduzir o ônus da responsabilidade civil que pesava sobre os médicos. Nesse sentido, foi criado o *Office national d'indemnisation des accidents médicaux* (ONIAM), autarquia encarregada de gerir um fundo público de indenização, mantido pela solidariedade nacional, e destinado a reparar as vítimas de diversos acidentes médicos.

[15] É curioso notar que a principal queixa – absolutamente infundada – formulada pelos médicos ao encontro da jurisprudência Perruche, é que o acórdão teria transformado a obrigação de diagnóstico pré-natal, que deixaria de ser uma obrigação de meios e passaria a ser de resultados. Conforme veiculado em diversos órgãos da mídia, os profissionais argumentavam que isso inviabilizaria o próprio exercício da atividade, porquanto as técnicas de diagnósticos nem sempre seriam capazes de identificar as anomalias fetais ("Le malaise croissant des spécialistes de l'échographie foetale", *Le Monde*, 08 julho 2001). De sua parte, a Corte de Cassação sempre ressaltou que a condenação do médico dependia da comprovação de em erro de conduta do profissional. Assim, a expressão introduzida pela lei não teve qualquer efeito concreto.

[16] A proposta de emenda apresentada pelo Governo durante o processo legislativo seria uma excelente alternativa a essa medida rigorosa. O texto sugerido previa que "quando um profissional ou uma instituição de saúde são responsáveis em face dos pais de uma criança nascida com uma deficiência de peculiar gravidade não identificada durante a gravidez em razão de culpa grave, os titulares do poder familiar podem demandar indenização destinada à pessoa deficiente, correspondente aos custos particulares decorrentes, ao longo de toda a vida da criança, desta deficiência, deduzidos deste montante as alocações e prestações, de qualquer natureza, da qual esta pessoa é beneficiária a título de solidariedade nacional ou de seguridade social.

qual, no entanto, jamais fora criticada pela doutrina francesa, tampouco pela opinião pública[17].

454. O inciso I se encerra com uma regra de direito intertemporal, cujo objetivo, novamente, era conter a alta dos prêmios de seguro-responsabilidade. O dispositivo previa que "as disposições do presente [inciso] I são aplicáveis aos litígios em curso, à exceção daqueles em que houve decisão irrecorrível em favor da indenização"[18]. Isso implicava a abrupta supressão do direito à reparação até então reconhecido pela jurisprudência aos pais ou aos filhos, ainda que decorrentes de fatos anteriores à promulgação da lei[19].

O Conselho de Estado chegou a ser questionado se a eficácia da regra estaria condicionada à criação de um sistema de solidariedade nacional que compensaria a mudança, tal como previsto no mencionado inciso I e, também, no inciso II do mesmo artigo[20]. Mas o Conselho rejeitou a tese, reafirmando a incidência imediata do dispositivo anti-Perruche aos litígios em curso, independentemente de qualquer medida assistencial por parte do Estado[21].

455. Essa norma seria duplamente repreendida, por atentar contra direitos fundamentais das vítimas. Num primeiro momento, pelo Tribunal Europeu dos Direitos Humanos que, em dois julgados proferidos em 6 de outubro de 2005[22], considerou que a França, ao suprimir retroativamente a indenização, sem oferecer compensação razoável aos atingidos pelo novo

---

Neste caso específico, os organismos de assistência social não poderão exercer seu direito de regresso em face do autor do ato culposo para obter o reembolso das alocações e prestações versadas". A regra, de um lado, preservaria o direito dos pais à indenização dos gastos decorrentes da violação de sua liberdade de planejamento familiar. De outro, ela reafirmaria o compromisso social de ajuda aos deficientes, vedando que o Estado repassasse seus custos ao médico culpado – o que também evitaria o aumento desenfreado dos seguros de responsabilidade médica.

[17] VINEY, Geneviève; JOURDAIN, Patrice; CARVAL, Suzanne. *Les conditions de la responsabilité*, op. cit., p. 38-41, n° 249-7; CAPITANT, Henri; TERRÉ, François; LEQUETTE, Yves. *Les grands arrêts de la jurisprudence civile*, op. cit., p. 319.

[18] Les dispositions du présent I sont applicables aux instances en cours, à l'exception de celles où il a été irrévocablement statué sur le principe de l'indemnisation.

[19] Esse trecho de direito intertemporal não foi mantido pelo legislador, quando da transposição do dispositivo legal ao Código da Ação Social de das Famílias.

[20] "II – Toda pessoa deficiente tem direito, seja qual for a causa de sua deficiência, à solidariedade de toda à coletividade nacional".

[21] CE, 6 dez. 2002, n° 250167.

[22] TEDH, 06 out. 2005, 2 acórdãos, *Draon v. France, Maurice v. France, JCP 2006*, II, 10061 nota Zollinger, *Resp. civ. et assu. 2005*, com. n° 27, obs. Radé, *RTD Civ. 2005*, p. 735, obs. Marguenaud, *D. 2005*, p. 2546, nota M-C. de Montecler.

regramento[23], teria violado o direito dos requerentes à propriedade[24], protegido pelo art. 1º do 1º protocolo adicional[25] à Convenção de Proteção dos Direitos do Homem e das Liberdades Fundamentais[26].

Finalmente, a disposição transitória da lei anti-Perruche seria censurada pelo próprio Conselho Constitucional da França, no julgamento da Questão Prioritária de Constitucionalidade de nº 2[27] – uma das primeiras apreciadas pelo tribunal, com a entrada em vigor, em 2010, do sistema de controle de constitucionalidade *a posteriori*. Apesar de declarar que os dispositivos perenes da lei não eram contrários aos valores constitucionais vigentes[28], o

---

[23] O TEDH ressaltou que, ainda que os pais da criança se beneficiassem de algumas prestações sociais, "o seu montante é nitidamente inferior àquele resultante do regime de responsabilidade anterior e é claramente insuficiente [...]. Essa situação faz pesar ainda hoje uma grande incerteza sobre os requerentes e, em todo caso, não permite que eles sejam suficientemente compensados pelos danos que já sofreram desde o nascimento de seu filho".

[24] Contudo, o Tribunal afirmou que a lei anti-Perruche não violaria, em si, o direito ao respeito à vida privada e familiar (art. 8º da CEDH). Com efeito, os requerentes alegavam que o novo regime legal seria contrário a esse direito, na medida em que garantiria imunidade àquele que provocou dano à vida familiar.

[25] Nos termos do acórdão: "O art. 1º da lei de 4 de março de 2002 suprimiu pura e simplesmente, com efeito retroativo, uma parte essencial dos créditos de reparação, de montante bastante elevado, que os pais das crianças cuja deficiência não fora detectada antes do nascimento em razão de um ato culposo, tal como os requerentes, poderiam opor contra a instituição hospitalar responsável. O legislador francês deste modo privou os requerentes de um 'valor patrimonial' preexistente e que fazia parte de seus 'bens', a saber, um crédito de reparação constituído pelo qual eles poderiam legitimamente esperar ver determinado o montante conforme a jurisprudência fixada pelas mais altas jurisdições nacionais". Dois aspectos da interpretação do TEDH merecem atenção: em primeiro lugar, a decisão adota um conceito amplo de "bem" ou "propriedade", que passaria a abarcar também as legítimas expectativas de indenização, entendidas como um direito patrimonial dos indivíduos. Em segundo lugar, a decisão do Tribunal Europeu pressupõe que a jurisprudência nacional é fonte de direitos, no caso, do direito de propriedade, mesmo em países de tradição romano-germânica, como a França.

[26] A decisão do TEDH foi rapidamente acatada pelo Conselho de Estado (CE, 27 out. 2007, nº 292062) e pela Corte de Cassação (Civ. 1ª, 8 julho 2008, nº 07-12.159, *Bull. civ. I*, nº 190, *JCP 2008*, II, 10166, C. Mellottée, nota P. Sargos, *D. 2008*, 2765, nota S. Porchy-Simon, *RTD Civ. 2008*, p. 507, obs. T. Revet).

[27] C.Const., 11 junho 2010, QPC nº 2.

[28] O Conselho rejeitou os argumentos dos requerentes, afirmando que a lei anti-Perruche não criava discriminações injustificadas entre as crianças deficientes, tampouco atentava contra o princípio da responsabilidade, constitucionalmente protegido na França, e que, por fim, o princípio da reparação integral, ao qual se apegavam os requerentes, não teria valor constitucional.

Conselho entendeu que os dispositivos transitórios violariam os princípios da segurança jurídica e da separação de poderes, previstos no art. 16 da Declaração de Direito do Homem e do Cidadão de 1789[29], porquanto se "os motivos de interesse geral precitados poderiam justificar que as novas regras fossem tornadas aplicáveis aos litígios supervenientes relativos às situações jurídicas nascidas anteriormente, eles não poderiam justificar modificações tão relevantes ao direito das pessoas que tinham, anteriormente a essa data, iniciado um processo para obter reparação de seu prejuízo"[30].

456. Como se nota, o verdadeiro objetivo da intervenção legislativa foi a conveniência econômica. Os vícios morais identificados na jurisprudência Perruche, e presentes também no julgado Quarez, ensejaram uma reação legal apenas quando prejudicaram os interesses patrimoniais de uma classe organizada, o que demonstra que as transformações do Direito, por vezes, se explicam mais por razões financeiras do que pelas questões de princípio.

É lamentável que essa intervenção extrema do legislador terminou por privar os pais da quase totalidade de seus direitos em casos de lesão à sua reprodutiva, eliminando, inclusive, qualquer possibilidade de evolução da jurisprudência nesse campo. A solução mais justa, em nosso ver, seria a oposta: de um lado, impedir que o Estado exija dos médicos o reembolso

---

[29] A célebre declaração ainda possui valor constitucional da França, porque compõe o chamado "bloco de constitucionalidade" – série de normas com valor constitucional, as quais incluem (a) A Constituição francesa de 1958 e seu preâmbulo; (b) o preâmbulo da Constituição francesa de 1946 (por remissão do preâmbulo de 1958); (c) Declaração de Direito do Homem e do Cidadão de 1789 (por remissão dos preâmbulos de 1958 e 1946); (d) a Carta do Meio Ambiente de 2004 (incluído, em 2005, no preâmbulo de 1958); (e) os princípios fundamentais reconhecidos pelas leis da República (por remissão do preâmbulo de 1946); e (f) os princípios e objetivos de valor constitucional. Cf. C.Const., 16 julho 1971, n° 71-44.

[30] A conciliação da decisão do Conselho Constitucional com o acórdão do Tribunal Europeu de Direitos Humanos ensejou um sério problema interpretativo: o dispositivo transitório da lei anti-Perruche deveria ser inteiramente invalidado, ou bastaria rejeitar sua aplicação aos litígios já em curso, permitindo a incidência da lei – e, consequentemente, a exclusão da indenização – às ações ajuizadas após sua promulgação, mas versando sobre fatos anteriores a ela? A primeira interpretação foi adotada pela Corte de Cassação (Civ. 1ª, 15 dez. 2011, p. n° 10-27.473, *D. 2012*, p. 313, note D. Vigneau; *JCP 2012*, 72, conc. P. Chevalier, nota P. Sargos), a segunda pelo Conselho de Estado (CE 13 maio 2011, 2 acórdãos, n° 329290, n° 317808, *AJDA 2011*, p. 991, obs. S. Brondel, *AJDA 2011*, p. 1136; CE 24 fev. 2006, n° 250704, *RTD Civ. 2006*, p. 263, obs. J-P. Marguénaud, *AJDA 2006*, p. 1272, nota S. Hennette-Vauchez). Para uma análise mais aprofundada da questão, cf. Fabre-Magnan, Muriel. *La responsabilité civile et quasi-contrats*, op. cit., p. 168-171; e Bacache-Gibeili, Mireille. *Les obligations: la responsabilité civile extracontractuelle*, op. cit., p. 877-893, n° 789 e s.

das prestações sociais fornecidas aos deficientes, evitando, assim, que o Poder Público se exima de seus deveres de solidariedade; e de outro, conceder sempre reparação a todos que tiveram seu direito à autotutela reprodutiva desrespeitado.

Seção 2 – A manutenção da jurisprudência: os casos de abuso sexual

457. Se a lei anti-Perruche parece ter encerrado a discussão acerca da responsabilidade pelo nascimento indesejado de uma criança deficiente, ela certamente não dissipou todos os problemas envolvendo o "direito de não nascer". É curioso notar que a jurisprudência francesa continuou a reconhecer, ao menos em uma situação específica, que o filho tem o direito de pretender reparação em decorrência das circunstâncias que envolveram sua concepção. Trata-se da hipótese da criança nascida em razão da prática de crimes de abuso sexual.

A questão foi apreciada pela Corte de Cassação pela primeira vez em 1998, quando a Câmara Criminal admitiu que a criança, fruto de relações incestuosas forçadas do réu com a sua filha menor, poderia intervir no processo penal para pleitear indenização em face de seu pai biológico. O menor afirmava sofrer traumas psicológicos graves em consequência do crime, que exigiam cuidados médicos. Mas o Tribunal do Júri de Isère negou seu pedido de intervenção[31], sob o enfoque de que a criança "não era vítima do estupro cometido contra a pessoa de sua mãe e que ela não experimentou qualquer prejuízo decorrente desta infração". O entendimento foi censurado pela Corte de Cassação, que asseverou que a criança teria sofrido um dano pessoal decorrente dos fatos objeto da acusação[32].

458. Esse tipo de demanda não é uma especificidade do Direito francês. A jurisprudência americana é pródiga em exemplos nos quais o autor pretendia reparação por ter nascido em uma situação particularmente conturbada. Os tribunais daquele país já apreciaram casos em que a criança ajuizou uma ação reparatória em face de seu próprio pai, alegando que ele, apesar de já ser casado, teria seduzido sua mãe à prática sexual com falsas promessas de matrimônio e que, em razão disso, o filho se viu condenado

---

[31] De fato, o menor pretendia intervir no processo penal na qualidade de assistente civil de acusação (*partie civile*), com o fim de que o réu fosse condenado à indenização pela própria jurisdição criminal. Trata-se de opção processual oferecida às vítimas de delitos, prevista nos arts. 2, 3, 85 e s. do Código de Processo Penal da França.

[32] Crim. 4 fev. 1998, *Bull. crim.*, n° 43, *D. 1999*, p. 445, nota D. Bourgault-Coudeyville, *RTD Civ. 1999*, p. 64, obs. J. Hauser.

à bastardia[33]. Em outros litígios, o autor era filho de uma mulher que sofria de grave doença psiquiátrica e que estava internada em uma instituição de saúde no momento da concepção. Por isso, pretendia que a clínica, que teria sido negligente ao permitir que sua mãe fosse abusada sexualmente enquanto estava sob sua custódia[34], o indenizasse pelos transtornos decorrentes de sua precária situação familiar[35].

Contrariamente ao que foi decidido pela Corte de Cassação francesa, em todos esses precedentes, as cortes americanas rejeitaram os pedidos formulados pelos filhos, ao considerarem que eles não poderiam pretender reparação em razão do fato que permitiu seu nascimento. Muitas vezes, esses pedidos são tratados como espécies de ações de *wrongful life*, ainda que não envolvam o nascimento de crianças com deficiência[36].

459. Era possível crer, como sustentaram alguns[37], que a Corte de Cassação teria que seguir esse mesmo caminho, pois seu antigo entendimento teria sucumbido diante do vigor do aforismo legal de que "ninguém pode se valer de um prejuízo pelo simples fato de seu nascimento". Porém, essa não foi a interpretação adotada pelo tribunal.

Em dois acórdãos proferidos em 23 de setembro de 2010, a Câmara Criminal confirmou sua jurisprudência anterior à lei anti-Perruche, reconhecendo que o filho nascido de um estupro pode demandar reparação perante seu genitor. Num dos litígios, a vítima alegava que, em razão do caráter incestuoso do crime, ela estaria legalmente impossibilitada de estabelecer sua filiação paternal; no outro, que ela sofria de distúrbios psíquicos decorrentes das circunstâncias envolvendo sua concepção. A Corte de Cassação afastou a incidência da lei anti-Perruche, afirmando que o pedido indenizatório estaria à margem da vedação legal, porque o prejuízo alegado "não decorre unicamente do nascimento da criança"[38].

---

[33] *Zepeda v. Zepeda* 190 NE 2d 849 (1963); *Slawek v. Stroh* 62 Wis.2d 295, 215 N.W.2d 9 (1974). Cf. também: *Stills v. Gratton* 55 Cal. App. 3d 698 (1976).

[34] Para um caso semelhante no Brasil, em que a paciente internada em uma clínica psicossocial pretendia reparação pelo fato de ter engravidado de outro interno durante seu tratamento, cf. STJ, AgRg no Ag em REsp 840.163/DF, 4ª Turma, 01.03.2016. Os tribunais rejeitaram o pleito reparatório, considerando que a prática sexual foi consentida pela paciente, que estava consciente, orientada e lúcida.

[35] *Williams v. State of New York* 18 N.Y.2d 481 (1966); *Cowe v. Forum Group Inc.* 575 N.E.2d 630 (1991).

[36] *Cowe v. Forum Group Inc.*, cit., *Zepeda v. Zepeda*, cit.

[37] JOURDAIN, Patrice. *Loi anti-Perruche: une loi démagogique*, op. cit.

[38] Crim., 23 set. 2010, p. n° 09-82.438 e 09-84.108, *D. 2010*, p. 2635, nota M. Léna, *D. 2011*, p. 40, nota P. Brun, *RTD Civ. 2011*, p. 132, nota P. Jourdain.

460. Cabe observar que o acórdão Perruche partia exatamente desse mesmo argumento. Contudo, ao contrário do que ocorreu com a decisão da Assembleia Plena, os precedentes da Câmara Criminal foram acolhidos com certa tranquilidade no meio jurídico[39], que se mostrou menos refratário à indenização concedida à criança nascida de um estupro do que àquela concedida à criança não abortada.

Essa complacência é até certo ponto surpreendente, tendo em vista que o entendimento carrega parte das máculas apontadas na jurisprudência Perruche. Com efeito, para evitar os sofrimentos dos quais se queixa, a única alternativa ao demandante seria não ter nascido e a indenização, por esse viés, implica o reconhecimento jurídico do interesse na autonegação[40] – o que, no caso, é ainda agravado pelo fato de que a ação se dirige diretamente contra o genitor, e não contra um médico ou um hospital.

461. É possível, todavia, identificar alguns elementos que distanciam essas condenações daquelas abarcadas pela jurisprudência Perruche. O primeiro deles refere-se à causalidade. Como bem apontou um autor[41], é mais fácil imputar ao estuprador os traumas experimentados pelo filho fruto de seu crime, do que atribuir ao médico negligente a doença já presente no patrimônio genético do neonato. No primeiro caso, o sofrimento do menor é um desdobramento natural e posterior à conduta reprovada e, por esse motivo, a relação de causalidade parece mais evidente; ao passo que, no segundo, a responsabilização pressupõe um nexo de imputação mais abstrato, fundado na ideia de causalidade por abstenção.

Uma segunda razão da diferença de tratamento entre esses dois litígios reside no papel punitivo exercido pela condenação civil do criminoso. A despeito da evolução experimentada nesse campo do Direito ao longo do último século, a responsabilidade civil carrega ainda hoje uma forte carga simbólica de sanção às condutas socialmente indesejadas, e isso é especialmente verdadeiro com relação aos atos ilícitos dolosos e suas consequências previsíveis. Ora, se a falha do médico que involuntariamente impediu a realização de um aborto é por vezes vista com certa condescendência ou mesmo entusiasmo da parte de alguns, o mesmo não pode ser dito do crime cometido pelo estuprador. A atrocidade de sua conduta reconforta-nos assim da justeza da condenação patrimonial: o suplício financeiro imposto ao criminoso parece

---

[39] Ver, contudo, a crítica de Philippe Le TOURNEAU, *Droit de la responsabilité et des contrats*, op. cit., p. 571-572, n° 1442.
[40] FABRE-MAGNAN, Muriel. *La responsabilité civile et quasi-contrats*, op. cit., p. 171-173.
[41] JOURDAIN, Patrice. La réparation du préjudice moral de l'enfant né d'un viol ou l'esprit de la jurisprudence Perruche. *D. 2011*, p. 132.

perfeitamente adequado ao delito cometido por ele[42]. Esses fatores, ainda que de forma velada, bastam para justificar a condenação civil, mesmo que incompatível com as regras ordinárias da responsabilidade.

462. Outro fator de distinção a ser apontado é que a condenação civil do criminoso não implica, ao contrário da condenação do médico, a atribuição de um desvalor ao ato que induz ao nascimento ou à vida de uma criança deficiente. De fato, a reprovação jurídica dirige-se exclusivamente à violência sexual praticada pelo réu; a concepção é apenas uma decorrência, e não um elemento constitutivo do ilícito. Ao revés, no julgado Perruche, o desvio imputado ao médico consiste no fato de que ele não tomou as medidas adequadas para permitir o aborto da criança deficiente, o que torna a falha indissociável do nascimento da criança.

Em outras palavras, se a condenação civil do criminoso pode ser entendida como mais um sinal de repúdio ao seu ato de violência, a queixa ao encontro do médico de certo modo implica a reprovação do ato que permitiu que um deficiente viesse ao mundo[43].

463. Os julgados em questão confirmam que o principal vício da jurisprudência Perruche – igualmente presente no acórdão Quarez – não é o fato de ter concedido reparação diretamente à criança. O problema vai muito além de *quem* se indeniza: ele refere-se ao *critério* da indenização. Indenizar a própria criança em razão das circunstâncias de seu nascimento não é algo tão chocante, desde que essa decisão não esteja fundada num juízo indignidade sobre sua vida.

---

[42] Nesse sentido, duvidamos que uma eventual ação indenizatória movida pelo filho incestuoso em face de seu genitor teria o mesmo êxito, se a conjunção tivesse sido consensual. É o crime, e não a imoralidade, que justifica a reparação.

[43] Esse mesmo argumento justifica a existência, em alguns países (como o Brasil), de um tipo legal de aborto para os casos de gravidez decorrente de estupro. Ao contrário do IMG, essa modalidade abortiva não procede de um desvalor imputado à vida da criança. Ela tem seu fundamento no sofrimento incalculável experimentado pela vítima do crime.

CONCLUSÃO

464. Um dos mais conhecidos escritos do filósofo grego Platão é o diálogo *Eutífron*. Nele, Platão coloca suas duas personagens – Sócrates e Eutífron – discutindo, sob o pórtico do Arconte Basileu, acerca do conceito de *piedade*. Depois de duas tentativas frustradas, Eutífron propõe uma definição bastante simples: "Eu diria que a piedade é o que todos os deuses amam e o contrário – o que todos os deuses detestam – é impiedade"[1]. Sócrates prontamente desafia essa definição: "Então, a piedade é amada pelos deuses, porque é piedade, ou é piedade porque é amada pelos deuses?"[2].

A proposição de Eutífron, de fato, conduzia a uma entre duas possibilidades. Eutífron poderia estar afirmando que a essência da piedade está no fato de que os deuses a amam; a piedade decorreria, assim, de seu estado de sujeição à paixão dos deuses. Sócrates ilustra essa hipótese com uma série de outros conceitos que também expressam estados de sujeição: "não é por uma coisa ser vista que se vê, mas ao contrário, é porque se vê que a coisa é vista. Nem é por uma coisa ser conduzida que, por isso mesmo, alguém a conduz, mas é porque alguém a conduz que é uma coisa conduzida". Sócrates não diz, mas a principal falha dessa perspectiva é que ela privaria a piedade de qualquer valor imanente, tornando-a uma mera arbitrariedade daqueles que a determinam. A piedade nada mais seria do que qualquer coisa que os deuses amem; assim como "conduzida" nada mais é do que qualquer coisa que alguém conduz.

Talvez seja esse o motivo que levou Eutífron a refutar essa primeira interpretação, aceitando a outra hipótese levantada por Sócrates: ao definir a piedade como o que todos os deuses amam, Eutífron estaria afirmando que

---

[1] PLATÃO. *Êutifron. Apologia de Sócrates, Críton*. Tradução de José Trindade Santos. 4. ed. Lisboa: Imprensa Nacional, 1992. p. 43.
[2] *Idem*, p. 44.

a piedade é o elemento que atrai o amor divino. Os deuses amam a piedade precisamente porque ela é pia. É a partir daí que Sócrates demonstra o quanto a definição inicial de Eutífron era vazia de significado: se uma determinada coisa é pia e, por isso, é amada pelos deuses, então a piedade não pode ser definida como "aquilo que todos os deuses amam", mas inverso: os deuses é que amam a piedade. A piedade teria uma essência, e o amor dos deuses seria uma consequência dela, algo que "acidentalmente" a afeta[3]. Restava definir qual seria essa essência.

465. Uma questão muito semelhante ao dilema de Eutífron pode ser encontrada na definição de "dano" para efeitos de responsabilidade civil. Muitos autores afirmam que o dano reparável é "a lesão a um interesse juridicamente protegido". E isso nos leva às mesmas duas hipóteses aventadas por Sócrates.

De um lado, é possível que, por meio dessa definição, os autores estejam afirmando que o cerne do conceito de dano está na proteção concedida pelo Direito a um determinado interesse lesado. Essa lesão é considerada um dano porque o interesse em questão é juridicamente protegido. O problema dessa perspectiva é que ela conduz a um raciocínio circular: a responsabilidade civil é precisamente um meio pelo qual o Direito atribui proteção a certos interesses individuais. Toda vez que o ordenamento jurídico concede reparação a alguém, ele está protegendo os interesses lesados dessa vítima. Logo, a tese redundaria na conclusão de que dano é tudo aquilo que a responsabilidade decide proteger, o que, evidentemente, privaria a noção de dano de qualquer funcionalidade. O dano deixaria de ser uma condição da responsabilidade civil e passaria a representar um mero resultado da reparação.

É necessário inverter esse raciocínio. A proteção jurídica não é um elemento que antecede o dano, mas o contrário; ela é a sua consequência[4]. Um determinando interesse individual estará protegido caso o Direito reconheça que a lesão a esse interesse constitui um dano reparável. O dano é, portanto, a maneira como o Direito seleciona os interesses que quer proteger por meio da responsabilidade. Resta definir como essa seleção é operada.

466. Esse é o problema central a ser resolvido nos litígios em que usuários de contraceptivos se queixam de que o método empregado por eles não surtiu efeito, provocando o nascimento indesejado de um filho. Para determinar se esses indivíduos fazem jus à reparação, é preciso estabelecer

---

[3] *Ibidem*, p. 46.
[4] Como sintetiza Jean DABIN, "o interesse é *pré-jurídico* (ele é a matéria ou o objetivo do direito); a proteção é *pós-jurídica* (supõe o direito)" (*Le droit subjectif*, op. cit., p. 71).

se há algum interesse relevante a ser protegido pela responsabilidade civil, e de sob quais condições pretendemos protegê-lo.

Ao longo deste trabalho, tentamos responder a essas duas indagações. Mas pela ordem inversa.

467. Primeiramente, analisamos a forma como a responsabilidade civil elege os interesses a serem protegidos nesses tipos de litígio. Vimos que essa proteção se concretiza por meio da ideia de falha do anticoncepcional: os pais farão jus à reparação nos casos em que houver quebra de suas legítimas expectativas quanto ao funcionamento do contraceptivo; o que pode ocorrer, seja porque o método não ofereceu o grau de eficácia que dele se poderia esperar, seja porque o usuário não foi corretamente informado sobre os usos e os riscos daquele método.

É importante ressaltar que a mera ocorrência do nascimento indesejado, sobrevindo durante o uso de contraceptivos, não significa necessariamente que o método tenha falhado. Não há contraceptivo completamente seguro. Todos eles apresentam uma margem normal de ineficácia, decorrente das limitações tecnológicas existentes em qualquer campo da atividade humana. Se o nascimento indesejado foi uma consequência desses fatores de ineficácia considerados aceitáveis pela sociedade e pala ciência, não há que se falar em quebra das legitimas expectativas dos usuários, tampouco em direito à reparação.

468. Nesse sentido, o fundamento da responsabilidade, objetivo ou subjetivo, é de pouca relevância à solução do conflito. Tanto a noção de defeito do produto ou do serviço de contracepção, quanto a ideia de culpa médica cometida durante a cirurgia de esterilização, terminam por abarcar as mesmas situações, que sempre envolvem o desvio de segurança ou de informação do contraceptivo. O direito à reparação das vítimas não será mais ou menos abrangente por ser a responsabilidade do réu calcada na culpa ou no defeito.

O elemento realmente determinante para a delimitação do direito dos usuários de contraceptivos é o ônus de provar o fato gerador de responsabilidade. A maior dificuldade enfrentada pelas pessoas atingidas pelo nascimento indesejado é conseguir demonstrar, em juízo, que o método contraceptivo que utilizaram não apresentou a segurança que legitimamente esperavam. É por essa razão que as regras de inversão do ônus da prova são particularmente importantes para a proteção das vítimas.

469. A outra questão crucial nos casos de falha de contraceptivos é determinar se há algum interesse que deva a ser protegido pela responsabilidade. A resposta a essa pergunta é muito mais controversa.

Não há como se negar que esse tipo de falha atinge um interesse relevante dos pais, a saber, o seu interesse em sua autonomia reprodutiva. Com efeito, a autonomia reprodutiva é reconhecida como um direito individual em diversos textos normativos: em tratados e declarações internacionais, na Constituição Federal, no Código Civil, no Estatuto da Pessoa com Deficiência e, principalmente, na chamada "Lei do Planejamento Familiar". Esses diplomas podem até abordar a questão sob perspectivas diferentes. Mas a ideia fundamental por detrás deles é a mesma: todos partem da premissa que as escolhas reprodutivas devem ser tomadas de forma livre por cada indivíduo. A razão dessa uniformidade é fácil de ser compreendida. A liberdade para procriar – ou para não procriar – decorre da ideia, mais ampla, de que toda pessoa tem o direito de traçar seus próprios projetos de vida[5]. Em outras palavras, a autonomia reprodutiva é uma questão que está intimamente ligada ao reconhecimento da dignidade individual.

É nesse sentido que o nascimento decorrente da falha de um método contraceptivo deve ser considerado como um dano reparável. Ninguém pode ser compelido a ter um filho contra a sua vontade[6] e, caso o seja, é papel da responsabilidade garantir que a vítima dessa injustiça seja compensada.

470. Ainda assim, a responsabilidade civil pela falha de contraceptivos não é uma questão que suscita a unanimidade dos operadores do Direito. O grande empecilho à reparação reside no valor pejorativo do dano e em sua contradição com a dignidade da criança. Muitos consideram que seria imoral permitir que os pais se queixem do nascimento de um filho. A vinda de uma criança ao mundo jamais poderia ser considerada um "dano", especialmente para os pais dessa criança.

Há três maneiras de refutar essa crítica. A primeira é ressaltando que não há contradição entre o pedido reparatório dos pais e a dignidade da criança. Em verdade, ao pretenderem reparação, os pais não estão afirmando que lamentam a existência de seu filho, mas apenas que o seu nascimento não estava em seus planos e que as consequências desse evento devem ser imputadas àquele que provocou a falha do contraceptivo. O nascimento é indesejado; não a criança.

O segundo argumento é, por assim dizer, legalista. A reparação integral do nascimento indesejado é uma solução que se se impõe em razão das

---

[5] STANCIOLI, Brunello Souza. *Renúncia ao exercício de direitos da personalidade ou como alguém se torna o que quiser*. Belo Horizonte: Del Rey, 2010, p. 124.
[6] Cf. TJSP, Apel 209.736-4/7, 9ª C.Priv. 03.06.2008; Apel 443.672-4/1-00, 9ª C.Priv., 27.03.2007; Apel 206.925-4/8, 9ª C.Priv., 30.05.2006; Apel 292.952-4/5-00, 9ª C.Priv., 21.02.2006.

próprias escolhas feitas pelo legislador brasileiro. Com o advento da Lei nº 9.263/1996, o tema planejamento familiar passou a ser tratado, em nosso ordenamento, como uma questão relativa à saúde individual, vale dizer, de "saúde reprodutiva". Ora, toda lesão à saúde comporta reparação integral. O Código Civil e o Código de Defesa do Consumidor privilegiam a proteção desse interesse, por meio da responsabilidade civil.

Mas a razão mais importante em favor da reparação da falha de contraceptivos é de ordem pragmática. O nascimento de um filho não planejado tem sérias repercussões[7], patrimoniais e sociais, na vida dos genitores. Seria injusto negar proteção às vítimas dessa falha, que enfrentarão dificuldades reais, com base em argumentos de cunho evidentemente moralista.

471. A autonomia reprodutiva só poderá ser considerada um direito subjetivo se o ordenamento oferecer algum tipo de proteção a esse interesse. E há diversas maneiras de viabilizar essa tutela jurídica dos direitos reprodutivos individuais. Uma delas é obrigando as instituições públicas e privadas de saúde a oferecerem serviços de contracepção aos seus pacientes. Outra, é promovendo a educação sexual e reprodutiva para a população; ou, ainda, garantindo direitos instrumentais que permitam o exercício da autonomia reprodutiva, como a licença-maternidade e a estabilidade empregatícia da gestante.

A responsabilidade civil pela falha de contraceptivos representa uma dessas vias de positivação dos direitos reprodutivos. Ela constitui uma forma bastante peculiar de proteção de interesses, uma vez que atua *a posteriori*. O papel da responsabilidade civil é outorgar proteção às pessoas que tiveram sua liberdade reprodutiva irremediavelmente atingida, compensando as consequências dessa lesão. Trata-se, por isso mesmo, de um mecanismo de suma importância na consolidação desses direitos subjetivos, pois reafirma interesses que, de outro modo, permaneceriam sem proteção alguma.

---

[7] MARKENSINIS, Basil. *Réflexions d'un comparatiste anglais sur et à partir de l'arrêt Perruche*, op. cit., p. 77.

BIBLIOGRAFIA

AGUIAR JÚNIOR, Ruy Rosado de. O novo Código Civil e o Código de Defesa do Consumidor (pontos de convergência). *Revista de Direito do Consumidor*, v. 48, 2012, p. 55.

AGUIAR JÚNIOR, Ruy Rosado de. Responsabilidade civil do médico. *Revista dos Tribunais*, v. 718, 1995, p. 31.

AGUINAGA, Hélio. *A saga do planejamento familiar no Brasil*. Rio de Janeiro: TopBooks, 1996.

AGUIRRE, João Ricardo Brandão. *Responsabilidade e informação*. São Paulo: RT, 2011.

ALDERMAN, Philip. The lurkig sperm: a review of failures in 8879 vasectomies performed by one physician. *The Journal of American Medical Association*, v. 259, n. 21, 1988, p. 3142.

ALMEIDA NETO, Amaro Alves de. Dano existencial à tutela da pessoa humana. *Revista de Direito Privado*, v. 24, 2005, p. 21.

ALMEIDA, José Luiz Gavião de. *Direito civil*: família. São Paulo: Elsevier, 2008.

ALVES, Andrea Moraes. A trajetória do Centro de Pesquisas e Atenção Integrada à Mulher e à Criança (1975-1992). *Século XXI: Revista de Ciências Sociais*, v. 4, n. 2, p. 180.

ALVIM, Agostinho. *Da inexecução das obrigações e suas consequências*. 2. ed. São Paulo: Saraiva, 1955.

ANDRADE, André Gustavo de. A inversão do ônus da prova no Código de Defesa do Consumidor: o momento em que se opera a inversão e outras questões. *Revista de Direito do Consumidor*, v. 48, 2003, p. 89.

ANDRADE, Fábio Siebeneichler de; RUAS, Celina Diehl. Mitigação de prejuízo no direito brasileiro: entre concretização do princípio da boa-fé e consequência dos pressupostos da responsabilidade contratual. *Revista de Direito Civil Contemporâneo*, v. 7, 2016, p. 119.

Ascensão, José de Oliveira. *Direito civil*: teoria geral – relações e situações jurídicas. 2. ed. São Paulo: Saraiva, 2010. v. 3.

Atiyah, Patrick; Smith, Stephen. *Atiyah's introduction to the law of contracts*. 6. ed. Oxford: Oxford University Press, 2005.

Aubert, Jean-Luc. Indemnisation d'une existence handicapée qui, selon le choix de la mère, n'aurait pas dû être. *Défrenois 2001*, p. 262.

Aynès, Laurent. Préjudice de l'enfant né handicapé: la plainte de Job devant la Cour de cassation. *D. 2001*, p. 492.

Azevedo, Antonio Junqueira de. Insuficiências, deficiências e desatualização do projeto de Código Civil (atualmente, Código aprovado) na questão da boa-fé objetiva nos contratos. *Estudos e pareceres de direito privado*. São Paulo: Saraiva, 2004.

Bacache-Gibeilli, Mireille. *Les obligations*: la responsabilité civile extra-contractuelle. 2. ed. Paris: Economica, 2012.

Bachelard-Jobard, Catherine. *L'eugénisme, la science et le droit*. Paris: PUF, 2001.

Barbosa, Luciana Freitas; Leite, Iúri da Costa; Noronha, Marina Ferreira de. Arrependimento após a esterilização feminina no Brasil. *Revista Brasileira Saúde Materno Infantil*, v. 9, n. 2, 2009, p. 180.

Bdine Júnior, Hamid Charaf. Responsabilidade civil em infecção hospitalar e na anestesiologia. In: Silva, Regina Beatriz Tavares da (coord.). *Responsabilidade civil*: responsabilidade civil na área da saúde. São Paulo: Saraiva, 2007.

Benatar, David. *Better never to have been*: the harm of coming into existence. Oxford: Oxford University Press, 2006.

Benjamin, Antônio Herman de Vasconcellos e. In: Oliveira, Juarez de (coord.). *Comentários ao Código de Proteção do Consumidor*. São Paulo: Saraiva, 1991.

Benjamin, Antônio Herman de Vasconcellos e. Fato do produto e do serviço. In: Benjamin, Antônio Herman de Vasconcellos e; Marques, Cláudia Lima; Bessa, Leonardo Roscoe. *Manual de direito do consumidor*. 4. ed. São Paulo: RT, 2012.

Benjamin, Antônio Herman de Vasconcellos e. Oferta e publicidade. In: Benjamin, Antônio Herman de Vasconcellos e; Marques, Cláudia Lima; Bessa, Leonardo Roscoe. *Manual de direito do consumidor*. 4. ed. São Paulo: RT, 2012.

Bergoignan-Esper, Claudine; Sargos, Pierre. *Les grands arrêts du droit de la santé*. Paris: Dalloz, 2010.

BERGSTEIN, Gilberto. *A informação na relação jurídica médico-paciente*. São Paulo: Saraiva, 2013.

BERQUÓ, Elza. Brasil, um caso exemplar – anticoncepção e parto cirúrgicos – à espera de uma ação exemplar. *Estudos Feministas*, n. 2, 1993, p. 366.

BERQUÓ, Elza. Os corpos silenciados. *Novos Estudos*, n. 3, 1982, p. 46.

BERQUÓ, Elza; CAVENAGHI, Suzana. Direitos reprodutivos de mulheres e homens face à nova legislação brasileira sobre esterilização voluntária. *Cadernos de Saúde Pública*, v. 19, sup. 2, 2003, p. 441.

BESSA, Leonardo Roscoe. Vício do produto e do serviço. In: BENJAMIN, Antônio Herman de Vasconcellos e; MARQUES, Cláudia Lima; BESSA, Leonardo Roscoe. *Manual de direito do consumidor*. 4. ed. São Paulo: RT, 2012.

BEVILÁQUA, Clóvis. *Código Civil dos Estados Unidos do Brasil*. Ed. histórica. Rio de Janeiro: Rio, 1977. v. 2.

BHARTHAN, Rasiah; RAWESH, Rebecca; AHMED, Hasib. Written consent for laparoscopic tubal occlusion and medico-legal implications. *The Journal of Family Planning and Reproductive Health Care*, v. 35, n. 3, 2009, p. 177.

BHERING, Marcos Jungmann. *Controle da natalidade no Brasil: um estudo sobre o Centro de Pesquisas e Assistência Integral à Mulher e à Criança (1975-1994)*. Tese (Doutorado em História das Ciências e da Saúde), Casa de Oswaldo Cruz – FIOCRUZ, Rio de Janeiro, 2014.

BINET, Jean René. *Cours de droit médical*. Paris: Montchrestien, 2010.

BLACK, Edwin. *War against the weak*: eugenics and America's campaign to create a master race. 2. ed. Washington: Dialog Press, 2012.

BLACK, Kirsten; GUPTA, Sunanda et al. Why do women experience untimed pregnancies? A review of contraceptive failure rates. *Best Practice & Research Clinical Obstetrics and Gynaecology*, v. 24, n. 4, 2010, p. 443.

BLOCK, Norman. Wrongful birth: the avoidance of consequences doctrine in mitigation of damages. *Fordham Law Review*, v. 53, n. 5, 1985, p. 1107.

BOBBIO, Norberto. *Teoria do ordenamento jurídico*. Trad. Maria Celeste Cordeiro Leite dos Santos. 10. ed. Brasília: UnB, 1999.

BOHADANA, Estrella; PÊGO, Raquel. A prática do planejamento familiar na Favela da Rocinha. *Controle de natalidade x planejamento familiar*. Rio de Janeiro: Achiamé, 1987.

BOONIN, David. *The non-identity problem and the ethics of future people*. Oxford: Oxford University Press, 1984.

BORGHETTI, Jean-Sébastien. La responsabilité du fait des choses, un régime qui a fait son temps. *RTD Civ. 2010*, p. 1.

BURGMAN, Dierdre. Wrongful birth damages: mandate and mishandling by judicial fiat. *Valparaiso University Law Review*, v. 13, n. 1, 1978, p. 127.

CAHALI, Yussef Said. *Dano moral*. 3. ed. São Paulo: RT, 2005.

CAHALI, Yussef Said. **Dos alimentos**. 6. ed. São Paulo: RT, 2009.

CALABRESI, Guido; MELAMED, Douglas. Property rules, liability rules, and Inalienability: one view of the cathedral. *Harvard Law Review*, v. 85, n. 6, 1972, p. 1089.

CALAIS-AULOY, Jean; TEMPLE, Henri. *Droit de la consommation*. 8. ed. Paris: Dalloz, 2010.

CALIXTO, Marcelo Junqueira. *A responsabilidade civil do fornecedor de produtos pelos riscos de desenvolvimento*. Rio de Janeiro: Forense, 2004.

CALIXTO, Marcelo Junqueira. O art. 931 do Código Civil de 2002 e os riscos de desenvolvimento. *Revista Trimestral de Direito Civil*, v. 21, 2005, p. 53.

CAMPOS, Carmen Hein de; OLIVEIRA, Guacira Cesar de (orgs.). *Saúde reprodutiva das mulheres*: direitos, políticas públicas e desafios. Brasília: Cfemea, 2009.

CAPITANT, Henri; TERRÉ, François; LEQUETTE, Yves. *Les grands arrêts de la jurisprudence civile*. 12. ed. Paris: LGDJ, 2008. t. 2.

CARBONNIER, Jean. *Droit civil*: les biens, les obligations. Paris: PUF, 2004. v. 2.

CARNAÚBA, Daniel Amaral. A renovação dos vícios do consentimento: considerações a propósito dos institutos introduzidos pelo código civil de 2002. *Revista Trimestral de Direito Civil*, v. 50, 2012, p. 3.

CARNAÚBA, Daniel Amaral. Distribuição de riscos nas relações de consumo: uma análise econômica. In: LOPEZ, Teresa Ancona; LEMOS, Patrícia Fagá Iglecias; RODRIGUES JUNIOR, Otavio Luiz (orgs.). *Sociedade de risco e direito privado*: desafios normativos, consumeristas e ambientais. São Paulo: Atlas, 2012.

CARNAÚBA, Daniel Amaral. *Responsabilidade civil pela perda de uma chance*: a álea e a técnica. São Paulo: Método, 2013.

CARVAL, Suzanne. *La responsabilité civile dans sa fonction de peine privée*. Paris: LGDJ, 1995.

CASILLO, João. *Dano à pessoa e sua indenização*. 2. ed. São Paulo: RT, 1994.

CASTRO, João Monteiro de. *Responsabilidade civil do médico*. São Paulo: Método, 2005.

CAVALIERI FILHO, Sergio. *Programa de direito do consumidor*. 4. ed. São Paulo: Atlas, 2014.

Cavalieri Filho, Sergio. *Programa de responsabilidade civil*. 11. ed. São Paulo: Atlas, 2014.

Cayla, Olivier; Thomas, Yan. *Du droit de ne pas naître*: à propos de l'affaire Perruche. Paris: Gallimard, 2002.

Ceneviva, Walter. *Publicidade e direito do consumidor*. São Paulo: RT, 1991.

Chabas, François. *L'influence de la pluralité de causes sur le droit à réparation*. Paris: LGDJ, 1967.

Chamallas, Martha; Wriggins, Jennifer. *The measure of injury*. Nova Iorque: New York University Press, 2010.

Chartier, Yves. *La réparation du préjudice dans la responsabilité civile*. Paris: Dalloz, 1983.

Chinellato, Silmara Juny de Abreu. *Tutela civil do nascituro*. São Paulo: Saraiva, 2000.

Civardi, Deborah. How Catherine of Siena and Teresa of Avila outsmarted Aristotle: female mystics as philosophers in the Middle Ages. *Solidarity: The Journal of Catholic Social Thought and Secular Ethics*, vol. 4, n. 1, 2014, n. 5.

Comparato, Fabio Konder. Obrigações de meios, de resultado e de garantia. *Revista dos Tribunais*, v. 386, 1967, p. 26.

Connor, Viviane. Essure: a review six years later. *Journal of Minimally Invasive Gynecology*, v. 16, n. 3, 2009, p. 282.

Cordeiro, António de Menezes. *Tratado de direito civil português*: parte geral – pessoas. 2. ed. Coimbra: Almedina, 2007. v. 1, t. 3.

Correia, Vanessa Cardoso. Wrongful life action – Comentário ao acórdão do Supremo Tribunal de Justiça de 19 de junho de 2001. *Lex Medicinae: Revista Portuguesa de Direito da Saúde*, ano 1, n. 2, 2004, p. 125.

Cremasco, Suzana Santi. *A distribuição dinâmica do ônus da prova*. Rio de Janeiro: GZ, 2009.

Cruz, Gisela Sampaio da. *O problema do nexo causal na responsabilidade civil*. Rio de Janeiro: Renovar, 2005.

Cundy, Tim; Evans, Margaret et al. Bone density in women receiving depot medroxyprogesterone acetate for contraception. *British Medical Journal*, v. 303, 1991, p. 13.

Dabin, Jean. *Le droit subjectif*. Paris: Dalloz, 2008.

Dall'agnol Junior, Antonio Janyr. Distribuição dinâmica dos ônus probatórios. *Revista dos Tribunais*, v. 788, 2001, p. 92.

DATE, Shilpa Vishwas; ROKADE, Jyoti et al. Female sterilization failure: review over a decade and its clinicopathological correlation. *International Journal of Applied and Basic Medical Research*, v. 4, n. 2, 2014, p. 81.

DEAKIN, Simon; JOHNSTON, Angus; MARKENSINIS, Basil. *Markensinis and Deakin's tort law*. 5. ed. Oxford: Oxford University Press, 2003.

DELGADO, Mário Luiz. *Codificação, descodificação, recodificação do direito civil brasileiro*. São Paulo: Saraiva, 2011.

DEMOGUE, René. *Traité des obligations en général*. Paris: Arthur Rousseau, 1925. t. 5.

DENARI, Zelmo. In: GRINOVER, Ada Pellegrini; BENJAMIN, Antônio Herman de Vasconcellos e et al. *Código de Defesa do Consumidor*: comentado pelos autores do anteprojeto. 10. ed. Rio de Janeiro: Forense. 2011. v. 1.

DESHAWN, Taylor. Spermicides. In: SHOUPE, Donna (org.). *Contraception*. Oxford: Blackwell, 2011.

DHRUVA, Sanket; ROSS, Joseph; GARIEPY, Aileen. Revisiting Essure: toward safe and effective sterilization. *The New England Journal of Medicine*, v. 71, n. 2, 2016, p. 86.

DI PIETRO, Maria Sylvia Zanella. *Direito administrativo*. 27. ed. São Paulo: Atlas, 2014.

DIAS, Daniel Pires Novais. O duty to mitigate the loss no direito civil brasileiro e o encargo de evitar o próprio dano. *Revista de Direito Privado*, v. 45, 2011, p. 89.

DIAS, José de Aguiar. *Da responsabilidade civil*. 9. ed. Rio de Janeiro: Forense, 1994. v. 1 e 2.

DIAS, Lucia Ancona Lopez de Magalhães. *Publicidade e direito*. São Paulo: RT, 2010.

DIDIER JÚNIOR, Fredie; BRAGA, Paula Sarno; OLIVEIRA, Rafael. *Curso de direito processual civil*. 5. ed. Salvador: JusPodivm, 2010. v. 2.

DINAMARCO, Cândido Rangel. *Instituições de direito processual civil*. 4. ed. São Paulo: Malheiros, 2004. v. 3.

DIREITO, Carlos Alberto Menezes; CAVALIERI FILHO, Sergio. *Comentários ao novo Código Civil*: da responsabilidade civil, das preferências e privilégios creditórios, arts. 927 a 965. 3. ed. Rio de Janeiro: Forense, 2011. v. 13.

DOBBS, Dan. *The law of torts*. St. Paul: WestGroup, 2000.

DOMAT, Jean. *Oeuvres complètes de Jean Domat*. Paris: Firmin Didot, 1829. t. 1.

DUPONT, Marc; BERGOIGNAN-ESPER, Claudine; PAIRE, Christian. *Droit hospitalier*. 8. ed. Paris: Dalloz, 2011.

DWORKIN, Ronald. *Domínio da vida*: aborto, eutanásia e liberdades individuais. Trad. Jefferson Luiz Camargo. São Paulo: Martins Fontes, 2009.

FABIAN, Christoph. *O dever de informar no direito civil*. São Paulo: RT, 2002.

FABRE-MAGNAN, Muriel. Avortement et responsabilité médicale. *RTD Civ. 2001*, p. 285.

FABRE-MAGNAN, Muriel. De la sélection à l'eugénisme. In: FABRE-MAGNAN, Muriel; MOULLIER, Philippe (orgs.). *La génétique, science humaine*. Paris: Belin, 2004.

FABRE-MAGNAN, Muriel. *De l'obligation d'information dans les contrats*: essai d'une théorie. Paris: LGDJ, 1992.

FABRE-MAGNAN, Muriel. *Droit des obligations*: la responsabilité civile et quasi-contrats. 3. ed. Paris: PUF, 2013. v. 2.

FACCHINI NETO, Eugênio. Da responsabilidade civil no novo Código. *Revista do Tribunal Superior do Trabalho*, v. 76, 2010, p. 17.

FARIAS, Cristiano Chaves de; ROSENVALD, Nelson; BRAGA Netto, Felipe Peixoto. *Novo tratado de responsabilidade civil*. São Paulo: Atlas, 2015.

FAÚNDES, Anibal; PERDIGÃO, Antero Marques et al. Associação entre prevalência de laqueadura tubária e características sócio-demográficas de mulheres e seus companheiros no estado de São Paulo, Brasil. *Cadernos de Saúde Pública*, v. 14, supl. 1, 1998, p. 50.

FEINBERG, Joel. Wrongful life and the counterfactual element in harming. *Social Philosophy & Policy*, v. 4, n. 1, 1986, p. 145.

FERNANDES, Wanderley. *Cláusulas de exoneração e limitação de responsabilidade*. São Paulo: Saraiva, 2013.

FERRARIO, Andrea. *Il danno da nascita indesiderata*. Milão: Giuffrè, 2011.

FERREIRA, Keila Pacheco; BIZELLI, Rafael Ferreira. A cláusula geral de tutela da pessoa humana: enfoque específico no dano existencial, sob a perspectiva civil-constitucional. *Revista de Direito Privado*, v. 54, 2013, p. 11.

FILSHIE, Gilbert Marcus. Female sterilisation: medico legal aspects. *Reviews in Gynaecological Practice*, v. 1, n. 2, 2001, p. 79.

FIORILLO, Celso Antonio Pacheco. O direito das relações de consumo e o critério legal de definição da relação entre fornecedor e consumidor. *Revista de Direito Privado*, v. 4, 2000, p. 206.

FIÚZA, Ricardo; SILVA, Regina Beatriz Tavares da (coords.). *Código Civil comentado*. 8. ed. São Paulo: Saraiva, 2012.

FONSECA SOBRINHO, Délcio da. *Estado e população*: uma história do planejamento familiar no Brasil. Rio de Janeiro: Rosa dos Tempos, 1994.

FOSTER, Nestor José. Cirurgia plástica estética: obrigação de resultado ou obrigação de meios? *Revista dos Tribunais*, v. 738, 1997, p. 83.

FRADA, Manuel António Carneiro da. A própria vida como dano? Dimensões civis e constitucionais de uma questão-limite. In: CAMPOS, Diogo Leite de; CHINELLATO, Silmara Juny de Abreu (orgs.). *Pessoa humana e direito*. Coimbra: Almedina, 2009.

FRADERA, Véra Maria Jacob de. O dever de informar do fabricante. *Revista dos Tribunais*, v. 656, 1990, p. 53.

FRADERA, Véra Maria Jacob de. Pode o credor ser instado a diminuir o próprio prejuízo? *Revista Trimestral de Direito Civil*, v. 19, 2004, p. 109.

FREUD, Sigmund. *O chiste e a sua relação com o inconsciente*. Trad. Fernando Costa Mattos e Paulo César de Souza. São Paulo: Companhia das Letras, 2017.

FRIAS, Lincoln. *A ética do uso e da seleção de embriões*. Florianópolis: Editora UFSC, 2012.

FROTA, Mario. Estudo contrastivo da responsabilidade civil nos Códigos Civis do Brasil e de Portugal. *Revista de Direito do Consumidor*, v. 53, 2005, p. 151.

GAMA, Guilherme Calmon Nogueira da. Princípio da paternidade responsável. *Revista dos Tribunais*, v. 18, 2004, p. 21.

GAZZANIGA, Jean-Louis. *Introduction historique au droit des obligations*. Paris: PUF, 1992.

GEISTFELD, Mark. Product liability. In: FAURE, Michel (org.). *Tort law and economics*. Cheltenham: Edward Elgar, 2009.

GIDI, Antonio. Aspectos da inversão do ônus da prova no Código do Consumidor. *Revista de Direito do Consumidor*, v. 13, 1995, p. 33.

GOBERT, Michelle. La Cour de Cassation meritait-elle le pilori? (à propos de l'arrêt de l'Assemblée plénière du 17 novembre 2000). *LPA 8 dez. 2000*, n. 245, p. 4.

GODOY, Claudio Luiz Bueno de. In: PELUZO, Cezar (org.). *Código Civil comentado*: doutrina e jurisprudência. 7. ed. São Paulo: Manole, 2013.

GODOY, Claudio Luiz Bueno de. Responsabilidade pelo fato do produto e do serviço. In: SILVA, Regina Beatriz Tavares da (coord.). *Responsabilidade civil*: responsabilidade civil nas relações de consumo. São Paulo: Saraiva, 2009.

GODOY, Claudio Luiz Bueno de. *Responsabilidade civil pelo risco da atividade*: uma cláusula geral no Código Civil de 2002. São Paulo: Saraiva, 2009.

GODOY, Gabriel Gualano de. *Acórdão Perruche e o direito de não nascer*. Dissertação (Mestrado em Direito), Faculdade de Direito, Universidade Federal do Paraná, Curitiba, 2007.

GOMES, José Jairo. Responsabilidade civil na pós-modernidade: influência da solidariedade e da cooperação. *Revista de Direito Privado*, v. 23, 2005, p. 227.

GONÇALVES, Carlos Roberto. *Comentários ao Código Civil*. São Paulo: Saraiva, 2003. v. 11.

GONÇALVES, Carlos Roberto. *Responsabilidade civil*. 13. ed. São Paulo: Saraiva, 2011.

GORDON, Linda. *The moral property of women*: a history of birth control politics in America. 3. ed. Chicago: University of Illinois Press, 2002.

GOZZO, Débora. O diagnóstico pré-implantatório do embrião e a responsabilidade civil à luz dos direitos fundamentais. In: MARTINS-COSTA, Judith; MÖLLER, Letícia Ludwig (orgs.). *Bioética e responsabilidade*. Rio de Janeiro: Forense, 2009.

GRECO FILHO, Vicente. *Direito processual brasileiro*. 16. ed. São Paulo: Saraiva, 2003. v. 2.

GUINCHARD, Serge; CHANAIS, Cécile; FERRAND, Frédérique. *Procédure civile*: droit interne et droit de l'Union européenne. 31. ed. Paris: Dalloz, 2012.

GUR, Noam. Wrongful life claims and negligent selection of gametes or embryos in infertility treatments: A quest for coherence. *Journal of Law and Medicine*, v. 22, 2014, p. 426.

HARDY, Ellen; BAHAMONDES, Luis Guillermo et al. Risk factors for tubal sterilization regret, detectable before surgery. *Contraception*, v. 54, 1996, p. 159.

HARDY, Ellen; OSIS, Maria José Duarte et al. A laqueadura tubária precoce e durante a cesárea: dimensões atuais e fatores que a determinam. *Revista de Ginecologia e Obstetrícia*, v. 4, n. 2, 1993, p. 70.

HARE, Caspar. Voices from another world: must we respect the interests of people who do not, and will never, exist? *Ethics*, v. 117, n. 3, 2007, p. 498.

HARRIS, Cailin. Statutory prohibitions on wrongful birth claims & their dangerous effects on parents. *Boston College Journal of Law & Social Justice*, v. 34, n. 2, 2014, p. 365.

HARTEN, Carlos. A responsabilidade pelo fato do produto no Código de Defesa do Consumidor (CDC) e a entrada em vigor do Código Civil (CC/02). *Revista dos Tribunais do Nordeste*, v. 7, 2014, p. 55.

HENDRY, William Forbes. Vasectomy and vasectomy reversal. In: FILSHIE, Gilbert Marcus; GUILLEBAUD, John (orgs.). *Contraception*: science and practice. Londres: Butterworths, 1989.

HENSEL, Wendy. The disabling impact of wrongful birth and wrongful life actions. *Harvard Civil Rights-civil Liberties Law Review*, v. 40, 2005, p. 141.

HEYD, David. *Genethics*: moral issues in the creation of people. Berkeley: University of California Press, 1992.

HIGA, Flávio da Costa. *Responsabilidade civil punitiva*: os 'punitive damages' no direito brasileiro. Rio de Janeiro: Lumen Juris, 2016.

HIRONAKA, Giselda Maria Fernandes Novaes. Os contornos jurídicos da responsabilidade afetiva na relação entre pais e filhos, além da obrigação legal de caráter material. In: HIRONAKA, Giselda Maria Fernandes Novaes (coord.). *A outra face do Poder Judiciário*: decisões inovadoras e mudanças de paradigmas. Belo Horizonte: Del Rey, 2005. v. 1.

HITZERD, Emilie; SCHREUDER, Henk; VLEUGELS, Michel; VEERSEMA, Sebastiaan. Twelve-year retrospective review of unintended pregnancies after Essure sterilization in the Netherlands. *Fertility and Sterility*, v. 105, n. 4, 2016, p. 932.

HOLANDA, Carolina Sátiro de. A gravidez indevida e o consequente nascimento de uma criança podem ser considerados um dano? Uma análise da determinação e da extensão dos danos decorrentes de wrongful conception. *Revista de Direito Civil Contemporâneo*, v. 12, 2017, p. 253.

HURSKAINEN, Ritva; HOVI, Sirpa-Liisa; GISSLER, Mika et al. Hysteroscopic tubal sterilization: a systematic review of the Essure system. *Fertility and Sterility*, v. 94, n. 1, 2010, p. 16.

JAYME, Erik. *Identité culturelle et intégration*: le droit international privé postmoderne. Haia: Martinus Nojhoff, 1996.

JEGADEN, Margaux; POURCELOT, Anne-Gaëlle; FERNANDEZ, Hervé; CAPMAS, Perrine. Surgical removal of Essure micro inserts by vaginal hysterectomy or laparoscopic salpingectomy with cornuectomy: case series and follow up survey about device-attributed symptoms resolution. *Journal of Gynecology Obstetrics and Human Reproduction*, 2020, n. 101781.

JHERING, Rudolf von. *L'esprit du droit romain dans diverses phases de son développement*. Trad. Octave de Meulenaere. 2. ed. Paris: A. Marescq, 1880. t. 4.

JOSSERAND, Louis. *La responsabilité du fait des choses inanimées*. Paris: Rousseau, 1897.

JOURDAIN, Patrice. La naissance d'un enfant peut-elle engendrer un préjudice indemnisable pour la mère en cas d'interruption volontaire de grossesse pratiquée sans succès? *RTD Civ. 1991*, p. 753.

JOURDAIN, Patrice. La réparation du préjudice moral de l'enfant né d'un viol ou l'esprit de la jurisprudence Perruche. *D. 2011*, p. 132.

JOURDAIN, Patrice. L'indemnisation du préjudice de l'enfant né handicapé consacrée par l'Assemblée plénière. *D. 2001*, p. 332.

JOURDAIN, Patrice. Loi anti-Perruche: une loi démagogique. *D. 2002*, p. 891.

JOURDAIN, Patrice. Sur la perte d'une chance. *RTD Civ. 1992*, p. 109.

JÜTTE, Robert. *Contraception*: a history. Trad. Vicky Russell. Cambridge: Polity, 2008.

KATO, Masae. *Women's right?* The policy of eugenic abortion in modern Japan. Amsterdam: Amsterdam University Press, 2009.

KAVKA, Gregory. The paradox of future individuals. *Philosophy & Public Affairs*, v. 11, n. 2, 1982, p. 93.

KAYSER, Pierre. Un arrêt de l'Assemblée plénière de la Cour de cassation sans fondement juridique? *D. 2001*, p. 1889.

KFOURI NETO, Miguel. *Culpa médica e ônus da prova*. São Paulo: RT, 2002.

KFOURI NETO, Miguel. *Responsabilidade civil do médico*. 8. ed. São Paulo: RT, 2013.

KFOURI NETO, Miguel. *Responsabilidade civil dos hospitais*. 3. ed. São Paulo: RT, 2018.

KNIJNIK, Danilo. As (perigosíssimas) doutrinas "ônus dinâmico da prova" e a "situação de senso comum" como instrumentos para assegura o acesso à justiça e superar a *probatio diabólica*. In: FUX, Luiz; NERY JUNIOR, Nelson; WAMBIER, Teresa Arruda Alvim (orgs.). *Processo e Constituição*: estudos em homenagem ao professor José Carlos Barbosa Moreira. São Paulo: RT, 2006.

KOST, Kathryn; SINGHA, Susheela et al. Estimates of contraceptive failure from the 2002 national survey of family growth. *Contraception*, v. 8, 2008, p. 10.

LABRECQUE, Michel; DUFRESNE, Caroline et al. Vasectomy surgical techniques: a systematic review. *BMC Medicine*, v. 2, 2004, p. 21.

LABRUSSE-RIOU, Catherine; MATHIEU, Bertrand. La vie humaine peut-elle être un préjudice? *D. 2000*, n. 44, p. III.

LAMBERT-FAIVRE, Yvonne; PORCHY-SIMON Stéphanie. *Le droit du dommage corporel*: systèmes d'indemnisation. 6. ed. Paris: Dalloz, 2009.

LAMMES, Frits. Spontaneous opening of the Filshie clip as a cause of sterilisation failure. *British Journal of Obstetrics and Gynaecology*, v. 108, 2001, p. 657.

LANDES, William; POSNER, Richard Allen. *The economic structure of tort law*. Cambridge-EUA: Harvard University Press, 1987.

LAUDE, Anne; MATHIEU, Bertrand; TABUTEAU, Didier. *Droit de la santé*. 3. ed. Paris: PUF, 2012.

LEÃES, Luiz Gastão Paes de Barros. *A responsabilidade do fabricante pelo fato do produto*. São Paulo: Saraiva, 1987.

LEAL, Fernando. Seis objeções ao direito civil constitucional. *Direitos Fundamentais e Justiça*, n. 33, 2015, p. 123.

LEMOS, Patrícia Faga Iglecias. *Meio ambiente e responsabilidade civil do proprietário*: análise do nexo causal. São Paulo: RT, 2008.

LEMOS, Patrícia Faga Iglecias. *Resíduos sólidos e responsabilidade civil pós-consumo*. São Paulo: RT, 2011.

LIGIERA, Wilson Ricardo. O paciente e o direito de ser humano. In: AZEVEDO, Álvaro Villaça; LIGIERA, Wilson Ricardo (coords.). *Direitos do paciente*. São Paulo: Saraiva, 2012.

LIGIERA, Wilson Ricardo. Termos de consentimento informado ou de 'constrangimento desinformado'?: a defesa do paciente diante de uma medicina ilícita e antiética. In: AZEVEDO, Álvaro Villaça; LIGIERA, Wilson Ricardo (coords.). *Direitos do paciente*. São Paulo: Saraiva, 2012.

LIMA, Alvino. *Culpa e risco*. 2. ed. São Paulo: RT, 1999.

LISBOA, Roberto Senise. *Responsabilidade civil nas relações de consumo*. 2. ed. São Paulo: RT, 2006.

LÔBO, Paulo. *Direito civil*: famílias. 4. ed. São Paulo: Saraiva, 2011.

LÔBO, Paulo. Responsabilidade civil dos profissionais liberais e ônus da prova. *Revista de Direito do Consumidor*, v. 26, 1998, p. 159.

LOPES, José Reinaldo de Lima. *Responsabilidade civil do fabricante e a defesa do consumidor*. São Paulo: RT, 1992.

LOPEZ, Teresa Ancona. Dano existencial. *Revista de Direito Privado*, v. 57, 2014, p. 287.

LOPEZ, Teresa Ancona. *Nexo causal e produtos potencialmente nocivos*: a experiência brasileira do tabaco. São Paulo: Quartier Latin, 2007.

LOPEZ, Teresa Ancona. *O dano estético*: responsabilidade civil. 3. ed. São Paulo: RT, 2004.

Lopez, Teresa Ancona. *O princípio da precaução e evolução da responsabilidade civil*. São Paulo: Quartier Latin, 2010.

Lopez, Teresa Ancona. Presunção no direito, especialmente no Direito Civil. *Revista dos Tribunais*, v. 513, 1978, p. 26.

Lopez, Teresa Ancona. Responsabilidade civil dos médicos. In: Cahali, Yussef Said (org.). *Responsabilidade civil*: doutrina e jurisprudência. 2. ed. São Paulo: Saraiva, 1988.

Machado, Paulo Affonso Leme; Perrotti, Maria Regina Machado; Perrotti, Marcos Antonio. Direito do planejamento familiar. *Revista dos Tribunais*, v. 749, 1998, p. 46.

Magnus, Ulrich (org.). *Unification of torts*: damages. Haia: Kluwer, 2001.

Mahoney, Kathleen. Malpractice claims resulting from negligent preconception genetic testing: do these claims present a strain of wrongful birth or wrongful conception, and does the categorization even matter? *Suffolk University Law Review*, v. 39, 2006, p. 773.

March, Charles. Female tubal sterilization: traditional and research methods. In: Shoupe, Donna; Kjos, Siri (orgs.). *The handbook of contraception*: a guide for practical management. New Jersey: Humana Press, 2006.

March, Charles. Tubal sterilization. In: Shoupe, Donna (org.). *Contraception*. Oxford: Blackwell, 2011.

Marins, James. *Responsabilidade da empresa pelo fato do produto*: os acidentes de consumo no Código de Proteção e Defesa do Consumidor. São Paulo: RT, 1993.

Markensinis, Basil. Réflexions d'un comparatiste anglais sur et à partir de l'arrêt Perruche. *RTD Civ. 2001*, p. 77.

Markensinis, Basil; Unberath, Hannes. *The German law of torts*: a comparative treatise. 4. ed. Oxford: Hart Publishing, 2002.

Marques, Cláudia Lima. A Lei 8.078/1990 e os direitos básicos do consumidor. In: Benjamin, Antônio Herman de Vasconcellos e; Marques, Cláudia Lima; Bessa, Leonardo Roscoe. *Manual de direito do consumidor*. 4. ed. São Paulo: RT, 2012.

Marques, Cláudia Lima. Campo de aplicação do CDC. In: Benjamin, Antônio Herman de Vasconcellos e; Marques, Cláudia Lima; Bessa, Leonardo Roscoe. *Manual de direito do consumidor*. 4. ed. São Paulo: RT, 2012.

Marques, Cláudia Lima. *Contratos no Código de Defesa do Consumidor*. 8. ed. São Paulo: RT, 2016.

MARQUES, Cláudia Lima. Diálogo das fontes. In: BENJAMIN, Antônio Herman de Vasconcellos e; Claudia MARQUES, Cláudia Lima; BESSA, Leonardo Roscoe. *Manual de direito do consumidor*. 4. ed. São Paulo: RT, 2012.

MARQUES, Cláudia Lima (org.). *Diálogo das fontes*: do conflito à coordenação de normas do direito brasileiro. São Paulo: RT, 2012.

MARQUES, Cláudia Lima; MIRAGEM, Bruno. *O novo direito privado e a proteção dos vulneráveis*. 2. ed. São Paulo: RT, 2014.

MARTINS, Plínio Lacerda. O caso fortuito e a força maior como causas de exclusão da responsabilidade civil no Código do Consumidor. *Revista dos Tribunais*, v. 690, 1991, p. 287.

MARTINS-COSTA, Judith. Entendendo problemas médico-jurídicos em ginecologia e obstetrícia. *Revista dos Tribunais*, v. 831, 2005, p. 106.

MASON, John Kenyon. Wrongful pregnancy, wrongful birth and wrongful terminology. *Edinburgh Law Review*, v. 6, n. 1, 2010, p. 46.

MATTAR, Laura Davies. Direitos reprodutivos das mulheres. In: FERRAZ, Carolina Valença; Leite, George Salomão; et al. (orgs.). *Manual dos direitos das mulheres*. São Paulo: Saraiva, 2013.

MAZEAUD, Denis. Réflexions sur un malentendu. *D. 2001*, p. 332.

MAZEAUD, Henri; MAZEAUD, Léon; MAZEAUD, Jean; CHABAS, François. *Leçons de droit civil*: Obligations – Théorie Générale. 9. ed. Paris: Montchretien, 1998. t. 2, v. 1.

MAZEAUD, Henri; MAZEAUD, Léon; TUNC, André. *Traité théorique et pratique de la responsabilité civile délictuelle et contractuelle*. 6. ed. Paris: Montchretien, 1965. t. 1.

MCLAREN, Angus. *A history of contraception*: from antiquity to the present day. Oxford: Blackwell, 1990.

MEE, Jennifer. Wrongful conception: the emergence of a full recovery rule. *Washington University Law Review*, v. 70, n. 3, 1992, p. 887.

MELO, Nehemias Domingos de. *Responsabilidade civil por erro médico*: doutrina e jurisprudência. 2. ed. São Paulo: Atlas, 2013.

MÉMETEAU, Gérard. L'action de vie dommageable. *JCP 2002*, I, 279.

MENDONÇA, Manuel Inácio Carvalho de. *Doutrina e prática das obrigações*: ou tratado geral dos direitos de crédito. 4. ed. Rio de Janeiro: Forense, 1956. t. 2.

MIGUEL, Alexandre. A responsabilidade civil no novo Código Civil: algumas considerações. *Revista dos Tribunais*, v. 809, 2003, p. 11.

MIRAGEM, Bruno. *Curso de direito do consumidor*. 5. ed. São Paulo: Saraiva, 2014.

MIRAGEM, Bruno. *Direito civil*: responsabilidade civil. São Paulo: Saraiva, 2015.

MISHELL JUNIOR, Daniel. Combination Oral Contraceptives. In: SHOUPE, Donna (org.). *Contraception*. Oxford: Blackwell, 2011.

MONTEIRO, António Pinto. Direito a não-nascer? *Revista do Instituto dos Advogados de São Paulo*, v. 10, n. 19, 2007, p. 321.

MONTEIRO, Fernando. Direito à não existência, direito a não nascer. *Comemorações dos 35 anos do Código Civil e dos 25 nos da reforma de 1977*: a parte geral do Código e a teoria geral do direito civil. Coimbra: Coimbra Editora, 2006. v. 2.

MONTEIRO, Juliano Ralo. A responsabilidade civil no diagnóstico genético pré-implantacional. *Revista de Direito Privado*, v. 51, 2012, p. 273.

MORAES, Benjamin. *Aspectos jurídicos do planejamento familiar*. Rio de Janeiro: BemFam, 1974.

MORAES, Maria Celina Bodin de. *Danos à pessoa humana*: uma leitura civil-constitucional dos danos morais. Rio de Janeiro: Renovar, 2003.

MORAES, Maria Celina Bodin de. O princípio da dignidade humana. In: MORAES, Maria Celina Bodin de (coord.). *Princípios do direito civil contemporâneo*. Rio de Janeiro: Renovar, 2006.

MORAES, Maria Celina Bodin de. Risco, solidariedade e responsabilidade objetiva. *Revista dos Tribunais*, v. 854, p. 11.

MOREIRA, Carlos Roberto Barbosa. A defesa do consumidor em juízo. *Revista de Direito do Consumidor*, v. 5, 1993, p. 190.

MOREIRA, Carlos Roberto Barbosa. Notas sobre a inversão do ônus da prova em benefício do consumidor. *Revista de Direito do Consumidor*, v. 22, 1997, p. 135.

MORLINI, Gianluigi. Dano patrimonial e dano existencial. *Revista de Direito do Trabalho*, v. 182, 2017, p. 193.

MULTEDO, Renata Vilela. A responsabilidade civil por nascimento indesejado no direito brasileiro. *Revista Trimestral de Direito Civil*, v. 51, 2012, p. 91.

MURTAUGH, Michael. Wrongful birth: the courts' dilemma in determining a remedy for a 'blessed event'. *Pace Law Review*, v. 27, 2007, p. 241.

NASCIMENTO, Tupinambá Miguel Castro do. *Comentários ao Código do Consumidor*. Rio de Janeiro: Aide, 1991.

NASCIMENTO, Tupinambá Miguel Castro do. *Responsabilidade civil no Código do Consumidor*. Rio de Janeiro: Aide, 1991.

NEVES, Daniel Amorim Assumpção. *Manual de direito processual civil*. 9. ed. Salvador: JusPodivm, 2017.

NOONAN Junior, John Thomas. *Contracepción*: desarrollo y análisis del tema a través de los canonistas y teólogos católicos. Trad. Jorge Venturini. Buenos Aires: Troquel, 1967.

NOONAN JUNIOR, John Thomas. *The church and contraception*: the issues at the stake. Nova Iorque: Paulist Press, 1967.

NORONHA, Fernando. *Direito das obrigações*. 3. ed. São Paulo: Saraiva, 2010.

Nunes, Luiz Antônio Rizzatto. *Comentários ao Código de Defesa do Consumidor*. 4. ed. São Paulo: Saraiva, 2009.

OSIS, Maria José Martins Duarte. Paism: um marco na abordagem da saúde reprodutiva no Brasil. *Cadernos de Saúde Pública*, n. 14. (Supl. 1), 1998, p. 26.

PACHECO, Mário Victor de Assis. *Neocolonialismo e controle de natalidade*. Rio de Janeiro: Civilização Brasileira, 1967.

PACHECO, Mário Victor de Assis. *Planejamento familiar e libertação do Brasil*. Petrópolis: Vozes, 1983.

PACHECO, Mário Victor de Assis. *Racismo, machismo e planejamento familiar*. 2. ed. Petrópolis: Vozes, 1981.

PARFIT, Derek. *Reasons and persons*. Oxford: Oxford University Press, 1984.

PASQUALOTTO, Adalberto. Dará a reforma ao Código de Defesa do Consumidor um sopro de vida? *Revista de Direito do Consumidor*, v. 78, 2011, p. 11.

PÊGO, Raquel Abrantes. A luta das mulheres pela livre concepção. *Controle de natalidade x planejamento familiar no Brasil*. Rio de Janeiro: Achiamé, 1987.

PÊGO, Raquel Abrantes; RICHA, Arnaldo Chain. Estado e instituições de planejamento familiar. *Controle de natalidade x planejamento familiar no Brasil*. Rio de Janeiro: Achiamé, 1987.

PENNEAU, Jean. *La responsabilité du médecin*. 3. ed. Paris: Dalloz, 2004.

PENNEAU, Jean. Responsabilité d'un médecin n'ayant pas soumis sa patiente à une sérologie de la rubéole pour l'établissement d'un certificat prénuptial. D. 1991, p. 357.

PETERSON, Herbert; TRUSSELL, James et al. The risk of pregnancy after tubal sterilization: findings from the U.S. collaborative review of sterilization. *American Journal of Obstetrics & Gynecology*, v. 174, n. 4, 1996, p. 1161.

PETTA, Carlos Alberto; DANTAS, Cecília; HIDALGO, Maria Margarete; BAHAMONDES, Luis. Solicitações de reversão de laqueadura em um serviço de esterilidade: o problema continua. *Reprodução & Climatério*, v. 14, n. 4, 2000, p. 214.

PHILP, Tim; GUILLEBAUD, John; BUDD, David. Late failure of vasectomy after two documented analyses showing azoospermic semen. *British Medical Jornal*, v. 289, 1984, p. 77.

PINTO, Carlos Alberto da Mota. *Teoria geral do direito civil*. 4. ed. Coimbra: Coimbra Editora, 2005.

PINTO, Paulo Mota. Indemnização em caso de 'nascimento indevido' e de 'vida indevida' ('wrongfulbirth' e 'wrongful life'). *Lex Medicinae: Revista Portuguesa de Direito da Saúde*, ano 4, n. 7, 2007, p. 5.

PITANGUY, Jacqueline. Feminist politics and reproductive rights: the case of Brazil. In: SEN, Gita; SNOW, Rachel (orgs.). *Power and decision*: the social control of reproduction. Boston: Harvard School of Public Health, 1994.

PLATÃO. *Êutifron, apologia de Sócrates, Críton*. Trad. José Trindade Santos. 4. ed. Lisboa: Imprensa Nacional, 1992.

POLETTO, Carlos Eduardo Minozzo. *Autodeterminação reprodutiva e imputação civil de danos existenciais*. Dissertação (Mestrado em Direito), Faculdade de Direito, Universidade de São Paulo, São Paulo, 2016.

PONTES DE MIRANDA, Francisco Cavalcanti. *Tratado de direito privado*: parte especial – direito das obrigações. Atualização de Nelson Nery Junior e Rosa Maria de Andrade Nery. São Paulo: RT, 2012. t. 22.

PONTES DE MIRANDA, Francisco Cavalcanti. *Tratado de direito privado*: parte especial – direito das obrigações. 3. ed. São Paulo: RT, 1984. t. 26.

PONTES DE MIRANDA, Francisco Cavalcanti. *Tratado de direito privado*: parte especial – direito das obrigações. 3. ed. São Paulo: RT, 1984. t. 54.

POTHIER, Robert-Joseph. *Traités sur différentes matières de droit civil et de jurisprudence françoise*. 2. ed. Paris: Debure, 1781. t. 1.

PRADEL, Xavier. *Le préjudice dans le droit civil de la responsabilité*. Paris: LGDJ, 2004.

PRIAULX, Nicolette. *The harm paradox*: tort law and the unwanted child in an era of choice. Londres: Routledge-Cavendish, 2007.

PRUX, Oscar Ivan. Um novo enfoque quanto à responsabilidade civil do profissional liberal. *Revista de Direito do Consumidor*, v. 19, 1996, p. 202.

REDONDO, Bruno Garcia. Distribuição dinâmica do ônus da prova: breves apontamentos. *Revista Dialética de Direito Processual*, v. 93, 2010, p. 14.

REINIG, Guilherme Henrique Lima. *A responsabilidade do produtor pelos riscos do desenvolvimento*. São Paulo: Atlas, 2013.

REINIG, Guilherme Henrique Lima. *O problema da causalidade na responsabilidade civil:* a teoria do escopo da de proteção da norma (*Schutzzwecktheorie*) e a sua aplicabilidade no direito civil brasileiro. Tese (Doutorado em Direito), Faculdade de Direito, Universidade de São Paulo, São Paulo, 2015.

REINIG, Guilherme Henrique Lima; CARNAÚBA, Daniel Amaral. Riscos do desenvolvimento no código de defesa do consumidor: a responsabilidade do fornecedor por defeitos não detectáveis pelo estado dos conhecimentos científicos e técnicos. *Revista de Direito do Consumidor*, v. 124, 2019, p. 343.

REIS, Thiago. Dogmática e incerteza normativa: crítica ao substancialíssimo jurídico do direito civil-constitucional. *Revista de Direito Civil Contemporâneo*, v. 11, 2017, p. 213.

REMY, Philippe. La 'responsabilité contractuelle': histoire d'un faux concept. *RTD Civ. 1997*, p. 323.

RIDDLE, John Marion. *Eve's herbs*: a history of contraception and abortion in the west. Cambridge-EUA: Harvard University Press, 1997.

RIOUX, Jacques-Émile. Female sterilization and its reversal. In: FILSHIE, Gilbert Marcus; Guillebaud, John (orgs.). *Contraception*: science and practice. Londres: Butterworths, 1989.

ROCHA, Maria Isabel Baltar da. A constituinte e o planejamento familiar: um roteiro das sugestões, emendas e propostas. *Anais do VI Encontro Nacional de Estudos Populacionais.* Olinda: Abep, 1988. v. 1.

ROCHA, Silvio Luís Ferreira da. *Responsabilidade civil do fornecedor pelo fato do produto no direito brasileiro.* 2. ed. São Paulo: RT, 2000.

RODRIGUES JUNIOR, Otavio Luiz. *Direito civil contemporâneo*: estatuto epistemológico, Constituição e direitos fundamentais. Rio de Janeiro: Forense, 2019.

RODRIGUES JUNIOR, Otavio Luiz. Estatuto epistemológico do direito civil contemporâneo na tradição de *civil law* em face do neoconstitucionalismo e dos princípios. *O Direito*, v. 143, 2011, p. 43.

RODRIGUES JUNIOR, Otavio Luiz. Liberdade de expressão e controle de propaganda de medicamentos e das advertências na ordem jurídica pela Agência Nacional de Vigilância Sanitária – Anvisa (parecer). In: MIRANDA, Jorge; RODRIGUES JUNIOR, Otavio Luiz; FRUET, Gustavo Bonato (orgs.). *Direitos da personalidade.* São Paulo: Atlas, 2012.

RODRIGUES, Gilda de Castro. *O dilema da maternidade*. São Paulo: Annablume, 2008.

RODRIGUES, Walter. *O planejamento familiar*. Rio de Janeiro: BemFam, 1973.

Rodrigues, Walter (org.). *X Seminário de Planejamento Familiar*. Rio de Janeiro: BemFam, 1973.

Roque, André Vasconcelos; Oliva, Mila Donato. Prestação de alimentos por ato ilícito no novo Código de Processo Civil: regras aplicáveis e o regime do patrimônio de afetação. *Revista de Processo*, v. 253, 2016, p. 211.

Rusyk, Carlos Eduardo Pianovski. O 'caso das pílulas de farinha' como exemplo da construção jurisprudencial de um 'direito de danos' e da violação da liberdade positiva como 'dano à pessoa'. In: Frazão, Ana; Tepedino, Gustavo (orgs.). *O Superior Tribunal de Justiça e a reconstrução do direito privado*. São Paulo: RT, 2011.

Sainctelette, Charles de. *De la responsabilité et de la garantie*: accidents de transport et de travail. Bruxelas: Bruylant-Christophe, 1884.

Sainte-Rose, Jerry. Réparation du préjudice de l'enfant empêché de ne pas naître handicapé. *D. 2001*, p. 316.

Saleilles, Raymond. *Les accidents de travail et la responsabilité civile*: essai d'une théorie objective de la responsabilité délictuelle. Paris: Rousseau, 1897.

Sanger, Margaret. *Eugenics and the new race*. New York: Eugenics Publishing Company, 1920.

Sanseverino, Paulo de Tarso Vieira. *Princípio da reparação integral*: indenização no Código Civil. São Paulo: Saraiva, 2010.

Sanseverino, Paulo de Tarso Vieira. *Responsabilidade civil no Código do Consumidor e a defesa do fornecedor*. 3. ed. São Paulo: Saraiva, 2010.

Sant'Anna, Guilherme Chaves. Responsabilidade civil dos médicos anestesistas. In: Bittar, Carlos Alberto (coord.). *Responsabilidade civil médica, odontológica e hospitalar*. São Paulo: Saraiva, 1991.

Santos, João Manuel de Carvalho. *Código Civil brasileiro interpretado*: direito das obrigações. 7. ed. Rio de Janeiro: Freitas Bastos, 1961. v. 21.

Sargos, Pierre. Réflexions 'médico-légales' sur l'interruption volontaire de grossesse pour motif thérapeutique. *JCP 2001*, I, 322.

Scaff, Fernando Campos. *Direito à saúde no âmbito privado*. São Paulo: Saraiva, 2010.

Schlegel, Peter; Goldstein, Marc. Vasectomy. In: Shoupe, Donna; Haseltine, Florence (orgs.). *Contraception*. Nova Iorque: Springer-Verlag, 1993.

Schreiber, Anderson. *Direitos da personalidade*. 2. ed. São Paulo: Atlas, 2013.

Scott, Rosamund. Reconsidering 'wrongful life' in England after thirty years: legislative mistakes and injunstifiable anomalies. *Cambridge Law Journal*, v. 72, n. 1, 2013, p. 115.

SEDGH, Gilda; SINGH, Susheela; HUSSAIN, Rubina. Intended and unintended pregnancies worldwide in 2012 and recent trends. *Studies in family planning*, v. 45, n. 3, 2014, p. 301.

SHOUPE, Donna. Barrier contraceptives: male condoms, vaginal spermicides, and cervical barrier methods. In: SHOUPE, Donna; KJOS, Siri (orgs.). *The handbook of contraception*: a guide for practical management. New Jersey: Humana Press, 2006.

SHOUPE, Donna; CAMPBELL, Timothy. Cost and Availability of Contraceptive Methods. In: SHOUPE, Donna (org.). *Contraception*. Oxford: Blackwell, 2011.

SICA, Heitor Vitor Mendonça. Questões velhas e novas sobre a inversão do ônus da prova (CDC, art. 6º, VIII). *Revista de Processo*, v. 146, 2007, p. 49.

SIDOU, José Maria Othon. *Proteção do consumidor*. Rio de Janeiro: Forense, 1977.

SILVA, João Calvão da. *Responsabilidade civil do produtor*. Coimbra: Almedina, 1999.

SILVA, Jorge Alberto Quadros de Carvalho da. Responsabilidade objetiva: o Código Civil de 2002 e o Código de Defesa do Consumidor. *Revista de Direito do Consumidor*, v. 14, 2005, p. 68.

SILVA, Rafael Peteffi da. Novos direitos, reparação dos pais pelo nascimento de filhos indesejados e a tutela do 'direito de nascer': um diálogo com o ordenamento francês. In: SILVA, Reinaldo Pereira (coord.). *Novos direitos*: conquistas e desafios. Curitiba: Juruá, 2008.

SILVA, Rafael Peteffi da. Wrongful conception, wrongful birth e wrongful life: indenização pelo nascimento de filhos indesejados e os recentes posicionamentos da jurisprudência brasileira. *Âmbito Jurídico*, n. 95, 2011.

SILVA, Rafael Peteffi da. Responsabilidade civil pelo nascimento de filhos indesejados: comparação jurídica e recentes desenvolvimentos jurisprudenciais. In: MADALENO, Rolf; BARBOSA, Eduardo (coords.). *Responsabilidade civil no direito de família*. São Paulo: Atlas, 2015.

SILVA, Rafael Peteffi da; LUIZ, Fernando Vieira. A *compensatio lucri cum damno*: contornos essenciais do instituto e a necessidade de sua revisão nos casos de benefícios previdenciários. *Revista de Direito Civil Contemporâneo*, v. 13, 2017, p. 281.

SILVA, Wilson Melo da. *O dano moral e sua reparação*. 3. ed. Rio de Janeiro: Forense, 1983.

SILVA, Wilson Melo da. *Responsabilidade sem culpa*. 2. ed. São Paulo: Saraiva, 1974.

SILVEIRA, Reynaldo Andrade da. Responsabilidade civil do médico. *Revista dos Tribunais*, v. 674, 1991, p. 57.

SIMÃO, José Fernando. *Vícios do produto no novo Código Civil e no Código de Defesa do Consumidor*. São Paulo: Atlas, 2003.

SOBREIRA, Marcelo José de Araújo Bichara. Responsabilidade civil por dano existencial: uma violação à autonomia privada. *Revista de Direito Privado*, v. 72, 2016, p. 51.

SODERSTROM, Richard. Sterilization failures and their causes. *American Journal of Obstetrics & Gynecology*, v. 152, n. 4, 1985, p. 395.

SODERSTROM, Richard; LEVY, Barbara; ENGEL, Tibor. Reducing bipolar sterilization failures. *Obstetrics & Gynecology*, v. 74, n. 1, 1989, p. 60.

SODRÉ, Marcelo. *A construção do direito do consumidor*: um estudo sobre as origens das leis principiológicas de defesa do consumidor. São Paulo: Atlas, 2009.

SOKAL David; LABRECQUE, Michel. Effectiveness of vasectomy techniques. *Urologic Clinics of North America*, v. 36, n. 3, 2009, p. 317.

SOKAL David; LABRECQUE, Michel et al. Frequency and patterns of early recanalization after vasectomy. *BMC Urology*, v. 6, n. 25, 2006.

SOURDAT, Auguste; SOURDAT, Louis. *Traité général de la responsabilité*. 6. ed. Paris: Marchal e Godde, 1911. t. 1.

SOUZA, Iara Antunes de. *Aconselhamento genético e responsabilidade civil*. Belo Horizonte: Arraes, 2015.

STANCIOLI, Brunello Souza. *Relação jurídica médico-paciente*. Belo Horizonte: Del Rey, 2004.

STANCIOLI, Brunello Souza. *Renúncia ao exercício de direitos da personalidade ou como alguém se torna o que quiser*. Belo Horizonte: Del Rey, 2010.

STARCK, Boris. *Essai d'une théorie générale de la responsabilité civile considérée en sa double fonction de garantie et de peine privée*. Paris: Rodestein, 1947.

STIRUM, Emilie van Limburg; CLARK, Nisse; LINDSEY, Alexis et al. Factors Associated with Negative Patient Experiences with Essure Sterilization. *Journal of The Society of Laparoscopic & Robotic Surgeons*, v. 24, n. 1, 2020, e2019.00065.

STOCO, Rui. *Tratado de responsabilidade civil*: doutrina e jurisprudência. 10. ed. São Paulo: RT, 2014.

STRASSER, Mark. Yes, Virginia, there can be wrongful life: on consistency, public policy, and the birth-related torts. *The Georgetown Journal of Gender and The Law*, v. 4, 2004, p. 821.

TARTUCE, Flávio. *Direito civil*: direito de família. 12. ed. São Paulo: Método, 2017. v. 5.

TARTUCE, Flávio. *Manual de responsabilidade civil*. São Paulo: Método, 2018.

TARTUCE, Flávio. *Responsabilidade civil objetiva e risco*: a teoria do risco concorrente. São Paulo: Método, 2011.

TARTUCE, Flávio; NEVES, Daniel Amorim Assumpção. *Manual de direito do consumidor*: direito material e processual. 7. ed. São Paulo: Método, 2018.

TAVARES, Manuela. *Aborto e contracepção em Portugal*. Lisboa: Livros Horizonte, 2003.

TEPEDINO, Gustavo. A responsabilidade civil por acidentes de consumo na ótica civil-constitucional. In: *Temas de direito civil*. 4. ed. São Paulo: Renovar, 2008. t. 1.

TEPEDINO, Gustavo. A responsabilidade médica na experiência brasileira contemporânea. In: *Temas de direito civil*. São Paulo: Renovar, 2006. t. 2.

TERRÉ, François. Le prix de la vie. *JCP 2000*, AR, p. 2267.

TERRÉ, François; SIMLER, Philippe; LEQUETTE, Yves. *Droit civil*: les obligations. 10. ed. Paris: Dalloz, 2009.

TONE, Andrea. *Controlling reproduction*: an American history. Lanhan: SR books, 2008.

TONE, Andrea. *Devices and desires*: a history of contraception in America. Nova Iorque: Hill and Wang, 2001.

TOURNEAU, Philippe Le. De la responsabilité du chirurgien après une tentative infructueuse d'interruption volontaire licite de grossesse. *D. 1990*, p. 284.

TOURNEAU, Philippe Le. *Droit de la responsabilité et des contrats*. 6. ed. Paris: Dalloz, 2006.

TOURNEAU, Philippe Le. *La règle "nemo auditur"*. Paris: LGDJ, 1970.

TRUCHET, Didier. *Droit de la santé publique*. 8. ed. Paris: Dalloz, 2013.

TRUSSELL, James. Contraceptive failure in the United States. *Contraception*, v. 83, n. 5, 2011, p. 397.

TRUSSELL, James; RAYMOND, Elizabeth; CLELAND, Kelly. *Emergency contraception: a last chance to prevent unintended pregnancy*. September 2015. Disponível em: http://ec.princeton.edu/questions/ec-review.pdf. Acesso em: 7 ago. 2020.

VANCAILLIE, Thierry. Female sterilization. In: SHOUPE, Donna; HASELTINE, Florence (orgs.). *Contraception*. Nova Iorque: Springer-Verlag, 1993.

VARMA, Rajesh; GUPTA, Janesh. Failed sterilisation: evidence-based review and medico-legal ramifications. *BJOG: An International Journal of Obstetrics and Gynaecology*, v. 111, 2004, p. 1322.

VENTURA, Miriam. *Direitos reprodutivos no Brasil*. 3. ed. Brasília: UNFPA, 2009.

VIEIRA, Elisabeth Meloni. O arrependimento após a esterilização cirúrgica e o uso das tecnologias reprodutivas. *Revista Brasileira de Ginecologia e Obstetrícia*, v. 29, n. 5, 2007, p. 225.

VINEY, Geneviève. Brèves remarques à propos d'un arrêt qui affecte l'image de la justice dans l'opinion publique. *JCP 2000*, I, 286.

VINEY, Geneviève. *Introduction à la responsabilité*. 3. ed. Paris: LGDJ, 2007.

VINEY, Geneviève. *Le déclin de la responsabilité individuelle*. Paris: LGDJ, 1965.

VINEY, Geneviève; JOURDAIN, Patrice. *Les effets de la responsabilité*. 3. ed. Paris: LGDJ, 2011.

VINEY, Geneviève; JOURDAIN, Patrice; CARVAL, Suzanne. *Les conditions de la responsabilité*. 4. ed. Paris: LGDJ, 2013.

WATANABE, Kazuo. Do processo individual de defesa do consumidor. In: GRINOVER, Ada Pellegrini; BENJAMIN, Antônio Herman de Vasconcellos e et al. *Código de Defesa do Consumidor*: comentado pelos autores do anteprojeto. 10. ed. Rio de Janeiro: Forense. v. 2.

WESENDONCK, Tula. Art. 931 do Código Civil: repetição ou inovação. *Revista de Direito Civil Contemporâneo*, v. 3, 2015, p. 141.

WESENDONCK, Tula. *O regime da responsabilidade civil pelo fato dos produtos postos em circulação*: uma proposta de interpretação do artigo 931 do Código Civil sob a perspectiva do direito comparado. Porto Alegre: Livraria do Advogado, 2015.

WOODWARD, James. The non-identity problem. *Ethics*, v. 96, 1986, p. 804.

YOSHIKAWA, Eduardo Henrique de Oliveira. Considerações sobre a teoria da distribuição dinâmica do ônus da prova. *Revista de Processo*, v. 37, n. 205, 2012, p. 115.

ZANETTI, Cristiano de Sousa. A mitigação do dano e alocação da responsabilidade. *Revista Brasileira de Arbitragem*, n. 35, 2008, p. 29.

ZANNONI, Eduardo. *El daño en la responsabilidad civil*. 2. ed. Buenos Aires: Astrea, 1993.

ZULIANI, Ênio Santarelli. Inversão do ônus da prova na ação de responsabilidade civil fundada em erro médico. *Revista dos Tribunais*, v. 811, 2003, p. 43.